ハ

オアフ島&

Hawaii

JN050346

Vacation Recall

SUMMER
Calling

SUMMER
GOOD
VIBES
PARADISE

RECEIVED

ALOHA
SUMMER
VIBES

Recall

SUMMER
Calling

Aloh

地球の歩き方 編集室

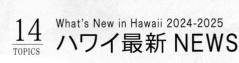

395 | ハワイ諸島概略

425 | ネイバーアイランド

■新型コロナウイルス感染症について

新型コロナウイルス（COVID-19）の感染症危険情報について、全世界に発出されていたレベル1（十分注意してください）は、2023年5月8日に解除されましたが、渡航前に必ず外務省のウェブサイトにて最新情報をご確認ください。

◎外務省 海外安全ホームページ・アメリカ合衆国危険情報
www.anzen.mofa.go.jp/info/pcinfectionspothazardinfo_221.html#ad-image-0

439 旅の準備と技術

Special Column

★ハワイアンスタイルの逸品たち

出発前に必ずお読みください！
旅のトラブルと安全対策 ……508

特別付録
ハワイ別冊マップ
巻末に折り込んである別冊マップには、オアフ島全図、オアフ島8分割図、ワイキキ～ダウンタウン5分割図、ホノルル4分割図、ワイキキトロリー路線図、見どころINDEXが掲載されています。切り取ってお使いください。

歩き方の使い方

本書で用いられる記号・略号

📞	電話番号
📠	ファクス番号
FREE	トールフリーまたは日本国内無料通話（米国内無料通話） （※本書中、7桁の電話番号およびファクス番号はすべてハワイ内のものです）
🌐	ホームページアドレス （http:// は省略してあります）
✉	e メールアドレス
🏠	住所、またはロケーション
🕐	営業時間、開館時間、受付時間など
🚫	定休日、休館日
🎫	入場料、入館料、ツアー料金、宿泊料金など （ハワイ現地の料金は、すべて税抜き価格で表記しています）
💳	利用可能なクレジットカード （Aアメリカン・エキスプレス、Dダイナースクラブ、JJCB、Mマスターカード、VVISA）
🚌	ザ・バス（→ P.467）での行き方
🚗	車での行き方
P	駐車場情報
備	備考
現	現地での予約・問い合わせ先
日	日本での問い合わせ先

地図について

　見どころやレストラン、ホテルなどは、ロケーションがわかるように「♀P.00」、別冊マップの場合は「♀別冊P.00」というように地図ページを表記してあります。
　さらにほとんどの地図はアルファベットと数字の座標でエリア分けされていますので、縦軸と横軸の交わるところから詳しい場所を知ることができます（例「♀P.106-A1」「♀別冊P.4-A1」）。

※地図中の略記は以下のとおりです
B.P.=BEACH PARK（ビーチパーク）
S.C.=SHOPPING CENTER（ショッピングセンター）
G.C.=GOLF COURSE/GOLF CLUB（ゴルフコース／ゴルフクラブ）
C.C.=COUNTRY CLUB（カントリークラブ）
PT.=POINT（～岬）

※以下、道路に関するもの、「～通り」
HWY.=HIGHWAY	RD.=ROAD	CIR.=CIRCLE
BLVD.=BOULEVARD	DR.=DRIVE	LP.=LOOP
AVE.=AVENUE	PL.=PLACE	PKWY.=PARKWAY
ST.=STREET	LN.=LANE	

グルメ ──
🍷 予約がおすすめ
👔 ドレスコード
日 日本語メニュー
日 日本語スタッフ

ショップ ──
日 日本語スタッフ

ホテル ── 各ホテルの宿泊料は 2023 年 7 月現在の FIT 料金（個人で予約する場合の適用料金）です。料金には州税（約 4.166%、オアフ島は約 4.712%）と 10.25% のホテル税が加算されます。
なお、宿泊料金は基本的に 1 泊当たりの室料です。

地図凡例

H-1	フリーウエイ
20A	フリーウエイの出口番号
92	おもな幹線道路とルート（州道）番号
WAIKIKI ST.	通り名
3.1	区間距離（マイル表示、1マイル≒約1.6km）
	ガソリンスタンド
P	駐車場
	見どころ、ショッピングモール
	ビーチパーク、公園
	ゴルフコース
H	ホテル
C	コンドミニアム
R	レストラン

（その他のマークについては巻頭折り込み地図および凡例入りの各地図をご参照ください）

特殊アイコンについて

アワードマーク
オアフ島の有名雑誌が主催する、ローカルが選ぶグルメ賞「ハレアイナ」の2023年度、38カテゴリーで金、銀、銅の各賞を受賞したレストランに、このマークが付いています。お店選びにご利用ください。

CHECK
編集室からのはみ出し情報

VOICE
読者からのワンポイントアドバイス

MĀLAMA
ハワイを思いやる MĀLAMA（マラマ）なポイント

室内の設備

ラナイ	室内金庫
テレビ	バスタブ
目覚まし時計付きラジオ	ヘアドライヤー
冷蔵庫	シャンプー、コンディショナー、石鹸
コーヒーメーカー	高速インターネット

ホテルの施設

駐車場	テニスコート
レストラン	バーベキュー施設
バー	コインランドリー
ルームサービス	トラベルデスク
プール	日本語スタッフ
ジャクージ	キッチン付きルーム
フィットネスルーム	ハンディキャップルーム
ゴルフコース割引	※詳細→ P.372
スパ	

■本書の特徴

本書は、ハワイを旅行される方を対象に個人旅行者が現地でさまざまな楽しみ方ができるように、各エリアの見どころ、スポーツ＆アクティビティ、レストラン、ショップ、ホテルなどの情報を掲載しています。もちろんツアーで旅行される際にも十分活用できるようになっています。

■掲載情報のご利用に当たって

編集部ではできるだけ最新で正確な情報を掲載するよう努めていますが、現地の規則や手続きなどがしばしば変更されたり、またその解釈に相違が生じることもあります。このような理由に基づく場合、または弊社に重大な過失がない場合は、本書を利用して生じた損失や不都合について、弊社は責任を負いかねますのでご了承ください。また、本書をお使いいただく際は、掲載されている情報やアドバイスがご自身の状況や立場に適しているか、すべてご自身の責任でご判断のうえ、ご利用ください。

■現地取材および調査時期

本書は、2023年5月の取材調査データを基に編集されています。また、追跡調査を2023年8月まで行いました。しかしながら時間の経過とともにデータの変更が生じることがあります。特にホテルやレストランなどの料金は、旅行時点では変更されていることも多くあります。したがって、本書のデータはひとつの目安としてお考えいただき、現地では観光案内所などでできるだけ新しい情報を入手してご旅行ください。

■発行後の情報の更新と訂正情報について

発行後に変更された掲載情報や訂正箇所は、『地球の歩き方』ホームページ「更新・訂正情報」で可能なかぎり案内しています（ホテル、レストラン料金の変更などは除く）。
H www.arukikata.co.jp/travel-support/

■投稿記事について

投稿記事は、多少主観的であっても原文にできるだけ忠実に掲載してありますが、データに関しては編集部で追跡調査を行っています。投稿記事のあとに（東京都　○○　2022年）とあるのは、寄稿者と旅行年を表しています。ただし、ホテルなどの料金を追跡調査で新しいデータに変更している場合は、寄稿者データのあとに調査年を入れ [2023] としています。なお、ご投稿をお送りいただく場合は P.438 をご覧ください。

ジェネラルインフォメーション

ハワイの基本情報

▶各島の面積と人口
→ P.98、430 ～
▶旅の会話→ P.513

州 旗
左上にユニオンジャック、赤青白の8本の横縞（8島を表す）のデザイン

正式州名
ハワイ州 State of Hawaii（アメリカ合衆国50番目の州）

州 歌
ハワイ・ポノイ Hawaii Ponoi（カラカウア王作詞、かつてはハワイ王国国歌）

面 積
ハワイ諸島の総面積は1万6634.5㎢

人 口
144万196人（The U.S. Census Bureau 2022年7月1日時点）

州 都
ホノルル

州知事
ジョシュ・グリーン　Josh Green（2023年9月現在）

政 体
3層の政治機構（連邦政府、州政府、市政府）

民族構成
白人系22.6%、アジア系37.2%、ハワイ先住民系および太平洋諸島系10.8%、その他1.8%、2民族以上の混合25.3%など（2020年国勢調査）

言 語
公用語はハワイ語と英語。ワイキキなどの限られた場所では日本語が通じる場合もある

通貨と為替レート

▶現金、クレジットカードの準備
→P.446 ～ 448

※紙幣は旧札も流通しているが、問題なく使用できる。

通貨単位はドル '$' とセント '¢'。$1=100¢= 約149円（2023年10月現在）。紙幣は$1、$5、$10、$20、$50、$100、硬貨は1¢、5¢、10¢、25¢がおもに流通している。

$100

$50

$20

$10

$5

$1

25¢

10¢

5¢

1¢

日本からのフライト時間

▶乗り換え手続き→P.428

日本の主要都市からダニエル・K・イノウエ国際空港への飛行時間は約6時間半から7時間強。逆に復路は偏西風の影響で約8時間から8時間半となる。日本から直行便を運航している航空会社は5社。ハワイ島などネイバーアイランドへ行く場合は、ダニエル・K・イノウエ国際空港で乗り換えとなる（日本-ハワイ島コナ直行便を除く）。乗り継ぎは時間に余裕をもちたい。

電話のかけ方

▶詳しい国際電話のかけ方→P.506

日本からハワイへの電話のかけ方　例：ワイキキ 922-XXXX にかける場合

| 事業者識別番号 **0033**（NTTコミュニケーションズ）**0061**（ソフトバンク）携帯電話の場合は不要 | + | 国際電話識別番号 **010** | + | アメリカの国番号 **1** | ハワイの州番号 **808** | 相手先の電話番号 **922-XXXX** |

※携帯電話の場合は010のかわりに「0」を長押しして「+」を表示させると、国番号からかけられる
※ NTTドコモ（携帯電話）は事前にWORLD CALLの登録が必要

8

出入国

ビ ザ

90日以内の観光・業務の目的で、往復航空券を持っていれば、アメリカ入国にビザは不要。

パスポート

パスポートの残存有効期間が帰国日まであればOKだが、入国時に90日以上あることが望ましい。

電子渡航認証システム（ESTA）

ビザなし（90日以内の観光や短期商用）で渡航する場合、「電子渡航認証システム」で認証取得が必要。出発の72時間前までにインターネットで事前申請が推奨され、渡航には認証を得る必要がある。申請内容は氏名、生年月日、性別、国籍、居住国、旅券番号、航空機便名、搭乗地、米国滞在中の住所など。登録が完了すると2年間有効（パスポートが失効した場合を除く）。申請料金$21はクレジットカード決済で支払う。

動物・植物検疫

ハワイからフルーツなどを持ち込むときは、空港で検疫を受けること。肉加工製品は一切持ち込めない。

▶ パスポートを取得する→ P.449
▶ ビザについて→P.450
▶ ESTA の取得→ P.451
▶ 入国の手続き→P.458
▶ 動物・植物検疫→ P.460

日本との時差は－19時間。日本が深夜0：00だとするとハワイは前日の早朝5:00となる。サマータイムの設定はなし。

時差とサマータイム

▶ 時差表→ P.442

気 候

「常夏の島」というイメージのあるハワイにも、日本ほど寒暖差はないものの四季がある。11～3月は比較的雨が多く、朝晩は少々涼しくなって上着が必要なほど。逆に夏場は、日本でいうところの真夏日が続くこともある。とはいえハワイは1年を通し、過ごしやすい気候であることは間違いない。ビーチ付近なら、日中はほぼ海で泳いで気持ちいいと感じる水温で、北東からの貿易風の影響で真夏でも湿度は低い。夜はエアコンなしで熟睡できる快適さ。

▶ 各島の天候と降雨量→ P.401

ホノルルと東京の気温と降水量

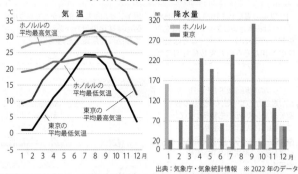

出典：気象庁・気象統計情報 ※ 2022 年のデータ

ハワイから日本への電話のかけ方 例:(03) 1234-5678 にかける場合

国際電話識別番号 **011**	+	日本の国番号 **81**	+	市外局番と携帯電話の最初の「0」は取る **3**	+	相手先の電話番号 **1234-5678**

※公衆電話から日本にかける場合は上記のとおり。ホテルの部屋からは、外線につながる番号を頭に付ける。
※携帯電話などへかける場合も、「090」「080」などの最初の0を取る。

ビジネスアワー

　以下は一般的な営業時間の目安。ショップやレストランは店舗によって異なり、ワイキキ近辺のブティックなどは22:00ごろまでオープンしている。観光地なので祝日でも営業する店舗、レストランが多いが、元日、イースター、感謝祭、クリスマスは休業というケースがほとんど。

銀　行
月～木曜8:30～16:00、金曜～18:00、土・日曜、祝日は休み

デパート、ショップ
月～土曜10:00～21:00、日曜～17:00

レストラン
朝食7:00～11:00、昼食11:30～14:30、夕食17:00～22:00頃、バーは深夜まで営業

祝日
（おもな祝日）

▶ トラベルカレンダー
→ P.444

　アメリカ本土とほぼ同様だが、ハワイ独自の祝日（クヒオ・デイ、カメハメハ・デイ、州立記念日）もある。移動祝日のカッコ内の日にちは2024年のもの。

1月	1日	元日　New Year's Day	
	第3月曜（15日）	キング牧師の生誕記念日 Martin Luther King Jr's Birthday	
2月	第3月曜（19日）	大統領の日　President's Day	
3月	26日	プリンス・クヒオ・デイ　Prince Kuhio Day	
3～	イースター前の金曜（3月29日）	グッド・フライデー　Good Friday	
4月	年によって異なる（3月31日）	イースター（復活祭）　Easter	
5月	最終月曜（27日）	戦没者記念日　Memorial Day	
6月	11日	キング・カメハメハ・デイ　King Kamehameha I Day	
7月	4日	アメリカ独立記念日　Independence Day	
8月	第3金曜（16日）	州立記念日　Admission Day	
9月	第1月曜（2日）	労働祭　Labor Day	
11月	11日	復員軍人の日　Veterans Day	
	第4木曜（28日）	感謝祭　Thanksgiving Day	
12月	25日	クリスマス　Christmas Day	

電圧とプラグ

　ハワイの電圧は110/120V、60Hz。プラグは日本と同じタイプA。充電式の電気ひげそり、ドライヤーなどは短時間の利用ならOK。ただし長時間の利用やアイロンなど高熱をともなう電気製品は破損の恐れがある。その他の電気製品は対応電圧を確認のこと。

チップ

▶ チップ
→ P.502

　チップの相場は以下のとおり。ただし最初からサービス料込みの伝票を渡すレストランも数多いので、二重払いしないように注意。

タクシー　メーターの18%前後
レストラン　勘定書の18%前後
ホテル
ベルマンに荷物を運んでもらったときは荷物1個につき$1。ハウスキーパーにはベッド1台につき$1。ルームサービスは料理代金の15%ほど

飲料水

ホテル内の水道水は問題なく飲める。ただしミネラルウオーターを愛飲する地元の人も少なくない。心配ならコンビニなどで購入するといい。

日本向けの航空郵便の場合、宛名は日本語でOK。ただし英文で"Japan" "Air Mail"と書き添えることを忘れずに。郵便局の営業時間は場所によって異なるので、ホテルのフロントに頼んで投函してもらえばいい。

郵便料金
日本へのエアメールは普通判はがき$1.30、封書は28g（封筒＋A4判用紙3枚ほど）まで$1.30

郵 便

▶郵便について
→ P.507

ハワイでは買い物、食事の際に約4.166％（オアフ島のみ約4.712％）の州税がかかる（バスの料金などは税込み）。ホテルの宿泊料金には州税のほかに10.25％のハワイ州ホテル税、各市郡のホテル税3％が加算される。

税 金※

TAX

▶州税早見表→ P.502

ハワイはアメリカのなかでも比較的治安のよい州といわれているが、日本人が犯罪に巻き込まれるケースは少なくない。ただし最低限の常識、異国であるという意識さえもっていれば防げるトラブルがほとんどだという。ワイキキ・ビーチにはアメリカでも珍しい交番があるほか、日本語を話せる警官も多いので、何かトラブルに巻き込まれたら必ず警察に届け出よう。

安全とトラブル

▶旅のトラブル対策
→ P.508

ハワイでは21歳未満の飲酒が厳しく禁じられている。したがってバーでの飲酒はもちろん、酒店での酒類の購入、またディスコやクラブへの入場に関しても、本人の顔写真と生年月日が記載されたID（身分証明書）の提示が求められる。また年齢に関係なく、スーパーなどで深夜（0:00前後）から早朝（6:00）にかけて酒類は購入できない。

ハワイで車の運転資格が得られるのは21歳以上だが、レンタカーを借りる際には年齢制限があり、25歳未満は各レンタカー会社規定の追加料金が必要な場合がある。

年齢制限

▶レンタカーの
　年齢制限→ P.487
▶IDについて→ P.209

2006年11月から施行された法律により、レストランやバー、ショッピングモール、ホテルなど公共の場所では全面禁煙となっている。

禁煙条例

▶ハワイの新禁煙法
→ P.517

アメリカ本土と同様に、長さを表すインチ inch（≒2.54cm）、フィート feet（≒30.48cm）、マイル mile（≒1.6km）、重さのポンド pound（≒453.6g）、オンス ounce（≒28.35g）などが一般的に使われる。買い物の際のサイズ表示の違いなども気をつけたい。

度量衡

▶日米衣料品サイズ
　比較表→ P.269

正式国名 アメリカ合衆国 The United States of America	**政 体** 大統領制、連邦制 **人種構成** 白人72.4％、アフリカ系12.6％、アジア系4.8％、アメリカ先住民1.1％など
国 旗 星条旗 Stars and Stripes	
国 歌 星条旗よ永久なれ Star Spangled Banner	**宗 教** キリスト教が主流。宗派はプロテスタント、カトリックなどがあり、都市によって分布に偏りがある。少数だがユダヤ教、イスラム教など
面 積 約983万3517㎢	
人 口 約3億3144万9281人	
首 都 ワシントン特別行政区 Washington, District of Columbia 全米50州のどこにも属さない連邦政府直轄の行政地区。	**言 語** 主として英語だが、法律上の定めはない。スペイン語も広域にわたって使われている
元 首 ジョー・バイデン Joe Biden	

アメリカ合衆国
の
基本情報

☑CHECK — ハワイ州では「TAXリファンド」のような観光客への税金還付制度はない。

Hawaii Lovers

太平洋の楽園とも称される、ハワイ。
ひとたびその魅力にハマってしまったら、最後。
気づけば「あぁ、ハワイに行きたい……」とうわ言を繰り返すことになる。
（なかには、気がつくとダニエル・K・イノウエ国際空港に降り立っていたというケースも）

世界中の人々がハワイの虜になる理由は何なのだろう？

到着したときに感じる甘い香りや優しい風。
太陽を反射し輝くワイキキ・ビーチ、
神秘的なパワーを感じるダイヤモンドヘッドといった自然に身をおけば、
全身の力が抜けリラックスできる。

ハワイの太陽の恵みをたっぷり受けたフルーツを使ったスイーツや、
さまざまな文化が複雑に絡み合い独自に進化した料理が味わえるのも
魅力のひとつだろう。

巨大ショッピングモールでの買い物に、
つい財布の紐が緩んでしまう人もいるかもしれない。
美術館や博物館で、ハワイがたどってきた歴史を知り文化に触れることで、
訪れるたびにハワイの新しい一面が垣間見える奥深さもある。

本書では、そんなハワイの魅力をできるだけ詰め込み紹介している。

ハワイは、どんな時でもどんな人でも変わらず
私たちを温かく受け入れてくれる。
思わず「ただいま」と言いたくなる包容力、
それはハワイを楽園たらしめてきた、「アロハスピリット」なのかもしれない。

ハワイという土地に身をゆだね、
見て、味わって、触れて、聞いて、感じていただきたい。
訪れる人を魅了する、「アロハスピリット」を探しに行こう。

さぁ、ハワイはもうすぐそこだ。

ハワイ最新NEWS

今、ハワイでは何が HOT なのか？
まずチェックしておきたい
最新ニュースをご紹介！

ハワイ初の本格的な鉄道 スカイラインがついに開業！

今回開業したのは、イースト・カポレイからアロハスタジアムまでの9駅の第1期区間。およそ18kmを約22分で運行する。高架上から眺めるウエストオアフやパール・ハーバー、海の先に見えるダイヤモンドヘッドといった雄大な眺めは今までにない光景だ。乗車には「HOLO Card」が必要。2031年までにダウンタウンエリアまでの開通を目指している。

DATA → P.501

アロハスタジアムが見えてきた！

①

乗車券の購入方法

各駅にある販売機で「HOLO Card」を新規購入orチャージ

1回の乗車であれば「新しいカードのシングルライド」を選択（$3）

チャージの場合は右側の「HOLOカードにチャージする」を選択（選択後、手持ちのカードをタップしチャージする）

支払いはクレジットカードか現金で。1日パス（1日乗り降り自由）は$7.50、（「HOLO Card」自体は$2）現金はお釣りが出ないので注意。

「HOLO Card」を改札機にタップ。シャカマークが出たらそのまま通過すればOK。

① 車両の先頭と最後尾は特等席のよう　② 駅のホーム。日差しを避ける屋根も付いている　③ 車内は無料 Wi-Fi も完備。窓が大きいので景色が広く見られる　④ 自転車を固定するラックやサーフボードのラックもある　⑤ 青空に映えるレインボーが印象的な車両は完全自動運転

⑤

いい波
乗ってみよう！

10

新複合リゾート施設
「ワイカイ」誕生でウエストオアフが最注目！

オアフ島のウエストサイド、エヴァ・ビーチに誕生した新ウオーターアクティビティ施設、「ワイカイ」。人工波でサーフィンが楽しめる「ワイカイウェーブ」のほか、レストランやショップなどが入り、1日中楽しめる。すぐ近くにはスカイラインの始発駅があるカポレイや、アウラニやフォーシーズンズのあるコオリナなどもあり、ウエストオアフがより盛り上がりを見せそうだ。 **DATA → P.30**

⑥「ワイカイウェーブ」で波に乗っている人を眺めながら食事が楽しめるレストラン「ザ・ルックアウト」 ⑦広大なラグーンで種類豊富なマリンアクティビティが楽しめる「ワイカイラグーン」 ⑧「ワイカイラグーン」を一望しながらサンドイッチなど軽食が楽しめる「ボードウォークカフェ」 ⑨ミシュランシェフが手がけるキッチンドアの「プラザグリル」。人気は抹茶グリーンティラミス $12 ⑩「ワイカイウェーブ」は初心者でもインストラクターが指導してくれるので安心

おしゃれ
ブティックホテルが
続々オープン！

2022年～2023年にかけて、リノベーションなどにより新しく生まれ変わったホテルが次々オープン。滞在先の候補にぜひチェックを。

2023年 OPEN
ウェイファインダー ワイキキ
→ P.387

2022年 OPEN
ツインフィン ワイキキ
→ P.48・389

新スーパー＆
新フードコートが気になる

ワイキキのど真ん中に誕生した「スティックス・アジア」や、新進気鋭のスーパー「ワイキキマーケット」など、ワイキキの最新スポットとして注目を集めている。

2023年 OPEN
スティックス・アジア
→ P.264

2023年 OPEN
ワイキキマーケット
→ P.282

\3年4カ月ぶりに/
DFSワイキキが
復活オープン！

ワイキキのランドマークとして知られていた大型免税店が2023年9月に待望のグランドオープン。ブランドはもちろん、ここだけの限定みやげが手に入る。

ワイキキ ♥ 別冊 P.20-B2
🏠 330 Royal Hawaiian Ave. 🕐 11:00 ～ 22:00
これぞワイキキと言えるランドマークが帰ってきた

カイムキの人気カフェ、ビーン・アバウト・タウンが入りコーヒーなどを楽しめる

位置関係をサクッとお勉強!

オアフ島&ホノルル早わかりエリアナビ

"太平洋の楽園"ともいわれるハワイ、オアフ島。
ひとくちに島といっても、エリアによって気候や特徴は異なる。
スムーズな旅行にするためにも、各エリアの特徴を押さえておこう。

Oahu Island Map
オアフ アイランド マップ

各エリアによって雰囲気は変わるよ!

FOOD·GAS·SHOPS·BEACHES

North Shore
ノース ショア
→ P.172

Haleiwa
ハレイワ
→ P.174

→ P.159
Pearl Harbor
パール ハーバー

Kailua
カイルア
→ P.150

Ko Olina
コ オリナ
→ P.166

① **Honolulu**
ホノルル

Waikiki
ワイキキ

① ホノルル Honolulu
📍 別冊 P.14-15 → P.102

ハワイ州の政治とビジネスの中心地。ホテルやレストラン、ショップなどがひしめき合う。近年は郊外まで訪れる観光客も多いが、ホノルルエリアだけでも十分に楽しめる。

治安は?

スリや置き引きなどは多数発生している。観光客は特に狙われやすいので注意しよう。

交通は?

ザ・バスやトロリーを上手に利用したい。遠くまで出かけるならレンタカーもいい。

ハワイの知っ得インフォメーション

- ・レート $1＝約148円
- ・日本からホノルル 約6時間半〜 7時間強
- ・ホノルルから日本 約8時間〜 8時間半
- ・時差-19時間

※2023年9月現在

Honolulu Map
ホノルル マップ

⑦ *Kahala*
カハラ

⑥ *Kaimuki*
カイムキ

⑤ *Downtown*
ダウンタウン

③ *Ala Moana*
アラ モアナ

② *Waikiki*
ワイキキ

④ *Kakaako / Ward*
カカアコ ／ ワード

Waikiki Beach
ワイキキ ビーチ

Diamond Head
ダイヤモンド ヘッド

② ワイキキ Waikiki
📍 別冊 P.18-23 　→ P.104

ハワイ王朝の王族の保養地でもあったエリア。もともと湿地帯で、ノース・ショアなどから白砂を運んで埋め立てたといわれている。

③ アラモアナ Ala Moana
📍 別冊 P.29 　→ P.119

巨大モール、アラモアナセンターでのお買い物だけでなく、ビーチパークではジョギングやテニスなど、スポーツも楽しめる。

④ カカアコ / ワード Kakaako/Ward
📍 別冊 P.27・28 　→ P.121

多くの注目店が集まるワード・ビレッジのあるワードの隣には、町がアートであふれるカカアコがある。近年最も注目のエリアだ。

⑤ ダウンタウン Downtown
📍 別冊 P.26 　→ P.122

史跡や高層ビルが林立するダウンタウンと、パワーあふれるチャイナタウンがある。ハワイの政治経済の中心地だ。

⑥ カイムキ Kaimuki
→ P.131

地元の人が愛する個性的なカフェやレストランが多いグルメエリア。食べ歩きにぶらりとお散歩してみよう。

⑦ カハラ Kahala
→ P.131

オアフ島有数の高級住宅街。海岸線に沿って豪邸が並ぶ。観光客が比較的少ないカハラ・モールではゆっくり買い物を楽しめる。

17

キーワードで早わかり！

ハワイの気になるもの A to Z

グルメ、ショッピング、アクティビティと、どれを取っても魅力的な常夏の島、ハワイ。
そんなハワイを象徴する最旬＆定番のキーワードを A ～ Z までご紹介。

ボガーツ・カフェ→ P.80

A

☑ Ala Moana Center
アラモアナセンター **→ P.288**

ハワイ最大級のショッピングモール。イベントなども
多く開催されていて、買い物以外にも楽しめるポイン
トがたくさんある。

☑ Acai Bowl
アサイボウル **→ P.80**

アイランド・ヴィンテージ・
コーヒー→ P.227

ビッグアイ
ランド・キャ
ンディーズ
→ P.341

疲労回復やアンチエイジングに効果のあるスーパーフ
ルーツ、アサイを使ったハワイの定番スイーツ。お店
によって味わいもさまざま。ぜひトライして。

☑ biki
ビキ **→ P.499**

B

登録不要、クレ
ジットカードが一
枚あれば借りられ
るシェアサイクル
サービス。ホノル
ルに点在する biki
ストップを見つけ
て借りてみよう。

☑ Beer
ビール

近年ハワイでは小
規模の造り手が手
がける、クラフト
ビールが人気。店
内に醸造所を併設
するお店もあり、常
ににぎわっている。

ワイキキ・ブリュー
イング・カンパニー
→ P.259

☑ Cookie
クッキー **→ P.92**

ハワイみやげの定番と
いえばショートブレッ
ド・クッキー。現在で
は個性豊かなクッキー
が販売され、お店に
よって特徴も異なる。
色々試してみよう。

☑ Chocolate
チョコレート **→ P.93**

c

マカダミアナッツチョコ
レートはもちろん、カカオ
豆からこだわって作るビー
ン・トゥ・バーのチョコレー
トなど、バラエティ豊富に
揃う。

18

(A) (B) (C) (D) (E) (F) (G) (H) (I) (J) (K) (L) (M)

☑ Diamond Head
ダイヤモンドヘッド　→ P.129

ワイキキのシンボルともいえる標高 232m のクレーター。その頂上から見渡すホノルルの町並みは、素晴らしい思い出になること間違いなし。

☑ Excellent View Restaurant
絶景レストラン

ハワイらしい絶景を眺めながらの食事は、料理も格別になるというもの。席が指定できない場合は、早い者勝ちなのでオープンと同時の入店を狙おう。

ザ・ベランダ→ P.236

☑ Farmer's Market
ファーマーズ・マーケット　→ P.270

ハワイ産の新鮮な食材やグルメ、B 級フードが手に入る青空市。滞在中一度はスケジュールに組み込んでおきたい人気の観光スポットだ。

☑ Garlic Shrimp
ガーリック・シュリンプ

刻んだニンニクと特製のソースを、プリップリのエビと絡めていただく、ハワイのローカル B 級グルメ。フードトラックなどで販売されていることが多い。

ジョバンニズ・シュリンプ・トラック→ P.224

☑ Eco Bag
エコ・バッグ

コンビニやショップでは、買い物袋は有料。エコ・バッグを持参しよう。またスーパーなどでも販売しているので要チェック。

☑ Hula Show
フラショー
→ P.112

伝説や王族を称え、その偉業を後世に伝えるために踊られていたというフラ。現在ではフラショーや無料のフラレッスンなどを気軽に体験できる。

☑ Hamburger
ハンバーガー　→ P.84

テディーズ・ビガー・バーガー→ P.85

大きな口をあけてかぶりつくハンバーガーは、日本よりも巨大でジューシーなものばかり。ここ数年は素材にこだわるグルメバーガーも登場している。

☑ Hawaiian Jewelry
ハワイアンジュエリー
→ P.351

マイレやプルメリア、ホヌなどハワイのモチーフが刻み込まれたジュエリーは、ハワイに訪れたらぜひ手に入れたい逸品だ。

ラウレア→ P.348

☑ **Iolani Palace**
イオラニ・パレス　**→ P.124**

歴史を感じさせる重厚な造りの宮殿。館内はツアーで見学することができる。当時のハワイ王国に思いをはせてみよう。

☑ **Japanese Style Musubi**
スパムむすび

アメリカの定番缶詰、スパムと、ハワイの日系人が広めたおにぎりが融合したローカルフード。ABCストアなどのコンビニやスーパーでも購入できる。

むすびカフェ
いやすめ→ P.256

☑ **Kakaako Wall Art**
カカアコ・ウオールアート

カカアコにある倉庫の壁などに、ハワイ内外から集結したアーティストによって描かれたアートが点在。記念撮影に訪れる人が多い。

☑ **Kona Coffee**
コナ・コーヒー　**→ P.344**

世界三大コーヒーのひとつとしても知られるコナ・コーヒー。豆のグレードもさまざまなので、パッケージにも注目してみて。

☑ **Loco Moco**
ロコモコ　**→ P.88**

ハワイ島ヒロ生まれのローカルフード。たっぷりのグレービーソースがかかったハンバーグの上に目玉焼きがオン。よく混ぜて召し上がれ。

レインボー・
ドライブイン
→ P.223

☑ **Lanikai Beach**
ラニカイ・ビーチ　**→ P.151**

数ある絶景ビーチのなかでも、人気が高いビーチ。「ラニ」＝天国、「カイ」＝海を意味し、まさに天国の海のような美しさを誇る。

☑ **Mālama**
マラマ

Mālama（マラマ）とはハワイ語で「思いやる心」。ハワイの自然や文化を守るために、敬意をもって旅することで、いつもと違うハワイが見えてくる。

☑ **Malasada**　マラサダ

ポルトガル発祥のスイーツ。揚げパンに砂糖をまぶしたもので、砂糖のざらっとした舌触りとふんわりパンの相性が抜群。
レナーズ・ベーカリー Leonard's Bakery
→ P.233

A B C D E F G H I J K L M

N

☑ Night Bar
ナイトバー

潮騒を BGM に、カクテルを傾ける……。そんな贅沢な時間を堪能できるバーでのんびりするのもオススメだ。

マイタイ バー→ P.258

☑ Night Shopping
ナイトショッピング

ワイキキでは、夜の 22:00 頃まで営業しているお店も。ディナーを終えてから、ナイトショッピングに出かけるのもいい。

ワイキキ・ビーチ・ウォーク→ P.302

O

☑ Oxtail Soup
オックステールスープ

牛テールがごろりと入ったスープが味わい深い、オックステールスープはハワイのローカルフード。醤油と生姜を混ぜ合わせてディップして食べよう。

アサヒ・グリル→ P.216

☑ Organic Cosmetics
オーガニック・コスメ

ハワイにいる間も帰国してからも、お肌のケアは大切。オーガニックで肌に優しいコスメをハワイでゲットして、滞在中も自分磨きを！

ホールフーズ・マーケット→ P.276

P

☑ Photogenic Sweets
フォトジェニックスイーツ

スイーツをせっかく食べるなら、見た目にもこだわりたい！ SNS に UP していいね！が殺到するキュートなスイーツは要チェック。

右 クルクル→ P.235
左 パーヴェ・ドーナツ・ストップ→ P.37

☑ Pancake
パンケーキ →P.82

朝食の定番、パンケーキの人気は衰え知らず。バラエティも豊富なので、お気に入りを見つけてみよう。

カフェ・カイラ→ P.82

☑ Quick Food
お手軽フード

カジュアルに食事を楽しみたいなら、フードコートやテイクアウトして公園などで食べるのもおすすめだ。

Q

上 ダイヤモンドヘッド・マーケット＆グリル→ P.223
下 パイナラナイ・フードコート→ P.264

☑ Rainbow
虹

レインボーステイトともいわれるほど、多く虹がかかるハワイ。ハワイで虹を見ると、またハワイに戻ってこられるというジンクスもあるそう。

R

☑ Roof Top Bar
ルーフトップバー

少し特別なディナーにしたいなら、屋外で料理やアルコールを楽しめるルーフトップバーがおすすめ。景色もよく、特別なひとときになること間違いなしだ。

スカイ・ワイキキ→ P.259

S

☑ Sandbar
サンドバー　→ P.153

カネオヘ湾にあるサンドバーは、サンゴや砂が堆積してできた遠浅の海。ツアーでしか上陸できない人気の絶景スポットだ。

☑ Steak
ステーキ

滞在中、一度は食べたいステーキ。最高級グレードの熟成肉など、肉汁たっぷりのステーキを味わおう。

シグネチャー・プライムステーキ＆シーフード→ P.238

☑ Supermarket
スーパーマーケット　→ P.276 〜

日本とは品揃えも雰囲気も異なるスーパーマーケットは、眺めているだけでも楽しい。オリジナル商品もチェック！

☑ Traditional Food
伝統料理

ハワイの伝統料理は、素材本来のうま味を生かしたものが多く、日本人の舌にもよく合うのでぜひチャレンジしてほしい。

ダ・オノ・ハワイアン・フード→ P.215

☑ Trekking
トレッキング　→ P.96

ハワイといえばビーチのイメージだが、初心者でも気軽に楽しめるトレッキングコースも人気。頂上から眺める景色はまさに絶景だ。

☑ Ukulele
ウクレレ ➡ P.78

ポルトガルから入ってきたウクレレは、ハワイの日常に溶け込んだ楽器。無料のレッスンなどもあるので、ハワイ旅行の記念に挑戦してみて。

☑ Vintage Aloha Shirt
ビンテージ・アロハ・シャツ

ハワイでの正装でもあるアロハシャツ。1930 ～ 1950 年に作られたものはビンテージとしてコレクターも多いのだとか。

ベイリーズ・アンティークス ＆ アロハシャツ → P.349

☑ Waikiki Beach
ワイキキ・ビーチ ➡ P.108

全長約 3km におよぶハワイを代表するビーチ。エリアごとにビーチの特徴が異なるので、お気に入りのビーチを見つけよう。

☑ Ward
ワード ➡ P.58

ワード ビレッジ（→ P.121、307）があることでも知られるこのエリアは、近年高級コンドミニアムなどが建ち並ぶ、注目のエリア。

☑ Yoga
ヨガ ➡ P.197

朝が気持ちいいハワイは、ヨガにぴったりな環境。ハワイならではのヨガもあり、ヨギーデビューにおすすめ！

☑ X.O. Sauce Gourmet
X.O. 醤グルメ

自家製の X.O. 醤ソースを使った料理が楽しめるレストランなど、多民族が入り混じるハワイでは、エスニック料理のレベルが高い。

ティム・ホー・ワンワイキキ→ P.247

☑ Yellow
黄色

オアフ島のシンボルカラーは黄色。ちなみにシンボルフラワーは「イリマ」で、黄色い花である「イリマ」を使ったレイは王族だけが使用できるものだったそう。

☑ Zoo
ホノルル動物園 ➡ P.117

オアフ島唯一の動物園。日本の動物園とはまた違った園内の雰囲気だけでも楽しい。子供（ケイキ）動物園もあるので家族連れにもおすすめ。

出発前に確認！ ハワイ旅行を豊かにする

旅の持ち物をチェック！

パッキングのコツ

行きはおみやげ用スペースを取っておくため、なるべく持ち物は少なくしたい。荷物は仕分けられる袋に入れるとパッと見分けられる。また、小さく折りたためるバッグをひとつ入れておくと、帰りの重量制限に引っかかってしまった際、荷物を分散させられるので便利。

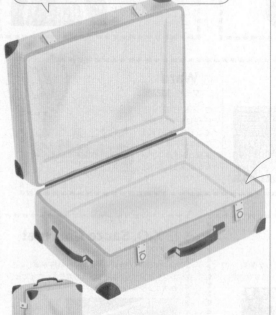

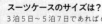

スーツケースのサイズは？

3泊5日～5泊7日であれば60ℓのサイズで十分。現地で洗濯などをするなら、もっと荷物の量を抑えられる。

+Plus あると便利！

☑ **折りたためる傘**
持っておくと急なスコールなどに対応できるので便利

☑ **パーカーなど羽織れるもの**
バス内やスーパーなど、室内の空調が厳しいところが多い。さっと羽織れるものがあるといい

☑ **ジッパー付き袋**
何を入れるのにも便利。大小と異なるサイズを持って行こう

☑ **変圧器**
短時間なら日本製ものでも問題ないが、長時間使用する場合は必要

受託手荷物編

☑ **衣類**
雨季の11月～5月は朝晩肌寒いことも。日中は基本暖かいので半袖などでOK

☑ **帽子**
日差しが強いハワイでは必需品。現地でも購入できる

☑ **シューズ**

ビーチ用にサンダル、レストラン用に革靴やパンプスなどがあると安心

☑ **サングラス**
日差し対策に持っていこう。使い慣れたものがベスト

☑ **トートバッグ**
ハワイではショッピングバッグが有料。買い物時には持っていきたい

☑ **寝巻き＆スリッパ**
ホテルには寝巻きがないところがほとんど。部屋着もあるとなおよい

☑ **コスメ・洗面用具**
100ml以上の液体物は手荷物で持ち込めないので注意。現地でも購入できる

荷物を準備するところから旅は始まっている！
現地調達できるものも多いけれど、あれも持って来ればよかった……
なんてことのないように持ち物を用意しておこう。
備えあれば憂いなし！

収納のコツ

パスポートや航空券など、すぐに取り出す必要があるものは最上部に。筆記用具などすぐに使用しないものから収納するようにするといい。

⚠ 持ち込めないものに注意

ライターなどの火薬類、ハサミやカッター、爪切りなどの刃物類や液体は持ち込めない。うっかり持っていると必ず没収されるので注意。また 100ml 以下の液体物は透明のジッパー付きビニール袋（縦横各 20cm 程度）に入れれば持ち込める→ P.454

ほとんどのホテルにあるもの

シャンプーリンス
たいていのホテルにはボディソープ、シャンプー、リンスは完備している

タオル
バスタオルはもちろん、ビーチ用のタオルをプールで借りられるホテルも

ヘアドライヤー
風圧が強め。使い慣れているものがよければ持って行こう

機内持ち込み荷物編

絶対必要！ マストはこれ

☑ **パスポート**
忘れると搭乗できないので必ず持っているか確認を。有効期限が切れていないかもチェック

☑ **航空券**

購入済みの航空券も必ず確認を。e チケットなどは念のため印刷して持っていこう

☑ **お財布**

日本で使っているものと、現地で使用するお財布の２種類使い分けよう。クレジットカードや運転免許証も忘れずに

☑ **筆記用具**
機内での税関申告書の記入などで必要。ハサミやカッターなどは入れないように

☑ **スマートフォン**
早めに現地で使用する設定に切り替えておこう。充電器も忘れずに

☑ **ガイドブック**
現地情報の予習、現地での使用にぜひ！

☑ **そのほかの荷物は
P.455 をチェック！**

出発前にインストールしておきたい " 神 " アプリ 10

・Google Map
現在地はもちろん、目的地までのルート検索など交通情報がわかる。レンタカーのナビにも使える。

・OpenTable
レストランの予約ができる。日本語で時間帯、人数を指定するだけなので簡単。

・biki
シェアサイクルの駐輪場、biki ストップの場所を地図で表示してくれる。残数がわかるのもうれしい。

・Google 翻訳
入力したテキストを 132 言語間で翻訳可能。画像内のテキストを瞬時に翻訳する機能も便利（90 言語対応）。

・Currency
160 以上の通貨と国の為替レートを計算してくれる。オフラインで利用可能。

・配車アプリ
行き先と乗車場所を登録すると、付近のドライバーが迎えに来てくれる。英語に不慣れでも安心。Uber,Lyft といったアプリがある。

・DaBus2
バスのルートはもちろん、バスの到着予定時間などをリアルタイムで教えてくれる。

・無料通話アプリ
Wi-Fi が接続されていれば、アプリをインストールしている同士での無料通話が可能。LINE や Skype などメッセンジャー機能があるものも。

・外務省 海外安全アプリ
渡航先の国を登録すると、緊急連絡先や安全情報を確認することができる。

・TipCal
金額を入力し、チップの ％ とレストランかタクシーを選択。オフラインで自動で計算してくれる。

新しいハワイを思いっきり遊びつくす！
3泊5日モデルプラン

グルメにショッピングにアクティビティ。久しぶりのハワイを120%楽しむプランニングをご紹介。
基本を押さえたら自分たちの旅程に合わせてアレンジしてみて。

DAY 1

初日はワイキキ周辺で
のんびりが正解！

待ちに待ったハワイ旅行。初日から遠出したいところだけれど、時差ボケもあり意外と体は疲れているもの。翌日以降に備えて、ワイキキ周辺でのんびり過ごそう。チェックインできなくてもトランクなどの大型荷物はフロントで預かってもらえる。

初日はハワイに到着した！という余韻を噛みしめよう

① **11:00**	② **12:30**	③ **14:00**	④ **15:00**	⑤ **16:00**	⑥ **18:00**
徒歩すぐ	徒歩すぐ	徒歩2分	徒歩すぐ	徒歩4分	
気軽に好きなものをオーダーできるフードコート、パイナラナイでランチ。 →P.264	ロイヤル・ハワイアン・センターでぶらりとウインドーショッピング。 →P.296	プレミアムな抹茶ドリンクが飲めるジュンビでひと休み。 →P.229	約3年ぶりに復活オープンしたTギャラリア ハワイ by DFSに寄ってみる。 →P.15	フライトの疲れを癒やしてくれるホテルスパのロミロミでリフレッシュ。 →P.355	ミュージックショーのあるハウスウィズアウト アキーでハワイ気分に浸ろう。 →P.262

① **8:00**	② **9:30**	③ **11:00**	④ **13:00**	⑤ **15:00**	⑥ **18:00**
	徒歩約5分	徒歩すぐ	bikiで約15分	bikiで約5分	
波の音と鳥のさえ ずりを聞きながらの **ヨガ**は何とも心地 いい。カジュアル な服装でOK。 **→P.197**	ホテルのレストラ ン、**サーフ ラナイ** でご褒美モーニン グ。オンザビーチ で景色もご馳走! **→P.236**	水着に着替えて**ワ イキキ・ビーチ**へ。 ウォーターアクティ ビティを体験してみ るのもおすすめ。 **→P.108**	水着で訪れられるビ ーチからほど近いお 店で**テイクアウトラ ンチ**。たくさん遊べ ばお腹もペコペコ! **→P.40**	感度の高いショ ップが点在する **ワード&カカア コエリア**へ。 **→P.58**	ポケやデリが絶 品の**フードランド ファームズ アラモ アナ**で夜ご飯を テイクアウト。 **→P.278**

世界中からたくさんの人が訪れるワイキキ・ビーチでゆったり過ごそう

DAY 2

ハワイの自然で思い切り遊ぼう!

2日目は時差ボケ対策のためにも、早起きがお約束。モーニングヨガやビーチでハワイの日差しを浴びれば、頭もスッキリするはず。午後はシェアサイクルbikiを使って再開発で注目を浴びるワード&カカアコエリアへ足を延ばしてみよう。

DAY 3

最新&注目のトレンドスポットへ

3日目は2023年にオープンした新施設、ワイカイでのアクティビティからスタート。食事や買い物も楽しめる。そのあとはハワイ初の鉄道、スカイラインに乗ってパールハーバー方面へ。車窓から眺めるハワイの景色は圧巻だ。最後の晩餐は、ハワイで大注目のフレンチで。

① **9:45**
配車アプリ・レンタカーで約40分
新施設**ワイカイ**へは配車アプリ（→P.500）かレンタカーで。 **→P.30**

徒歩すぐ

② **12:00**
ミシュランシェフが手がけるレストランで贅沢ランチ。 **→P.31**

配車アプリ・レンタカーで約10分

③ **13:30**
ウエストオアフを巡れる鉄道**スカイライン**に乗ってみる。 **→P.501**

スカイラインで約20分

④ **15:00**
パール・ハーバーで歴史のお勉強。 **→P.159**

配車アプリ・レンタカーで約30分

⑤ **16:00**
アラモアナセンターで自分みやげを調達する。 **→P.288**

Thebusで約20分

⑥ **18:00**
ハワイ産の食材を使った独創的なフレンチがいただける、**ナチュール・ワイキキ**でラストディナーを堪能！ **→P.250**

ワイカイのサーフィン体験は初心者でも気軽に参加できる

早朝からオープンしているデック（→ P.44）。ダイヤモンドヘッドからパワーをもらおう

DAY 4

帰国ギリギリまでハワイを楽しむ！

パッキングは前日の夜に済ませて、早起きして最終日もハワイを満喫しよう。買い忘れたおみやげがあれば、ABCストア（→P.285）やロングス・ドラッグス（→P.284）に駆け込んで。思い残すことのないように！

① **8:00**
徒歩約5分
早起きしてデックでラストモーニングを堪能する。 **→P.44**

② **9:00**
徒歩約5分
ワイキキ・ビーチで全身にハワイをチャージ！また必ず来ることを決意する。 **→P.108**

③ **10:00**
ABCストアで最後のおみやげを購入。 **→P.285**

帰国

\ 新店から定番人気まで! /

進化するハワイの
ニュートレンド

常にトレンドが移り変わるハワイ。
何度訪れても落ち着くあの場所あの店はもちろん、
流行に火がついている話題のカフェにも行きたい!
念願のハワイ旅行を 120% 楽しむための、注目 & 最新トレンドをご紹介。

CONTENTS

ウエストオアフの新複合リゾート施設
ワイカイを徹底解剖

眺めているだけでも楽しい！

2023年3月、オアフ島西海岸エヴァ・ビーチのホアカレイリゾート内に誕生した、ハワイ初の人工サーフィン施設をはじめハワイの文化に触れられる複合リゾート。サーフィンだけでなくミシュランシェフが手がけるレストランでの食事など、幅広い楽しみ方ができる。

1 ワイカイウェーブ
Wai Kai Wave

ハワイ初となる人工波サーフィン「ワイカイウェーブ」は、30m（100フィート）の幅で最大3レーン、1レーンにつき最大10人までのサーファーが利用できる。初心者専用のクラスもあるので安心。

● 12:00 〜 20:15、最終セッションは19:30（土・日曜 9:45 〜 21:00、最終セッションは20:15）● 30フィートサーフチャンネル $90、サーフレッスン3回パッケージ $240

ハワイ最新ウォーターアクティビティ施設
ワイカイ Wai Kai

ハワイ初となる人工波サーフィン「ワイカイウェーブ」では初心者から経験者まで波乗り体験ができる。サーフィン以外にも、東京ドーム約5個分の大きさを誇る「ワイカイラグーン」では、SUP やハイドロバイクといったバラエティ豊富なウォーターアクティビティも用意。ミシュランシェフが手がけるレストランやオリジナルアイテムが揃うショップ、ルアウが楽しめる「ワイカイ・ショー」、ファーマーズ・マーケットなどもあり、1日楽しめる。

チェックインの流れ

施設に到着したら、「セッションズ ライフスタイルアパレル」近くにあるチェックインスポットのザ・ラインアップ・ローンチへ。ここで利用情報の登録を行い、完了するとカウンターでリストバンドを受け取る。各アクティビティなどを体験する場合はこのリストバンドで専用ゲートを通過する必要がある。

申し込んだアクティビティによってバンドの色が違う

エヴァ・ビーチ 別冊 P6-C2
☎ 808-900-3565 🏠 91-1621 Keoneula Blvd. ⏰ アクティビティ・店舗により異なる 💳 AJMV
🚐 要予約のシャトルバスが運行（$35+ 税）。予約は公式サイトから 🌐 atthelineup.com/jp/

2 ワイカイラグーン Wai Kai Lagoon

東京ドーム5個分という広大で穏やかなラグーン内でカヤック、SUP、ハイドロバイクをはじめとしたアクティビティを体験できる。複数のアクティビティを4時間利用できる「PLAY YOUR WAY パッケージ」がおすすめ。

● 9:00 〜 19:00（変更あり）● SUP$40（1時間）ほか、PLAY YOUR WAY パッケージ（サーフスキー、アウトリガーカヌー、SUP、ハイドロバイク、ペダルボード、カヤック、アクアバナ＜水上コテージ＞が利用可能）$50（4時間）

のんびりしたい派はこちら

1 ハイドロバイクで優雅にラグーン内を水上散歩 2 最新の道具が揃っている 3 ラグーン近くの入口ゲートをリストバンドで通過しよう

ハワイの美と豊かな恵みを凝縮した空間

マッシュルームピザ$24をはじめ全3種類のピザとフラットブレッドは窯焼き

ワイカイウェーブを見下ろす絶景ハーレストラン

3 プラザグリル *Plaza Grill*

ミシュラン受賞シェフのトッド・ハンフリーズ氏が手がけるファミリーから食通まで幅広く満足できるレストラン。

☎ 808-404-9121　🕙 11:00 ~ 22:00（土・日曜 10:30 ~）　🔓 無休　💳 ADJMV

1 キッチンの様子がオープンになった洗練された内装　2 キムチとフライドライス付きのコリアンスタイルショートリブ$35　3 ヘルシーでおいしいと大人気のベトナミーズブンチャイレタスカップ$22

4 ザ・ルックアウト *The Lookout*

ワイカイウェーブはもちろん、ワイカイラグーンやその向こうに広がる太平洋を眺めながら、ハワイ産の食材を使用した料理やお酒を堪能できる。

☎ 808-900-3579　🕙 11:00 ~ 22:00（金・土曜 11:00 ~ 24:00）　🔓 無休　💳 ADJMV

1（手前）グアバ味のマルガリータ$14、（左奥）ラヴァフロー$14、（右奥）ワイタイ$14
2 天板で焼いたカンパチに生姜醤油ドレッシングをかけたシアード・カンパチ$34
3 穀物パンに、トマト、アルグラにフェタチーズをのせたアボカドトースト$16

ホノルル→

ザ・ラインアップ・ローンチ

5 ボードウォークカフェ *Boardwalk Cafe*

「プラザグリル」同様ミシュラン受賞シェフトッド・ハンフリーズ氏が手がける多国籍な食文化を取り入れたオープンエアなカフェ。

☎ 808-404-9121　🕙 8:00 ~ 16:00（木 ~ 土曜 ~ 21:00）　🔓 無休　💳 ADJMV

ラグーン沿いの心穏やかになるカフェ

1 アサイサンライズボウル$14とイリーカフェのブリューコーヒー$6
2（左）バインミー$18、（奥）ポケボウル$22、（右）ローストビーフロコモコ$19.50

ウォーターマンたちのおしゃれアイテムがずらり

6 セッションズライフスタイルアパレル *Sessions Lifestyle Apparel*

サステナブルを意識したオーシャンライフスタイルをテーマにした洋服や雑貨が揃う。オリジナルブランドの商品は要チェック。

☎ 808-900-3574　🕙 11:00 ~ 19:00（土曜 9:00 ~ 20:00、日曜 10:00 ~）　🔓 無休　💳 ADJMV

1 すぐに使いたくなるものがたくさん並ぶ　2 オリジナルブランドの女性用Tシャツ $38。男性用や子供用もある　3 ビーチに着ていきたい人気デザインの女性用タンクトップ$34　4 エコで機能性抜群のミアー社とのコラボウォーターボトル（左）$32（右）$37

時間別ダイヤモンドヘッドの楽しみ方

気軽に登れてハワイの絶景が楽しめるダイヤモンドヘッド・トレイル。登る時間帯によって異なる表情を見せてくれるトレイルのポイントをご紹介。事前予約を忘れずに!

Morning

こう楽しもう!

早朝のトレッキングは日の出を眺めることができるのがポイント。年間の日の出の時間は平均6〜7時。ゲートがオープンするのは6時なので、開園と同時に登り始めると夏なら登っている途中で、冬なら頂上で日の出を見ることができる。

Daytime

こう楽しもう!

1日のなかで海が最も青く、ホノルルの先までしっかり見渡せる。登山客も比較的多い。ネックなのは11〜14時の昼から午後にかけて日差しが特にきついこと。日焼け止めやサングラス、帽子などの日焼け対策グッズや凍らせた水を持っていくなど準備は万全に。

Sunset

こう楽しもう!

暑さや人混みを避けたいならこの時間帯。注意点は最終入山時間が16時30分で、ゲートクローズが18時なので、遅くとも17時過ぎには下山すること。日の入りを見ることはできないが、あたりが徐々に暗く幻想的になっていく様子は美しい。

予約を忘れずにね！

早朝なら日差しが少なく涼しいので登りやすい

頂上で吹く爽快な風が火照った身体に心地いい

下山は登り始めたときより暗くなっているので、足元には注意

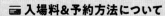

💳 入場料&予約方法について

入場料は1人$5（駐車場$10）。訪問者は事前に予約サイトにアクセスし、チケットタイプ（入場のみか駐車場も利用か）を選択。訪問日と人数、時間帯を選択したあと、入力情報を確認のうえクレジットカードでの支払いとなる（現金不可）。支払い後発行されるQRコードを現地で提示する必要がある。トレッキングをする日程が決まり次第、早めの予約がおすすめ。
🌐 gostateparks.hawaii.gov/diamondhead

GO HAWAII STATE PARKS　Change/Cancel/View Your Reservation

Diamond Head State Monument

🕐 所要時間
1時間30分（往復）

ワイキキからほど近いこのトレイルは道が整備されていて、登山初心者でも気軽に楽しめる。往復で1時間～1時間30分ほどのコースなので、朝の運動にはちょうどいい。頂上からの美しい景色は、ワイキキの魅力を再発見させてくれるはず。

🚌 アクセス
カラカウア通りをホノルル動物園方向へ進み、Y字路をモンサラット通りに入り直進。右側に「DiamondHead State Monument」の看板が見えたらその手前を右折。突き当たりが駐車場。ザ・バスではワイキキから2・23番バスに乗ってKCCの前で下車（登山口までは徒歩約20分）。

登山前後にチェックしたいポイント

おみやげが揃うビジターセンター

サングラスやおみやげにぴったりな雑貨などを販売する

トイレは必ず登山前に！

トイレはスタート地点にしかないので登る前に済ませよう

登山後に立ち寄りたいフードトラック

パイナップルのスイーツも！

下山後はスムージーやスイーツなどを販売するフードトラックで、渇いたのどを潤そう

土曜の朝ならKCCファーマーズ・マーケットへ

早朝トレッキングなら、ダイヤモンドヘッドから近いKCCファーマーズ・マーケットで買い物も楽しい

ハワイ旅行はここからスタート！
ワイキキ・ビーチを遊びつくす！

広い意味でのワイキキ・ビーチとは、西側のデューク・カハナモク・ビーチからダイヤモンドヘッドがある東側のカイマナ・ビーチまでを指す。クヒオ・ビーチを中心に波が穏やかなビーチが続き、どこもホテルから直結または徒歩数分でアクセスできて便利だ。更衣室やシャワーは西のフォート・デルッシ・ビーチ、中央部分のクヒオ・ビーチ、東のカピオラニ・ビーチなどにあるので覚えておこう。

> ワイキキ中部に
> ステイならここ！

A ワイキキ・ビーチ
Waikiki Beach

まさにワイキキの冠ビーチ。ロングボードのレンタルラックがあり、ビーチボーイと呼ばれるロコのサーファーが集まる場所でもある。サーフレッスンも行われている。

B グレイズ・ビーチ
Gray's Beach

ハレクラニ前にあるプライベートビーチのような空間。ビーチ前の海の中には山からの淡水が湧き出ている場所、カヴェヘヴェヘ（→ P.408）があり、治癒のパワースポットとして知られている。

> 神聖な雰囲気で
> 癒やされるならここ！

C フォート・デルッシ・ビーチ
Fort De Russy Beach

米国軍保養地フォート・デルッシ前にあるビーチ。整備が行き届いていて、ここからヒルトン前までは散策道や広い芝生エリアが続く。ローカルの若者が多い。

> ローカル気分を
> 味わうならここ！

D デューク・カハナモク・ビーチ
Duke Kahanamoku Beach

ワイキキの西端、ヒルトン・ハワイアン・ビレッジ前にある白砂の広いビーチ。元オリンピック水泳選手でハワイのヒーロー、デューク・カハナモクの名にちなんでいる。

> 子連れでのんびり
> 楽しむならここ！

E カピオラニ・ビーチパーク
Kapiolani Beach Park

カパフル通りの防波堤のダイヤモンドヘッド側にあり、適度に波が上がるためボディーボードのスポットとしても人気。比較的人が少ない。週末はビーチバレーを楽しむロコの姿も。

> なるべく人混みを
> 避けるならここ！

☑ ワイキキ・ビーチTIPS

☑ 長い棒のような機械を持ってヘッドフォンした人は何をしている?
機械は金属探知機で、砂浜に埋もれた落し物のジュエリーなどの貴金属を探している。

☑ ウミガメが見られるってホント?
実はかなり浅瀬までウミガメがやってくることもある。発見しても触れたりせず静かに見守ろう。

☑ ビーチに響くボ〜という音は何?
カンチと呼ばれるホラ貝の音。船がビーチから出航したり戻ったりする際、スタッフが吹いて知らせる。

☑ ビーチでは禁酒、禁煙
パブリックなビーチはすべて飲酒や喫煙はできない。罰則が厳しいので注意したい。

☑ 置き引きやクラゲには注意!
海に入る時は置き引きの危険もあるので、必要最低限のものだけを持っていくようにしよう。また時期により発生するクラゲにも注意。

BEACH

🍴 おなかがすいたらここへGO!

SURF

ワイキキ・ビーチ・ビストロ
Waikiki Beach Bistoro
ワイキキ・ビーチの更衣室の隣にある軽食や飲み物を販売するショップ。メニューはプレートランチやサンドイッチ $17.95 〜 など。
📞 808-922-5262
🕐 10:00 〜 16:00

トロピカル・トライブ
Tropical Tribe
アサイボウルの人気店。テイクアウトしてビーチでいただくのはもちろん、店内でイートインも可能。
DATA → P.81

ベアフット・ビーチカフェ
Barefoot Beach Cafe
カピオラニ・ビーチパークそばという好立地ながら、ハイクオリティな食事が楽しめる。水着での利用も OK。
DATA → P.212

ステーキ・シャック
Steak Shack
注文を聞いてから焼いてくれる本格ステーキプレートランチ店。チキンプレート 170g $11.85 など。ビーチで遊び疲れた後のステーキは絶品!
📞 808-861-9966
🕐 10:30 〜 19:30(金・土曜〜 19:45)

ワイキキ・ビーチ・マップ
Waikiki Beach Map

H ロイヤルハワイアンラグジュアリーコレクションリゾート
H モアナサーフライダーウェスティンリゾート & スパ
H シェラトン・ワイキキ
🍴 ワイキキ・ビーチ・ビストロ
ダイヤモンドヘッド
H ハレクラニ
カピオラニ公園
H ヒルトン・ハワイアン・ビレッジ・ワイキキ・ビーチリゾート
🍴 ベアフット ビーチ カフェ
🍴 トロピカル・トライブ
A ワイキキ・ビーチ
クヒオ・ビーチパーク
B グレイズ・ビーチ
🍴 ステーキ・シャック
C フォート・デルッシ・ビーチ
E カピオラニ・ビーチパーク
D デューク・カハナモク・ビーチ
カイマナ・ビーチ

リーヒン
パイナップル

ストロベリー

ブルーベリー

チョコレート

ALOHA DONUT

モチ・ドーナツは各 $3。
6 個で $16.50 です！

キング通り沿いにあり、
ジッピーズの向かい側。
レトロなサインが目印

☞ *Photogenic !*

優しい味わいのモチ・ドーナツが人気

Aloha Donut Co.
アロハ・ドーナツ

人気はモチモチ食感のモチ・ドー
ナツ。常時 5 ～ 6 フレーバーあり、
毎週月曜に新フレーバーが加わる
楽しみもある。モチ・ドーナツの
ほかケーキ・ドーナツとイースト・
ドーナツの 3 種類がある。

ホノルル ♀ 別冊 P16-B1
📞 808-376-8408 ♀ 1742 South King St.
🕐 7:00 ～ 14:00
📅 月曜、祝日は不定休 💳 AMV
🅿 ストリートパーキングを利用
🌐 aloha-donut-co-hnl.business.site

今ハワイで一番アツいスイーツはコレ！
穴まで食べたい 絶品ドーナツ

ハワイのドーナツといえばマラサダだけど、クラシックな穴あきドーナツがハワイで話題沸騰！
100％植物性にこだわるヘルシードーナツなど、店それぞれオリジナリティあふれるドーナツが
ロコたちを虜にしています。

we love donut

抹茶オレオ

チョコレート
メープルベーコン

ビスコフクッキー

笑顔がすてきな
オーナーのサチさん。
ドーナツは 1 個 $4

ドラゴンフルーツ
ブラッドオレンジ

☞ *Healthy*

珍しいスクエアの
手作りドーナツ

**リトル・ヴェッセル・
ドーナツ**

Little Vessels Donut Co.

グルメタウン、カイムキのワイア
ラエ通りと 9th 通りの角にある工
場型のテイクアウト専門店舗で、
週末限定オープンながらすぐに完
売する人気店。ココナッツオイル
で揚げる 100％ ビーガンのドーナ
ツは、独創的なフレーバーが特徴。

カイムキ ♀ P131
🏠 3458 Waialae Ave 🕐 土・日曜 10:00
～ 14:00（第 1・3 月曜は 7:45 ～ 11:00）
※売り切れ次第終了 📅 月～金曜
💳 ADJMV 🅿 店の前の駐車場を利用
🌐 www.littlevesselsco.com

奥まった建物の中にある店舗。看板
が目印

4種の週替わりの
フレーバーが試せる
テイスティング
ボックス $18

ドーナツは4つで $9。
左上から時計回りに、
ストロベリー、ヌテラ、
シュガー＆スパイス、
パウダーウベ

🍩 Healthy
カウアイ島生まれの自然派ドーナツ
ホーリー・グレイル・ドーナツ
Holey Grail Donuts

フードトラックから大ブレイクした、ドーナツブームの火付け役。人気の秘密はポイを加えたオリジナルのドーナツ生地。ヘルシーな有機ココナッツオイルで揚げると軽くてフワフワモチモチに仕上がる。

揚げたて定番のホットシングル$4.50。初めてならまずはこちらをオーダーしよう

ワード ♀ P.308
📞 808-482-0311 🏠 1001 Queen St.（アエオショップス内）🕐 7:00 ～ 19:00（金・土曜～21:00）📅 12/25 💳 ADJMV 🅿 ワード・ビレッジ駐車場を利用 🌐 www.holeygraildonuts.com

ウベの優しい甘さが特徴のウベラテ$8　オーダーしてから揚げてくれるのでその場ですぐに食べよう！

🍩 Healthy
グルテンフリー＆
植物由来のミニドーナツ
リイリイ・ドーナツ
Li'ili'i Donut

KCC ファーマーズ・マーケット（→ P.270）やカイルア・ファーマーズ・マーケットで出店しているドーナツショップ。ひと口サイズのかわいいドーナツはグルテンフリーで、ダイエット中のおやつにぴったり。

ホノルル ♀ 別冊 P15-B4
📞 808-741-0079 🏠 カピオラニ・コミュティ・カレッジの駐車場（KCC ファーマーズ・マーケット内）🕐 土曜 7:30 ～ 11:00 📅 日～金曜 💳 不可 🅿 カピオラニ・コミュティ・カレッジの駐車場を利用 🌐 www.liilidonuts.com

オーナーのトラヴィスさんと娘さん

揚げていないのでとってもヘルシー

＼ こちらもチェック！／

ドーナツは2個で$8。
写真はストロベリーとチョコレート

ドーナツは
ひとつ$3.25。
1ダース$33 ～

🍩 Classic
コーヒーによく合う
クラシカルドーナツ
スプラッシュ・バー
Splash Bar

シェラトン・プリンセス・カイウラニにあるプールサイドレストラン。2023 年に新たにモーニングにドーナツメニューがスタート。シェフオリジナルのドーナツのほかスコーンも用意。

ワイキキ
DATA → P.44
宿泊客以外も利用可能

🍩 Photogenic!
見た目にも楽しいカラフルドーナツ
パーヴェ・ドーナツ・ストップ
Purve Donut Stop

オーダーしてから揚げてくれるので、アツアツのドーナツがその場で食べられるのがうれしい。甘めの味つけで、コーヒーとの相性が抜群。

アラモアナ 別冊 P.28-B2
📞 808-200-3978 🏠 1234 Kona St. 🕐 6:00 ～ 14:00 📅 不定休 💳 AJMV 🅿 店の前に無料駐車場あり 🌐 www.purvehawaii.com

カラフルなアートがかわいらしい店内

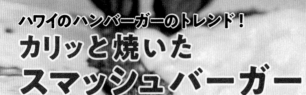

ハワイのハンバーガーのトレンド！

カリッと焼いた
スマッシュバーガー

こんがり
ジュワッとアツアツ♡

パティを鉄板にギュッと押し付けて焼くことでうま味を閉じ込める「スマッシュバーガー」のブームがハワイにもやってきた！ 知る人ぞ知るフードトラックの名店から、あの有名店まで、「スマッシュバーガー」人気の波に乗るお店をご紹介。

ストロベリー・ミルクシェイク $7.50
ミルクシェイクは、ストロベリーのほか6種を用意

50'sバーガー $10.50
カウアイ島産のビーフパテに50'sソースをかけたクラシックなハンバーガー

アロハ・スマッシュ・バーガー $10.50
野菜もできるだけ地元産を使用。パティは外がカリッと中はジューシー

フードトラックから火がついた
チャビーズ・バーガー
Chubbies Burgers
フードトラックの人気店が、2022年にレストランをカイムキにオープン。1950年代のクラシックなスタイルのハンバーガーショップで、パティをスマッシュして提供する50'sバーガーが一番人気。

カイムキ ♥ P131
☎ 808-291-7867　🏠 1145C 12th Ave.　🕙 10:30 〜 21:00
🚫感謝祭、12/25　💳 AMV
🅿 付近のコインパーキングを利用
🌐 www.chubbiesburgers.com

僕らのこだわりのバーガーを食べにきてね！

カウンターでオーダーし支払いを済ませてからテーブルへ着く

カスタマイズして自分だけのバーガーを！
アロハ・スマッシュ・バーガー・ワイキキ
Aloha Smash Burger Waikiki
パティをギュッと押し付けて焼くスマッシュバーガーがシグネチャー。ハンバーガーのメニューは2種類あるほか、自分でカスタムビルドすることができるので組み合わせは自由自在！

スパイシー・ディーン・バーガー $14.50
自家製ソースが肉との相性抜群！

ワイキキ ♥ 別冊 P.20-A2
☎ 808-281-2772　🏠 407 Lewers St.　🕕 6:00 〜 22:30　🚫日〜火曜　💳 ADJMV（現金不可）
🅿 付近のコインパーキングを利用

カラフルなフードトラックが目印

ファン・ガイ $10
ハワイ産牛挽肉パティ、ハパティチーズ、マッシュルームなどで作るバーガー

ベーコン・ミー・クレイジー $6
フライにシークレットソースとベーコンをミックス

オール・アメリカン $9
ジューシーなパティ、チェダーチーズ、シークレットソースがたっぷり

自家製パティで作るスマッシュバーガー
シェイズ・スマッシュ・バーガーズ
Shay's Smash Burgers

2020年9月にオープンしたフードトラックは、林の茂みの中で隠れた場所にありながらも、おいしいと瞬く間に口コミで広がり、閉店前には売り切れてしまうほどの知る人ぞ知る名店。

ホノルル ♥別冊 P.7-B4
☎ 808-460-0951
🏠 98-291 Kamehameha Hwy.
🕐 11:00 ～ 16:30
（土曜 12:00 ～ 15:00）
🚫 日曜　ADJMV
🌐 shayssmashburgers.com

お店がある場所は一帯の土地を切り拓き、フードトラックパークになる予定

肉汁たっぷりの豪快なスマッシュバーガー
デイリー　The Daley

ハンバーガーは、デイリー・バーガーとダブルダウン $12.50（パテ2枚）、ビヨンド・バーガー（プラントベース）の3種類のみ。目の前で豪快に焼き上げるパティの香りに食欲をそそられる。

ホノルル ♥別冊 P.26-B2
🏠 1110 Nuuanu Ave.　🕐 11:00 ～ 20:00
（日曜 18:00）　🚫 1/1、感謝祭、12/25
💳 AMV　🅿 ストリートパーキングを利用　🌐 www.thedaleyburger.com

ハンバーガー一本で勝負しています!!

デイリーバーガー $8.50
ジューシーハンバーガーのパテは、カウアイ島の放牧牛を使用

ハンバーガーショップらしからぬ、モノトーンでスタイリッシュな店内

ハワイ学生御用達のハンバーガー
ベティーズ・バーガー Betty's Burgers

ハワイ大学の近くにあり、いつも学生たちでにぎわう。ハンバーガーのパティはハワイ島の放牧牛を使用し、野菜もできるだけ地元産にこだわる。価格が手頃なのもうれしい。

ホノルル ♥別冊 P.16-A2
☎ 808-762-0099　🏠 1025 University
Ave.　🕐 11:00 ～ 21:00　🚫 不定休
💳 AMV　🅿 バックスアレイのパーキングを利用
🌐 www.bettysburgershi.com

ベーコンデラックスウィズ・チーズ $8.95
ジューシーなパティに、クリスピーなベーコン、チーズ、レタス、トマト、タマネギ付きと具材豊富

サーフボードが飾られ波の壁画が描かれた、ハワイらしさいっぱいの店内

和牛バーガー $23.95
ワサビアイオリソースなど、和のテイストが感じられるバーガー

有名コーヒー店の絶品バーガー
アイランド・ヴィンテージ・コーヒー
Island Vintage Coffee

100%コナ・コーヒーやアサイボウルの人気店、「アイランド・ヴィンテージ・コーヒー」でオーダーできる和牛バーガー。高品質の和牛を贅沢に使ったパティは肉汁があふれる。

ワイキキ
DATA → P.227

隣接するアイランド・ヴィンテージ・ワインバーでもオーダー可能

コスパ◎ & 時短なら！
To Goグルメ&デリバリーのススメ

レストランでしっかり食事するのもいいけれど、テイクアウトしてハワイの風を感じながら食べるランチもまた格別。家族連れや遠出をして夜遅めにホテルへ戻ってきた時なら、ホテルまで届けてくれるデリバリーも有効活用したい。

(A) ダイヤモンドヘッドが見える
オープンカフェ

ノッツ・コーヒー・ロースターズ
Knots Coffee Roasters

クイーン カピオラニ ホテル 1 階にあるリラックスした雰囲気が魅力のオープンエアのカフェ。コナ・コーヒーをはじめ、3 階のデックで作る軽食も楽しめる。

ワイキキ 別冊 P.22-B2
📞 808-931-4482　クイーン カピオラニ ホテル 1F　🕐 6:00 ～ 16:00
🗓 無休　💳 ADJMV
🅿 ホテルのパーキングを利用
🌐 www.knotscoffee.com

> 別冊 P.22-C2

カピオラニ・ビーチパーク周辺で！

抹茶が濃厚で味わい深い宇治抹茶ラテ (L) $7.50

(A) 毎日キッチンで焼き上げるチョコレートクロワッサンなどのペイストリー $6～

(A) バタフライピーティーにバニラシロップとレモンを加えたラテ $6

(B) 気軽にヘルシーフードを To Go

タッカー & ベヴィー・ピクニックフード
Tucker & Bevvy Picnic Food

ヘルシーな料理を、ピクニックフードのように肩ひじ張らず楽しめるカフェ。新鮮フルーツから作るスムージーはどれも飲みやすい。

ワイキキ 別冊 P.22-B2　📞 808-922-0099　パークショア・ホテル 1F　🕐 6:30 ～ 15:00
🗓 無休　💳 JMV　🅿 周辺のパーキングを利用　🌐 www.tuckerandbevvy.com

(B) 中東発祥のスパイス、デュカとアボカドの相性が抜群のスマッシュドアボカド $10.50

(B) スイカのコールドプレスジュース $8.99

濃厚なハワイアンボウル $7.75 ～（トロピカルトッピング+ $2）

(C) アサイとガラナベリーのジュースとブレンドしたトロピカルトライブボウル $8.05 ～（パワートッピング+ $1.45）

(C) 本格アサイボウルの人気店

トロピカル・トライブ Tropical Tribe

ビーチでテイクアウトするのにぴったりな、ヘルシーアサイボウルを販売する。ひんやりスムージー $6.60 ～も人気。

ワイキキ **DATA → P.81**

(D) フルーツ感がたまらないストロベリーグアバソルベ $9

(D) 地元民に愛される果実店

ヘンリーズ・プレイス
Henry's Place

小さな店舗ながら、ファン多数のフルーツショップ。アイスソルベやサンドイッチなど、軽食メニューが人気だ。

ワイキキ 別冊 P.20-B2
📍 234 Beach Walk.　🕐 9:00 ～ 22:00
🗓 無休　💳 不可　🅿 付近のコインパーキングを利用

> 別冊 P.20~23

ワイキキ・ビーチで！

ウーバーイーツデリバリーの流れ ※一例

- アプリをインストール後、受け取り場所にホテルの住所を登録。※念のためデリバリーを受け取っても問題ないかホテルに確認を。

→

- レストランを検索または現在地周辺から目当てのお店をタップ。
- 料理をカートに入れてカード決済。

→

- 配達がスタートするとアプリ上で到着時間などの配達状況が確認できる。

→

- 受け取りはホテルのエントランス、または車よせ。ホテルやドライバーによっては部屋まで持ってきてくれることもあるが、セキュリティの問題もあるので、事前に確認しておこう。

＼ ホノルル周辺でデリバリーするならココ！ ／

Uber Eats
アプリはコレ

スムージー／アサイボウル
ハイ・ブレンド・ヘルスバー ＆ カフェ
📍別冊 P.29-A3
DATA → P.80

多国籍料理
エタァル
📍P.131
DATA → P.279

メキシコ料理
アレハンドロズ・メキシカン・フード
📍P.130-A
DATA → P.250

ハンバーガー
ベティーズ・バーガー
📍別冊 P.16-A2
DATA → P.39

プレートランチ
L＆L ハワイアン・バーベキュー
📍P.299
DATA → P.223

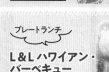

ハワイアン料理
ヘブンリー・アイランド・ライフスタイル
📍別冊 P.21-B3
DATA → P.234

アメリカン料理
ルルズ・ワイキキ
📍別冊 P.22-B2
DATA → P.243

アメリカン料理
デック
📍別冊 P.22-B2
DATA → P.44

プレートランチ
パイオニア・サルーン
📍別冊 P.23-A4
DATA → P.224

和食・うどん
丸亀うどん
📍別冊 P.21-A3
DATA → P.256

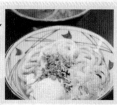

※店舗は一例。利用できる店舗は変更になる可能性あり

料理もお酒もハイクオリティ
ニューフェイスのバー

ハワイのオトナ時間を彩ってくれるバー。スピークイージー風の隠れ家バーや、クラフトカクテルが自慢の店など、ハワイのバーはどんどん進化中! おいしい料理とすてきな空間で、お酒がいつもより進むかも。

ダウンタウンで話題のスピークイージー・バー
レイ・スタンド The Lei Stand

ダウンタウンにはレイを販売するレイ・スタンドが多いが、そこからヒントを得たというオシャレなバー&レストラン。レイ・スタンドに見える入口から奥へ進むと、そこにはムードのある別世界が広がる。カクテルのクオリティには定評がある。

ダウンタウン 別冊 P.26-B2
- 808-773-7022　1115 Bethel St.
- 17:00～23:00　日・月曜、感謝祭、12/25、12/31　AJMV　ストリート・パーキングを利用
- www.getleid.co

気軽に飲みに来てね!

ムードある照明に、ゆったりしたソファが置かれた店内

ペタル・プッシャー $18
マウイ島のフィッド・ストリート・ジンにレモン・ジュースやコッキ・アメリカーノを加えたカクテル

マスター・オブ・セレモニー $19
リッテンハウス・ライ・ウイスキー・ベースのカクテルに、マカデミアナッツ・ブリトルをトッピング

レイも売っています!

つくねとハバルティ・チーズをサンドした**つくねサミー $19**と、ワッフルにバター、ウニをトッピングした甘辛の**ウニワッフル $24**

カウンターはリゾート感たっぷりのブランコ席が人気

ハワイを代表するカクテル、**ビーチサイドマイタイ** $15（左）とジンベースの**チェイスドリーム** $12（左）

自家製フォカッチャ、チーズディップとアボカド添えの**スモーク・キャッチ・ディップ** $14

古きよきワイキキを感じるレストラン&バー

ヘイデイ Heyday

ホテルの中庭にあるプールを囲むようにテーブルが配されたバー。緑あふれるゆったりとしたスペースの中、ダウンタウンの名店「フェテ」が手がける絶品料理やカクテルとともにくつろぎの時間が楽しめる。

ワイキキ ♀ 別冊 P.21-A3
☎ 808-475-6864 ⌂ ホワイトサンズホテル内
🕐 12:00 ～ 22:00 休 無休 💳 AMV
Ⓟ ストリートパーキングを利用 🌐 www.heydayhawaii.com

異空間でいただく
夢の料理とカクテル

シーアスパラガスを添えた**キュアードハマチ** $30（ハマチの塩漬け）、ダックとフォアグラの**テリーヌ** $34 など

ポッドモア Podmore

予約の取れない人気店セニアの姉妹店で、朝はブランチ、夜はバーとしてカクテルと軽食を提供する。オリジナリティにあふれた美しい創作料理とカクテルは、他の追随を許さないクオリティだと評判だ。

ブランチメニューの**スモーク・スフレ・パンケーキ** $20。大人な味わい

目の前で香りづけしてくれる！

スプリング・チャンチャオ $30。ピムス・ナンバー1やジンジャー・レモンなどを使った宝石箱のようなカクテル

ダウンタウン ♀ 別冊 P.26-B2
☎ 808-521-7367 ⌂ 202 Merchant St.
🕐 9:00 ～ 13:30、16:30 ～ 23:00（土曜 17:00 ～、日曜 17:00 ～ 22:00）休 月・火曜、感謝祭、12/24～12/27 💳 AJMV
Ⓟ ストリートパーキングを利用
🌐 www.barpodmore.com

パイナップルやココナッツなどの風味を楽しめるラムのカクテル、**バンダニマル** $15

フードランド内にあるおしゃれバー

イレブン Eleven

アラモアナのフードランドファームズ内にあるカクテルラウンジ。アロハスピリットを感じる、おしゃれな雰囲気の店内で、ミクソロジストが作り出すオリジナルカクテルをはじめ、多彩なバーメニュー、デザートを楽しめる。

ローストビーツ $12 は、豆腐ペーストの上にイナモナ、クレソンなどが添えられている

アラモアナ ♀ P292
☎ 808-949-2990 ⌂ フードランド ファームズ アラモアナ内 🕐 17:00 ～ 23:00（金・土曜 16:30 ～ 24:00）休 月・火曜
💳 AJMV Ⓟ センターのパーキングを利用 🌐 elevenhnl.com

円安でもとことん楽しむ！
ハッピーアワー
でお得ディナー

物価高騰への対策は色々あるけれど、手軽なのがレストランのハッピーアワーを利用すること。アルコール類は$6〜10と通常価格よりも安く、料理もお得に提供している。ハッピーアワーの時間帯は人気なので、早めにお店へ向かおう。

$7

$12

$12

リーヒンブレンデッドマルガリータ
酸味のあるリーヒンを使用したユニークなカクテル

コナ・ブリューイング
「ビッグウェーブエール」か「パイナップルIPA」を選べる

プリンセス・パンチ
ジンベースのパイナップルのカクテル

Happy Hour
15:00 〜 17:00

プールの周りを囲むように席が並ぶ開放的な店内

ワイキキ ♥別冊 P.21-B3
☎ 808-931-8653 ♠ シェラトン・プリンセス・カイウラニ 1F ⏰朝食 6:30〜10:30（土・日曜〜 11:30）、10:30〜21:00（土・日曜 11:30〜）、バー 18:30〜22:00 ❌無休 🅰ADJMV 🅿ホテルの駐車場を利用 ⊕ www.splashbarwaikiki.com/jp/

カジュアルなプールサイドバー
スプラッシュ・バー
Splash Bar

シェラトン・プリンセス・カイウラニのプールサイドに入るリゾートらしいオールデイダイニング。15〜17 時のハッピーアワーはププ（おつまみ）が $5〜9 とコスパ◎。ワイキキの中心地にありアクセスも至便。

$8

$6

$9

お酒のお供に欠かせないフライドポテトとオニオンリング

カリカリなペパロニ、自家製トマトサルサ、ハラペーニョの盛り合わせのローデッドテータートッツ

カルアピッグをサンドしたカルアピッグスライダーズ

自家製マイタイと黒酢で作るグレイズド・チキンウィングス

$13

$12

Happy Hour
14:00 〜 16:00

ダイヤモンドヘッドがインテリアになった店
デック Deck.

いまやハワイに到着したらここに直行する人も多いという人気店。クイーン カピオラニ ホテルの 3 階、プールの隣に位置し、ハワイの味にインスピレーションを受けたアメリカ料理を楽しめる。

ワイキキ ♥別冊 P.22-B2
☎ 808-556-2435 ♠ クイーン カピオラニ ホテル 3 階 ⏰ 6:30〜22:00（金・土曜〜 23:00） ❌無休 🅰DJMV 🅿ホテルの駐車場を利用 ⊕ deckwaikiki.com

$12

チップスをディップしていただく自家製ワカモレ$12とリリコイマルガリータ$12

ノンアルコールドリンクも提供する

ハワイの食卓の味がモダンに変身
ピコ・キッチン＋バー
PIKO Kitchen+Bar

パウハナ（仕事終わり）にロコたちがくつろぐ場所をイメージし、ハワイならではの多国籍な食文化をモダンにアレンジし提供する。お通しもおつまみではなくショットグラスなのが斬新だ。

ワイキキ 📍別冊 P.21-A4
📞 808-923-2032 🏠 ワイキキマーケット ⏰ 7:00 ～ 23:00 🚫 無休
💳 AJMV 🌐 pikowaikikihawaii.com

Happy Hour 14:00 ～ 17:00

お通しで提供される
カルピスソーダ

$10

$10

個性的なフレーバーのルートビア・リッキー

鮮やかな色のマンゴミュール

キングスハワイアンのパンで挟んだ
ショートリブ・スライダーズ

$12

ベトナム料理のディッピングソースをからめたスティッキーウィングス

$13

Happy Hour 16:00 ～ 18:00

$14

ワンタンチップスとマグロのポケのアヒポケナチョス

心地いい風が通るオープンエアのラウンジ
ワイオル・オーシャン・キュイジーヌ
Wai'olu Ocean Cuisine

トランプ・インターナショナル・ホテル・ワイキキのロビー（6F）にあり、シーフードをメインにした料理の数々とハイクオリティなドリンクを提供する。ハッピーアワーのビールは $5 と破格の値段。

ワイキキ **DATA → P.253**

看板メニューのイリケアズマイタイはマストオーダー（通常メニュー）

$16

豊富なワインと料理が揃う
アイランド・ヴィンテージ・ワインバー
Island Vintage Winebar

充実のワインセレクションで人気のワインバー。ハッピーアワーにはスモークドアヒディップ、フライドポテトといったアルコールにぴったりな料理が揃う。隣接のアイランド・ヴィンテージ・コーヒーのメニューもオーダーできる。

ワイキキ **DATA → P.258**

$5

ニンニクががっつり効いたビールにぴったりのガーリックフライ

Happy Hour 15:00 ～ 17:00

醤油ガーリックソースで味付けされたチキンウィング

$8

$8

バルサミコオニオンのピクルスと燻製されたアヒをタロイモチップスとともにいただくスモークドアヒディップ

ペットボトルを再生したティータオル。キッチンやバスルームを明るく彩る Ⓐ

ローズマリーやセージを配合したマウイ島発のソイキャンドル Ⓐ

各$20

$24

地元アーティスト作のオーナメント。ハワイの景色や植物が描かれている Ⓐ

何度も使えるビーズコットンラップ。ノース・ショアで作っている Ⓑ

ハワイのビーチの清掃活動で収拾されたマイクロプラスチックを使用したピアス Ⓐ

$15

$20

ナチュラルケアのブランド「ケアリア・オーガニクス」のソープセット Ⓓ

$30

$20

★ 最新ハワイみやげはエコでかわいい ★

サステナブルショップ

Ⓐ 洗練されたギフトアイテムがずらり

クラシック・ウェーブ・ブティック
Classic Waves Boutique

ローカルアーティストの商品、エコフレンドリーやサステナブルな取り組みを行っているブランドのユニークな商品を扱う。人気ブランド「アロハ・コレクション」とコラボした限定アイテムなどは見逃せない。

カイルア
DATA → P.65

上カイルア・ショッピング・センター内にある 左多彩なアイテムが並びギフト探しに最適

Ⓑ プラスチック・フリーを提唱するショップ

コクア・ジェネラル・ストア
Kokua General Store

シンガーのジャック・ジョンソンが所属する団体が立ち上げた、プラスチック・フリーを目指すショップ。ゴミを出さない、プラスチックを使用しない日用品、バッグ、リサイクル・アイテムを多く揃える。

ハレイワ
DATA → P.334

上この店を拠点にコミュニティ活動も行っている 左店内にはソープの量り売り、アロハやムームー、ロゴグッズと品揃えが豊富

$44

ローラー式で使いやすいパフュームオイル **D**

各$26

リサイクルされたステンレスを使って作られたオリジナルエコボトル **B**

ハワイのアーティストとコラボしたパズル。作って、飾って2度楽しめる **A**

$44

プラントベースで肌に優しい「Aim HI」のボディミスト、ヘアーミスト、フェイスミスト **B**

$50

へGO!

美しい海や山が広がるハワイでは、古くから自然を愛し、サステナブルな暮らしを取り入れてきた。近年はそんな持続可能な社会を目指したいと、ハワイらしいデザインかつエコフレンドリーなアイテムを揃えるお店が増加中。

ハワイらしい草花柄がプリントされた落ち着いた印象のワンピース **C**

カジュアルにもフォーマルにも使える便利なワンピース。涼しげな見た目も◎ **C**

$68

$118

洗濯してもシワになりにくい、チェリーブロッサム柄のワンピース **C**

$118

C ハワイの大人の女性のための地産地消ブランド

オールウェイズ・エー・ライン
Always a. line

カカアコに自社工場を持ち、フィット感とデザイン性を実現するこだわりの生地を使ったアイテムが並ぶ。ハワイの自然をイメージしたモダンなイラストが特徴的なワンピースが特に人気。

ワード
DATA → P.335

上サウス・ショア・マーケット内に入る　左モダンハワイアンなプリントはカカアコの工場で行う

D ゼロ・ウェイストをテーマに掲げる

キープ・イット・シンプル
Keep It Simple

地球に優しいエコで持続可能な素材で作られた、ヘルス、キッチン、ビューティ製品が揃う。量り売りのオーガニックソープやシャンプーも人気。ほんの少し環境に優しくなれる、エコで可愛いアイテムを手に入れよう。

カイムキ
DATA → P.334

上写真はカイムキ店。ほかにワイキキ、コオリナに店舗がある　左量り売りで購入するためのボトルも販売する

47

今注目のリノベーションホテル
ツイン フィン ワイキキ に泊まろう！

4名宿泊できるダイヤモンドヘッドビュー・トリプルダブル

海遊びを満喫できるカジュアルホテル
ツインフィン ワイキキ
Twin Fin Waikiki

2022年11月、ワイキキのホノルル動物園寄り、クヒオ・ビーチの目の前に開業したオーシャンフロントホテル。「ツイン フィン」とは、1970年代に流行したフィンがふたつ付いたサーフボードのことで、まさに眼前のクヒオ・ビーチのような小〜中程度の波に適しているのだそう。そんなサーフィンをテーマにした客室の85％はオーシャンビュー・パーシャルオーシャンビューという海を身近に感じられる空間が魅力。美しい海や自然に配慮し、プラスチックを使用しないなど、エコな取り組みも行っている。21階のラウンジ、ココナッツ クラブや海遊びの道具をレンタルできるビーチビーチキャンディー・ワイキキなど、宿泊者専用の諸施設も充実しているのがうれしい。

`ワイキキ` `DATA → P.389`

フィンの形をかたどったモダンなデザインがおしゃれ

1 プライベートラナイ付きのオーシャンフロント。キングベッド1台またはダブルベッド2台から選べる　**2** 客室のウオーターボトルはプラスチックフリーを掲げる俳優ジェイソン・モモアが立ち上げた飲料水販売会社「マナナル」を使用。水はロビーにあるサーバーで補充できる　**3** 21階のラウンジ、ココナッツ クラブからのビュー。ひたすら延びるカラカウア通りとワイキキ・ビーチ、ダイヤモンドヘッドが一堂に見られる　**4** 広々快適なオーシャンビュー・ジュニアスイート　**5** ワイキキ・ビーチも望めるプールは9:30〜21:00

ここ数年、ホテルの改装やリノベーションが活発なワイキキ。
なかでも数百万ドルかけた改装工事を経て生まれた
ツインフィンワイキキはハワイ発祥のサーフィンをテーマにした注目のホテルだ。

遮るもののない
ビューを目の前
にしていただく
モーニングは、
至福のひと時だ

ツイン フィン ワイキキのここをCheck！

絶景を望む**ココナッツ クラブ**での朝食

朝食付きプランで予約すると21階のココナッツ クラブ
が利用可能。日替わりのメイン料理3種から1品選ぶこ
とができ、ヨーグルト
バーやドーナツなどの
ペイストリー、フルー
ツはおかわり自由。

1 テラス席は遮るもののないオーシャンビューが広がる圧
巻のロケーション　2 朝食プランは1日$55で大人2名子供2
名まで利用可能とお得！

ハワイアンカルチャーレッスンが充実！

宿泊者が参加できるハワイアンカルチャーアクティビ
ティを毎日実施（10:00～12:00）。フラレッスンやウ
クレレレッスン、レイメイキングなどどれも予約不要。

プールサイドのスペースで開催される。英語だがスタッフ
が親切に教えてくれる

ハッピーアワーもお得な
ティキズ・グリル＆バー

ワイワイ楽しんで

ホテルのメインレストラン。毎日
15:00～17:00のハッピーアワーは
ビールが$6とお得。

1 1944マイタイ$19、ラ
ヴァ・フロウ$16、アヒ
ポケワンタンスライダ
ーズ$18など　2 ホテル
3階プールエリアの横に
ある

海遊びが楽しくなる
「**ビーチキャンディー・ワイキキ**」が利用可能！

1室1泊につき付与される3ポイントを使って無料でレ
ンタルできる。ビーチチェア、パラソル、ビーチトイ、
クーラーボック
スなどが揃う。
● 7:00～17:00

1 レンタルは人気なので、午前
中早めの利用がおすすめ！
2ホテルの1階にあるので便利

ビーチに行くときにマット代わりにもなる速乾性に優れたマイクロファイバータオル$38

客室の壁紙のデザインになっているモンステラ柄のビーチサンダル$18は定番人気

保冷保温どちらも長持ちするマグカップ$32。底の部分がコルクになっているのがおしゃれ

新商品がないか常にチェックしたい

おしゃれアイテムならここで
ザ・レイロウ・ギフトショップ
The Laylow Gift Shop
ワイキキのおしゃれブティックホテル、ザ・レイロウ・オートグラフコレクションの2階にあるショップ。モンステラやフラガールなどがモチーフの、ハワイらしいデザインのアイテムはおしゃれと評判。 `ワイキキ` `DATA → P.334`

宿泊客以外の観光客も多く訪れる

センスのいいハワイみやげ
ホテルオリジナルショップに

ホテルグッズショップ併設のカフェ
Bサイドコーヒーバー
B-side Cofee Bar
2023年5月にオープンしたウェイファインダー ワイキキに入るカフェ＆ショップ。レトロ＆ビンテージテイストのホテルらしいデザインのアパレルやマグカップなどの雑貨が揃う。

`ワイキキ` ♥別冊 P21-A4
📞 808-922-4744（ホテル代表）
🏠 ウェイファインダー ワイキキ 1F
🕕 6:00 ～ 17:00 🈚 無休
💳 AJMV 🌐 www.wayfinderhotels.com/hotels/waikiki

☑これも人気！

オーバーサイズで着たいスウェットシャツ$58

ビーチに持っていきたいタオル$45

ロゴ入りのシンプルなマグカップ$14

さっぱりいただけるココナッツパイナップルルイボスティー $5

ホテルのロゴが入ったモダンなデザインのバスローブ$150

カフェスタンドの奥にこぢんまりと併設された売り場

☑ これも人気！

ほんのりグアバが香る
キュートなグアバパン
トケーキ $5.50

サクサク食感がたま
らないチョコレート
クロワッサン $5.50

ドリンクなどに刺
せば一気にリゾー
ト感あふれるカク
テルピック $10

6時かからと早
朝からオープ
ンしているの
がうれしい

限定アイテムが魅力のホテル直営ベーカリー
ロイヤル ハワイアン ベーカリー Royal Hawaiian Bakery
ロイヤルハワイアンホテルの美しい中庭を望みながらカフェタイムが楽しめ
る。スイーツやペイストリーのほか、ホテル限定のパンケーキミックスや雑貨
類などは要チェック。

マウイフルー
ツジュエルズ
のショートブ
レッド $15

ピンク・パレス
パンケーキのミ
ックス $15

ホテルの人気バー、
マイタイ バーのウオ
ーターボトル $30

ワイキキ ♥別冊 P.21-B3
☎ 808-923-7311 🏠ロイヤル ハワ
イアン ラグジュアリー コレクショ
ンリゾート 1F ⏰ 6:00 ～ 12:00
🚫無休 💳ADJMV
🌐 https://www.royal-hawaiian.jp/
dining-overview/royal-hawaiian-
bakery/

揃っています

ショッピングセンターでのお買い物もいいけれど、実は宿泊しているホテルでも
おみやげにぴったりなアイテムが見つかるかも。
ホテルをはしごして、センスのいいオリジナルのグッズを探しに行くのも楽しい。

キュートなアイテムとコーヒーも買える
バンクス・ジャーナル・アット・ザ・サーフジャック・ホテル
Banks Journal at The Surfjack Hotel
1960 年代のオールドハワイをコンセプトにしたホテルに入るプールサイド
のショップには、ホテルオリジナルグッズはもちろんオンライン販売のみの
「バンクス・ジャーナル」の実店舗が入る（※）。

ワイキキ DATA → P.335

店内にはコーヒースタンドも併設

ハイビスカスやヤ
シの木柄といった
ハワイの自然がプ
リントされたバケ
ットハット 各 $40

ホテルのプールに描か
れている「Wish You
Were Here!」が入っ
たブランケット $155
は一番人気商品

☑ これも人気！

抹茶ラテ $4.5 とカフェ
ラテ $4。買い物の合間
にひと息つこう

人気アーティスト、ア
シュカーンとのコラボ
数量限定トランプ $20

大人から子供向けまで！
ハワイのホテルはときめくプールで選ぶ

ハワイステイで重要なホテル選び。何を基準に選ぶか悩んでいるなら、魅力的で思わずときめくプールがあるかどうかを考えてみてはいかがだろう。入ってよし、カクテル片手にぼんやりするもよし。リゾート気分を高めてくれるホテルのおすすめプールを厳選してご紹介！

＼ときめきPOINT／
シェラトン・ワイキキの
ヘルモア・ファミリー・プール

子供連れならこちらのプールがおすすめ。シェラトン・ワイキキとロイヤルハワイアン ラグジュアリー コレクション リゾートのゲストが利用可能。20mの子供向けウォータースライダーや温かいジャグジーなども完備。

`ワイキキ`
🕐 8:00 ～ 20:00

もちろん大人も楽しめる

＼ときめきPOINT／
シェラトン・ワイキキの
インフィニティ・エッジ・プール

「ハワイのインフィニティプール」と聞くと真っ先に名前が挙がるのがここ。全米ベスト・ホテルプールで1位に輝くなどその美しさは折り紙付き。その特徴はワイキキ・ビーチに並行して広がる北米屈指の長さ。ダイヤモンドヘッドはもちろん、冬には海へと沈むサンセットを眺めることができる。

`ワイキキ`
🕐 8:00 ～ 20:00
🈲 利用は16歳以上から

無料のチェアのほか、有料のカバナもレンタル可能

インフィニティプールって？
プールの外縁部が水で覆われているため、景観に溶け込み無限に続いていくように見えるプールのこと。

＼サンセットもすばらしいよ／

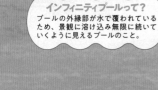

プールサイドバー：ザ・エッジ・オブ・ワイキキ

プールサイドバー：マヒナ & サンズ

お昼寝や読書など思いおもいに過ごそう

星野リゾート
サーフジャック ハワイ
のプール

「Wish You Were Here!」（あなたもここにいたらいいのに！）というホテルを象徴するサインが印象的なおしゃれなプール。1960 年代のレトロな雰囲気なワイキキにタイムスリップしたかのような穏やかな空間が魅力だ。

ワイキキ
●8:00 ～ 17:30（18 歳以上は 8:00 ～ 17:30、18:00 ～ 21:00）

フロント近くにはサンゴに優しいリーフセーフな日焼け止めも設置する

ホワイトサンズ ホテルの
プール

豊かな緑に囲まれ、隠れ家感たっぷりのプールはアットホームで時間がゆっくり流れる。プールに隣接したバー、ヘイデイでの食事も外せない。低層階ならではの、のんびり感はワイキキ随一だ。

ワイキキ
●9:00 ～ 21:00

バー＆レストランのヘイデイは宿泊者以外も利用可能

プールサイドバー：ヘイデイ（→ P.43）

まるでワイキキにいることを忘れてしまいそうなレトロな空間

🏐 こちらのプールもおすすめ！ 💿

ヒルトンバケーションクラブ ザ モダン ホノルルの
サンライズ・プール

ウッドデッキに囲まれたサンライズ・プールは緑があふれるガーデンのような雰囲気が特徴。プールサイドチェアではカクテルやドリンクもオーダー可能

ワイキキ
●7:00 ～ 21:00

ワイキキ・ビーチ・マリオットの
ケアロヒラニファミリープール

ケアロヒラニタワーにあるプールは小さな子供も楽しめる浅めのプール。芝生が敷き詰められたエリアではアクティビティを楽しめたりと、ワイワイするのにぴったり。

ワイキキ
●7:00 ～ 22:00

トランプ・インターナショナル・ホテル・ワイキキでかなう
夢のおこもりステイ

2009年の開業以来、リピーターから根強い人気を誇るワイキキ屈指のラグジュアリーホテル、トランプ・インターナショナル・ホテル・ワイキキ。フォーブス・トラベルガイド9年連続5つ星獲得に裏付けされたサービスや設備、何より「ハワイで暮らす」を実現してくれる滞在体験が訪れる人を虜にしている。

Reason/1
息をのむほどの絶景が広がる ラナイ

ワイキキの西側に位置していることもあり、緑豊かなフォート・デルッシ・ビーチが一望できる部屋も。早朝にラナイに出れば、鳥たちの大合唱と波の音に包まれる。

2世代、3世代家族でも利用したい
トランプ・インターナショナル・ホテル・ワイキキ
Trump International Hotel Waikiki

一流のグルメや人気のショップが建ち並ぶショッピングモール、ワイキキ・ビーチ・ウォーク地区に立つ。1階の車寄せを抜け6階へ上がると、ワイキキ・ビーチや公園といった自然が目に飛び込んでくるオープンエアなロビーが広がる。初めてでもきっと「帰ってきた」と思える瞬間だ。客室はステューディオでも約37m² ～ 52m² とゆったり快適。全室キッチンまたはキチネットを完備するレジデンススタイルながら、ハウスキーピングは1日2回、使った食器などキッチン周りの清掃もしてもらえるという、コンドミニアムでホテルのサービスが受けられるという贅沢ぶり。そのサービスはフォーブス・トラベルガイドでオアフ初となる9年連続5つ星を獲得する最高級のものだから、リピートしたくなるのも納得だ。

ワイキキ [DATA → P.375]

家族連れに人気のデラックス1ベッドルーム。広さ約70m²で快適

Reason/2
隠れ家感のある6階のチェックインロビー

レジデンススタイルとあって、ロビーは6階にある。心地いい風が吹き抜ける広々としたロビーは、ワイキキにいることを忘れさせてくれるような穏やかな空間だ。

ハワイでいちばんおこもりしたくなるワケ

Reason/3

フォーブズ・トラベルガイドで9年連続5つ星に裏付けされた一貫性のあるサービス

暮らすように宿泊できる一方、ゲストごとに合わせた細やかなサービスが受けられる。ホテルスタッフのほとんどは日本語を理解でき、アットホームなコミュニケーションを取ってくれる。

1 宿泊ゲストに人気のベテランスタッフも多いという 2 スイートルームには食洗機、オーブンなどのフルキッチン、洗濯機や乾燥機も完備

Reason/4

実は子連れウエルカム！裏アメニティの充実度がすごい

ラグジュアリーホテルと聞くと尻込みしがちだが、子連れ向けアメニティが豊富なのは意外と知られていない。ぬいぐるみ（2～8歳）やボディローションに加え、防水おむつやおむつ用ゴミ箱、ベビーカー、ベビーバスなどがホテルにオーダーすればレンタル可能。

1 トランプオリジナルのぬいぐるみやお尻かぶれ用クリームは通常アメニティ 2 おむつの匂いが気にならない専用のゴミ箱 3 ベビーバス。シャワー可動式なので、安心して子供とお風呂に入ることができる

Reason/5

子供OK！カジュアルに楽しめる温水インフィニティプール

落ち着いた雰囲気のインフィニティプール（6:00～22:00）。子供も遊べる浅い場所もあり、家族で楽しめる。ジャクージもあり。

Reason/6

広々キッチンで快適クッキング！

IHのコンロ、食器や電子レンジが完備されたキッチン。ハワイのスーパーで購入した食材を使って作る料理は、おいしさもひとしお。ハウスキーピングが入るので、食器を洗わなくていいのがうれしい！

> カリカリベーコンと目玉焼き！

1 ラナイでハワイの空気を吸いながらいただく朝食は絶品 2 コーヒーメーカーや電気ケトルなどもある 3 カトラリー類やお鍋といった食器や器具もずらり

Reason/7

シャワー可動式！大理石のラグジュアリーバスルーム

大理石が敷き詰められた高級感あふれるバスルームは広々と快適に使用できる。バスタブも深く、しっかりお湯に浸かれるのがうれしい。

> 肩までつかって疲れを癒やそう

1 トイレにはTOTO社製のウォシュレットを完備 2 バスアメニティにはスペイン発の高級スキンケアブランド、ナチュラビセを使用

Reason/8

ハッピーアワーが魅力的なワイオル・オーシャン・キュイジーヌ

ワイオル・オーシャン・キュイジーヌは昼から夜まで楽しめるホテルのメインダイニング。16:00～18:00のハッピーアワーではビールが$5とお得に楽しめる。サンセットタイムも人気。

受賞歴もある実力派のイリケアズマイタイ$16

ハワイアンスタイルの逸品たち

#1 Aloha Shirts

ボタンダウンのシャツは、よりフォーマルな雰囲気に。どんなシーンでも使える。

原点は移民のワークシャツ

ハワイアンウエアの代名詞ともいえるアロハシャツだが、この言葉が歴史に刻まれたのは、今からほんの 80 年ほど前のことにすぎない。それは 1936 年 7 月、エラリー・チャンという仕立人が、自分が縫った柄シャツを「アロハシャツ」という登録商標で売り出したときだった。

アロハシャツの原型は、欧米からの宣教師や開拓者がもたらした "サウザンド・マイル・シャツ" だったといわれている。長旅にも耐えるように生地・縫製ともに丈夫で、パンツの上に裾を出して着るスタイルだったという柄シャツは、ハワイに入ってまず中国系移民が取り入れる。1920 年代のことだった。

高価なビンテージ・アロハも

日系移民も、手持ちの和服を働きやすいサウザンド・マイル・シャツに仕立て直して着たらしい。これが、虎や竹などの和柄アロハの原点となった。

こうして 1930 年～ 1950 年代に作られたアロハは、現在ではビンテージとしてコレクターも多く、＄500 ～ 5000 という高値で取引されている。レーヨン地、ダブルステッチ、コ

コナッツボタンなど、初期のアロハならではの縫製、素材、柄が魅力だ。

昨今では、このビンテージ・アロハの復刻デザインが続々と発売され、人気を博している。

フォーマルウエアとしてのアロハ

現在のハワイでは、アロハシャツはビジネスウエアとしても活躍している。その大きなきっかけとなったのは、カリフォルニアからやってきた紳士服店のレインズ（現レイン・スプーナー）だ。

レインズは、1963 年に生地を裏返してシャツを縫い上げ、派手だったアロハのトーンダウンを成功させた。デザインもワイシャツに近い形にし、素材、縫製のよさも相まって、ビジネスマン御用達になる。ディナーの席でも通用するアロハの誕生であった。

---| SHOP LIST |---------
・レイン・スプーナー（P.345）
・シグ・オン・スミス（P.349）
・ヒロ・ハッティ（P.349）

... by biki

●ワード&カカアコ→P.58
●サウス・ベレタニア・ストリート&サウス・キング・ストリート→P.60

脱ワイキキ！

[交通手段別] ハワイの注目タウン

エリアによってその顔をがらりと変えるハワイ。
滞在中一度はワイキキを離れ、エリアごとの新たな魅力を味わってほしい。
ここでは、移動も含めて楽しみたい、
エリア別の見どころとおすすめスポットをご紹介！

... by TheBus

●ハレイワ→P.62

... by Rent a Car

●カイルアー→P.64

biki で行く！

上ハワイ限定アイテムをゲットするならぜひ訪れたい 左ラニカイ・ジュースも併設。写真はワイマナロブルー（M）$7.15 右 トートバッグは種類が豊富でつい目移りしてしまう

1 オーガニック＆ナチュラルのおしゃれスーパー
ホールフーズ・マーケット
Whole Foods Market

ハワイ最大のフロア面積を誇るクイーン店。オーガニックの野菜をはじめとした食材や高品質なコスメのほか、人気のトートバッグなどは要チェック。 DATA → P.276

とにかく広く商品が多いので必ずお目当てが見つかるはず

ハワイ限定ラインの「パタロハ」Tシャツ $49

2 ハワイ限定アイテムをチェック！
パタゴニア Patagonia

アウトドア用品専門店。移転オープンした体育館並みの広さのホノルル店では、限定アイテムも多く販売する。地球環境に配慮した製品展開にもこだわる。 DATA → P.328

3 ハワイ生まれの自然派スーパー
ダウン・トゥ・アース Down to Earth

ハワイ産のフルーツや、ナチュラル＆オーガニックの自然派食品が豊富に揃う。カカアコ店はハンバーガーなどデリが充実している。 DATA → P.280

どんなエリア？

ワードは、アラモアナに匹敵するワードビレッジや高級コンドミニアムが建ち並ぶ。すぐ隣には、倉庫街がアートな町に生まれ変わったカカアコが広がる。

アクセス ワイキキからbikiで約13分

左 オリジナルのトートバッグはマストチェック！ 右 ロコ気分で買い物ができる

もっと詳しい biki の借り方については P.499 をチェック！

● bikiストップを探す

● プラン選択&料金支払い

● 乗車コードを取得

● コード入力&ロック解除

● 出発！

4

カカアコを変貌させた商業施設
ソルト
Salt at Our Kaka'ako

カフェやレストラン、ショップが入る人気スポットで、カカアコ散策の拠点にしたい。施設自体にはフォトスポット多数。施設名は、かつてこの一帯が塩の池だったことに由来する。

📍 別冊 P.27-C4　🏠 691 Auahi St.
📞📱🌐 店舗により異なる

流行に敏感なロコや観光客が多く集まる

1F ＼注目のショップはココ！／

アーバン・アイランド・ソサエティ
Urban Island Society

ビーチテイストながら、シティ使いできるおしゃれさが絶妙。オリジナルブランドはＴシャツやキャップなどがおすすめ。

📍 別冊 P.27-C4　🕐 10:00 ～ 18:00
（火曜 12:00 ～、日曜～ 16:00）
📅 不定休　💳 ADJMV

天井が高く、広々と開放的な空間で買い物できる

左 シンプルなオリジナルロゴタンクトップ$42　右 ハワイ滞在中に着こなしたい

左 幅広い韓国製品を販売している　右 2階のフードコートにはガーリックシュリンプのジョバンニズも入る

5

カカアコにあるリトルコリア
Ｈマート
H mart

米国本土で人気の、韓国系スーパーのハワイ店。オリジナルブランドの品はクオリティが高く、リーズナブルなので狙い目だ。生鮮食品から電化製品まで何でも揃う。**DATA → P.281**

biki で行く！

サウス・ベレタニア・ストリート & サウス・キング・ストリート

別冊 P.16・25

> サウス・キング・ストリートには自転車専用レーンがあるので初心者でも安心して走行できる！

1 その美しい建築に目を奪われる

セントラル・ユニオン教会
Central Union Church

ハワイ挙式で人気の教会。ふたつの天高くそびえる尖塔が印象的な聖堂は、ゴシック調の建築で異国を感じさせる。

📍 別冊 P.25-A4
📞 808-941-0957　🏠 1660 S. Beretania St.
🕐 敷地内自由。教会内部は見学不可
🌐 centralunionchurch.org

式を挙げている人に出くわすかも

2 ふわっふわのパンをお試しあれ

エピヤ・ブーランジェリー＆パティスリー
EPI - YA Boulangerie & Patisserie

ハワイでも人気のあったベーカリー、サンジェルマンの跡地に店を構える。塩バタークロワッサンや好みの厚さにカットしてくれる食パンが人気。

📍 別冊 P.25-A3　📞 808-888-8828　🏠 1296 S. Beretania St. Ste105　🕐 6:00 ～ 18:30
🚫 火曜　💳 ADJMV

左 小ぢんまりとした店構え
右 店内は香り高いパンがずらりと揃う

3 一度は訪れたいハワイ最大の美術館

ホノルル美術館 Honolulu Museum of Art

ベレタニア通り沿いにたたずむ、ハワイを代表する美術館。館内にはゆったり食事が楽しめるレストラン＆カフェや、おみやげ探しにぴったりなショップも入る。

DATA → P.136

左 ギフトショップは美術館の1階にある　上 1981年に創立されたファブリックブランド、トゥトゥヴィのカード各$5　右 時代別、国別にセクションが分かれる

どんなエリア？
ワイキキの北側を東西に走る平行した2つの通り。実力派のレストランが多く、グルメストリートという呼び声も高い。

アクセス ワイキキから biki で約10分

4

2018年に設置された銅像

カメハメハ3世像
King Kamehameha III Statue

ホノルル美術館のあとに立ち寄ろう

ホノルル美術館の向かいにあるトーマススクエアに立つ高さ約3.7mの像。イギリスの占領下からの返還175周年を記念して建てられた。

📍別冊 P.27-A4　🏠925 S. Beretania St. トーマススクエア内　🕐散策自由

5

カラフルキュートなドーナツショップ

アロハ・ドーナツ
Aloha Donut Co.

ハワイでは珍しい、モチ・ドーナツが看板メニュー。常時5〜6フレーバーあり、毎週月曜に新フレーバーが加わる。　**DATA → P.36**

上 カラフルなモチ・ドーナツは1個$3　下 bikiの移動で疲れたらドーナツを頬張って休憩しよう

上 店内の隠れステッカーを見つけるとギフトが！　右上 Tシャツと同様、トートバッグもバラエティ豊かなイラストが揃う　右 トートバッグ$26は大きめサイズがうれしい

6

ハワイらしいテイストのアイテムが揃う

ウィミニ・ハワイ
Wimini Hawaii

オリジナルキャラクター、Mr. メローが人気のカジュアルショップ。独特のゆるいタッチで描かれるイラストがキュートなアイテムはどれもおみやげにぴったり。　**DATA → P.330**

7

100% ビーガンのカフェ

ピース・カフェ
Peace Cafe

心も体もリフレッシュできるような、ビーガンフードの人気店。上白糖の代わりにメープル、醤油はグルテンフリーのたまり醤油を使うなど、調味料にもこだわる。　**DATA → P.233**

左 2023年ハレアイナ賞のベストベジタリアン部門を受賞した　右 左からキャンディードナッツ$6 (small)、オリジナルグラノーラ$15 (Large)

TheBus で行く！

ハレイワ ⦿ P.175

Haleiwa

1 エコなアイテムが並ぶ
コクア・ジェネラル・ストア
Kokua General Store

プラスチックフリーをコンセプトにした
サステナブルなショップ。リサイクル
アイテムはどれもキュートでおみやげに
ぴったり。**DATA → P.334**

上 ロゴ入りのオリ
ジナルキャップ$35
下 HANAI HIVESのハ
ワイ産ローハニー
$12 4oz 〜

どんなエリア？
味のあるローカルタウン。
ザ・バスなら$3でハレイ
ワまで行くことができる。
レトロなワヒアワの町や
ドールのあるパイナップル
畑など、途中下車も楽しい。

カラフルなレ
インボーのフー
ドトラック
が目印だ

2 食べやすい剥きエビの本格派料理
カマロン Camaron

ノース・ショアのフードトラックのなかでも、殻を剥いた
食べやすいエビ料理が味わえるのがこちら。食材とレシ
ピへのこだわりが強く、おいしさでも群を抜いている。

⦿ P.175 ☎ 808-348-6484 🏠 66-236 Kamehameha Hwy.
🕙 10:30 〜 16:00（日曜は 11:00 〜） 🚫 祝日は未定 💳 AMV
🅿 トラックの前のパーキングを利用 🌐 camaronshrimp.com

アクセス ワイキキのクヒオ通
り停留所から 8・13 番などを
利用しアラモアナで 52 番バス
に乗り換えて、約 2 時間。
時間はかかるのでスケジュー
ルには余裕をもとう。

左 人気No.1 のガ
ーリック・シュリン
プとココナッツ・シ
ュリンプのコンボ
$17.46 右 白ワイ
ンやレモンジュー
スで調理するスキ
ャンピソースが絶
品のシュリンプ・パ
スタ$16.43

上 緑あふれるビタミンカラーの建物。気持ちのいいラナイもある　左下 オーダーして先に支払いを済ませるシステム　右下 チキンに野菜たっぷりのベーカリークラブ$12。お供にはアイランド・パラダイス・スムージー $5.50を

3

オーガニック食材を使ったヘルシー・サンドイッチ
ワイアルア・ベーカリー Waialua Bakery
自家製のパンに、自社ファームで取れる果物、ノース・ショアの農家で栽培するオーガニック野菜など素材にこだわるカフェ。どのメニューにも、自然のおいしさがギュッと詰まっている。

- P.175　📞 808-744-1032　🏠 66-200 Kamehameha Hwy.
- 🕙 10:00 ～ 16:00　📅 日曜、感謝祭、12/25　💳 不可
- 🅿 ストリートパーキングを利用　🌐 www.thewaialuabakery.com

4

連日行列ができるハレイワの名店
マツモト・シェイブアイス
Matsumoto Shave Ice
創業から 70 年を超えるハレイワの老舗シェイブアイスショップ。こだわりのシロップは 40 種以上。T シャツや雑貨なども販売している。

DATA → P.229

5

環境にやさしいソーププロダクト
バブル・シャック・ハレイワ
Bubble Shack Haleiwa
ノースショア生まれのオーナーが手がける、健康や環境に害のない成分で作るナチュラルなバス用品＆ソープのお店。

DATA → P.332

左 香りやデザインが豊富で、つい悩みそう　右 ヘチマをベースにしたカラフルなソープ。各種$6

一番人気はレインボーシェイブアイス$3.75 ～

6

ダブルアーチが印象的な橋
アナフル・ブリッジ
Anahulu Bridge
2021 年に建築 100 周年を迎えたハレイワのランドマーク、通称レインボーブリッジ。アナフル川で SUP を楽しんでいる人を多く見かける。

- P.175　🏠 62 Kamehameha Hwy.

左 橋の下に流れるアナフル川　右 アナフルとはハワイ語でレインボーを意味する

Rent a Car で行く!

カイルア 📍 P.150

Kailua

1 まずはここに車を停めて休憩を
ハロナ潮吹き岩展望台
Halona Blowhole Lookout

ワイキキを出発し約20分。ハナウマ湾を越えて数分の場所にある展望台で、溶岩でできた岩に波が強く打ち付けることで間欠泉のごとく潮が噴き上がる様子を見ることができる。

📍別冊 P.5-C4　🏠 72号線沿い

上 10mほどまで高く潮が噴き上がることもある 下 潮吹き岩の手前には映画のロケ地にもなったハロナ・ビーチ・コーブがある

どんなエリア?

オアフ島のウインドワードにあるカイルアは、美しいビーチとしゃれた店が点在するエリア。車で約30分とワイキキからもアクセスしやすい。

桟橋はハワイ大学の海洋研究所へと続く

2 人気の写真撮影スポット
マカイ・リサーチ・ピア
Makai Research Pier

シーライフ・パーク・ハワイからほど近い場所にある桟橋。橋の下のビーチから見える景色がフォトジェニックだと話題。

📍別冊 P.5-B4　🏠 41-305 Kalanianaole Hwy.

時間があったら立ち寄りたい!

マカプウ・ライトハウス・トレイル
Makapuu Lighthouse Trail

オアフ島南東部にある海を見ながら歩ける気持ちのよいハイキングコース。舗装されているので、子供でも気軽に歩ける。

📍別冊 P.5-C4
🕐 7:00 ～ 18:45
所要時間 往復約1時間30分

アクセス ワイキキからH-1を使い、61号線経由（約30分）が最速ルート。時間はかかるが、ぜひH-1から72号線を通るシーサイドドライブ（約1時間）も堪能してほしい。アップダウンが激しく運転には注意が必要だが、東海岸の美しい海を眺めながらのドライブは最高だ。

3 観光客に大人気のパンケーキがある
ブーツ & キモズ
Boots & Kimo's

ローカルテイストのモーニングやランチが食べられるレストラン。名物のパンケーキは必食!

DATA → P.241

マカダミアナッツソースパンケーキ $16.99 ～

フレッシュなシーフードをご堪能ください

上 新鮮な魚やエビが入っているシーフードパスタ$25とアヒ・シアード・サラダ$20 下 移転前のブーツ&キモズがあった場所に立つ

4

ボリューム満点の新鮮シーフード
パイア・フィッシュ・マーケット
Paia Fish Market
マウイ島パイア発祥のレストランで、新鮮なシーフードをカジュアルな雰囲気のなか楽しめる。サンドイッチやサラダなど、どのメニューもボリューム満点。

📍 P.150 📞 808-772-4270 🏠 151 Hekili St. 🕐 11:00 ～ 20:00 🔒 無休
💳 ADJMV 🅿 レストラン裏のパーキングを利用 🌐 paiafishmarket.com

5

おしゃれで環境に優しいアイテムが並ぶ
クラシック・ウェーブ・ブティック
Classic Waves Boutique
サステナブルでエコなブランドのアイテムを扱うセレクトショップ。人気ブランドとコラボレーションした限定アイテムは見逃せない。

📍 P.150 📞 808-379-0441 🏠 600 Kailua Rd. Suite #118
🕐 10:00 ～ 18:00 🔒 無休 💳 ADJMV
🌐 classicwaves.boutique

左 カイルアでていねいに焙煎しているトラディション・コーヒー左から$38、$32
右 たくさんの商品が並び、思わずワクワクする

6

ハワイメイドのチョコレートをゲットしよう
マノア・チョコレート
Manoa Chocolate
カカオ豆からチョコレートになるまでを一貫して作る、「ビーン・トゥ・バー」のチョコレート店。カイルアの本店ならではの工場ツアーは必見。

DATA → P.342

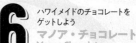

左 ハワイらしいデザインのパッケージがおしゃれ　右 チョコレート以外にもハワイ産商品が数多く揃う

必訪の

すべてが アップデート！ 3大ショッピングモール

数多くのレストランやショップが集結する
ハワイのショッピングモール。
新陳代謝が激しく、いつ訪れても新しい
お店に出合うことができる。初めての人はもちろん、
リピーターもまず押さえておきたい人気の
3大ショッピングモールをご紹介！
それぞれ特徴があり、雰囲気も異なるので
お気に入りのお店が見つかるはず！

フォト
スポットも
要チェック！

01 *Ala Moana Center*
アラモアナセンター

160を超えるレストランを含む、約350店舗が集結。ここに来ればなんでも揃うといっても過言ではなく、常に多くのロコたちや観光客でにぎわっている。オープンエアの造りになっているモール内は開放的。買い物の合間には各国の人気グルメやふたつのフードコートで休憩するのがおすすめ。とにかく広いので、むやみに歩き回るのではなく、フロアマップをチェックして、気になるお店に目星をつけてから散策するのがコツだ。

[エリア] アラモアナ　[MAP] P.292〜294　☎ 808-955-9517　♥ 1450 Ala Moana Blvd.　🕙 10:00〜20:00
※店舗によって異なる　🏠 感謝祭、12/25　P 無料　⬜ www.alamoanacenter.jp

注目のショップ

3F 山側

お菓子の家のような店内にワクワク

IT'SUGAR イッツシュガー

シュガーをたっぷり使用したお菓子とポップカルチャーをミックスさせたお店。大人も思わずテンションが上がるカラフルでキュートな店内には、特大サイズのキャンディーやグミがずらり。

☎ 808-400-6008　⏰ 11:00 〜 20:00（金・土曜 10:00 〜 21:00、日曜 〜 18:00）　🚪 感謝祭、12/25
🎫 A D J M V　🌐 itsugar.com

1 北米最大のキャンディー専門店　2 トロピカル・フラガール・サワーパッチ・キッズ・キャンディーボックス $19.99　3 キャンディーを好きなだけ詰められるアロハ・コレクティブル缶 $19.99

2F ダイヤモンドヘッドウィング

ハワイ限定アイテムをチェック

Hervé Chapelier
エルベシャプリエ

高品質の素材を使用し、美しい色やフォルムにこだわりを持つフランス生まれのバッグブランド。定番の舟型のトートバッグをはじめ、ハワイ限定商品など幅広くラインアップ。

☎ 808-942-4440　⏰ 11:00 〜 19:00
（日曜 12:00 〜 18:00）　🚪 12/25、感謝祭
🎫 A D J M V　🌐 hervechapelierjapon.com

4 大容量のナクル／カメリア $250　5 ハワイ限定のブルニュイ／カメリア $250　6 わかりやすくレイアウトされた店内　7 モール内2Fの山側にある

8 アラモアナ限定のホロホロトート・モンステラ $89　9 アロハボタンダウンドレス $135

ハワイを象徴するモダンなデザインが人気

2F マウカウィング

個性的なデザインのリゾートウエアならここ

LEXBREEZY レックスブリージー

ユニークなデザインが特徴的な、モダンアロハシャツ＆リゾートウエアを販売する。オリジナルアイテムは在庫限りのものが多いため、気になるものがあったら即買いがおすすめ。

☎ 808-800-0563　⏰ 10:00 〜 20:00　🚪 感謝祭、12/25
🎫 A D J M V　🌐 www.lexbreezyhawaii.com/en-jp

2F エヴァ・ウィング

世界を牽引するイタリアンブランド

GUCCI グッチ

革新的でクリエイティブな商品を生み続ける世界的ラグジュアリーブランド。バッグや財布、靴などの皮製品をはじめ、香水、時計、ジュエリーなど幅広く揃う。

☎ 808-942-1148　⏰ 10:00 〜 20:00　🚪 感謝祭、12/25
🎫 A D J M V
🌐 www.gucci.com/jp/ja/

10 コンパクトなサイズ感がうれしい OPHIDIA GG カードケースウォレット $495　11 大容量の OPHIDIA GG ジップアラウンドウォレット $730　12 メンズとレディスアイテムを取り扱う

1F **海側** ハワイ最大のフードコート

Makai Market Food Court
マカイ・マーケット・フードコート

アラモアナセンターで食事に困ったらここ。ボリューミーなプレートランチや世界各国の料理、スイーツが楽しめるカフェなど、お目当ての店が必ず見つかる。data ➡ P.263

注目はこちら！

チキン専門ファストフード店
Chik-Fil-A チックフィレイ

ジョージア州アトランタで生まれたフライドチキンの専門店。ホルモン剤など不使用のヘルシーなチキンを使ったバーガーやサンドイッチなどが揃う。

☎ 808-466-3534
🕐 10:00 ～ 20:00
（金・土曜は 21:00）
休 日曜 ADJMV
🌐 www.chick-fil-a.com

4 チックフィレイデラックスミール $12.19　5 鶏胸肉のフライをバンズに挟んだサンドイッチを初めて販売した店

6 ジ・アワーバーガー $12.45、ウォールブリュースキビール $8 など　7 店内にはアルコールを提供するバーカウンターも設置

2F **エヴァ・ウィング**
全米の人気チェーンハワイ 1 号店

wahlburgers ウォールバーガーズ

俳優のマーク・ウォールバーグが兄弟たちと創業したバーガーショップ。ジューシーなパテが特徴のハンバーガーはボリューム満点。

☎ 808-470-4850　🕐 10:30 ～ 22:00　休 感謝祭、12/25
ADJMV 🌐 wahlburgers.com

2F **エヴァ・ウィング**
あのディオールが
手がける

DIOR Café
ディオール・カフェ

ディオールの世界観に浸れるラグジュアリーなカフェ。ラテやアサイボウルといったカフェメニューからランチに最適なメニューまで揃う。

☎ 808-638-4731
🕐 11:00 ～ 19:00（日曜～18:00）　休 感謝祭、12/25
ADJMV

1 ディオールの世界観を堪能しよう　2 左からディオールカプチーノ $17、ラテ $12　3 エヴァ・ウィングに店を構える

> プリッとした食感が美味！

8 シュリンプダンプリングス 4個入 $6.99　9 手軽に本格飲茶を堪能しよう

2F **山側ラナイ＠アラモアナセンター内**

2023 年 8 月ニューオープン！

Yung Yee Kee Dim Sum
ヤン・イー・キー・ディムサム

熱々スープがたっぷりの小籠包をはじめ、種類豊富なオーセンティックの香港スタイル飲茶が楽しめる。シェアスタイルでワイワイ楽しもう。

☎ 808-955-7478　🕐 8:30 ～ 20:00　休 感謝祭、12/25
ADJMV

● イベント & カルチャー ●

すべてがアップデート！
必訪の3大ショッピングモール

1F センターステージ

買い物の合間に
フラショー観賞

Ala Moana Hula Show
アラモアナ・フラショー

アラモアナセンターの
1階、センターコート
では毎日17時から20
分間、無料で見学でき
るフラショーを開催。
伝統的なフラのカヒコ
と現代フラの両方が行
われており、多くの人
が集まり盛り上がる。
日曜日には子供たちが
踊るケイキ・フラも行
われる。

🕐 17:00 ～ 17:20

1 ステージ前のベンチはすぐに埋まってしまうので、
早めの確保を　2 なんともハワイらしい光景が広がる

2F マウカウィング

ショッピングモールで気軽に青空市

Honolulu Makers Market
ホノルル・メーカーズ・マーケット

毎月1回、土曜の10:00 ～ 16:00にアラ
モアナセンター 2F マウカウィングで行わ
れる、ローカルアーティストや農家の人々
が出店するファーマーズ・マーケット。メ
イド・イン・ハワイの商品がめじろ押しだ。

🕐 毎月1回土曜 10:00 ～ 16:00
🌐 www.instagram.com/honolulumakersmarket

(!) イベント情報は
アラモアナセンターの HP でご確認を

🌐 https://www.alamoanacenter.com/ja/
events.html

3 おみやげにぴったりな商品が揃う
4 雑貨類が豊富

Ala Moana Center : TIPS

📶 **一部施設で
FREE Wi-Fi 利用可能！**

Macy's、Apple Store、コーヒーショップな
ど一部のショップ、カフェなどで Wi-Fi 利
用が可能。詳しくはマカイ・マーケット近
くのゲストサービスにお問い合わせを。

✦ **トイレは
デパートがキレイ**

トイレはもちろん各階にある
が、おすすめは Macy's、ニー
マンマーカス内にあるトイレ。
特に清掃が行き届いている。

🏛 **子供連れ必見の
アスレチック**

3F の山側、ターゲット前にあ
る巨大アスレチックが子供に人
気。体力が有り余った子供を遊
ばすにはもってこいだ。

02

Royal Hawaiian Center

ロイヤル・ハワイアン・センター

カラカウア通り沿いに位置する巨大ショッピングセンター。世界的に人気の名だたるラグジュアリーブランドをはじめとしたショップや、2軒のフードコート、ハワイらしい食事がいただけるレストランなど約90の店が集結。中庭のロイヤルグローブやゲストサービスがあるヘルモアハレでは、ハワイの文化に触れられる無料のレッスンも行っている。

キュートなフォトスポットも！

エリア ワイキキ　MAP P.298〜290　☎ 808-922-2299
📍 2201 Kalakaua Ave.　🕐 11:00〜20:00（店舗により異なる）　🏠 ほとんどの店が無休　🅿 センター内$10以上の商品購入で最初の1時間無料、2時間$2、3時間$4のバリデーション。4時間以降は通常の駐車料金（20分毎$2）が適用される　🌐 www.royalhawaiiancenter.com

一流
ブランドが
ずらり！

△ハリー・ウィンストン

△サン・ローラン

△ティファニー

C館	1F

韓国好きにはたまらないショップ

K-POP Friends Waikiki

K-POP フレンズワイキキ

K-POP アイドルの関連グッズや韓流ドラマの人気アーティストグッズなどが揃う。おみやげにぴったりな手軽なアイテムから、ファン垂涎のレアなグッズまで幅広いラインアップが魅力。

🕙 10:00 ～ 21:00 　📅 感謝祭、12/25 　💳 A D J M V

1 さらりと着こなせる BTS ファンクラブのハワイ限定 T シャツ $27.95　2 BTS のカレンダー $14.95　3 ところ狭しと人気グッズが並ぶ店内

「キス・トリーツ・ハワイ」で購入できるミルクシェイク $8.50 ～

C館	1・2F

ハワイ限定商品もある

KITH　キス

ニューヨーク発のアパレルブランド。オリジナルのメンズ、レディス、キッズウエアをはじめ、多くのフットウエアなどを取り揃える。ブランドとのコラボレーション商品もたびたび登場する。

🕙 10:00 ～ 21:00 　📅 感謝祭、12/25 　💳 A D J M V 　🌐 kith.com

4 商品の品揃えが多いのでお気に入りを見つけてみよう　5 お店の隣にはソフトクリームパーラー「キス・トリーツ・ハワイ」が入る

6 ミリタリーマグ 各 $18　7 さまざまなシーンで活躍するハイビスカス 3 ウェイトートバッグ 各 $65　8 ハイビスカスハンカチーフ 各 $12　9 店の外にはイートイン用のテーブルを設置

B館	1F

ハワイでしか手に入らないアイテムは要チェック

DEAN & DELUCA HAWAII

ディーン＆デルーカ ハワイ

世界中のおいしいものを集めたセレクトショップ。ハワイ限定のロゴが入った雑貨や特に人気で、すぐに売り切れてしまうことも。軽食にぴったりなテイクアウトできるデリなどもある。

data ➡ P.343

10 店の奥にあるキッズコーナーもチェック　11 キッズ用のオリジナル T シャツ $24 はプレゼントにもぴったり　12 メイド・イン・ハワイのコスメブランド「コア」の洗顔料 $26、日焼け止め $29

B館	1F

サステナブルな上質アイテムがずらり

Broome Street General Store

ブルーム・ストリート・ジェネラルストア

環境に配慮した上質な品を世界中からキュレートした雑貨店。ロスアンゼルスなどにもお店があり、ハワイでの出店はここのみ。キッズアイテムからコスメまで揃い、メイド・イン・ハワイのブランドにも注目！

☎ 808-480-9031 　🕙 10:00 ～ 21:00 　📅 感謝祭、12/25 　💳 A D J M V 　🌐 www.broomestgeneral.com/

注目のレストラン＆カフェ

3F 山側

おなかがすいたら駆け込みたい

Paina Lanai Food Court

パイナラナイ・フードコート

気になる
お店へGO！

手軽なプレートランチ、スイーツ、ファストフードなどバラエティ豊富なグルメが集まるフードコート。席数が多く、ハワイの風を感じながら気軽に食事が楽しめる。data ⇒ P.264

注目はこちら！

2023年5月にオープン！
L&L Hawaiian BBQ
L&L ハワイアン・バーベキュー

ハワイのプレートランチと言えばまず名前の挙がる有名店。チキンカツやガーリックシュリンプなど、定番人気のメニューがずらりと揃う。data ⇒ P.223

L&Lの定番メニュー
チキンカツ $15.95
とバター・ガーリックシュリンプ $16.95

ボリューミーなプレートランチを堪能しよう

揚げたて熱々のマラサダを頬張ろう

Penny's Malasada　ペニーズ・マラサダ

ポルトガル発祥のスイーツ、マラサダの専門店。マラサダはトラディッショナル、クリームなどが中に入ったフィリング、スペシャルメニューの3種。

1 マラサダ以外に、コーヒーなどドリンク類も充実
2 テイクアウトしてホテルで食べるのもおすすめ

☎ 808-744-0422
🕐 6:00 〜 21:00
🗓 無休　💳 A D J M V
🌐 pennyswaikiki.com

3 気軽にテイクアウトできるジューススタンド
4 左からグアバ抹茶、柚子ドラゴンフルーツ各 $7.25

C館 **1F**

フレッシュなドリンクでのどを潤そう

Junbi　ジュンビ

LA発の抹茶ドリンク専門店。日本の農園で生産された高品質の抹茶を使っており、本格的な味わいの抹茶ドリンクが楽しめる。ハワイらしいフレーバーが人気。data ⇒ P.229

C館 **1F**　カフェでもディナーでもおすすめ

The Cheesecake Factory

ザ チーズケーキ ファクトリー

全米に展開する大人気レストランで、ハワイでは唯一の店舗。ここでも常に行列ができるほどの盛況っぷりで、そのメニューの数はなんと250種以上。早めの時間に訪れよう。data ⇒ P.242

5 マストでオーダーしたいフレッシュストロベリーチーズケーキ $12.50
6 広々とした店内。大人数でも楽しめる

● イベント & カルチャー ●

B館 4F

ワイキキ最大の
ルアウビュッフェショー

ROCK-A-HULA
ロック・ア・フラ

1920年から現在までを、すばらしいパフォーマンスとストーリーテリングで見せるパフォーマンスは圧巻。食べてよし、飲んでよしのビュッフェスタイルのルアウで、ハワイの夜を彩ってくれること間違いなし。data ➡ P.205

1 エルビス・プレスリーやマイケル・ジャクソン役のショーに大興奮!
2 宴にふさわしいハワイの伝統料理がもてなされる　3 ファイヤーパフォーマンスは迫力満点!

思いっきり
盛り
上がろう!

無料のカルチャーレッスン

B館 1F ＠ヘルモアハレゲストサービス・
ヘリテージルーム

ウクレレ・レッスン

ハワイで最も有名な弦楽器であるウクレレを学べる。基本的なコードを習うので、初心者でも安心して参加できる。

🕐 月曜 11:00 ～ 12:00

A館 1F

ラウハラ編みレッスン

ハラの葉を編み込んでブレスレットなどを作ることができる。ハワイならではの思い出にぴったり。

🕐 水曜 11:00 ～ 12:00

10歳以上
先着24名
限定

1F ＠中庭ロイヤルグローブ

フラ・カヒコ

チャント(詠唱)とともに、伝統的な衣装と楽器で行われる本格フラ。夕暮れどきのノスタルジックな空間で本場のフラを見学しよう。

🕐 土曜 17:30 ～ 18:30

1F
＠中庭ロイヤルグローブ

フラ・レッスン

ハワイの伝統芸能であるフラを、気軽に体験できる。基本のジェスチャーやフットワークを学べば、身も心もハワイアン。

🕐 火曜 11:00 ～ 12:00

Royal Hawaiian Center : TIPS

Reveal! ワイキキ・フード・ホールの店舗が
リニューアル

2023年8月に、フード・ホール内の店舗が入れ替わり、予約が取れない店の人気シェフ、クリス・カジオカが手がける「アガル」など、注目の店舗がオープンした。

Open! ルーフトップスペース
「カ・レワ・ラナイ」がオープン

A館の最上階にオープンした「カ・レワ・ラナイ」は一般客も利用可能なルーフトップスペース。ワイキキを見下ろせるオープンエアなスペースで、さまざまなイベントが開催される予定。

バニヤンツリーにツリーハウスを建てて働いていた
ドン・ビーチの展示も！

中庭のクイーンズ・コートが一望できる場所も

03

International Market Place

インターナショナル マーケットプレイス

緑豊かな空間が魅力的なショッピングモール。樹齢160年以上のバニヤンツリーをはじめ、フラショーなどが開催される中庭のクイーンズ・コートなど自然豊かな心地いい空間のなかで、買い物や食事が楽しめる。モール内にはベンチが点在しており、休憩スペースがあるのもうれしい。

[エリア] ワイキキ [MAP] P.301 ☎ 808-921-0537
📍 2330 Kalakaua Ave. ⏰ 11:00～20:00（店舗により異なる）
🏛 ほとんどの店が無休 🅿 30分／$3 センター内$10以上の商品購入で最初の1時間無料、2時間以降$2、4時間以降は30分$3 🌐 ja.shopinternationalmarketplace.com

1 "幸せな女性"
を意味する店名
2 やさしい色合
いのクロスボ
ディナキ $88 3
大容量がうれし
いスモールタバ
ベイジ $150

2F ハワイを感じられる
デザインが魅力

Happy Wahine ハッピー・ワヒネ

ハワイらしいデザインがあしらわれた女性用バッ
グや財布、小物入れなどの雑貨が揃うメイド・イン・
ハワイのブランド。自分用はもちろん、ハワイみ
やげにぴったり。

☎ 808-913-0641 　🕐 11:00 〜 21:00 　🚫 無休
🎫 A D J M V 　🌐 www.happywahine.com

7 特に帽子の品揃えが豊富
スキャップウィズオオタニカンジ＆ナ
ンバー $62
99 9 自分好みにカスタ
ムできるキャップ。ナイキ $49
99 ほか

8 エンゼル
ス オオタニ カンジ＆ナ
ンバー

2F あの人気選手のアイテムも！

Lids リッズ

MLB や NBA をはじめとする、さまざまなプロス
ポーツチームのキャップやファッションアイテム
を販売する専門店。お気に入りのチームのグッズ
をチェックしよう。

☎ 808-222-3800 　🕐 11:00 〜 21:00 　🚫 無休
🎫 A D J M V 　🌐 https://www.lids.com/stores

2F モダンなデザインの
アロハシャツが人気

Vibrations
バイブレーションズ

ハワイ生まれのメンズ
ウエアショップ。カラフ
ルでハワイらしいビビッ
ドな色のシャツや水着、
ショートパンツなどカ
ジュアルに着こなせるア
イテムがずらり。

☎ 808-462-8616
🕐 10:30 〜 20:30 　🚫 無休
🎫 A D J M V 　🌐 www.
vibrationshawaii.com

4 ポストマークのシャツ $
97 5 リ
ゾート感たっぷりのタンクトップなども
人気 6 カラフルな商品が多く気分も明
るくなりそう

1F ドイツブランドの
フラッグシップショップ

MCM エムシーエム

ドイツ発のラグジュアリーライフスタイルブラン
ド。看板デザインであるコニャック・ヴィセトス
はハワイ限定ラインも用意。普段使いできるバッ
クパックやウェストポーチが人気。

☎ 808-465-2354 　🕐 11:00 〜 21:00 　🚫 無休
🎫 A D J M V 　🌐 us.mcmworldwide.com/en_US/home

これが
定番人気！

10 世界各国で展開
する人気ブランドだ
11 München トート
インヴィセトス $850
12 トレーシー チェ
インウォレットイン
ヴィセトス $550

注目のレストラン＆カフェ

1 アンガスビーフとアップルス
モークウッドで燻製したベーコ
ンを使用したパティが特徴的な
ショアファイヤーシグニチャー
50 ／ 50 ロコモコ $27.50
2 スポーツバーのようなカジュ
アルな雰囲気が魅力　3 アル
コールのププ（おつまみ）にぴっ
たりなポケナチョス $24.50

3F　にぎやかな雰囲気で食事が楽しめる

ShoreFyre　ショア・ファイヤー

ハワイのローカルフードを堪能できるレストラ
ン。人気は自家製のパティを使ったロコモコや
ハワイ諸島近海で獲れたマグロを使った新鮮な
ポケナチョス。アルコールのおつまみも豊富。
ハワイの風を感じられるテラス席もある。

☎ 808-672-2097　🕐 10:00 ～ 23:00（木・金曜～翌 2:00、
土曜 9:00 ～翌 2:00、日曜 9:00 ～）　🚪 無休
💳 A D J M V　🌐 www.shorefyre.com

注目はこちら！

ヘルシーなハワイアン
メニューが人気
Cafe Waikiki
カフェ・ワイキキ

休憩時にぴったりな、アサイ
ボウルやスムージー、クレー
プやベーグルといった軽食
カフェメニューが揃う。朝食
に立ち寄るのもおすすめ。

🕐 8:00 ～ 18:00　🚪 無休
💳 A D J M V

料理にはできるだけハワイ産の
食材を使用する

バナナやイチゴ、ブルーベリー
にグラノーラ、アーモンドなど
具だくさんなアサイボウル $14

Kuhio Ave. Food Hall
クヒオ・アベニュー・フード・ホール

その名の通りクヒオ通り側に位置するフード
コート。メキシコ料理やハンバーガーなど、
魅力あふれる 8 店舗が集結。data ➡ P.265

ブランチメニューのオープンシーフードオムレツ $32

3F　ハワイの
カリスマシェフの
料理を堪能できる

Eating house 1849
by Roy Yamaguchi
イーティング・ハウス 1849 by ロイ・ヤマグチ

人気レストラン「ロイズ」のシェフ、ロイ・ヤマ
グチ氏が手がける。プランテーション時代のク
ラシックスと現代のモダンなテイストを融合させ
た唯一無二の料理を提供する。data ➡ P.221

予約して
出かけよう

3F　ワイキキで
最高級ステーキを食べるならここ

StripSteak,
A Michael Mina Restaurant
ストリップ・ステーキ、ア・マイケル・ミーナ・レストラン

一流シェフ、マイケル・ミーナ氏の洗練された調理
法で生み出す数々の独創的な料理が楽しめる。最
高級のステーキはもちろん、五感を刺激するシー
フードを堪能しよう。data ➡ P.239

4 ワイルドな骨
付きのボーンイ
ンリブアイ $98
20oz　5 高級感
あふれる店内で
ゆったり食事を
楽しめる

1F クイーンズ・コート

ハレの日に利用したい
にぎやかなショー

Queens Waikiki Luau
クイーンズ・ワイキキ・ルアウ

ワイキキの中心でオーセンティックなルアウディナーショーが体験できる。ショーだけでなくフラの体験や、伝統的なハワイアンフードも提供され、ハワイの文化を気軽に体験できるプログラムになっている。

☎ 808-756-9422 ⏰ 17:00〜19:30 Ⓢ 大人 $109〜、子供（2〜11歳）$89〜
🌐 queenswaikikiluau.com

1 可憐なフラショーに思わず見とれてしまうはず　2 汗がほとばしるファイヤーダンス　3 テーブルに着き落ち着いてショーを楽しめる

4 休憩するのにぴったりな清潔感のあるラウンジ内　5 乳幼児が遊べるキッズスペースは広々としている　6 1杯まで無料のドリンクで乾いたのどを潤そう

1F

旅行者にとって心強い
サービスが魅力

楽天カード
ハワイラウンジ

「楽天カード」の提示で、同伴者（カード会員1名につき5名まで）も無料で利用できるラウンジ。無料 Wi-Fi や荷物の預かり、ドリンクサービス、キッズスペースや授乳室、ベビーカーの貸し出しなどハワイ滞在に便利なサービスが充実している。

☎ 808-300-4010 ⏰ 10:00〜20:00（最終受付 19:45）📅 無休

International Market Place : TIPS

💲 **EXCHANGE** 両替所あり！

1Fのホノルル・クッキー・カンパニーの近くに両替所がある。円だけでなく、オーストラリア・ドル、カナダ・ドル、ユーロ、韓国のウォンなども取り扱う。

d 「dポイント」が貯まる！

インターナショナル マーケット プレイス内の店舗ならどこでも、「dポイントカード」の提示で $1 につき 1 ポイント貯めることができる。

🎤 日本語音声アプリで館内ツアー

2023 年にスタートした新サービス。館内の無料 Wi-Fi を利用しアプリ「TravelStory」をインストール。日本語で館内の見どころや歴史の解説を聞くことができる。

#2 *Ukulele*

移民とともにやってきた ウクレレ

ハワイ古来の楽器と思われがちなウクレレだが、その昔、ハワイの音楽は太鼓やばちでリズムを刻むだけのものであり、メロディを奏でることはなかった。

楽器自体の音色やメロディを楽しむという意識は、1800年代後期にポルトガル移民が持ってきた"ブラギーニャ"と呼ばれる4弦楽器に始まるといっていいだろう。

長い船旅の友としてブラギーニャを携えていたポルトガル人は、到着したホノルル港でこの楽器を器用に弾いてみせた。これを見た当時のハワイアンたちが、弦の上を動く指の様子を「まるで蚤(ウク)が跳ねている(レレ)ようだ」と言ったことから、ブラギーニャは"ウクレレ"と呼ばれるようになったという。

ハワイの生活に溶け込んだ楽器

ハワイ古来のプー(ほら貝)やイプ(ひょうたんで作った打楽器)は相変わらずフラや儀式専用の楽器だが(→ P.416)、ウクレレは子供たちが学校で習うほど人々に親しまれ、民間のウクレレ教室もにぎわっている。まさにハワイの日常生活に溶け込んだ楽器といっていいだろう。

現在ハワイでは、老舗メーカーをはじめさまざまなブランドが、それぞれ特徴あるウクレレを作っていて、専門店で簡単にウクレレを入手することができ、レッスンも行われている。ハワイ旅行を機会に、ハワイ音楽を一曲覚えて帰るのも、また一興だ。

ひと口にウクレレといっても素材やデザインはいろいろ。ヴィンテージはもちろん、キアヴェの木で作られていたり、デザインにハワイ固有種の鳥のモチーフが施されていたりと、バラエティはとにかく豊富。

-- ¦ SHOP LIST ¦ --
・ウクレレぷあぷあ (P.347)
・ウクレレ・ハウス (P.347)
・カマカ・ウクレレ (P.347)

\とっておき/

HAWAII'S BEST

数々のお店やスポットを取材してきた「地球の歩き方」編集室がおすすめする、
さまざまな "ハワイのベスト" をご紹介。お店選びの参考に！

Ⓕ リリコイ・モアナ・アサイボウル $13.95 〜

Ⓑ アサイボウル $14.50

酸味のあるリリコイがたっぷりかかったアサイボウル

シャーベット状のアサイは少し溶かしてから食べるのがおすすめ

Ⓐ ジャングルマッチャボウル $13.95 〜

スピルリナやケールといったスーパーフードたっぷりのひと品

Best Healthy

ONO！
派手な見た目に反してまろやかな口当たり。クセなく食べられる！

Ⓒ ハイブレンド アサイボウル $14.95

Ⓐ ブルードリームボウル $13.95 〜

ピーポーレンなど、ヘルシーなトッピングがうれしい

青藻を使ったボウルは優しい甘さで見た目も◎

Ⓐ **サーファー御用達のカフェスタンド**
サンライズ・シャック・ワイキキ
Sunrise Shack Waikiki
ノース・ショア育ちの3兄弟のオーナーが手がける。サーファーでもある彼らが考案するスイーツは、パワーチャージにもってこい。

[ワイキキ] ♥別冊 P.21-B3
📞 808-926-6460 　🏠 アウトリガー・ワイキキ・ビーチ・リゾート 1F　🕐 6:00 〜 19:00
🎌 感謝祭、12/25
💳 ADMV　🅿 ホテルのパーキングを利用
🌐 www.sunriseshack hawaii.com

Ⓑ **何を頼んでも外れない実力店**
ボガーツ・カフェ
Bogart's Cafe
カフェメニューはもちろん、パパ・キムチフライドライス $17.50 など食事メニューも充実。テラス席も気持ちいい。混み合っているときは、テイクアウトもおすすめ。

[モンサラット] ♥別冊 P.23-A4
📞 808-739-0999 　🏠 3045 Monsarrat Ave.　🕐 7:00 〜 15:00
🎌 無休　💳 DJMV
🅿 店の前にある無料パーキングを利用
🌐 www.bogartscafe. com

Ⓒ **自然派のヘルシーな穴場カフェ**
ハイ・ブレンド・ヘルスバー＆カフェ
Hi Blend Health Bar & Cafe
産地直送やオーガニック、遺伝子組み換えなしの素材にこだわったヘルシーカフェ。スムージーやサンドイッチも絶品揃い。

[アラモアナ] ♥別冊 P.29-A3
📞 808-721-7303 　🏠 661 Keeaumoku St.　🕐 9:00 〜 19:30　🎌 感謝祭、12/25
💳 ADJMV
🅿 店の前の駐車場でバリデーションで1時間無料
🌐 hiblendcafe.com

ONO!
他の店とは一線を画す濃厚なアサイの多さが自慢。トッピングの多さもワイキキ随一！

Ⓓ ハワイアンボウル $7.75 ～

Ⓓ トロピカルトライブボウル $8.05 ～

アサイとガラナベリーのジュースをブレンドしているのが特徴（パワートッピング＋$1.45）

アップルジュースをブレンドしたアサイを使用。写真はトロピカルトッピング＋$2

ヘルシーボウル
Bowl

定番スイーツのアサイボウルをはじめ、おいしくて体にも優しいヘルシーボウルのおすすめをご紹介。

Ⓕ オリジナル・アサイボウル $14.95

Ⓔ ラヴァボウル $10.50 ～

ピタヤの酸味がフルーツの甘さを引き立てる！

王道大人気のアサイボウル。いつ食べても安定のおいしさ！

Ⓓ **本場ブラジルから仕入れる本格アサイ**

トロピカル・トライブ
Tropical Tribe

アサイボウルはブラジルスタイルのトロピカルトライブボウルと、ローカルスタイルのハワイアンボウルの2種。好きなだけトッピングをして自分好みのスタイルに。

ワイキキ 別冊 P.20-C2
📞 808-744-7079　🏠 2161 Kalia Rd. #110
🕐 8:00 ～ 19:00　🈳 無休　💳 ADJMV
🅿 付近のパブリッククパーキングを利用
🌐 tropicaltribe.net

Ⓔ **ローカルが集まるカフェバー**

ダ・コーブ・ヘルス・バー & カフェ
da Cove Health Bar & Cafe

ヘルスコンシャスなローカルに愛されるモンサラット通りの人気カフェ。スーパーフードなどのトッピングも豊富。

モンサラット 別冊 P.23-A4
📞 808-732-8744　🏠 3045 Monsarrat Ave. Suite 5　🕐 9:00 ～ 19:00
🈳 おもな祝日
💳 AMV
🅿 無料パーキングあり
🌐 dacove.com

Ⓕ **アサイボウル人気を広めたパイオニア**

アイランド・ヴィンテージ・コーヒー
Island Vintage Coffee

100％ コナ・コーヒーを手軽に飲めるカフェ。アサイボウルは全部で4種類あり、オーガニックのグラノーラなど、素材にもこだわる。

DATA → P.227

Ⓒ ミルク＆シリアル・パンケーキ $15

ソース系

パンケーキにはとろりとしたミルクシロップをかけて召し上がれ

鮮やかな紫色のソースの正体はウベという紫イモ。風味はしっとり甘く濃厚！

ソース系

Ⓐ ウベパンケーキ $13.95

Ⓓ リコッタスフレ・ミックスベリー・パンケーキ $22.50

スフレ系

口の中ですぐに溶けてしまうほどの軟らかさ

ONO!

見た目も豪華なパンケーキはフルーツの優しい甘さが特徴。シロップをかけて召し上がれ！

値段は張るが、フルーツが絶品なのでぜひ全部のせをオーダーして！

フルーツ系

Ⓑ 全部のせバターミルク・パンケーキ $25.50

Ⓔ シグネチャー ピンクパレス・パンケーキ $27

フルーツ系

ラズベリーのピューレで色づけしたキュートすぎるひと品。写真撮影は必須！

Ⓐ 紫イモをたっぷり使用した衝撃のビジュアル

ヨーグルストーリー Yogurstory

朝食やブランチメニューを1日中楽しめるカフェ。パンケーキのほかプライムリブ・ロコモコや韓国風チキン＆ワッフルも人気。

アラモアナ 📍別冊 P.29-A3　📞808-942-0505　🏠745 Keeaumoku St. #100　🕐7:00 ～ 15:30　🈳無休　💳ADJMV
Ⓟ店の前に無料駐車場あり

Ⓑ パンケーキブームの火付け役！

カフェ・カイラ Cafe Kaila

料理好きなロコガール、カイラさんが手がけるカフェ。カイラ特製のしっとりおいしいパンケーキを求めて、朝から列ができるほどの人気ぶり。

カパフル 📍別冊 P.17-A3　📞808-732-3330　🏠2919 Kapiolani Blvd. マーケットシティ内　🕐7:00 ～ 15:30　🈳おもな祝日
💳MV　Ⓟ無料パーキングあり　🌐cafe-kaila-hawaii.com

Ⓒ カラフルなシリアルが超キュート

スクラッチ・キッチン・アンド・ミータリー Scratch Kitchen & Meatery

アメリカのソウルフードに独自のアレンジを加えたメニューが大評判。素材のみを仕入れ、加工はすべて厨房で行っている。

ワード 📍P.308　📞808-589-1669　🏠サウスショア・マーケット内
🕐9:00 ～ 21:00（土・日曜は 8:00 ～）　🈳感謝祭、12/25　💳AJMV
Ⓟワード・ビレッジ・ショップスの無料駐車場を利用　🌐scratch-hawaii.com

Ⓓ かわいいカフェでスフレパンケーキに舌鼓♪

クリーム・ポット Cream Pot

スフレパンケーキのほか、朝食やランチメニューが楽しめる。ハワイでは数少ないフレンチカントリー調のインテリアも女性に人気。

DATA → P.234

ⓕ チャコール・パンケーキ $20

真っ黒な色の秘密はココナッツの殻の炭。ストロベリーグアバソースが生地とマッチ

ソース系

ONO!
ソースはもちろんだけど、バターが効いたしっとりもちもち食感の生地がやみつき！

特製のリリコイソースがたっぷり。生地ももっちりで相性抜群！

ソース系

ⓗ リリコイパンケーキ (3枚) $13.95

Best Pancake パンケーキ

種類も味も豊富で、つい迷ってしまいがちなパンケーキ。
「フルーツ」「スフレ系」「ソース系」の
3ジャンルのおすすめはこれだ！

ⓐ ストロベリー・ショートケーキ $13.95

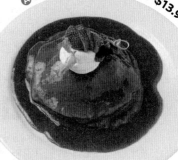

ソース系

ⓖ マカダミアナッツソースパンケーキ $16.99〜

オーナー以外レシピを知らないというマカダミアナッツソースは濃厚で、生地はもっちり

イチゴのソースがたっぷりかかったパンケーキ。生地の中にはホイップがたっぷり

ソース系

ⓔ ホテルのシグネチャーパンケーキ
サーフ ラナイ Surf Lanai
ピンクに包まれるロイヤルハワイアンホテル内のダイニングでいただけるパンケーキ。ロイヤル ハワイアン ベーカリーでは同じパンケーキミックスも販売する。 DATA → P.236

ⓕ ハワイの大地とマグマをイメージ
バサルト Basalt
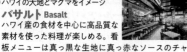
ハワイ産の食材を中心に高品質な素材を使った料理が楽しめる。看板メニューは真っ黒な生地に真っ赤なソースのチャコール・パンケーキ。 DATA → P.251

ⓖ 唯一無二のマカダミアナッツソース
ブーツ ＆ キモズ
Boots & Kimo's

看板メニューのパンケーキを求めて、常に行列ができるアメリカ料理の人気店。パンケーキのほか、オムレツなど、ローカル好みのメニューも評判。 DATA → P.241

ⓗ カジュアルに楽しめるダイニング
モケズ・ブレッド ＆ ブレックファスト カイムキ
Moke's Bread & Breakfast Kaimuki
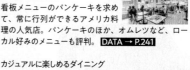
一番人気のリリコイパンケーキは生地がもっちりで、すっきりした甘さが特徴。パンケーキ以外にも、ロコモコをはじめとしたハワイアン料理はどれも絶品。 DATA → P.241

チーズバーガー
$4.65 〜

1990年の創業以来、サイミンのお供として人気！

サイミンと一緒にいただこう ☆
シゲズ・サイミン・スタンド
Shige's Saimin Stand

サイミンスタンドにおいて、ハンバーガーはサイミンのサイドメニューだが、こちらのメニューは単品でオーダーする人も多いほどの人気ぶり。サイミンにディップして食べるのがローカル流！

DATA → P.215

ワヒアワにある小さなモール、ワヒアワ・モールのいちばん奥

Best Hamburger ハンバーガー

ハワイらしい肉汁たっぷりのパティがサンドされたハンバーガー。
近年ではグルメバーガーといわれる、素材にこだわった本格派バーガーが増加中！

フードトラックながら売り切れ続出の人気店
シェイズ・スマッシュ・バーガーズ
Shay's Smash Burgers

毎日手作りする特製パティを、鉄板にギュッと押し付けて焼く "スマッシュバーガー" スタイルで提供する。肉汁とうま味がギュッと凝縮されたパティとシンプルな食材が絶妙にマッチ。

DATA → P.39

すぐに売り切れてしまうので、オープンすぐに訪れたい

オール・アメリカン
$9

たっぷりチェダーチーズがうれしいバーガー。思い切りかぶりつこう

おしゃれな空間でいただく
ボリューム満点バーガー

ブッチャー ＆ バード
Butcher & Bird

精肉店が手がけるハンバーガーショッ
プ。自家製のパティやソーセージを使っ
たハンバーガー、ホットドッグが評判。
ジューシーで肉汁たっぷりのハンバー
ガーのうま味を思う存分堪能しよう。

DATA → P.225

カカアコの商業施設、ソルト内に店を構える

ダブルチーズバーガー
$17.98
プライムビーフを使用した肉肉
しいバーガーをお試しあれ

トリプルバーガー
$21.25
ハンバーガーのパティが3枚
ものった特大サイズ。大きな
口で召し上がれ

数々の賞を受賞する言わずと知れた名店

テディーズ・ビガー・
バーガー
Teddy's Bigger Burger

3種類のパティサイズが選べる大人気
ハンバーガーショップ。基本のシング
ルでも約150ｇの大きさでボリューム
たっぷり。

ワイキキ ♥ 別冊 P.22-B2
📞 808-926-3444 🏠 ワイキキ・グランド・
ホテル 1F 🕐 10:00 ～ 21:00（金・土曜～
22:00）🈵 無休 💳 AJMV 🅿 付近のコイン
パーキングを利用 🌐 www.teddysbb.com

レトロなアメリカンダイナー風の店内

7人兄弟のオーナーが手がける

セブン・ブラザーズ・カフク
Seven Brothers Kahuku at the Mill

カフクシュガーミルに店を構えるカ
フェレストラン。自家製のパティで提
供するハンバーガーはファンが絶えず、
ワイキキからはるばる食べにくる人も
多いという。

カフク ♥ 別冊 P.12-A1
📞 808-751-1152 🏠 56-565 Kamehameha
Hwy. 🕐 11:00 ～ 21:00 🈵 日曜、おも
な祝日、3/31 💳 ADJMV 🅿 シュガー
ミルの無料パーキングを利用 🌐 www.
sevenbrothersburgers.com

オアフ島にはカフク店含めて4店舗ある

パニオロバーガー
$13（写真はコンボ＋$4.25）
NZ産のグラスフェッドビーフを使用。
薄切りポテトが絶品！

Best Poke Bowl ポケ丼

ハワイ近海で取れたフレッシュなマグロなどを
醤油やハワイアンソルトであえたローカルグルメ。
お店によってこだわりも異なる。

フードランド ファームズ アラモアナのポケコーナー

スーパーのクオリティとは思えない実力派
フードランド ファームズ アラモアナ
Foodland Farms Ala Moana

地元紙のアワードで賞を取り続ける、ハワイ屈
指の味と評判のポケ。メインのマグロをはじめ、
カニやタコ、エビ、ムール貝、牡蠣と種類豊富。
量り売りなので、いろいろな味を少しずつ試し
てみるのもおすすめ。

DATA → P.278

アラモアナセンターの1階、エヴァウィング
に店を構える

ONO!
弾力のある身とライスによく合う醤油フレーバーが絶妙にマッチ！

ポケ丼
$13.99 ～
（ポケの種類による）

ライスが付くポケ丼は、
好きなポケを2種トッピ
ングできる

ONO!
テイクアウトして
ホテル飲みのお供
にもぴったり！

多様なポケを試すなら
オフザフック・ポケ・マーケット
Off the Hook Poke Market

定番の醤油アヒをはじめ、明太子やコール
ドジンジャーなど日本人好みの味付けが人
気。ライスは数種類から選べる。

DATA → P.215

ウチのポケを
味わってみて！

ポケサンプラー
$44.99

マグロやタコなどさまざまな
種類のポケを楽しめる。少し
ずつつまめるのがうれしい

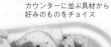

カウンターに並ぶ具材から
好みのものをチョイス

ポケ2種 $17.90

サーモンとフレッシュアヒ（マグロ）の
組み合わせ。サイドは1種で＋$1

ワイキキには2店舗あるが、ここではビー
ルなどのアルコールも提供

ファストフード感覚で
ポケ丼を楽しもう
ポケ・バー
Poke Bar

アメリカ本土でチェーン展開
しているポケ専門店。好きな
ポケと具材のほか、ソースも
好きなものをチョイス可能。
自分好みのポケ丼にカスタマ
イズできるのが魅力。

ワイキキ ♥ P.303
📞 808-888-8616 🏠 ワイキキ・
ビーチ・ウォーク 1F ⏰ 11:00 〜
22:00 🚫無休 💳 AJMV
🌐 www.ilovepokebar.com

ポケ3種 $19.90

フレッシュアヒとスパイシーアヒ。アボカ
ドはオプションで **$1.75**

しょうゆアヒ
市価
（レギュラー）

ゴロリとしたアヒがうれ
しい。濃いめの味つけが
ライスにぴったり

ローカルライクな人気店
オノ・シーフード
Ono Seafood

作りたてのフレッシュなポケ
は、ローカルから愛される人気メ
ニュー。定番の8種のほか、1ポ
ンド $22 のプレミアムポケもある。

DATA → P.217

カパフル通りに
ぽつんとたたずむ

チラシコンボボウル
$18.95
（レギュラー）

フレッシュな刺身とスパイシーポケ
がセットになった大満足のプレート

オープン前から行列ができる超人気店
マグロ・ブラザーズ
Maguro Brothers

その名のとおり日本人兄弟が運営するポケ丼の専門
店。ハワイで取れた新鮮で品質のよいマグロを仕入れ、
刺身やポケとして提供する。マグロ以外にも種類豊富
な刺身を食べられるのが魅力。

ワイキキ ♥ 別冊 P.21-B3
📞 808-230-3470 🏠 ワイキキ・ショッピング・プラザ 1F ⏰
17:00 〜 20:00 🚫 日曜 💳 ADJMV 🅿 ワイキキ・ショッピ
ング・プラザの駐車場を利用 🌐 magurobrothershawaii.com

ロコモコプレート $11.25

ロコモコの元祖としても人気の逸品。グレービーソースの隠し味はカツオだし

ボリュームたっぷりのプレートランチ
レインボー・ドライブイン
Rainbow Drive-In

カパフル通り沿いの有名店。イートインはもちろん、テイクアウトもおすすめ。ギフトショップも併設している。

DATA → P.223

Best
Loco Moco ロコモコ

ハワイが生んだB級グルメの代表、ロコモコ。
ジューシーなパティと目玉焼き、
グレービーソースが三位一体となったローカルグルメをお試しあれ。

朝食メニューの名店はロコモコも本格的
モケズ・ブレッド＆ブレックファストカイムキ
Moke's Bread & Breakfast Kaimuki

パンケーキも有名だが、ロコモコも必食メニュー。リブアイステーキと濃いめのグレービーソースの相性が抜群で、ご飯が進む。

DATA → P.241

ロコモケ $19.95

パティの代わりにリブアイステーキを使用。がっつりいきたいときにおすすめ

半熟の目玉焼きとグレービーソースがよく絡み、あと引くおいしさ。リブアイステーキはほろりと軟らかい
ONO！

Best
Steak ステーキ

ハレの日に利用できる本格ステーキ店や、カジュアルにワイワイ楽しめるステーキハウスは、ハワイのグルメシーンには欠かせない！

プライム・リブアイ $63.95

肉をかめばかむほど味わい深い、ジューシーなひと品

フィレミニヨン $60 225g

赤身肉でさっぱりとした味わいが特徴。ヘルシーにいただける

ワイキキでカジュアルにステーキを
アロハ・ステーキハウス
Aloha Steak House

ワイキキのど真ん中という好ロケーションで、ドレスコードなしで肩肘張らずにハイクオリティのステーキが楽しめる。肉のバリエーションが豊富。

ワイキキ DATA → P.240

風が気持ちいいテラス席もある

ムーディな空間で絶品ステーキを
シグネチャー・プライムステーキ＆シーフード
The Signature Prime Steak & Seafood

アラモアナ・ホテル（→ P.392）36階に位置するダイニング。サンセットタイムとともにいただく最高級ステーキは、忘れられない旅の思い出になるはず。

DATA → P.238

名物トマホークステーキ $120 〜

1日に用意できる数が限られているので、予約オーダーがおすすめ！

コーヒー豆などのおみやげにぴったりな商品も販売。左からカイエスプレッソブレンド7oz**$15.95**、コナ・エクストラファンシー**$58.95**、カイシロップ **$15.95**

Best Coffee
コーヒー

ハワイには世界三大コーヒーのひとつであるコナ・コーヒーが飲める店はもちろん、雰囲気抜群のカフェも多い。ほっとひと息つこう。

絶品コーヒーを最高のロケーションで
カイ・コーヒー・クイーンズ・アーバー
Kai Coffee Queens Arbor

コナ・コーヒーをはじめ、厳選したコーヒー豆を自家焙煎し提供するカイ・コーヒーの新店舗。クヒオ・ビーチを目の前に望むオーシャンフロントの絶景カフェだ。

ワイキキ
DATA → P.213

カイラテ $6.50 (スモール)、コールドブリュー $5.50

しっかりと豆の味わいを感じられるラテと、すっきりした味わいのコールドブリュー

カフェラテ $5.25〜

まろやかな味わいのミルクと優しいコーヒーのコクとがバランスのいいラテ

コーヒー好きから絶大な支持を得る
ザ・カーブ・カイムキ
The Curb Kaimuki

生産地や生産者にこだわった豆を厳選し、ハワイ島、オニックス、オリンピアなどクラフトコーヒーの人気銘柄を提供。毎週焙煎したての新鮮な豆を仕入れている。

カイムキ 別冊 P.15-B3
📞 808-367-0757 🏠 3408 Waialae Ave. Suite103
🕐 6:30 〜 14:00 (土・日曜は 7:00 〜 15:00) 🈺 おもな祝日 (短縮営業)
💳 AMV 🅿 併設の無料駐車場を利用 🌐 thecurbkaimuki.com

定番人気のラテ **$4.75〜** のクオリティも高い。ラテアートにも注目

プアオーバー $5.50

豆の味わいをダイレクトに感じられるコーヒー

ラテ $4 〜、ドリップコーヒー $3.75 〜

ハワイ産をはじめ種類豊富なコーヒー豆を使ったラテは絶品。リラックスタイムにぜひ

居心地抜群の店内でカフェブレイク
アイランド・ブリュー・コーヒーハウス
Island Brew Coffee House

ハワイ産コーヒーを使ったラテやドリンクが人気の店。コーヒー以外にも、サンドイッチやアサイボウルといったカフェメニューも充実している。

アラモアナ
DATA → P.229

アラモアナセンター内にある。ビンテージ風の店内は広々として席数が多い

アートも楽しめるおしゃれカフェ
アース・カフェ ARS Café

ハワイのアーティスト作品を中心としたギャラリーとしても楽しめるカフェ。ジャズが流れるウッディなインテリアのなか、ハワイをはじめ世界中から選りすぐったコーヒーや軽食が味わえる。

モンサラット 別冊 P.23-A4 📞 808-734-7897
🏠 3116 Monsarrat Ave. 🕐 6:30 〜 16:00 (日曜 8:00 〜) 🈺 感謝祭、12/25、1/1 💳 AMV 🅿 付近のストリートパーキングを利用
🌐 ars-cafe.com

サラダ付きでヘルシーなアボカド・トースト **$10**。ポーチドエッグは **+$1**

氷からこだわる大人気シェイブアイス店

ウルラニズ・ハワイアン・シェイブアイス
Ululani's Hawaiian Shave Ice

マウイ島で展開するシェイブアイス店。カパフル通り沿いに店を構え、自家製のシロップがたっぷりかかったシェイブアイスを提供する。

`DATA → P.211`

定番人気のハワイアンレインボー **$6.25**

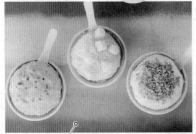

左から、**サンセットビーチ $6.25**
ノカオイ $7.60
（モチトッピング）、
ハレアカラ $6.25
こちらの3種がシグネチャー。トッピングも豊富なのでチョイスに迷いそう！

身体に優しいフルーツ・シロップのかき氷

モンサラット・シェイブアイス
Monsarrat Shave Ice

シロップにはできるだけオーガニックのフルーツを使用するというこだわりが特徴。人工甘味料や着色料も一切使用していないので、ナチュラルな味わい。

`モンサラット` ♀ 別冊 P.23-A4
♠ 3046 Monsarrat Ave. ⏱ 11:00 ～ 16:00
🔒 月～木曜、雨天
🚫 不可
🅿 ストリートパーキングを利用

モンサラットさんぽの途中に寄ってね！

レギュラーシェイブアイス
各**$7**
好みのシロップは2種までチョイス可能。左は抹茶、右はイチゴ＆マンゴー。トッピングは**各50¢**

Best
Shave Ice シェイブアイス

ハワイ版かき氷は、暑いハワイで食べるにはぴったりのスイーツ。思わず写真を撮りたくなるほど見た目もキュート。

ヘブンリーリリコイ $10.95
まるでフルーツをそのまま食べているかのようなジューシーなシロップが新感覚

常に行列ができる人気店

アイランド・ヴィンテージ・シェイブアイス
Island Vintage Shave Ice

フルーツから手作りしているシロップが特徴のシェイブアイススタンド。お好みにカスタムできるトッピングも豊富。

`ワイキキ` ♀ P.299
📞 808-922-5662 ♠ ロイヤル・ハワイアン・センター B 館 1F ⏱ 10:00 ～ 21:00 🔒 無休 💳 AJMV 🅿 センターのパーキングを利用

レインボーシェイブアイス
（ラージ）**$5**
パウダースノーのかき氷にレインボーのシロップがたっぷり

トッピングも豊富なシェイブアイスの老舗

ワイオラ・シェイブアイス
Waiola Shave Ice

カパフル周辺でシェイブアイスといえば、真っ先に名前のあがる名店。きめ細かな氷が特徴で、一番人気はレインボーフレーバー。

`カパフル` ♀ P.130-A
♠ 3113 Mokihana St.
⏱ 11:00 ～ 18:00 🔒 感謝祭
💳 JMV
🅿 店の前のパーキングを利用

定番シュガーのほか、シナモン、リーヒン、コーヒーとココアの4種類（各**$2.25**）

砂糖をたっぷりまぶしたマラサダ・クラシック **$1.95**

サクッ、フワッの揚げたてマラサダ

パイプライン・ベイクショップ
Pipeline Bakeshop

マラサダをはじめ、クッキー、スコーン、ブラウニー、ケーキボムなど、さまざまなペイストリーがずらりと並ぶベーカリー。オープンと同時に行列ができるほどの人気ぶり。

`カイムキ` 📍 P.131
📞 808-738-8200　🏠 3632 Waialae Ave.　🕐 9:00 ～ 19:00（水・木曜 8:00 ～ 18:00　🚪 月・火曜、1/1 ～ 1/5、12/25 ～ 12/27　💳 AMV
🅿 ストリートパーキングを利用
🌐 pipelinebakeshop.com

ボックスにたくさんのマラサダを詰めておみやげにするのがロコ流

マラサダ **90¢**

ポイ・マラサダ **$1.15**

ストロベリー・マラサダ **$1.15**

ポイ・ハウピア・マラサダ **$1.15**

ロコが愛する紫のポイ・マラサダを食べに行こう

カメハメハ・ベーカリー
Kamehameha Bakery

場所柄、ローカルに大人気のベーカリー。名物のポイ・マラサダのほか、プレーンのマラサダやクッキーなどのペイストリー系も豊富に並ぶ。

`カリヒ` 📍 別冊 P.14-B1
📞 808-845-5831　🏠 1284 Kalani St.　🕐 2:00 ～ 16:00（土・日曜 3:00 ～）　🚪 12/25、1/1　💳 MV　🅿 シティ・スクエアのパーキングを利用　🌐 www.kamehamehabakeryhi.net

Best Malasada マラサダ

ポルトガル発のドーナツ、マラサダ。
ハワイで独自の人気を集め、ロコに人気のおやつとして定着した。

複数個用のピンクのボックスがキュート

常に行列ができるカパフル通りの名物店

レナーズ・ベーカリー
Lenard's Bakery

ポルトガル発祥のマラサダをはじめ、中にクリームが入ったパフの人気店。マラサダの種類はオリジナル、シナモン、リーヒンの3種。オープンすぐの午前中が狙い目。

`DATA → P.233`

オリジナルのマラサダ **$1.85**。6ピースで **$11.10**

カイルアの老舗マラサダショップ

アグネス・ポーチュギーズ・ベイク・ショップ
Agnes' Portuguese Bake Shop

1973年に創業し、カイルアで長年愛され続けるマラサダ専門店。2018年に惜しまれながら閉店したが、2020年にフードトラックとして復活。揚げたてを味わおう！

`カイルア` 📍 P.150
📞 808-284-4963　🏠 5 Ho'olai St. Kailua　🕐 6:00 ～ 14:00　🚪 日・月曜　💳 AMV　🅿 トラック横のパーキングを利用

揚げたてを食べてね

外はカリッと、中はふわふわな食感が楽しめるマラサダ **$1.78**

オーダーごとに揚げてくれるので10～15分ほど待つが、揚げたてマラサダは絶品

HAWAIIAN COOKIE

ハワイアン・クッキー

ハワイみやげの定番のひとつ、クッキー。迷ってしまいがちだけれど、この御三家を押さえておけば間違いなし！フレーバーが豊富なので、お気に入りを探してみて。

クッキー以外も商品が充実！
ザ・クッキーコーナー
The Cookie Corner

ホームメイドの優しい味わいが特徴的。手みやげにちょうどよいサイズのアソートもあるのがうれしい。フルーツバーやパフクッキーなど豊富な商品展開が魅力。

DATA → P.341

ショートブレッド
クッキー $5.50
一番人気の4種入り。ミニバッグになっていてキュート

メルティングモーメンツ
5個入り $5.25
隠れファンも多い絶品パフクッキー。ホロリとほぐれる食感がたまらない

チョコレート・チップ・
マカダミア・ミニ・バイツ
・スナック・パック $7.95
チョコチップ入りクッキー（7oz）。保存料不使用で体に優しいのもうれしい

クッキーみやげブームの火付け役
ホノルル・クッキー・カンパニー
Honolulu Cookie Company

パイナップル形のショートブレッドクッキーがアイコニックなお店。常にボックスのデザインが変わるので、訪れるたびに買いたくなること間違いなし。

DATA → P.341

目移りするほどフレーバーが豊富！

アロハ・スーツケース・ギフト缶
$22.95
18個、9フレーバーのクッキーが入るおみやげにぴったりのセット

ハワイ島生まれの絶品クッキー
ビッグアイランド・キャンディーズ
Big Island Candies

1977年にハワイ島ヒロに誕生したスイーツブランド。ハワイの素材を使ったショートブレッドやブラウニーなど、多彩なスイーツが揃っている。地元人気ブランドとのコラボ商品も多数あり。

DATA → P.341

ハルミズハワイアン
ソルトクッキー
$24.50
料理家の栗原はるみさん監修の、ホロサク食感が特徴のクッキー

トゥー・イン・ワン・
ショートブレッド
$19.50
2023年に新登場した人気の2フレーバーが一度に味わえるショートブレッド

ホーミーズ・クッキー $11
オートミール、クランベリー、マカデミアナッツを練り込んだヘルシークッキー

Best CHOCOLATE チョコレート

ハワイのチョコレートといえばマカダミアナッツが定番だけれど、
最近はカカオなどの素材からこだわったチョコレートなども増えてきているので要チェック!

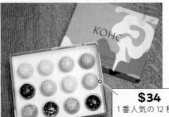

$34
1番人気の12種入りセット。コナコーヒーキャラメル、ハワイアンシーソルト、マカダミアプラリネ、リリコイキャラメルが入る

ブティックのような店内で
とろけるチョコをゲット
コホ KOHO
ハワイの定番マカチョコブランド、ハワイアンホーストが手がけるラグジュアリーライン。宝石のように美しいボンボンショコラは、ハワイの島々から集めたエキゾチックなフレーバーがラインアップ。
DATA → P.343

ハワイ産カカオから作る
チョコレートタブレット
各種 $13

各種 $38 ½lb
ハワイアンBBQ、ウベ、マンゴー、パイナップル、抹茶など豊富な限定フレーバーが揃う

ホテル特製のマカダミアナッツチョコレートをお試しあれ
シグネチャー・バイ・ザ・カハラ・ホテル & リゾート
Signature by The Kahala Hotel & Resort

定番人気の4フレーバーが入った大容量の詰め合わせは **$60**

ザ・カハラ・ホテル & リゾートのオリジナルギフトショップがワイキキにオープン。定番人気のマカダミアナッツチョコレートをはじめ、紅茶、パンケーキミックス、クッキー、雑貨とバラエティ豊富なアイテムが揃う。
DATA → P.343

$16 〜
チョコレートバーにはハワイ諸島が描かれている。人気はソルテッドミルクなど

カカオ豆の栽培から販売まで
一貫して行う
ロノハナ・ハワイアン・エステート・チョコレート
Lonohana Hawaiian Estate Chocolate
ハワイ産のカカオ豆をはじめ、素材にこだわり栽培からていねいに作るメイドインハワイのチョコレートが人気。カカオ含有量の多いチョコレートが多く、お酒との相性も◎。テイスティングも可能。

カカアコ ● 別冊 P.27-C4
☎ 808-260-1151　🏠 324 Coral St. Suite 104A ソルト 1F　🕐 10:00〜17:00（木〜日曜 〜18:30）🔒 感謝祭、12/25、1/1　💳 ADJMV　🅿 ソルトの有料駐車場を利用　🌐 www.lonohana.com

$10〜12
チョコレートバーはマンゴーやパッションフルーツといったフレーバーのものもある

おしゃれなパッケージが魅力
マノア・チョコレート
Manoa Chocolate
大型スーパーやコンビニでも見かけるハワイ屈指のクラフトチョコレートの唯一の直営店。すべてのチョコレートをテイスティングできる有料のツアーや、工場見学ツアーも開催している。

パケ買いもおすすめ。おみやげに喜ばれること間違いなしだ

DATA → P.342

Best Beach ビーチ

オアフ島各地には、目の覚めるようなブルーの海、
白い砂浜が美しい絶景ビーチが点在している。
ビーチによって雰囲気がガラリと変わるのもおもしろいので、
ぜひ足を運んでみて。

鮮やかなブルーの海と
ホワイトサンドはまさに天国

Let's go
to the beach！

ラニカイ・ビーチ
Lanikai Beach

ハワイ語で"天国の海"という意味
をもつ人気ビーチ。高級住宅地の間
の小道を通り抜けた先に広がる景色
はいつ訪れても圧巻の美しさ。

ラニカイ ♥ 別冊 P.5-A3
🚌→ P.151 参照

住宅の間を抜けてビーチへアクセス。マナーを
守ろう

ワイキキから車ですぐの場所にある
絶景サンドバー

クリオウオウ・ビーチパーク
Kuliouou Beach Park

ハワイカイエリアにある遠浅のビー
チパーク。午前中の干潮時には沖の
ほうまで歩くことができ、幻想的な
写真が撮れる。

ハワイカイ ♥ 別冊 P.5-C3
🚌 ワイキキから 23 番バス、カラニアナ
オレハイウェイ + Opp カワイハエ通り下
車、徒歩約 5 分

ココヘッドやクレーターが一望できる
広々としたビーチパークだ

日焼け止めを塗るのを
忘れずにね！

ノースの海を気軽に遊ぶならここ！

駐車場が多くレンタカー派におすすめのビーチ

🚻🍴🅿️

ハレイワ・アリイ・ビーチパーク
Haleiwa Alii Beach Park

ハレイワの町からも近いビーチ。冬季のサーフィンの時期はにぎやかだが、夏季は波も穏やかでのんびり。ウミガメもよく見られる。

ハレイワの町でランチを購入してここで食べるのもおすすめ

`ハレイワ` 📍別冊 P.10-B2
🚌 アラモアナセンターから 52 番バス、ハレイワタウン内で下車、徒歩約 10 分

🚻🍴🅿️

ワイマナロ・ビーチパーク
Waimanalo Beach Park

ウインドワードに位置するビーチ。コバルトブルーの海とパウダー状の白砂の美しさはオアフ島でも 1、2 を争うほど。シャワーやパーキングもあるのがうれしい。

駐車スペースは十分にある

`ワイマナロ` 📍別冊 P.5-B4
🚌 アラモアナセンターから 67 番バスでカラニアナオレ／ナキニ通り下車、徒歩約 1 分

🚻🍴🅿️

アラモアナ・ビーチパーク
Ala Moana Beach Park

波はほとんどなく、広々としているので小さな子供連れならぜひここへ。ワイキキからも近く、アラモアナセンターのそばという立地も便利。ビーチパークなので設備は整っている。

`アラモアナ` 📍別冊 P.29-C3
🚌 ワイキキから 20・23 番バス

穏やかな波で子供連れでも安心！

週末にはローカルたちがBBQなどを楽しむ姿も見られる

Best Trekking トレッキング

ハワイと言えば海をイメージしがちだが、
同じくらい山や緑の自然も美しい。
ハワイの自然を満喫しながら、のんびり歩いてみよう。

✓Check!
守りたいトレッキングのマナー
・トレイルに入る前は靴の裏の汚れを落とそう
・天候も考慮して適切な服装・靴で登ろう
・トレッキングはコース通りに進もう

難易度：中級者向け

カイヴァリッジ・トレイル
Kaiwa Ridge Trail

旅行者に人気のラニカイ・ビーチを眼下に望む、往復で約1時間30分ほどのコース。多少の傾斜があるが距離は短い。砂利道が多いので履き慣れた靴を履いていこう。頂上にある建造物から「ラニカイ・ピルボックス・トレイル」とも呼ばれる。

ラニカイ ♥ 別冊 P5-A3
所要 往復約1時間30分 ❷なし ■無料 ┃なし（カイルア・ビーチ・パークなどのトイレを利用してからいくのがベター）

🚐 パリ・ハイウエイをカイルア方面へ。カイルア・ビーチパークを目指す。ビーチパークを過ぎたらモクルア通りからアアラパパ通りへ道なりに進み、カエレプエ通りを右折。しばらく進むとミッド・パシフィック・カントリー・クラブの入口が右に見えるのでそのまま少し直進し、トーテムポールのような標識がある道を左折。突き当たりに「The Pillbox Hiking Trail」と書かれた小さな看板がある。その右側が入口。ザ・バスはアラモアナ・センターからカイルア行きの67番バスに乗り、カイルアで671番バスに乗り換え。カエレプエ通り手前のバス停で降りる。カイルアで貸自転車を利用するのもいい。

この看板がスタート地点の目印だ

全米No.1ビーチを望む絶景コース

難易度：初心者向け

植物の力強さに圧倒される

夏期になると満開になるプルメリアの聖地でもある

ココ・クレーター植物園
Koko Crater Botanical Garden

ココ・クレーターの麓にある広大な植物園。ブーゲンビリアなどハワイの熱帯植物はもちろん、巨大サボテンをはじめとした乾燥地の植物などさまざまなジャンルが楽しめる、話題のフォトスポット。

ハワイカイ ♥ 別冊 P5-C4
所要 約2時間 ■H1を利用し約25分 🚌 ワイキキから23番バスでケアラホウ通り下車、徒歩約10分
❷ 無料 ■無料 ◐日の出から日没
🔒 12/5、1/1 ┃園内に簡易トイレあり

難易度：初心者向け

テーマパークのような自然が広がる

エントランスには展望スポットがある

ホオマルヒア植物園
Hoʻomaluhia Botanical Garden

コオラウ山脈の麓に位置するオアフ島最大の植物園。ハワイ、フィリピン＆マレーシア、アフリカ、南米、インド＆スリランカ、ポリネシア、メラネシアと7つのエリアに分かれている。

カネオヘ ♥ 別冊 P4-A2
所要 約2〜4時間 ■車でH1、リケリケハイウェイを経由し約25分 🚌 アラモアナセンターから60番バスでカネオヘ下車、徒歩約15分
❷ 無料 ■無料 ◐9:00〜16:00
🔒 2/5、1/1 ┃ビジターセンターにあり

難易度：上級者向け

体力自慢がこぞって登るハードコース

実は下山するときのほうが辛い。ゆっくり自分のペースで進もう

ココヘッド・トレイル
Koko Head Trail

1000段以上続く枕木状の階段をひたすら登る上級者向けトレッキング。かなりハードだが、頂上からの景色は登頂した人だけがもらえるまさにご褒美。無理せず自分のペースで登ろう。

ハワイカイ ♥ 別冊 P5-C4
所要 約3時間 ■車でH1を利用しハナウマ湾方向へ進み約20分 🚌 ワイキキから23番バスでワイルア通り下車、徒歩約20分 ❷ 無料 ■無料 ┃駐車場にあり

Area Guide

📷 オアフ島エリアガイド

Area Guide Orientation

ISLAND OF *Oahu*

》エリア オリエンテーション《

Information

愛　　称	The Gathering Place
人　　口	100万890人※
面　　積	1545.3㎢
海岸線	約180km
島の最高峰	カアラ 1220 m
島　　花	イリマ

※ HAWAII DATA BOOK 2021

州都・ホノルルを擁するオアフ島は、ハワイ州全体の7割に当たる約100万人の人々が暮らす政治・経済の中心地。ゲートウエイであるダニエル・K・イノウエ国際空港には、世界各国から毎年約700万人の観光客が降り立つ。島の別名"The Gathering Place"にふさわしく、人々が笑顔で集まる場所なのだ。

その魅力は枚挙にいとまがない。近代的なシティリゾートの利便性とビーチリゾートの華やかさを併せもつワイキキ、波瀾万丈の歴史を今に伝えるホノルル・ダウンタウンの史跡の数々、点在する白砂ビーチやグリーン鮮やかなゴルフ場の数々、そして足を延ばせば心揺さぶられる大自然の景観が待っている。もちろんワールドワイドなグルメやフォトジェニックなスイーツ、一流ブランドからメイド・イン・ハワイの雑貨までショッピングの楽しみもよりどりみどり。

そして夕刻、ホテルのラナイでサンセットを眺めるひととき。日中、あれほど強烈だった日差しがうそのように、涼しい風が吹き抜けていく。どこからかハワイアンミュージックの調べが流れてくる……。「ハワイにまた来よう」、心からそう思える瞬間だ。

島内交通について

ことオアフ島に関しては、移動手段の心配は不要。アメリカでベストの公共交通機関のひとつと評価されているザ・バス（市バス、→P.467）は島内の幹線をほぼ網羅するルートを誇っている。運賃も1乗車$3と廉価で、地元の人の足としても愛用されている。

観光客のおもな移動範囲となるホノルル中心部の移動であれば、タクシー（→P.500）はもちろん、トロリー（→P.498）も運行されていて不便は感じない。シェアサイクルサービスbiki（→P.499）も便利。クレジットカードがあれば借りられ、bikiストップという専用の駐輪場ならどこに返却してもOK。30分$4.50～なのでコスパも高く、ちょっとした移動に便利。配車サービスのウーバーもおすすめだ。

島内巡りに便利な市バス、ザ・バス

自由に島内を見て回りたいという人はレンタカーを利用しよう。主要レンタカー会社は豊富な車種を取り揃えている（→P.488～）。

2023年にはついに鉄道システム、スカイライン（→P.501）が登場。オアフ島西部のカポレイ地区とアロハスタジアムの間を結ぶ路線が開通した。2031年までに全路線の完成を目指している。

地勢と気候

面積はハワイ諸島で3番目の約1545k㎡。東京23区と市部の合計よりひと回り大きいと考えると分かりやすい。北緯21度15分から44分、西経157度40分から158度18分の間に位置し、ほかの島々と同じく火山の造山活動で生まれた。

気温や降雨量は地域と標高によって異なるが、ワイキキを含むホノルル地区は1年中過ごしやすく、安定した気候といえる。いちばん寒い1～2月の平均最低気温が20.8度、暑い8月でも32度と温度変化が少ない。またホノルル地区の晴天率は年間でも高く、かなりよい天気が期待できる。

白い砂と青い海が広がるラニカイ・ビーチ（→ P.94・151）

アコモデーション

観光客向けのアコモデーション（宿泊施設）のほとんどがワイキキに集中している。食事や買い物、また交通の便を考慮するなら、やはりワイキキ滞在が旅行プランの軸となるだろう。

「ワイキキの喧騒から逃れたい」というリピーターなら、**北海岸のタートル・ベイ**（→P.378）、**西海岸のコオリナ・リゾート**（→P.167）などがおすすめ。静かで落ち着いた休日が過ごせるはずだ。ただしレンタカーがあるほうが便利。

ワイキキにはたくさんのホテルがある

ホリデイプラン

観光重視の旅行プランなら、ある程度候補を絞らないと、旅程がいくらあっても足りないほどバラエティ豊かなオアフ島。

ハワイの歴史に興味があるのなら**オールド・ダウンタウン**（→P.122）散策や、パール・ハーバーの**アリゾナ記念館**（→P.161）へ。**ビショップ・ミュージアム**（→P.134）や**ホノ**

ダイヤモンドヘッドはオアフ島のシンボルだ

ルル美術館（→P.136）といった興味深いミュージアムも見逃せない。ファミリー旅行であれば**ホノルル動物園**（→P.117）や**ワイキキ水族館**（→P.118）、**シーライフ・パーク・ハワイ**（→P.147）など子供が喜ぶ施設があるし、**ウェット・アンド・ワイルド・ハワイ**（→P.170）なら大人も楽しめる。**ハナウマ湾**（→P.143）をはじめとするビーチパークの数々、**ノース・ショア**へのサーフィン見物（→P.187）、**ダイヤモンドヘッド登山**（→P.32・129）など、過ごし方は旅行者やテーマによって多種多様だ。

古代ハワイの展示品がずらりと揃うビショップ・ミュージアム

オアフ島／エリア オリエンテーション

Area Introduction オアフ島 **エリア紹介**

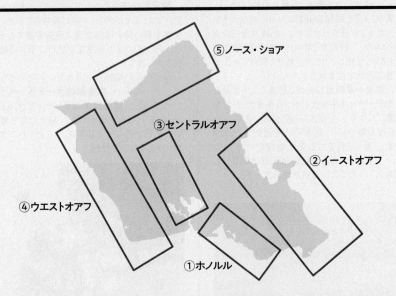

⑤ノース・ショア

③セントラルオアフ

②イーストオアフ

④ウエストオアフ

①ホノルル

　「ハワイ」、というとすぐにワイキキをイメージする人が多いかもしれない。それも間違いではないが、オアフ島にはワイキキでは体験できない大自然のスペクタクルや美しいビーチ、さまざまなアミューズメントがそこかしこに点在している。ぜひワイキキを飛び出してアロハの島・オアフの魅力を存分に楽しんでほしい。

　その前にまず、オアフ島の見どころをざっくりと把握しておこう。そうすれば旅のスケジュールも格段に立てやすくなるはずだ。ここでは、島を5エリアに分けて、各エリアの特徴と見どころを紹介する。

01 **Honolulu**
ホノルル
→ P.102 ～ 139　♥ 別冊 P.14-15

　ハワイの州都。**ダニエル・K・イノウエ国際空港**と港があるオアフ島の表玄関で、政治、経済、観光の中心地だ。**ダウンタウン**や**ワイキキ**などもこの都市にある。近年は郊外の町に注目が集まるハワイ観光だが、ホノルルだけの滞在でも十分に楽しむことができる。

1 デューク・カハナモクの像（→ P.111）
2 世界有数のリゾート・ワイキキがある　3 旅の始まりはダニエル・K・イノウエ国際空港から

オアフ島／エリア紹介

02 East Oahu
イーストオアフ

➡ P.140 ～ 153　📍別冊 P.4-5、13

　オアフ島の東側は、ハナウマ湾など美しいビーチが広がる**南東部**と、風上を意味する**ウインドワード**エリアとに分けられる。南東部はホノルルからも近く、心地よい海岸線のドライブも人気だ。ウインドワードは1年をとおして心地よい貿易風が吹く。センスのよいお店が点在し、若者に人気が高いカイルア地区があるのはこのエリア。

島随一の呼び声高いカイルア・ビーチ

03 Central Oahu
セントラルオアフ

➡ P.154 ～ 163　📍別冊 P.6-7、9

　太平洋戦争の端緒となった、旧日本軍による奇襲攻撃の舞台でもある**真珠湾（パール・ハーバー）**があるのがこのエリア。現在でもアメリカ軍の重要拠点である一方、山側の住宅地には大型ショッピングモールも数多く点在する。さらに奥の内陸部には、**ワヒアワ**や**ドールプランテーション**といったノスタルジックなハワイの原風景が残る町が広がる。

日本人だからこそ一度は訪れたいアリゾナ記念館

04 West Oahu
ウエストオアフ

➡ P.164 ～ 171　📍別冊 P.6・8

　オアフ島で今最も開発が進んでいるのが新興住宅地域の**カポレイ**やワイキキに次ぐ第2のリゾート地としても注目されている**コオリナ**。また、オアフ島西海岸は、島で最も天候の安定したエリア。野生のイルカと泳げるツアーの出港地もある。白砂のビーチと、それぞれに個性的な町が点在するオアフ島の奥座敷だ。

大型ショッピングセンター、カ・マカナ・アリイ

05 North Shore
ノース・ショア

➡ P.172 ～ 179　📍別冊 P.10-11

　味のあるローカルタウンの**ハレイワ**が中心地。老舗の店が点在しており、ノスタルジックな雰囲気が人気だ。そのほかポリネシアの村々を巡るテーマパーク、オアフ有数のリゾート、島最大の神殿跡、ビッグサーフが押し寄せるビーチの数々。島の魅力をギュッと凝縮したこのエリアへは、たっぷり時間を取って出かけたい。

ハレイワでは散策を楽しみたい

01

Honolulu

ホノルル

ハワイの玄関口であるダニエル・K・イノウエ国際空港（P.428）からハワイのシンボル、ダイヤモンドヘッド（→P.129）までの地域には、あらゆる旅の楽しみが凝縮されている。

Access

🚌 ホノルルエリアの見どころへは、2・8・13・20・23・42番バスなど、ワイキキを走るバスのほとんどで行くことができる。ただし、ダウンタウンの山側にある見どころには、アラモアナセンターやアラパイ・トランジットセンターなどで、他のバスに乗り換える必要がある

🚗 ホノルルは交通量が多く、朝夕の出勤時間帯には、主要道路や H-1 が渋滞する。時間には余裕をもとう

🌴 ホノルルの注目エリア

ワイキキ

旅の拠点となる東西3km ほどの町。グルメにショッピングとハワイの魅力が詰まった世界有数のリゾート地だ。 **→P.104**

旅はここからスタート

アラモアナ～カカアコ

ホノルル西部には、ハワイ最大のショッピングモールがあるアラモアナ、ヒップなエリアに変貌を遂げたカカアコがある。 **→P.119**

買い物ならここ

ダウンタウン

オアフ島の経済の中心地でもあり、歴史的建造物や史跡が立ち並ぶ。足の便もいいのでじっくり散策したい。 **→P.122**

観光スポット多数

ホノルル概略図

至カネオヘ→
ビショップ・ミュージアム
至パール・シティ→ Lunalilo Fwy.
Salt Lake
N.King St.
Salt Lake Blvd.
Kalihi St.
Dillingham Blvd.
Vineyard Blvd.
Nimitz Hwy.
チャイナタウン
ダウンタ
アロハ・タワー
Honolulu Harbor
至パール・ハーバー→
Sand Island Access Rd.
Sand Island
別冊 P.2
Keehi Lagoon
ダニエル・K・イノウエ国際空港
別冊 P.24-25
N
0   4km
0   2miles
← 一方通行

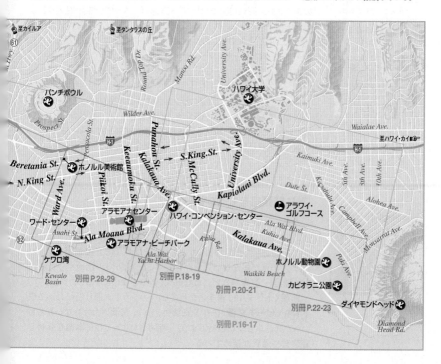 CONTENTS

---

memo

東西の移動

ホノルルの中心はダウンタウン。その町なかを起点として東西に走る**キング通り** King St.（図の N. は North、S. は South の略）と**ベレタニア通り** Beretania St. が主要道路。キングは東方向に、ベレタニアは西方向に、それぞれ一方通行となっていて、場所によっては 4 ～ 5 車線もある快適な道路だ。目的地を行き過ぎても慌てることはない。下の地図では略してあるが、両通りの間には

両方通行の**ヤング通り** Young St. が平行に走っているから、右左折して戻ればいい。

ダニエル・K・イノウエ国際空港から東に向かって海沿いを走る**ニミッツ・ハイウエイ** Nimitz Hwy. は、ダウンタウンを過ぎると**アラモアナ通り** Ala Moana Blvd. と名前を変え、ワイキキにいたる。**カピオラニ通り** Kapiolani Blvd. はダウンタウンからアラモアナセンターやワイキキの北を通って、**ワイアラエ通り** Waialae

Ave. につながっている。

H-1 を活用する

H-1 への乗り降りには、**ユニバーシティ通り** University Ave.、**マッカレー通り** McCully St.、**プナホウ通り** Punahou St.、**ケエアウモク通り** Keeaumoku St.、**ピイコイ通り** Piikoi St.、**ワード通り** Ward Ave. などの南北に走る通りを利用する。これらの通りは必ず前述の東西に走る主要道路のいずれかに接続している。

ワイキキ
Waikiki

📍 別冊 P.16 〜 23

ワイキキは朝から晩まで、たくさんの人であふれている

湿地帯だったワイキキ

ワイキキとはハワイ語で、**"ワイ"** が「水」、**"キキ"** は「湧き出る」という意味。今のワイキキからは想像もできないが、200年ほど前はタロイモ畑に大きな緑の葉が揺れ、清冽な水が湧き出る豊かな湿地帯だった。過ごしやすい気候ということもあり、オアフ島の王族たちは代々ここに居を構えていた。ワイキキ沖では"ヘエナル He'enalu"（波乗り）に興じる姿も見られ、自然と一体となった生活を送っていたという。

Access

🚌 ワイキキの東西両端に近いホテルの場合、歩くにはちょっとつらいときがある。そのときは、クヒオ通りから2・8・13・20・23・42番を利用

🚗 カラカウア通りは東方面に、アラワイ通りは西方面に一方通行。その間にあるクヒオ通りは両方向に走れる。この2本の通りを結ぶ通りは、ほぼ交互に一方通行になっている。ワイキキの駐車場について（→P.494）

華やかなカラカウア通り

ワイキキ・ビーチの白い砂浜とダイヤモンドヘッド（→P.129）の風景は絵はがきでもおなじみ。**カラカウア通り**（→P.105）は、そのダイヤモンドヘッドに向かって一方通行になっている。色とりどりのショーウインドー、林立する近代的なホテル群、各国料理のレストラン、風にそよぐヤシの並木、水着姿で闊歩するロコガールたち……。まさにビーチリゾートといった風景が広がっている。

にぎやかな夜のワイキキ

このカラカウア通りと1ブロック山側の**クヒオ通り**（→P.107）は、夜になってもそのにぎわいをいささかも失わない。こうこうとネオン輝く**ショッピングモール**（→P.288 〜）や**ABCストア**（→P.285）は、夜遅くまで買い物袋を手にした日本人観光客で盛況だ。

クラブやパブも熱気にあふれ、どこからか聞こえてくるポリネシアンショーのリズムが異国情緒を盛り上げてくれる。

サーフボードが並ぶ光景も絵になる

常に緊張感をもって歩こう

ただ、人が多いということは、そのぶんトラブルも発生しやすいということ。たむろする売春婦、押し売り、寄付の強要、スリなど、いつあなたが狙われないともかぎらない。また繁華街といえども、人の目が届かない死角が存在する。暗がりの路地やひと気のない通路、駐車場などにはなるべく近づかないようにしたい。

運悪くトラブルに巻き込まれたら、カラカウア通り沿いにある**ワイキキ・ビーチ交番**（→P.508欄外）へ。言葉がわからないからといって尻込みせずに直行しよう。時間帯によっては日本語を話せる警察官や通訳が詰めている。

Points of Interest　🌴 ワイキキの見どころ

🌴 華やかなワイキキの目抜き通り
カラカウア通り
Kalakaua Avenue

📍 別冊 P.19 ～ 23

　ハワイで休日を過ごすうえで、基本中の基本ともいえるのがカラカウア通り散策。南海の都会らしく整備された歩道、競うように林立する高層ホテル群、きら星のごとく軒を並べる高級ブランド店……。ハワイの銀座通りにふさわしい華やかな雰囲気にあふれている。

カラカウア通りは東方面（ダイヤモンドヘッド）に向かって一方通行なので注意しよう

　特ににぎやかなのは、**東のカピオラニ公園から西のワイキキ・ゲートウエイ公園**にかけて。直線距離にして2km弱といったところだから、気軽に**ホロホロ**（ハワイ語でぶらぶら歩きのこと）してみるといい。

カラカウア通りは買い物天国

　カラカウア通りでの最大の楽しみといえば、ウインドーショッピング。ブランド狙いという人から、義理みやげに頭を悩ますハネムーナーまで、ありとあらゆるニーズに応えてくれる多彩なショップが揃っている。効率よく買い物するには、点在する各ショッピングモールを中心に行動するといい。

大きなバニヤンツリーは圧巻

　ワイキキのど真ん中に3ブロックにもわたって横たわる**ロイヤル・ハワイアン・センター**（→P.296）を中心に、**インターナショナルマーケットプレイス**（→P.300）、**ワイキキ・ショッピング・プラザ**（→P.306）、**プアレイラニ アトリウム ショップス**（→P.304）など、よりどりみどり。西部の**ラグジュアリー・ロウ**（→P.306）、**ワイキキ・ビーチ・ウォーク**（→P.302）もぜひのぞいてみたい。

高級ホテルも多く立ち並ぶ

　これらのショッピングモールをハシゴしながら、その間に点在するブティック、みやげ物店、デパート、コンビニエンスストアを見て歩くと効率的。

biki（→P.499）を利用している人も多く見かける

　ただし、カラカウア通りの物価は総じて高め（レストランに関しても）。旅程に余裕のある人は、郊外のお店と比較・検討してから買い物するのが賢い方法だ。

ウインドーショッピングだけでも楽しめる

サンセットの時間はあたり一面オレンジの光に包まれる

心浮き立つ夜のカラカウア通り

つい見落としがちだが、カラカウア通り沿いには**歴史的な名所・旧跡**が点在しているのをご存じだろうか（→P.406～409）。どうしてもきらびやかなショーウインドーに注目が集まりがちだが、ひと昔前のノスタルジックなワイキキに思いをはせてみるというのも、また一興かと思う。

そして、夜のカラカウア通り散策もハワイならではの楽しみ。夜遅くまでにぎわうレストランやバー、クラブ……。イルミネーションが瞬き、どこからかポリネシアンダンスのリズムが聞こえてくる。まるでお祭りか縁日のような楽しさだ。

ただ、一歩脇道に入るとそこはデンジャラスゾーン、というのは世界各地の繁華街の常識。カラカウア通りの場合、必要以上に神経質にならなくてもいいが、お金を持っていると思われている**日本人観光客を狙った犯罪が多発**しているので（→P.508）、身の回りには十分注意を払ってほしい。また、宗教団体の悪質な勧誘、少数ながらコーナーにたむろするProstitute（売春婦・夫）にも気をつけよう。

ワイキキで頼りにしたいアロハ・アンバサダー（→ P.509）

毎晩ストリートパフォーマンスも行われている

夜のショッピングに繰り出そう

🐚 暮らすような感覚で滞在できる

クヒオ通り
Kuhio Avenue

📍 別冊 P.20 ～ 23

　カラカウア通りに次いでにぎわいを見せるのが、カラカウアより一本山側を走るクヒオ通り。といっても、店舗が密集しているのはカイウラニ通りからロイヤル・ハワイアン通りにかけての数ブロックにすぎない。

インターナショナル マーケットプレイスのクヒオ通り側のエントランス

　このあたりには旬のテナントが入った**インターナショナル マーケットプレイス**（→P.300）、フードコートとして利用できる**デュークス・レーン・マーケット&イータリー**（→P.265）があり、夜になっても人通りは絶えない。

バスの旅のスタート地点

丸亀うどん（→ P.256）はそのコスパの高さから欧米の観光客に人気

　クヒオ通りで特筆しなければならないのは、この通りには**エコノミーなホテルやコンドミニアム**がたくさん集まっていること（→P.388 ～）。だからアメリカ本土やカナダからの長期滞在者の姿はよく見かけるが、日本人観光客はカラカウア通りに比べるとやや少ないようだ。

クヒオ通り沿いに立つカイウラニ王女像

　少しでも長く、少しでも安く滞在したいというリピーター、子供連れだからキッチン付きのホテルがいいというファミリーは、クヒオ通りの宿を選ぶといい。海が見渡せる部屋というのは無理だけれど、**ビーチまでは歩いても3 ～ 4分**のことだし、山側の部屋からはマノア渓谷のすばらしい夜景が眺められるはずだ。

　また、クヒオ通りは**ザ・バス**（→P.467）の路線になっていて、数ブロックごとにバス停がある。だから買い物や観光に出かけるには、実に便利なロケーションなのだ。

さまざまなお店が並んでいる

他のエリアへのアクセスがいいということもあり、車の交通量は多め

バス停も多く、どこへ行くにも便利

107

ここが正真正銘のワイキキ・ビーチ

ワイキキ・ビーチ
🏠ワイキキのホテル群の目の前。徒歩で行ける

🌴 ハワイアンビーチの代名詞

ワイキキ・ビーチ
Waikiki Beach

📍別冊 P.17-C3

　ハワイのビーチといえば、誰でも思い浮かべるのが**ワイキキ・ビーチ**だ。なだらかに延びる白い海岸線。ときには強烈に、またときには優しく降り注ぐ日差し。光り輝く紺碧の海。シーブリーズにそよぐヤシの葉陰に見え隠れするダイヤモンドヘッド。ビーチを闊歩するサーファーたち。最もハワイらしい光景が広がり、リゾート気分も盛り上がろうというもの。

　足元の砂浜が、実は観光用に白砂を運んで作られた人工ビーチ、なんて興ざめの話はさておき、ここは素直にハワイに来た感激に身をまかせてワイキキ・ビーチを満喫してしまおう。

　ところで、ひと口にワイキキ・ビーチといっても、それはいったいどこにあるのか、どの砂浜を指すのか、**全長約3km**におよぶ砂浜をウオッチングしてみよう。

緑豊かなカピオラニ公園側

　まず、いちばんダイヤモンドヘッド側、ウォー・メモリアルや水族館があるあたりが**クイーンズ・サーフ・ビーチ**、続いて**カピオラニ・ビーチパーク**となる。カピオラニ公園前のビーチは、木陰もあるので、砂浜から続く芝生に寝転ぶ人、読書する人、ピクニックに来たファミリー、バーベキューを楽しむグループなど、過ごし方はさまざま。マリンスポーツに興じるというよりは、ひたすら浜辺でのんびりといった落ち着いたムードが漂う。

　とはいえ、このあたりは岩場が多く、水の透明度が高いため、格好のスノーケリングポイントでもある。どちらかといえば静かな時間を過ごしたい人におすすめ。

ワイキキ・ビーチの裏方さん

早朝、ワイキキ・ビーチを散歩するとよくわかるのだが、砂浜にはゴミひとつなく、またきれいに地ならしされている。これはホノルル市公園管理課の依頼を受け、毎晩清掃を行っている業者のおかげ。深夜0:00近くになると、熊手によるゴミ集めと、ビーチを走れる専用清掃車によってゴミが収集され、地ならしされるのだ。ハワイの美しい海を守るためにも、ビーチでのたばこや缶の投げ捨ては絶対にやめよう。また、パブリックのビーチ、公園での飲酒や喫煙は禁じられている

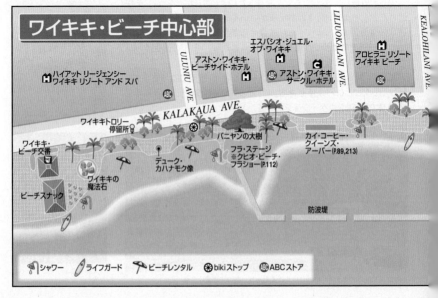

ワイキキ・ビーチ中心部

シャワー　ライフガード　ビーチレンタル　bikiストップ　ABCストア

波の静かなクヒオ・ビーチパーク

カパフル突堤からハイアット リージェンシー ワイキキ前の海は防波堤に囲まれた静かな海で、**クヒオ・ビーチパーク**と呼ばれる。ハワイで最初のアメリカ議会の代議士であり、「庶民の王子」とも呼ばれたプリンス・クヒオが所有する土地であったことから名付けられた。

クヒオ・ビーチパークは芝生のスペースが多く設けられ、各所に小さな池や滝、フラステージなどもあり、美しく整えられているのでさまざまな楽しみ方ができる。このステージでは火・木・土曜の夕方、**クヒオ・ビーチ・フラショー**が行われる。日没後、18:30（11～1月は18:00）頃から**デューク・カハナモク像**（→P.111）前でトーチライティング・セレモニーがスタートし、ステージでは約1時間、ハワイアンソングや**本格フラ**（→P.112）が披露される。日没前に行けばロマンティックなサンセットシーンも堪能でき、ウキウキするようなリゾート気分が味わえる楽しさ満載のワイキキの中心地だ。

ビーチ名の由来となっているプリンス・クヒオの銅像

ファミリーにおすすめのクヒオ・ビーチパーク

すばらしいフラが無料で楽しめる

ディス・イズ"THE"ワイキキ・ビーチ

最もワイキキらしい風景が展開する**クヒオ・ビーチパーク**から**グレイズ・ビーチ**にかけての海岸線（ハレクラニまでの約1kmの地域）。実はこのあたりが一般的に"ワイキキ・ビーチ"と呼ばれるエリアだ。

のんびり楽しめるグレイズ・ビーチ（→ P.34）

オアフ島／01ホノルル ワイキキ

サーフィンや SUP を楽しむ人であふれる

ハイアット リージェンシー ワイキキ前からアウトリガー・リーフ前にかけてのビーチには、ビーチテラスやビーチレンタルが軒を連ね、アクティビティ派にはもってこい。各ホテルも近いので、ビーチバーなどのアメニティ施設も充実、いちばん遊びやすいエリアといえそう。

というわけで人も多く、混雑も激しかったりするが、グレイズ・ビーチが比較的アダルトっぽく、欧米人観光客の割合も高いようだ。

西側は広々としたビーチ

ワイキキの西側は、アメリカ陸軍博物館前からヒルトン・ハワイアン・ビレッジにかけて、広々とした砂浜が続く。このあたりのビーチレンタルはボートやカヌーが中心。波があまり高くないのでウインドサーフィンにトライするにも絶好のポイント。

デューク像の前で行われるトーチライティング・セレモニーは、日没とともに始まる

砂浜でのビーチバレーや、山側のフォート・デルッシ公園ではローラースケートやスケートボードも楽しめ、またバーベキューグリルも設置されている。

軍関係の施設があることやヒルトンのおひざ元のせいか、浮ついた雰囲気はなく（**フォート・デルッシ・ビーチ**）、ヒルトンに近づくにつれて（**デューク・カハナモク・ビーチ**）、陽気なアメリカンビーチになっていく。

ワイキキのLGBTビーチ？

ラグーンが整備されたヒルトン前のビーチ

クイーンズ・サーフ・ビーチのダイヤモンドヘッド側にあるのがサン・スーシー・ステイト・レクリエーション・エリア（通称カイマナ・ビーチ）。このあたりのビーチ、実はLGBTの人たちを見かけるエリアとして有名。美形のお兄さま方がカップルでくつろいでいることも。知らないとびっくりするかも。

ビーチレンタル

レンタルは場所によって異なるが目安は以下。サーフボードが2時間$10 ～、ボディボードは2時間$5、アウトリガー・カヌー（5人以上1組）は3回波乗りをして$45、乗りこなすのが難しいスタンドアップ・パドルボードは2時間$20（スター・ビーチ・ボーイズ☎808-699-3750）。

ウオーター・セーフティ・サイン（標識）

ハイサーフ	強力海流	水泳禁止
岩棚の上の波	急深あり	ボードサーフィン禁止
危険波打ち際	滑りやすい岩	飛び込み禁止
電気クラゲ	刃状の珊瑚礁	ボードセーリング禁止

超自然力をもつ玉石

ワイキキの魔法石
Wizard Stones of Waikiki

📍別冊P.21-B4

　ヤシの木陰に鎮座する大小4個の石。口承伝説によると、これらの石には超自然の力"マナ"が宿っているという。

　ハワイ王朝が興るはるか昔、16世紀頃のこと。カパエマフ、カハロア、カプニ、キノヒという4人のカフナ（魔術師）がタヒチからハワイにやってきた。彼らはハワイから姿を消してしまう前に、人々の病を治癒させる万能力をこれらの石に乗り移らせたという。ワイキキの隠れたパワースポットだ。

現在では涼しげな木陰にひっそりとたたずんでいるため、この魔法石に注意を払う観光客は少ない。なかには石を囲む柵に着替えを掛けている観光客の姿なども見受けられるが、無事な旅行を望むなら、敬いの念をもって近づいたほうがいいかもしれない

ワイキキの魔法石
🏠ワイキキ・ビーチ交番のダイヤモンドヘッド側

サーフィンの神様には海がよく似合う

デューク・カハナモク像
Duke Kahanamoku Statue

📍別冊P.21-B4

　デューク・カハナモクは「サーフィンの神様」としてたたえられたハワイのヒーロー。彼の生誕100年を記念して1990年に立てられた像が、絶好の記念撮影スポットとしてワイキキ・ビーチの名所となっている。

　1890年に警察官の長男として生まれたデュークは、観光客の安全を守るビーチボーイとして成長した。人々は彼が見せるサーフィンの妙技——後ろ向き乗り、ヘッドスタンド（逆立ち乗り）、ボードからボードへの飛び乗り——に魅了され、また彼の水泳能力に目を見張った。

　ワイキキでの名声、特にスイマーとしての評判はアメリカ本土へも伝わり、1912年、デュークはストックホルム・オリンピックへ出場するというチャンスに恵まれた。

　100m自由形の選手として、予選で好記録を残したあと、決勝では当時の世界記録保持者、チャールズ・ダニエルスの記録を3秒以上も上回るタイムで金メダルを獲得。そのダイナミックな泳ぎを見て、人々は彼を「ヒューマン・フィッシュ」と呼んだという。

　さらに驚かされるのは、その8年後、1920年に行われたアントワープでのオリンピックでも優勝をさらってしまったこと。30歳にして、自己の記録を2秒も縮めるという快挙であった。

　当時のたくましい体躯のまま、彼は今、ワイキキの一等地に立っている。ワイキキの青い海と空がよく似合うデューク・カハナモク像だが、海を背にして立つその姿に、彼の遺族からは「海を愛し、サーフィンを愛した彼がかわいそう」という声もあったらしい。

デューク・カハナモク像
🏠ハイアット リージェンシー ワイキキの正面、ワイキキ・ビーチ交番の隣

絶好の撮影ポイントとなっているデュークの像

デューク・カハナモク（右端）と彼の兄弟たち。鍛えられた筋肉が見事だ（写真提供：ビショップ・ミュージアム）

●ワイキキ周辺の
おもなフラショー

○ロイヤル・グローブフライ
ショー
♀P.299 ☎808-922-2299
↑ロイヤル・ハワイアン・セン
ター1Fロイヤルグローブ
●火〜金曜 17:30 〜 18:30(フラ
カヒコ土曜 17:30 〜 18:30、ケ
イキ・フラ土曜 12:00 〜 13:00)
⊕ www.royalhawaiiancenter.com

○ク・ハアヘオ・イブニン
グフラ
♀P.303 ☎808-931-3593
↑ワイキキ・ビーチ・ウォーク
中央芝生エリア
●火曜 16:30 〜 18:00
⊕ jp.waikikibeachwalk.com

○オ・ナ・ラニ・サンセット・
ストーリー・フラショー
♀P.301 ☎808-921-0536
↑インターナショナル マーケッ
トプレイスクイーンズコート
●月・水・金曜 19:00 〜 20:00
※ 3 〜 8 月(9 〜 2 月 18:30 〜
19:30)
⊕ ja.shopinternationalmarketplace.
com

○クヒオ・ビーチ・フラシ
ョー
♀別冊 P.21-B4 ↑クヒオビー
チ・フラ・マウンド(クヒオ
ビーチパーク内) ●火・木・
土曜 18:30 〜 19:30(11 〜 1 月
は 18:00 〜 19:00)
※上記はすべて無料。雨天、
悪天候の場合は中止

🌴 ハワイアンカルチャーの定番

フラショー
Hula Show

♀ 別冊P.21-B4

ハワイの民族舞踊であるフラ。ハワイの伝統芸能の代表格といえるだろう。もともと礼拝の儀式の一部として始まり、現代ではハワイの日常生活と深く結びついている文化的象徴である(→P.416)。

フラといえば、ホテルなどで催されるディナーショーに参加しないと観ることができないと思い込んでいる人が多いかもしれないが、ワイキキ近辺でも気軽にフラショーを見学することができるので、ぜひ足を運んでほしい。

気軽に本格フラが観賞できる

ワイキキ内であればインターナショナル マーケットプレイスで開催される「**オ・ナ・ラニ・サンセット・ストーリー・フラ・ショー**」やワイキキ・ビーチ・ウォークで開催される「**ク・ハアヘオ・イブニングフラ**」が気軽に参加できる。優雅なパフォーマンスは、ハワイ気分をより盛り上げてくれるだろう。なお、どちらのフラショーもステージ前は見物客で鈴なりになるので、いい席を取りたかったら早めに出かけることをおすすめする。(どちらも無料、都合により休演あり)

優雅なサンセットフラ

ワイキキの一流ホテルでも、フラの舞台を開催していることが多い。日没時にワイキキ・ビーチを歩いていると、そこかしこからスチールギターの音色が聞こえてくるはずだ。ショーが行われているのはたいていバーやカフェテラスなので、食前酒でも飲みながら見物するといいだろう。

なかでも最も有名なのが、**ハレクラニ**(→P.373)のプールサイド・レストラン、**ハウス ウィズアウト ア キー**(→P.262)で毎夕18:00頃から始まるサンセットフラだろう。ワイキキ・ビーチではただ1本残っているという樹齢100年を超えるキアヴェツリーのもと、夕日を浴びて踊るダンサーの姿は芸術的ともいえるすばらしさだ。

インターナショナル マーケットプレイスの買い物途中に見学できる

🌴 アクティビティも満喫できる

カピオラニ公園
Kapiolani Park

📍別冊P.23-C3

約60万㎡にもおよぶハワイでいちばん古い大公園。 カピオラニとは、 **カラカウア王** （→P.115） の愛妻の名前だ。

広がる緑の芝生、 あちらこちらに木陰をつくるバニヤンツリー（菩提樹）、 アイアンウッド（ハワイ松）、 モンキーポッドツリー（ねむの木）。 それらの大木の下には、 必ずピクニック用のベンチが設置してある。 ここは自然に囲まれた市民の憩いの場所なのだ。

アクティビティ派にはこたえられないフィールドでもある。 テニスコート （→P.194） は、 夜でも照明がこうこうと輝き、 ナイタープレイに汗を流す人も多い。 近くにクイーンズ・サーフ・ビーチが控え、 ジョギングにも、 もってこいの環境。 公園はホノルル・マラソンのゴール地として、 またスポーツカイトの人気スポットとしても知られている。

そのほか公園内には**ホノルル動物園** （→P.117）、 **ワイキキ水族館** （→P.118） などの施設があるほか、 **カピオラニ・バンドスタンド**でのコンサート、 週末のアート展覧といったイベントが行われる。

鳥たちに餌をあげないで

カピオラニ公園などにある看板（欄外のいちばん下）には 「公園内で鳥に餌を与えると$500の罰金か拘束」 の警告が。 ホノルル市による条令で、 食物の与え過ぎは繁殖過剰の原因となり、 生態系破壊につながるから、 というのがその理由。 特に繁殖力の強いハトの増え過ぎが問題となっているらしい。 平和のシンボルとされるハトだが、 ここワイキキでは厄介者のようだ。

カピオラニ公園の松並木

公園の海側、 カラカウア通りに涼しげな木陰をつくっている松並木は、 1890年に植えられたもの。 1885年にハワイにやってきた官約移民 （→P.423） 第1回船組の人々によって植樹された。 「松」といっても日本のそれと異なり、 非常に成長の早いアイアンウッド（ハワイ松） である。

ダイヤモンドヘッドの景色が気持ちいいカピオラニ公園

カピオラニ公園
🏠ワイキキのホテル群に隣接。徒歩で行ける

朝の散歩やジョギングに適した気持ちのよい松並木

公園の入口にあるカヒ・ハルア・アロハ。2000年に行われたワイキキ改修工事の際に出土した昔のハワイ人の遺骨が埋葬されたメモリアルだ

コンサートなどが行われるカピオラニ・バンドスタンド。
🌐 www.rhb-music.com

カピオラニ女王像も立っている

この看板があるところでは、 餌を与えないようにしよう

113

ワイキキの銅像
Statues in Waikiki

📍別冊P.20-A1ほか

ワイキキの銅像
🏠ワイキキ・ビーチ周辺

ワイキキには**カラカウア王**（→P.115）、**カピオラニ女王**（→P.113）、**クヒオ王子**（→P.109）、**カイウラニ王女**（→P.107）といったハワイ王国のお歴々、また**デューク・カハナモク**（→P.111）のような有名人の銅像が各地に立っているが、ほかにもここで紹介の銅像が点在する。記念撮影ポイントとして、また待ち合わせの目印として利用したい。

アメリカだけでなく、世界各地に寄贈されているガンジー像

バニース・パウアヒ・ビショップ王女の像

ロイヤル・ハワイアン・センター（→P.296）のロイヤル・グローブ（📍P.299）にはビショップ王女（→P.134）の像がある。彼女の遺志により、センターの収益の一部は所有者であるカメハメハ・スクールの教育運営費に反映されている。

ハワイの子供たちの教育に尽力したビショップ王女

ツルリとしたアザラシがかわいらしい像。待ち合わせの場所としてもわかりやすい

マハトマ・ガンジー像

ホノルル動物園の入口近く（📍別冊P.22-B2）にあり、国際ガンジー協会が全米12都市に寄付したもの。1990年に建立。

アザラシと波に乗る少年の像

2001年にワイキキ・ビーチがお色直しされた際に作られた。アザラシはハワイ固有のハワイアン・モンクシール（→P.403）。カラカウア通りとカパフル通りの交差点近く（📍別冊P.22-B2）にある。

サーファー・オン・ザ・ウエイブ像

ホノルル市文化芸術協会によって2003年に建てられた。場所はカピオラニ公園の海沿い（📍別冊P.22-C2）。

サーファーに目がいってしまうが、ボードの下には、波がしっかり作られている

🦜 日本にも縁深い"陽気な君主"

カラカウア王銅像
King Kalakaua Statue

📍 別冊P.20-A1

「ワイキキの銀座通り」カラカウア通りが、ハワイ国王の名前に由来していることを知らない人は多いかもしれない。

デビッド・カラカウアが王位に就いたのは1874年のこと。ハワイ王国は末期を迎えていたが、ハワイのルネッサンス（文芸復興）を試みたり、世界漫遊の旅に出たりと、「非常に立派で知的な人」（作家ロバート・スティーブンソン）という評判の国王であった。その威厳がありながらおおらかな性格は"メリー・モナーク（陽気な君主）"として、民衆に人気が高かった。

日本との縁も深い。世界漫遊の折には日本にも立ち寄り（1881年）、明治天皇とも会見をしている。その際、明治天皇の人柄に感銘を受けた国王は、日本とハワイとの姻戚関係を結ぼうとして、王の姪であったカイウラニ王女（当時6歳）と東伏見宮依仁親王の婚姻を申し込んだり、ハワイ一日本間海底電線施設を提案した（いずれも実現はしなかった）。

また、ハワイのプランテーションの（農場）労働者として移民を送るよう働きかけ、その結果1885年には日本からの**官約移民**が実現している（→P.423）。

そうした業績から、オアフ官約移民百年祭委員会は1985年、カラカウア王を「ハワイ日本人移民の父」と命名、銅像を建立することになった。

カラカウア王銅像
🏠ワイキキ・ゲートウエイ公園内

日本とも縁が深いカラカウア王の銅像

🌴 ノスタルジックなハワイ最古のホテル

モアナ・ホテル
Moana Hotel

📍 別冊P.21-B3

世界に名だたるリゾート地となったワイキキだが、最初のホテルが建ったのはほんの120年ほど前のことにすぎない。それまで人々はダウンタウンのホテルに泊まり、1日1往復運行されていた乗合馬車に乗って、ワイキキに泳ぎに通うのが普通だった。

1901年、緑豊かなワイキキに忽然と姿を現したのが**モアナ・ホテル**（モアナ サーフライダー ウェスティン リゾート&スパ）。5階建ての優雅なコロニアル様式で、当時としてはそのモダンな造りから**"ワイキキのファーストレディ"**と呼ばれ、永きにわたり人々に愛し続けられることになる。

樹齢1世紀以上のバニヤンツリーは今でも変わらずに中庭に陰を投げかけている。コロニアル様式の白い柱やベランダは昔と変わらぬ優雅さだ。ホテルに泊まらずとも、このワイキキ最古のホテルの中庭でアフタヌーンティーを楽しみながら、ノスタルジックな気分に浸ってみるといい。

――今日、この美しいハワイに、ラジオをお聴きの皆さんがいらっしゃればと残念に思います。いつか、ここにおいでください。アロハ、アロハ・ヌイ・ロア――。

モアナ・ホテル
🏠モアナ サーフライダー ウェスティン リゾート&スパ（→ P.374）

モアナ サーフライダー ウェスティン リゾート＆スパにある、人々の憩いの場バニヤンツリー

モアナ サーフライダー ウェスティン リゾート＆スパの正面入口

1905 年の撮影と思われるカット。路面電車とモアナ・ホテルの2ショットは実に絵になる※

『ハワイ・コールズ』の司会者で、黄金ののどをもつ「ハワイの声」として有名だったウェブリー・エドワーズの、そんな名フレーズが聞こえてくるかもしれない。

モアナ・ホテルの歴史的意義は、1935年から1972年の間に、このホテルの中庭であるバニヤン・コートヤードで放送されていたラジオ番組『ハワイ・コールズ』にあるといっていいだろう。世界でいちばん古く、いちばん幅広く聴かれた番組ともいわれ、1900回もの『ハワイ・コールズ』の生放送が、600のラジオ局で中継され、世界中で放送された。それまでアメリカの片田舎にすぎなかったハワイが、この番組によって一躍夢のリゾート地として紹介されたのだ。

🌴 栄光のピンク・パレス
ロイヤル・ハワイアン・ホテル
Royal Hawaiian Hotel

📍別冊P.21-B3

ロイヤル・ハワイアン・ホテル
🏠ロイヤル ハワイアン ラグジュアリー コレクション リゾート
(→ P.374)

ハワイ中の名士が全員集合したホテルの落成式。記念パーティには、1200人ほどの正装した紳士・淑女が招待された。オープニングセレモニーは、ハワイ王家のプリンセス・カワナナコアの指揮と演出で幕を開けた。テーマはカメハメハ大王のワイキキ上陸。コスチュームに身を包んだハワイの戦士たちが、ワイキキの沖合をカヌーに乗って繰り広げる一大ページェントであったという※

ワイキキのシンボルともいっていいロイヤル・ハワイアン・ホテル（ロイヤル ハワイアン ラグジュアリー コレクション リゾート）は、1927年2月、マトソン船舶と准州ホテル会社によって建てられた。

当時としては$400万という巨額が投資されたムーア風スペイン様式のロイヤル・ハワイアンは、"ピンクの宮殿"としてハワイ社交界の人々の心を浮き立たせたという。

この日からロイヤル・ハワイアンは、まさにハワイ最高の華やかなホテルとして注目を浴び続ける。大統領、各国の王族、政財界の大物、そしてハリウッドのスターたちがホテルに集い、ごちそうを賞味し、歓談をしてきたのだ。

現在でも、ピンクを基調としたホテル館内は、ゴージャスで重厚な雰囲気にあふれている。美術館のような回廊や豪奢な絨毯、シックな家具や調度品、中庭の静けさと宴会施設「モナーク・ルーム」の落ち着き……。ホテル内を散策すると、ピンク・パレスの歴史と誇りを感じることができる。

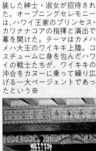

※写真提供：ビショップ・ミュージアム

🌴 臨場感あふれるディスプレイ
アメリカ陸軍博物館
U.S. Army Museum of Hawaii

📍別冊P.20-C1

ワイキキのフォート・デルッシュ公園の一角に、戦争の悲劇を再認識させてくれる博物館がある。真珠湾の防衛を目的として、1911年に建設されたランドルフ砲台があった建物を、博物館として転用したものだ。

施設の外には戦車などの展示も

分厚いコンクリートで固められた堅固な建物は、砲弾の直撃にも耐えられるという。建物の前には**本物のアメリカ軍の戦車や迫撃砲**が展示されているほか、屋上には軍用ヘリコプターの姿も。

館内には第2次世界大戦だけでなく、前近代ハワイアンの戦から朝鮮戦争、ベトナム戦争に関する資料、展示物などが時代を追って並べられている。館内はコンクリートや鉄骨がむき出しとなっており、薄暗い照明に浮かび上がる展示物は、物が物だけに臨場感にあふれ迫力がある。

オアフ島／01 ホノルル ワイキキ

アメリカ陸軍博物館
📞 808-955-9552
🕙 10:00 ～ 17:00
🚫 日・月曜、12/25、1/1
💰 無料だが寄付を
🚌 ワイキキ中心部から20・23・42番バス
🅿 サラトガ通りなどの路上パーキングメーターや、フォート・デルッシュ公園内の有料駐車場が便利
🎧 日本語オーディオ・ツアー $5
🌐 www.hiarmymuseumsoc.org

戦争の歴史に触れるいい機会かもしれない

🌴 大人も子供も楽しめる
ホノルル動物園
Honolulu Zoo

📍別冊P.23-B3

東京ドーム2.5個分の敷地に、フラミンゴをはじめとした約900種類の動物が飼育されているオアフ島唯一の動物園。

見逃せないのが**アフリカンサバンナ**。荒野をイメージし、赤土を盛って人工的に造られたサバンナには、ハイエナやカ

ゾウやキリンが人気

バ、シマウマ、キリンなどが次々に姿を見せ、大人も充分に楽しめる。ただしこのサバンナ、日中はかなり暑くなるので小さな子供連れは注意が必要。午前中の早い時間か、夕方など日差しが強すぎない時間帯に訪れることをおすすめする。木陰も少ないので、帽子や日焼け止め、水筒は忘れずに持参しよう。

また**子供動物園**（ケイキ・ズー）もおすすめ。これは動物の子供や小型動物を集めたコーナーで、実際にそれらの動物に触れてスキンシップを楽しむことができるというもの。ウサギやラマ、ヤギなどおとなしい動物なので安心だ。

ホノルル動物園
📞 808-971-7171
🕙 10:00 ～ 16:00（最終入園15:00）
🚫 12/25
💰 税込み $21、3 ～ 12 歳 $13、2 歳以下無料、1 年間有効のファミリーパス $50 〜
📅 土・日曜の 9:00 〜 15:00、動物園のフェンスの外側では絵画市（Art on the Zoo Fence）が開催される
🅿 カパフル通り沿いのパーキングメーターを利用
🌐 www.honoluluzoo.org

上／ケイキ・ズーの入口（園内は禁煙）下／ケイキ・ズーにて。ヤギさんにスカート食べられちゃった！

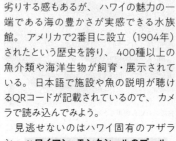

🌴 ハワイの豊饒の海を垣間見る

ワイキキ水族館
Waikiki Aquarium

📍別冊P.23-C3

ふわふわ浮かぶクラゲに癒やされよう

ワイキキ水族館
📞 808-923-9741
🕐 9:00～17:00（入場～16:30）
🔒 12/10（ホノルルマラソン開催日）、12/25（感謝祭と1/1は開園時間に変更あり）
🎫 税込み $12、65歳以上 $5、4～12歳 $5、3歳以下無料
🚌 ワイキキのクヒオ通り海側のバス停から20番バス
🚶 カラカウア通りを直進。カピオラニ・テニスコートを越えた海側
🅿 付近のパーキングメーターを利用
🌐 www.waikikiaquarium.org

日本にある大水族館と比べると少々見劣りする感もあるが、ハワイの魅力の一端である海の豊かさが実感できる水族館。アメリカで2番目に設立（1904年）されたという歴史を誇り、400種以上の魚介類や海洋生物が飼育・展示されている。日本語で施設や魚の説明が聴けるQRコードが記載されているので、カメラで読み込んでみよう。

見逃せないのはハワイ固有のアザラシ、**ハワイアン・モンクシールのプール**。定期的に餌づけタイムがある。

実際に生物に触れられるエリアも

その横にある**エッジ・オブ・ザ・リーフ**は、珊瑚礁の複雑な営みを人工的に再現したもの。7500ガロン（約28,400ℓ）のガラス製タンクの中の岩礁、サンゴや魚などを見ながら海全体の仕組みがわかるようになっている。

興味深いのは色とりどりのサンゴが展示された**コーラルファーム**。さまざまな要因で深刻化しているサンゴの白化現象などを防ぐべく、サンゴの研究・育成を行っている。育成されたサンゴは世界中の水族館や研究所に送られるという。サンゴの白化現象のおもな要因として挙げられるのは、日焼け止めなどに含まれる化学物質。美しいハワイの海を守るためにも、サンゴに影響のないリーフセーフな日焼け止めを使用することを心がけよう。

子供が喜ぶおもちゃがいっぱいのギフトショップ

左／トロピカルなお魚たちに出合える 下／サンゴに囲まれて鎮座する巨大シャコ貝

都市開発が進む注目エリア

アラモアナ〜カカアコ
Ala Moana〜Kakaako

別冊P.27〜29

ハワイ最大のショッピングセンター

ワイキキからバスなどで西へ約15〜20分進むと見えてくるのがアラモアナエリア。海側には、週末になるとローカルのファミリーがBBQなどを楽しむ優雅な**アラモアナ・ビーチパーク**（→P.120）が広がっている。山側には、ハワイ最大のショッピングセンター、**アラモアナセンター**（→P.288）があり、常にたくさんの人でにぎわっている。

家族連れに人気のアラモアナ・ビーチパーク（→P.95・120）

高級コンドミニアムが建ち並ぶ

さらに西にはアラモアナセンターに匹敵する、ショッピングセンターである**ワードビレッジ**（→P.121）が見えてくる。点在するモールの総称で、人気のグルメやハワイメイドのショップなどがずらりと揃う。また、高級コンドミニアムが開業するなど、都市開発も進んでおり、日々その街並みを変化させ続けている注目スポットで、今後も目が離せない。

おしゃれタウン、カカアコ

若者を中心に人気が集まっているのが、ダウンタウンとワードの間に位置する**カカアコエリア**。もとは倉庫街だったが、アートイベントによって、町にアートがあふれるヒップなエリアに変貌。壁画の写真を撮りに来る観光客が多く見られるようになった。また、レストランやショップが入る商業施設**ソルト**（→P.121）は、散策の拠点としても便利だ。

Access

🚌 アラモアナへはクヒオ通り山側停留所から20・23などを利用。ワードビレッジとカカアコも同様に20・42。

🚗 いずれもアラワイ通り、ニウ通り経由でアラモアナ通りへ。ソルトまでは約10分。

人気グルメが集結するワード・センター（→P.307）

観光客も増えたとはいえ、治安がいいエリアではないので暗くなる前に帰るようにしたい

アラモアナ・ビーチパーク
🚌ワイキキから20・23・42番
バス、エクスプレスE

ルーズベルトの門
公園のダイヤモンドヘッド側の入口にある白亜の門。見過ごしがちだが、実は由緒ある歴史的建造物だ。1934年、アメリカの現職大統領として初めてハワイを訪れたフランクリン・ルーズベルトにちなんで命名されたもの。戦後、大規模な拡張工事が行われ、公園は広く立派になったが、この門だけは当時の名残を今にとどめている。

波が穏やかなので、SUPヨガなどビーチアクティビティが行われていることも

🌴 人気ナンバーワンの大公園

アラモアナ・ビーチパーク
Ala Moana Beach Park

アラモアナ 📍別冊P.29-C3

ワイキキの西に広がる約30万㎡の公園。バレーボールコート、ソフトボール場、テニスコートなど、スポーツを心から満喫できるプレイフィールドだ。

ジョギングの人気スポットでもあり、いつ行ってもジョガーたちが思いおもいのスタイルで、公園中を走り回っている。ジョギング大会もよく開催されている。

スポーツで汗をかいたら、白砂のビーチがすぐそこにある。沖合にある周囲約2.5kmの珊瑚礁に囲まれた遠浅の海岸だから泳ぐのにもってこい。水は少々濁っているが、日本と比べればまだまだきれい。夏には沖合はサーファーたちでいっぱい。サウス・ショアで唯一チューブのできるサーフポイントなのだ。

山側に目を転じれば、**アラモアナセンター**（→P.288）がある。公園内にはピクニックテーブルもあるから、ショッピングセンターで食料を仕入れて、バーベキューパーティなどいかがだろう。夕方には美しいサンセットを見ることができる。

なお、夜間など人通りが少ない時間帯はハワイとはいえどこでも気をつけよう。

ところどころにベンチがあり、のんびりできる

アラモアナセンター
→P.288

ブルーミングデールズ（→P.316）が入るエヴァウィング

🌴 何でも揃う超大型ショッピングモール

アラモアナセンター
Ala Moana Center

アラモアナ P.292～295

オープンエアの吹き抜けが心地いい館内は約20万㎡という広大な敷地を誇り、あっという間に時間がたってしまう場所。アメリカで人気の5軒のデパートや大型スーパー、フードコート、レストラン、ブティックなどが一堂に集結。センターステージではフラショーなど毎日イベントが開催され、ショッピング以外の魅力も尽きない。とにかく広いので、プランを立てて回るのがオススメだ。（→P.290）

🌴 進化するショッピングタウン
ワードビレッジ
Ward Village

ワード ♀ 別冊P.28-C2

ワード・センター、 イースト・ビレッジ・ショップス＋サウスショア・マーケット、 ワード・エンターテイメント・センターの総称。 個性豊かなショップや実力派レストラン、 エンターテインメント施設などバラエティ豊富なテナントが入る。

ワード・ビレッジ・ショップス内に入るサウスショア・マーケット（→P.308）

ワードビレッジ
→P.307

カカアコ・ウオーターフロント・パーク
🚌 ワイキキから20・42番バス。Ala Moana Blvd./Koula St.の停留所で降り、海に向かって徒歩5〜6分。ただし、公園までの道は倉庫街で人通りも少ないので、あまりおすすめしない
🚗 ワイキキからアラモアナ通り経由、Koula St.を左折。無料駐車場はあるが、休日は早めに行ったほうがいい

🌴 海の眺めが気持ちいい
カカアコ・ウオーターフロント・パーク
Kakaako Waterfront Park

カカアコ ♀ 別冊P.24-C2

砂浜はないが、 起伏のある芝山が展開する広くてよく整備されたレクリエーションパーク。 海に沿って散歩道が続き、 そのところどころに屋根付きのピクニックテーブルが点在し、 週末には地元の家族連れでにぎわっている。 園内にも付近にも売店がないので、 訪れるときは食べ物とドリンクを持参しよう。 公園の入口近くには、 **チルドレンズ・ディスカバリー・センター**（→P.137） がある。

園内の小高い丘の上には**えひめ丸慰霊碑**が建立されている。2001年2月9日、 オアフ島ダイヤモンドヘッドの南方約15km の沖合で、 宇和島水産高等学校の練習船「えひめ丸」に、 突然、 急浮上してきたアメリカ海軍原子力潜水艦「グリーンヴィル」が接触。「えひめ丸」は沈没し、 9人の学生、 教員、 乗組員が帰らぬ人となった。 犠牲者の鎮魂と後世への警鐘を込めて建立された慰霊碑は、 犠牲者の数にちなんだ9個のブロックの黒御影石の台座に、 9輪の鎖の付いた「えひめ丸」の碇のひとつが据えられたもの。

公園の入口を入り、海に向かって右側の丘の上に慰霊碑が建立されている
（♀ 別冊P.24-C2）

🌴 アートの町にたたずむ複合商業施設
ソルト
Salt at Our Kaka'ako

カカアコ ♀ 別冊P.27 C4

その昔カカアコエリアに点在していた「塩の池」が施設の名前の由来。 倉庫を改装して作られた、 カフェやレストラン、 ショップが入る、 ロコカルチャーの **最先端発信地**だ。 カカアコ散策の拠点にもってこいで、 休憩スポットとしてもおすすめ。

施設内にもアートがあり、 フォトスポットも多数

> **変貌する町 カカアコ**
> ワードとカカアコは、「都会のなかのビレッジコミュニティ作り」をコンセプトに、十数年をかけて22棟の高層コンドミニアムの建設計画があり、すでに高級コンドミニアム建設と販売が始まっている。また、ワードの西側に位置するカカアコ・エリアは、Our Kaka'ako（私たちのカカアコ）というスローガンのもと、アーティスティックでヒップなエリアに生まれ変わった。
> ワード・ビレッジ
> 🌐 wardvillage.com
> アワー・カカアコ
> 🌐 www.ourkakaako.com

ソルト
→P.59

カカアコはカメラを持っての散策が楽しいエリア。写真はクック・ストリート

政治・経済の中心地でエネルギッシュな町

ダウンタウン
Downtown

📍別冊P.26-27

交通量は多め。駐車場もいくつかあり、足の便はかなりいい

イオラニ・パレス（→P.124）

Access

🚌 オールド・ダウンタウンへはワイキキから2・13番バス。チャイナタウンへは2・13・20・42番バス

🚐 ワイキキからカラカウア通り、ベレタニア通り経由で約10分

オールド・ダウンタウン

　オールド・ダウンタウンはホノルル港を核として、その北に延びるヌウアヌ、フォート、ビショップ各通りに連なるオフィス、官庁街、ショッピングエリアを指す。ハワイの経済界を支える大会社をはじめとして、金融、流通の中心街として開けてきただけに、近代的な高層ビルが建ち並んでいる。かと思うと、歴史を物語るように1世紀以上前のコンクリートの建物があったりして、古い港町の風情さえ楽しめてしまう趣深い町並みとなっている。

史跡が点在する

　ビショップ通りの東側は、**州政府ビル**（→P.125）、連邦ビル、最高裁判所、税務署、司法局などが点在する行政エリア。広々と芝生が敷かれ、**イオラニ・パレス**（→P.124）、**カメハメハ大王像**（→P.123）などの史跡があるので、ゆっくりと散策するといい。bikiを使って巡るのもおすすめだ。

パワーあふれるチャイナタウン

　オールド・ダウンタウンの西、キング通りとマウナケア通りを中心とした一画が**チャイナタウン**だ。通りには、中国人経営のレストラン、乾物店、骨董品、理髪店、レイショップなどが、木造、石造、れんが造りの建物に軒を並べる。雑然としてはいるものの、1世紀以上前からきっと変わっていないであろう生活のにおいが漂っている。いちばんの楽しみは、本場中国料理の食べ歩きだろう。オアフマーケット（別冊📍P.26-B1）やマウナケア・マーケット・プレイス（別冊📍P.26-B1）には、肉、魚、野菜などありとあらゆる生鮮食品、名も知らぬ香辛料や漢方薬が山積みにされ、店員の大声が響きわたっている。

ダウンタウンの歩き方

　おしゃれなレストランも多くあるとはいえ、裏道に一歩足を踏み入れると、得体の知れない店も多い。だが、人通りのあるところさえ歩いて入れば、昼間はまず安全と考えていいだろう。ただし、平日の16:00過ぎや日曜などは人波がうそのように消え、かなりあやしい雰囲気になるので明かりのないところや人のいないところには近づかず、暗くなる前にはワイキキへ戻るほうが無難。夜、レストランなどへ行くときはひとり歩きはせず、レンタカーもしくはタクシーの利用をおすすめする。

🌴 ハワイでいちばん有名な王様

カメハメハ大王像
King Kamehameha's Statue

📍 別冊P.27-B3

ハワイ州最高裁判所（→P.126）の正面で金色に輝いているのが、**ハワイ王朝**（→P.404）の祖・カメハメハ大王の銅像。ハワイで最も人気のある記念撮影ポイントといっても過言ではなく、いつも観光客でにぎわっている。また毎年6月11日はカメハメハ・デイ（大王の誕生日）というハワイ州の祝日で、銅像は色とりどりのレイで飾られる。

実はこの大王像は複製で、オリジナルはハワイ島コハラの旧裁判所の前に立っている。しかも、この銅像のモデルはカメハメハ大王本人ではなく、彼の親友の宮廷仲間でいちばんハンサムだった男だということだ。ということは、この銅像は複製の複製、ということになる!?

カメハメハ大王像
🚌 ワイキキから2・13・42番バス、エクスプレスE、またはワイキキトロリー（→P.498）
🚗 ワイキキからベレタニア通りかアラモアナ通りを経由してダウンタウンへ。キング通りからアクセス
🅿 イオラニ・パレス内か付近のパーキングメーターに駐車

☑ オアフ島／01 ホノルル ダウンタウン

なかなかハンサムな顔をしたカメハメハ大王の銅像

ワイキキからのバスなら赤ルート🅐停留所で下車、見学後はブルールート🅑停留所からバスに乗る

123

一度は見ておきたい宮殿の内部
※写真提供：G.Bacon ©Iolani Palace 1984

写真の雪子さんをはじめ、日本人ドーセントは7人ほどいる

イオラニ・パレス

📞808-522-0832（火～土曜9:00～16:00の受付）

🕐開館時間は火～土曜／宮殿（1・2階）9:00～16:00／ギャラリー（地階）とギャラリーショップ9:30～17:00／パレスショップ8:30～16:30

📅日・月曜、11/23、11/27、12/25、1/1、1/15、2/19、3/26、5/27、6/11、7/4、9/2

🎫・ガイド付きツアー（水・木曜の催行で9:00～14:30）18歳以上$32.95、13～17歳$29.95、5～12歳$14.95、5歳未満無料。日本語のガイド付きツアーは、毎週水曜日と木曜日15:30～からの催行で要予約。
・オーディオツアー（火・金・土曜の催行で9:00～15:30）18歳以上$26.95、13～17歳$21.95、5～12歳$11.95、5歳未満無料
※5歳未満の入館は、大人が抱っこひもで胸に抱くか、無料貸出の専用ベビーカーを使用

🏛館内ではフラッシュを使用した写真撮影、ビデオ撮影、録音、飲食物の持ち込み、携帯電話の使用禁止。かさばる荷物などはコインロッカーへ

🚌ワイキキから2・13・20・42番バス、エクスプレスE、またはワイキキトロリー（→P.498）
🚌ワイキキからベレタニア通りかアラモアナ通りを経由してダウンタウンへ。キング通りから入る

🅿敷地内のパーキングメーターを利用

🌐www.iolanipalace.org
📧palacetickets@iolanipalace.org（日本語OK）

🌴 ハワイ王朝に思いをはせる

イオラニ・パレス
Iolani Palace

📍別冊P.27-B3

ハワイ王朝の栄華をしのばせるアメリカ合衆国内の数少ない宮殿のひとつ。第7代の国王※**カラカウアの命**により建てられ、1882年に完成した。1893年の王国転覆まで、カラカウア王とその妹リリウオカラニが公邸とした宮殿である。当時のお金にして$36万をかけて建てられただけあり、歴史を感じさせる重厚な造りだ。

敷地内は自由に散策できるが、館内はいずれかのツアー参加で見学可能。まずはイオラニ・バラックの窓口でチケット（2023年7月現在オンライ事前予約推奨）を受け取り宮殿1階山側のラナイへ。参加者は床材保護用の布製カバーを靴の上から履き、いざ館内へ。

1階にはハワイ王国歴代の肖像画がある「大広間」、音楽会などに利用されたというロココ復古調の「青の間」、明け方まで舞踏会が開かれたという「王座の間」がある。また当時としては斬新な水洗トイレも復元されている。

2階には居間や客間のほか、シャワーも完備した王と王妃の寝室、1880年代では大変珍しい電灯や電話のある執務室が再現され、世界の王室から贈られた美術工芸品の数々が各所に見られ、そのなかには日本の皇室からの品々も。

また、この階にはリリウオカラニ女王の「**幽閉の間**」もある。質素な室内、外界から遮断するように閉められたブラインド、中央に展示された女王自らの手によるキルトがハワイ王朝の悲しい歴史を静かに物語っている。

地階のギャラリーでは、美しい勲章や宝飾品の数々、侍従長のオフィスやキッチンなどが見学できる。ミュージアムショップもあるので、記念品を買い求めるのもいい。各ツアーの所要時間は約1時間30分。日本語ツアーは毎週水・木曜15:30～催行している。

フライデイ・コンサートは必見

イオラニ・パレスの敷地内にある**戴冠式台**（Coronation Pavilion）は、カラカウア王とカピオラニ王妃の戴冠式用に1883年に建てられたもの。式台の基礎部分は1919年から1920年にかけてコンクリートで再現されているが、銅でできたドームの部分は当時とそのまま一緒のものである。

毎週金曜の正午過ぎからは、この戴冠式台に近い広場でロイヤル・ハワイアン・バンドによる約1時間の無料コンサートが開かれている（7～8月は休演のことがある）。

60人ほどのメンバーで構成される同バンドは、1836年、キング・カメハメハ3世によって創設されたという由緒を誇っている。なじみ深い『アロハ・オエ』をはじめ、ハワイ州歌『ハワイ・※ポノイ』なども演奏してくれ、近くのオフィス街で働く人々や観光客でにぎわっている。

※イオラニ・パレスでは、正しいハワイ語の使用に努めていて、日本語での発音もできるだけ原音に近いものにするべく「カラーカウア」「ポノイイ」と発音してツアーを行っている。

🌴 『アロハ・オエ』を口ずさみながら……

ワシントン・プレイス
Washington Place

📍別冊P.27-A3

　州政府ビルとベレタニア通りを隔てて立っているのがワシントン・プレイス。緑に囲まれた白い清楚な家屋だ。

　王位を剥奪された**リリウオカラニ女王**が、ここで余生を過ごしたという。音楽好きの彼女は、ごく内輪の人々を招いて、自らピアノやギターを奏でた。有名な『アロハ・オエ』は彼女の作曲だ。今でも彼女の愛用したグランドピアノやギターが保存されていて、48時間前までにネットから予約（🌐washingtonplace.hawaii.gov）をすれば、内部見学ツアー（木曜10:00～）に参加できる。当日は写真付きのID（身分証明書）持参のこと。ツアーは無料だが、ぜひ寄付しよう。

🌴 ハワイ州政治の中心

州政府ビル
The State Capitol

📍別冊P.27-A3

　イオラニ・パレスの山側に立っているビル。イオラニ・パレスがハワイ王国時代の栄華をしのばせる建物なら、この州政府ビルは現代ハワイの権力の象徴だろう。

　州政府ビルは、回廊式のモダンな建築物だ。中央が吹き抜けになっていて、1階の大広間から見上げると、四角い青空が見える。火山の内部にいるような気分になる。

　そう、州政府ビルは火山をモチーフとしてデザインされているのだ。屋根を支える裾広がりの柱はヤシの木を表し、周りの池は海を意味している。

　最上階の5階には州知事のオフィスがある。アロハ精神たっぷりの州知事らしく、自由にオフィスに出入りできるようになっている。もっとも、いつ行っても知事は不在のことが多いのだが……。

　いつ行っても会えるのは**ダミアン神父**。モロカイ島（→P.436）でハンセン病患者たちとともに生涯を送ったというハワイで最も尊敬されている人物のひとりだ。今では銅像となって、四角張った顔でわれわれを迎えてくれる。州政府ビルの山側の中庭に立っている。

顔は四角く、心は丸いダミアン神父の銅像

うっそうたる木々に囲まれたワシントン・プレイスは1846年の建築

ワシントン・プレイス
🚌 ワイキキから2・13・20・42番バス、エクスプレスEまたはワイキキトロリー（→P.498）
🚗 ワイキキからベレタニア通りかアラモアナ通りを経由してダウンタウンへ
🅿 イオラニ・パレス内か付近のパーキングメーターに駐車

リリウオカラニ女王の銅像は州政府ビルのイオラニ・パレス側に立っている

印象的な建築の州政府ビル。下の写真はその内部

州政府ビル
🚌 ワイキキから2・13・20・42番バス、エクスプレスE、またはワイキキトロリーでイオラニ・パレス下車（→P.498）
🚗 ワイキキからベレタニア通りかアラモアナ通りを経由してダウンタウンへ
🅿 イオラニ・パレス内か付近のパーキングメーターに駐車

🌺MĀLAMA　イオラニ・パレスを運営しているのは非営利団体。活動資金は、施設入館料や寄付金がおもな財源となる。ハワイの歴史や文化をこれからも世に残すためにも、ぜひイオラニ・パレスに訪れたい。

日本人の結婚式もよく行われている

カワイアハオ教会
🚌 ワイキキから2・13・20・42番バス、エクスプレスE
🚗 ワイキキからベレタニア通りかアラモアナ通りを経由してダウンタウンへ。キング通りからアクセス
🅿 付近のパーキングメーターを利用
🌐 kawaiahao.org
■ 内部見学時間9:00~16:00 (ウエディングやセレモニーが行われていて見学できない場合もあり)

カメハメハ大王像の背後にある歴史的な建造物

アリイオラニ・ハレ
(ハワイ州最高裁判所)
● 内部見学は月~金曜8:00~16:30
🚫 土・日曜、おもな祝日
▲ 入場無料
🚌🚗🅿 P.123カメハメハ大王像のデータを参照

その美しい宮殿の造りにも注目したい

🌴 ホノルル最初のプロテスタント教会

カワイアハオ教会
Kawaiahao Church

📍 別冊P.27-B3

カメハメハ大王像から1ブロックほどワイキキ側に歩いた所にある、壁材にサンゴ石を使ったという美しい教会だ。1842年、ホノルルで最初のプロテスタント教会として建てられた。

3000本のパイプを誇る巨大なオルガン。2階の回廊に掛けられたハワイ歴代の王様たちの肖像画に目を奪われる。中に入るだけで荘厳な気分になってしまう。

もし機会があれば、日曜8:30からの礼拝に出席してみるのも楽しい。聖歌隊の歌に迎えられて牧師が登場すると、お祈り、賛美歌、洗礼式と続く。いずれも英語とハワイ語のミックス。式次第のハンドブックが配られるから、それを見ながらハワイ語の賛美歌を歌ってみてはいかがだろう。なお、参加にはオンラインで事前の申し込みが必要。

🌴 王朝転覆の舞台となった幻の宮殿

アリイオラニ・ハレ（ハワイ州最高裁判所）
Ali'iolani Hale

📍 別冊P.27-B3

カメハメハ5世が宮殿にしようと建てさせたもの。完成したのは1874年。向かい側に立つイオラニ・パレス（→P.124）が1882年の落成だから、こちらのほうが宮殿の元祖ということになる。

ただし、建物の完成を待たず、1872年にカメハメハ5世は他界してしまう。短命に終わったルナリロ王の跡を継いだカラカウア王（→P.115）は、**イオラニ・パレス**を建てたため、結局この建物は宮殿として使われることは一度もなかった。また1893年に白人勢力によるクーデターが起こった際、ここに臨時政府が設立され、王制を倒す勢力の拠点となった（→P.405の年表）。

今日、建物はハワイ州最高裁判所として使われている。1階には司法歴史センターが入っていて、ハワイの裁判の歴史などに関する資料が展示されている。

🌴 ホノルル港のランドマーク

アロハ・タワー
Aloha Tower

📍別冊P.26-C2

　1926年の建造以来、ホノルル港のシンボルとして親しまれてきた。航空機時代が訪れる前は、まさにハワイの表玄関だった。外国船が入港すると、ロイヤル・ハワイアン・バンドによる『アロハ・オエ』が流れ、観光客や出迎えの人々、みやげ物店などでごった返したという。

　だが、ダニエル・K・イノウエ国際空港ができてからというもの、かつてのようなにぎわいは消えうせ、ダウンタウンの高層ビルの合間にひっそりと埋もれてしまっていた。

　1994年末になってウオーターフロント計画の一環として、**アロハ・タワー・マーケットプレイス**がオープンしにぎわいを見せたが、現在は閑散としており、書店とレストラン、ブティック、コンビニなどを残して、ハワイ・パシフィック大学の施設になっている。

🌴 ハワイの近代化に大きく貢献

ハワイアン・ミッション・ハウス・ヒストリック・サイト・アンド・アーカイブ
Hawaiian Mission Houses Historic Site and Archives

📍別冊P.27-B3

　19世紀以前のハワイでは、厳しい社会階級制度（男女差別も含む）と宗教上のタブー制度が結びつき、社会の秩序が保たれていた。この前近代的社会制度と古代宗教が崩壊したのは、欧米からの宣教師たちの影響によるところが大きい。

　彼らが持ち込んだのはキリスト教だけではない。それまでハワイにはなかった文字、学校、**サトウキビ・プランテーション**などをハワイの人々に教え、ハワイの近代化が始まったのだ。そうした宣教師の功績を現代に紹介する博物館がダウンタウンにある。

　1820年、ニューイングランドからやってきた宣教師たちは、木材までハワイに運んできて、この建物を築いた。木造の家としてはハワイで初めてのものだ。2階建ての館内には宣教師たちが当時生活していたままに、寝室や居間が再現されている。また、11:00〜、13:00〜にはガイドによるツアーがある（要事前予約）。

ホノルル港の歴史を見守ってきたタワー

アロハ・タワー
🚫無休
💰入場無料
🚌ワイキキから2・13・20・42番バス、エクスプレスE。アラモアナから60・65・67番バスで下車。帰りは60・65・67番バスなどでアラモアナセンターへ行き、20番バスなどに乗り換えてワイキキへ
🚗ワイキキからアラモアナ通り。ウオーターフロント・プラザを過ぎたら左折の準備を。"Pier7"の看板が目印
🅿️マーケットプレイス、もしくはダウンタウンの有料駐車場へ

ハワイアン・ミッション・ハウス・ヒストリック・サイト・アンド・アーカイブ
📞808-447-3910
🏠553 S.King St.
🕐10:30〜16:00、ガイドツアーは火〜土曜11:00〜、15:00〜
❌日・月曜、おもな祝日
💰ガイドツアー：税込み$20、65歳以上$15、6歳〜大学生$10、5歳以下無料（24時間以内にオンラインで要予約）
🚌ワイキキから2・13・20・42番バス、エクスプレスE
🚗ワイキキからベレタニア通りかアラモアナ通り経由でダウンタウンへ。キング通り沿いの海側に位置する
🅿️カワイアハオ通りの路上パーキングメーターが便利
🌐www.missionhouses.org

1832年、ハワイで最初の印刷物である聖書がここでプリントされた。ガイドツアーでは常時ではないが、当時と同じ方法で印刷のデモンストレーションが行われる

行政地区1号ビルはスペイン様式の美しい建物

キャピトル・モダン
📞 808-586-0300
🏠 250 S.Hotel St.
🕙 10:00 ～ 16:00
🚫 日曜、おもな祝日
💲 無料（寄付歓迎）
🚌 ワイキキから2・13・20・42番バス、エクスプレスEまたはワイキキトロリー（→P498）（停留所 → ♥ P.123）
🚗 ワイキキからベレタニア通りを経由してダウンタウンへ。リチャード通りを左折
🅿 付近の有料駐車場かパーキングメーターを利用
🌐 www.capitolmodern.org

APPとは？

州立文化芸術財団による"Art in Public Place Program（公共施設における美術品事業）"のこと。これは1967年、ハワイ州議会で可決された"Art in State Building"法によって発足した事業で、同法は州が建物を建設する際、建設費の1％を環境美化のための視覚芸術に費やすことを義務づけるというもの。全米初の画期的な法律で、以降、多くの州や地方自治体がこれに倣い、同様の法律を発令している。APPによって収集された作品は美術館だけではなく、官庁オフィスや学校、空港、病院など約500ヵ所の州立施設に展示され、「枠なき美術館」としてハワイの日常生活に彩りを添えている。

スカルプチャー・ガーデン中央にあるプールのアート。まるで本物のプールのように見える

キャピトル・モダン
Capitol Modern

📍 別冊P.26-A2

　アメリカの歴史的文化財としても登録されている行政地区1号ビル No.1 Capitol District Buildingの2階に入っている美術館。2023年9月に旧ハワイ州立美術館から名称が変更された。

　展示されている芸術作品は、すべてハワイで活動するアーティストたちの手によるものであるというのが最大の特徴。これらは、APP（欄外参照）によって約1400人の芸術家から収集された約6000点にもおよぶ作品群のごく一部。常設展示コーナーは時期によって展示数や内容が異なるので、いつ訪れても楽しめる。

　作品はほとんどが1960年代から現在にいたるまでに制作されたもので、ジャンルは油彩画やアクリル画、水彩画、ブロンズ彫刻、写真、ガラス、ビーズ、陶磁器など多岐にわたる。作風もクラシックからコンテンポラリーまで幅広いが、共通しているのはハワイに対する"熱い思い"だろう。ハワイの自然、人々、過去と未来などを、それぞれの視点とインスピレーションで表現した作品の数々を目の当たりにすると、ハワイをより深く理解するうえでアートがいかに重要かが痛感できる。ハワイ好きなら、ぜひ足を運んでいただきたい。常設展以外に、定期的に特別展も開催。都会のオアシスを表現した中庭にあるプールのアートは人気のフォトスポットだ。

作品が並ぶ美術館の入口

多彩なジャンルの作品が展示されている

Points of Interest 🌴 そのほかの見どころ

🌿 絶好のハイキングコース
ダイヤモンドヘッド
Diamond Head

📍別冊P.15-B4

ハワイのシンボルといえばこのダイヤモンドヘッド。絵はがきなどでもおなじみだろう。火山の噴火によってできたクレーターで、正式名称は**ダイヤモンドヘッド州立自然記念公園**。ハワイ語では「**レアヒ（マグロの額）**」と呼ばれていたが、19世紀初めにイギリス人の船員たちによってこのニックネームがつけられたという。その理由は彼らがこの山にゴロゴロしていた方解石の結晶を、ダイヤモンドと勘違いしたからだ。

頂上から眺めるワイキキは忘れられない光景

誰もが知っているダイヤモンドヘッドだが、標高232mの頂上からのホノルルの眺望のすばらしさは、意外と知られていない。小学生くらいからお年寄りまで、ハイキング気分で歩ける登山道だから、気軽にチャレンジしていただきたい。日差しが強くなく、観光客の少ない早朝がおすすめ。

ダイヤモンドヘッドのクレーター内には毎日6:00から16:00まで入場できる。登山道の入口はクレーター内の駐車場脇。駐車場から頂上までは片道約0.7マイル（約1.1km）、大人の足で約25～30分の行程。傾斜のきついところもあるので、運動靴を履くなどしっかりした装備をしていくこと。また、頂上で飲む冷たい水が最高なので、ミネラルウオーターを持参するといい。アイデアとしては、ホテルの部屋の冷凍庫で凍らせたミネラルウオーターをタオルなどにくるんで持っていくと、頂上に着く頃にはちょうどいい冷たさになっているはず。

登山道付近にはインフォメーションセンター、トイレ、公衆電話がある。なお、登山道や頂上は禁煙。

頂上付近にある99段の階段が最大の難関。なお、頂上手前のトンネルとらせん階段の前には迂回路があり、急階段とトーチカを通らずに頂上に行けるようになっている

ダイヤモンドヘッド

🎫 入園料$5（税込み）、2歳以下無料

🕐6:00～16:00（ゲートクローズ18:00）

🚫感謝祭、12/25、1/1

🚌ワイキキから2・23番バス。23番は下のマップⒶ停留所で下車、バス停からクレーター内の駐車場までは徒歩約20分。帰りはⒷ停留所から。2番はⒷで下車、帰りもⒷから。またはワイキトロリー（→P.498）で

🚗ワイキキからカラカウア通り、モンサラット通りを経て、ダイヤモンドヘッド通りへ。マカプウ通りを越えると右側に看板が出ている。カピオラニ公園から約1.5マイル（約2.4km）の行程

🅿1台$10

【入場方法】
訪問者は事前に予約サイトにアクセスし、チケットタイプ（入場のみか駐車場も利用か）を選択。訪問日と人数、時間帯を選択したあと、入力情報を確認の上クレジットカードでの支払いとなる。支払い後はQRコードが発行され、現地での提示が必要。予約はこちらから

🌐gostateparks.hawaii.gov/diamondhead/about

下山後は登山道付近にあるフードトラックで乾いた喉を潤そう

スイート・イーズ・カフェ(P.243)
アイランド・ミニマート(コンビニ)
アレハンドロズ・メキシカン・フード(P.250)
コズ(サンドイッチ)
レナーズ・ベーカリー(P.91,233)
カラオケ・ハット(スポーツ&ミュージック・バー)
クロニック・タコス(メキシコ料理)
ヨンシーBBQ(プレートランチ)
パンダ・エクスプレス(プレートランチ)
ピタ・ピット(ピザ)
元気寿司
スターバックス
オン・オン(中華)
ウルラズ・ハワイアン・シェイブアイス(P.90,211)
呑兵衛(居酒屋)

A

セイフウェイ(P.284)
アベニュー・ショップス・アット・セイフウェイ・センター
リゴ スパニッシュ イタリアン(P.246)
インフィニティ・ネイル
マウイ・スポーティング・グッズ(ウォーター・スポーツ用品)
ワイオラ・シェイブアイス(P.90)
カイマナ・ファーム・カフェ(P.234)
ブラインド・オックス(P.261)
おのでら(寿司)
フォー・カパフル(ベトナム料理)
ハイリズ・ハワイアン・フード(P.217)
ランニングルーム(P.336)
ゴー・バナナズ(カヤック)

ピザ・ハット(ピザ)
ヤギトリ・グラッド・ハワイ
フォーK&A
オノ・シーフード(P.87,217)
マンゴー・マンゴー・デザート
ホヌズ・カルビ&ス
モペット・ダイレクト
キングス・ピザ・カフェ
フェイバリッツ・ハワイアン・アイランド・デリイツ
アブリヤ・イブシ
フリー・パーキング
オーバー・ロードチキン
タコベル
ダ・オノ・ハワイアン・フード(P.215)
ノムノ(コンビニ)

B

アイランド・パドラー(カヤック)
ライフストリーム・ナチュラルフード(自然食)
スノーケル・ボブズ(サーフショップ)
ポパイズ・ルイジアナ・キッチン
ジャック・イン・ザ・ボックス
スターバックス・コーヒー
ジャンバ・ジュース
小僧寿司
グッド・ガイズ(楽器店)
サイド・ストリート・イン・オン・ダ・ストリップ(P.241)
パパ・ジョンズ(ピザ)
ナンディング・ベーカリー
ジッピーズ
ホノルル・スチュワー・ハウス
フォー・オールドサイゴングリル&バケット(ベトナム料理)
スヌーピーズ・サーフショップ(P.326)

アングル・ポーズ・ブブ・バー&グリル(ローカル料理)

サンライズ・レストラン(沖縄料理)
カイ・コーヒー・ハワイ・ロースタリー
ベイリーズ・アンティークス&アロハシャツ(P.349)
セブン・イレブン
レインボー・ドライブイン(P.88,223)
王府酒家
インター・アイランド・サーフ(P.327)

C

アラワイ・ゴルフコース
とんかつ玉藤(P.255)
グローラーUSA(アメリカ・マイクロブリュー・パブ)
とくり亭
アラモアナ
ファースト・ハワイアン・バンク
コナ・アバロニ(P.217)
ハワイ・キャット・カフェ(カフェ)
図書館

ジェファーソン小学校
消防署

ワイキキ

0　　　200m
0　　　0.1mile

カパフル通り
Kapahulu Avenue

📍別冊P.17

ワイキキの東側、カピオラニ公園からアラワイ・ゴルフコースに沿って北に延びるカパフル通り。中国、タイ、フィリピン、コリアン、ハワイアンなどエスニック料理のお店が多く、また現地在住の日本人御用達の和食レストランも点在するグルメストリートだ。

どのお店も気さくで家庭的な雰囲気をウリにしており、一度足を運ぶとハマってしまいそうだ。ハワイアン料理の**ハイリズ・ハワイアン・フード**(→P.217)、プレートランチの**レインボー・ドライブイン**(→P.223)のほか、マラサダで有名な**レナーズ・ベーカリー**(→P.233)などは、リピーターにはすでにおなじみだろう。

こんな雰囲気のあるお店が軒を並べる
(写真はレナーズ・ベーカリー)

一風変わったショッピングを楽しむ

また、カパフル通りにはマニア垂涎の専門店が多く並んでいる。ハワイ限定アイテムが人気の**スヌーピーズ・サーフショップ**(→P.326)、ホノルル・マラソン常連者が集まる**ランニングルーム**(→P.336)、カヤックを扱う**ゴー・バナナズ**、「アンティーク・アロハ博物館」の異名を取る**ベイリーズ・アンティークス&アロハシャツ**(→P.349)など、その道のマニアなら絶対に見逃せない、通いたくなる名店が多い。

コンドミニアムで自炊という旅行者には、オーガニックフードやこだわり食材が充実した**セイフウェイ**(→P.284)がおすすめ。

これらのレストラン、ショップは、お店とお店の間隔があるので、ワイキキから歩いていくのは少々つらい。バスかbikiを使って。

カパフル通り
🚌クヒオ通りから13番バス("13 WAIKIKI/UH Mana"の表示)がカイムキ通りまで運行している

🌱 ホノルル屈指のグルメタウン

カイムキ
Kaimuki

📍別冊 P.15-B4

ローカルタウンらしいゆるい
雰囲気が漂う

ワイキキの北東、ワイアラエ通りと7〜12番通りが交わる山側のエリア。ダイヤモンドヘッドのほぼ裏手に位置するこのエリアは、ホノルルのベッドタウンとしてローカルに愛される町だ。地元の人たちが集まる緩やかな雰囲気のショップや、ローカルの舌を虜にするグルメ店も多く、近年はハワイリピーターの間でも話題を集めている。スマッシュバーガーが人気の**チャビーズ・バーガー**（→P.38）、ベトナム料理の人気店**ハレ・ベトナム**（→P.250）などがその筆頭だろう。またエコなお店が多いのも特徴で、**キープ・イット・シンプル**（→P.334）をはじめサステナブルながらハワイらしいお店が人気だ。

カイムキ
🚌クヒオ通りから13番バス。カピオラニ通り停留所で1番バスに乗り換え。もしくはクヒオ通りから2番バス。サウスキング通り停留所で1番バスに乗り換えなど

- パイプライン・ベイクショップ（P.91）
- キープ・イット・シンプル（P.47,334）
- ジュエル・オア・ジュース（P.233）
- リトル・ヴェッセル・ドーナツ（P.36）
- WAIALAE AVE.
- biki
- biki
- レッド・パイナップル（P.339）
- SIERRA DR.
- CENTER ST.
- 10TH AVE.
- 9TH AVE.
- ビッグ・シティ・ダイナー（P.242）
- ハッピー・デイズ（P.248）
- チャビーズ・バーガー（P.38）
- シュガーケーン（P.340）
- ハレ・ベトナム（P.250）
- 12TH AVE.
- KOKO HEAD AVE.
- 郵便局
- モケズ・ブレッド&ブレックファスト カイムキ（P.83,88,241）
- ココヘッド・カフェ（P.233）
- 11TH AVE.
- HARDING AVE.
- 100m

🌱 閑静な高級住宅街

カハラ
Kahala

📍別冊 P.15-A4

カイムキよりさらに東側にある、オアフ島でも屈指の高級住宅地が広がるエリア。東海岸沿いには**ザ・カハラ・ホテル&リゾート**（→P.373）がたたずみ、ワイキキエリアの喧騒とは異なる優雅な雰囲気が魅力。近くには**カハラモール**（→P.310）や**クオノ・マーケットプレイス**（→P.310）があり、ショッピングにもおすすめ。

カハラ
🚌ワイキキから23番バスなど、またはワイキキトロリー（→P.498）で

カハラモールにはオーガニック系スーパーなども入る

- エタテル
- カハラ・マーケット・バイ・フードランド（P.279）
- クオノ・マーケットプレイス（P.310）
- ザ・カウンター・カスタム・ビルト・バーガー（P.226）
- イル・ジェラート・カフェ・カハラ（P.231）
- イン・マイ・クローゼット（P.320）
- カハラモール（P.310）
- ワイアラエ・カントリークラブ
- ワイキキトロリー停留所
- KEALAOLU AVE.
- LUNALILO FWY
- KILAUEA MAKAWA
- PAHOA AVE.
- HUNAKAI
- PUEO
- オリーブ・ツリー・カフェ（P.251）
- 200m

パンチボウル
🚌ワイキキから2・13番バス、アラパイ・トランジットセンターから123番バス
🚗ワイキキからカラカウア通りを進み、ベレタニア通りへ。ピイコイ通りを右折して、ペンサコラ通り、アウワイオリム通り、プオワイナ通りを経由する

日系2世部隊の功績

この墓地には多くの日系人兵士も眠っている。旧日本軍の真珠湾攻撃とともに始まった太平洋戦争。ハワイ在住の日本人は強制収容所に送られて、厳しい検問を受けた。2世も差別や敵意をもたれ苦しんだ。1942年、日系2世だけで組織された第100大隊と第442戦闘連隊ができ、1944年にはイタリア前線で戦った。このとき、2世の兵士たちはアメリカへの忠誠心を示すために必死の突撃を行う。その結果、第2次世界大戦中、アメリカ軍隊のなかで最も活躍し、最も多くの勲章を受けるほどの戦果を挙げたのだった。が、隊当たりの死傷率もアメリカ軍隊中、最も高かった。614人戦死、4500人負傷。トルーマン大統領は「敵に勝っただけでなく、偏見にも打ち勝った」と彼らの活躍を称賛したという。

エマ女王博物館
📞808-595-3167 🏠2913 Pali Hwy.
🕙10:00 ～ 15:00
📅日・月・水曜
💰税込み$14、5 ～ 12歳$5、4歳以下$1、62歳以上$10(ID提示)
🚌アラモアナから65、67番バスなど。上の地図Ⓐ停留所で下車。帰りはⒷ停留所から（交通量が多いので向かいのⒸ停留所へ渡るのは危険）
🚗ワイキキからH-1経由で61号線パリ・ハイウエイへ。最初の信号を越えた右側に看板が出ている
🎫無料
🌐www.daughtersofhawaii.org

パンチボウル
Punch bowl（National Memorial Cemetery of The Pacific）

📍別冊P.24-A2

パンチボウルは、ダイヤモンドヘッドやココ・ヘッドと同じく火山噴火活動によってできた高台である。ここは現在、**国立太平洋記念墓地**であり、第1次・第2次世界大戦、朝鮮戦争、ベトナム戦争で戦死した2万人以上の軍人が埋葬されている。

公園のように美しいパンチボウル

アメリカ人観光客がパンチボウルで必ず訪れるのは、D-109（墓石番号）の従軍記者アーネスト・テイラー＝"アーニィ"・パイル氏の墓石。彼は戦う兵士をリポートし、その記事は広く読まれ人気があった。英雄的なジャーナリストであったが、1945年沖縄の西の伊江島で命を落とした。

その東側には、1986年にスペースシャトル「チャレンジャー号」の事故で亡くなったハワイ出身の宇宙飛行士エリソン・S・オニヅカ氏の墓もあり（墓石番号D-1）、献花が絶えない。

パンチボウルの展望台からは、ダイヤモンドヘッドとホノルル市内のすばらしい景色を一望できるが、ここはあくまでも厳粛なる墓地であることを忘れずに行動したい。

エマ女王博物館
Queen Emma Summer Palace

📍別冊P.14-A1

カメハメハ4世の妃・エマ女王が夏の別荘として使っていた館。現在は博物館として一般公開されている。

ハワイ王国史のなかでも、エマ女王ほど華やかで多彩な生涯を送った人は珍しいといわれている。館内にはそんな女王の絶頂期がしのばれる結婚衣装、宝石類、木彫りのベッド、家具調度品、そして王妃の一粒種で4歳で亡くなったアルバート王子の遺品などが展示されている。

明治天皇からの贈り物という壺は、ハワイと日本のつながりを感じさせてくれる展示品だ。そのほか1869年にハワイを訪れた英国エジンバラ公を接待するための豪華にデコレートされた「エジンバラ・ルーム」など、ビクトリア王朝風の館内はアンティークに興味のある人は必見だ。入館にはHPからの事前予約が必要。

女王が愛した白亜の館

ハワイの明日を担う学生が集う

ハワイ大学
University of Hawaii

📍別冊P.16-A2

　ハワイ大学は、 ハワイ各島に点在する10のキャンパスから構成される州立大学。 全校を合わせると約6万人の学生を擁する巨大な総合大学だ。

　このハワイ大学の中核をなすのが、 オアフ島南部、 ワイキキから少し離れた丘にある**マノア・キャンパス**（Manoa Campus）。 マノア渓谷を背に敷地面積122万㎡ものキャンパスが広がっている。

　校内には500種類におよぶ熱帯植物が咲き誇り、 さまざまな国からやってきた学生が闊歩している。 ここで学ぶ学生は約2万人。 日本からの留学生も多くいるようだ。 東西南北の文化の交流点であるハワイの地理的特徴から、 言語学、 社会学、 文化人類学などのレベルが非常に高い。

　また、 旅行業務や熱帯農業などのハワイの産業と直接結びつく講座も人気がある。 たとえば、 ハワイ語講座（秋季講座）やフラダンス講座などというユニークなプログラムもあって、 1万人近くの学生が世界中から集まってくる。

　キャンパス内には、 アジア・太平洋諸国とアメリカの教育研究を目的とした**国立東西センター**（East-West Center）や、 日本庭園、 裏千家の茶室などもある。

　キャンパスの中央にある複合ビルが**キャンパス・センター**（Campus Center）。 ハワイ大学のイベント情報、 食事、 買い物の総合センターで、 日本の大学でいうと、 生協と総合案内所の組み合わせといったところ。 一般の旅行者が利用できる施設もあるので、 上手に利用したい。

　1階の右手にブックストアの入口があり、 大きな階段を上ると複雑な形のピロティになっていて、 その左側にフードコートがある。

この石柱が大学の正門。 いい目印になる

ハワイ大学
🚌ワイキキから13番バス。 下のマップの停留所Ⓐ、 もしくはⒷで下車。 帰りも同じⒶかⒷから乗車
🚗ワイキキからカピオラニ通りを経由してユニバーシティ通り。 H-1をくぐってすぐ
🅿大学の有料駐車場は時間帯によって満車のことがあるが、 付近にパーキングメーターがたくさんある
🌐www.hawaii.edu
ブックストア●8:00 ～ 16:30
🔒土・日曜、 祝日

ブックストアにはオリジナルのパーカ$42.95 ～ など雑貨が豊富

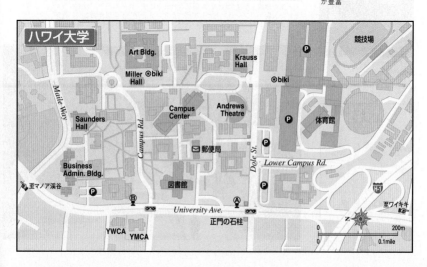

ハワイ大学

Art Bldg.
Krauss Hall
Miller Hall ⊕biki
⊕biki
競技場
Maile Way
Saunders Hall
Campus Center
Andrews Theatre
Campus Rd.
体育館
✉郵便局
Dole St.
Lower Campus Rd.
Business Admin. Bldg.
至マノア渓谷
図書館
University Ave.
至ワイキキ
正門の石柱
YWCA　YMCA

0　　　　200m
0　　0.1mile

ビショップ・ミュージアム
Bernice Pauahi Bishop Museum

📍 別冊P.14-B1

歴史の重みを感じる堂々たる建物

ビショップ・ミュージアム
📞808-847-3511
日本語ライン📞808-847-8291
🏠1525 Bernice St.
🕘9:00 ～ 17:00 　🈳 感謝祭、12/25
💲税込み＄28.95、4～17歳＄20.95、65歳以上＄25.95、3歳以下無料（サイエンスセンター、館内ツアー、特別展示を含む）
🚌ワイキキから2番バスで下の地図Ⓐ停留所で下車し、徒歩5～6分。帰りはⒷ停留所から
🚗ワイキキからH-1経由。出口20を降りて、Likelike Hwy.に向かい、Bernice St.を右折
🅿＄5
🌐www.bishopmuseum.org

正確にはバーニス・パウアヒ・ビショップ・ミュージアム（Bernice Pauahi Bishop Museum）という。B・P・ビショップは、カメハメハ王家直系の末裔に当たる王女で、夫であったC・R・ビショップが彼女の追悼記念として1889年に建てた博物館だ。ハワイを含めたポリネシア文化圏の人類学、生物学、自然科学の学術的収集品が展示されていて、太平洋地域に関する研究機関としては世界一といわれている。

"博物館"というと、どうしてもカタいイメージがあって尻込みしてしまうが、ビショップ・ミュージアムにはそうしたカビくさい雰囲気は

ない。ハワイ滞在の初めに足を向けて、ハワイの歴史に触れてみるといい。ワイキキの砂浜や美しいビーチが、違った見え方になるはずだ。

上／王の権威を示す"カヒリ"が展示されたカヒリ・ルーム　下／カイウラニ王女が父親へのプレゼントとして描いたスコットランドの風景画など、貴重な絵画や18世紀から19世紀初頭のハワイに関するアートが数多く展示されたピクチャー・ギャラリー

リリウオカラニ女王にまつわる展示コーナー

回廊式になっているハワイアンホール

必見のハワイアンホール

　入口右側の特別展示場を突き抜けると、この博物館のメイン、**ハワイアンホール**（Hawaiian Hall）に出る。中央が吹き抜けになった回廊式の造りで、その回廊に数々の展示物が並んでいる。

　1階は導入部として、古代ハワイの人の目を通し、神々、伝説、神話をテーマにした世界観を展示。古代の家屋や**ヘイアウ**（→P.177）などが再現され、古（いにしえ）のハワイにタイムトラベルしたような気分になれる。

　2階には一般のハワイ人が使用していた生活道具や装飾品、またフラにまつわる楽器などが展示され、自然と共存しているハワイのデイリーライフについて知ることができる。

　3階は、カメハメハ大王をはじめとする歴代の王や女王由来の物品が数多く展示され、なかにはこれまで一般に公開されていなかった貴重なコレクションも含まれているとか。

　見ものは、古代の首長が身に着けた羽毛製のヘルメットやマント。特にカメハメハ1世のマントを作るのには、約45万本の羽が必要だったといわれている。この羽は、ハニー・クリーパー（Honey Creeper）というハワイ固有のミツドリ科の鳥に限られる。黄色い部分がマモ（Mamo）、赤い部分がイイヴィ（Iiwi）、アパパネ（Apapane）というミツドリの羽が使われた。ところが、これらの鳥1羽から羽を5～6本採集して放していたらしいので、1枚のマントを作るのに、数万羽のミツドリが使われたことになる。

体験型のハワイ自然科学センター

　一方、ハワイ諸島の自然科学を楽しく学べるのが、**サイエンス・アドベンチャー・センター**。

　ハイライトはキラウエア火山の巨大な模型。内部に入ると、キラウエアの噴火の歴史や構造の展示、ボタンを押すと硫黄の臭いが噴き出す仕掛けのほか、溶岩洞窟を再現した滑り台もあり、子供たちが楽しみながら学習できるように工夫されている。ほかに火山噴火の仕組みなどを学ぶことができる実験ルーム、ミニシアター、ハワイ島南東部にある海底火山ロイヒの模型などがあり、ハワイの豊かでユニークな自然体系が理解できるようになっている。

ビショップ・ミュージアム
●ビショップ・ミュージアムでは、毎日のガイドツアーなど、さまざまなイベントが行われている。
■デイリープログラムでは、ミュージアム本館のガイドツアーにぜひ参加したい。スタッフの説明に耳を傾けながら見学すると、歴史的な展示物に対する理解も深まるというものだ。日本語によるツアーは10:30、11:30、13:30、14:30から行われている。変更することがあるので、事前に確認したほうがよい。
■ハワイアン・ホールに隣接するキャッスル・ホールでは、数ヵ月ごとにテーマが変わる特別展示があり、週末には地元の小学生が団体で見にくるほどの人気。

ハワイの歴史をより深く知るには、日本語ガイドツアーに参加するのがいい

左／キラウエアの溶岩に触ったり、岩石を顕微鏡で観察したりできる火山模型の外観。溶岩窟を通る滑り台は子供たちに人気　右上／数分ごとに煙を噴き出すキラウエア噴火口モデル。ボタンを押すと溶岩も噴き出る　右下／大型スクリーンが設置された実験エリア。シアター形式でキラウエアの噴火や溶岩の様子を観察できる

静かな環境に立つミュージアム

ホノルル美術館
📞808-532-8700
🏠900 S.Beretania St.
🕙10:00 ～ 18:00（金・土曜 ～ 21:00）
🚫月・火曜、イースター、感謝祭、12/25、1/1
💰税込み＄20、18歳以下無料（入館はHPより事前予約が必要。詳しくはHPを要確認）
🚌ワイキキから2番バス。下の地図の🅐停留所で下車。帰りはキング通りまで歩き、⑧停留所から
🚗ワイキキからカラカウア通りを北上し、ベレタニア通りへ左折。ワード通りとの交差点山側に位置
🅿正面の公園、トーマス・スクエアの東側アート・スクール裏手に専用駐車場あり。＄5（5時間まで。以降30分ごとに＄2）
🌐www.honolulumuseum.org

🌴 ハワイ最大の美術館で優雅なひとときを

ホノルル美術館
Honolulu Museum of Art

📍別冊P.27-A4

　ベレタニア通りの閑静な住宅地の一角にあるハワイ最大の美術館。**ヨーロッパ、アメリカ、日本、中国、韓国、インド、イスラム、ポリネシア**など、まさに全世界の美術品が集められている。いかにも人種のジグソーパズル、ハワイらしい美術館だ。

　入口を通って右側が西欧の美術品、左側が東洋の美術品と大きく分けられ、さらに時代別、国別に30のセクションに分類されている。おもな作品としては、ピカソ、モネ、ゴッホ、ゴーギャンらの絵画、ロダンやエプスタインの彫刻などを揃える。また、アメリカでも有数の東洋美術品のコレクションは見応えがある。時間をかけてゆっくりと鑑賞してほしい。また、併設された劇場、ドリス・デューク・シアターではほとんど毎日、フィルム上映や地元のアーティストの作品発表などの催し物が開かれている。

　美しい中庭にはカフェテラスもあり、静かに心豊かなひとときを過ごせること間違いなし。

美術館内のホノルル・ミュージアム・オブ・アート・カフェ（→P.213）。予約なしにはなかなか食事できないという人気ぶり（📞808-532-8734）

人気メニューのグリルしたエビと地元の野菜がたっぷりのシュリンプサラダ $25

上／カメハメハ王像やハワイアンキルトなど、ハワイアートの展示も充実している　右／ホノルル美術館では、1万8000点を超えるヨーロッパやアメリカの絵画コレクションを誇る。また、日本をはじめとするアジアのアートコレクションも世界有数

🌴 森林浴でリフレッシュ

フォスター植物園
Foster Botanical Garden

📍 別冊P.26-A1

19世紀半ば、王宮医を務めたドイツ人医師、W・ヒレブラント博士の庭園を改造した**20エーカー（約8万㎡）**の植物園。ハワイ諸島で最も古い植物園だ。森林公園といった趣で、のんびりロコ気分で散策するのにぴったりなスポット。王の命を受けて、博士はハワイにはなかった熱帯性木材や樹脂の採れる木々をアジア各国から持ち帰ったのだという。

カラフルなトロピカルフラワーは期待しないほうがいいが、うっそうとした樹齢100年以上という木々の木漏れ日のなかを散歩できる。H-1やビンヤード通りに囲まれているので、多少車の音が気になるが、心地よい風に吹かれながら鳥のさえずりを聴いていると、何とも幸せな気分に浸れる。森林浴で気分もリフレッシュ。ハーブや香辛料の菜園も興味深い。

町の中心にある穴場デートスポット

フォスター植物園
📞808-768-7135
🏠180 N. Vineyard Blvd.
🕘9:00～16:00　🚫12/25、1/1
💰税込み$5、6～12歳$1、5歳以下無料、1年間有効のファミリーパス$25
🚌下のマップ参照
🚗ワイキキからベレタニア通り経由でダウンタウンへ。ヌウアヌ通りを右折、さらに2本目のビンヤード通りを左折する
🅿スペースに限りがあるが停められないことはある
🌐www.co.honolulu.hi.us/parks/hbg

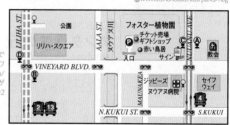

🚌ワイキキから4番バスで行くと、最も近い④停留所で降りられるが時間がかかり過ぎる。少々歩くが、やはりワイキキから2番（"School/Middle St"の表示）か13番（"Liliha/Puunui Ave."の表示）に乗って、⑧停留所で降りたほうが早い。帰りも©停留所からの4番より、⑩停留所からの2番か13番がおすすめ

🌴 子供が絶対に喜ぶ体験学習

チルドレンズ・ディスカバリー・センター
Children's Discovery Center

📍 別冊P.27-C4

体験学習ができることで人気の子供向けミュージアム。**カカアコ・ウオーターフロント・パーク（→P.121）**の駐車場入口の向かいに位置している。

1階から3階まであるフロアには、子供が触れたり動かしてみたりしながらさまざまなことを学べる展示物がいっぱい。1階には、人間の心臓や目などの機能がわかるコーナーとアメリカの一般的な町を再現したコーナーがあり、銀行のATMでおもちゃのお金を引き出したり、消防隊員に変身したりと子供たちは大喜び。また2階には、ハワイに住む民族の習慣、生活様式を再現したコーナー、3階はホテルのクローク、鮮魚店、フライトアテンダントといったハワイの働く人たちの様子がわかるコーナーがあり、館内のあちこちで子供たちの楽しそうな歓声が響いている。事前予約をして訪れよう。

チルドレンズ・ディスカバリー・センター
📞808-524-5437　🏠111 Ohe St.
🕘水～金曜9:00～13:00、土・日曜10:00～15:00
🚫月曜、おもな祝日、労働祭（9月第1月曜）から1週間
💰税込み$12、62歳以上$7、乳幼児（1歳以下）無料
🚗駐車場はカカアコ・ウオーターフロント・パークを利用。バス、車での行き方→P.121欄外
🌐www.discoverycenterhawaii.org

人間の体の仕組みを学ぶコーナー。常駐ではないが日本語のできるスタッフもいる

ハワイ日本文化センター
📞808-945-7633 🏠2454 S. Beretania St. 🕘9:00〜13:00
🚫日〜水曜、おもな祝日
🎫税込み $10、17歳以上 $7、70歳以上 $7、5歳以下無料
🚌ワイキキから4番バス。ユニバーシティ通りとサウス・キング通りの交差点で下車、徒歩5分など 🚌ワイキキからカピオラニ通り〜ユニバーシティ通り経由でベレタニア通りへ
🅿30分ごとに$2
🌐www.jcch.com

一部の移民たちはよりよい暮らしを望み、プランテーションを離れて商店を営んだ（日系移民の歴史→P.422）

タンタラスの丘
🚗Round Top Dr.への入り方は、少しわかりにくい。ポイントとしては Makiki St.への 右折。Wilder Ave.とPunahou St.の交差点からダウンタウン方面西へ進み3本目がMakiki St.。うまくマキキ通りに右折できたら、そこから5本目がRound Top Dr.でタンタラスへの道となる

ホノルルの絶景が広がる

マノア・フォールズ・トレイル
🕘日の出〜日没 🎫無料
🚌アラモアナセンター山側から5番バスで約20分、マノア・フォールズで下車。トレイル入口まで徒歩10分
🚗カラカウア通りを山方面に進みサウス・キング通りを右折。すぐに交差するプナホウ通りを左折し、そのまま道なりにマノア通りを直進。突き当たりに駐車場がある
🅿$7

🎋 日本人たることを再認識するギャラリー

ハワイ日本文化センター
Japanese Cultural Center of Hawaii
📍別冊P.16-A2

ハワイの日系人の歴史、そして日本文化への理解を高めるという目的で設立されたギャラリー。日系移民たちが暮らしていた家や学校、商店が再現された常設の展示館には、実際に彼らが使っていた生活用具、古い写真などが並べられ、その生活ぶりをうかがうことができる。入口の石柱に象徴として彫り込まれた「我慢」「義理」「責任」「頑張り」といった言葉、そしてこの常設展示のタイトルである「**おかげさまで（I am what I am because of you）**」のひと言からも、日系移民たちの夢や価値観が伝わってくる。われわれが忘れかけている古きよき時代の日本を思い起こさせ、日本人の本質を再認識させてくれる展示館だ。

またセンター入口には、年に数回テーマの変わる日本文化に関する展示が行われるほか、ギフトショップもある。

🎋 最高の夜景を満喫する

タンタラスの丘
Tantalus
📍別冊P.14-A2

コオラウ山脈の一部の山裾が、ホノルル市中央部の北にせり出している小高い丘。頂上の**プウ・ウアラカア州立公園**ではピクニックもでき、ここからのホノルルの景色は、パンチボウルからのそれに勝るとも劣らないほどすばらしい。

特に必見なのは夜景。しばしあっけに取られるはず。ただし山頂の公園は日没時（季節によって違う）には閉まってしまうので、山腹の路肩にある駐車場を利用しよう。

タンタラスのドライブは上級者のみにおすすめ。急坂でヘアピンカーブも多いので、慎重に運転してほしい。またRound Top Dr.への入り方は少しわかりにくいので、運転に自信のない人はタクシーを利用したほうが無難。夜は治安があまりよくないので注意が必要だ。

🎋 マイナスイオンたっぷりの虹の谷を歩く

マノア渓谷
Manoa Valley
📍別冊P.4-B2

マノアはコオラウ山脈南側の谷に位置する。ハワイ神話の風と雨の神にも由来する雨の多い地域で虹の谷としても知られる。ハワイ州立大学マノア校のあるユニバーシティタウンがゲートウエイ。町の北側に入口がある**マノア・フォールズ・トレイル**は往復2.4km、約1時間30分のトレッキングコースで、ワイキキから時間もかからず大自然が味わえることもあり人気がある。

鳥の声や川のせせらぎとマノアの恵みを背に歩を進めるとハワイでは珍しい竹林へ。トレイルのゴールは、落差46mのマノア滝だ。整備されてはいるが、ぬかるみもあるので運動靴が必須。

～ COLUMN ～

＼ 週末の始まりを告げる無料ショー ／

ヒルトンの花火、どこから見る？

ハワイラバーにはおなじみの、金曜夜に上がるヒルトン・ハワイアン・ビレッジ・ワイキキ・ビーチ・リゾートの無料花火ショー。1988年4月8日に当時1億ドルを投じた「リターン・トゥ・パラダイス」と称した大規模リゾート改装プロジェクトの完成を祝って打ち上げられたのが始まり。花火が上がるのは毎週金曜19:45（6〜9月は20:00）から約5分間。初めて見るならぜひヒルトンのラグーンビーチ近くまで足を延ばして、間近で眺めてみよう。もちろん、ヒルトンのレインボータワーやザ・アリイといったホテル棟のオーシャンフロントに宿泊していれば観賞できる。ワイキキ・ビーチならアウトリガー・リーフ・ワイキキ・ビーチ・リゾート前が人気。ワイキキ以外の場所から眺めるなら、アラモアナのマジック・アイランドがおすすめだ。

ビーチで眺める際は貴重品を肌身離さず身につけておこう

～ COLUMN ～

＼ ダウンタウン復興を目指すルネッサンス・ムーブメント ／

ファースト・フライデイ

静かな夜のダウンタウンがにぎわいを見せる

ホノルルのダウンタウンは、ビショップ通りを中心としたビジネス街と、運河周辺を中心としたチャイナタウンに分かれる。そのほぼ中間を通るヌウアヌ通り沿いには、アートギャラリーやレストランが集まり、ギャラリー・ロウと呼ばれている。

このヌウアヌ通りとパウアヒ通りの交差点近くに位置するギャラリー、ジ・アーツ・アット・マークス・ガレージ The Arts at Marks Garage が中心になって、2003年に始まったイベントが「ファースト・フライデイ First Friday」。毎月第1金曜に、ダウンタウンに点在する約10〜15のギャラリーと周辺のレストランやショップ、ハワイ州立美術館などが、17:00〜21:00にそれぞれイベントを開催。夜はあまりひと気のないダウンタウンも、月に1回だけアーティスティックな人々が集まる場所となる。

ジ・アーツ・アット・マークス・ガレージ

ファースト・フライデイを提案した発信地ジ・アーツ・アッ

イベントの中心地ジ・アーツ・アット・マークス・ガレージ

ト・マークス・ガレージでは、ファースト・フライデイには新しい展示のオープニングやイベントを開催している。

ハワイシアター

美しく輝く夜のハワイシアター

ダウンタウン復興の中心的存在が、1922年に建てられたハワイ・シアター Hawaii Theatre。"太平洋のカーネギーホール"と呼ばれるほど美しいシアターで、2004年にすべての改装が終了。ミュージカルやコンサートが定期的に行われている。ファースト・フライデイには特別なイベントを開催しているわけではないが、一度は訪れたいスポットだ。

左／おしゃれなカフェやレストランにも立ち寄りたい　右／アートに浸りながらのそぞろ歩きが楽しい

🏠ダウンタウンのヌウアヌ通り周辺（📍別冊P.26-A-B2）
🕐毎月第1金曜17:00 〜 21:00（お店によって異なる）
ⓘジ・アーツ・アット・マークス・ガレージをはじめとするヌウアヌ通り周辺のギャラリーでは、無料のギャラリー・ウォーク・マップを配布している 🌐www.firstfridayhawaii.com

East Oahu

イーストオアフ

目の覚めるような紺碧の海、きめ細かいパウダーサンド……。オアフ島の東海岸にはホノルルとは違った魅力が広がっている。ぜひレンタカーを借りて足を延ばしてみて。

📷 CONTENTS

カイルア散策も
楽しい！

Access

・南東部へ

🚌 ワイキキから 23 番バス

🚗 すべての見どころはワイキキから H-1 経由、72 号線カラニアナオレ・ハイウエイ沿い

・ウインドワードへ

🚌 カイルアへはアラモアナから 67 番バス、クアロア・ランチへはアラモアナから 60 番などを利用。なおヌウアヌ・パリ展望台へはザ・バスでは行くことができない

🚗 ワイキキからカイルアへは H-1、61 号線経由で約 30 分。クアロア・ランチへは H-1、63 号線経由で約 50 分。ヌウアヌ・パリ展望台へは H-1、61 号線経由で約 20 分、平等院へは H-1、63 号線経由で約 35 分

memo

トレッキングも
人気だよ！

快適なシーサイドドライブ

ハナウマ湾の先、72 号線沿いにはオアフ島を代表する景勝地が点在し、海を視界に入れながらの快適なドライブが楽しめる。とはいえ、道は曲がりくねってアップダウンも激しいので、景色に見とれないよう注意したい。**ラナイ展望台**というルックアウトからは、天気のよい日には水平線上に浮かぶラナイ島を眺めることができる。

その先にあるのが**潮吹き穴**。冷えて固まった溶岩の穴に波が流れ込み、大音響とともに潮を噴き上げる。なかなかの迫力で、特に海が荒れる冬のほうが潮柱は高く上がるようだ。

ボディボードとカイトのメッカ

純白の砂浜が約 1km にわたって続く**ココ・ヘッド・サンディ・ビーチパーク**（→ P.146）は、このエリアで最も規模の大きい海浜公園。シーライフ・パーク・ハワイ近くにある**マカプウ・ビーチパーク**（→ P.146）とともに、ボディボードの聖地として知られている。波打ち際には常にコンパクトな波が立ち、大勢のローカルサーファーたちが技を競っている。

また、1 年を通して風が強く、広い芝生の広場があるため、スポーツカイトのフィールドとしても人気が高い。

ココ・ヘッド・サンディ・ビーチパークとマカプウ・ビーチパークの中間地点くらいには**マカプウ岬**（→ P.148）へのトレッキングコースの入口がある。ローカルや観光客に人気のスポットで、岬の突端には「ペレの椅子」と呼ばれる巨大な岩が鎮座している。

注目度 No.1 のカイルア・タウン

ホノルルのベッドタウンとして発展してきたのが**カイルアの町**（→ P.150）。しゃれたショッピングセンターやウインドサーフィン・ショップなどが点在し、のんびりと散策すると楽しい。町から車で 5 分ほどの**カイルア・ビーチパーク**（→ P.151）は、景色、海の美しさ、純白の砂浜、芝生のフィールドなど、環境がすばらしいオアフ島でも有数の海浜公園。近年、観光客の間でも人気急上昇中。トイレ、シャワー、ライフガード、売店など諸施設は完璧といっていい。その東側には、カイルア・ビーチパークよりさらに美しいといわれる**ラニカイ・ビーチ**（→ P.151）がある。

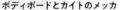

🌴 イーストオアフの注目エリア

南東部

美しい海岸線を望む、ドライブにも絶好のエリア。ハナウマ湾やハワイ・カイが広がる。 **→P.142**

自然が美しいハナウマ湾（→ P.143）

ウインドワード

観光客にも人気のカイルアがあるエリア。さらに海岸線を北上するとクアロア・ランチがある。 **→P.149**

全米No.1にも輝いたラニカイ・ビーチ（→ P.151）

さまざまな顔をもつカネオヘ・タウン

　カイルアに隣接するカネオヘは活気ある地方都市といったたたずまい。分譲住宅地として知られ、町なかには大型ショッピングセンターのウインドワード・モールをはじめとしたショッピングモールやドライブイン、カーディーラーなどが多数点在する。

　独特の形をしたモカプ半島には米国海兵隊のエアステーションがあるほか、ハワイ語でモクオ・ロエと呼ばれるココナッツ島ではハワイ大学がマリン・ラボを運営している。また、カネオヘ湾の沖合には、潮の干満で白い砂浜が姿を現す**カネオヘ・サンドバー**（→ P.153）がある。さらに近くにも欧米の旅行者に人気を博している**平等院**（→ P.153）があるなど、カネオヘは多様な人々が行き交ってにぎわいを見せている町だ。ダウンタウンからウインドワードへはコオラウ山脈を横切るパリ・ハイウエイを走る。途中には**ヌウアヌ・パリ展望台**（→ P.153）があり、カイルア方面の美しい眺望が楽しめる。

イーストオアフ

Kahana Bay

ライオン岩
Crouching Lion

Kahana

0　　　　　4km
0　　　　2miles

クアロア・ランチ
Kualoa Ranch

クアロア・ビーチパーク
Kualoa Beach Park

チャイナマンズ・ハット
Chainaman's Hat

Waikane

セネター・フォンズ植物園
Senator Fong's Plantation

ワイアホレ・ビーチパーク
Waiahole Beach Park

Waiahole

ラエナニ・ビーチパーク
Laenani Beach Park

Kahaluu

Kaneohe Bay

カネオヘ・サンドバー
Kaneohe Sandbar

平等院
Byodo-in Temple

Heeia Kea Boat Harbor

Heeia

Kaneohe Marine Corps Air Station

Kaneohe

ベイビュー・ゴルフパーク
Bay View Golf Park

カネオヘ・ビーチパーク
Kaneohe Beach Park

ヌウアヌ・パリ展望台
Nuuanu Pali Lookout

パリ・ゴルフコース
Pali G.C.

Kailua Bay

Kailua

カイルア・ビーチパーク
Kailua Beach Park

ラニカイ・ビーチ
Lanikai Beach

Lanikai

ロイヤル・ハワイアン・ゴルフクラブ
Royal Hawaiian Golf Club

オロマナ・ゴルフ・コース
Olomana G.C.

ベローズ・フィールド・ビーチパーク
Bellows Field Beach Park

Waimanalo

Waimanalo Bay

Kuliouou

ワイマナロ・ビーチ
Waimanalo Beach

ハワイ・カイ・ショッピングセンター
Hawaii Kai S.C.

ハワイ・カイ・タウン・センター
Hawaii Kai Towne Center

Hawaii Kai

シーライフ・パーク・ハワイ
Sea Life Park Hawaii

マカプウ・ビーチパーク
Makapuu Beach Park

マカプウ岬
Makapuu Pt.

Maunalua Bay

ココ・クレーター
Koko Crater

ココ・ヘッド
Koko Head

ハナウマ湾
Hanauma Bay

潮吹き穴
Blowhole

ココ・ヘッド・サンディ・ビーチパーク
Koko Head Sandy Beach Park

南東部
Southeast

♥別冊 P.5-C4 ～ B4

海洋保護区に指定されている
ハナウマ湾は圧巻の美しさ

イルカと触れ合えるシーライ
フ・パーク・ハワイ

快適なシードライブが楽しい

オアフ島の南東部は、 美しい海岸線の間近を走行することが多く、 レンタカーを借りてぜひ走りたいエリア。 ワイキキから72号線カラニアナオレ・ハイウエイを東に約12マイル（約19km）走ると、前方右側に**ココ・ヘッド**、 同じく左側に**ココ・クレーター**というふたつの噴火口跡が見えてくる。

1960年代初期に開発が始まった**ハワイ・カイ**は、 その手前、 波も穏やかなマウナルア湾に沿って広がっている。 オアフ島屈指の高級住宅地として知られ、 内陸運河沿いには自家用ボートを係留する瀟洒なタウンハウスが軒を連ねている。 町なかにはココ・マリーナ・ショッピングセンターやハワイ・カイ・タウン・センター、 ハワイ・カイ・ショッピングセンターといったショッピングセンターがいくつもあるので、 ひと休みにも最適だ。

ハワイ・カイ・ショッピングセ
ンターからの景色

ボディボードの聖地としても有名
なマカプウ・ビーチ

142

🌴 まさにブルー・ハワイの世界

ハナウマ湾
Hanauma Bay Preserve

📍 別冊 P.5-C4

オアフ島南東部のハイライトのひとつが、 この**ハナウマ湾自然保護区**。

"Hanauma"とは 「カーブした湾」 という意味で、 文字どおり緩やかな曲線を描いた浜辺。 崖の上から見ているだけで、 E・プレスリー主演の映画 『ブルー・ハワイ』 が、 なぜここで撮影されたか納得できるほど心奪われる風景だ。

ハナウマ湾は美しい珊瑚礁が広がっていて、 海洋保護区に指定されている。 また、 魚類が保護されているため、 魚たちはまったく人間を怖がらない。 波打ち際の浅瀬でも悠々とすぐそばを泳いでいくほどだ。

ここでは浜辺に寝転がってばかりいないで、 魚たちと水中散歩としゃれ込もう。 本格的なスクーバダイビングはできなくても、 水中マスクとスノーケルさえあれば、 簡単にコーラルリーフを実感することができる。

2021年から予約制を導入

そんなハナウマ湾は、 かねてより自然環境の保全活動に取り組んでいる。 特にここ最近ではコロナ禍で観光客が激減したことにより、 海水透明度が60％も改善。 汚染の影響で弱っていたサンゴの状態にも回復が見られるなど、 自然環境に大幅な変化が起こったという。

そこでこの美しい海の状態を維持するべく、 2021年からオンライン予約システムを導入。 さらに料金を$25に引き上げ、 1日の入場人数を1400人程度に制限するなどして観光と環境のバランスを保つことで美しいハナウマ湾の持続可能性を高めている。

予約は、 来場希望日の2日前の7:00より受付開始。 ハワイでも屈指の人気スポットのため、 すぐに埋まってしまうこともあるそう。 予約方法はホノルル公園レクリエーション局のWebサイト （🌐pros11.hnl.info） からハナウマ湾のページに飛び、 入園時にシアターで視聴する約9分間の教育ビデオの上映時間を予約。 当日は予約完了メールのプリントアウトか受信画面を見せればOK。

すばらしい美観が広がるハナウマ湾を大切にしよう

ハナウマ湾
🏠 (→ P145) を参照
🚗 ワイキキからカラニアナオレ・ハイウエイ経由
📞 808-768-6861 （24 時間自動音声ガイダンス・英語）
💰 $25、12 歳以下無料
🚗 駐車料金車1台につき $3(現金のみ)
🕐 6:45 ～ 16:00 （入場は 13:30 ～のビデオ鑑賞まで、ゲストがビーチにいられるのは 15:15 まで）
📅 月・火曜、1/1、12/25
🏪 ビーチにあるレンタルブースで、スノーケル3点セットを借りることができる （7:00 ～ 17:00）。 料金はタイプによって $20 ～。 借りる際にはデポジット （保証金、返却すれば戻ってくる） $50 が必要 （または写真付き ID かパスポートのいずれかを預ける）。 ほかにロッカーの利用 $10 ～もできる。 なお、駐車場は朝からすぐ満車となるので注意

⚠️ ハナウマ湾は全面禁煙です

まずは展示物でハナウマ湾の自然環境を学ぶ

ハナウマ湾の自然を守ろう

ハナウマ・ベイ・トラム

崖の上から浜辺までは、急な坂を200mほど下りていかなければならない。下りはともかく、海辺で遊んだあとの上りはかなりキツそう。遊び疲れたときは、崖の上と浜辺を結ぶシャトルトラムを利用しよう。6:45～16:00に、10～15分間隔で運行され、料金は無料。

シアターで視聴するビデオは、「教育ビデオ」といっても堅苦しいものではなく、海底の世界や魚たちとの触れ合い方が紹介された気軽な内容だ。

例えば、サンゴが死滅する要因として、人間の使うオイルでサンゴが呼吸できなくなることが挙げられる。そのほかにも、珊瑚礁の上に人間が気軽に立ったり、フィンで巻き上げられた砂がサンゴを傷つけるのが原因だという。海に入るときは必ずサンゴに有害な物質が含まれていない「Reef safe」と書かれた日焼け止めを使用し、サンゴが付着している岩の上には立たないよう気を付けたい。2021年からはサンゴに有害な物質を含む日焼け止めの販売自体が禁止されている。

さらに、人間が出すゴミも問題となっている。特にビニール袋。ハナウマ湾にも生息するウミガメはビニール袋を好物のクラゲと間違えて食べてしまうそうで、毎年のようにビニール袋が原因で死亡したと思われるウミガメの被害がリポートされているそうだ。ビニール袋はゴミ箱に捨てても風で舞ってしまうので、必ず持ち帰るようにしたい。

本来のハナウマの自然を取り戻そう

先述したように魚たちは人間を怖がらず、すぐ近くまで寄ってくるほどだが、彼らには**絶対に餌を与えない**こと。人間の食べ残しや魚の餌は、海水汚染の原因となるだけでなく、餌を求めて大型

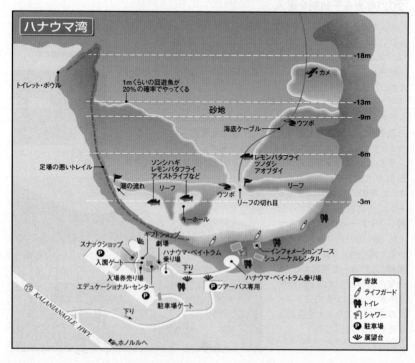

の魚が湾内に入り込んでしまい、その結果、本来ここに生息しているはずのトロピカルフィッシュが追い出されることになってしまうのだ（魚の餌づけは違法行為となり、悪質な違反者には最高で罰金$1000あるいは30日間の禁固刑が科せられる）。

　人間が原因とされる生態系の変化に関していえば、もうひとつ、ハトも問題らしい。ハナウマ湾は本来ウミドリの生息地であったが、人間の食べ残しを狙ったハトが大挙して押し寄せたために姿を消し、ハトの「糞害」のみが残ってしまったのだ。

ハナウマ湾は海水浴場ではない

　あまり知られていないが、ハナウマ湾は公園（Park）ではなく、**保護区（Preserve）**である。つまり、いわゆる海水浴場ではないのだ。「ゴミを持ち帰る」「魚には餌を与えない」「オイルを落としてから泳ぐ」などといった誰でもできることを、日本人一人ひとりが実践したい。

　美しい珊瑚礁が広がり、小さな魚たちやウミガメが舞い泳ぎ、空にはウミドリが飛翔する——そんな本来のハナウマ湾の姿は、われわれの心がけ次第で現実のものとなるはずだ。

ハナウマ湾へ行くには

　ワイキキからのアクセスというと、これまではハナウマ湾の停留所まで直通で向かうザ・バスの22番に乗るのがいちばん手軽な方法だった。しかし残念なことに22番バスが運休となってしまったため、ザ・バスでのアクセスはややハードに。ワイキキからなら2・13・23番のバスに乗り、1番もしくは1Lのバスに乗り換え、ココ・マリーナ・ショッピングセンター（ルナリロ・ホーム通り/カラニアナオレ・ハイウエイ）の停留所で下車し、徒歩で25分ほど歩かなければならない。ただし、行きはよくても体が疲れている帰りに徒歩というのはなかなか厳しいところがあるため、レンタカー（→P.486）かタクシー（→P.500）、または配車アプリ（→P.500）の利用をおすすめしたい。ちなみにハナウマ湾は一般の観光ツアーでも訪れることができるが、「海洋保護区」であるため、ビーチへ降りることはできない。

ビーチにあるレンタルブース。ここでスノーケル3点セットをレンタルできる

ハナウマ湾

全米ベストビーチに輝いたこともある

エントランスまで送迎してくれるハナウマ・ベイ・トラムは無料

MĀLAMA　事前予約制を導入し、入場規制を行うことはハナウマ湾の自然環境を守ることにつながる。以前は混雑時に入場規制がかかり、せっかく訪れても入れないこともあったが、事前予約制度の導入により並ばずに平等に入園機会が得られるようになった。

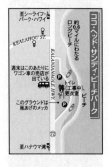

🏄 ボディサーフィンとカイトの聖地

ココ・ヘッド・サンディ・ビーチパーク
Koko Head Sandy Beach Park

📍別冊P.5-C4

　ハワイ・カイからハナウマ湾を過ぎ、シーライフ・パーク・ハワイへいたる途中にあるのがこのサンディ・ビーチ。その名のとおり、純白の砂浜が約1km続く人気のビーチパークだ。

　このビーチは、シーライフ・パーク・ハワイの向かいの崖下にある**マカプウ・ビーチパーク**（Makapuu B.P.）とともに、ボディサーフィンの聖地として有名。波打ち際には常にコンパクトな波が立ち、大勢のローカル・ボディサーファーが技を競っている。

　「サーファーのいるところ、常に風あり」というのがハワイの常識。ここ、サンディ・ビーチもその例に漏れず、しかも防風林のない広い芝生の広場があるため、最近ではカイト（凧）フリークに大人気のスポットになっている。

　日本の正月の風物詩・凧揚げと違い、ハワイのカイトはまさにハードなスポーツ。ブンブンとうなりを上げて、カラフルな変形凧が飛ぶところを見物しているだけでも楽しい。ときどきカイトフライヤーの大会も開かれているようだ。

1年を通して強い風が吹く

🏄 ボーダーもファミリーも楽しめる

マカプウ・ビーチパーク
Makapuu Beach Park

📍別冊P.5-B4

　ココ・ヘッド・サンディ・ビーチパークと同じく、ボディボードのメッカとして知られる。特に夏場は波が大きく、一級のボーダーのみが入ることを許されるビーチとなっている。泳ぎに自信のない人は、美しい海と沖に浮かぶマナナ島（Manana Island、通称ラビット・アイランド）の美観を楽しもう。

　また、マカプウ・ビーチパークの北西には、通称「**ベビー・マカプウ**」と呼ばれる波の静かなビーチがある。岩で囲まれた天然のプール状で、波も静か。潮だまりには小さな魚やヤドカリが見つかるため、小さな子供と水遊びをするのにピッタリだ。ただしこちら側にはライフガードがいないので、くれぐれも子供から目を離さないこと。

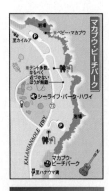

風光明媚なマカプウ・ビーチパーク

マカプウ・ビーチパーク

🚌ワイキキから23番バスでシーライフ・パーク・ハワイ下車。ただし交通量の多いカラニアナオレ・ハイウエイを横切らなければならないので、おすすめしない
🚗ワイキキからH-1、72号線経由で約50分。駐車場あり

沖にはマナナ島などが見え、眺めもいいベビー・マカプウ

🐾 ショータイムが楽しみなマリンパーク

シーライフ・パーク・ハワイ
Sea Life Park Hawaii

📍 別冊P.5-B4

シーライフ・パーク・ハワイ
📞 808-259-2500
📧 ⅣⅩ 03-3544-5281
🕐 10:00 ～ 16:00
🎫 無料　▲$44.99、3歳以下無料。いずれも税込み
🚌 ワイキキから23番バス
🚗 ワイキキからH-1経由。72号線カラニアナオレ・ハイウエイ
🅿 $15
🌐 www.hawaiisealifepark.jp

オアフ島南東部で見逃せないのがこのマリンパーク。 かわいいイルカをはじめ、アシカやペンギン、ウミガメ、エイ、サメといった海の生き物たちを見物することができる。 加えて1964年の開業以来、海洋生物の保護活動や教育プログラムに力を入れていることにも注目しておきたい。 絶滅危惧種であるアオウミガメの飼育、産卵、ふ化させ海へ放流するという活動や、 傷ついた海鳥の保護なども積極的に行っているという。

ハイライトは**イルカのショータイム**。 青い海と空をバックに、 見事な跳躍を見せてくれるイルカたちのパフォーマンスは一見の価値あり。 ストーリーもわかりやすいので子供も楽しめる。

キュートなウミガメのプール

ドルフィン・アロハでは、 園内裏のバックステージプールで、 イルカに触れたり、 餌付けを楽しめる。 水着に着替える必要がないので、 気軽に参加しよう。

ほかにもイルカと一緒に泳げるプログラムや、 アシカのプールやウミガメのプール、 ペンギン居住区など、 興味深い展示がいろいろ。 家族全員が楽しめるテーマパークだ。 なかでも特に人気のプログラムを紹介しよう。

ドルフィン・エンカウンター

すっかりおなじみとなったイルカのプログラム。 泳ぎ回るイルカを、 腰の深さの台に立って観察。 イルカは参加者に近づいて踊ってくれる。 1日3回の催行で、 所要時間は約30分。 4 ～ 7歳までの子供1名に対して大人1名の参加が必要。

ドルフィン・エクスプロレーション

イルカに触れたり、 遊んだり餌付けができるプログラム。 1組8人までの少人数制で、 トレーナーやイルカとより親密になれる。 8 ～ 12歳は大人の同プログラムへの参加が義務付けられている。

■■イルカやエイと遊ぶツアー
いずれもシーライフ・パークの入園料が含まれる。
■ドルフィン・エンカウンター
$188.47（4歳以上）
■ドルフィン・アロハ
$94.23（1 ～ 3歳無料）
■ハワイアン・リーフ・エンカウンター
$94.23（4歳以上、身長100cm以上）
■ドルフィン・エクスプロレーション
$272.24（8歳以上）
🅾 水着着用。タオル、日焼け止め、ビーチサンダルなどを持参のこと

見事なジャンプを見せるイルカたち

人懐っこいイルカにメロメロ

マカプウ岬
Makapuu Point

📍 別冊P.5-B4

マカプウ岬からの眺望

マカプウ岬

🚌ワイキキから23番バス。付近にバス停がないので、手前ならハワイ・カイ・ゴルフコース入口の停留所、通り過ぎた場合はシーライフ・パーク・ハワイの停留所で下車してマカプウ・ライトハウス・ロードまで徒歩15分ほど

🚗ワイキキからH-1、72号線経由で約40分

🅿無料駐車場あり

トレッキングコースのほとんどは舗装されている

近づくにつれてその大きさに驚くことになるペレの椅子

　マカプウ岬は、 車でのアクセスが容易なトレッキングコースで、海岸線の美しい風景が楽しめるとあって、 以前から愛犬とのお散歩コースとして地元住民に親しまれてきた場所。 欧米からの観光客にも人気があるが、 近年はパワースポットとして人気で、 日本人観光客も多く訪れるようになっている。

　オアフ島の東端近く、 ワイキキ方面からカラニアナオレ・ハイウエイを東へ進むと、 道はハワイ・カイ・ゴルフコース沿いに北へと湾曲する。 ゴルフコースを過ぎた右側に出てくる、 マカプウ・ライトハウス・ロードがマカプウ岬への入口となる。 駐車スペースもある。

　トレッキングを楽しむのであれば、 日焼け止めを塗り、 帽子やサングラスなどを持って出かけよう。 ほとんどが舗装されたコースだが、 足元はスニーカーがいいだろう。

火の女神ペレが座した巨岩

　カラニアナオレ・ハイウエイのハワイ・カイ・ゴルフコース沿い、このあたりから東を望むと、 海に迫った尾根の中腹に角張った岩が見える。 見る角度によっては背もたれのある椅子のよう。 これが**ペレの椅子**と呼ばれる巨岩だ。

　その昔、 南の島で生まれた女神ペレは、 新しい火と土地を求めてハワイへやってきた。 ハワイ北西諸島からニイハウ島へ上陸し、カウアイ、 オアフ、 モロカイ、 ラナイ、 マウイと各島を経て、 ハワイ島キラウエア火山のハレマウマウに居を定めたという。 その南下途中のオアフでこの椅子に腰を下ろし、 南を眺めながら次に訪れる土地について思いを巡らしたそうだ。

　この椅子のかたわらに立つと、 140度近いアングルで太平洋が見渡せる。 そして晴れた日にはモロカイ島、 ラナイ島の島影を眼前に見ることができる。

大自然に囲まれたスローなハワイの象徴

ウインドワード
Windward

📍別冊 P.13

ラニカイ・ビーチ（→P.151）。ぽっかり浮かぶ双子の島はモクルア・アイランド

滞在中のスケジュールに組み込みたい

　アコーディオン状に侵食された**コオラウ山脈**の山肌が印象的なエリア。 このエリアの注目スポットは**カイルア・タウン**。 しゃれたブティックやレストランが充実していて、 ファーマーズ・マーケットも開かれている。 ハワイでいちばん美しいといわれる**カイルア・ビーチパーク**や**ラニカイ・ビーチ**も必見だ。 カイルアの北、 カネオヘでは**平等院**が異彩を放ち、 さらに海岸線を北上すれば、 さまざまなアクティビティが楽しめる緑豊かな**クアロア・ランチ**がある。 ワイキキからカイルアへ向かう61号線にある**ヌアヌ・パリ展望台**も一度は訪ねておきたいスポットだ。

ロケ地ツアーが人気のクアロア・ランチ

常に強風が吹くヌアヌ・パリ展望台

寺院と山脈のコントラストがおもしろい平等院

カイルア

🚌 アラモアナから67番バス。
下のマップの①の停留所で下
車。ビーチが目的地なら、以下
の方法がある

(1) ②の停留所で671番バスに
乗り換え、ビーチ近くの⑥
停留所で下車（帰路は⑦か
ら671番、③で67番に乗り
換え。ただし671番バスは
本数が少なく30分～1時間
待つ可能性も

(2) 最初から671番バスに乗り
換えるつもりがなければ、
67番バスでカイルア通りの
交差点にある④の停留所で
下車し、そこから徒歩
（約20分）という手がある。
帰りは⑤の停留所から67
番バス

🚗 ワイキキからH-1、61号線経
由で約30分

🌴 ウインドサーファーの町

カイルア
Kailua

📍別冊P.5-A3

カイルア・ショッピングセンター

　すぐ近くにウインドサーフィンの
聖地とされるビーチ（→P.151）が
控えているだけあって、カイルア
はウインド サーファーの町と呼ば
れている。

　この町の住民は、ハオレと呼ば
れる白人たちが多い。海岸沿いに
は平屋の住宅が並び、どの家に
もボートやカヤック、サーフボードなどマリンスポーツの必需品が
必ずあるところなど、いかにも雰囲気がある町並みだ。

カイルアの町をのんびり歩く

　ここ数年でたくさんの観光客が訪
れるようになり、新しいレストランや
ブティックなどが増えている。町の中
心としてにぎわっているのは**カイルア・
ショッピングセンター**。ショップやレ
ストランとともに、観光客のためのイ
ンフォメーションセンターも入っている
のでチェックしたい。

　最近ではターゲットなどのスーパー
マーケット、映画館が並ぶハハニ通
り沿いに人の流れが移行しているよう
だ。特におしゃれなブティックやおい
しいハンバーガーショップが入ってい
る**カイルア・ビレッジ・ショップス**や**カ
イルア・プラザ**は、夜遅くまで車の
行き来が絶えない。

カイルアの町なかにはレンタサイクルのショッ
プがある。自転車で町なかやビーチを散策する
のが人気

カイルア

カイルア・ビーチパーク🌴
（詳細図P.151）

LIHIWAI RD.

0 ├─────┤ 400m
0 ├─────┤ 0.2miles

Kailua Bay

KAKAHIAKA ST.
AUMOE RD.
KUUKAMA RD.
KAILUA RD.
AKEA RD.

アイランド・スノー（P.327）
カイルア・ビーチセンター

KAAPUNI ST.
KALAHEO ST.
KUJALA ST.
KAINALU DR.
KUULEI RD.
KUUPIA ST.
KUUHALE ST.
OHANA ST.

カイルア・インフォメーション・センター
クラシック・ウェーブ・ブティック（P.46/65）
ラニカイ・バス&ボディ（P.332）
モーニング・ブリュー（P.231）
消防署
警察署
カイルア・ショッピングセンター
図書館

ボウルズ・ブリトー（P.250）

シナモンズ・レストラン
ミューズ・カイルア（P.321）
マノア・チョコレート（P.65/93/342）

AULIKE ST.
マクドナルド

カイルア・プラザ
セーンズ・タイ・クィジーン（P.253）
ヒバチ（P.216）
タイムズ
KAILUA RD.
AOLOA PL.

カイルア・ビレッジ・ショップス

ロングス・ドラックス
ONEAWA ST.
ホールフーズ・マーケット
アアラ・ハーバルバー
+アロマセラピー（P.229）
HEKILI ST.
オリーブ・
ブティック（P.321）
HOOLAI ST.
KAINEHE ST.
レイナイア（P.339）
HAMAKUA DR.
KIHAPAI ST.
KAILUA RD.

バイア・フィッシュ・マーケット（P.65）
ターゲット
セイフウェイ
ビキニバード
ハワイアン・ウォーター・
スポーツ（P.189）

カイルア・タウンセンター

アグネス・ポーチュギーズ・ベイク・ショップ（P.91）
モズ・ブレッド&ブレックファスト

至パリ・ハイウエイ、アラモアナ

🌴 滞在中一度は訪れたい憧れビーチ

カイルア・ビーチパーク
Kailua Beach Park

📍別冊P.5-A3

美しい砂浜とエメラルドグリーンの海が広がる理想的なビーチ。 砂のキメ細かさはノース・ショアの比ではない。海はクリアだし、景色はすばらしく、芝生や木陰のスペースも十分にある。

ワイキキから車で約30分というロケーションもよく、郊外のビーチパークとしては、駐車場のスペースもたっぷりある。シャワーやトイレも設置されているので、快適に利用できる。近くにフードランドなどのマーケットがあり、買い物にも便利、芝生のエリアでは、バーベキューを楽しむロコも多い。

カイルアでのひとときは、きっとハワイの旅の思い出ベスト10のなかでも上位にランクされるだろう。

🌴 天国の海と呼ばれる別格ビーチ

ラニカイ・ビーチ
Lanikai Beach

📍別冊P.5-A3

カイルア・ビーチを東に進み、住居の間のビーチアクセスを進んだ先に広がるのは、天国の海という意味のラニカイ・ビーチ。キメの細かい砂と透明度の高い海は、カイルア・ビーチパークに勝るとも劣らない。その圧巻の光景は、まさにパラダイスだ。

1996年には**全米ナンバー1ビーチ**（ドクター・ビーチ選出）になったラニカイ・ビーチ。ビーチパークではないので、シャワーやトイレはなし、ライフガードもいない。カイルア・ビーチパークから徒歩で15分ほど。カイルアの町からレンタサイクルで訪れる旅行者も多い。

ウインドサーフィンやカヤックが盛んなビーチ

カイルア・ビーチパーク
🚌バスでの行き方は前ページを参照
🚗ワイキキからH-1、61号線。カイルアの町から約5分
🅿無料

美しいビーチだが木陰が少ないので、気になる人は日よけ対策が必要

ラニカイ・ビーチ
🚌バスでの行き方は前ページを参照（カイルアの町から671番バスに乗ればビーチのすぐ側まで行けるが、本数が少ない）
🚗ワイキキからH-1、61号線。カイルアの町から約15分。駐車スペースはビーチ山側の公園付近に少しある程度。カイルア・ビーチパークに停めて、歩いて行くのが無難

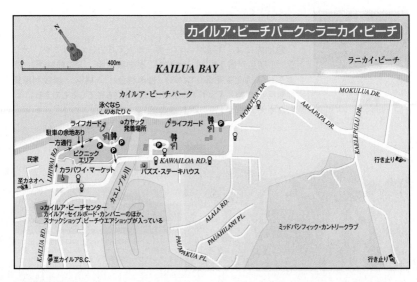

カイルア・ビーチパーク〜ラニカイ・ビーチ

KAILUA BAY
ラニカイ・ビーチ
カイルア・ビーチパーク
泳ぐなら
このあたりで
ライフガード
カヤック
発着場所
ライフガード
駐車の余地あり
一方通行
ピクニック
エリア
民家
カラパワイ・マーケット
至カネオヘ
KAWAILOA RD.
バズ・ステーキハウス
MOKULUA DR.
MOKULUA DR.
AALAPAPA DR.
KAELEPULU DR.
行き止まり
カイルア・ビーチセンター
カイルア・セイルボード・カンパニーのほか、スナックショップ、ビーチウエアショップが入っている
KAILUA RD.
至カイルアS.C.
ALALA RD.
PAUAHILANI PL.
PAUMAKUA PL.
ミッドパシフィック・カントリークラブ
行き止まり

クアロア・ランチ
Kualoa Ranch

📍別冊P.13-A3

サイドバー情報

クアロア・ランチ
📞808-237-7321（予約課）
🕐7:30 ～ 18:00（ビジターセンター）
🚫12/25,1/1

■**マラマ体験ツアー**
🎫大人 $51.95、子供$36.95（所要2時間、5歳以上から参加可能、12歳以下は保護者同伴）

■**映画ロケ地ツアー**
🎫大人 $51.95、子供$36.95（所要1.5時間、12歳以下は保護者同伴）

■**ジップラインツアー**
🎫大人 $174.95、子供 $139.95（所要2.5 ～ 3時間、10歳以上、身長142cm以上203cm以下）

■**シークレットアイランド ツアー**
🎫大人 $51.95、子供$36.95（所要3時間、12歳以下は大人同伴、水着、タオルを持参のこと）

■**オーシャンボヤージ ツアー**
🎫大人 $51.95、子供$36.95（12歳以下は大人同伴）🗓日曜、祝日

■**ジャングル エクスペディション ツアー**
🎫大人 $51.95、子供$36.95（所要1.5時間、12歳以下は大人同伴3歳未満はできません）

※上記以外にもツアーを組み合わせたパッケージがある
🚌アラモアナから60番バス
🚗ワイキキからH-1、63号線経由で約50分 🅿無料
🌐www.kualoa.jp

趣あるビジターセンター。ギフトショップやカフェテリアが入っている

230gのパテがボリューム満点のクアロア・バーガー $15 ～。牧草のみで育ったビーフを使用しているので、脂肪が少なく、ビタミン豊富

本文

オアフ島の北東部に位置し、東京ドームの450倍に相当する広大な敷地を擁するオアフ島最大の牧場。熱帯の緑と切り立つ山脈に囲まれたすばらしい環境のなか、自然と一体になれるアクティビティの数々が楽しめる。

ハリウッド映画やテレビ番組のロケ地と牧場を巡る「映画ロケ地ツアー」、クアロアの大自然を眺めて空中を駆ける「ジップラインツアー」、クアロア・ランチが所有するプライベートビーチへ向かう「シークレットアイランド ツアー」といったツアーはどれもクアロアの大自然を全身で感じられるものとなっている。

自然の環境で飼育された牛たちがのびのび暮らす

クアロア・ランチの特徴はこれだけではない。先人たちが築き上げてきたハワイの価値を再認識し、保護し、後世に残していくため、長きにわたりサステナブル部門にも注力してきた。そんなクアロア・ランチが培ってきたハワイの文化や環境保全についての知識を学べるのが「マラマ体験ツアー」と「プライベートUTVとコア植樹体験」だ。「マラマ（MĀLAMA）」とはハワイ語で「思いやり」などの意味があり、ここではクアロア・ランチが行ってきた絶滅危惧種を含む約13種類の鳥の調査、コアの植樹や在来植物の栽培、モリイ・フィッシュポンドでの牡蠣の養殖についての様子を見学することができる。クアロア・ランチの大自然を通して、ハワイの歴史や文化、暮らす人々の活動を知ることで、私たちゲストが何をすべきなのかを考えさせられるツアーだ。

オアフ島の「道の駅」

敷地内には、特製ハンバーガーが人気のカフェテリアや、オリジナル商品が揃うギフトショップ、歴史展示館、ミニ動物園、清潔なトイレなどを完備している。駐車料金、入場料、施設利用費は無料なので、ドライブの途中に気軽に立ち寄ることもできる。いわばオアフ島の「道の駅」なのだ。

左／『ジュラシック・パーク』のロケ地へも出かける「映画ロケ地ツアー」 上／美しいカネオへ湾の海をクルーザーで満喫できる「オーシャンボヤージ ツアー」

絶景を見渡す風の名所

ヌウアヌ・パリ展望台
Nuuanu Pali Lookout

📍 別冊P.4-B2

コオラウ山脈の切れ目に当たるため、 常に北東から強い風が吹き抜け、 強風の名所として有名な展望台。 のこぎり状の山並み、 暗赤色の土、 グリーンの畑、 コバルトから群青色に輝く海といった眺めは**オアフ随一の絶景**だ。

歴史的には、 1795年、 カメハメハ大王のオアフ島侵攻のクライマックスとなった舞台。 ワイキキから上陸した彼の軍隊は、 平原を横切ってヌウアヌ渓谷にいたり、 そこに陣取ったオアフの軍隊と相対した。 それまでハワイにはなかった大砲2基を用いたカメハメハ軍にとって、 オアフ軍は敵ではなかった。 オアフ軍の敗走者はパリの断崖に追い詰められ、 300mもの崖下に突き落とされたという。

ヌウアヌ・パリ展望台
🚗 ホノルルからパリ・ハイウエイを約7マイル上がった峠
🅿 1台$7

展望台は、 常に強風が吹いている

欧米人観光客に人気

平等院
Byodo-in Temple

📍 別冊P.13-C3

アメリカ人をはじめ欧米観光客の多い名所といえば、 ここ平等院。 宇治の**平等院のレプリカ**である。 明治維新の年に渡航した第1次日本人移民の百年記念として、 1968年に建てられた。

建築推進の中心となったのは、 日本の伝統や文化に造詣が深かったポール・チューズデイルという人物。 宗派を超えた大事業であったため、 お堂の長押（なげし）には各宗派の紋が飾られている。 そのなかにキリスト教の紋まであるところなど、 ハワイらしくて興味深い。

日本庭園には立派なコイが群れ泳ぐ心字（しんじ）池があるほか、 鐘つき堂まである。

小さなみやげ物店では、 ハッピーブッダ（Happy Buddha）と名づけられた大仏の置物などが売られている。

平等院
📞 808-239-8811
🏠 47-200 Kahekili Hwy.
🕐 8:30～16:30（最終拝観16:15）
📅 12/25
💰 $5、 2～12歳$2、 65歳以上$4
🚌 アラモアナから65番バスで約80分
🚗 ワイキキからH-1、 63号線経由で約40分
🅿 無料

ハワイで見ると寺院もエキゾチック

フラの聖地である幻の白い砂浜

カネオヘ・サンドバー
Kaneohe Sandbar

📍 別冊P.13-B4

サンドバーとは砂州のことで、 流水によって河口付近にできる細長い砂の堆積地形のこと。 カネオヘ湾の沖合にあるサンドバーは、 サンゴの細かい砂で形成されている。 珊瑚礁によって外洋から守られた湾内、 コバルトブルーとエメラルドグリーンの澄んだ海水と、 白い砂浜のコントラストは美しく神秘的だ。

この地はハワイ語で**アフ・オ・ラカ Ahu O Laka（フラの女神ラカの丘）**と呼ばれる。 フラの女神ラカが、 火の女神ペレにフラをささげた地といわれ、 フラの聖地とされているのも納得がいく。

サンドバーに降り立つには、 熱帯魚やウミガメを見ることのできるツアーへの参加が必要だ。

カネオヘ・サンドバー
ホテル送迎付きのツアーで訪れるのが一般的。 ツアーボートはヘエイア・ケア・ボートハーバーから出航する。 ボートハーバーからけサンドバーの遠景を見ることができる。 ボートハーバーへのアクセスは下記のとおり。
🚗 ワイキキからH-1、 63号線、 83号線、 830号線経由で約40分

テレビのコマーシャルや映画のロケ地としても使われるサンドバー

03 **Central Oahu**

セントラルオアフ

ハワイの歴史を語るうえで外せないパール・ハーバーや、ハワイの一大産業だったパイナップル畑が広がるエリア。ノース・ショアへの進路でもある。

📷 CONTENTS

ひんやりパイン
ソフト！(→ P.157)

Access

・内陸部へ
🚌 アラモアナから 52 番バス
🚗 ワイキキから H-1 H-2、99 号線経由で約 50 分

・パール・ハーバーへ
🚌 ワイキキから 20・42 番バス。アロハ・スタジアムで 20 番から 42 番バスに乗り換え
🚗 ワイキキから H-1、カメハメハ・ハイウエイ経由。ハワイ・プランテーション・ビレッジは H-1、ファリントン・ハイウエイ経由

アロハ・スタジアム
では青空市場も開催
(→ P.163)

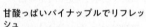

H-2 に乗ってノース・ショアを目指す

ワイキキからノース・ショアへのドライブルートは、H-1、H-2 の両フリーウエイを使って時計回りに走るのが一般的。

途中、ワヒアワ(→ P.158)の町へ寄っていくのなら、H-2 の 8 番出口で降りて 80 号線カメハメハ・ハイウエイに出るといい。ワヒアワには**バース・ストーン**という興味深い史跡がある(→ P.158)。

甘酸っぱいパイナップルでリフレッシュ

ドライブの合間のひと休みに絶好なのが**ドールプランテーション**(→ P.157)。

ビジターセンターでよく熟したパイナップルや、ほんのり酸っぱいパイナップルソフトクリームでのどを潤していくといい。ほかでは手に入らないドール社のオリジナルグッズや T シャツなども販売していて、見逃せない。

また世界最長という巨大迷路が隣接するほか、広大なパイナップル農園のなか

を走る観光列車などがあり、ファミリー旅行にもおすすめできる。

歴史の生き証人「マイティ・モー」

「マイティ・モー」の愛称で米国民に親しまれ、数々の戦争に主戦艦として活躍した**戦艦ミズーリ号**(→ P.160)がパール・ハーバーに係留されていて、記念館として一般公開されている。大きく重厚な姿はもちろん、装備されたミサイルの発射台は、本物ならではの迫力が伝わってくる。アクセスはパール・ハーバー・ビジター・センター近くから専用トロリーが出ている。

珍しい航空博物館

パール・ハーバーには、太平洋戦争で活躍した航空機が展示された**太平洋航空博物館パールハーバー**(→ P.160)がある。フォード島にある米国軍の旧格納庫を改装した館内には、展示だけでなく、フライトシミュレーターやギフトショップ、レストランが入っている。

🌴 セントラルオアフの注目エリア

内陸部

ノース・ショアへ向かう際にアクセスする場所でもあり、ノスタルジックな雰囲気が漂うローカルタウン。
→ P.156

ローカルらしいこぢんまりとした店が集まる

パール・ハーバー

太平洋戦争で活躍した航空機が展示された博物館や記念館などが見どころ。空港からもほど近く、アクセス至便。
→ P.159

パール・ハーバー（真珠湾）の全貌

移民住宅地にタイムスリップ

太平洋戦争時代からさらに時を遡り、製糖業がハワイ経済の花形だった20世紀初頭の様子をうかがえる屋外博物館が、ワイパフにある**ハワイ・プランテーション・ビレッジ**（→ P.162）。

ワイパフは1995年までシュガーミル（製糖工場）が稼働していた「砂糖の町」。翌年春には島に唯一残ったワイアルア（島の北部）のシュガーミルが閉鎖され、オアフ島の製糖業は終焉を迎えた。が、このビレッジを訪れれば、製糖業最盛期の1930年代にタイムスリップした気分になる。

スカイラインを利用してカポレイへ

2023年6月に一部区間で運行を開始した鉄道、スカイライン。2023年8月現在、東行きはハラヴァ駅（アロハスタジアム）が終点となっている。ここから西行きの電車に乗るとカポレイ（→ P.169）エリアまで足を延ばすことができる。

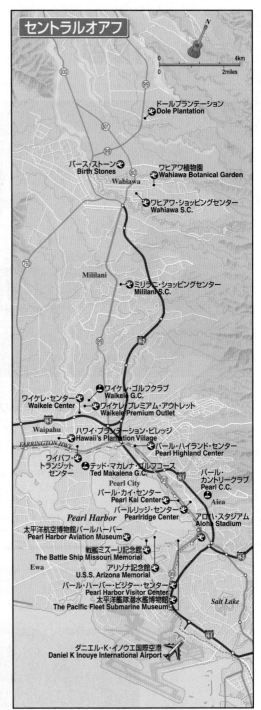

セントラルオアフ

0 — 4km
0 — 2miles

ドールプランテーション
Dole Plantation

バース・ストーン
Birth Stones

ワヒアワ植物園
Wahiawa Botanical Garden

Wahiawa

ワヒアワ・ショッピングセンター
Wahiawa S.C.

Mililani

ミリラニ・ショッピングセンター
Mililani S.C.

ワイケレ・ゴルフクラブ
Waikele G.C.

ワイケレ・センター
Waikele Center

ワイケレ・プレミアム・アウトレット
Waikele Premium Outlet

Waipahu

ハワイ・プランテーション・ビレッジ
Hawaii's Plantation Village

FARRINGTON HWY.

ワイパフ トランジット センター

テッド・マカレナ・ゴルフコース
Ted Makalena G.C.

パール・ハイランド・センター
Pearl Highland Center

パール・カントリークラブ
Pearl C.C.

Pearl City

パール・カイ・センター
Pearl Kai Center

パールリッジ・センター
Pearlridge Center

Aiea

Pearl Harbor

アロハ・スタジアム
Aloha Stadium

太平洋航空博物館パールハーバー
Pearl Harbor Aviation Museum

戦艦ミズーリ記念館
The Battle Ship Missouri Memorial

Ewa

アリゾナ記念館
U.S.S. Arizona Memorial

Salt Lake

パール・ハーバー・ビジター・センター
Pearl Harbor Visitor Center

太平洋艦隊潜水艦博物館
The Pacific Fleet Submarine Museum

ダニエル・K・イノウエ国際空港
Daniel K Inouye International Airport

レトロな雰囲気の町には、思わず散策したくなる名店が並ぶ

広大なパイナップル畑

畑のなかを進む観光列車も人気

赤土の上にあるバース・ストーン

雑多なローカルタウン、ワヒアワ

　オアフ島の中央を南北に走る99号線カメハメハ・ハイウエイはワイキキからノース・ショアへ向かうための重要道路。目的地に向かって走り抜けてしまうにはもったいない見どころがワヒアワだ。米軍基地とともに発展した町だが、住宅街を抜けてハイウエイから少し入ったところには、見どころが点在している。パワースポットのバース・ストーンが鎮座し、北部にはパイナップル畑が広がり、たくさんのツアーバスが立ち寄り観光スポットでもあるドールプランテーションがある。フリフリチキンで有名な、マウイ・マイクス（📍別冊P.9-B4）などもある。

🌴 フレッシュなパイナップルでひと休み
ドールプランテーション
Dole Plantation

📍別冊 P.9-B4

ワイキキ方面から99号線でノース・ショアへ向かう途中に広がる広大なパイナップル畑は、最もハワイらしい景観のひとつといえる。ドールプランテーションは、その農園のフルーツスタンドとして1950年にオープン。以来、観光名所として欠かせない人気スポットとなっている。

ビジターセンター内には、ここでしか買えないドール社のオリジナルグッズがいろいろ。パイナップルティー、ハワイ産フルーツのジャムなど、おみやげに最適なギフトばかり。裏手には展示用のプランテーションがあり、ドール社で栽培しているさまざまなフルーツを見学することができる。

見逃せないのがパビリオンに隣接する巨大迷路。1万2000㎡を超える敷地にハイビスカスの垣根で囲まれた迷路の長さは約4km。ギネスブックに世界最長として公認されたほどだ。

ほかにも「パイナップル・エクスプレストレイン」という列車ツアーが人気。コオラウ山脈やワイアナエ山脈を望むロケーションのなか、4両編成のディーゼル列車がハワイ史の1ページを担ったパイナップル農園の中をぐんぐん進んでいく楽しい小旅行だ。

上 かわいらしい「パイナップル・エクスプレストレイン」
下 花々の咲く垣根に囲まれた巨大迷路

ドールプランテーション
📞 808-621-8408
🕐 9:30 ～ 17:30
🚫 12/25
💵 ビジターセンターは無料。迷路は大人 $9.25、4～12 歳 $7.25。プランテーション・ガーデンツアーは大人 $8、4 ～ 12 歳 $7.25
🚌 アラモアナから52 番バス（"WAHIAWA/HALEIWA" の表示）
🚗 ワイキキから H-1、H-2、99号線経由で約 50 分
🅿 無料

パイナップル・エクスプレストレイン
🕐 9:30 ～ 17:00、30 分おき（20分間のツアー）
💵 $13.75、4 ～ 12 歳 $11.75
🅿 無料
🌐 doleplantation.com/jp

ギフトショップがある

アイスはカップ $7.50 もあるよ

🌴 パワースポットのある町

ワヒアワ
Wahiawa

📍別冊P.9-B4

ノース・ショアへの中継地点

トランジットセンターの向かいにはロングス・ドラッグスが入ったモールがある

ノース・ショアへの旅でワヒアワで途中下車したいなら、ワヒアワ・トランジットセンターで

これまではホノルルエリアからノース・ショアへ抜ける中間地点という位置づけの町で、特に観光スポットと呼べる場所はないローカルタウンだったが、実は新旧の店が混ざり合うハワイマニア注目のエリア。フリフリチキンで有名な**マウイ・マイクス**（📍別冊P.9-B4）、ハワイでも屈指のサイミンの人気店、**シゲズ・サイミン・スタンド**（→P.215）といった昔からローカルに愛される店に加え、ワヒアワ地区を活性化させるべく地元サーファーが立ち上げた気鋭のカフェ、**サーファーズ・コーヒー**（📍別冊P.9-B4）といったコミュニティに根ざしたお店が増えてきている。

王族の出生地として選ばれた場所

カメハメハ・ハイウエイを北上し、ワヒアワの町を抜けると、最初の十字路の左側、小さな木立の中に石の集まりがある。これが**バース・ストーン（クカニロコ）** Birth Stones (Kukaniloko)。石がゴロゴロしているだけだが、1925年、オアフ島で最初に公式の史跡として認められ、保存されてきた遺跡だ。

かつて、この地区の首長とその妻が岩石群を置き、産屋を建て、息子を産んだ場所といわれている。その息子が後に大酋長になったことから、それ以降、王族の女性たちがここで子供を産むようになったそうだ。

バース・ストーンへは、ハイウエイ沿いにあるこちらのサインが目印

ここはローカルにとっての神聖な場所。騒いだり、ゴミを捨てたり石に登ったりするというような行為は絶対に控えたい。許可なく立ち入りは禁止

🌺MĀLAMA クカニロコは何百年も続く非常に神聖な土地。かつては王族以外立ち入り禁止で、庶民が足を踏み入れたら処刑されたという特殊な場所だった。

リアルなハワイを感じられる

パール・ハーバー
Pearl Harbor

♥別冊 P6-7

フォード島と真珠湾は、アメリカ軍のベースキャンプになっている

ハワイの別の顔が垣間見られる

　ダニエル・K・イノウエ国際空港からすぐのこのエリアは、オアフ島訪問者がまずH-1（フリーウエイ）に乗る場所。近くにはテレビのコマーシャルでも有名になった**モアナルア・ガーデン**（→P.163）のモンキーポッドの木や、ワイケレ・プレミアム・アウトレット（→P.312）やアロハ・スタジアム（建て替え工事中）などがある。そして、忘れてはならないのがアメリカの重要軍事拠点である真珠湾。現在では湾中央のフォード島脇の**アリゾナ記念館**（→P.161）や**戦艦ミズーリ記念館**（→P.160）などがあり、近代史を知るうえで重要な役割を果たしている。戦争を知らない現代の日本人こそ、ぜひ訪問したい史跡だ。

モアナルア・ガーデンは緑豊かな公園だ

堂々たる戦艦ミズーリ号

お得にブランド品をゲットできるワイケレ・プレミアム・アウトレット

159

戦艦ミズーリ記念館
📞808-455-1600（内線2番・日本語担当者）
🕐8:00 ～ 16:00
🚫感謝祭、12/25、1/1
💰$34.99、4 ～ 12歳$17.49（観覧料、日本語ガイドによる日本語ツアー料金、巡回シャトルバスの乗車料金を含む。チケット購入には別途7%サービス料あり）。チケットはパール・ハーバー・ビジターセンター内のチケット売場 もしくは公式サイトで
🚌ザ・バス、車での行き方はアリゾナ記念館（→P.161）を参照
🌐www.ussmissouri.org/jp
※米国海軍の規制により、厳重な警戒態勢が敷かれているので、バッグ類のシャトルバスおよび記念館への持ち込みは禁止されている（カメラはOK。シャトル発着所近くに手荷物預かり所があるので、バッグ類はこちらへ（ただし貴重品は携帯を）

太平洋航空博物館
パールハーバー
📞808-441-1000
🕐9:00 ～ 17:00
🚫感謝祭、12/25、1/1
💰税込み$25.99～、4～12歳$14.99～
🚌バス、車での行き方はアリゾナ記念館（→P.161）を参照。日本語オーディオの無料貸出あり
🌐pearlharboraviationmuseum.org

飛行機好きにはたまらないギフトショップもある

本物の飛行機ならではの迫力が伝わってくる

🌴 歴史を見つめてきた「マイティ・モー」

戦艦ミズーリ記念館
Battleship Missouri Memorial

📍別冊P.7-B3

　第2次世界大戦、朝鮮戦争、そして湾岸戦争において、米国軍の主戦艦として活躍した戦艦ミズーリ号。1992年に現役を退き、1998年にはパール・ハーバーに係留されることとなったミズーリ号は、歴史博物館として一般公開されている。

　沖縄戦の最中に行われた特攻隊員の水葬にまつわる話が聞けるほか、零戦がミズーリ号に激突した際にできたへこみや、第2次世界大戦の降伏文書の調印式場が見られる。同時代に造船された日本の戦艦大和、武蔵と形が似ており、全長270.4m、全幅33mという威容もさることながら、モノがモノだけに、本物ならではの迫力がひしひしと伝わってくる。

　なおミズーリ号へは、**太平洋艦隊潜水艦博物館**（→P.162）入口より専用のシャトルバスに乗って行く（次ページマップ参照）。

堂々たる威容を誇る戦艦ミズーリ号

🌴 飛行機ファンにはたまらない航空博物館

太平洋航空博物館パールハーバー
Pearl Harbor Aviation Museum

📍別冊P7-B3

　パール・ハーバーでもう1ヵ所、ぜひ立ち寄りたいのが**太平洋航空博物館パールハーバー**。

　真珠湾のフォード島にある米国軍の旧格納庫を改装し、太平洋戦争に使用された日本の零戦、B-25爆撃機、F4ワイルドキャットなど、7機の航空機を展示している。また真珠湾攻撃時にニイハウ島に不時着したゼロ戦の残骸も興味深い。

　館内にはフライトシミュレーターや、航空機にまつわるギフトや雑貨を扱うショップ、カフェもあるのでぜひ立ち寄りたい。

🌴 戦争を知らない人にこそ行ってほしい

アリゾナ記念館
U.S.S. Arizona Memorial

📍 別冊P.7-B4

　真珠湾＝パール・ハーバーという言葉が、日本人にとって独特の感慨を呼び起こすものであることは、間違いない。

　1941年12月7日早朝（ハワイ時間）、山本五十六連合艦隊司令長官は、南雲忠一海軍中将の率いる第1航空艦隊をもって米国太平洋艦隊の重要拠点・真珠湾の攻撃を決行。「我、奇襲ニ成功セリ」の暗号電文「トラ、トラ、トラ」は、あまりにも有名だ。太平洋戦争の口火を切ったこの事件の生々しい証人、それが**アリゾナ記念館**だ。

　1100人を超える乗員を懐に抱いたまま、旧日本軍の攻撃によって海中に没した戦艦アリゾナ号、その船体をまたぐように白亜の記念館がハーバー内に造られている。海中に横たわる船体からは、今も重油が流れ出し、80年以上に及ぶ時の流れを超えたメッセージを発し続けているかのようだ。

アリゾナ・メモリアル・ツアーズ

　沖合の記念館へは、**パール・ハーバー・ビジター・センター**横の桟橋から無料のランチボートが運航している。

　エデュケーションビルディングの裏のラナイにて、シアターで当時の貴重なフィルムが上映されるが、この映画のインパクトは強烈、さすがに厳粛な気分になってしまう。ここへ来ると日本人への風当たりが強いとか、見る目が違ってくるとか、いろいろなことが伝えられ、見学に行く気がうせてしまいそうだが、実際はそんなことはない。むしろ、一緒に見てともに考えたいというムードが支配的だ。

　帰りのボートの中では、キャプテンがジョークで船内を沸かせてくれたり、暗くなりがちな心を和ませてくれる。だからといって、ピースサインで記念撮影などしないように。戦争を知らない世代の日本人にこそ、見学してほしい史跡である。

太平洋艦隊潜水艦博物館（→P.162）

アリゾナ記念館
📞808-422-3399
⏱パール・ハーバー・ビジター・センターは毎日7:00～17:00、アリゾナ・メモリアル・ツアーズは8:00～15:00に運航（完全予約制。予約専用サイト⊕www.recreation.gov/ticket/facility/233338から予約を。入場料は無料だが、手数料としてチケット発行1枚につき$1かかる）
🗓感謝祭、12/25、1/1
💰無料だが寄付は
🚌ワイキキから20・42番バス（記念館へのボートが運航している時間帯に合わせて、20・42番バスは施設内のⒶで停車する）、アラモアナから40番バス（下の地図Ⓑ停留所で下車、帰りはⒸ停留所から乗車）
🚗ワイキキからH-1かアラモアナ通りを経由して、99号線カメハメハ・ハイウエイへ。ハラワ通り、ハラワ川を越えた最初の信号（カラロア通りとの交差点）の左側が入口
💰無料
⊕www.nps.gov/usar/

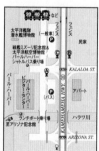

アリゾナ記念館
❶米国海軍の規制により、厳重な警戒態勢が敷かれているので、すべてのバッグ類のランチボートへの持ち込みは禁止されている（カメラはOK）。ビジターセンターに手荷物預かり所（サイズによって$6～10）があるので、バッグ類はこちらへ（ただし貴重品は携帯を。車の中に荷物を残さないこと。日本語のイヤフォン貸し出しあり$7.99＋手数料$1

白亜のアリゾナ記念館。左奥はセットで見学したい戦艦ミズーリ記念館（→P.160）

AREA GUIDE

オアフ島／03 セントラルオアフ パール・ハーバー

161

太平洋艦隊潜水艦博物館
- 📞808-423-1341
- ⏰8:00～16:00（艦内は～16:30）
- 🚫感謝祭、12/25、1/1
- 💲$34.99、4～12歳$17.49（別途サービス料あり）、4歳未満入館不可
- 🎧ヘッドフォンによる日本語オーディオツアーがある。バス、車での行き方はP.161のアリゾナ記念館を参照
- 🌐www.bowfin.org

左／本物ならではの迫力だ
右／戦争の愚かさを実感する魚雷

🚢 本物の潜水艦の内部を見学できる

太平洋艦隊潜水艦博物館
The Pacific Fleet Submarine Museum

📍別冊P.7-B4

　真珠湾のアリゾナ・メモリアル・センター近くにあり、名称を新たにリニューアルオープン。本物の**潜水艦ボーフィン号**の艦内を自分の足で回るという貴重な体験ができる。

　魚雷発射管、寝室、トイレ、厨房など、コンパクトというよりも狭苦しい環境のもと、ここで何日も何ヵ月も過ごしていたのかと考えるだけで、戦争の過酷さが実感できる。

　屋外にはミサイル、魚雷なども展示されていて、なかでも旧日本軍の人間魚雷「回天」は、戦争を知らない世代にも無言にして雄弁に語りかけてくるようだ。

ハワイ・プランテーション・ビレッジ
- 📞808-677-0110
- ⏰9:00～14:00
- 🚫日曜、おもな祝日
- 💲税込み$17、62歳以上$11（ID提示）、4～11歳$8、3歳以下無料
- 🚌ワイキキからカントリーエクスプレスE。ワイパフ・トランジットセンターで43番もしくは432番バスに乗り換える（→P.482）
- 🚗ワイキキからH-1、出口7番で降りて（茶色い看板が出ている）パイワ通り～ワイパフ通り経由
- 🅿️無料
- 🌐www.hawaiiplantationvillage.org

🏠 1930年代の移民住宅街にワープする

ハワイ・プランテーション・ビレッジ
Hawaii's Plantation Village

📍別冊P.7-B3

　島の中心に近いワイパフは、1995年の春まで**シュガーミル（製糖工場）**が稼働していた砂糖の町。この工場跡の向かいに、製糖産業がハワイ経済の花形だった20世紀初頭の様子を伝える屋外博物館がある。

　ハワイの製糖産業を支えたのは、日本、韓国、フィリピン、ポルトガル、プエルトリコなど世界各地からやってきた移民たち。敷地内には、彼らが生活したプランテーションハウス約30棟が復元され、見学できるようになっている。

　日本家屋には鍋、釜、かまど、ミシン、ちゃぶ台、浴衣に布団などが保存され、下駄や草履が今脱いだばかりのように並べられている。昔の街灯まで忠実に再現された通りには、ほかに銭湯、雑貨店、理髪店、ガレージなどが並び、当時の移民たちの生活ぶりがしのばれる。

　1996年春には、島に唯一残ったワイアルアのシュガーミルが閉鎖され、オアフ島の製糖産業は終焉を迎えた。だが、このビレッジを訪ねれば、今でも1930年代の移民住宅街にワープできる。

昔の街灯も再現されているビレッジの町並み。日本語ツアーもある（10:00～13:00。完全予約制）

旧アロハ・スタジアムで開催される青空市

アロハ・スタジアム・スワップ・ミート
Aloha Stadium Swap Meet

📍別冊P.7-B4

かつて年間200以上のスポーツイベントが行われたアロハ・スタジアムでは毎週定期的に**スワップ・ミート**が開かれている。スワップ・ミート(Swap Meet)はハワイの青空市場。交換大会とでも訳すのだろうか。もともと個人のガレージなどで、いらなくなった古着などを交換、もしくはただ同然の値段で売買したガレージ・セール(Garage Sale)が行われるらしい。この青空市場も、そうした"使い古し商品"の宝庫。

なお、アロハ・スタジアムは建て替えのため一時クローズとなっている。再オープンは2026年の予定。

新しく開通したスカイラインを利用して訪れてみては

ピクニック気分で、有名な大樹を眺めながらリラックス

モアナルア・ガーデン
Moanalua Gardens

📍別冊P.7-B4

日立グループのCMで一躍有名になった樹齢100年を超える大樹のある庭園。この大樹は**モンキーポッド**と呼ばれる中南米原産の豆科の植物で、「日立の樹」以外にも複数庭園内に点在する。もともとカメハメハ王家の所有地だったこの土地には、1850年代に建設されたカメハメハ5世の別宅や、一般に開放されるようになった1884年以降に世界の文化を取り入れることを目的に造られた日本庭園風の池やチャイニーズシアターと呼ばれる東洋風の建物が今もなお残っている。旅行者のほか、大きな木の下で、のんびりくつろぎながら、ピクニックを楽しむ地元の人々も見られる。庭園の入口には売店もあり、水やスナックなどのほか、オリジナルTシャツやマグカップなどおみやげに最適なグッズを販売している。

2023年9月現在休業中

アロハ・スタジアム・スワップ・ミート
🏠99-500 Salt Lake Blvd.
🕐水・土曜8:00～15:00、日曜6:30～　🈳12/25、1/1
💲$1（11歳以下無料）
🚌ワイキキから20・42番バス、アラモアナから40番バスなど。20番バスはソルトレイク通りへ入り、スカイラインのハラヴァ駅のバスターミナルで下車、帰りも同様。40・42番バスは上のマップのⒶ停留所で下車、帰りはⒷ停留所から
🚗ワイキキからH-1、78号線モアナルア通り、"STADIUM"の出口を降りる
🌐www.alohastadium.hawaii.gov
🌐www.alohastadiumswapmeet.net

スカイラインのハラヴァ駅のバスターミナル

モアナルア・ガーデン
📞808-833-1944（オフィス）
🏠2850A Moanalua Rd.
🕐8:00～17:00　🈳無休
💲$5、6～12歳$3、6歳未満無料
🚌アラモアナのカピオラニ通り沿いのバス停から3番バス（ただし、バス停から徒歩で25分ほどかかるので車での訪問をおすすめする）
🚗ワイキキからH-1、H201、78号線を経由して約20分
📍庭園入口付近
🌐www.moanaluagardens.com

04 **West Oahu**

ウエストオアフ

新興住宅地として大きく変革を遂げている
カポレイ、高級リゾートとして開発途上の
コオリナなど、まだ知られていない魅力が
いっぱいのエリアだ。

Access

・コオリナへ

🚌 アラモアナセンターからエクスプレスCが基本。ただし、コオリナ・リゾート付近にはバス停がないので、レンタカーを利用したい

🚗 ワイキキからH-1経由で約45分

・カポレイへ

🚌 アラモアナからエクスプレスC

🚗 ワイキキからH-1経由で約40分

📷 CONTENTS

🌴 ウエストオアフの注目エリア

コオリナ

近年まで移民が働いていたサトウキビ畑だった場所を大規模開発によって一新。今やワイキキに次ぐリゾート地として知られる。 → P.166

カポレイ

西オアフを代表するコミュニティセンターのカポレイ・トランジット・センターなど、オアフ島第二の都市として注目を集める。 → P.169

カポレイ・コモンズ（→P.315）

ゆったりとした時間が流れる

大型スーパー、ターゲットもある

ウエストオアフ

WAIANAE RANGE

行き止まり

Makua

カエナ・ポイント州立公園
Kaena Point State Park

カネアナ洞窟
Kaneana Cave

カネアキ・ヘイアウ
Kaneaki Heiau

マカハ・ゴルフクラブ
Makaha G.C.

マカハ・バレー・カントリークラブ
Makaha Valley C.C.

Waianae

イズラエル・カマカヴィヴォオレ
ポカイ・ベイ・ビーチパーク
Pokai Bay Beach Park

ルアルアレイ・ビーチパーク
Lualualei Beach Park

ワイアナエ・モール
Waianae Mall

マカハ・ビーチパーク
Makaha Beach Park

ケアアウ・ビーチパーク
Keaau Beach Park

マウナ・ラヒラヒ・ビーチパーク
Mauna LahiLahi Beach Park

Makaha

ワイアナエ・ボートハーバー
Waianae Boat Harbor

マイリ・ビーチパーク
Maili Beach Park

クイリオロア・ヘイアウ
Kuilioloa Heiau

memo

新興住宅地に変貌した町

　かつてサトウキビ畑が一面に広がっていた**カポレイ地区**（→ P.169）。現在では、オアフ島のベッドタウンとして急速な発展を遂げ、オアフ島第2の都市となっている。特に、2023年6月から一部区間で運行をスタートした**ハワイ初の本格的な鉄道スカイライン**は、東行きの始発駅となるクアラカイ駅がイースト・カポレイに設置された。2031年にはダウンタウンエリアまで路線が延びる予定で、ホノルルエリアからカポレイ地区まで気軽に足を運べるようになるなど、その注目度の高さがうかがい知れる。

東行きの始発クアラカイ駅

ファミリーで楽しむ水遊び

　カポレイ地区には、ハワイで唯一のウオーターパーク、**ウェット・アンド・ワイルド・ハワイ**（→ P.170）がある。また、まだ新しいショッピングセンター、**カ・マカナ・アリイ**（→ P.171）などもある。

ワイキキに次ぐリゾートエリア

　カポレイの町同様、日々開発が進んでいるのが**コオリナ・リゾート**（→ P.167）。広大な敷地に立つゴージャスなホテルやコンドミニアム、ゴルフコース、4つの大きなラグーンなど、ネイバーアイランドのリゾートのように、ここだけ時間がゆっくり流れている感じがする。**ディズニーホテル**（→ P.375）や**フォーシーズンズ**（→ P.373）も人気となっている。

西海岸のとっておきビーチ

　ザ・バスの西海岸の終点となる**マカハ・ビーチパーク**（→ P.171）。ライフガードがいるし、通りを挟んだ駐車場にはトイレも完備されている。サーフィンのイベントがあるとき以外は、週末こそ地元の人々がバーベキューをしに家族でやってきてにぎわうが、普段はとても静かで人も少ない。

民話の舞台となる洞窟

　ファリントン・ハイウエイの終点の少し手前右側にある**カネアナ洞窟**（→ P.171）。かつて、ハワイでは人が死ぬとその霊はしばらくは現世にとどまり、暦に定められた日の夜に行進して、島の最西端カエナ岬の崖から黄泉の国へ向かうと考えられていた。この洞窟はその通り道で、大地の子宮として人々の信仰の対象となっていた。

コオリナ
Ko Olina

📍別冊 P.6-C1

都会の喧噪を離れてゆっくりできる

由緒ある美しいビーチでのんびり

©Disney
常に人気が高いディズニーホテル

コオリナとはハワイ語で「歓喜の結晶」という意味。 かつては古代ハワイアンの最高位の王族が、 保養地に使ったという由緒あるエリアだ。 ウエストオアフは、 オアフ島の東側のエリアに比べると気候的にも晴天率が高く、 乾燥しているのも特徴。

一番の見どころはやはり**コオリナ・リゾート**（→P.167）だろう。 ディズニーホテルとしても知られる**アウラニ・ディズニー・リゾート＆スパ コオリナ・ハワイ**（→P.375）はもちろん、 一流ホテルの**フォーシーズンズ・リゾート・オアフ・アット・コオリナ**（→P.373）など、 そうそうたるラグジュアリーホテルが密集している。

右フォーシーズンズ・リゾート・オアフ・アット・コオリナ　左サトウキビ列車の線路跡が残る

🌴 期待のニューリゾート地区

コオリナ・リゾート
Ko Olina Resort

📍 別冊 P.6-C1

今まで観光客にはあまりなじみのなかったエヴァ地区が大変貌を遂げている。ワイキキから車で約45分、ウエスト・ビーチと呼ばれる地域でワイキキを超える一大リゾート開発が進んでいる。

コオリナ・リゾートと名づけられた260万㎡もの広大な敷地には、現在18ホールの**チャンピオンシップコース、コオリナ・ゴルフクラブ**（📍P.196）、400隻収容のマリーナやチャペル、豪華なタイムシェアヴィラのマリオット・コオリナ・ビーチ・クラブなどがある。

また、ディズニーが手がける**アウラニ・ディズニー・リゾート＆スパ コオリナ・ハワイ**（→P.375）もあり人気を集めている。近くには小規模だがコオリナ・ステーションとコオリナ・センターのショッピングセンターがあり、ハワイ・リージョナル・クィジーンで有名なシェフの店、100%コナ・コーヒーやアサイボウルが味わえるアイランド・ヴィンテージ・コーヒー、プレートランチのレストランほか、日用品から生鮮食品、デリコーナーまであるABCストア系列のアイランド・カントリー・マーケット、サーフブランドのホノルア・サーフなどが入っている。

コオリナ・ゴルフクラブ

フォーシーズンズ・リゾート・オアフ・アット・コオリナ

アウラニ・ディズニー・リゾート＆スパ コオリナ・ハワイの前にあるラグーン

コオリナ・センターとコオリナ・ステーションがショッピングエリア

ラグーンなら子供も安心して遊べる

コオリナ・ステーションに入るモンキーポッド・キッチン

コオリナ・リゾート
🚌 ワイキキからH-1経由で約45分

日の光に祝福された人工ラグーン

リゾート内には4ヵ所の巨大人工ラグーンがあり、それぞれコホラ、ホヌ、ナイア、ウルアと名づけられている。いずれも波が静かで小さな子供が遊ぶにはもってこい。岩場もあるのでスノーケリングにも向いている。

トイレ、シャワーなど設備が調っているうえ、周囲には芝生が広がり、ピクニックにも最適だ。おまけに利用客も少ないなどいいことずくめ。難点といえば、リゾートのゲスト以外の場合、4つのラグーンの各入口にある無料駐車場が限られていることぐらいだろう。

リゾートには、まだ開発スペースが残されていて、今後もホテルやタイムシェアの宿泊施設が建設される予定があるという。また、かつてのサトウキビ列車の線路を利用した観光用列車が、毎週末カポレイ（→P.169）からコオリナを経由してオアフ島西海岸を巡っている。今後の開発にもよるが、いずれはハワイの人口分布や経済地図に大きな影響を与えるリゾートシティが出現することになりそうだ。

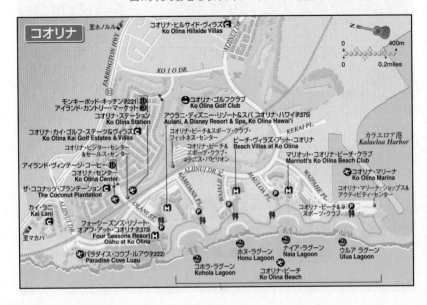

新しいコミュニティに注目!

カポレイ
Kapolei

📍別冊 P.6-C2

オープンエアで心地よいカ・マカナ・アリイ

大変貌を遂げたオアフ島第2の都市

　かつては一面のサトウキビ畑が広がっていたカポレイ。 現在ではピカピカのタウンハウスが次々に建てられていて、 ウエストオアフを代表するコミュニティとなっている。 町なかには、 公園、 学校、図書館などが整備され、 周辺には銀行、 郵便局、 大規模なショッピングモール、 シネマコンプレックス、 ゴルフコースなども完備。 朝夕は近くを走るH-1が渋滞するほど活気にあふれている。2023年6月からは、 ハワイ初の本格的な鉄道スカイラインがイースト・カポレイのクアラカイ駅から出発するなど、 新たな風も吹きはじめ、 今後より注目度が増すエリアとなるだろう。 オアフで唯一のウォーターパーク、 **ウェット・アンド・ワイルド・ハワイ**（→P.170）や、大型ショッピングセンターの**カ・マカナ・アリイ**（→P.171）などが見どころだ。

バスの乗り換え地点、カポレイ・トランジットセンター

カ・マカナ・アリイには大型フードコートもある

ウェット・アンド・ワイルド・ハワイは大人も子供も楽しめる

🌴 カポレイの見どころ

🌴 地元で人気No.1のウォーター・テーマパーク

ウェット・アンド・ワイルド・ハワイ
Wet'n' Wild Hawaii

📍別冊P.6-C1

地面から水が噴き出す仕掛けや水大砲が設置された子供向けのカフナ・ビーチ

ウェット・アンド・ワイルド・ハワイ
📞808-440-2914
🕐10:30～15:30（夏季は～17:00など、季節と曜日により異なる）
💰$62.82、3～11歳$52.35、パッケージ：スタンダードパッケージ（入場料、ソフトドリンク飲み放題付き）$78.52、3～11歳$68.05、デラックス・パッケージ（入場料、ソフトドリンク飲み放題、昼食、ボディーボード体験またはフローライダーの1日券付き）$104.70、3～11歳$94.23、プレミアム・デラックス・パッケージ（入場料、ソフトドリンク飲み放題、昼食、ボディーボード体験またはフローライダーの1日券、ロッカー、ビーチタオル付き）$136.12、3～11歳$125.64、送迎＝$35（往復）
🚗ワイキキH-1で約30分、1E番出口を降りる
🅿$20
🍴飲食物、浮輪（園内に無料レンタルあり）の持ち込みは禁止されている
🌐www.wetnwildhawaii.jp

波の出る巨大プール。ボディボードのレッスンはここで行われる

　オアフ島の西部、カポレイ地区の東京ドーム面積の3倍という広大な敷地に出現したハワイ初の本格的ウオーターパーク。
　園内には、スリル満点の4人乗りラフトライド「**トルネード**」、最大1.2mの波が押し寄せるプール「**ハワイアン・ウオーターズ・ウェーブ・プール**」、全長260mの流れるプール「**カポレイ・クーラー**」、ハーフパイプ状のスライダー「**シャカ**」、家族で楽しめる「**オハナ・ハイウェー**」、波乗りスポーツ「**ダ・フローライダー**」といった25種類のアクティビティのほか、レストラン、ギフトショップ、コインロッカーなどを完備したテーマパークだ。なかでも人気の「**ワイメア・ワール**」はぜひトライしてほしい。ふたり乗りの浮き輪に乗ってチューブをくぐり抜け、すり鉢状のボウルに飛び出す、スライダー系のアトラクションだ。そのほか子供用プール&スライダーはもちろん、プールの深さは平均90㎝、ライフガードもいるので、ファミリー旅行者にも好評。

人気アトラクションのワイメア・ワール

左／4人乗りのラフトチューブで巨大な竜巻の中を滑り降りるユニークなライド、ザ・トルネード　上／カーブと頭から滑るスリルが満点のボルケーノ エクスプレス

ウエストオアフの新しいシンボル
カ・マカナ・アリイ
Ka Makana Alii

📍別冊P.6-C2

オアフ島西部の大型ショッピングセンター。 カポレイ地区の中心に位置する複合施設だ。 100店舗を超える多彩なショップやレストラン、 アトラクションを集め、 観光客もおおいに楽しめるスポットとなっている。

ちなみに、 センター名はハワイ語で「王族の贈り物」という意味。 センターのリース料がネイティブハワイアンへ還元されるシステムの基礎を作った、 プリンス・クヒオの功績をたたえることに由来している。 アサイボウルで人気の**ダ・コーブ・ヘルスバー&カフェ**、 手づかみシーフードの**キッキン・ケイジャン**、 ダイナー風のハンバーガー店**ファイブガイズ**など人気の店舗が揃っている。

カ・マカナ・アリイ
【DATA】→P.314

子供が楽しめるプレイエリアもある

オープンエアで心地よいショッピングモール。 アラモアナセンターに次ぐ巨大モールだ

美しい純白ビーチで日光浴
ウエスト・コースト
West Coast

📍別冊P.8

島の南海岸を西に向かって走るH-1フリーウエイは、 カポレイを過ぎたあたりで93号線ファリントン・ハイウエイと名称を変え、 海岸線に沿って北上する。

西海岸には(南から順に)ナナクリ、 マイリ、 ワイアナエなどの町があり、 それぞれの町の近くにはすばらしい純白ビーチが点在している。 ただワイキキのような観光地ではないので、 ローカルとのトラブルに巻き込まれないよう、 貴重品は持っていかないなど自己管理は必要となってくる。

ウエスト・コースト
🚌アラモアナからエクスプレスC
🚗ワイキキからH-1、93号線経由で約1時間

ワイアナエ・コミュニティセンター前にあるイズラエル・カマカヴィヴォオレ像。 "ブラダー・イズ"の愛称で親しまれ、 1997年に亡くなった名シンガーをしのんで2003年に建立された

オアフ島最果てのカエナ岬

ウエスト・コーストでも比較的治安がよいとされるのが**マカハ・ビーチパーク**(📍別冊P.8-B1)。 サーファーの間ではロングボードの聖地としても有名で、 サーフィンイベントも多数行われる。

マカハ・ビーチパークの先はオアフ島最果ての地。 **カネアナ洞窟**(📍別冊P.8-A1)を経て、 カエナ・ポイント州立公園の入口で舗装道路は終点となる。

早朝のマカハ・ビーチパーク

MĀLAMA ウェット・アンド・ワイルド・ハワイでは太陽光発電システムを導入。 現在ではハワイ初の100%太陽光発電のアトラクション施設となった。

05 **North Shore**

ノース・ショア

ノスタルジックな雰囲気が漂い
そぞろ歩きが楽しいハレイワタウンや、
冬にはビッグウエイブが押し寄せる
ビーチなど魅力がたくさん。

📷 CONTENTS

Access

🚌 アラモアナから 52・60
番バス

🚐 ワイキキから H-1、H-2、
99 号線経由。もしくは H-1、
62 号線経由

🌴 ノース・ショアの注目エリア

ハレイワ

車で 5 分もあればメインストリートを走り抜けて
しまうほど小さな町だが、独特のノスタルジック
なムードに包まれている。→ P.174

のんびり散策しよう

✎ memo

オアフ島ドライブの
クライマックス

　99 号線カメハメハ・ハイウエ
イを北上し、海沿いを走る 83 号
線と交わる最初の町が**ハレイワ**
（→ P.174）だ。3km にも満たない町
のメインロードには、1900 年代の
木造の建物を利用したサーフショッ
プやギャラリーが点在している。時
の流れとともに少しずつ変化しつつ
も、まだまだオールドハワイの名残
をとどめている。

　この町では、ウインドーショッピ
ングをしながら、その古い建物が経
てきた歴史に思いをはせ、ノスタル
ジックな風情に浸ってほしい。

　また、ハレイワから東方面へ行っ
た所にある町が**ワイアルア**（→ P.177）。
シュガー・ミル跡にあるショップが
人気だ。

世界大会も開かれる「波の王国」

　"The North" といえば、サーファー
にとってはオアフ島ノース・ショア
のことを指す。毎年 9 月半ば、はる
かアリューシャン列島から押し寄せ
る "うねり" は、島の近くで 20 フィー
ト（約 6m）を超える大波となり、ノー
ス・ショアは世界各地から集うサー
ファーたちで一気に活気づく。まさ

にこの地はサーファーの聖地、波の
王国なのだ。

　ハレイワから続く海岸線には、ウ
ミガメがやってくることで人気の**ラ
ニアケア・ビーチ**（→ P.176）のほか、
数ヵ所のサーフポイントが点在する
が、最も有名なのが**サンセット・ビー
チ**。自他ともに一流と認めるサー
ファーのみが許されるビーチで、冬
場のシーズンともなるとトップサー
ファーの技を見物する人たちでビー
チは鈴なりになり、大きな大会も開
かれる。

　ビーチの名前の由来は、文字ど
おり美しいサンセットが眺められる
からだ。

古代ハワイアンの故郷

　時としてノース・ショアには 30
フィート（約 9m）という信じられ
ない大きさの波が押し寄せること
がある。そんなハイサーフのポイン
トとして知られるのが**ワイメア・ベイ・
ビーチパーク**（→ P.176）。30 フィー
トの大波に初めて乗った伝説のサー
ファー、エディ・アイカウの名を冠
したサーフィン大会が開かれる場所
でもある。

　その山側に位置するワイメア渓谷
は、かつて古代ハワイアンの集落が

あった土地で、付近には考古学的に
も貴重な史跡である**プウ・オ・マフ
カ・ヘイアウ**（→ P.177）が残され
ている。

ハワイ文化の
ルーツに触れる体験

　ノース・ショアへ足を延ばしたな
ら、ぜひ立ち寄りたいのがライエに
ある**ポリネシア・カルチャー・セン
ター**（→ P.178）。42 エーカーの広
大な敷地にハワイ、サモア、フィ
ジー、トンガ、タヒチ、ニュージー
ランドのビレッジを再現したファン
スポットだ。それぞれの村には特徴
のある建物が並び、民族衣装を身
に着けたスタッフによるショーや催
し物が随時行われる。

プウ・オ・マフカ・ヘイアウ

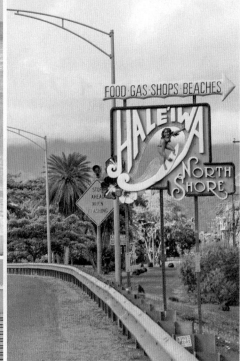

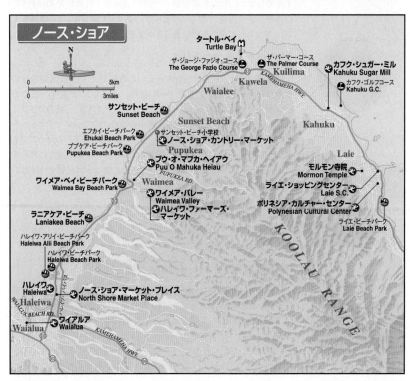

ノース・ショア

N

0 — 5km
0 — 3miles

タートル・ベイ
Turtle Bay

ザ・ジョージ・ファジオ・コース
The George Fazio Course

ザ・パーマー・コース
The Palmer Course

Kuilima

カフク・シュガー・ミル
Kahuku Sugar Mill

カフク・ゴルフコース
Kahuku G.C.

Kawela

Waialee

サンセット・ビーチ
Sunset Beach

Kahuku

Sunset Beach

サンセット・ビーチ小学校
ノース・ショア・カントリー・マーケット

エフカイ・ビーチパーク
Ehukai Beach Park

ププケア・ビーチパーク
Pupukea Beach Park

Pupukea

プウ・オ・マフカ・ヘイアウ
Puu O Mahuka Heiau

Laie

モルモン寺院
Mormon Temple

ワイメア・ベイ・ビーチパーク
Waimea Bay Beach Park

Waimea

PUPUKEA RD.

ワイメア・バレー
Waimea Valley

ライエ・ショッピングセンター
Laie S.C.

ラニアケア・ビーチ
Laniakea Beach

ハレイワ・ファーマーズ・
マーケット

ポリネシア・カルチャー・センター
Polynesian Cultural Center

ハレイワ・アリイ・ビーチパーク
Haleiwa Alii Beach Park

ライエ・ビーチパーク
Laie Beach Park

ハレイワ・ビーチパーク
Haleiwa Beach Park

KOOLAU RANGE

ハレイワ
Haleiwa

ノース・ショア・マーケット・プレイス
North Shore Market Place

Haleiwa

WAIALUA BEACH RD.

ワイアルア
Waialua

Waialua

KAMEHAMEHA HWY.

KAMEHAMEHA HWY.

オールドハワイの面影を残す

ハレイワ
Haleiwa

別冊 P.10-B·C2

散策の拠点となるハレイワ・
ストア・ロット

スローなハワイを満喫

　オアフ島の真ん中を南北に走るカメハメハ・ハイウエイ。この道が島の北岸に突き当たったところにある小さな町・ハレイワ。"サーファーの町"として、観光客に人気のストリートだ。

　確かに数多くのサーフショップが建ち並び、蛍光色の派手なTシャツが店先を飾る店は多い。しかし、旅行者がひと目でこの町に魅せられてしまうのは、町全体に漂う穏やかで、のんびりとした雰囲気なのだろう。日の光に焼け、すっかりくすんでしまった木造の家の壁、古びた看板、店の前で楽しそうにほほ笑み合う人々。誰ひとりとして、あくせく働かない。建物も人も、ゆったりと流れる時に身をまかせているかのように感じられる。

絶対食べたい
シェイブアイス！

こんなにかわいらしいベンチも

冷たいかき氷でひと休み

　車で駆け抜けると5分もかからないこの町で、いちばん有名なのが**マツモト・シェイブアイス**（→P.229）。つまり、かき氷。日本のかき氷をアメリカ風にアレンジしたシェイブアイスは、紙のカップにじゃりじゃり氷をかいてくれる。鮮やかな色のシロップでデコレートしているところが、何といってもハワイっぽい。スモールサイズでも量はタップリ。店の前には、評判のシェイブアイス目当てに押しかける人の姿があとを絶たないが、この量と味ならば納得できるというものだ。銀ラメをあしらったオリジナルTシャツや、ヨットパーカーも販売している。

　ハレイワの再開発プロジェクトによって誕生したショッピングモール「ハレイワ・ストア・ロット」も人気を集めており、バラエティ豊かなショップが集結している。

お昼時のフードワゴンには行
列ができる

製糖業で栄えたハレイワのミニ史

　ノース・ショアの古い歴史はよくわかっていないが、絶好の漁場だったことを考えると、ハワイアンの先祖といわれるポリネシア人がハワイ諸島に移住して間もなく、この地にも村ができ始めたと思われる。

　1770年代には、その後ハワイ国王となるカメハメハの命により、神官カオプルプルによってワイメアにオアフ島最大のヘイアウが建て

られ、 ハワイ統一後も1819年までさまざまな儀式が行われたという。

リリウオカラニも愛した町

オアフ島北部に西洋文化が流入したのは1832年夏のこと。 エマーソン夫妻率いる宣教師団がやってきて、 当時のラアヌイ酋長に面会。 酋長らは快く彼らを受け入れ、 アナフル川沿いに草ぶきの教会とミッションスクールの建設を許した。

その草ぶきの建物は"イワ (軍艦鳥) のハレ (家)"と呼ばれ、 これが後に町の名前となった。 アナフル川の河口近くにサマーハウスをもっていた**リリウオカラニ女王** (→P.125) も滞在中はこの教会で礼拝し、1892年には時計を寄贈している。

リリウオカラニ教会

19世紀末からハワイにやってきた各国の移民たちの手により、 近辺ではサトウキビ産業が盛んになる。 間もなく鉄道がホノルルまで開通、 サトウキビのほかさまざまな物資や観光客を運んだ。 一気に活気づいたハレイワは商業の町へと変貌し、 市場、 レストラン、 理髪店などが建ち並び、 町いちばんのハレイワ・ホテルには9ホールのゴルフコースまで造られたという。

しかし1940年代に鉄道が廃止され、 第2次世界大戦が始まると、 ハレイワの時計は止まってしまう。 戦後、 1950年代に入りサーファーたちが波を求めてやってきたが、 ハレイワが大きく変貌することはなかった。 現在も砂糖産業華やかなりし時代に建てられた家屋が残り、 当時のノスタルジックな雰囲気が漂う田舎町である。

アナフル・ブリッジ

**ワイメア・ベイ・
ビーチパーク**
🚌アラモアナから52番バス、
ハレイワで60番バスに乗り換え
🚗ハレイワから83号線を北
上、約4マイル。駐車スペー
スは限られている

公園の入口には「キング・オ
ブ・ワイメア」エディ・アイ
カウの記念碑がある

🌴 夏の静かな海がおすすめ

ワイメア・ベイ・ビーチパーク
Waimea Bay Beach Park

📍別冊P.11-B3

　ノース・ショアのビーチといえば、
すぐに何十フィートもある高波を想像
してしまうが、夏季のノースは冬の
ハイサーフがうそのように静まり返っ
たスイミングに最適のビーチとなる。

　そのなかでも、特にこのワイメア
が魅力的。地図をご覧になればお
わかりのように、ワイメア湾はU字
形の内海になっているため、夏の間
は本当に湖のように静か。透明度
も最高だ。

夏と冬では表情が一変するビーチ

　ただときとして、ワイメアには信じられないほど大きな波が押し
寄せることがある。**高さ30フィート（約9m）**という、想像を絶す
る波もあるとのこと。大迫力の高波は一見の価値ありだ。

🌴 野生のウミガメがやってくるビーチ

ラニアケア・ビーチ
Laniakea Beach

📍別冊P.11-B3

　1999年頃から野生のアオウミガメが日光浴をしに上陸するように
なり、一躍脚光を浴びているビーチ。

　ここにやってくるウミガメは**保護団体**によって観察されており、
現在は十数頭が認識されて名前も付けられている。約3mの距離を
とり、くれぐれもカメに触ったり追いかけたりしないこと。

　冬場はやや波があり遊泳には向かないが、夏場ならスノーケリン
グもOK。ただしライフガードがいないうえ、トイレ、シャワーなど
もないので注意して。

ラニアケア・ビーチ
🚌ザ・バスならアラモアナか
ら52番バス、ハレイワで60番
バスに乗り換え
🚗ワイキキからH-1、H-2、99
号線を経由して約1時間10分

ウミガメが昼寝に
やってくるラニア
ケア・ビーチ

🌴 オアフ島最大規模の神殿跡

プウ・オ・マフカ・ヘイアウ
Puu O Mahuka Heiau

📍 別冊P.11-B3

「**ヘイアウ**」とは、 古代ハワイの首長が戦争の勝利を祈って建立した神殿、 祭儀所を意味する。

ヘイアウではカフナ（神官）の指導のもと、 さまざまな儀式が行われたり、 人身御供が戦争の神にささげられたという。 ハワイ諸島にはこうしたヘイアウがいくつか残されているが、 オアフ島で最大規模のヘイアウがこの**プウ・オ・マフカ**である。

歴史学者の確証は得ていないが、 ハワイ在住の考古学者、 ルディー・ミッチェル博士によると、 1770年代に時の王カメハメハの命を受けて、 神官カオプルプルによってこの地に神殿が建てられたという。

その後、 カメハメハ大王がハワイを統一してからもこのヘイアウでさまざまな儀式が行われ、 それは1819年まで続いたそうだ。 言い伝えでは、 1794年に英国船の乗組員がワイメア川の河口で水を汲もうとしているところをハワイ人につかまり、 このヘイアウで犠牲として神に供えられたともいわれている。

神秘的なムードが漂うハワイ人の聖域

現在では長さ160m×幅45mほどの石垣が残るだけであるが、 祭壇のようなものが階段状になった石垣の上に立っており、 聖域のもつ神秘的な雰囲気に満ちている。

ところどころにティの葉で包んだ石が置かれていて、 これは神々への供え物であるということだ。 1819年、 カメハメハ2世はハワイ古来の**カプ（タブー）**制度を廃止し、 以来ヘイアウでの宗教活動は行われていないことにはなっているが、 今日でもハワイ人にとっては、 このヘイアウは神聖な場所なのである。

ヘイアウのある小高い丘から眺めるワイメア湾と、 それに続くノース・ショアの眺望は最高に美しい。

🌴 にぎやかな時代に思いをはせる

ワイアルア
Waialua

📍 別冊P.10-C2

ノース・ショアを巡るツアーの人気でクローズアップされたワイアルアは、 かつて、 サトウキビ・プランテーションがあり、 ハワイの製糖産業が華やかなりし頃に栄えた町。 ハレイワとはやや異なる雰囲気を漂わせている。 そのランドマークとなっているのが、 **サトウキビ工場跡**。 ファーマーズ・マーケットが開かれたり、 数軒のショップが入っていて、 観光客が訪れるようになっている。

AREA GUIDE

プウ・オ・マフカ・ヘイアウ

🚗 ハレイワから83号線カメハメハ・ハイウエイを北へ向かい、 ワイメア湾を越えて約0.8マイル（約1.3km）、 ププケア通りを右折（角にフードランドがある）。 しばらく上り道を行くと、 右側にヘイアウへの看板が出ている。 右折し、 スピードバンプのある細い道を約10分
🅿 あり
❶歴史的に貴重な建造物でもあり、 また本文でも触れたように今日でも聖域として守られているので、 絶対に石垣に登ったり、 中に入ったり、 供え物に触れたりしないこと。 また、 多くの人が訪れる場所ではないので、 日の高いうちに出かけたい。 見学中、 車の中には貴重品を置いていかないこと

ポハクに宿るマナ

ハワイでは、 自然界にあるものすべてにマナ（霊魂）が宿ると考えられている。 本文のヘイアウでいえば、 ポハク（ハワイ語で石の意味）にマナが宿っているので、 人々は敬虔な祈りをささげるのだ。 ほかにも不思議なパワーが宿るポハクとしては、 ワイキキの魔法石（→P.111）、 ワヒアワにあるバース・ストーン（→P.158）が挙げられる。 バース・ストーンは「産褥石」。 王族の女性たちがここで出産したといわれている。

ワイアルア

🚌 アラモアナから52番、 ハレイワで521番バス（"WAIALUA"の表示）に乗り換え
🚗 ワイキキからH-1、 H-2、 99号・803号・930号線経由で約1時間

観光名所となっているワイアルア・シュガーミル跡

◀ オアフ島／05 ノース・ショアそのほかの見どころ

🌺MĀLAMA　ハワイではウミガメ（ホヌ）は幸せを運んでくれるとされるとても神聖な生き物。 ウミガメは州法で守られており、 海中でもビーチでも、
最低3mの距離を保つことが推奨されている。

177

アロハな笑顔のスタッフたち

ポリネシア・カルチャー・センター

🏠 55-370 Kamehameha Hwy., Laie
📞 808-924-1861
🕐 12:30〜21:00（ショー〜20:45）
🔒 日曜、感謝祭、12/25
💰 入園料+ビュッフェディナー+ナイトショーが含まれているパッケージツアーがおすすめ。料金は$139.95から各種。新しくなったルアウを体験できるルアウ・パッケージも人気。その他のツアーについては、下記の公式ウェブサイトまで
🚌 アラモアナから60番バス
🚗 ワイキキからH-1、63号線経由で約70分
🅿 無料
ℹ PCCを所有する末日聖徒イエス・キリスト教会には禁酒禁煙の戒律があるので、園内のレストランではお酒はサーブされない。喫煙は指定の場所で
🌐 polynesia.jp

🌺 エキゾチックなポリネシア体験

ポリネシア・カルチャー・センター（PCC）
Polynesian Cultural Center

📍 別冊P.12-B1

ポリネシアの村では、ショーを観たりアクティビティを体験できる

　ノース・ショアのライエにあるポリネシア・カルチャー・センター（以下PCC）は、東京ドーム3.5個分（約17万㎡）の広大な敷地にポリネシアのビレッジを再現し、園内の各所で昼から晩までエンターテインメントやショーが行われているファンスポット。

　園内には、**ハワイ、サモア、フィジー、トンガ、アオテアロア（ニュージーランド）、タヒチ**の各ビレッジがある。それぞれの村には特徴のある建物があり、伝統的なゲームや遊び、ウクレレやフラなどのカルチャー体験ができるほか、伝統料理の実演も行われる。

　園内をぐるりとひと回りするためには、とりあえずカヌーツアーに参加してみることだ。大型カヌーにお客さんを乗せ、船頭兼ガイドがユーモアを交えて、各ビレッジを案内してくれる。約30分のカヌーツアーを終えるとPCCの広さとレイアウトが把握できる。あとは歩いて、それぞれの村のアトラクションをのぞいていけばよい。

　ポリネシアの古い村を再現した家々の中では、工芸品の実作、お客さんを参加させてのダンスや音楽の実演……。美しいコスチュームを着けた村人と一緒に写真撮影もOK。

　それぞれのポリネシアの村の伝統文化を学んでいくと、ナイトショーをさらに楽しく観ることができる。

巨大な舞台で披露されるナイトショー「HA：ブレス・オブ・ライフ」

ナイトショー

「HA：ブレス・オブ・ライフ」（HĀ：Breath of Life）は、最高に盛り上がるPCC自慢のショー。この種のショーではハワイで最もすばらしいもののひとつといっても過言ではない。総勢約100人が登場するエキサイティングな演出が見どころ。ショーは19:30から。

ショーやアクティビティだけ
でなく、食事も料金に含まれ
ているので1日楽しめる

ビュッフェディナーが人気

　センターには「ゲートウェイ」と「ルアウ」というふたつのレストランがあり、どちらもビュッフェディナーを提供している。「ゲートウェイ」はハワイでも屈指の広さを誇り、ハワイ王族が移民を迎える様子を描いた壮大な壁画が印象的。「ルアウ」では、ハワイ王朝最後の女王リリウオカラニを称え、彼女が作詞作曲した曲を流すなど、全編フラで構成されるショーが楽しめる。

ポリネシアの村の家で食事を
しているかのようなレストラ
ンの「ゲートウェイ」

PCCは学生を支援する非営利団体

　このセンターのユニークさは、従業員の8割が隣接するブリガム・ヤング大学ハワイ校の学生たちということ。ダンサーやミュージシャン、ガイドなど、ほとんどが学生と聞くと驚いてしまう。PCCはポリネシアの文化の保全と学生の支援のために始まった非営利団体であり、売り上げの大部分が学生への奨学金となる。無料で立ち寄ることができる「フキラウ・マーケットプレイス」では、ショップやレストラン、フードワゴンなど、さまざまな店が出店。ノース・ショアへのドライブ途中の食事や休憩にも利用できる。PCCへレンタカーで行く場合は、「フキラウ・マーケットプレイス」で昼食を済ませ、その後園内へ入ることもできる。チケットオフィス横のツアーガイドのブースでチェックインをお忘れなく。イブニングショーの終演が21:00頃なので、ワイキキに帰る頃に日にちが変わっている場合があるザ・バスの利用はおすすめできない。PCCの送迎バスかレンタカーを利用しよう。

ハワイ文化に忠実な全編フラ
で構成されるルアウショーに
変わった

フキラウ・マーケットプレイス
● 12:00 ～ 19:30　🔒日曜

たとえ戦争下でも、人道がそこにはあった

Activitie

オプショナルツアーを賢く使ってハワイを体感

Activitie Orientation

》アクティビティ オリエンテーション 《

真っ白なサンドバーはツアーでのみ訪れることができる
（→ P.185）

オプショナルツアーって何？

　オプショナルツアー（以下ツアー）とは、**現地の旅行会社が企画する観光、スポーツ、ディナーショーなどのツアー**で、ホテルへの送迎をはじめとして、企画によっては食事が付いていたり、さまざまな特典があったり、上手に利用すればこれほど便利なものはない。

　バスやレンタカー、タクシーを上手に組み合わせれば、オアフ島での足はほとんどカバーできるが、オプショナルツアーを加えれば、さらにバリエーションが広がりハワイをもっと知ることができる。

クアロア・ランチでの植樹体験（→ P.194）

　特にスポーツやアクティビティに関しては、ガイドやインストラクターがいないとできないものもあるので、必然的にツアーに参加することになる。

 ツアー参加の注意

! 交通量の多いワイキキでは、送迎バスが時間どおりに迎えに来ないことも日常茶飯事。不安になるだろうが、焦らずに指定場所で待っていよう。もし15分以上待たされるようだったら、申し込んだ旅行会社まで連絡を

! もちろん送迎バスが遅れがちだからといって、指定の集合時間を守らなくてよいというわけではない。バスはワイキキの各ホテルを回りながら客を送り迎えしているので、ひとりが遅れるとその後の予定に大きな影響を及ぼすことになるので気をつけたい。早めに集合して待っているくらいの気持ちでいよう

! 送迎バス内は基本的に飲食は禁じられている。といってもペットボトルのミネラルウオーターやスナック程度であれば問題ない。もちろん禁煙

! 送迎バスをはじめとして、エアコンが効き過ぎている場所も少なくないので、薄手の上着など防寒対策はお忘れなく

ツアーのメリット

ツアーのメリットは、時間が決められているので**プランが立てやすい**こと、いろいろな**アトラクションが組み込まれている**ことが多いので、限られた旅程の人には、時間の節約になる。

またホテルへの**送迎が含まれている**ツアーがほとんどで、交通手段の心配が必要ないのもありがたい。例えばノース・ショアに出かけたいとき、土地勘がないとレンタカーでは不安。ザ・バスでは時間がかかり過ぎるし、といってタクシー利用では相当な出費に。そんなときはツアーへの参加が正解だ。

野生のイルカと出会えるツアーも（→ P.188）

また、**日本語のできるガイドが同行する**ツアーも多いので、観光ポイントの解説やローカル情報なども聞くことができる。時間の制約はあるが、まとまった人数で行動する安心感もあるし、知り合った者同士で、旅の情報交換をするなんていうメリットも考えられる。

ツアーのプランニング

ディナーショーやサンセットクルージングなどを除き、ツアーの出発時間はホテルを7:00 ～ 8:00に出るものが主流。なかには午前中に2 ～ 3便出ているものもあるが、1日を効率よく使うなら早起きして朝のツアー

に参加しよう。所要時間の長いツアーは別だが、早い時間に出かければ14:00 ～ 15:00頃にはホテルに戻れる。そのあと、買い物をしたり、ビーチやホテルのプールで遊んだり、夕方からのツアーに参加する時間も取れるというわけだ。

ワイキキのショッピングセンターやお店なら、夜遅くまで営業しているところが多い。日中はツアーに参加してアクティブに遊び、夜はゆっくりショッピング。このパターンを基本にすれば、時間を有効に使えるはず。

スノーケルやライフジャケットなど、アクティビティに必要な機材はツアー料金に含まれていることがほとんど

! トイレは早め早めに済ませたい。特に小さな子供連れの場合は、トイレのことで周りに迷惑をかけないよう、細心の注意を払おう

! マリンスポーツなどの場合、タオルや着替え、日焼け止めなどを忘れずに。特に日差し対策は万全にしておきたい

! 子供料金が設定されているツアーで適用される年齢は、企画によって異なるが、だいたい11 ～ 12歳まで。目安として小学生までは子供料金、中学生以上は大人料金と覚えておくといい。また料金が無料となる幼児の年齢上限も2 ～ 5歳と幅広いのでツアー会社のサイトなどでよく確認してみて

! キャンセル料については、基本的に参加希望日から逆算して48時間以内は100％の取り消し料金がかかる。ツアー料金が無駄にならないように気をつけよう。スケジュールを見直す場合は、なるべく早めに検討するほうがいいだろう。詳細は旅行会社などに確認を

Nature Tour
ネイチャーツアー

オプショナルツアーの代表格といえば、海や山など、ハワイの自然を満喫できるツアー。カメラやスマートフォンは必携だ。

乗馬ツアーは家族連れに大人気

ガンストック・ランチ 植樹体験ツアー
- 🏠 56-250 Kamehameha Hwy, Laie
- 💰 $56。植樹用の苗木代 $112
- 🕐 9:00 〜 15:30 の約1時間(送迎なし、参加は2名〜)
- 日曜 ☎ 808-341-3995
- 🌐 gunstockranch.com/jp
- ※ツアー開始時間の30分前にチェックインすること

1 ミロの木の植樹は 2018 年からスタート。コアやコウツリーといった木も育てている 2 何かの節目の年や記念に植える人も多いそう 3 成長したミロの木も見学できる

🌿ハワイの美しい自然を守るサステナブルツアー

ガンストック・ランチ 植樹体験ツアー
GUNSTOCK RANCH Planter's Experience

ノース・ショアのカフクに位置するガンストック・ランチは、およそ900エーカー（東京ドーム約78個分）の広大な敷地を有する牧場。敷地内では、乗馬体験をはじめハワイの大自然への冒険の旅に出られるオフロードツアーなどが楽しめる。なかでもオアフ島では珍しい植樹体験ができるのが特徴で、「ハワイアンレガシーフォレスト」と呼ばれるハワイ本来の自然を取り戻すための森林再生プロジェクトの場としても知られている。

ツアーはまず知識豊富なガイドさんとオフロードバギーに乗車。自然豊かな森を抜け、植樹エリアへ向かう。

このツアーで植えるのはミロと呼ばれる木。ポリネシアの神殿に使用された神聖な木で、カメハメハ大王の邸宅などもミロの木で囲まれていたことから「大王の木」と呼ばれるそう。いくつかの苗からこれだと思えるものを選び、掘られた穴に土と一緒に入れていく。根付くようしっかり植えたら、最後は思いを込めて水をかけ終了。まさに自分の一部がハワイと一体化したかのような気分だ。ミロの木はツアーを終えたあとに発行してもらえるIDをサイトで入力すると、オンラインで成長過程をチェックすることが可能。

🐎 ノース・ショアを観光して乗馬ができる
ノース・ショア観光 & モクレイア乗馬
North Shore Excursion & Mokuleia Horseback Riding

オアフ島内陸部のドールプランテーションとノース・ショアのノスタルジックなハレイワタウンやウミガメがやってくるビーチを観光したあと、ワイメア渓谷で乗馬体験。乗馬用に調教された馬だから、初めてでも安心して楽しむことができる。

馬の背に揺られて、ワイメア渓谷をのんびりと巡る

> ノース・ショア観光 & モクレイア乗馬
> 🏇 $219（子供も同料金、8歳以上限定、ホテル送迎込み）
> 🕐 月・水・金〜日曜、祝日
> 🕗 8:15 〜 8:45 ホテル出発、15:30 〜 16:00 ホテル帰着（ワイキキ・アラモアナエリアの指定集合場所あり）🍴ランチは含まれない。体重制限は 104kg まで
> 🌐 www.islandmakana.info

🐎 マイナスイオンをたっぷり浴びよう
ネイチャー & ユー
マノアの滝ハイキングツアー & タンタラスの丘
Manoa Falls Hiking Tour&Tantalus

"虹の滝"とも呼ばれるマノアの滝を目指すツアー。ジャングルのような森の中には、豊かな木々や、ハワイらしい南国の花など、歩いているだけで浄化されているような気分になる。終点には落差約46mのマノアの滝とご対面。神秘的なエネルギーを体感したら、人気のサンドイッチショップでランチ。その後はホノルルを一望できる展望スポット、タンタラスの丘がハイライト。

自然が作り出したアートとも言えるマノア滝

> マノアの滝ハイキングツアー & タンタラスの丘
> 🏇 $98 🕐 土・日曜 🕗 9:00 頃ホテル発、14:00 頃ホテル着（ランチ、送迎付き）
> 👟 歩きやすい靴、動きやすい服装がおすすめ
> 🌐 andyoucreations.com/ja/nature/

🐎 エメラルドの楽園でスノーケリング！
天国の海　タートルウォッチング&
シュノーケリングツアー　午後コース

カネオヘ湾の沖合にあるサンドバーは、オアフ島最大の珊瑚礁エリア。テレビのコマーシャルやハリウッド映画の舞台にもなった、息をのむほどに美しいエメラルドの楽園"サンドバー"で、スノーケリングを楽しむことができるツアーだ。砂地の浅瀬のため、子供から年配者まで、安心して参加できる。

サンドバーは干潮時に砂地が姿を現すことから幻の島とも呼ばれている

> 天国の海　タートルウォッチング&シュノーケリングツアー午後コース
> 🏇 大人 $149、子供 $139（2〜12歳）スナック、ソフトドリンク、ライフジャケット、スノーケリングマスク、マウスピース、ホテル送迎付き
> 🕐 日曜・おもな祝日
> 🕗 10:35 〜 11:20 ホテル発、16:15 ワイキキ地区到着
> 👙 水着着用。タオル、上着、日焼け止め、サングラスなどを持参のこと
> 🌐 ntmg.cptbruce.com/?lng=ja-JP

Marine Activity
海のアクティビティ

美しいハワイの海は、最大のプレイフィールド。潜ったり波に乗ったり、魚と触れ合ったりいろいろな楽しみ方ができる。

美しいサンドバーは、一度は訪れたい

ハンズ・ヒーデマン・サーフスクール
🏄 グループレッスン $95 ～、セミプライベートレッスン $135 ～、プライベートレッスン $175 ～、プロサーファーレッスン $400 ～（いずれも約30分の陸地でのレッスンと1時間30分の海でのレッスン。ホテル送迎、ボードとラッシュガードのレンタル料を含む）
🕐 8:00 ～、11:00 ～、14:00 ～の1日3回
☎ 808-924-7778
🌐 www.hhsurf.com

1 レッスンはワイキキのビーチで行う。レッスンに参加しない人もビーチから見学できる 2 すっかりおなじみになった SUP のレッスンもある 3 レッスンは5歳からOK。家族みんなでレッスンに参加できる

🏄 もと世界チャンピオンのスクールでサーフレッスン
ハンズ・ヒーデマン・サーフスクール
Hans Hedemann Surf School

　ハワイにはたくさんのサーフィンスクールがあるが、サーフィンの本場だけに、スクールの質も高い。なかでもハンズ・ヒーデマン・サーフスクールは、1回目のレッスンでボードに立てるようになると評判のスクール。ハンズ・ヒーデマンといえば、もと世界チャンピオンで、『ノース・ショア』などのサーフィン映画にも出演した超有名プロサーファー。彼をはじめ、ベテランサーファーのインストラクター陣が、ツボをおさえた指導をしてくれる。

　各人のサーフィンの経験にもよるが、初心者なら、まず海に出る前に、パドリングや立ち方、ボード上でのバランスの取り方などをレッスン。その後、海に入って実際にパドリング、波のつかまえ方、立ち方などを教えてもらう。グループレッスンなら、一緒に参加した仲間と楽しく波乗りすることができる。

PADI オープンウオーター・ダイバー・ライセンス講習

ホロホロ・オーシャン・ダイバーズ
Holoholo Ocean Divers

せっかく海に囲まれているハワイに来たのなら、スクーバダイビングにチャレンジしてみるのはいかがだろう。ワイキキ・ビーチ沖のポイントにはウミガメが多数生息しており、野生のウミガメを見られる可能性も高い。スクーバダイビングは満10歳から体験でき、家族みんなで一緒に楽しめる。水面から眺めるスノーケルとは違い、実際に海に潜ってウミガメと一緒に泳ぐことができるので、忘れられない思い出になること間違いなし！（ウミガメには触れたり、3m以内に近づくことは禁止されているので注意）南国らしいトロピカルな魚にも出会えるのはもちろん、海の中を自在に泳ぐことができるスクーバ特有の宇宙遊泳のような、非日常の感覚・体験を味わえる。インストラクターはすべて日本人なので言葉の心配はいらない。ダイビング前にしっかりと説明をしてくれ、そのあと器材のレクチャーもあるので安心だ。また、ライセンスを持つ人向けに、沈船ポイントなどもあるので、初心者から経験者まで幅広く楽しめる。また、PADIオープンウォーター講習も実施。日程は2日間で、オフィスでの学科講習、ビーチでの海洋実習を行う。なお、海洋実習は初日と2日目の両方行うが、2日目をボートでの海洋実習に変更することも可能。

ホロホロ・オーシャン・ダイバーズ
℡ 808-517-6062
🌐 www.holoholoocean.com
体験ダイビング
🔹ウミガメと泳ごう・ボート2ダイブ $190（器材レンタル・ボート乗船料含む）
FUN ダイビング
🔹ボート2ダイビング $150 〜（ボート乗船料などを含む。フルレンタル器材代 $30 別途必要）
PADI ライセンス講習
🔹2日間オープンウオーター講習 $440（レンタル器材、教材、申請料含む）※2日目ボートへの変更は +$60。
2日間アドバンスドオープンウォーター講習 $440（レンタル器材、教材、申請料含む）
※上記の金額には全て、ハワイ州税を含む

☑ **海のアクティビティ**

∽ C O L U M N ∽

いい波
乗ってみる？ / **サーファーの憧れ、ノース・ショア**

アリューシャン列島から押し寄せる20フィート（約6m）のセット（うねり）が入るのは9月半ば。それとともに、ノース・ショアはにわかに活気づき、人々の話題の中心は波に挑戦するサーファーたちでもちきりになる。11月に入ると、トリプル・クラウン（Triple Crown）と呼ばれるASP（Association of Surfing Professionals）ツアーが行われる。これは、ハワイアン・プロ（Hawaiian Pro）、ワールド・カップ・オブ・サーフィン（World Cup of Surfing）、パイプライン・マスターズ（Pipeline Masters）

サーファーなら誰もが夢見るノース・ショアの3大会である。海に入らずとも、これらの大会に参加するトップサーファーの妙技は一見の価値がある。

🔲 CHECK　ワイキキ・ビーチなどのレンタルサーフボードは、ほとんどがロングボードで、傷んでいる板が多かったりする。その点サーフショップのボードはお手入れが行き届いているのでおすすめ。

ドルフィン & ユー

ドルフィン & ユー
🏊 $189、2～11歳$146（オプションでウエットスーツのレンタル$10）
🏠無休 📞808-696-4414
🕐1日2回の催行。①5:30～6:00頃ホテル出発、7:00頃ワイアナエ・ハーバー出港、10:30頃下船、12:00～12:30頃ホテル帰着（日本語ガイド）②9:30～10:00頃ホテル出発、10:30頃ワイアナエ・ハーバー出港、13:00頃下船、16:00～16:30頃ホテル帰着（英語ガイド）
🌐 www.dolphinsandyou.com/ja

※2021年10月よりアメリカの自然保護団体NOAAのイルカについての規制が強化され、イルカウオッチングツアーに変更している。

🐬 ハワイの海で感動体験ツアー

ドルフィン & ユー
Dolphin & You

　ハワイではじめて野生のイルカと泳ぐツアーを始めたのがこちら。これまでおよそ25万人の参加者がイルカと出会っている。ツアーは、ハワイの自然に触れ、文化体験もできるという、ハワイの素晴らしさが感じられるものとなっている。現在は野生のイルカに出会えるドルフィンウオッチングツアーとして人気。

イルカが近づいてくるときのドキドキ感はたまらない

タートル & ユー
🏊 $125、2～11歳 $99（オプションでウエットスーツのレンタル$10）
🏠火曜
📞808-696-4414
🕐1日2回の催行。ケワロ・ボートハーバー Pier D に集合。①9:30 集合、10:00頃出港、12:00頃下船②12:30集合、13:00頃出港、15:00頃下船
🌐 andyoucreations.com/ja/turtles/

🐢 平和の海の守り神に会いに行こう

タートル & ユー
Turtle & You

　ハワイの海をのんびり泳ぐウミガメに会えるツアー。タートルキャニオンというウミガメが集まるポイントに着いたら、スノーケルへ。透明度の高い海の中を優雅に泳ぐウミガメやトロピカルフィッシュを眺めているだけで、涼を感じられる。ツアーではランチタイムのほか、フラといったアクティビティも楽しめる。冬にはクジラに遭遇することもあるそう。

スノーケルのマスクやフィンなどはレンタル可能

イルカ大学
🏊 $155、3～11歳 $125（ランチ、スナック、スノーケルセットレンタル、ウオーターアクティビティ付き）ツアーは送迎付きで料金は税込み。ツアー写真の販売、ウエットスーツの販売あり
🏠無休
📞808-636-8440
📠03-4578-0539（日本語）
🕐7:00～7:30頃ホテル出発、9:00頃ワイアナエ港出港、13:00頃下船、14:30～15:00頃ホテル帰着
🌐 www.iruka.com

🐬 広大な海で思う存分遊び尽くそう！

イルカ大学
Iruka-Daigaku

　海を勉強のキャンパスとし、海の生き物たちを先生とするドルフィンスイム＆ウォッチングツアー。1時間目は海を優雅に泳ぐイルカ。2時間目はウミガメのほか、カラフルな熱帯魚たちがお出迎え。3時間目は人気のSUP、ウオータースライダーなどアクティビティを体験できる。

ボトルノーズやゴンドウイルカなどの沖合のイルカたちに出会うチャンスが多い

🦶 自分の思いどおりにプランニング

完全貸し切り気ままにチャーターツアー
A chartered cruise

　自分たちのオリジナルプラン
で、または当日日本人ドライバー
と行きたいところ、滞在時間等
を自由に相談して貸し切りツアー
を楽しめる。料金は人数に関係
なく車1台分で設定。

通常のチャーターと異なり
スノーケリングなども対応

完全貸し切り気ままにチャー
ターツアー
💰 $390 ～（車1台分の料金、
人数は7人まで乗車可能）
※チップ別、行き先によって
費用がかかる際は自費
🕐 無休 ●6時間～。出発時
間は自由、利用チャーター時
間後に帰着
🌐 hawaiiandreamclub.com

🦶 海はハワイでナンバーワンのプレイフィールド

スクーバダイビング
Scubadiving

　息つぎをせずに、海中散歩を可能にしてくれるスクーバダイビン
グ。ハワイの海面下に潜ってさまざまな表情をのぞき見ることができ
る。スクーバダイビングを楽しむには、PADI（Professional
Association of Diving Instructors）をはじめとした各認定団体が発
行する認定証（ライセンス）が必要。これはオープンウオーターと
呼ばれ、基礎の基礎を学んだダイバーに与えられる。ホノルルには
日本語が通じるダイビングサービス（右記欄外）も多いので、ハワ
イ旅行を機にライセンスを取得するの
もアイデアだ。もちろん、ライセンス
取得のハードルが高ければ「体験ダイ
ビング」という、ライセンスなしでも
スクーバダイビングを楽しめるプログ
ラムに参加してみるのもいいだろう。

仲間とワイワイ楽しもう

おすすめダイビングサービス
■ブリーズ・ハワイ Breeze Hawaii
📞 808-735-1857
🌐 www.breezehawaii.com
体験ダイビング 1ビーチ $95
～（送迎、器材レンタル込み）
■サンシャイン・スクーバ
　Sunshine Scuba
📞 808-593-8865
🌐 www.sunshinescuba.com
体験ダイビング ビーチ1ダイ
ブ $95、ボート1ダイブ $155
（送迎、器材レンタル込み）
■ミス・マリーン・ダイビング・
アドベンチャーズ
　Miss Marine Diving Adventures
📞 808-734-0195
🌐 www.missmarine.com
体験ダイビング 2ボートダイ
ブ $200（送迎、器材レン
タル、軽食、ドリンク、税
込み）

🦶 ハワイで進化した過激なスポーツ

ウインドサーフィン
Windsurfing

　1970年にカリフォルニアで生まれたウインドサーフィン。ハワイでは特
有のビッグウエイブと、強烈なトレードウインド（貿易風）によって過激
なスポーツとして生まれ変わった。「ショートボードを使ったウエイブセー
リング」という新しいコンセプトは、当時世界各地で受け入れられ、現
在でもハワイがウエイブセーリングをリードする存在として、各国から"ウ
インド修業"の移住者があとを絶たないという。ウインドサーフィンのビギ
ナーなら、まずは静かな海面で練習を。オアフ島の東海岸カイルア・ビ
ーチパークがベスト。ただし、2012年
8月に施行された条例により、カイルア・
ビーチパークの駐車場への商業車の乗
り入れが終日禁止になった。そのため、
ショップで器材をレンタルしてビーチま
で自分で運べることが条件となり、レン
タカーが必須となるので注意しよう。

1年を通していい風が吹くカイル
アの海がおすすめ

■ハワイアン・ウオーター・スポーツ
（カイルア店）
Hawaiian Water Sports Kailua Location
📍 P.150 📞 808-262-5483
🏠 171 Hamakua Drive, Kailua
🕐 9:00 ～ 11:00、15:00 ～
17:00 🌊ウインドサーフィ
ンレンタル：1日（9:00 ～
16:30）$150 ～。ビギナー
レッスン：2時間プライベー
ト $299、2時間グループ（2
人まで）$450
🌐 www.hawaiianwatersports.
com

Cruising
クルージング

船によっては食事やショー、 アクティビティが楽しめるなどさまざまなタイプがあるクルージング。 ウインターシーズンならホエールウオッチングも楽しめる。

揺れが少なく快適なスターオブホノルル

⚓最高にロマンティックな一夜を

スターオブホノルル
Star of Honolulu

食事、 ショー、 大海原に沈む夕日、 そして船の旅を一度に楽しめるのがサンセットクルーズ。 ホノルルにはそれこそ星の数ほどサンセットクルーズのツアーがあるが、 おすすめはアロハ・タワーのピア（桟橋）8から出航するスターオブホノルル号。

この船はエレベーター付きの4階層デッキ、 身障者用設備、 揺れの少ない特殊安定装置などを搭載した全長70m、 最大定員数1500人という大型クルーズ船。

そして何よりの特徴は、 予算や旅のスタイルによってパッケージが選べること。 料理やショーの内容によって、 タイプの異なる4種のパッケージが用意されている。 ロマンティックなひとときを過ごしたいのなら、 最も豪華な5スター・サンセット・クルーズを推薦。

また、 一番人気の3スター・クルーズはまるごとメインロブスターと洋上最大キャストの華麗なショーが自慢。 冬場のホエールウオッチング・クルーズ、 また、 船上でのウエディングやレセプションパーティなどの開催も可能。

スターオブホノルル
（いずれも税込み。 ワイキキ送迎付きはプラス$15）
スター・サンセット・ディナー＆ショー
⚓BBQチキンのディナー、1ドリンク付き大人$130、子供$84
3スター・サンセット・ディナー＆ショー
⚓ウエルカムスパークリングワイン、 テンダーロインステーキとロブスターのディナー、 2プレミアムドリンク付き大人$151、子供$91
5スター・サンセット・ダイニング＆ジャズ
⚓7コースシグネチャーディナー、 ハワイアンベリーニのウエルカムドリンク、 3スーパープレミアムドリンクなどが付いて$201（専用リムジン利用は1人$75.2人〜）。11歳以下不可、 ドレスコードあり
※以上、 いずれも約2時間（金曜は約3時間、 追加料金$15）のクルーズで、 料金は税込み。 出航は17:30、 ワイキキ送迎は16:20頃から
⚓スターオブホノルル クルーズ＆イベント社
☎808-983-7730
🌐starofhonolulu.com/jp

1 ハワイアンカルチャーのアクティビティが楽しめるクルーズツアーもある 2 5スター・サンセット・クルーズでは生演奏のジャズを聞きながら季節のメニュー7コースのシグネチャーディナーに舌鼓

⚓ 揺れない客船で快適クルーズ

アトランティス・クルーズ
Atlantis Cruises

アトランティスが運航するクルーズ船には、単胴船ながら横揺れ制御の最先端テクノロジー「シーキーパー」が装備されたマジェスティック号を導入。船体の高い安全性を確保、乗客に快適なクルーズを提供している。

さまざまなクルーズコースがあるが、年間を通して行われるのはサンセットタイムのサンセット・カクテル・クルーズ。シグネチャーカクテルを片手に、心地のいい海風を浴びながら、美しいオアフ島がオレンジ色に染まっていく様子を堪能することができる。乗船時にはウエルカムカクテルで乾杯。あまりの美しさにアルコールも進む。船上デッキからのサンセットとホノルルの夜景は、忘れられない旅の思い出のひとつになるだろう。

また、金曜の夜はフライデイナイト・ファイヤーワークス＆カクテルクルーズを催行。ヒルトン・ハワイアン・ビレッジから打ち上げられる花火とワイキキの夜景、ライブエンターテインメントを存分に楽しめるクルーズとなっている。

上記のクルーズは、いずれもアロハ・タワー近くの6番桟橋から出航する。

冬場のビッグゲストを見に行く

冬場（12月中旬〜3月中旬）になると、ホエールウオッチング・クルーズが出航。こちらはクジラとの高い遭遇率を誇っている。船内ではザトウクジラの詳しい生態についても教えてくれる。万一クジラが見られなかった場合には、無料の再搭乗パスを発行してくれる点も良心的だ。しかも、再乗船の場合でも食事が付くという、うれしい設定となっている。クルーズには海洋生物に詳しい専門家が同乗し、クジラについての楽しい解説をしてくれる。

ヒルトンの花火も堪能できる

アトランティス・クルーズ
⚓フライデイナイト・ファイヤーワークス＆カクテルクルーズ $85（3〜12歳 $42）、サンセット・カクテル・クルーズ $85（金曜は除く。3〜12歳 $42）、ホエールウオッチング・クルーズ $85、3〜12歳 $42
●フライデイナイト・ファイヤーワークス＆カクテルクルーズ：17:15〜18:45、サンセット・カクテル・クルーズ：18:00〜19:30 ●月・火曜 ホエールウオッチング・クルーズ 12/26〜3/31は 11:30〜14:00
◉アトランティス・アドベンチャーズ：クルーズ予約センター☎ 808-973-1311
⊕www.atlantisadventures.jp
ツアーはいずれも送迎付き（料金には州税および港湾使用料が加算される）

1 夕日を浴びてディナークルーズに向かうマジェスティック号　2 広びろゆったりの2階ラウンジは大きな窓からパノラマビューが楽しめる　3 カクテルは船内でオーダーする

一瞬のシャッターチャンスを逃さないようにしよう

⛵ ダイナミックなクジラを気軽にウオッチング

アーリーバードホエールウオッチ
Early Bird Whale Watch

揺れの少ない大型クルーズ船。ハイテク安定装置付き

アーリーバードホエールウオッチ（スターオブホノルル）
⛵ 1 ～ 3 月の開催：大人 $49、子供 $29（往復の送迎は別料金）
🕐 8:45 出港～ 10:45 下船
🏢 スターオブホノルルクルーズ & イベント社
📞 808-518-6905
🌐 starofhonolulu.com/jp

もし冬場のハワイを訪れるなら、ぜひスケジュールに組み込んでいただきたいのが野生のクジラを見られるホエールウオッチング・ツアー。冬の1 ～ 3月にスターオブホノルル（→ P.190）が催行する「アーリーバードホエールウオッチ」では、ダイナミックに泳ぐザトウクジラがいるポイントに連れて行ってくれる。ツアーは朝一番の8時45分、アロハタワーマーケットプレイスから出航。野生のクジラを眺めるのに最適な4階建てのクルーズ船に乗り込み、経験豊富なキャプテンとスタッフによる解説付きで約2時間の航海を楽しめる。クジラは高確率で見ることができるが、もし出会えなかった場合は無料乗船券をもらえるので、滞在中に再度チャレンジすることも可能だ。

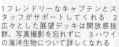

1 フレンドリーなキャプテンとスタッフがサポートしてくれる 2 広々とした展望デッキは開放感抜群。写真撮影を忘れずに 3 ハワイの海洋生物について詳しくなれる

Land Activity
陸のアクティビティ

ハワイの大自然を感じられるツアーも人気。マナ（神秘的な力の源）が宿るともいわれる大地の力を感じて体を目いっぱい動かしてみよう!

スタート地点までは ATV でスタッフが案内してくれる

ノース・ショアの大自然を滑空する!
クライムワークス・ケアナファーム
Climb Works

　大自然の中を、 ロープを伝って空中を滑空するジップラインが楽しめる。 ジップラインの長さは800m級のものもあり、 オアフ島最長。 ノース・ショアのすばらしいパノラマビューに感動すること間違いなしだ。 そのほかつり橋やアトラクションも含まれる。

> クライムワークス・ケアナファーム
> 🅰 $179 （7歳以上）、送迎は+$30　⏱ ジップラインは7:00 ～ 16:00頃の1日7回（所要約3時間）🚫 日曜、感謝祭、12/25　🏠 1 Enos Rd., Kahuku　📞 808-200-7906
> 🌐 www.climbworks.com/keana_farms/

トロピカルフルーツを堪能しよう
カフク・ファーム・ツアー
Kahuku Farm Tour

　ノース・ショア、 カフクにある、東京ドーム10 個分以上の広さを誇る農場。 ファーム内をトラックで案内してくれるツアーを開催している。 併設しているカフェは予約なしで利用でき、 農場内でのとれたて食材を使った料理が人気だ。

トラックを降りての写真撮影も可能

> カフク・ファーム・ツアー
> 🅰 $50、子供 5 ～ 12歳 $40、4歳以下無料　⏱ 月・水・金曜13:00 ～（約1時間）🚫 火曜（カフェ）

気軽に楽しめるホースバックライディング
タートル・ベイ・リゾート
Turtle Bay Resort

　オアフ島の北側にあるリゾートホテル、 タートル・ベイ （→P.378）での乗馬は人気がある。 波打ち際のビーチトレイルを約45分ライディングする。 潮風に吹かれながらの乗馬なんて、 まさにハワイならではだ。 小さい子供向けのポニーウオークも用意されている。

> タートル・ベイ・リゾート
> 🅰 45 分間 $ 115 ～ （7歳以上、体重102kg以下）
> ⏱ 8:30、 9:30、 10:30、12:30、13:30の出発　🚫 6歳以下の子供向けポニーウオークは 30 分間 $55 ～ ※料金は時期により変動あり
> 🏠 タートル・ベイ・リゾート・Guidepost　📞 877-663-0367（アクティビティ案内所）
> 🌐 www.turtlebayresort.com

初心者でも簡単に乗れるので安心

☑ CHECK 乗馬のための施設、 ステイブル （Stable）はリゾートに付属したものと乗馬に特化したもののステイブルと 2 種類ある。

クアロア・ランチ
📞 808-237-7321（予約課）
日本語での問い合わせ
✉ contact@kualoa.jp
⌂その他のデータ→ P.152

🏇豊かな自然を満喫できる乗馬体験

クアロア・ランチ
Kualoa Ranch

大自然と馬に癒やされる１時間

オアフ島の東海岸にある大牧場、クアロア・ランチ（→P.152）では乗馬をはじめさまざまなツアーを行っている。特にさまざまなアクティビティを組み合わせたパッケージが人気だ。

またクアロア・ランチでは絶滅危惧種を含む13種類の鳥の調査や、コアの植樹や在来植物の栽培も行うなど、サステナビリティ部門に力を力を入れていることもあり、実際に参加者が体験できるツアーも催行している。

早朝プレイが気持ちいい

ワイキキ周辺のおもなパブリックコートの特徴は次の3点。(1) 無料である (2) 予約制ではなく、First Come, First Play（先着順）(3) 1グループの待ち時間は45分（明文化されていないが、慣例的な約束事）。混み合うこともあるので、朝早い時間が狙い目。

🏃朝から元気いっぱい楽しもう！

テニス
Tennis

ハワイにはパブリック（公営）のコートがオアフ島だけで大小合わせて30ヵ所以上ある。

コートはハードコートが多い

おもなパブリックコート

①ダイヤモンドヘッド・テニスセンター

文字どおりダイヤモンドヘッドの麓、カピオラニ公園の東側、パキ通り（Paki Ave.）にある。コート数は全部で10面。緑に囲まれ、熱帯の花々が咲き乱れるオアフ島で最も美しいコートだ。ここには待ち時間がひと目でわかる時計表示がある。

②カピオラニ・テニスコート

カピオラニ公園内。コートは4面で、ワイキキのホテルから近いこともあって、混んでいることが多い。ナイターも可能。当然順番待ちになるのだが、必ずコート横のベンチに座って待っていよう。そして、プレイしている人にあと何組待っているかを尋ねる。もし誰もいなかったら、「次は私たちが使います！」と宣言すること。ダイヤモンドヘッド・テニスセンターのように待ち時間を示す時計はないので、黙って待っていると、あとから来た人に先を越されることがあるからだ。また、プレイが終わったら、次の組の人に「どうぞ」と声をかけてあげるのもパブリックでの大切なマナー。

③アラモアナ・テニスコート

アラモアナ公園内にあるワイキキ最大のテニスコート。コート数は10面。ナイターも可能。テニスで汗を流したら、すぐ前はアラモアナ・ビーチパークだし、道路を渡ってアラモアナセンターでのどの渇きを癒やすのもいいだろう。

■ Diamond Head Tennis Center
📍 別冊 P.23-C4
🕐 7:00 ～ 20:00
ワイキキからならクヒオ通りの海側停留所から、20番バスでパキ通りテニスクラブ前の停留所下車

■ Kapiolani Tennis Courts
📍 別冊 P.23-C3
🕐 6:30 ～ 22:00
ワイキキからならクヒオ通りの海側停留所から、20番などのバスでワイキキ水族館の停留所で下車

■ Ala Moana Tennis Courts
📍 別冊 P.29-C3
🕐 4:00 ～ 22:00
ワイキキからならクヒオ通りの山側停留所から、20・42番などのバス。ワード・センターで下車

コオリナ（→ P.166）でもゴルフができる

🏌 太平洋に向かってナイスショット！

ゴルフ
Golf

気候に恵まれたハワイでは、ゴルフもおすすめのアクティビティ。1年中プレイできるうえ、グリーンフィーも日本と比べるとリーズナブルだ。

ハワイのゴルフ場オリエンテーション

ハワイのゴルフコースの特徴は、キャディがほとんどいないこと。電動式の四輪カートか手押し車を使ってプレイすることになる。

コースは大きく分けて、パブリック、プライベート、米国軍専用の3種類がある。プライベートコースは、本来メンバー同伴でないとプレイできないものだが、ハワイにはセミプライベートと呼ばれるコースも多く、一般人にも門戸を開放している。パブリックコースのなかでも公営コース（♀P.196のコース）は、地元のゴルファーの利用率が高く、予約を取るのがやや難しいかもしれない。

最近は、日本からクラブを持参する人が多いようだが、ほとんどのコースは貸クラブを用意している。1セット$20 ～ 30前後。レンタルといえども意外に高級なクラブで侮れない。貸靴を用意しているところもあるが、日本人にはサイズが合わない場合が多い。ゴルフシューズはなるべく持参するようにしよう。

リラックスゴルフでもマナーは大切！

日本人がゴルフ場でひんしゅくをかうケースが多いようだ。最低でも以下のことには十分注意してほしい。

①プレイは迅速に。ハーフ2時間が基本。あとから来るパーティに迷惑がかからないようにしよう。また、前の組が完全に打ち終わり、OKのサインが出てから（旗を振ったり、両手で合図をする）プレイに移る。

②電動カートは移動のためのもの。カート道路を外れて遊んだりしないこと。

③タバコは、灰皿のあるところで吸う。

④ゴルファー心理として、とかくスコアの自慢や批評の言い合いをしがち。ワイワイとラウンドするのはまだよいが、クラブハウス内での大声のスコア計算は考えもの。わがもの顔の行動は慎みたい。

⑤日本と違い、ハーフで休んで食事を取るということはない。軽くドリンクでも飲み、即後半のラウンドへ向かう。

また、最も眉をひそめられてしまうのが、日本人の素人ゴルファー集団。これはマナー以前の問題だ。日本と違って、いかにも気軽にゴルフができそうな環境だが、一度もラウンドをしたことがない人たちだけでコースに出るべきではない。必ずパーティに経験者を入れ、ハーフを2時間で回れるよう心がけよう。

電動カートについて

電動カートはふたり乗りの電気自動車。ほとんどのコースに置いてあり、レンタル料は約＄20。グリーンフィーに含まれる場合が多い。運転はアクセルとフットブレーキで操作するが、カートに慣れていない日本人ゴルファーが事故を起こすことも多いようだ。少なくとも車の運転をしたこともない人が、カートを運転すべきではない。

カートロードがあるところではフェアウエイを走らないこと。グリーンやティーグラウンドが乗り入れ禁止なのは言うまでもない。フェアウエイに乗り入れ可能なゴルフ場でも、ボール地点の真横までカートロードを走り、直角に曲がってボールに近づく。またグリーン手前50ヤード以内にも入らないように。

盗難に注意

このところゴルフ場での盗難事件が相次いでいるようだ。まさかと思う人がいるかもしれないが、ゴルフクラブの盗難、置き引きには十分注意してほしい。ゴルフ場に貴重品や大金を持っていくべきでないことは、言うまでもない。

風光明媚なハワイのゴルフ場。コーラル・クリーク G.C. の18番とクラブハウス

ACTIVITY

✅ 陸のアクティビティ

🔍 **CHECK** オアフ島のおもなゴルフ場は P.196 をチェック。

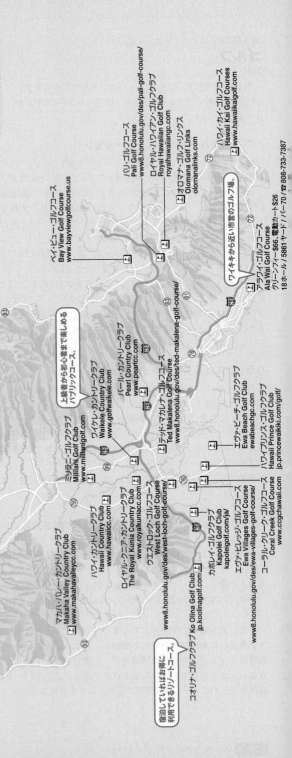

オアフ島の おもなゴルフコース

カフク・ゴルフコース
Kahuku Golf Course
www8.honolulu.gov/des/kahuku-golf-course/

ザ・パーマーコース The Palmer Course
palmergolfcourse.com

タートルベイ・ゴルフ ジョージ・ファジオコース
www.turtlebayresort.com/things-to-do/golf/courses/george-fazio-course

ベイ・ビュー・ゴルフコース
Bay View Golf Course
www.bayviewgolfcourse.us

パリ・ゴルフコース
Pali Golf Course
www8.honolulu.gov/des/pali-golf-course/

ロイヤル・ハワイアン・ゴルフクラブ
Royal Hawaiian Golf Club
royalhawaiiangc.com

オロマナ・ゴルフ・リンクス
Olomana Golf Links
olomanalinks.com

ハワイ・カイ・ゴルフコース
Hawaii Kai Golf Courses
www.hawaiikaigolf.com

ミリラニ・ゴルフクラブ
Mililani Golf Club
www.mililanigolf.com

ワイケレ・カントリークラブ
Waikele Country Club
www.golfwaikele.com

> 上級者から初心者まで楽しめる
> パブリックコース。

パール・カントリークラブ
Pearl Country Club
www.pearlcc.com

テッド・マカレナ・ゴルフコース
Ted Makalena Golf Course
www8.honolulu.gov/des/ted-makalena-golf-course/

ハワイ・カントリークラブ
Hawaii Country Club
www.hawaiicc.com

ロイヤル・クニア・カントリークラブ
The Royal Kunia Country Club
www.royalkuniacc.com

ウエスト・ロック・ゴルフコース
West Loch Golf Course
www8.honolulu.gov/des/west-loch-golf-course/

エヴァ・ビーチ・ゴルフクラブ
Ewa Beach Golf Club
ewabeachgc.com

ハワイ・プリンス・ゴルフクラブ
Hawaii Prince Golf Club
jp-princewaikiki.com/golf/

アラ・ワイ・ゴルフコース
Ala Wai Golf Course
www8.honolulu.gov/des/ala-wai-golf-course/

> ワイキキから近い市営のゴルフ場。
>
> 18ホール / 5861ヤード / パー70 / ☎808-733-7387
> グリーンフィー $66、電動カート $26

マカハ・バレー・カントリークラブ
Makaha Valley Country Club
www.makahavalleycc.com

コオリナ・ゴルフクラブ
Ko Olina Golf Club
jp.koolinagolf.com

> 宿泊していればお得に
> 利用できるリゾートコース。

カポレイ・ゴルフクラブ
Kapolei Golf Club
kapoleigolf.com/ja/

エヴァ・ビレッジ・ゴルフコース
Ewa Villages Golf Course
www8.honolulu.gov/des/ewa-villages-golf-course/

コーラル・クリーク・ゴルフコース
Coral Creek Golf Course
www.ccgchawaii.com

🎙初心者でもOK！豊富なヨガコースが魅力

カパリリ・ハワイ・ガーデン・ヨガ
Kapalili Hawaii Garden Yoga

外側はもちろん内側から美しくなることをコンセプトに、大自然の中で楽しく体を動かすヨガクラスを開催。歴史あるホテルのココナッツ・グローブ・ガーデンで行うヨガは、心からリラックスできる。インストラクター向けのレッスンも行う。

初心者でも参加OK。気軽に体験を

心がゆったりと解放されるような心地になる

カパリリ・ハワイではヨガマットやヨガウエアなどを販売する

カパリリ・ハワイ・ガーデン・ヨガ
💰 $30（アバサ スパ利用、ロイヤル ハワイアン ラグジュアリー コレクション リゾート宿泊者は無料）
🈵 無休 📞 808-485-9399
🕐 8:00～9:00 集合場所：ロイヤル ハワイアン ラグジュアリー コレクション リゾート内カパリリ・ハワイ店前
🌐 kapalili.com

🎙朝ヨガで時差ボケも解消

ヨガアウェアネス
Yoga Awareness

ハワイの自然を体感できるモーニングヨガ。海を目の前に見ながら芝生エリアでレッスンを行うので、波音を聞きながら心身ともにリラックスできる。レッスンは日本語でわかりやすく初心者も気軽に参加OK。オプションでヨガマットの貸し出しも行っている。

ワイキキ・ビーチを望みながら行うヨガはなんとも心地いい

主宰するヨガアウェアネスのますみさん

ハワイでの1日を快適にスタートできそう

ヨガアウェアネス
■ モーニングヨガワイキキビーチ
💰 $20 📅 月・水・金曜
📞 808-531-2222
🕐 8:00～9:00 集合場所：ベアフットビーチカフェ近くの芝生の公園
🌐 yogawaikikibeach.com/

Sky Activity
空のアクティビティ

ハワイを空から眺めたり、燦然と輝く星空を眺めたり……。たまにはハワイの空に焦点を当ててアクティビティを楽しんでみると、新しい発見があるかも。

初心者でも思う存分空の旅を楽しめる

✈ 上空からオアフ島を眺めよう

ラニ・レア・スカイツアーズ
Lani Lea Sky Tours

小型飛行機体験操縦
🔺60分プラン Cessna172（西海岸 or 東海岸）60分1フライト $548（1〜3名まで搭乗可能。体重制限あり。操縦者は1名）ほか※9歳以上、身長135cm以上から参加可能 ☎おもな祝日 ☎808-839-6000 ●ツアー：9:00〜16:00、オフィス営業時間 9:00〜17:00（日本語対応は月〜金曜9:00〜17:00）
⊕ www.lanileaaviation.com/ ●予約は電話か info.lanilea@gmail.com へ（日本語OK）。ラウンジのみの待機利用は1人$30(12歳以下無料)。パスポートのコピーが必要。ワイキキ・アラモアナエリアは送迎無料

日本ではまず体験できないツアーといえるのが、この小型飛行機体験操縦。まったくの初心者（まあ、たいていの人がそうだろうけれど）でも、パイロット気分になれてしまうという夢のようなひとときだ。このツアーを企画しているのは、フライトスクールが母体で熟練インストラクターが揃うラニ・レア・スカイツアーズ。日本人に慣れたスタッフと日本人スタッフが常駐しているので、英語の心配もない。

ツアーではまず、フライト前にブリーフィングエリアでツアーの流れや注意点といった説明を受ける。そしていよいよ飛行機に乗り込むわけだが、離着陸など難易度の高い過程は熟練のパイロットが手助けしてくれるので安心というわけ。美しいオアフ島を真上から眺めながら、上昇、旋回、下降と操作すれば、まさに鳥になったような気分で飛行を楽しめる。
※操縦内容は当日のパイロット判断により異なる。

1 安定感のあるセスナ。教官は FAA（米国連邦航空局）認定の熟練揃いで心強い
2 フライトを満喫した後はおしゃれなラウンジでスナックとドリンクが楽しめる

Hawaii Experience & Historical Tour

❀ ハワイ体験＆ヒストリカルツアー

ハワイの歴史や伝統文化を見学するだけでなく、実際にそれらを体験できるツアー。知らなかったハワイの姿が見えてきて、ハワイのことがもっともっと好きになるプログラムが満載だ!

しっとりとしたマナを感じる
ワイキキの魔法石（→ P.111）

❀ ワイキキの歴史を日本語で知る

ワイキキ歴史街道ツアー
Waikiki Historic Tour

　P.406で紹介しているサーフボード形記念碑のうち、ワイキキ中心部の数ヵ所を巡り、ワイキキの興味深い歴史を日本語で案内してくれるのが「ワイキキ歴史街道ツアー」。

　案内は記念碑の周辺だけでなく、ホテル内に飾られたアウトリガー・カヌーの航海術、ラジオ番組『ハワイ・コールズ』（→P.116）の逸話など多岐にわたり、まさに「ワイキキ物語」を目の当たりにする思い。ツアーを主催するさゆり・ロバーツさんの語り口は、静かだが迫力があり、思わず聞き入ってしまう。観光客として何気なく目にしているホテル、ショッピングモールにも意外な史実があることを知るだけで、ワイキキの景色も新鮮に見えてくるはずだ。

　またさゆりさんはダウンタウンの歴史を巡る「ダウンタウン歴史街道ツアー」や、日本からオンラインで参加できる、ハワイの歴史や文化、観光地情報などを楽しく学ぶ「ウェブセミナー」も人気で、随時開催中。詳しくはHP（⊕www.hawaii-historic-tour. com/）にて。

ワイキキ歴史街道ツアー
🏠 ワイキキ・ショッピング・プラザ前
（📍別冊 P.21-B3）
🕐 月・木曜 9:00 〜。所要約1 時間 30 分
🚫 おもな祝日
💲 $25、小中学・高校生 $10、幼児無料、要予約（ツアー前日の 17:00 までに）
📖 さゆり・ロバーツ📞 808-258-7328
⊕ www.hawaii-historic-tour.com

1 エマ女王の邸宅があった場所に立つ記念碑　2 静かだが熱意をもって歴史を解説してくれる、さゆり・ロバーツさん
3 実物に触れながら説明を受けるので話もわかりやすい

専任ガイドの付き添いのもと、さまざまなカルチャー体験ができる

❀ 専任ガイドが園内を案内する VIP ツアー

スーパー・アンバサダー・パッケージ
Super Ambassador Package

スーパー・アンバサダー・パッケージ
🏷 $269.95〜、11 歳 $215.96、2 歳以下無料。往復送迎料金は別途 $26。ホテルピックアップ 10:30 〜 11:00 頃、ホテル帰着 22:15 頃。ほかにサークルアイランド＋PCC $164.95 〜などさまざまなツアーがある
📞 808-924-1861　@ polynesia.jp

子供が楽しめるアトラクションもいろいろ

オアフ島のアトラクションの代表格ともいえるのが、島の北東部にあるポリネシア・カルチャー・センター（→P.178）。ワイキキからのさまざまなツアーが用意されているが、「スーパー・アンバサダー・パッケージ」がハネムーナーや家族連れに人気とか。

その秘密は細かいところまで行き届いたサービスにあるようだ。送迎バスでセンターに到着すると、ククイナッツのレイでお出迎え。園内では専任の日本語ガイドがアテンドしてくれ、ディナーはアリイ・ルアウかゲートウェイでビュッフェを味わうことができる。またハイライトといえるイブニングショーは2000席以上ある会場の中央前列の限定54席で鑑賞という徹底ぶり。さらに一般には絶対に公開しないというショーのバックステージを見学できる。

コアロハ・ウクレレ
🏠 1234 Kona St., 2F
（@ 別冊 P.28-B2）
📞 808-847-4911
@ www.koaloha.com
ファクトリーツアー
🏷 無料　⏰ 13:00 〜（約 20 分間）　🚫 土・日曜、おもな祝日　@ 公式サイトから要予約
ショールーム
⏰ 9:00 〜 11:30、12:30 〜 16:30　🚫 土・日曜、おもな祝日

❀ ハワイの親戚の家に遊びに行く気分

コアロハ・ファクトリー・ツアー
KoAloha Factory Tour

人気ウクレレメーカー、コアロハの工場を見学できる楽しいツアー。工場直売のウクレレやTシャツなどのロゴアイテムが購入可能なほか、壁に展示されたコアロハの歴代ウクレレも見ることができる。また、月曜から金曜まで毎日13:00から無料のファクトリーツアーを開催しており、予約なしで参加することができる。ツアーでは工場の中に入り、説明を聞きながら実際に職人による製作工程を見学。ウクレレを始めてみたいという方にもおすすめだ。

ここで働いている従業員のなかには現役のプロミュージシャンもいて、社長のアルヴィン・オカミ氏自身もミュージシャン。熟練の職人による、情熱とプライドが詰まったウクレレは一見の価値ありだ。

左 アロハスピリッツ（もてなしの心）にあふれるオカミ夫妻
右 ウクレレの製作工程を見学できる

⚲CHECK ウクレレを気軽に弾きたいなら、無料でレッスンを楽しめる「ウクレレぷあぷあ」（→ P.347）がおすすめ。

❀ オハナスピリッツに触れるウクレレツアー

カマカ・ファクトリー・ツアー
Kamaka Factory Tour

ハワイを代表するウクレレメーカー、 カマカ・ウクレレ （→P.347） のウクレレ製作の全工程を見学できる貴重なファクトリーツアー。

カカアコ地区にある工場で行われるツアーの案内は、 創業者サミュエル・カマカのファミリーが行っている。 工場では常時10人ほどの熟練職人が働いているが、 毎日約25本作られるウクレレの最終チェックは、 カマカの音色を熟知している創業者の孫クリス・カマカさんが担当している。

ウクレレ製作の最終チェック者、創業者の孫クリス・カマカさん

ツアーはコアの原木をパーツごとに切断する最初の工程から始まり、 成形、 研磨、 組み立て、 仕上げ、 そして弦を張る最終工程までをじっくり1時間ほどかけて見学する。 なかでも興味深いのは弦を張る工程で、 微妙なテンションを調節しながらカマカの音色を作り出す職人技は圧巻。 ファミリーに伝わるウクレレへの熱い思いが感じられる、 ほのぼのとしたツアーだ。

型に合わせてウクレレの微妙なカーブを作る工程

カマカ・ファクトリー・ツアー
🏠 無料。 ツアーは火〜金曜 10:30 〜 （6名以上は要予約）
🚫 土・日曜、おもな祝日
🏢 カマカ・ファクトリー
📞 808-531-3165
🌐 www.kamakahawaii.com

⌒COLUMN⌒

ハワイがもっと好きになる！

ハワイ好きにおすすめ
ビショップ・ミュージアムの
文化体験プログラム

ビショップ・ミュージアム （→ P.134） では各種の文化体験プログラムを実施しているが、 なかでもラ・クレア （ハワイ語で “ハッピーデイ” という意味） は、 フラやレイ・メイキングを気軽に習ってみたいという人にとって絶好のプログラム。 まずは日本語でのミュージアム館内ツアーからスタート。 ハワイの歴史に触れたあとはフラのレッスンやレイ・メイキングのアクティビティとなる。 もちろん初心者でも参加でき、 日本語の通訳が付くので言葉の心配もない。 フラ・レッスンでは、 フラ・スカートの貸し出しがあり、 レイ・メイキングで作ったレイは持ち帰ることができる （要予約、 2名以上）。

日本語の館内ツアーでハワイの歴史への理解が深まる

ラ・クレア
🏠 $97 （入館料・州税込み。催行日は隔週木曜）、9:15 〜 11:30
📞 要予約 808-847-8291 （日本語ライン）
🌐 www.bishopmuseum.org にて。

ハワイがもっと好きになる！ ハワイアン・カルチャー・レッスン

こちらはロイヤル・ハワイアン・センターのウクレレ・レッスン

今、ハワイで最も人気のあるアクティビティといっていいのが、フラ、ウクレレ、レイ作りなどを学ぶハワイアン・カルチャー・レッスン。これらの講習が含まれていることをウリにしたパッケージツアーもあるほどで、特にフラ人気はヒートアップの一途だ。

ワイキキ周辺には無料（あるいはごくわずかな参加費）で気軽にレッスンを受けられる企画があるので、思い立ったら足を運んでみるといいだろう。

ショッピングモールでのレッスン

代表的なのがロイヤル・ハワイアン・センター（→ P.296）の無料カルチャーレッスン。フラ＆ケイキフラ、ウクレレ、レイ・メイキングなどが行われている。

レッスンのスケジュール（2023年9月現在）
- ●フラ・レッスン：火曜 11:00 ～ 12:00（ロイヤルグローブ）
- ●レイ・メイキング・レッスン：金曜 12:00 ～ 13:00（C館2階）
- ●ケイキ・フラ・レッスン：木曜 11:00 ～ 12:00（ロイヤルグローブ）
- ●ウクレレ・レッスン：月曜 11:00 ～ 12:00（ヘルモアハレ＆B館1階ヘリテージルーム）
- ●ラウハラ編みレッスン：水曜 11:00 ～ 12:00（C館2階）

ホテルでのレッスン

主要ホテルでも宿泊客を対象とした各種レッスンを企画しており、たいていはホテルゲストのみというケースが多いので、これらのレッスンの有無でホテルを選ぶのもアイデアかもしれない。

代表例は、ヒルトン・ハワイアン・ビレッジ・ワイキキ・ビーチ・リゾート（→ P.376）。

- ●レイ・メイキング：日・金曜 13:00 ～、14:30 ～、火曜 10:00 ～、11:00 ～、木・土曜 9:00 ～、10:00 ～（無料）
- ●フラ・レッスン：月・木曜 11:30 ～、火曜 13:00 ～、水曜 10:00 ～（無料）

アロハ・フライデイ

毎週金曜 16:30 ～ 18:00 にハイアット リージェンシー ワイキキ ビーチ リゾート アンド スパ（→ P.377）で行われる参加費無料のイベント。ホテルゲスト以外でも参加できるので、気軽に足を運んでみたい。

イベント内容は、ライブミュージックにフラダンスやファイアー・ナイフ・ダンス、レイメイキングなど。フラダンスを楽しみながらハワイの文化を体験できる。

上／ハイアットのアロハ・フライデイでのひとコマ。恥ずかしがらずに前へ出て踊ってみよう　下／レイ作りのレッスンもあるアロハ・フライデイ

🌺 一度は見ておきたいエリア

真珠湾まるごとヒストリカルツアー
Pearl Harbor Historical Tour

真珠湾の各施設を巡る半日ツアー。 真珠湾公認の日本語ガイドが、 アリゾナ記念館 (→P.161)、 戦艦ミズーリ記念館 (→P.160)、 太平洋航空博物館パールハーバー (→P.160) をていねいに案内してくれる。 面倒なチケットの手配や、 現地の案内がわからないといった心配をせずに、 じっくりと見学できる。 南国のリゾート、 ハワイの違った一面を学んでみよう。

> 真珠湾まるごとヒストリカルツアー
> 🚶 12 歳以上 $150、3 ～ 11 歳 $130 (往復送迎、入場料、ガイド料込み) 🕐月・水・金・日曜、祝日 🕐 5:50～6:20 ホテル発、12:30～13:00 ホテル着 🌐 www.islandmakana.info

真珠湾の見どころを、 半日でまとめて見られるツアー

🌺 イスラムとハワイの文化が融合した理想郷

シャングリ・ラ・ツアー
Shangri La Museum of Islamic Art, Culture & Design

ホノルル美術館が催行する、 12歳で"世界一裕福な少女"といわれたドリス・デュークの大邸宅を見学することができるツアー。 北アフリカ、 中東および南アジアなど各国からインスパイアされて建てられたイスラム風建築の邸宅は、 ハワイの風景と調和しつつ異彩を放っている。 邸宅内には、 ドリスがインド、 イラン、 モロッコをはじめ各国で集めた瀟洒なアイテムが4500点以上展示されている。 ホノルル美術館のツアーでしか訪れることができないので、 早めにHPからオンラインで予約しておきたい。 2023年9月現在、 日本語ツアーは休止中だが再開予定なので公式サイトを要確認。

> シャングリ・ラ・ツアー
> 🚶 $25 (要予約。 ネット予約のみ (手数料 $1.50)。 ツアー参加は9歳から。 料金にはホノルル美術館の同日入館料も含まれる) 🕐木～土曜 9:00～、11:00～、13:00～、15:00～ 🕐日～水曜、 おもな祝日 🌐 honolulumuseum.org

1 海を望むプールの奥にはプレイハウスと呼ばれたゲストハウスが 2 まるで中東に来ているかのような雰囲気のオスマン帝国ギャラリー 3 ドリスの主寝室だったムガル・ギャラリー

© 2014, Linny Morris, courtesy of the Doris Duke Foundation for Islamic Art.

© 2014, Linny Morris, courtesy of the Doris Duke Foundation for Islamic Art.

© 2014, Linny Morris, courtesy of the Doris Duke Foundation for Islamic Art.

Dinner Show
ディナーショー

サンセットをバックに、力強いファイアーダンスやしっとりとしたフラ。そんな旅のハイライトになるショーは必見。

「アハ アイナ」とはご馳走と歌やフラを楽しむ"食事のための集まり"を意味する

🕺 神聖な場所で古代ハワイへタイムスリップするショー

ロイヤルハワイアン ルアウ ~アハ アイナ~
Royal Hawaiian Luau Aha Aina

ワイキキ・ビーチとダイヤモンドヘッドを望む絶好のロケーションで楽しめるディナーショー。ハワイの神聖な文化や歴史を、迫力満点のフラを通して学べる。ホテルのダイニングが手がける本格的なポイやポケ、カルアピッグといったハワイの伝統料理をはじめとした料理も絶品。

ロイヤルハワイアンルアウ~アハアイナ~
📍別冊 P21-B3
🏠ロイヤルハワイアンラグジュアリーコレクションリゾート内中庭
💰$225、5~12歳 $135、2~4歳 $20（食事なし）※2歳未満無料 🕐月・木曜 17:30~20:00（チェックインは17:00）🚫火・水曜、金~日曜 🌐royal-hawaiianluau.com 📞808-921-4600

1 古代ハワイアンの歴史をたたえるダンスも披露 2 リゾートらしい一夜を過ごせる 3 サンセットの時間帯からスタート 4 ダイニングで手作りする料理はどれも絶品

🪘 ワイキキで開催される見逃せないショー

ロック・ア・フラ
ROCK-A-HULA

　1920年から現在までのハワイを"ハワイアンジャーニー"をテーマに描くワイキキ最大のハワイアンショー。美しいハワイアンダンサー、アーティストたちによる音楽とダンスの感動のパフォーマンスを750席のプレミアシアターで楽しめる。エルビス・プレスリーやマイケル・ジャクソンに扮するパフォーマーのステージは必見。

1 お祝い事などで提供されるローカル豚ロースト　2 サモアの伝統に基づく由緒あるファイアーナイフダンスは迫力満点　3 年齢を問わず家族みんなが楽しめる必見ショー！

ロック・ア・フラ
📍P.298
🏠ロイヤル・ハワイアン・センター B 館 4F 🍴オリジナル：ワイキキルアウビュッフェ＆ショー $137、3 ～ 11 歳 $105 ほか ⏰17:30 ～ 21:00（ショーパッケージにより異なる）🚫金曜、おもな祝日 ☎808-629-7458
🌐rockahulahawaii.com/jp/

🪘 民族舞踊と伝統料理を満喫

ワイキキ・スターライト・ルアウ
Waikiki Starlight Luau

　ワイキキでは唯一といっていい、本格的なルアウ。ファイアーダンスなど、ダンサーたちの見事なパフォーマンスはもちろん料理も好評。ハワイ産のグリル、フリフリチキンなど伝統的なルアウ料理と現代の料理を融合させた、食欲をそそるメニューが揃っている。ストーリー仕立てのショーは興奮間違いなし！

1 フラ・カヒコやしなやかなフラなどを披露　2 手に汗握るファイアーダンスも　3 タヒチアンの伝統的なダンスも見られる

ワイキキ・スターライト・ルアウ
📍別冊 P.19-C4
🏠ヒルトン・ハワイアン・ビレッジ・ワイキキ・ビーチ・リゾート
🍴$170 ～、4 ～ 11 歳 $110 ～
⏰17:30 ～ 20:00
🚫金・土曜 ☎808-941-5828
🌐www.hiltonhawaiianvillage.jp/luau

迫力あるパフォーマンスは必見だ

🏃 人気マリンパークで繰り広げられるルアウ

アロハカイ・ルアウ・ポリネシアン・ディナーショー
Aloha Kai Luau Polynesian Dinner Show

アロハカイ・ルアウ・ポリネシ
アン・ディナーショー
📍別冊 P5-B4
🏠ブロンズパッケージ
$150.79、学生（13～17歳）
$140.31、子供（4～12歳）
$129.84、幼児（3歳以下）
無料 ほかシルバーパッケー
ジ、ゴールドパッケージあり
📅土曜 ☎808-259-2500
日曜 ☎03-3544-5281
🕐チェックイン16:30、開
演17:00～、終了20:15
🌐www.hawaiisealifepark.jp/
aloha-kai-luau-polynesian-
dinner-show
🚌無料送迎付き

　オアフ島南東部にあり、海洋生物の保護活動や教育プログラム
に力を入れている施設、シーライフ・パーク・ハワイ（→P.147）。
ここで2023年に新たに始まったのがアロハカイ・ルアウ・ポリネシア
ン・ディナーショー。

　自然あふれる会場に着いたら、まずはウエルカムドリンクをいた
だこう。ソフトドリンクのほか、マイタイやビール、ワインといった
アルコールが豊富に揃う。ショータイムがスタートする時間まではウ
クレレをはじめ、さまざまな伝統楽器やハワイのカルチャーを体験
することができる。その後はディナービュッフェを堪能しよう。カル
アポークやポイ、ロミサーモンといったハワイの伝統料理など、ショー
にぴったりな彩り豊かな料理がずらりと並ぶ。日が沈み、星空
が輝き始めるとお待ちかねのルアウショーがスタート。優雅なフラ
やタヒチアンダンス、ファイアーダンスなど、迫力あるパフォーマン
スに会場は大盛り上がりだ。

1 ずらりと並ぶビュッフェメニュー。
子供も大人も楽しめるラインアップ
2 ウクレレレッスンのほか、レイ・
メイキング、網投げ体験、フラレッ
スンも体験できる

Gourmet

🍴グルメ

ルールを守って楽しい食事を
Gourmet Orientation
》グルメ オリエンテーション《

ハワイ式ドレスアップ術

レストランによって服装にも気配りを。ドレスコードといっても、リラックスウエアでOKだけれど、タンクトップやビーチサンダルがNGというお店など、その度合いはレストランによってさまざまだ。本書で🍸マークが記載されているお店は、以下のような服装が好ましい。女性ならサマードレスや、ハワイらしくムームーが1着あればオールマイティ。靴はヒールがあったほうがいい。

男性はやはりアロハシャツがベスト。しかも半袖より長袖のほうが、またコットン生地より光沢のある素材（ポリエステル、レーヨンなど）のほうが、よりフォーマルっぽい。ズボンは、ジーンズでもいいが、やはりコットンパンツなどを合わせたい。靴はこちらもヒールがあればベター。上級ワザとしては、**ククイナッツのレイ**（→P.419）を掛けたりするとグッと正装らしくなる。

おしゃれして出かけたい

また、オープンエアのレストラン以外、99％の店で日本人は冷房が効き過ぎと感じるはず。防寒対策も兼ねて男女ともさっと羽織れるものを持参するといい。

一方で、お店によっては入場を断られるのが半ズボンとTシャツ、ビーチサンダルという日中のリラックススタイル。カジュアルな雰囲気でも男性のタンクトップ不可という店もある。

ハワイのレストランは全面禁煙
ハワイでは法律によってすべてのレストランやバー、ナイトクラブで全面禁煙となっている。愛煙家の皆さんはご注意を（→P.517）。

レストランでの　注意事項

レストランに限らず、コーヒーショップやホテルのダイニングルームでは、入口で係員がこちらの人数を尋ね、適当な席を用意してくれる。空席があるからといって勝手にテーブルに着いてはいけない。ただし、カウンターは、空いていれば自由に座れる。

ウエーター、ウエートレスは、おのおの自分の担当のテーブルが決まっていて、ほかのテーブルのサービスはしてくれない。最初に注文を取りにきてくれた係員の顔を覚えておく。注文したものの催促や追加オーダーはその人に頼む。

ディナーの場合は**予約しておく**のが無難。よっぽどの人気店でなければ当日で大丈夫。例えばふたりで19:00に予約を入れたければ、電話で"I want to make a reservation this evening at 7 o'clock（時間）for 2 persons（人数）. My name is ××."という具合。

チップは**料金の約18～20％**をテーブルの上に置くのが常識。ただし勘定にサービスチャージが含まれている場合は必要ナシ。よーく勘定書を眺めておこう。最近はチップの習慣のない日本人旅行者対策として、あらかじめ伝票に**サービスチャージ**を加えている店が多い（→P.502）。

レストランやカフェでは、キャッシュレス決済や**タッチパネルオーダー**を少しずつ導入している。お店によっては現金NGや、カフェでは接触を避けるためのセルフタッチパネル式オーダーの店もあるので注意しよう。レストランによっては紙のメニューが置いておらず、**QRコード**からスマートフォンでメニューを読み込んでオーダーするというところも。

"TO GO" って何？

ハワイは島国だが、食事のボリュームは大陸級。どうしても食べ残してしまうこともあるだろう。でもせっかくの料理がもったいないので、遠慮せずに**テイクアウト（持ち帰り）**を申し出ればいい。

ただし、ハワイでは"Take out"よりも**"To go."**というほうが一般的。また持ち帰り用の容器は**"Doggy Bag."**というので、**"To go, please."**とか**"Doggy Bag, please."**とひと言声

公園でのんびり食べるのも気持ちがいい

ID について

クラブやバーなどへの入場には厳しい年齢制限がある。21歳未満は飲酒が禁じられているハワイでは、未成年に酒類を提供した場合、店側が厳しい処分を受けるからだ。そこで本人の顔写真と生年月日が表記されたID（Identification＝身分証明）が必要になる。**パスポート**、**国際運転免許証**、**国際学生証**、**ユースホステルの会員証**、**ダイビングのCカード**などが有効だ。

をかければOK。ドギーバッグはさまざまな形のものが用意されていて、スープを入れられるコンテナまである。お店によって、店員が詰めてくれる場合と、自分たちで詰める場合がある。なお、当然ながらビュッフェスタイルのレストランでの持ち帰りは不可。

グルメ Tips

◎**景色がよければ割高になる**

ホテル、レストランに限らず、バーでも目の前にビーチが開けていると割高になる。シンプルなカクテルは普通$8～12程度だが、ワイキキ・ビーチ沿いのオーシャンテラスだと$15～20ぐらいは覚悟したほうがよい。

◎**ハッピーアワーを利用する**

多くのバー、レストランが「**ハッピーアワー（Happy Hour）**」を設けている。たいていは14:00～16:00頃から日没までで、この間はドリンクやプププ（おつまみ）が通常より安く楽しめる。

◎**ププって何？**

バーでよく耳にする言葉、**ププ（Pupu）**。これはハワイ語で「つまみ」を意味する。

◎**キャッシュ・オン・デリバリー**

1杯ごとに勘定するのが「キャッシュ・オン・デリバリー」方式。実に合理的で、予算以上に飲み過ぎる心配がない。

◎**BYOBって？**

「Bring your own Beverage」の略。つまり、飲み物はなんでも持ち込みOKという意味。店のHPか、看板などに書かれていることが多い。

駐車場情報

◎**無料の専用駐車場があるレストラン**

土地の限られたワイキキではまれで、**キング通り**、**カピオラニ通り**など主要幹線道路沿いのお店、ホノルル郊外のお店に多い。

◎**バレットパーキング**

入口に車を横付けすると、係員がやってきて車を駐車場に運んでくれるシステム。代表的なのはホテル内のレストランを利用するケース。ホテルのベルマンが車の面倒を見てくれる。ホテル内の施設を利用するわ

けだから当然無料。なかには有料のところもある。注意事項としては、車の中に貴重品を置いておかないこと。半券をもらうので帰りに係員に渡し、車を取ってきてもらう。車が来たら係員にチップ（$3～5）を渡すことも忘れずに。

◎**バリデイテッドパーキング（バリデーション）**

専用駐車場がなく、ショッピングモールなど私営の駐車場と契約している場合は、チケットをレストランの精算時に渡すと無料、もしくは割引になる。時間制限（だいたい2～4時間）に注意したい。

EAT JERK DON'T BE ONE..

> お腹をすかせて きてね！

2023年2月
NEW OPEN

スパイシーな味わいのチキンが自慢

リックス・ジャーク
Rick's Jerk

ハワイでは珍しい、ジャマイカ料理を楽しめるカジュアルレストラン。チキンやポークをスパイシーなジャークソースでマリネし、じっくりと焼き上げた料理が人気。

アラモアナ 📍P.293

📞 808-699-9300 🏠 アラモアナセンター 1F 山側 🕙 10:00 ～ 21:30 🚪 無休 💳 MV 🅿️ センターのパーキングを利用 🌐 ricksjerkfood.com

1 名物ジャーク・チキンを楽しめるハーフチキンプレート＆2スモールサイド **$18.99** 2 チキンがライスにのったジャークチキン・ボウル **$14.99**

> 話題のお店が続々登場！

注目の New Open レストラン＆カフェ

毎年新しいお店がオープンするハワイ。久しぶりのハワイでまず訪れるべきニューフェイスのお店をご紹介！

五感がテーマのヘルシーカフェ

2023年3月
NEW OPEN

ファイブ・センス
5ive Senses

店名どおり、見た目に美しく新鮮でヘルシーな料理を味わって、健康なライフスタイルを楽しもうという意味が込められている。食べれば元気になれるヘルシーな料理やスムージーが揃う。

アラモアナ 📍別冊 P.29-A3

📞 808-353-2855 🏠 808 Sheridan St. 1F 🕙 9:30 ～ 15:00 🚪 水曜、1/1、7/4、感謝祭、12/25 💳 AJMV 🅿️ 808 センターにあり 🌐 www.5ivesenses.com

808センター1階に店を構える

1 トマト、レタス、キュウリ、アボカドなどがぎっしりのターキー・サンドイッチ **$13.95** 2 体の内側から元気になれそうなカラフルなスムージー各種 **$8.95** 3 オープンキッチンで、さわやかな明るい雰囲気の店内

2023 年 6 月
NEW OPEN

ワイキキマーケットの 2 階にオープン！

オリリ・ワイキキ
Olili Waikiki

ハワイの特筆すべき食文化のひとつである「ミックスプレート」をモダンにアレンジしたローカルキュイジーヌが楽しめる新感覚レストラン。見た目にも美しいユニークな料理がめじろ押しだ。

ワイキキ
📍別冊 P.21-A4
📞808-923-2095
🏠ワイキキマーケット 2F
🕐16:00 〜 22:00
🈚無休
💳ADJMV
🅿付近の駐車場を利用

1 ププ（前菜）メニューのイメージ。地元の食材と慣れ親しんだ味を現代風にアレンジ　2 見た目にも美しいハワイアンレインボーケーキ $15　3 店内には個性的なダイニングエリアが広がる

マウイ島発の人気店がオープン

ウルラニズ・ハワイアン・シェイブアイス
Ululani's Hawaiian Shave Ice

高純度の水で作る氷と、ケーンシュガーから作る自家製のシロップでいただく絶品シェイブアイスが食べられる。カパフル通り散策の途中に立ち寄ろう。

ホノルル　📍P130-A
📞808-460-0951　🏠909 Kapahulu Ave.　🕐11:30 〜 21:00（金・土曜 10:30 〜 21:30、日曜 10:30 〜）　🈚無休　💳ADJMV　🅿付近のストリートパーキングを利用　🌐ululanishawaiianshaveice.com

2023 年 5 月
NEW OPEN

1 お店の代表的なプレート、チキン・カツ **$15.95**　2 買い物の途中でお腹がすいたら立ち寄ろう

2023 年 1 月
NEW OPEN

奥からサンセットビーチ **$6.25**、ノカオイ **$7.60**（モチトッピング）、ハレアカラ **$6.25** が人気

ハワイで大人気のプレートランチが気軽に

L & L ハワイアン・バーベキュー
L&L Hawaiian BBQ

ロイヤル・ハワイアン・センター内のフードコート、パイナラナイ内にオープン。ボリューミーなプレートランチを思い切り堪能しよう。

DATA → P.223

アメリカ南部系料理をさっとテイクアウト

スクラッチ・エクスプレス
Scratch Xpress

スクラッチ・キッチン・アンド・ミータリー（→ P.82）の姉妹店が、スティックス・アジア（→ P.264）の一角に誕生した。気軽にテイクアウトできるメニューが揃う。**DATA → P.252**

2023 年 2 月
NEW OPEN

1 台湾スタイルのポークベリー・バオ **$6**　2 プランテーションアイスティーや自家製レモネード各 **$5** で喉を潤そう

ハワイの心地いい風を感じる
グッドロケーション カフェ

せっかくハワイでの食事やカフェ休憩なら、ハワイの風を感じられるロケーションのお店を選びたい。
つい長居したくなる居心地抜群のカフェレストランをご紹介!

Beach View
クイーンズ・サーフビーチを望む絶景カフェ。まさにハワイの理想を具現化した店だ。

ハワイアンBBQチキンプレート **$14** とマンゴーとピニャコラーダのマンゴラーダ **$8**

50年間家族直伝のパティで作るロイヤルロコモコ **$16** とラバフロー **$8**

絶景ビーチが目の前の至福カフェ
ベアフット ビーチ カフェ
Barefoot Beach Cafe

店名のごとく素足のまま気軽に立ち寄れるカフェ。新鮮なフルーツから作るスムージーや、ボリューム満点なローカルフードが味わえる。

ワイキキ 📍別冊 P.23-C3
📞 808-924-2233　🏠 2699 Kalakaua Ave.
🕐 8:00 ～ 20:30　🏠 無休　💳 ADJMV
🅿 付近のストリートパーキングを利用
🌐 barefootbeachcafe.com

ビーチ沿いにあるので、散歩がてら訪れやすい

おすすめはフルーツで作る新食感スムージー

Beach View
遮るもののないワイキキ・ビーチの絶景を一望できる。すぐに混雑するので、朝早めに訪れよう！

ワイキキ屈指のオンザビーチカフェ
カイ・コーヒー・クイーンズ・アーバー
Kai Coffee Queen's Arbor
自家焙煎のコーヒーを提供する人気カフェ、カイ・コーヒーがワイキキ・ビーチの目の前にオープン。淹れたてのラテやアサイボウル、ベジラップといった軽食メニューが楽しめる。

ハワイ王朝最後の女王、リリウオカラニ女王が避暑地として利用していた場所に由来しているそう

ワイキキ ♀別冊 P.22-B1
♠ 2490 Kalakaua Ave. ⏰ 6:30 ～ 16:00 🚫無休 💳ADJMV 🅿付近のストリートパーキングを利用
🌐 kaicoffeehawaii.com

1カップに入ったアサイボウル **$13** は持ち運びしやすくテイクアウトにも◎ 2 ベジラップ **$13**、コールドブリュー **$5.50**（スモール）

Beach View
ホテルのテーマカラーであるピンクに包まれ、ダイヤモンドヘッドやワイキキ・ビーチを眺めながら極上のモーニングを。

Museum View
美術館らしいゆったりとした空気が流れる雰囲気のなか、絶品料理に舌鼓を打とう。

自家製のバンズに、グリルしたチキンやチーズ、各種野菜をトッピングしたハーブグリル・チキンサンドイッチ **$22**

美術館の中庭で味わう地産地消のヘルシー料理
ホノルル・ミュージアム・オブ・アート・カフェ
Honolulu Museum of Art Cafe
地元の新鮮な食材を使用した、ヘルシーなサラダやサンドイッチが味わえるミュージアムカフェ。アルコールも販売する。

前菜の人気メニュー、スモークサーモン・クロスティーニ **$17**

ダウンタウン ♀P.27-A4
📞 808-532-8734 ♠ ホノルル美術館内 ⏰ 11:00 ～ 14:00(金・土曜 11:00 ～ 14:00、17:00 ～ 20:30) 🚫月・火曜、1/1、7/4、感謝祭、12/25
💳AJMV 🅿美術館の専用パーキングを利用 🌐 honolulumuseum.org

滞在中一度は訪れたい憧れホテルモーニング
サーフ ラナイ Surf Lanai
ロイヤル ハワイアン ラグジュアリー コレクション リゾートのメインダイニング。看板メニューのピンクパレス・パンケーキのほかアメリカンモーニングを思う存分堪能しよう。 **DATA → P.236**

ワイキキ・ビーチの向こうにダイヤモンドヘッドがちらり

とろ～リオランデーズソースがたまらない、アボカドトマトベネディクト **$34**

滝が流れる中庭を眺めながら優雅な食事
ワイキキ・レイア
Waikiki Leia
ウエディングを行うチャペル併設のカフェレストラン。もちろん一般客も利用OK。ディナーにはコース料理を提供する。

Garden View
プライベートで落ち着いた空間が魅力。美しく整えられた中庭テラスからはダイヤモンドヘッドもちらりと見える。

心地いい風が吹き抜けるカフェだ

モンサラット ♀別冊 P.23-A4
📞 808-735-5500 ♠ 3050 Monsarrat Ave.
⏰ 11:00 ～ 14:00、17:30 ～ 20:30(土・日曜 8:00 ～ 10:00、11:00 ～ 14:00、17:30 ～ 20:30)
🚫火曜、1/1、感謝祭、12/25、ウエディングなどにより不定休あり 💳AJMV 🅿敷地内のパーキングを利用 🌐 www.waikikileia.com

1ふわふわ食感がたまらないスフレ・パンケーキ **$18.50** 2ビーフシチュー **$23**。時間をかけて煮込んだ牛肉と野菜はほろほろ

\ 味もバリエーションも豊富です /

魅惑のローカルスイーツ

ハワイには一度食べるとやみつきのお菓子、甘味がいろいろ。しかも、ほかの国のいいところをうまく組み合わせたミックスカルチャーのスイーツばかりだ。

シェイブアイス

日系移民が厳しい農作業の合間にのどを潤したかき氷は、ハワイアンスイーツの定番。きめの細かい氷のアイスや、日本の屋台のようなかき氷、フルーツから手作りしたシロップを使用するヘルシーなものまで種類も豊富。

─┤ SHOP LIST ├─
- マツモト・シェイブアイス (P.229)
- アイランド・ヴィンテージ・シェイブアイス (P.90)
- ワイオラ・シェイブアイス (P.90)

エンセマダ & ココパフ

ハワイを代表する甘いお菓子。シュー生地にチョコレートカスタードがギュッと詰まったココパフや、ふわふわの甘いパンにバタークリームがのったエンセマダはローカルの大好物だ。

─┤ SHOP LIST ├─
- クルクル (P.235)
- リリハ・ベーカリー (P.228)

マラサダ

元祖はポルトガルのお菓子で、砂糖をまぶしただけの素朴な味のいわゆる揚げパン。ザラッとした砂糖、カリッとした表面、中はふかふかで軽く、舌触り・歯触りのハーモニーが絶妙。

─┤ SHOP LIST ├─
- レナーズ・ベーカリー (P.91, 233)

パンケーキ

ふわふわの生地にクリームやフルーツがたっぷりトッピングされたハワイアンスタイルのパンケーキは、昔からハワイの朝食の定番だった。今でこそ日本に進出している店もあるが、ハワイの気候のなかで食べるパンケーキは、日本のそれとは別格だ。

─┤ SHOP LIST ├─
- エッグスン・シングス (P.241)
- カフェ・カイラ (P.82)
- クリーム・ポット (P.82, 234)
- モケズ・ブレッド & ブレックファスト カイムキ (P.83, 88, 241)

アサイ & ピタヤボウル

アサイボウルは、ブルーベリーの約18倍もの抗酸化作用を含むアサイをペースト状にし、グラノーラやフルーツなどをボウルで提供するスイーツ。また、アサイボウル人気にあやかって登場したのがピタヤボウル。ピタヤとは、中南米原産の果物ドラゴンフルーツのこと。アサイボウルと同じように提供される。味は、アサイよりも少し酸味が強め。

─┤ SHOP LIST ├─
- ラニカイ・ジュース (P.230)
- アイランド・ヴィンテージ・コーヒー (P.227)
- ダ・コープ・ヘルス・バー & カフェ (P.81)
- ハイ・ブレンド・ヘルス・バー & カフェ (P.80)

♨ ハワイ料理レストラン

ハワイの伝統料理は素朴な味付けで、素材本来の味を楽しめる料理が多く、日本人の嗜好にもピッタリだ。各国の料理が融合されたローカル・スタイルの料理を提供する大衆店も興味深い。滞在中、一度は試してみたい。

ハワイ料理の老舗の味を堪能

ダ・オノ・ハワイアン・フード
Da Ono Hawaiian Food

惜しまれつつクローズした名店「オノ・ハワイアン・フード」のシェフが腕を振るう人気のハワイ料理店。ラウラウやカルアポークなど定番ハワイ料理は、以前の味と変わらず絶品。

1 ローカルらしさ満点の店内　2 種類豊富なハワイアンフードが揃う　3 カルアピッグ&BBQビーフプレート（ライスをスモールポイに変更で+$1.50）

カパフル ● P.130-B
☎ 808-773-0006　♠ 726 Kapahulu Ave.
● 12:00～20:00
🗓 月・火曜、12/25、1/1　💳AJMV
🚗 付近のストリートパーキングを利用
🌐 www.daonohawaiianfood.com

新鮮なポケが味わえる専門マーケット

オフザフック・ポケ・マーケット
Off the Hook Poke Market

スパイシーやハワイアンスタイルなど常時9種類のポケメニューを用意。白米、玄米、酢飯、サラダから選んでポケ丼やポケサラダにすることも可能。

8種類のポケが楽しめる豪華なポケサンブラー$44.99

マノア ● 別冊P.15-A3
☎ 808-800-6865　♠ 2908 East Manoa Rd.
● 11:00～18:00
🗓 日曜、おもな祝日
💳 ADJMV
🚗 店の裏の無料駐車場を利用
🌐 www.offthehookpokemarket.com

フードランドプロデュースのポケに舌鼓

レッドフィッシュ・ポケバー byフードランド
Redfish Poke Bar by Foodland

"ハワイ屈指のおいしさ"と定評のあるフードランドが手がけるポケ専門店。数々のコンテストで優勝したポケを量り売りで提供する。

カウンターの奥のダイニングエリアではポケやおつまみをカクテルやビールとともに楽しめる

カカアコ ● 別冊P.27-C4
☎ 808-532-6420　♠ ソルト1F
● 11:00～21:00（金・土曜～22:00）
🗓 感謝祭、12/25
💳 ADJMV
🚗 ソルトの有料駐車場を利用
🌐 redfishpoke.com

昔ながらのサイミンを味わうならここへ

シゲズ・サイミン・スタンド
Shige's Saimin Stand

ハワイで数が減ったサイミン・スタンドの中で、今もなお昔ながらの味を提供し続けているのがこちらの店。麺は自家製で、スープの基本はエビとビーフのあっさりした味わい。

1 店内にはワヒアワの町の歴史を物語る写真が飾られている　2 あっさりした味付けのフライド・サイミン$11とバーベキュースティック$2.25を一緒に　3 サイミン$7.75。毎朝手作りする自家製の麺は細い平麺。チャーシューも自家製

ワヒアワ ● 別冊P.9-B4
☎ 808-621-3621　♠ 70 Kukui St.
● 11:00～21:00
🗓 日・月曜、1/1、感謝祭、12/25
💳 AMV　🚗 店の前のパーキングを利用

カカアコで食べる老舗のハワイアンフード

ハイウエイ・イン
Highway Inn

グルメサラダ、アペタイザーなどここだけのメニューが楽しめる。おすすめは定番のラウラウ・コンボ$19.95～、豚肉の薫製をのせたスモークドモコ$17.95。

伝統的なハワイアンフードが楽しめるラウラウ・プレート。ポイまたはライスが選べる

カカアコ 別冊P.27-C4
808-954-4955 680 Ala Moana Blvd. Ste 105（ソルト1F）
10:30～20:00（金曜～20:30、土曜9:30～20:30、日曜9:30～15:00） 7/4（半日）、感謝祭、12/24（半日）、12/25、12/31（半日）1/1 ADJMV ソルトのパーキングを利用（バリデーションあり） myhighwayinn.com

オックステール・スープが味わえる人気店

アサヒ・グリル・カイムキ
Asahi Grill Kaimuki

オックステール・スープ、目玉焼きがのったフライドライスやロコモコなど、ローカルが大好きなメニューが揃う人気レストラン。

オックステール・スープはミニ$19.95、レギュラー$23.95

カイムキ 別冊P.17-A3
808-744-9067 3008 Waialae Ave.
8:00～14:00、17:00～21:00 水曜、1/1 DJMV
店の横に無料駐車場あり asahigrill.net

日本人好みのローカルフードが味わえる

アロハ・テーブル・ワイキキ
Aloha Table Waikiki

日本で展開するアロハ・テーブルの本店。ウッディな店内とテラス席で心地よい風を感じられる。えりすぐりの素材でおしゃれにアレンジされたローカルフードは、どれも美しい。

人気のロコモコはランチタイム$19、ディナー$23

ワイキキ 別冊P.20-B2
808-922-2221 2238 Lauula St. 2F
11:30～14:00、16:00～24:00（L.O.23:00）
無休 AJMV 無料駐車場あり
www.waikiki.alohatable.com

フレッシュなポケが食べたいならここ

ヒバチ
The Hibachi

和食が少ないカイルアエリアで、約10種類ものポケやプレートランチが食べられる貴重な店。なかでもその場で作ってもらえるポケボウルがオススメ。

人気のジンジャー醤油アヒポケボウルは量り売りで$14前後（ミニ）

カイルア P.150
808-263-7980 515 Kailua Rd., Kailua
11:30～17:30（金～日曜～18:30）
1/1 VM 店の裏にある無料駐車場を利用
thehibachihawaii.net

伝統のハワイ料理を受け継ぐ味の名店

ヘレナズ・ハワイアン・フード
Helena's Hawaiian Foods

1946年の開店以来、地元の人々に愛されてきた老舗ハワイ料理店。アメリカでレストラン業界最高峰といわれる「ジェームズ・ビアード・アワード」を受賞したことも。

定番のハワイ料理が食べられる人気メニューD$37.45～（写真はライスをポイに変更$38.50～）

カリヒ 別冊P.14-B1
808-845-8044 1240 N. School St. 10:00～19:30
土～月曜、おもな祝日 AMV
店の前に数台の無料駐車場あり
helenashawaiianfood.com

チャーシューなど中国料理もあるハワイ料理店

ヤングズ・フィッシュ・マーケット
Young's Fish Market

1951年にフィッシュマーケットとしてスタートした店。ラウラウやロミサーモン、カルアピッグなどがセットになったプレートがオーダーしやすくおすすめ。

ハワイを代表する料理がすべて付く豪華なコンビネーションプレート$24.25～

カリヒ 別冊P.14-B1
808-841-4885 シティ・スクエア・ショッピングセンター内 9:30～19:00（土曜8:00～16:00）
日曜、おもな祝日 VMA
モールの無料駐車場を利用 youngsfishmarket.com

ハワイ料理レストラン

ポケとシーフードにこだわるシェフの店

ポケ・ストップ
Poke Stop

刺身やシーフードのプレートランチが有名な店。手頃な価格ながら、料理の質は高級レストランに引けを取らない。通常30種類以上もあるポケは基本的に時価。ポケボウル$13.95〜。

アラン・ウォンズやサム・チョイなどでも修業をしたオーナーシェフのエルマー氏（中央）

`ワイパフ` 📍別冊P.6-B2
📞 808-676-8100 　🏠 ワイパフ・タウン・センター内
🕐 10:30〜19:00 　🚫 水・日曜、12/25、1/1 　💳 AMV
🚗 モールの無料駐車場を利用 　🌐 www.poke-stop.com/waipahu

毎日作りたてを提供するポケ専門店

オノ・シーフード
Ono Seafood

毎日作りたての9種類あるポケのなかで人気が高いのが、アヒ・ポケとタコ・ポケで、ランチ時には、ご飯にポケをのせたポケボウルが飛ぶように売れるとか。

写真はしょう油アヒポケボウル（市価）

`カパフル` 📍P.130-B
📞 808-732-4806 　🏠 747 Kapahulu Ave.
🕐 9:00〜16:00
🚫 日・月曜、12/25、1/1 　💳 AJMV
🚗 店の前に駐車スペースあり　　　　　　　　🇯🇵

カパフルにあるファミリー経営の有名老舗

ハイリズ・ハワイアン・フード
Haili's Hawaiian Foods

1948年代から営業を続けているハワイ料理の老舗。テイクアウトとデリのほか、ダイニングエリアでゆっくりと料理を食べられる。写真付きメニューもあるので安心。

ビッグカフナ $21.95。カルアビッグやラウラウ、ロミサーモン、チキンロングライス、ポケなどハワイ料理のエッセンスが凝縮

`カパフル` 📍P.130-B
📞 808-735-8019 　🏠 760 Palani Ave.
🕐 10:00〜14:00
🚫 月曜、3/20、感謝祭、12/25、1/1 　💳 AJMV
🚗 Winam St.に無料駐車場あり 　🌐 hailishawaiianfood.com 🇯🇵

ハワイ島産の新鮮なアワビをお気軽に

コナ・アバロニ
Kona Abalone

ハワイ島コナ沖で汲み上げられた海洋深層水を使って養殖された、希少な活アワビ、冷凍アワビ、缶詰を販売する。

アワビの缶詰ナチュラルフレーバー$26.40〜

`カパフル` 📍P.130-C
📞 808-941-4120 　🏠 415 Kapahulu Ave.
🕐 10:00〜14:00
🚫 日・月曜、12/25、1/1 　💳 AJMV
🚗 店裏の無料駐車場またはストリートパーキングを利用
🌐 www.bigislandabalone.com

シェアスタイルでいただくローカルフード

モアニ・ワイキキ
Moani Waikiki

ウエストオアフの人気店がワイキキに出店。大皿で提供される料理を広々とした店内でライブミュージックを楽しみながら食事ができる。

ハワイの伝統料理パニオロ・ピピカウラ$21などが人気

`ワイキキ` 📍P.301
📞 808-466-2629 　🏠 インターナショナル マーケットプレイス3F
🕐 17:00〜22:00（金・土曜 21:00※21:00〜翌1:30まではクラブ仕様になる） 　🚫 無休 　💳 ADJMV
🌐 www.moaniwaikiki.com

カリヒの住民に愛されて40年以上

エセルズ・グリル
Ethel's Grill

1978年以来、ロコの"おふくろの味"ともいうべきモチコチキンやマグロの刺身など、ボリューミーなローカル料理を手頃な価格で提供する庶民の食堂。

名物料理マグロのたたき刺身定食 $19.95。自家製ソースが美味。左奥は和風ハンバーグステーキ $14.95

`カリヒ` 📍別冊P.14-B1
📞 808-847-6467 　🏠 232 Kalihi St. 　🕐 8:00〜14:00
🚫 日・月曜、おもな祝日 　💳 不可
🚗 建物1階の無料駐車場を利用　　　　　　　🇯🇵

✅CHECK エセルズ・グリルは2023年9月現在、テイクアウトのみ営業。

Hawaiian Foods

\伝統と革新の味を食べ比べる/

トラディショナル・ハワイアン

　せっかくの海外旅行だから、ぜひ「地元の味」を体験したいもの。ハワイ古来の伝統料理の数々は、素材本来のうま味を生かした素朴なものが多く、あっさりとして日本人の舌にもよく合う。機会があればぜひ試してみたい。オーセンティックなハワイ料理を味わうにはP.215～217のレストランへ。ルアウ・ショー（→P.222）に参加すれば、ハワイ料理とともにアイランド・ダンスも楽しめる。

ポイ Poi

まさにハワイアンにとってのソウルフード。タロイモをすってペースト状にしたもの。高カロリーなので離乳食にも用いられる。曙も小錦もポイを食べて大きくなったのだ。正式には指ですくって食すのだが、何とも不思議な味わいで、日本人の口には——？

ハウピア Haupia

ハワイの定番デザート。ココナッツミルクをコーンスターチで固めたココナッツプリン。プルプルした食感が楽しい。

カルアピッグ Kalua Pig

一番のご馳走。結婚式や大きなお祝いのときに作られる。粗塩をした豚をまるごとティという葉で幾重にも包み、土中に作られたイム（かまど）の中で焼き石を使って蒸し焼きにしたもの。何時間もかけてじっくりと焼き上げるので、香ばしく軟らかい。豚肉本来の味を満喫できる。

ロミサーモン Lomi Salmon

「ロミ」はハワイ語でマッサージの意味。冷水にさらした塩鮭を、トマトなどと一緒にあえたもの。さっぱりと食べやすい。その名のとおり、手でこねてあえるほうが本格的。

ラウラウ Laulau

豚肉をタロの葉で包み、蒸したもの。肉が軟らかくなるまで蒸すので、手間がかかる。豚肉の代わりに魚を使うこともある。

ピピカウラ Pipikaula

ハワイ語の「ピピ＝牛」「カウラ＝干す」が由来のハワイ風スモークビーフ。ビールのおつまみに最適。

ポケ Poke

ハワイ風の刺身。タコやアヒ（マグロ）のぶつ切りを、ハワイアンソルト（天然塩）やオゴ（海藻）と一緒にあえたもの。これもロミロミして作る。ビールのお供に最適で、マーケットに行くと醤油、キムチ味なども売られている。

---- | SHOP LIST | ----
- ダ・オノ・ハワイアン・フード（P.215）
- ハイウエイ・イン（P.216）
- ヘレナズ・ハワイアン・フード（P.216）

\ ハワイのB級グルメを堪能！ /

お手軽ローカルフード

　ハワイの食文化に多大な影響を与えたのが、世界中からやってきた移民たちの母国料理。そのさまざまなエスニックの味がハワイで混じり合い、独自の味に進化した。しかも安くて手軽なスナックが多く、まさにハワイの絶品B級グルメなのだ。ローカルに交じって、ぜひご賞味あれ！

プレートランチ
Plate Lunch

紙皿に肉、魚、野菜などのおかずを盛り込んだセット料理のこと。たいてい丸く盛られたライス（ひと盛りを1 Scoop＝ワン・スクープと呼ぶ）にマカロニサラダなどが添えられている。1枚のお皿の上にさまざまな味が混在していて、まさに人種のジグソーパズル・ハワイならではの味だ。※おすすめプレートランチ店→P.223〜224

スパムむすび
Spam Musubi

スパムとは強い塩味の加工肉のこと。アメリカではポピュラーな食べ物で、朝食時などにベーコンやハムの代わりに食べるスタイルが一般的。ところがハワイの人たちはスパムをスライスして照り焼きソースで炒め、俵形のおにぎりの上にのせて海苔を巻いてしまったのだ。まさに和洋折衷のハワイ式料理。食べてみるとスパムの塩味がご飯と絶妙に合って美味。ABCストア（→ P.285）などのコンビニやスーパーで販売されている。1個 $2 ほど。

ロコモコ Loco Moco

これこそハワイが生んだ傑作料理。ハワイ島ヒロ生まれで、皿に盛ったご飯の上に、ハンバーガーパテと半熟の目玉焼きがのり、たっぷりとグレービーソースがかけられている。ぐしゃぐしゃにかき混ぜていただくのがハワイアンスタイル。オーセンティックなハワイ料理店（→ P.215 ～ 217）ほか、多くのレストランのメニューに載っている。

サイミン Saimin

薄味のスープに細い縮れ麺が入ったサイミンも、日系移民の多いハワイならではのローカルフレーバー。昔の中華そばといったもので、「ものすごくおいしい！」というほどでもないけれど、どこか懐かしい味だ。胃が疲れ気味のときにはありがたいメニューといえる。ジッピーズをはじめいろいろなところで食べられる。

┌--- I SHOP LIST I ----------
・L&L ハワイアン・バーベキュー
　（P.223）
・レインボー・ドライブイン （P.223）
・むすびカフェ いやすめ （P.256）
・ABC ストア （P.285）

ヨーロッパ料理のテクニックをベースに、アジアや太平洋地域のエスニックな風味を加えたハワイのオリジナル料理（→P.222）。人種のジグソーパズル、ハワイならではの多様性をもった料理カテゴリーだ。

👑 蝶のように美しく優雅なレストラン

マリポサ
Mariposa

ニーマン・マーカス（→P.316）内。広いテラス席からはアラモアナ・ビーチパークが一望できる。料理は地元の新鮮な魚介類や野菜の持ち味を生かした新感覚クィジーン。

1 フレッシュなスモークサーモンサラダ $29　2 開放感のある入口。テラス席もすてき　3 広々とした店内

アラモアナ ♥ P.295
📞 808-951-3420　🏠 アラモアナセンター、ニーマン・マーカス3F
🕐 11:30〜18:00（日曜12:00〜）　🔒 感謝祭、12/25、イースター
💳 ADJMV　🅿 センターの無料駐車場を利用
🌐 jp.neimanmarcushawaii.com/Restaurants/Mariposa.htm

👑 ハワイを感じる極上のダイニング

エムダブリュー・レストラン
MW Restaurant

ハワイ・リージョナル・クィジーンを代表するレストラン。カカアコに移転し、さらにラグジュアリー感がアップ。エレガントなメニューの数々は、ハワイ旅行の思い出に残るはず。

1 リリコイやハウピアといったフレーバーのブリュレ $15　2 店内は奥行きがあり、席数がある　3 ハワイアンカンパチ $42

カカアコ ♥ 別冊P.27-B4
📞 808-955-6505　🏠 888 Kapiolani Blvd.
🕐 17:00〜21:00　🔒 日曜
💳 AJMV
🚗 バレットパーキングを利用　🌐 mwrestaurant.com

👑 クリエイティブなロイズ・クィジーン

ロイズ・ワイキキ
Roy's Waikiki

ハワイ・リージョナル・クィジーンの代名詞的存在といえるロイズ。3号店は待望のワイキキに店を構えている。予算はひとり $60〜100。

1 東洋と西洋のエッセンスを融合したオリジナル料理に舌鼓を打とう　2 素敵なディナータイムになること間違いなし　3 人気料理が楽しめるプリフィクスメニュー $65 がお得

ワイキキ ♥ P.303
📞 808-923-7697　🏠 ワイキキ・ビーチ・ウォーク1F
🕐 16:30〜21:00（アウトサイドバー16:00〜21:30）
🔒 無休　💳 ADJMV
🚗 エンバシー・スイーツの駐車場を利用。バリデーションあり
🌐 www.royyamaguchi.com/roys-waikiki-oahu

ロイ・ヤマグチ氏が手がけるレストラン

イーティング・ハウス 1849 by ロイ・ヤマグチ
Eating house 1849 by Roy Yamaguchi

ハワイで初めてのレストランがオープンした1849年当時は、地元で取れた魚、肉、野菜などを使って料理していたという。当時をイメージしたメニューには、ロコモコ、ハマチの刺身などが揃う。

風通しのよいテラス席も数多くある

ワイキキ ♦ P.301
🏠 インターナショナル マーケットプレイス3F
📞 808-924-1849 🕐 16:00～21:00（ウィークエンドブランチ10:30～14:00）🚪 無休 💳 ADJMV
🚗 センターの有料駐車場を利用
🌐 www.royyamaguchi.com

👑 海が見えるホテルダイニングでフュージョン料理

ホクズ
Hoku's

ミシュラン3つ星レストランで研鑽を積んだシェフによる、フレンチテクニックを取り入れた地元の食材の料理が楽しめる。特別なひとときを堪能しよう。

テイスティングメニューはひとり $115

カハラ ♦ 別冊P.15-A4
📞 808-739-8888 🏠 ザ・カハラ・ホテル＆リゾート、ロビー階 🕐 17:30～20:30（日曜はサンデーブランチのみ9:00～13:00）🚪 日・月曜 💳 ADJMV
🚗 ホテルの駐車場を利用。バリデーションあり
🌐 jp.kahalaresort.com

👑 カリスマシェフの名店をワードで

メリマンズ
Merriman's

ハワイ・リージョナル・クィジーンのパイオニア、ピーター・メリマン氏の店。できるだけ地産地消にこだわり、ハワイ産の食材で生み出す新感覚の料理はどれも繊細な味わいで、訪れる人を虜にしている。

1 ウイスキーベースのハウスカクテル、ニュースクエア $16　2 高級コンドミニアム、アナハの1階に店を構える　3 料理は定期的に内容が変わるので、いつ訪れても楽しめる

ワード ♦ P.308
📞 808-215-0022 🏠 1108 Auahi St.（アナハ内）
🕐 11:00～21:00
🚪 無休 💳 ADJMV
🚗 アナハ1階の無料駐車場を利用　🌐 www.merrimanshawaii.com

👑 有名シェフ・メリマン氏の料理が味わえる

モンキーポッド・キッチン
Monkeypod Kitchen

ハワイ・リージョナル・クィジーンの第一人者、メリマン氏のレストラン。野菜や魚介類など、できるだけオーガニックな地元食材を使った料理が堪能できる。

1 濃厚ながら上品なチョコレートクリームパイ $12　2 店内ではゆったりと食事を楽しめる　3 地元農家のトマトを使用したマルゲリータ $20

コオリナ ♦ P.168
📞 808-380-4086 🏠 コオリナ・ステーション内
🕐 11:00～22:00
🚪 無休 💳 ADJMV
🚗 ステーション内の有料駐車場を利用
🌐 www.monkeypodkitchen.com

✓CHECK　モンキーポッド・キッチンは、ワイキキのアウトリガー・リーフ・ワイキキ・ビーチ・リゾート（→P.379）内にもオープン。

\ ハワイだからこそ生まれた食文化 /

ハワイ・リージョナル・クィジーン

　現在のハワイのレストラン業界をリードしているのがハワイ・リージョナル・クィジーンと呼ばれるジャンル。これは1991年に12人の若手シェフによって結成されたグループに由来し、その目的は「形式や伝統にとらわれず、ハワイ独自の食文化を確立しよう」というものだった。

　当時の参加メンバーはロイ・ヤマグチ、アラン・ウォン、サム・チョイ、ジョルジュ・マブロタラシッティ各氏ら、今日では名だたるカリスマシェフばかり。以後、彼らのレストランは地元のグルメアワードを独占し続け、またアメリカ本土の食通たちの舌をもうならせてきた。

ハワイ・リージョナル・クィジーンの仕掛け人、ピーター・メリマン氏。オアフ島ワードをはじめ、ハワイにはいくつも彼の店がある。

　もちろんシェフの出身地やバックグラウンドによって料理の個性は異なるが、共通項は"あくまでハワイの食材にこだわる"こと。ヨーロッパ料理のテクニックをベースに、アジアや太平洋地域のエスニックな風味を加えた料理なので、"パシフィック・リム（環太平洋）料理"と呼ばれることも多い。

```
--- I SHOP LIST I ---------
・メリマンズ（P.221）
・ロイズ・ワイキキ（P.220）
・イーティング・ハウス 1849
　by ロイ・ヤマグチ（P.221）
```

ルアウはハワイの大宴会

　ハワイ古来の味を体験できるのがルアウLuau。これは古くから伝わるハワイ独自の宴会料理のことで、誕生日や結婚などの祝い事があると、親族一同が集まって宴を催したという。

　現在では、ハワイの民族料理を味わえるツアーとして観光客の人気を集めている。オア

フ島にいくつかのルアウ・ツアーがあり、人気は以下の2社。いずれも代表的なハワイ料理を楽しんだあと、タヒチアンダンスやファイアーダンスが披露され、エキゾチックなポリネシアの夜を過ごすことができる。

```
--- I オアフ島のルアウ一例 I ---
・ジャーメインズ・ルアウ
　Germaine's Luau
📞 808-949-6626  🕐火・木・金～日曜
1976年創業の老舗ルアウ・ツアー。会場は
島西部エヴァ・ビーチ。料金は3ドリンク
付きの場合 $190、13～20歳 $165、4～
12歳 $155、3歳以下無料。送迎は各 +$35。

・パラダイス・コウブ・ルアウ
　Paradise Cove Luau
📍P.168  📞 808-842-5911
ハワイアンルアウビュッフェパッケージ
料金は $140～、13～20歳 $115～、4
～12歳 $100～。送迎はひとり $35
```

🍴 プレートランチ

10ドル前後で食べられるお手軽ランチの主役といえばプレートランチ。紙皿に肉、魚、野菜などのおかずを盛り込んだセット料理だ。イートインもいいけれど、テイクアウトして、お日さまの下で食べるのがハワイアンスタイル。

ハワイの老舗ドライブイン
レインボー・ドライブイン
Rainbow Drive-In

1961年のオープン当初からローカルに愛され、同じ場所で営業を続ける老舗プレートランチ店。一番人気はボリューム満点のミックスプレート$10.50。

1 マヒプレート$12.50　2 レインボーの外観が目印
3 BBQビーフ、チキンカツ、魚のフライにライス2スクープとマカロニサラダが付くミックスプレート$12.95

カパフル ♥ P.130-C
📞 808-737-0177　🏠 3308 Kanaina Ave.
🕐 7:00〜21:00
🚫 感謝祭、12/25、1/1
💳 AJMV　🚗 無料駐車場あり
🌐 www.rainbowdrivein.com

ハワイを代表するプレートランチ店
L&Lハワイアン・バーベキュー
L&L Hawaiian BBQ

プレートランチの代名詞といわれるほど有名な店。代表メニューのチキンカツをはじめとする各種プレートランチに加え、ロコが好きな朝食メニューもある。

1 2023年5月にオープンした　2 ご飯とサラダかマカロニサラダかを選べるチキンカツ$15.95　3 バターとガーリック風味のソースで炒めたバターガーリックシュリンプ$16.95

ワイキキ ♥ P.299
📞 808-744-2795
🏠 ロイヤル・ハワイアン・センターB館2Fパイナラナイ内
🕐 9:00〜21:30
🚫 無休　💳 AJMV　🚗 センター内のパーキングを利用
🌐 www.hawaiianbarbecue.com

グルメプレートと手作りスイーツが人気
ダイヤモンドヘッド・マーケット＆グリル
Diamond Head Market & Grill

ハワイ産の食材と自家製ソースにこだわったグルメ料理を手軽なプレートランチにした地元の有名店。おすすめは味噌ジンジャーサーモン$15.75。食べ応え満点のスコーンも人気。

1 ブルーベリークリームチーズスコーン$5.65　2 自家製ハニーマスタードドレッシングが付く味噌ジンジャーサーモン$18　3 ランチタイムはたくさんの人でにぎわう

モンサラット ♥ 別冊P.17-B4
📞 808-732-0077　🏠 3158 Monsarrat Ave.
🕐 7:30〜20:00（マーケット＆ベーカリーは〜20:30）
🚫 無休　💳 AJMV
🚗 店の前に無料駐車場あり（約15台）
🌐 diamondheadmarket.com

📍 **CHECK** プレートランチのライスは、お店によっては玄米や雑穀米など選べるところもある。

ロコが愛したジェネラルストアが復活
ハマダ・ジェネラルストア
Hamada General Stor

かつて雑貨店として人気を博していたお店が、プレートランチ店として生まれ変わった。ロコが大好きなハワイのソウルフードが揃う。

人気のプレートはロコモコ$17、ハンバーガー$15など

ワード 📍別冊P.27-B4
📞 808-379-1992 　🏠 885 Queen St.
🕐 9:00～14:00 　🈂 日曜、おもな祝日
💳 AJMV 　🚗 店の前の無料駐車場を利用
🌐 hamadageneralstore.com

日本人経営のプレートランチ店
パイオニア・サルーン
Pioneer Saloon

ホノルル動物園から徒歩数分の人気プレートランチ店。シェフ歴の長いノリさんのおすすめは、ほどよくスパイシーなガーリックケージャンシュリンプ$17。しそわかめご飯は＋$1～。

ガーリックケージャンシュリンプは、香ばしいエビのソテー（ポテトサラダ、グリーンサラダ、しそわかめご飯付き）

モンサラット 📍別冊P.23-A4
📞 808-732-4001 　🏠 3046 Monsarrat Ave. 　🕐 11:00～20:00
🈂 おもな祝日 　💳 AJMV 　🚗 店の左側に無料駐車場あり（3台） 　🌐 pioneer-saloon.net 　📱📱

世界各国のエビ料理をワイキキで
エビノミ
EbiNomi

厳選したエビを使用し、世界各国のエビメニューが楽しめるユニークな店。一番人気はガーリックシュリンプ。ハワイ、ノースショア名物のエビカフクはにんにくたっぷり。

ガツンと効いたにんにくがたまらないエビカフク$17.95

ワイキキ 📍別冊P.21-A3
📞 808-744-1661 　🏠 2310 Kuhio Ave.
🕐 8:00～14:00、17:00～21:00 　🈂 無休 　💳 ADJMV
🚗 なし 　🌐 www.ebinomi.com/

ヘルシーな地中海料理がメイン
ダ・スポット
Da spot

ナチュラル系のレストランやショップが多いエリアにあり、ヘルシーな多国籍料理でローカルに人気。モロッコなどの地中海料理がメインで、見た目より味はあっさりしている。

おすすめはコンボプレート$12.50。ジューシーなチキンバルメザンをチョイス

ホノルル 📍別冊P.16-A2
📞 808-941-1313 　🏠 2569 S. King St. 　🕐 10:00～21:30
🈂 おもな祝祭日 　💳 AJMV
🚗 近くのパブリックパーキングを利用 　🌐 daspot.net

👑 風に吹かれてロコ気分を味わえる人気レストラン
ニコス・ピア38
Nico's Pier 38

市場で競り落とした新鮮な魚介類を中心に、ローカルフードまで充実のメニュー。毎日ライブミュージック（月～土12:00～14:00、18:00～21:00、日曜11:00～13:00、18:00～20:00）も開催。

フィッシュ＆チップス$15.25（ディナー$20）、フライド・アヒ・ベリー$16.25（ランチのみ）

ホノルル 📍別冊P.14-B1
📞 808-540-1377 　🏠 1129 N.Nimitz Hwy.
🕐 6:30～21:00（日曜10:00～）
🈂 日曜の朝食、感謝祭、12/25、1/1 　💳 AJMV
🚗 無料駐車場あり 　🌐 nicospier38.com 　📱

元祖ノース・ショアのシュリンプ・トラック
ジョバンニズ・シュリンプ・トラック
Giovanni's Shrimp Truck

ノース・ショアを代表する人気店。ひと皿に12尾もの大きなエビが盛られたプレートを求めて1日中行列ができるほど。

ガーリックスキャンピやホット＆スパイシー、レモンバターなど味は3種類で各$16

ハレイワ 📍別冊P.10-C2
📞 808-293-1839 　🏠 66-472 Kamehameha Hwy., Haleiwa
🕐 10：30～17：00 　🈂 無休 　💳 不可
🚗 トラックの前の無料駐車場を利用
🌐 giovannisshrimptruck.com

🍴 ハンバーガー＆サンドイッチ

ボリューム満点のパテにケチャップ、マスタードをたっぷりかけたハンバーガーを大きな口でガブリ！「正しいアメリカの食事」を実感する一瞬だ。最近では地元産の牛肉にこだわる店やヘルシー志向の店など種類豊富。

肉のうま味があふれ出す絶品バーガー
ブッチャー＆バード
Butcher & Bird

精肉店を経営しているオーナーが提供するバーガーやホットドッグが絶品。自家製のパテやソーセージはジューシーで、やみつきになること間違いなし。

1 店内でソーセージを詰める自家製のキエルバサホットドッグ$14.98　2 お店では実際に肉も販売している　3 USDAプライムビーフを使ったダブルチーズバーガー$17.98が一番人気

カカアコ ◎ 別冊P.27-C4
📞 808-762-8095
🏠 324 Coral St. Suite207（ソルト2F）
🕐 11：00〜18：00（日曜〜16：00）
🚫 月曜、おもな祝日　💳 AJMV
🚗 ソルトの有料駐車場を利用　🌐 www.butcherandbirdhi.com

上質なアンガス牛を使用したハンバーガー
マハロハ・バーガー
Mahaloha Burger

パテに使用する牛肉は、上質な認定書付きアンガスビーフを使用。価格も手頃で、フードコートでは珍しくビールも提供する。

1 スイスチーズと相性抜群なアボカド・スイス・バーガー$10.95　2 フードコート、パイナ・ラナイ内にある　3 生ビール$7.50のお供にぴったりなミニスライダー$8.50

ワイキキ ◎ P.299
📞 808-926-6500　🏠 ロイヤル・ハワイアン・センターB館2F
🕐 10：00〜21：00　🚫 無休　💳 ADMV
🚗 センター内のパーキングを利用

ボリューム満点の人気店
クアアイナ・サンドイッチ
Kuaaina Sandwich

ハレイワ生まれのバーガーショップ。パテはハーフポンドまたは3分の1ポンドから選べるので、おなかのすき具合でチョイスしよう。

約150gのパテがジューシーなパイナップルハンバーガー$11.10

ハレイワ ◎ P.175
📞 808-637-6067
🏠 66-160 Kamehameha Hwy, Haleiwa
🕐 11：00〜20：00　🚫 感謝祭、12/25　💳 JMV
🚗 付近の無料駐車場を利用
🌐 kua-ainahawaii.com/

ウィルフレッドおじさん秘伝の味
W&Mバーベキュー・バーガー
W&M Bar-B-Q. Burger

ランチ時には店の前に行列ができるほど、人気の専門店。甘さを抑えたBBQソースをかけて焼いたパテはほどよい焼き具合で、歯応えがあって香ばしい。

こだわりのＢＢＱソースを味わっていただきたい

ホノルル ◎ 別冊P.17-A3
📞 808-734-3350
🏠 3104 Waialae Ave.
🕐 10:00〜16:30（土・日曜9:00〜）
🚫 月・火曜、おもな祝日
💳 AJMV　🚗 無料駐車場あり　🌐 wmburger.com

ヘルシーな地元食材を使ったグルメバーガー
ホノルル・バーガー・カンパニー
Honolulu Burger Co.

ホルモン剤は未使用で、牧草を与え放牧したナチュラルな牛肉を使うなど、ハワイの素材にこだわる上質バーガーでブレイク。サイズや具も自由にオーダーできる。

ロコモコ・バーガー $14.86とフライドポテト $6.23〜。10種類以上のフライドポテトメニューがある

ホノルル 📍別冊P.25-A3
📞 808-626-5202　🏠 1295 S.Beretania St.
🕐 11:00〜20:00（日曜〜16:00、月曜〜15:00）
🔒 感謝祭、12/25、1/1　💳 AJMV　🚗 店の横に無料駐車場あり
🌐 honoluluburgerco.com

組み合わせは何と30万通り以上！
ザ・カウンター・カスタム・ビルト・バーガー
The Counter Custom Built Burgers

大人気のカスタムハンバーガーのレストラン。パテ、バンズ、トッピング、ソースをお好みで選んで、注文表に書き込みオーダーする。価格は $15.50〜。

カウンター・バーガー $19。フライドオニオンやマッシュルーム、サンドライトマトがたっぷり

カハラ 📍P.131
📞 808-739-5100　🏠 カハラモール内
🕐 11:00〜21:00
🔒 12/25　💳 MV　🚗 モールの無料駐車場を利用
🌐 www.thecounter.com

本格サンドイッチにこだわる専門店
アール
E.A.R.L

実力店がひしめくカイムキの人気店が移転。絶品と名高いグルメサンドイッチは、ハワイ産の食材をふんだんに使い、自家製のパンで提供してくれる。

人気のサンドイッチは、さわやかなリリコイレモネード$4などドリンクと一緒にどうぞ

ホノルル 📍別冊P.17-A3
📞 808-200-4354　🏠 2919 Kapiolani Blvd.　🕐 10:00〜21:00
🔒 感謝祭、12/25、1/1　💳 AJMV
🚗 店の前の有料駐車場を利用
🌐 earlhawaii.com

また食べたくなるグルメドッグ
ハンクス・オート・ドッグス
Hank's Haute Dogs

ホットドッグ専門店。100％ビーフソーセージを使用した"シカゴ"のほか、炭火焼きチキンにスイートマンゴーがポイントの"チキン"など、ワンランク上のホットドッグが楽しめる。

左がシカゴドッグ$8.95。手前はサイドオーダーのオニオンリング$6.95

カカアコ 📍別冊P.27-C4
📞 808-532-4265　🏠 324 Coral St.（ソルト1F）　🕐 11:00〜16:00
（金・土曜〜19:00、日曜〜18:00）　🔒 感謝祭、12/25、1/1
💳 ADJMV　🚗 無料駐車場あり　🌐 www.hankshautedogs.com　🈺

新鮮なロブスターを口いっぱいに頬張ろう
ロイヤル・ロブスター
Royal Lobster

ロブスターの産地として有名なアメリカのメイン州から仕入れ、カジュアルに高級食材が満喫できる穴場店。ロブスターロールは自家製ソースでめしあがれ。

1 店内には数席のテーブルとイスがある　2 ワイキキ・ショッピング・プラザの地下にある　3 ヘルシーなロブスターサラダ、がっつりいただけるワンホールロブスターロール（どちらも市価）

ワイキキ 📍P.21-B3
📞 808-888-0332　🏠 ワイキキ・ショッピング・プラザ地下1階
🕐 10:30〜18:00　🔒 無休　💳 AJMV
🚗 なし　🌐 www.theroyallobster.com/

🍴 カフェ＆スイーツ

観光ショッピングの合間など、疲れたときには香り高いコーヒーや甘いものでホッとひと息つきたいもの。なかでも本格派のカフェや上品な甘さで見た目も華やかなスイーツが楽しめるショップに注目したい。

アメリカ＋ハワイのフュージョンを堪能

ウエストマン カフェ＋ラウンジ

WESTMAN Cafe + Lounge

天井が高く開放的な雰囲気のなか、朝食とブランチが堪能できる。地元産の食材を使ったメニューが多く、中でもハワイ島産のはちみつを使ったフワフワのスフレパンケーキが人気。

1 明るく心地よい風が吹き抜ける店内　2 ベーコンスピナッチマッシュルーム$19とビーチウォークマイタイ$14　3 ビッグアイランドハニースフレパンケーキ$26とレディライチ$11

ワイキキ 📍別冊 P.20-B2
📞 808-922-1500　🏠 280 Beach Walk.
🕐 7：00〜14：00（金〜日曜7：00〜14：00、17：00〜22：00）
🔓 無休　💳 AJMV

100％コナ・コーヒーが気軽に味わえる

アイランド・ヴィンテージ・コーヒー

Island Vintage Coffee

100％コナ・コーヒーが、普通のコーヒー価格で味わえるコナ・コーヒー専門店。ドリンクも豊富なうえ、アサイボウルやポケボウルもおいしいと評判。

1 ガッツリ食べるのにおすすめのカキアゲトウフポケ$22.95　2 常に行列ができる人気店　3 大ボリュームで食べ応え抜群のビーガン・カレー・キヌアプレート$24.95

ワイキキ 📍P.299
📞 808-926-5662　🏠 ロイヤル・ハワイアン・センターC館2F
🕐 6：00〜22：00（食事メニューは7：00〜21：30）
🔓 無休　💳 ADJMV　🚗 センターの駐車場を利用
🌐 www.islandvintagecoffee.com

ファーム・トゥ・テーブルがコンセプト

ファーム・トゥ・バーン・カフェ＆ジューサリー

Farm to Barn Cafe & Juicery

畑の中にあるファームスタンド。取れたての新鮮な野菜や果物を使ったヘルシーな料理が味わえる。ハレイワ散策の際にぜひ立ち寄りたい。

フルーツてんこ盛りのアサイボウル$12.50〜

ハレイワ 📍別冊P.10-C2
📞 808-354-5903　🏠 66-320 Kamehameha Hwy., Haleiwa
🕐 9：00〜15：00　🔓 おもな祝日
💳 AJMV　🚗 ファームスタンド前の無料駐車場を利用
🌐 farmtobarncafe.com

今ハワイで最注目のシロップを扱う

ポアイ・バイ・ポノ・ポーションズ

Pō'ai by Pono Potions

ハワイの食材を使った自家製シロップを使ったドリンクが楽しめる。自然の素材を使用したシロップは体に優しく安心。店内ではローカルアーティストの作品も販売する。

ミドル・フォー抹茶$6などユニークなドリンクが揃う

ダウンタウン 📍別冊P.26-B2
🏠 1119 Smith St.　🕐 7：30〜16：00（日曜8：00〜14：00）
🔓 月曜　💳 ADJMV　🚗 無料駐車場あり
🌐 ponopotions.com/

台湾式かき氷の人気店
アイス・モンスター・ハワイ
Ice Monster Hawaii

シロップを混ぜた氷を薄く削ったふわふわのかき氷は、合成着色料を一切使わず、素材の味を生かしている。

パパイヤ・ミルク・センセーション $14.50はハワイ限定

ワイキキ 📍別冊P.21-A3
📞 808-762-3192
🏠 ハイアット セントリック ワイキキビーチ1F
🕐 11：00～22：00　🔒 無休　💳 ADJMV
🚗 周辺の有料駐車場を利用　🌐 ice-monster-hi.com

NYの大人気ミルクレープをワイキキで
ワイキキ・ティー
Waikiki Tea

NYで行列ができる人気店「レディM」の絶品ミルクレープが食べられる。何十枚も重なったミルクレープは甘過ぎず上品な味わい。

ほのかな酸味がさわやかなパッションフルーツ $10

ワイキキ 📍別冊P.20-B2
📞 808-886-6000　🏠 234 Beach Walk
🕐 11:00～20:00　🔒 火曜、感謝祭、12/25、1/1　💳 AJMV
🚗 店横に6台分の無料駐車場あり

アサイボウル＆スムージーの人気店
ナル・ヘルスバー＆カフェ
Nalu Health Bar & Cafe

アサイボウルやスムージーなど、ヘルシー志向のメニューが大人気のカフェ。オーナーはアサイの原産地、ブラジルの出身。本場仕込みのこだわりのアサイボウルを味わおう。

濃厚なアサイを使ったナルボウル $12.50

ワード 📍P.308
📞 808-597-8871　🏠 イースト・ヴィレッジ・ショップス＋サウスショア・マーケット内　🕐 9:00～18:00（金・土曜～21:00）
🔒 感謝祭、12/25　💳 ADJMV　🚗 センターの無料駐車場を利用　🌐 www.naluhealthbar.com

SNS映えするオシャレなカフェ
ハワイアン・アロマ・カフェ
Hawaiian Aroma Cafe

緑があふれ、明るい光が差し込む心地よい空間が広がるカフェ。多彩なフレーバーメニューがあるコーヒードリンクに加え、アサイボウル、ワッフル、パニーニなど食事メニューも充実している。

ベリーたっぷりのアサイワッフル $18とラテ $5.50

ワイキキ 📍別冊P.21-B4
📞 808-256-2602　🏠 オハナ・ワイキキ・イーストbyアウトリガー2F　🕐 6:00～12:00　🔒 無休
💳 ADJMV　🚗 ホテルの駐車場を4時間まで $6でバリデート
🌐 hawaiianaromacaffe.com

👑 ロコが愛する有名店
リリハ・ベーカリー
Liliha Bakery

リリハで大人気の名店がついにワイキキ店をオープン。ワイキキ店ではカジュアルでありながらアップスケールな雰囲気も楽しめるのが魅力。名物のココパフ $2.89も要チェック。

朝食にぴったりなワッフルのセット、ワッファード $18.50

ワイキキ 📍P.301
📞 808-922-2488　🏠 インターナショナル マーケットプレイス3F
🕐 7:00～22:00　🔒 無休
💳 AMV　🚗 センターの駐車場を利用
🌐 www.lilihabakery.com/

グルメカフェ特選の100％コナ・コーヒー
ザ・コーヒー・ビーン＆ティー・リーフ
The Coffee Bean & Tea Leaf

世界27ヵ国に1000店舗以上を展開するカフェ。ハワイにも19店舗あり、その良質なセレクションからファンが多い。世界各地から厳選した豆を店頭で販売。

早朝から営業しているから、出かける前や帰国日の朝でも立ち寄れる

ワード 📍P.308
📞 808-597-1011　🏠 イースト・ヴィレッジ・ショップス＋サウスショア・マーケット内　🕐 6:00～20:00（日曜～18:00）
🔒 無休　💳 ADJMV　🚗 センター内の駐車場を利用
🌐 www.coffeebean.com

☑ カフェ&スイーツ

🍴 カフェ&スイーツ

約100年の歴史をもつカフェ
ワイオリキッチン&ベイクショップ
Waioli Kitchen & Bake Shop

　カフェがあるのは、1922年に建造され、歴史的建造物として登録されている由緒ある建物のなか。店内では、スコーンやマフィンをはじめ、新鮮野菜たっぷりのサラダなどランチも楽しめる。

1 マノアの風が吹きぬける、心地よいテラス席。　**2** 毎朝焼き上げるスコーン$4.15　**3** マノアの森に囲まれた居心地抜群のカフェだ

マノア 📍別冊P.15-A3
📞 808-744-1619　🏠 2950 Manoa Rd.
🕐 8:00～11:00　🚫 日・月曜、おもな祝日　💳 AMV
🚗 カフェの前の無料駐車場を利用
🌐 waiolikitchen.com

元祖シェイブアイス・ストア
マツモト・シェイブアイス
Matsumoto Shave Ice

　店の前にはいつも行列ができるほど人気がある、シェイブアイスの有名店。ほとんどのシロップと、評判の小豆は自家製にこだわっている。

一番人気はストロベリー、パイナップル、レモンのレインボー$3.75～

ハレイワ 📍P.175
📞 808-637-4827　🏠 ハレイワ・ストア・ロット内
🕐 10:00～18:00　🚫 感謝祭、12/25、1/1　💳 AJMV
🚗 店の横にある駐車場を利用
🌐 matsumotoshaveice.com

ヘルシーな抹茶ドリンクでリフレッシュ
ジュンビ
Junbi

ロサンゼルス発の抹茶ドリンク専門店がハワイ初上陸。日本の農園で生産された高品質な抹茶を使用し、天然の原料のみを使ったフレッシュな味わいが楽しめる。

グアバ抹茶はハワイ限定。柚子ドラゴンフルーツ緑茶も人気。各$7.25。

ワイキキ 📍P.299
📞 808-892-1221
🏠 ロイヤル・ハワイアン・センターC館1階
🕐 9:00～21:00　🚫 無休　💳 ADJMV
🌐 www.junbishop.com

アロマテラピー専門店が手がける店
アアラ・ハーバルバー+アロマセラピー
'A'ala Herbal Bar + Aromatherapy

　アロマテラピー協会認定のスクールを経営する夫妻がオーナー。オーガニックのハーブティーなど心安らぐメニューが揃う。

清潔のあるおしゃれな店内

カイルア 📍P.150
📞 808-683-2499　🏠 27 Oneawa St.
🕐 10:00～15:00（日曜9:00～14:00）
🚫 月・土曜、おもな祝日、不定休あり　💳 AMV
🚗 店の裏にある無料駐車場を利用
🌐 kailuacafeaala.com

ハワイ産コーヒーにこだわるカフェ
アイランド・ブリュー・コーヒーハウス
Island Brew Coffee House

　エスプレッソを含むすべてのコーヒーに、ハワイ産のコーヒー豆を使用。コーヒー豆は、数々の賞を受賞しているハワイ島のラスティーズ・ハワイアン・コーヒーのもの。

ストロベリーとバナナ、ブルーベリーがのったブルーベリーワッフル$16.95

アラモアナ 📍P.294
📞 808-944-3788　🏠 アラモアナセンター3F海側　🕐 7:30～20:00（日曜～18:00）　🚫 11/24、12/25　💳 AJMV　🚗 センターの無料駐車場を利用　🌐 islandbrewcoffeehouse.com

---

火照った体にひんやりシェイクはいかが？
キス・トリーツ・ハワイ
KITH TREATS. HAWAII

セレクトショップ、キスに併設するソフトクリームパーラー。アイスクリーム、ミルクシェイク、ボウルから選んで自由にトッピングできる。

ミルクシェイク$8.50～。シリアルなどのトッピング（+¢75）は2つまで可能

`ワイキキ` 📍 P.299
🏠 ロイヤルハワイアンセンターC館1F ⏰ 10:00～21:00
🚪 無休 💳 AJMV 🚗 センターの駐車場を利用
🌐 kith.com

ハワイのフルーツがジュースに凝縮！
ラニカイ・ジュース
Lanikai Juice

新鮮なフルーツや野菜を使った豊富なメニューが特徴。オーダーを受けてから作るヘルシーなスムージーやアサイボウルでエナジーチャージしよう。

スーパーフードやプロテインなどのカスタマイズも可能

`ワード` 📍 別冊P.28-C2
📞 808-379-1777 🏠 388 Kamakee St.（ホールフーズ・マーケット内） ⏰ 8:00～17:00（金・土曜～18:00） 🚪 ホールフーズ・マーケットに準じる 💳 ADJMV 🚗 ホールフーズ・マーケットのパーキングを利用 🌐 lanikaijuice.com

---

フルーツたっぷりのヘルシーカフェ
サニーデイズ
Sunny Days

しっとりとしたパンケーキをはじめ、野菜たっぷりのサンドイッチやランチプレートなどヘルシーな料理が味わえる。Tシャツなどの雑貨もおすすめ。

マストでオーダーしたいベリーベリーパンケーキ$18

`モンサラット` 📍 別冊P.23-A4
📞 808-367-0059 ⏰ 8:00～15:00（14:30L.O.） 🚪 木曜 💳 JMV 🚗 店の前にある無料パーキングを利用 🌐 sunnydays-monsarrat.com 🈥

コーヒー通に愛される洗練カフェ
ナイン・バー・ホノルル
9 BAR HNL

シンプル&モダンな雰囲気のなかで、香り高く焙煎されたシングルオリジンコーヒーが味わえる。自家製のペストリーも人気。

エスプレッソに少量の温かいミルクを加えたコルタード$4が人気

`カカアコ` 📍 別冊P.27-C4
📞 808-762-0255 🏠 685 Auahi St.#118（ソルト1F）
⏰ 7:00～12:00（金曜～13:00、土・日曜8:00～14:00）
🚪 感謝祭、12/25、1/1（不定休） 💳 ADJMV
🚗 ソルトの有料駐車場を利用 🌐 9barhnl.com

マウイ島愛あふれるかき氷屋さん
ラハイナ・シェイブアイス
Lahaina Shave Ice

マウイ島にルーツをもつオーナーが、古きよき時代のラハイナへの想いを込めてオープン。ローカルスタイルのシェイブアイスが楽しめる。

モチやボバ、コンデンスミルクがたっぷりのラハイナ・レインボー$9.75

`ワイキキ` 📍 別冊 P.20-B2
📞 808-773-7012 🏠 247 Beach Walk ste100
⏰ 10:00～20:00 🚪 無休 💳 ADJMV 🚗 なし

地元住民推薦の隠れた味の名店
コノズ
Kono's

コノズとはハワイ語で「ご招待」の意味。朝食とランチのサンドイッチやサラダが中心。どれもボリューム満点で、地元ファンが多い。

一番人気のターキー・アボカド・メルト・サンドイッチ$13.50

`ハレイワ` 📍 P.175
📞 808-637-9211
🏠 ノース・ショア・マーケットプレイス内
⏰ 7:00～14:30 🚪 感謝祭、12/25、3/20 💳 AMV
🚗 店の前の駐車場を利用 🌐 www.konosnorthshore.com 🈥

オーガニック志向のベジタリアンカフェ
ザ・ビートボックス・カフェ
The Beet Box Cafe

できるだけオーガニック素材を使ったベジタリアンメニューを提供。アサイボウルやスムージーなど、ヘルシーなメニューが人気。

左はメキシカリ・ブルース$13.50、右はリオ・ボウル$12.75

ハレイワ ♥ 別冊P.10-C2
📞 808-637-3000
🏠 66-437 Kamehameha Hwy., Haleiwa
🕐 9:00〜15:00 🚫 感謝祭、12/25、1/1 💳 MV
🚗 付近の無料駐車場を利用
🌐 www.thebeetboxcafe.com

フードも充実したローカルコーヒーショップ
モーニング・ブリュー
Morning Brew

パンケーキやベーグルサンドなどの朝食メニューからサラダやサンドイッチ、ラップなど軽食メニューが豊富。ワッフル以外は終日楽しめる。

季節のフルーツがのったワッフル$11.25

カイルア ♥ P.150
📞 808-262-7770 🏠 600 Kailua Rd., Kailua
🕐 6:00〜16:00
🚫 12/25 💳 ADJMV
🚗 店の前にある駐車場を利用
🌐 morningbrewhawaii.com

ハワイ発、手作りのグルメ・ジェラート
イル・ジェラート・カフェ・カハラ
Il Gelato Café Kahala

イタリアで製法を習得したオーナーが作る本格派ジェラート。新鮮なハワイのフルーツを多用するなど素材にこだわる。

新鮮な手作りジェラートとシャーベット。注目のビーガンメニューもある

カハラ ♥ P.131
📞 808-732-3999 🏠 カハラモール内 🕐 10:00〜21:00（金・土曜9:00〜、日曜9:00〜19:30） 🚫 12/25 💳 ADJMV
🌐 ilgelato-hawaii.com 🚗 モールの無料駐車場を利用

バーが充実の人気ビストロ
パンヤ・ビストロ
Panya Bistro

店内には100以上の座席数があり、ゆったりとくつろげ、バーも併設。15:00〜17:00のハッピーアワーに訪れると、ドリンクやププが特別価格で楽しめる。

ココナッツ風味のカレースープに2種類の麺が入ったシーフードラクサ$24とタイ風ステーキサラダ$25〜

アラモアナ ♥ 別冊P.28-C2
📞 808-946-6388 🏠 1288 Ala Moana Blvd.
🕐 10:30〜22:00 🚫 月曜 💳 AJMV
🚗 山側に隣接するビルの駐車場を利用。バリデーションあり
🌐 panyabistro.com

カリフォルニアからやってきたベーカリー
JJ2 ベーカリー
JJ2 Bakery

カリフォルニア・ハワイに約7店舗を持つ人気ベーカリーのハワイ支店。ペストリーだけで約80もの種類があり、日本人にとってなじみのある、あんパンも用意している。

各種パンは$2.50前後とリーズナブル

アラモアナ ♥ 別冊P.29-A3
📞 808-942-0888 🏠 1440 Kapiolani Blvd.
🕐 9:00〜18:00 🚫 12/25
💳 AMV 🚗 付近の無料駐車場を利用
🌐 jjbakeryusa.com/honolulu-hawaii

おいしいコーヒーとペストリーをここで
コナ・コーヒー・パーベイヤーズ
Kona Coffee Purveyors

ハワイ島コナ産の豆を厳選して購入し、1杯ずつていねいにいれるプアオーバーコーヒーが人気だ。また、数種類のフレーバーがあるクイニーアマン$6.75〜も好評。

エスプレッソとミルクの割合が約半量ずつのコルタード$5.75

ワイキキ ♥ P.301
📞 808-450-2364 🏠 インターナショナルマーケットプレイス1F（クヒオ通り側） 🕐 7:00〜16:00 🚫 無休 💳 ADJMV
🚗 センターの有料駐車場を利用
🌐 konacoffeepurveyors.com

ハレイワ・ボウルズ
Haleiwa Bowls

多彩なトッピングが魅力のアサイボウル店

約20種類以上ものトッピングが可能なアサイボウルが人気。自分好みのトッピングと味を楽しもう。ハパボウルはスモール$12、ラージ$14。

ハレイワ散策の休憩に立ち寄ろう

ハレイワ ♥ P.175
🏠 66-030 Kamehameha Hwy., Haleiwa
🕐 7:30～18:30
🎫 無休 💳 ADJMV
🚗 付近の駐車場を利用
🌐 haleiwabowls.com

バナン・ワイキキ
Banan Waikiki

おいしいバナナを使った冷たいソフトクリーム

2014年暮れにモンサラット通りでフードトラックとしてオープン。環境保全を考慮したビジネスとしてローカルが立ち上げた。乳製品を使わずハワイ産のバナナで作られている。

オリジナルカップ$9はココナッツやキヌアがたっぷり。パパイヤボート$13はパパイヤの器で提供

ワイキキ ♥ P.299
📞 808-691-9303 🏠 ロイヤル・ハワイアン・センターC館1F
ビーチアクセス 🕐 8:30～20:00 🎫 無休 💳 ADJMV
🚗 センターの有料駐車場を利用 🌐 banan.co 🇯🇵

ホノルル・コーヒー・カンパニー
Honolulu Coffee Co.

買い物途中の休憩に香り高いコーヒーを

アラモアナセンターにある人気カフェ。最高級のコナ・コーヒーを味わうことができる。ペストリーは自家製で、サンドイッチなど軽食も美味。

コーヒーだけでなく、ケーキやマカロンなどスイーツも好評

アラモアナ ♥ P.295
📞 808-949-1500 🏠 アラモアナセンター3Fエヴァウィング
🕐 10:00～20:00
🎫 感謝祭、12/25 💳 AJMV
🚗 センターの無料駐車場を利用
🌐 honolulucoffee.com

スイート・クリームス
Sweet Creams

クルクル巻いたアイスクリームがキュート！

タイやシンガポールで発祥し、N.Y.で人気が出たアイスクリームロール専門店。合成保存料など一切使用しない自家製のクリーミーなアイスは11種類あり、パフェのようなトッピングが付いてくる。

一番人気はストロベリーショートケーキとクッキー＆クリーム各$7（ケイキ）

アラモアナ 別冊P.29-B3
📞 808-260-4725 🏠 1430 Kona St. 🕐 12:00～21:00（金・土曜～22:00）🎫 感謝祭、12/25、1/1 💳 AMV
🚗 店の前に無料駐車場あり

ダブルスリー
Double Three

おいしくてかわいいスイーツに注目！

香港のストリートフードがハワイに上陸。外はカリッ、中はふわりとしたバブルワッフル生地にアイスクリームなどトッピングができる。

左からバニラアイス、ストロベリーアイス各$12～

カリヒ ♥ 別冊P.14-B1
📞 808-650-2733 🏠 1284 Kalani St.
🕐 12:30～20:30（金・土曜～21:00、日曜～20:00）
🎫 無休 💳 AJMV 🚗 無料駐車場あり

パティスリー・ラ・パルム・ドール
Pattisserie La Palme D'or

ジュエリーのように美しいスイーツ

ショーケースに入ったケーキは宝石のように美しい。ケーキは約25種類あるが、値段は$6～8とクオリティの高さに比べてリーズナブル。日本人パティシエが指揮をとっている。

食べるのがもったいなくなるようなケーキ各種$6～。店内にはカフェもオープン

アラモアナ ♥ P.295
📞 808-941-6161 🏠 アラモアナセンター2F山側
🕐 9:30～19:00 🎫 無休 💳 ADJMV
🚗 センターの無料駐車場を利用 🌐 lapalmedorhawaii.com

カフェ＆スイーツ

カイムキで評判のスムージー＆アサイボウル
ジュエル・オア・ジュース
Jewel or Juice

ヘルスコンシャスな住民が多いカイムキで人気の店。理由は新鮮なスムージーやアサイボウルが味わえること。

デラックス・アサイボウル＄12.55〜とナツメヤシの甘煮を使用したオレンジ・ケールスムージー＄8.25〜

カイムキ ♥ P.131
☎ 808-734-1700　🏠 3619 Waialae Ave.　🕐 8:30〜16:00
🚪 日・月曜、おもな祝日　💳 AMV
🚗 店の裏側に有料駐車場あり　🌐 jewelorjuice.com

自家製パンケーキをお試しあれ
アロハ・キッチン
Aloha Kitchen

自家製ココナッツソースなどがたっぷりかかったスフレパンケーキをはじめ、ふわふわパンケーキが絶品。ソースは4種類ある。

名物はスフレフラッフィーパンケーキ＄18〜

ワイキキ ♥ 別冊P.19-B3
☎ 808-943-6105　🏠 432 Ena Rd.
🕐 7:30〜13:00
🚪 月曜　💳 AJMV
🚗 付近の駐車場を利用　🈺

常に行列ができるマラサダの店
レナーズ・ベーカリー
Leonard's Bakery

ポルトガル発祥のスイーツ、マラサダの有名店。揚げパンの一種で、まぶした砂糖のざらっとした舌触りとふんわりパンの相性が抜群。

人気のマラサダは6ピース入りで＄11.10。ひとつ＄1.85

カパフル ♥ P.130-A
☎ 808-737-5591　🏠 933 Kapahulu Ave.
🕐 5:30〜19:00
🚪 12/25　💳 JMV　🚗 店前に無料駐車場あり
🌐 www.leonardshawaii.com/home/

有名シェフが作り出す創作メニューが評判
ココヘッド・カフェ
Koko Head Cafe

全米の料理番組に出演し、一躍有名となったシェフ、リー・アン・ウォン氏のレストラン。ハワイやアジアの食文化に影響を受けたアイデアあふれるメニューにグルメな口コミも大満足。

ブレックファスト・ビビンバ＄22はシェフのアイデアが詰まった人気メニュー

カイムキ ♥ P.131
☎ 808-732-8920　🏠 1120 12th Ave.　🕐 7:00〜14:00
🚪 火曜、感謝祭、12/25　💳 ADJMV
🚗 付近のコインパーキングを利用　🌐 kokoheadcafe.com　🈺

ハワイ産コーヒーにこだわるカフェ
ダウンタウン・コーヒー
Downtown Coffee

ハワイで生れ育ったオーナーによる、コーヒー通おすすめのカフェ。コナを始めとするハワイ各地のコーヒーが味わえるのが特徴。

豆は店内の焙煎機で焙煎する

ダウンタウン ♥ 別冊P.26-B2
☎ 808-599-5353　🏠 900 Fort Street Mall
🕐 6:00〜14:30（土曜は7:30〜12:00）
🚪 日曜　💳 AJMV
🚗 付近のストリートパーキングを利用
🌐 www.dtcoffee.com

心も体も癒やされるビーガンフード
ピース・カフェ
Peace Cafe

乳製品や魚など、動物性食品を使用しないビーガンフードの人気カフェ。スパイスやテンペなどを多用し、無国籍風の料理に不思議な懐かしさを覚える。

ビビンバ風ハート＆ソウル＄15.50、日替わりのモチケーキ＄4.50〜（単品）、抹茶ラテ＄6（アイス）、＄6.50（ホット）

ホノルル ♥ 別冊P.16-A1
☎ 808-951-7555　🏠 2239 S.King St.
🕐 10:00〜19:30　🚪 日曜、12/25、感謝祭（予約のみ）
💳 AJMV　🚗 店の裏の無料パーキングを利用
🌐 peacecafehawaii.com

居心地抜群のヘルシーなカフェレストラン

ヘブンリー・アイランド・ライフスタイル
HEAVENLY Island Lifestyle

ハワイ産のオーガニックやナチュラル素材の料理が揃うカフェ。オープンキッチンからは料理のいい香りが漂い、ウッディでサーフテイストのインテリアは居心地満点。

ビッグ・アイランド・ハニー・フレンチ・トースト$18〜とリリコイバターが隠し味のローカル・エッグ・ベネディクト$21〜

ワイキキ 📍別冊 P.21-B3
📞 808-923-1100　🏠 342 Seaside Ave.　⏰ 7:00〜14:30、16:00〜22:00　🔒 無休（水曜は昼のみ営業）　💳 AJMV　🚗 付近のコインパーキングを利用　🌐 heavenly-waikiki.com 🗓️🗓️

手軽に新鮮スムージーをいただくならここ

アロ・カフェ・ハワイ
ALO Cafe Hawaii

プラントベースのデリをはじめ、着色料などは一切使わない自然由来のフレッシュスムージーなどを販売するヘルスコンシャスなカフェ。

種類豊富のスムージーは$10.18〜

ワイキキ 📍別冊 P.21-A4
📞 808-779-7887　🏠 159 Kaiulani Ave. Suite 105　⏰ 7:30〜17:00　🔒 無休　💳 ADJMV　🚗 なし　🌐 alocafehawaii.com

---

本格フレンチスタイルのスフレパンケーキ

クリーム・ポット
Cream Pot

スフレパンケーキが評判の店。数種類あるベネディクトやスイーツ系のフレンチトーストなども人気。世界各国からたくさんの人が訪れる。

左はマグロのエッグベネディクト$28.50。奥はミックスベリーのスフレパンケーキ$26.50〜

ワイキキ 📍別冊P.19-A4
📞 808-429-0945　🏠 ハワイアン・モナーク・ホテルのロビー横　⏰ 8:00〜14:00　🔒 火・水曜　💳 ADJMV　🚗 ホテルの駐車場を利用。バリデーションあり

フォトジェニックなソフトクリーム店

スリルズ・ソフト・サーブ
Thrills Soft Serve

トッピングをのせたソフトクリームがSNSを通じて大ヒット。フレーバーは日替わりで6種類あり、シリアルトッピングは1種類無料（それ以外は50¢〜1$）。

抹茶ソフトクリーム$6.50に人気のシリアルをトッピング

アラモアナ 📍別冊 P.29-B3
📞 808-888-6850　🏠 510 Piikoi St.　⏰ 13:00〜21:00（金・土曜〜22:00）　🔒 感謝祭、12/25、12/31　💳 AJMV　🚗 店の裏側の有料駐車場を利用

ファーム・トゥ・テーブルの地域密着型カフェ

カイマナ・ファーム・カフェ
Kaimana Farm Cafe

地元の契約農場で育った作物を使用した、ヘルシー料理が自慢。素材がもつうま味を生かした絶妙な味つけは、体の内側からじわじわ幸せを感じるおいしさ。

5つのデリと2スクープのライスが付くカイマナパワー弁当$19.25

カパフル 📍P.130-A
📞 808-737-2840　🏠 845 Kapahulu Ave.　⏰ 7:30〜15:00　🔒 月・火曜、12/25　💳 JMV　🚗 店の裏側に無料駐車場あり

韓国系フォトジェニックカフェ

サンティー・ミックス
Sun Tea Mix

カカアコの人気フルーツティー・ショップ。スフレパンケーキやジェラートなど、軽食やデザートもあり、ティーブレイクに最適の場所。

モチモチフワフワのストロベリー・スフレパンケーキ$10.99は口の中で溶ける

カカアコ 📍別冊P.27-C3
📞 808-219-5749　🏠 400 Keawe St.（400 ケアヴェ内）　⏰ 11:00〜19:00　🔒 おもな祝日　💳 AMV　🚗 400&300 keawe St.の駐車場を利用　🌐 sunteamix808.com

🍴 カフェ&スイーツ

☑ カフェ&スイーツ

早朝からたくさんの人で賑わう
ハレクラニ・ベーカリー
Halekulani Bakery

ハレプナ ワイキキ バイ ハレクラニ内にある、ハレクラニブランド初のベーカリー。帝国ホテル東京のヘッドベーカーが手がけるオリジナリティあふれるパンやペストリーはどれも評判。

1 店の外にはテーブルがある　2 パンの焼けるいい香りが漂う店内
3 定番人気のソルテッドキャラメルクロワッサン$6.50やマンゴーブルーベリーマフィン$4.75などどれもさすがのクオリティ

ワイキキ ♥ 別冊P.20-B2
☎ 808-921-7272　🏠 ハレプナ ワイキキ バイ ハレクラニ内
🕐 6:30~11:30　📅 月・火曜　💳 ADJMV
🚗 ハレプナ ワイキキ バイ ハレクラニ内の駐車場を利用
🌐 www.halepuna.jp/bakery/

彩りも美しい野菜たっぷりヘルシー・サンドイッチ
マラ・マーケット
Mala Market

ハワイ語で「ガーデン」を意味する言葉「Mala（マラ）」の通り、どのサンドイッチにも新鮮な野菜がギュッと詰まっている。

野菜がぎっしり詰まったターキー・アボカド・サンドイッチ$12.99やパストラミ・サンドイッチ$13.99

ハワイカイ ♥ 別冊P.5-C3
☎ 808-393-2200　🏠 333 Keahole St. Suite 2B9　🕐 10:00~15:00
📅 おもな祝日　💳 AJMV　🚗 センター内のパーキングを利用
🌐 www.malamarkethawaii.com

どこか懐かしい町のケーキ屋さん
クルクル
kulu kulu

日本人パティシエが手がけるスイーツはどれも繊細で優しい味わい。ウミガメをイメージしたホヌパフ$5.25や、チョコクリームたっぷりのベアパフ$5.25もおすすめ。

一色ずつしっかりとフレーバーがついているレインボーケーキ$5.75。自然な甘さが人気

ワイキキ ♥ P.299
☎ 808-931-0915　🏠 ロイヤル・ハワイアン・センターB館2F パイナラナイ・フードコート　🕐 10:00~21:00　📅 無休
💳 ADJMV　🚗 センターのパーキングを利用
🌐 kulukulucake.com

ワイキキ散策の休憩にぴったり
アイランド・ヴィンテージ・シェイブアイス&ボバティー
Island Vintage Shave Ice & Boba Tea

ハワイの大人気カフェ「アイランド・ヴィンテージ・コーヒー」のアサイボウル、シェイブアイス、ボバティー、コーヒーなどが一挙に味わえるフラッグシップストア。

左からブラック・オーキッド・ラィチティー$9、ヘブンリー・ストロベリー・フルーツティー$9

ワイキキ ♥ 別冊P.22-B1
🏠 ワイキキ・ビーチ・マリオット・リゾート&スパ1F
🕐 7:00~22:00　📅 無休　💳 ADJMV
🚗 ホテルのパーキングを利用

植物由来の体が喜ぶフローズンデザート
バナン・ワイキキ・ショア
Banan Waikiki Shore

プラントベースのフローズンデザートの人気店「バナン・ワイキキ」が手がける初のシェイブアイス店。ハワイのフルーツで作られたシロップは、人工甘味料や着色料は不使用。

ハワイらしい定番人気のレインボーシェイブアイス$13

ワイキキ ♥ 別冊P.20-C2
☎ 808-773-7231　🏠 2161 Kalia Rd.　🕐 10:00~20:00
📅 無休　💳 ADJMV
🚗 なし　🌐 banan.co

VOICE ハレクラニ・ベーカリーのマンゴーブルーベリーマフィン$4.75は、ベーカーが開発に12年かけたという自信作。しっとり生地とフレッシュなフルーツが相性抜群なので、ぜひ購入してみて。

🍴 シービュー レストラン

せっかくの楽園ハワイ、一度くらいはドレスアップして、ゴージャスな食事を楽しんでみたい。そんなときはオン・ザ・ビーチのレストランへ。多くは高級ホテル内にあり、味もサービスも一流だ。

👑 メニューを一新しリニューアル
ハウ・ツリー
Hau Tree

作家ロバート・スティーブンソンが『宝島』をその下で執筆したというハウの巨木で知られるレストラン。ロマンティックな雰囲気が魅力。

最高のロケーションで食事を楽しもう

ワイキキ 📍別冊P.17-C4
📞 808-921-7066 🏠カイマナ・ビーチホテル1F ⏰ 8:00～13:30、バー13:00～15:30、ディナー17:00～21:00、レイトナイトバー21:00～22:00 🛑 12/24、12/25、12/31、1/1 💳ADJMV 🚗バレットパーキングあり ($10) 🌐 www.kaimana.com

👑 日常を忘れさせてくれる絶景レストラン
フィフティスリー バイ・ザ・シー
53 By The Sea

ダイヤモンドヘッドとワイキキを一望できる最高のロケーション。こだわりの食材を使ったハワイ・リージョナル・クィジーン料理が評判。バーでは豊富なオリジナルカクテルなどを楽しめる。

大きな窓からは最高の景色が

カカアコ 📍別冊P.25-C3
📞 808-536-5353 🏠 53 Ahui St. ⏰ブランチ 10:00～13:30 (日曜のみ)、火～日曜ディナー 17:00～Closing 🛑 月曜 🚗無料駐車場あり 💳ADJMV 🌐 53bythesea.com 📞🍷📱

紳士・淑女気分でアフタヌーンティーを
ザ・ベランダ
The Veranda

優雅でゆったりとしたひとときを過ごせるオーシャンフロントレストラン。4種類から選べるオリジナルティー＋サンドイッチ＋スイーツがつくアフタヌーンティー$69～。

1ワイキキ最古のホテルにある特別な空間 2夕方にはビーチ・バーとなる 3サンドイッチ数種にスイーツ、トロピカルソルベがつくモアナ・クラシックティー$69。ミモザの飲み比べができるフライトはプラス$24

ワイキキ 📍別冊P.21-B4
📞 808-921-4600 🏠モアナ サーフライダー ウェスティン リゾート＆スパ内 ⏰ 6:00～10:30、11:30～14:30 🛑 無休
💳ADJMV 🚗バレットパーキングあり
🌐 www.verandawaikiki.com/jp 📞🍷

ワイキキ・ビーチが一望できる絶景レストラン
サーフ ラナイ
Surf Lanai

太平洋のピンク・パレスと呼ばれる、ロイヤルハワイアンのビーチ・フロント・レストラン。至福のロケーションが魅力で、朝食ビッフェが人気。

1フレッシュなサーモンがのったグラブロックスベーグル$28、アボカドトマトベネディクト$34 2一番人気のシグネチャーピンクパレス・パンケーキ$27 3ワイキキビーチとダイヤモンドヘッドを望む好ロケーション

ワイキキ 📍別冊P.21-B3
📞 808-921-4600 🏠ロイヤル ハワイアン ラグジュアリー コレクション リゾート1F ⏰ 6:30～10:30
🛑 無休 💳ADJMV
🚗ホテルの駐車場を利用。バリデーションあり
🌐 www.royal-hawaiian.jp/dining/surflanai.htm

🍴 シービューレストラン

👑 オーシャンサイドのファインダイニング
オーキッズ
Orchids

　店名のとおり、蘭の花々が咲き乱れる美しいインテリアのなかで食事が楽しめる。料理は新鮮な魚介類を用いたイタリア風地中海料理で、サンデーブランチはたくさんの人でにぎわう。

1 人気メニューのオーキッズ特製ラザニエッテ$35　**2** ハワイ滞在中一度は訪れたい名店　**3** ダイヤモンドヘッドを望むロケーション

ワイキキ 別冊P.20-C2
📞 808-923-2311（ホテル代表）　🏠 ハレクラニ内　🕐 月～土曜 7:30～11:00、11：30～14：00、15:00～16:30（アフタヌーンティー）、毎日17:30～21:30、サンデーブランチ9:00～14:30　🔒 無休　💳 ADJMV　🚗 ホテルの駐車場を利用。バリデーションあり
🌐 www.halekulani.jp

👑 カハラ・ビーチが目の前のホテルダイニング
プルメリア・ビーチハウス
Plumeria Beach House

　ザ・カハラのメインダイニング。ビーチフロントの最高のロケーションで食事ができる。オープンエアのテラス席がおすすめ。毎朝のビュッフェなども好評。

薄焼きパンケーキのベリー添え＄28は開業当時からの代表的なメニュー

カハラ 別冊P.15-A4
📞 808-739-8888　🏠 ザ・カハラ・ホテル＆リゾート、ロビー階下　🕐 6:30～14:00、17:30～22:00
🔒 火・水曜のディナー　💳 ADJMV　🚗 ホテルの駐車場を利用。バリデーションあり　🌐 jp.kahalaresort.com

気持ちのよいビーチフロント・レストラン
トロピックス・バー＆グリル
Tropics Bar & Grill

　ビーチが目の前で、南国気分を満喫できるレストラン＆バー。料理は新鮮なハワイの素材をふんだんに使ったカジュアルなパシフィック・リム。予約を取らないので早めに訪問しよう。

朝食メニューのロコモコ＄30

ワイキキ 別冊P.19-C4
📞 808-952-5960　🏠 ヒルトン・ハワイアン・ビレッジ内
🕐 7:00～22:00　🔒 無休　💳 ADJMV
🚗 ホテルのパーキングを利用。バリデーションあり
🌐 www.hiltonhawaiianvillage.jp

優雅な気分に浸れるアイランド・クィジーン
ビーチハウス・アット・ザ・モアナ
Beachhouse at the Moana

　料理は最高級のアンガスビーフ、オーガニックチキン、ハワイ産のフレッシュな野菜などを駆使した繊細なコース料理が楽しめる。

サンセットを眺めながら最高のディナーを

ワイキキ 別冊P.21-B4
📞 808-921-4600　🏠 モアナ サーフライダー ウェスティン リゾート＆スパ内　🕐 17:30～21:30（L.O. 20:30）　🔒 月・火曜
💳 ADJMV
🚗 ホテルのバレットパーキングを利用
🌐 www.moanasurfrider.jp/beachhouse.htm

ビーチフロントのダイニング
ハレイワ・ビーチ・ハウス
Haleiwa Beach House

　心地よい風が吹き抜ける店内は、開店と同時に満席となるほど。すてきな雰囲気の店内で、手頃な価格で楽しめる料理を堪能したい。

美しいグリーンに囲まれた店

ハレイワ P.175
📞 808-637-3435　🏠 62-540 Kamehameha Hwy., Haleiwa
🕐 11:00～15:00（ディナー金～日曜のみ17:00～20:00）
🔒 12/25　💳 ADJMV　🚗 店の前に無料駐車場あり
🌐 www.haleiwabeachhouse.com

🍴 ステーキ & シーフード

日本で食べるよりもボリュームがあるのに、値段はリーズナブル。豪快に分厚いステーキを堪能してみよう。また、ハワイには新鮮なシーフードも一緒に食べられる店も多いので、ぜひ試してみて。

👑 最上階の絶景ビューで味わう高級ステーキ

シグネチャー・プライムステーキ＆シーフード
The Signature Prime Steak & Seafood

ほぼ全面ガラス張りの店内からは海と市街地が一望できる。ピアノの生演奏を聞きながら最高級のステーキやシーフードを楽しもう。

1 希少部位のシャトーブリアン＄58.95はとろけるような軟らかさ　2 アラモアナホテル36Fからの絶景は旅の思い出になるはず　3 454gあるプライム・リブアイ＄63.95

アラモアナ ♀ 別冊P.29-A4
📞 808-949-3636　🏠 アラモアナホテル36F
🕐 16：30〜22：00
🍴 感謝祭　💳 ADJMV
🅿 ホテルの駐車場を利用（セルフ無料、バレー＄6）
🌐 signatureprimesteak.com

👑 圧倒されそうなアメリカンステーキに挑戦！

ルースズ・クリス・ステーキハウス
Ruth's Chris Steak House

アメリカを代表する高級ステーキハウス。分厚くカットされた上質な牛肉を高温で焼くため、外はこんがり、中はジューシーに仕上がる。

1 ワイキキ・ビーチ・ウォーク2Fにある　2 ラグジュアリーながら居心地のいい店内　3 肉汁たっぷりのフィレミニオン＄68。付け合わせは別料金

ワイキキ ♀ P.303
📞 808-440-7910　🏠 ワイキキ・ビーチ・ウォーク2F
🕐 16:00〜21:00（ランチは金・土曜のみ11:00〜15:00）
🍴 無休　💳 ADJMV
🅿 エンバシー・スイーツの駐車場を利用。バリデーションあり
🌐 ruthschris.com　📞 🍷 📖 🔲

シェフのパフォーマンスも楽しみ

田中オブ東京
Tanaka of Tokyo

目の前でジョークやパフォーマンスを交えながら、できたてを提供してくれる鉄板焼きレストラン。おすすめはエビ、ヒレステーキ、ロブスターがセットになった将軍スペシャル＄79.50。

シェフの包丁さばきは芸術的。ファミリー旅行者にもおすすめだ

アラモアナ ♀ P.295
📞 808-945-3443　🏠 アラモアナセンター4F海側　🕐 17:00〜21:00（予約により閉店時間は異なる）　🍴 11/24と12/25のランチ　💳 ADJMV　🅿 センターの無料駐車場を利用
🌐 www.tanakaoftokyo.com　🔲 🔲

👑 重厚感あふれるステーキハウス

ハイズ
Hy's Steak House

シックなインテリアが、まるで書斎を思わせる重厚な雰囲気のステーキハウス。最高級プライムリブを熟成させ、キアヴェの炭火で焼き上げたステーキは、肉汁たっぷりで美味。

写真のフィレミニオンステーキは7オンス（約198g）で＄81

ワイキキ ♀ 別冊P.22-A1
📞 808-922-5555　🏠 ワイキキ・パークハイツ1F　🕐 17:00〜21:00　🍴 無休　💳 ADJMV　🅿 ホテルのバレットパーキングを利用　🌐 hyswaikiki.com　📞 🍷 📖 🔲

ステーキ & シーフード

👑 ミシュラン星付きのステーキハウス

ストリップ・ステーキ、ア・マイケル・ミーナ・レストラン
StripSteak, A Michael Mina Restaurant

数々の賞に輝いた経歴を持つシェフ、マイケル・ミーナ氏が手がける、全米に展開するレストラン。気持ちのいいテラス席では、リゾート気分いっぱいで食事ができる。

ワイキキのど真ん中で、最高級ステーキを堪能しよう

ワイキキ 📍P.301
📞 808-800-3094 🏠 インターナショナル マーケットプレイス3F ⏰ 17:00〜22:00 🚪 無休 💳 ADJMV 🚗 センターの有料駐車場を利用 🌐 www.stripsteakwaikiki.com

美しい夕景を楽しみながらステーキを堪能！

バリ・オーシャンフロント
Bali Oceanfront

ハワイの食材をふんだんに使った「アイランド・ハーベスト・クィジーン」がコンセプトのレストラン。アヒのタルタル$26、トマホークステーキ$160が好評。

最上級プライムビーフを使ったデルモニコは、外はカリッと中はジューシー

ワイキキ 📍別冊P.19-C4
📞 808-941-2254 🏠 ヒルトン・ハワイアン・ビレッジ内 ⏰ 7:00〜11:30、17:00〜21:00 🚪 日〜月曜 💳 ADJMV 🚗 ホテルのパーキングを利用。バリテーションあり 🌐 www.hiltonhawaiianvillage.jp/Balioceanfront.html

エレガントな老舗ステーキチェーン

モートンズ・ステーキハウス
Morton's The Steakhouse

シカゴ生まれのファインダイニング。最高級プライムビーフを贅沢に使ったその味とボリュームは圧巻のひと言。表面はカリッと、内部に肉汁を閉じ込めたステーキをぜひ味わいたい。

ボリューミーなステーキを思う存分堪能しよう

アラモアナ 📍P.294
📞 808-949-1300 🏠 アラモアナセンター3F、入口は2F海側 ⏰ 16:00〜21:00（金・土曜〜22:00）🚪 無休 💳 ADJMV 🚗 センターの駐車場を利用
🌐 mortons.com

最高級の熟成ビーフを味わう

ウルフギャング・ステーキハウス
Wolfgang's Steakhouse by Wolfgang Zwiener

ニューヨークで大人気のステーキハウス。こちらのご自慢は専用の熟成室。ここで肉を約1ヵ月間も熟成させて提供している。予算はランチ$35、ディナー$100ほど。

ワイキキ 📍P.298
📞 808-922-3600 🏠 ロイヤル・ハワイアン・センターC館3F ⏰ 11:00〜23:00 🚪 無休 💳 ADJMV 🚗 センターの駐車場を利用。バリデーションあり 🌐 wolfgangssteakhouse.jp

1 ハレの日にぴったりの店内。テラス席も増築された　2 最も美味な部位が提供される　3 ミニロコモコ$8はバーのみで提供されるハッピーアワーメニュー

ボリューム満点なアメリカ料理に大興奮

ファイヤーグリル・ワイキキ
Fire Grill Waikiki

香り高いステーキをはじめとしたスモークグルメをカジュアルに楽しめる。クラフトビールなど、アルコール類も豊富に揃う。

一番人気はアンガス・スモークド・プライムリブ$39〜

ワイキキ 📍別冊P.21-A3
📞 808-744-3300
🏠 ヒルトン・ガーデン・イン・ワイキキビーチ1F
⏰ 6：00〜22：00
🚪 無休 💳 ADJMV
🚗 ホテルの駐車場を利用 🌐 trfiregrill.com

✓CHECK シグネチャー・プライムステーキ＆シーフードの大人気ハッピーアワー（16:30〜18:00）は、エレベーター前に並ぶのがルール。オープン前から行列になるので、早めに訪れるのがおすすめ。

239

🍴 ステーキ & シーフード

ワイキキでリーズナブルなステーキを
アロハ・ステーキハウス
Aloha Steak House

　ワイキキの中心で、カジュアルに本格ステーキが楽しめる人気店。がっつり系の名物のトマホークやさっぱり食べられる赤身肉など、肉のバラエティが豊富。

1 テラス席も完備。ワイキキの心地いい風を感じながら食事を楽しめる　2 ステーキの後にぴったりなスイカのアイスクリーム$7.50　3 赤身で軟らかいフィレミニヨンステーキ225g $60

ワイキキ 📍別冊P.21-A3
📞 808-600-3431　🏠 364 Seaside Ave.
🕐 17:00～21:30L.O.　🚫 無休　💳 ADJMV
🚗 ハイアット・セントリック・ホテルのバリデーションあり
🌐 www.alohasteakhousewaikiki.com

ホテル最上階の豪華シーフードレストラン
ペスカ・ワイキキビーチ
Pesca Waikiki Beach

　ワイキキのイリカイ・ホテルにある地中海シーフードレストラン。世界中から空輸される新鮮な魚を好みの調理方法を選んで提供してもらうことも可能。

1 夜景は息をのむ美しさ　2 ズッキーニとナスのフリットを積み上げた前菜のベジチップ・タワー$16　3 新鮮なアクアパッツア（時価＋$15）はエクストラバージンオリーブオイルなどで調理

ワイキキ 📍別冊P.19-C3
📞 808-777-3100　🏠 イリカイ・ホテル＆ラグジュアリースイーツ30F　🕐 7:00～11:00、11:00～15:00、15:00～22:00（ハッピーアワー11:00～22:00）
🚫 無休　💳 ADJMV　🚗 ホテルのバレーパーキング$6/4時間を利用　🌐 www.pescawaikikibeach.com

---

どこか懐かしい老舗シーフードレストラン
チャート・ハウス
Chart House

　港を眺められるレストランとして人気の老舗シーフードレストラン。夕暮れ時には、目の前のアラワイ・ヨットハーバーに並ぶボートのシルエットが最高にロマンティック。

1 店内からはアラワイヨットハーバーを一望できる　2 店内から眺めるサンセットも人気　3 手前はアヒ（マグロ）のたたき（時価）。とろみのあるポン酢ベースの和風ソースでいただく

ワイキキ 📍別冊P.18-C2
📞 808-941-6669　🏠 1765 Ala Moana Blvd.　🕐 15:30～24:00（金曜～翌2:00、土曜9:00～翌2:00、日曜9:00～）
🚫 無休　💳 AMV　🚗 イリカイ・マリーナの駐車場を利用。バリデーションあり　🌐 charthousewaikiki.com

✓CHECK　チャート・ハウスのすぐそば、アラワイ・ヨットハーバー付近からは毎週金曜に打ち上がるヒルトン・ハワイアン・ビレッジの花火（→P.139）が見える。

🍴 アメリカンレストラン

肉料理、シーフードからデザートにいたるまで何もかもがダイナミックなアメリカ料理。毎日では飽きてしまうという人も、ハワイに来たからには思いっきり豪快に食べてみよう。

行列のできるパンケーキとオムレツの人気店

エッグスン・シングス

Eggs'n Things

　ハワイのパンケーキブームの先駆者的存在。山のようにたっぷりかかったホイップクリームを崩しながら、パンケーキと一緒にいただこう。

1 フレッシュストロベリー・ホイップクリーム・パンケーキ$16.95　2 ワイキキ・ビーチが目の前というロケーション　3 フレッシュフルーツ・レインボー・パンケーキ$19.95とプランテーション・アイスティー$4.95

ワイキキ 📍別冊P.22-B1
📞 808-926-3447　🏠 2464 Kalakaua Ave.
🕐 6:00～13:00　🚫 無休　💳 AJMV
🚗 付近のストリートパーキングかホノルル動物園付近のパブリックパーキングを利用　🌐 eggsnthings.com

移転後も大人気！

ブーツ&キモズ

Boots & Kimo's

　マカデミアナッツ・パンケーキで有名な人気店が、同じくカイルア内で移動。場所は変わってもメニューは同じで、ボリューム満点の名物パンケーキやプレートランチが大好評だ。

1 エビのアルフレッドオムレツ$23.95　2 スポーツ・ジャージーやメモラビリアが飾られた店内　3 香ばしいカルビ・ショートリブ$29.99は食べ応え満点

カイルア 📍別冊 P.5-A3
📞 808-263-7929　🏠 1020 Keoru Dr.エンチャンテッドレーク・ショッピングセンター内　🕐 8:00～13:00（土・日曜～14:00）
🚫 火曜、おもな祝日　💳 AJMV
🚗 センター内の駐車場を利用　🌐 www.bootsnkimos.com

👑 ロコが愛する驚きのガッツリ系メニュー！

サイド・ストリート・イン・オン・ダ・ストリップ

Side Street Inn on Da Strip

　1992年の創業以来、地元の人々に愛され続けるレストラン。チャーハンやポークチョップなど料理はどれも超大盛り！

マストオーダーの超人気メニュー、ポークチョップ$32

カパフル 📍P.130-B
📞 808-739-3939　🏠 614 Kapahulu Ave. Suite100
🕐 16:00～21:00（土・日曜は11:00～）
🚫 不定休　💳 ADJMV　🚗 バレットパーキングを利用（$7現金のみ）　🌐 www.sidestreetinn.com 📞

カイルアの人気店がカイムキにオープン

モケズ・ブレッド&ブレックファスト カイムキ

Moke's Bread & Breakfast Kaimuki

　一番人気はシロップたっぷりのリリコイパンケーキ（→P.83）。ほかにもロコモコなど、ハワイアンメニューはどれも絶品。

ジューシーなリブアイのパテが特徴のシェフ特製ロコモケ$19.95

カイムキ 📍P.131
📞 808-367-0571　🏠 1127 11th Ave.　🕐 7:00～13:00
🚫 月・火曜　💳 DJMV
🚗 店の前の有料駐車場を利用
🌐 www.mokeshawaii.com

CHECK P.241のエッグスン・シングスワイキキ店では2023年7月からアルコールの販売をスタート。2023年中にはディナーの営業もスタートするそう。詳細は公式サイトを要確認。

行列必至の超人気レストラン
ザ チーズケーキ ファクトリー
The Cheesecake Factory

いつも行列ができる人気店。1400㎡の店内に全565席、400名ほどのスタッフを抱える規模は驚き。21ページにもおよぶメニューには約250種類もの料理がズラリ。

1 シグネチャーチーズケーキのフレッシュストロベリー$12.50 2 やさしい甘さのココナッツカレー、バンバンチキン&シュリンプ$27.95 3 1日数千人が訪れるという

ビッグサイズのローカル＆アメリカ料理
ビッグ・シティ・ダイナー
Big City Diner

ハワイ生まれのダイナーで、カイルアやワードビレッジにも支店がある。料理は大ボリュームのハンバーガーやチャーハンもあるローカルスタイル。朝から夜まで通し営業なのも便利。

ハーフポンド（約225g）の大きなダ・ビッグバーガー$20.99

カパフルの人気レストランがハレイワに
アンクル・ボーズ
Uncle Bo's

手頃でおいしいランチ（週末のみ）やディナーが味わえるとあって、ローカルに人気のレストラン&バー。料理はどれもボリュームたっぷり。

お酒のつまみにもぴったりなププメニューはどれも絶品

世界中の生ビールが味わえるレストラン
ヤード・ハウス
Yard House

110種類もの世界中の生ビールが味わえる。店名は、昔、1ヤード（約90cm）ものグラスでビールを飲んでいたことに由来し、料理もビールによく合うメニューが約85種類近く用意されている。

ちょっぴりスイートなオレンジ風味のオレンジ・チキン$23.99。ビールは$5.99〜

おしゃれなロコが集まるダウンタウンの人気スポット
ライブストック・タバーン
Livestock Tavern

ダウンタウンにあるレストラン街の中心的存在。ランチもディナーも楽しめて、バーも併設。料理は、季節の食材を使用したアメリカン・クィジーン。できるだけ地元の食材を使用している。

プリプリのロブスターがどっさり入ったメインロブスター・ロール$30とアイスティー$5

🍴 アメリカンレストラン

モンサラットのアイコン的なお店
カフェ・モーリーズ
Cafe Morey's

　大きな窓が印象的で心地よい風が吹き抜けるカフェ。店内ではパンケーキやフライドライスなどクラシックなハワイ料理がいただける。

1 もちもちの生地が絶品のミックスフルーツパンケーキ $22　**2** 席数も多く広々と快適に過ごせる　**3** おすすめはモーリーズフライドライス $13.50（写真は目玉焼き＋$1.95、ガーリックシュリンプ＋$8.50を追加）

モンサラット ♀ 別冊P.23-A4
☎ 808-200-1995　♠ 3106 Monsarrat Ave.
🕐 8:00〜14:00、13:00L.O.（土・日曜、祝日〜14:45、14:00L.O.）
🔒 無休　🚗 ADJMV
🚙 無料パーキング（6台）あり

海が見える陽気なカジュアルダイニング
ルルズ・ワイキキ
Lulu's Waikiki

　カラカウア通り沿いでは意外と珍しいオーシャンビューのレストラン。海を望むカウンター席で、潮風に吹かれながら食事を楽しもう。

ドーンパトロールオムレツ $16 など卵メニューが人気。写真は朝食メニューの一例

ワイキキ ♀ 別冊P.22-B2
☎ 808-926-5222　♠ 2586 Kalakaua Ave.2F　🕐 8:00〜24:00（月曜〜翌2:00）　🔒 無休　🚗 AJMV　🚙 ワイキキ・シェルパーキングを利用（パーク・ショア・ワイキキのバレットパーキングも利用可）　🌐 www.luluswaikiki.com

---

昔ながらのファミリーレストラン
マック24/7
M.A.C. 24/7

　カウンターやベンチシートというオールドアメリカンな雰囲気が魅力。ボリュームたっぷりなクラシックスタイルのアメリカン料理が名物。

3〜4人前はあるモチパンケーキ $19。写真はストロベリー＆クリームをトッピング＋$5

ワイキキ ♀ 別冊P.22-A1
☎ 808-921-5564　♠ ヒルトン・ワイキキ・ビーチ1F
🕐 6:00〜22:00　🔒 無休　🚗 ADJMV
🚙 ホテルのパーキングを利用
🌐 mac247waikiki.com

カパフル通りの人気朝食カフェ
スイート・イーズ・カフェ
Sweet E's Cafe

　パンケーキ、エッグベネディクトなど絶品の朝食メニューが味わえるカフェ。フレンチカントリー風の店内や広いテラス席は居心地がよく、くつろぎの朝食タイムを過ごすことができる。

コンビーフハッシュエッグベネディクト $16.50とふかふかのバターミルクパンケーキ $10（フルーツトッピング $3.95）

カパフル ♀ P.130-A
☎ 808-737-7771　♠ 1006 Kapahulu Ave.　🕐 7:00〜14:00
🔒 おもな祝日　🚗 ADJMV　🚙 無料パーキングあり
🌐 sweetescafe.com

アメリカらしいパンケーキならここへ
アイホップ
IHOP

　アメリカ全土におよそ1940軒もの支店を展開するファミリーレストラン。ふわふわのパンケーキやワッフル、オムレツなど朝食向きのメニューがバラエティ豊かに揃う。

パンケーキ4枚にイチゴがたっぷりのったストロベリーバナナパンケーキ $17.99

ワイキキ ♀ 別冊P.20-A2
☎ 808-921-2400　♠ ワイキキ・マリア by アウトリガーのロビー一階　🕐 7:00〜21:00　🔒 無休　🚗 ADJMV
🚙 ホテルの駐車場を利用

ワイキキを代表するグリル＆バー
ティキズ・グリル＆バー
Tikis Grill & Bar

カジュアルな雰囲気で食事が楽しめるレストラン＆バー。タロイモや近海の魚介類など地元の食材を現代風にアレンジした料理は目にも楽しく、ボリューム満点。

リゾートテイストあふれる店内

ワイキキ 📍別冊P.22-B2
📞 808-923-8454　🏠 ツイン フィン ワイキキ2F
🕐 11:30～23:30L.O.　🈺 無休　ADJMV
🚗 ホテルのバレットパーキングを利用
🌐 www.tikisgrill.com　🈺

アメリカンブレックファストをいただける
クヒオ・ビーチ・グリル・レストラン＆バー
Kuhio Beach Grill Restaurant & Bar

人気のリゾートホテルでハワイらしいフルブレックファスト大人$48（子ども$20）が楽しめるレストラン。ちょっと贅沢なモーニングタイムに利用したい。

優雅なモーニングを堪能しよう

ワイキキ 📍別冊P.22-B1
📞 808-921-5171
🏠 ワイキキ・ビーチ・マリオット・リゾート＆スパ 2F
🕐 6:00～10:00　🈺 無休　ADJMV
🚗 ホテルの有料駐車場を利用

楽しいエンターテインメント・レストラン
デイブ＆バスターズ
Dave & Buster's

アメリカ南部料理が味わえる。ダイニングルームの上階では100種類以上のゲームがラスベガス感覚で楽しめる。大人のアミューズメントゾーンとして連日大盛況。

広々としたダイニングルームはポップな雰囲気

ワード 📍P.308
📞 808-589-2215　🏠 ワード・エンターテイメント・センター内　🕐 10:00～24:00（水曜～翌2:00、金・土曜～翌1:00）
🈺 不定休　ADJMV
🚗 無料駐車場あり　www.daveandbusters.com/honolulu

連日大盛況の老舗レストラン
ハードロック・カフェ
Hard Rock Cafe

ビーチ・ウォーク通りにあるアメリカ料理の老舗レストラン。1階は、記念品やロゴアイテムを販売するショップで、レストランは2階。天井に飾られた約300本ものギターのディスプレイは圧巻。

2階建ての店舗は約250席と広く、心地よいラナイ席が多い

ワイキキ 📍別冊P.20-B2
📞 808-955-7383　🏠 280 Beachwalk Ave.　🕐 11:00～22:00（金・土曜～23:00）、ギフトショップ10:00～22:00（金・土曜～23:00）　🈺 無休　ADJMV　🚗 付近の駐車場を利用
🌐 www.hardrockcafe.com/location/honolulu

オーシャントゥテーブルがテーマ
ヘリンボーン
Herringbone

南カリフォルニアのテイストを取り入れたシーフードメニューを中心に味わえる。とれたての食材にこだわり、フレッシュなオイスターやロブスター、各種肉料理も絶品。

ローストしたビーツがたっぷりのビート・ミー・アップ・スコッティ$11

ワイキキ 📍P.301
📞 808-210-2656　🏠 インターナショナル マーケットプレイス3F
🕐 16:00～22:00（土曜～23:00）、ブランチ土・日曜10:30～14:30　🈺 無休　ADJMV　🚗 センター内の駐車場を利用
🌐 taogroup.com/venues/herringbone-la-jolla/

おしゃれなリゾートスタイルのレストラン
トミー・バハマ・レストラン＆バー
Tommy Bahama Restaurant & Bar

1階は大人のリゾートカジュアルが揃うショップ、2階がレストラン、3階がルーフトップバーになっている。ハワイ産の食材を使用したアイランドスタイルの料理はどれも美しい。

大ぶりのエビと焦げ目を付けたホタテが美しいスキャロップスライダー$24

ワイキキ 📍別冊P.20-B2
📞 808-923-8785　🏠 298 Beachwalk Dr.　🕐 14:00～21:00　🈺 感謝祭、12/25、1/1　ADJMV　🚗 向かいのバンク・オブ・ハワイでバリデーション（4時間$7）あり　🌐 www.tommybahama.com

🍴 イタリア料理

気取らないパスタから本格的な肉・魚料理まで、ランチにもディナーにも人気のイタリア料理。しかもオリーブオイルを使うヘルシーな料理が多いから、どんな世代でも楽しめて使い勝手も抜群。

日本人シェフが作る本格シチリア料理

タオルミーナ シチリアン キュイジーヌ

Taormina Sicilian Cuisine

本格シチリア（南イタリア）料理レストラン。バターやクリームはほとんど使わず、オリーブオイルをベースにトマトやレモンなどを多用。屋内席や中2階、テラス席もある。

1 ワイキキ・ビーチ・ウォークの好立地　2 モダンな店内。オープンエアのテラス席もある　3 看板メニューは生ウニのスパゲティ $49

ワイキキ 📍P.303
📞 808-926-5050　🏠 ワイキキ・ビーチ・ウォーク1F
🕐 ランチ11:00～14:00、ディナー17:00～21:00
🔒 無休　💳 ADJMV　🚗 エンバシー・スイーツでバリデーション
🌐 taorminarestaurant.com

アルコールの持ち込みもOK

フロラリア

Floraria

大豆で作ったベーコンやナッツから作ったチーズといった、ピザに欠かせない食材すべてがヴィーガンで作られているピザ専門店。プラントベースだと言われてもわからないほど、どれも絶品。

1 木陰に風が渡るオープンエアの空間に、本格的なピザ窯がある　2 チョコレートディップ・チーズケーキとストロベリー・チーズケーキ各 $8　3 ナッツから作ったチーズたっぷりのホワイト・ピザ $22 とパラディーソ・ピザ $22

アラモアナ 📍別冊P.28-B2
📞 808-859-1525　🏠 1124 Kona St.
🕐 16:30～21:00　🔒 月～水曜　💳 AJMV
🚗 レストラン前のパーキングを利用　🌐 floraliapizza.com

極上のイタリア料理をハワイの新鮮な食材で

フレスコ・イタリアン・レストラン

Fresco Italian Restaurant

イタリアの伝統料理をコンセプトに、できるだけハワイのオーガニックで新鮮な食材を使用。素朴ながら味わい豊かに仕上げている。手頃なコースディナーもある。

ペンネ・アイ・クアトロ・フォルマッジ $27

ワイキキ 📍別冊P.19-B4
📞 808-941-8868　🏠 ヒルトン・ハワイアン・ビレッジのレインボーバザール2F　🕐 朝食7:00～11:00（土・日曜～12:00）、ディナー16:00～21:30　🔒 無休　💳 ADJMV　🚗 ホテルの駐車場を利用　🌐 frescohawaii.com/jp

---

イタリアの"今"の料理が食べられる

ベルニーニホノルル

Bernini Honolulu

フレンチのエッセンスを加えたコンテンポラリーなイタリアンが楽しめる。クリスピーピッツァやパスタをはじめ、どの料理もクオリティが高い。アラモアナエリアでイタリアンならここへ。

一番人気の生ウニのペペロンチーノ $40

アラモアナ 📍別冊P.29-B3
📞 808-591-8400　🏠 1218 Waimanu St.
🕐 16:30～22:30　🔒 月曜　💳 ADJMV
🚗 店の前にある無料駐車場を利用

📣VOICE　イル・ルピーノ・トラットリア & ワインバーで初のランチ。ミートボールのおいしさに感動しました！また絶対再訪したいです。（香川県　ダイゴ　2019年）[2023]

245

🍴 イタリア料理

日本でも人気のスパニッシュイタリアンが上陸
リゴ スパニッシュイタリアン
Rigo SPANISH ITALIAN

イタリア料理とスペイン料理の両方が味わえるレストラン。どちらもおいしいと評判で価格も手頃。カクテルやワインの品揃えも充実。

エビやイカのうま味がギュッと詰まったシーフード・パエリア $35

カパフル 📍P.130-A
📞 808-735-9760 🏠 885 Kapahulu Ave. 🕐 11:00〜15:30（ラストシーティング14:00）、16:30〜22:30（ラストシーティング21:30）🚪 火曜 💳 AJMV 🚗 ランチ無料。ディナーはバレットパーキング$5 🌐 rigohawaii.com 📅 📅

👑 ワイキキ随一と評判のスパゲティ
アランチーノ・ディ・マーレ
Arancino di Mare

アルデンテのパスタが好きな人なら、絶対に気に入るお店。豊富な前菜やパスタのほか、本場イタリア出身の職人が焼く、噛むたびにじわりとうま味が広がるピザが絶品。

人気はクリーミーナウニパスタ

ワイキキ 📍別冊P.22-B1
📞 808-931-6273 🏠 ワイキキ・ビーチ・マリオット・リゾート&スパ1F 🕐 17:00〜22:00 🚪 無休 💳 ADJMV 🚗 ホテルのパーキングを利用。バリデーションあり 🌐 www.arancino.com 📞

ニューヨークスタイルのピザひと筋のバー
J.ドーランズ
J.Dolan's

薄生地でモチモチした食感のNYスタイルのピザが味わえるバー。自分好みのトッピングをオーダーすることもできる。オープンキッチンで、ピザを作る様子が見られるのも楽しい。

トマト、バジル、モッツァレラチーズがのるマルゲリータ $20.75

ダウンタウン 📍別冊P.26-B2
📞 808-537-4992 🏠 1147 Bethel St. 🕐 11:00〜翌2:00（日曜〜22:00）🚪 おもな祝日 💳 ADJMV 🚗 付近のパブリックパーキングを利用

ワイキキのど真ん中で絶品イタリアンを
イル・ルピーノ・トラットリア&ワインバー
Il Lupino Trattoria & Wine Bar

イタリア語で"小さなオオカミ"を意味するお店は、あのウルフギャング・ステーキハウス（→P.239）の姉妹店。ハッピーアワー（16:00〜17:00）もある。

USDAプライムビーフと仔牛の肉をブレンドしたミートボール$15

ワイキキ 📍P.299
📞 808-922-3400 🏠 ロイヤル・ハワイアン・センターB館1F 🕐 8:00〜22:00 🚪 無休 💳 ADJMV 🚗 センターの駐車場を利用 🌐 www.illupino.com

---

👑 アラモアナセンターの隠れ家的レストラン
アサージオ
Assagio

毎年多数の賞を受賞するロコに人気のイタリアン。広々としたスタイリッシュな店内は記念日や誕生日にもぴったり。本格的ながら手頃な価格も魅力。

シーフード・コンビネーション $27.90〜はエビ、イカ、アサリ、ムール貝のリングイネパスタ。右は自家製アンティパスト $18.90

アラモアナ 📍P.293
📞 808-942-3446 🏠 アラモアナセンター1F海側 🕐 11:00〜14:30、16:30〜20:30（金・土曜〜21:00）🚪 感謝祭、12/25 💳 AJMV 🚗 センターの無料駐車場を利用 🌐 www.assaggiohawaii.com

---

ワイキキで唯一無二の薪窯焼きピザが食べられる
アペティート・クラフトピザ & ワインバー
Appetito Craft Pizza & Wine Bar

「タオルミーナシチリアンキュイジーヌ」（→P.245）から生まれたカジュアルダイニング。香りのよいハワイ産キアヴェの薪を使ったピザ窯で焼き上げるクラフトピザが絶品。

ホワイトアンチョビがのった自慢のピザ、ポケロネス $22と焼きロメインレタスのシーザーサラダ $16をサングリア各 $14と一緒に

ワイキキ 📍別冊P.21-B4
📞 808-922-1150 🏠 オハナ・ワイキキ・イーストbyアウトリガー1F 🕐 18:00〜21:00 🚪 無休 💳 ADJMV 🚗 ホテルの有料駐車場を利用 🌐 appetitowaikiki.com 📅

🍴 中国料理

チャイナタウンのあるハワイには中国料理の実力店も数多い。広東、上海、四川、北京、香港といろいろなジャンルの店が揃っている。ぜひ体験してみたい。

とびっきり新鮮な魚介類が味わえる海鮮中華レストラン

キリン・レストラン

Kirin Restaurant

ロブスターやカニ、エビなどの魚介類は、注文を受けてから店内の生けすから取り出して調理する新鮮さがウリ。ランチ時には点心が人気で、ディナー時にも点心サンプラーが味わえる。

ワイキキ 📍別冊P.21-B4
📞 808-942-1888
🏠 ハイアット・リージェンシー・ワイキキB1F
🕐 11:00～14:00、17:00～22:00
🚫 無休 💳 ADJMV
🚗 ホテル内のパーキングを利用
🌐 kirinrestauranthawaii.com

1 ダンジネスクラブ$42（1ポンド）はレストランの看板メニュー 2 大小4つの個室もある広い店内 3 新鮮なシーフードに舌鼓を打とう

点心が1日中食べられる中国料理店

メイサム・ディムサム

Mei Sum Dim Sum

ダウンタウンで飲茶が食べられる店のなかでも、どの点心を食べてもおいしいと評判。人気の小籠包はひと口噛むと、熱々のスープがジュワッとあふれる。

ダウンタウン 📍別冊P.26-A2
📞 808-531-3268
🏠 1170 Nuuanu Ave. Ste102
🕐 9:00～20:00（土・日曜8:00～）
🚫 水曜 💳 JMV
🚗 付近のパブリックパーキングを利用
🌐 meisumdimsum.com

1 シュウマイ、小籠包、大根もちなど人気の点心は$3.95～ 2 白とグリーンが基調の清潔感あふれる店内 3 ダウンタウンの中心に店を構える

星獲得の点心レストラン

ティム・ホー・ワン ワイキキ

Tim Ho Wan Waikiki

香港の本店は2010年と2017年に、ミシュランひとつ星を獲得したことで話題になった、カジュアルなレストラン。点心は蒸物、揚物、ちまき、粥、デザートなどから選べる。

ワイキキ 📍P.298
📞 808-888-6088
🏠 ロイヤル・ハワイアン・センターA館3F
🕐 11:00～21:00 🚫 無休 💳 AJMV
🚗 センターの有料駐車場を利用
🌐 timhowanusa.com

1 風が通るテラス席もおすすめ 2 手作りでていねいに仕上げる 3 定番人気はポークとエビのシュウマイ$7.25

✅ CHECK アランチーノ・ディ・マーレはかなり混雑するので、とにかく予約必須。特に週末などは予約なしだと30分～1時間ほど待つこともあるので注意。

飲茶が絶品のチャイニーズ
レジェンド・シーフード・レストラン
Legend Seafood Restaurant

いつも行列ができる絶品飲茶の店。ひと皿$3.45〜10.95からあり、おなかいっぱい食べてもひとり$20前後ほど。14:00までが飲茶タイムだから遅めのランチにもよい。

蒸したてのシュウマイなど、飲茶メニューは50種近く

ダウンタウン 📍別冊P.26-A1
📞 808-532-1868 🏠 チャイナタウン・カルチュラル・プラザ1F 🕐 8:00〜14:00、17:00〜21:00
🚫 無休 💳 MV 🅿 バリデーションあり
🌐 www.legendseafoodhonolulu.com

👑知る人ぞ知る！ 台湾風家庭料理の人気店
デュー・ドロップ・イン（京露）
Dew Drop Inn

上海出身の父親と台湾出身の母親の味を融合したという家庭料理は、中国北部のピリ辛味で絶品。小さな店だが100種類以上のメニューが揃う。アルコール類は持ち込みを。

エビのチリソース$17.95と中華風クレープで包んで食べる野菜とチキンの炒め物$18.95

ホノルル 📍別冊P.28-A1
📞 808-526-9522 🏠 1088 S. Beretania St.
🕐 16:00〜21:30 🚫 月曜、感謝祭 💳 ADJMV（$10〜使用可）🅿 店横の無料駐車場を利用

スタイリッシュでニュータイプな中国料理ビストロ
P.F.チャンズ
P.F.Chang's

1993年にアリゾナで設立され、ラスベガスやカリフォルニアなどに多くの支店を展開するチェーン店。従来の中国料理店のイメージを一新させるようなおしゃれな雰囲気も魅力。

1 モダンでおしゃれな店内　2 洗練された中国料理をワイキキのど真ん中で楽しめる　3 フライドライスなど、アルコールにぴったりなブブメニューが揃う

ワイキキ 📍P.299
📞 808-628-6760 🏠 ロイヤル・ハワイアン・センターA館1・2F
🕐 11:00〜22:00（金・土曜〜23:00）🚫 無休 💳 ADJMV
🅿 センターの駐車場を利用。バリデーションあり 🌐 www.pfchangs.com 📞📶📱

香港スタイル・ヌードルショップ
ホンコン・ヌードル・ハウス
Hong Kong Noodle House

1977年オープンのヌードルショップ。魚やエビから取るだしはあっさりとした味わいで、昔ながらの中華そばやサイミンに近い味。

人気のトスヌードル（右）はボリュームたっぷりで$8.20〜

ダウンタウン 📍別冊P.26-A1
📞 808-536-5409 🏠 チャイニーズ・カルチャーセンター1F
🕐 10:00〜15:00
🚫 無休 💳 VM 🅿 センターの駐車場を利用

👑アットホームな雰囲気が人気の穴場レストラン
ハッピー・デイズ
Happy Days

おすすめはじっくり揚げたオイスター$23.95や、干しホタテ貝のだしが効いたシーフード豆腐スープ$18.95など。ランチタイムには飲茶も登場する。

シュウマイ、春巻き、ビーフ・トライブ・ペーパー、カスタード饅頭など各$5.28〜

カイムキ 📍P.131
📞 808-738-8666 🏠 3553 Waialae Ave. 🕐 8:00〜21:00
🚫 水曜 💳 ADJMV 🅿 店の裏側にあるパブリックパーキングを利用 🌐 www.happydayshi.com

🍴 韓国料理

スタミナ満点の代表選手といえば、やっぱり焼肉をはじめとした韓国料理。軟らか〜いお肉をフウフウしながらほおばり、スパイシーなキムチやナムルを食べればハワイの暑さも吹き飛ぶはず。

シャリシャリのスープがうまい名物冷麺！

ユッチャン・コリアン・レストラン
Yuchun Korean Restaurant

看板メニューは、モチモチした食感の黒い麺に凍ったみぞれ状のスープをかけたくず根麺。カルビやプルコギを追加したお得なセットメニュー$38.95（1人前）も人気。

1 店内はローカルの食堂、という雰囲気　2 アツアツの鉄板でサーブされるカルビ$32.95　3 シャリシャリのみぞれスープが名物のくず根麺$16.95

アラモアナ 📍別冊P.28-B2
📞 808-589-0022　🏠 1159 Kapiolani Blvd.
🕐 11:00〜21:00　🎫 無休
💳 DJMV
🅿️ 店の前に無料駐車場あり

超美味のハラミをお試しあれ

ニュー・ヒュン・ジェ・コリアンレストラン
New Hyung Je Korean Restaurant

韓国焼肉の有名店。一時期惜しまれながら閉店したが、店名に"ニュー"を冠し待望の復活オープン。韓国人観光客でにぎわう店内でいただく肉はどれも絶品。特に名物ハラミは噛めば噛むほど深い味わいがクセになる。

1 ディナー時間は混雑するので予約がおすすめ　2 ハワイ好きなら誰でも知っている名店　3 名物のハラミ（通称・アンチャン）は$38.95（1人前）

アラモアナ 📍別冊P.29-A3
📞 808-600-5433　🏠 636 Sheridan St.
🕐 10:00〜22:00（日曜11:00〜）　🎫 無休　💳 ADJMV
🅿️ 店の裏側に専用駐車場3台あり

👑 朝・昼・夜いつでも焼肉が食べられる！

ソラボル
Sorabol

スープ類、昼セットメニューや冷麺など焼肉以外のメニューも豊富。焼肉は1オーダー$40前後〜だが、量が多いので様子を見ながらオーダーしたい。

大輪の花のように見事に盛り付けられた牛タン

アラモアナ 📍別冊P.29-A3
📞 808-947-3113　🏠 1525 Rycroft St.（パゴダ・ホテル内）
🕐 10:00〜22:00　🎫 無休
💳 AJMV
🅿️ ホテルのバレットパーキングを利用

👑 ハワイでも大当たりの有名焼肉チェーン

スラ・ハワイ
Sura Hawaii

行き届いたサービスでおいしい焼肉が食べられると評判だった焼肉店「678ハワイ」が店名を変更してリニューアル。コストパフォーマンスもよく、毎日のように行列ができている。

食べ放題はランチ$22.95、ディナー$29.95

アラモアナ 📍別冊P.18-A2
📞 808-941-6678　🏠 1726 Kapiolani Blvd.
🕐 11:00〜15:00、17:00〜22:30　🎫 無休　💳 AJMV
🅿️ 店の近くに専用駐車場あり　🌐 surahawaii.com

🍴 多国籍料理

人種のジグソーパズル、ハワイだけに、料理の種類も実にさまざまで、味わえない料理はないのではと思うほど。メキシコ、ギリシア料理から、キューバ料理まで、気になるお店をチェック!

👑 やみつきになる香り高いベトナム料理

ハレ・ベトナム
Hale Vietnam Restaurant

カイムキの人気ベトナム料理店。広々とした店内は、いつもロコでいっぱい。春巻きやフォーなど、手頃でおいしいベトナム料理が種類豊富に味わえる。

カイムキ 📍 P.131
📞 808-735-7581 🏠 1140 12th Ave.
🕐 11:00～21:00 🚫 月曜、感謝祭
💳 JMV 🅿️ 付近のパーキングメーターを利用
🌐 www.halevietnam86.com

1 落ち着いた雰囲気でワイワイ楽しめる　2 グリーンパパイヤ・サラダ$18.50（手前）やインペリアル・ロール$15.95（奥）も人気　3 レアステーキ・フォー$15.75～

👑 ロコ絶賛! ハワイのメキシコグルメシーンに新風

アレハンドロズ・メキシカン・フード
Alejandro's Mexican Food

メキシコ出身のオーナー・シェフによるレストラン。タコスやブリトーなど、ボリュームたっぷりのメキシコ料理が味わえるとあってロコの胃袋を掴んで離さない。

好みの肉、ビーンズ、メキシカンライス入りのウエットブリトー$14～

カパフル 📍 P.130-A
📞 808-888-8090 🏠 949 Kapahulu Ave.
🕐 11:00～21:00（日曜16:00～）🚫 月曜、12/25
💳 MV 🅿️ 店の裏にある無料パーキングを利用
🌐 www.alejandrosmexicanfood.com

カスタムオーダーできるメキシコ料理

ボウルズ・ブリトー
Bowles Burrirtos

ハワイ生まれのオーナーが、アメリカ本土のメキシコ料理を再現したレストラン。ブリトーやタコスに自分好みの味をカスタムしてみよう。

手前はブリトーボウル$11.95。右奥は土・日曜の朝限定のブレックファストブリトー$8

カイルア 📍 P.150
📞 808-888-8841 🏠 270 Kuulei Rd.
🕐 11:00～20:00（金曜～20:30、土・日曜8:00～20:30）
🚫 おもな祝日 💳 AJMV
🅿️ レストラン裏の無料駐車場を利用
🌐 bowlesburritos.com

👑 日本人シェフの匠の技がきらりと光る

ナチュール・ワイキキ
natuRe waikiki

ハワイの食材を使い、フレンチベースで仕上げる"アイランド・フレンチ"が魅力。フレンチだけでなくハワイの調理法や日本のテイストも加わる唯一無二の料理を味わおう。

ワイキキ 📍 別冊P.21-A3
📞 808-212-9282
🏠 413 Seaside Ave. 2nd floor
🕐 17:30～23:30
🔓 無休
💳 ADJMV
🚗 お店利用でハイアット・セントリックホテルのバリデーション4時間あり
🌐 www.naturewaikiki.com

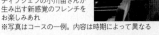

1 コースのレギュラーテイスティングメニュー$120。写真はハワイ産甘エビを使ったスイカガスパチョ　2 濃厚な味わいのローカルスイートポテトのモンブラン　3 エグゼクティブシェフの小川苗さんが生み出す新感覚のフレンチをお楽しみあれ
※写真はコースの一例。内容は時期によって異なる

🍴 多国籍料理

ローカル食材を使った国際色豊かなダイニング
バサルト
Basalt

　ABCストアが手がける、デュークス・レーンの中核をなすコンテンポラリーなレストラン。ハワイ産の食材を中心に高品質な素材を使った料理が揃う。

1 開放的な店内には150席が並ぶ　2 SNS映えするチャコール・パンケーキ$20　3 お花畑のような野菜のアレンジが目にも楽しいアボカド・ガーデン・トースト $17

ワイキキ 📍別冊P.21-A3
📞 808-923-5689　🏠 デュークス・レーン・マーケット＆イータリー内
🕐 朝食9:00〜11:00（土・日曜8:00〜）、ランチ11:00〜14:00、ディナー17:00〜21:00（ハッピーアワー15:00〜17:00）　🚫 無休　💳 ADJMV　🚗 ハイアットセントリックワイキキビーチのセルフパーキングを利用。バリデーションあり
🌐 www.basaltwaikiki.com　🇯🇵

ラテンのエッセンスが効いた穴場レストラン
カストロズ
Castro's

　ストリップ・ステーキなどで活躍した、南米コロンビア出身のシェフが創作するキューバ料理をリーズナブルに楽しめる。カラフルに盛り付けられた料理はリゾート感たっぷり。

1 南米風のインテリアがおしゃれ　2 クロックムッシュとフルーツサラダがワンプレートになったクロック・セニョリータ$24.96　3 自家製グラノーラやフルーツなどがてんこ盛りのパパイヤボウル$19

ワイキキ 📍別冊P.20-B1
📞 808-630-0480　🏠 2113 Kalakaua Ave. Unit201
🕐 7:00〜14:00　🚫 不定休　💳 AJMV　🚗 ストリートパーキングを利用　🌐 www.castrosrestauranthi.com

---

👑 高評価を受けるギリシア料理の名店
オリーブ・ツリー・カフェ
Olive Tree Cafe

　地元では一番に名の挙がるギリシア料理専門店。串焼き肉や魚をピタブレッドに挟み、ヨーグルトソースで食べるスブラキやギリシア風サラダのタブーリなど、ヘルシーな料理が多い。

左はギリシア風ケバブのスブラッキ$14、右はサラダのタブリ$7

カハラ 📍P.131
📞 808-737-0303　🏠 4614 Kilauea Ave. Suite107　🕐 17:00〜21:00
🚫 おもな祝日　💳 不可
🚗 無料駐車場あり

👑 家庭の味を再現したトルコ＆地中海料理が味わえる
イスタンブール・ハワイ
Istanbul Hawaii

　ハワイでは珍しい本場の中東料理が食べられると開店早々話題に。99%地元の食材を使うという野菜たっぷりの地中海料理はヴィーガンやグルテンフリー対応のメニューも多い。

初めてならトルコを代表する前菜が盛られたメゼ・プラッター$35を

ワード 📍P.308
📞 808-772-4440　🏠 1108 Auahi St. Ste152（アナハ内）
🕐 11:00〜14:30、17:00〜21:30（金・土曜〜22:00）　🚫 月・火曜　💳 AJMV　🚗 アナハまたはワードビレッジの無料パーキングを利用　🌐 www.istanbulhawaii.com

---

📍CHECK バサルトでは毎日15:00〜17:00でハッピーアワーを開催。

ワードの人気店がワイキキに進出
スクラッチ・エクスプレス
Scratch Xpress

ワードにある人気レストラン、スクラッチ・キッチン（→P.82）の姉妹店。テイクアウトメニューが中心で、ビーチに行く前などに立ち寄ってゲットしたい手軽なフードが豊富。手作りレモネードはマストオーダー！

1 カラカウア通り側からのアクセスが便利　2 パッションフルーツレモネード\$5と台湾スタイルのポークベリー・バオ\$6　3 ブランテーションアイスティーのほか、自家製レモネードもある。各\$5

ワイキキ 📍別冊P.21-B3
🏠 スティックス・アジア内
🕐 11:00～22:00
🔒 無休
💳 ADJMV
🚗 ワイキキ・ショッピング・プラザの駐車場を利用

ヴィーガンメニューが豊富なベトナム料理店
ザ・リップル・オブ・スマイルズ
The Ripple of Smiles

「食事は薬のように取れ。さもないと薬を食事のように取ることになる」というオーナーシェフが作るベトナム料理は、豊富なヴィーガンメニューが特徴。野菜をたっぷり使い、ノンGMOやグルテンフリーのメニューが揃う。

1 スプリングロールのバーミセリ\$14.75（左）とハウススペシャル\$20.75～　2 黄色とエメラルド色の派手な外観が目を引く　3 コンボフォー\$15.75

カイムキ 📍別冊P.17-A3
📞 808-354-2572　🏠 3040 Waialae Ave.
🕐 17:02～21:02
🔒 月・火曜、感謝祭、12/25　💳 ADJMV
🚗 併設の無料駐車場を利用　🌐 www.therippleofsmiles.com

👑 タイの宮廷料理が味わえる、本格派タイレストラン
ノイタイ・キュイジーヌ
Noi Thai Cuisine

数々の賞を受賞する高級タイ料理レストラン。見た目にも美しい料理は、タイの宮廷料理の要素を多く取り入れているのが特徴だ。広い店内はゴージャスな雰囲気。本格的なバーもある。

ひと口大に切り分けられたステーキを、タイスタイルのソースでいただくクライング・タイガー \$37.95

ワイキキ 📍P.298
📞 808-664-4039　🏠 ロイヤル・ハワイアン・センターC館3F
🕐 11:00～15:00、16:30～22:00（土・日曜11:00～22:00）
🔒 無休　💳 AJMV　🚗 センターの駐車場を利用
🌐 honolulu.noithaicuisine.com

👑 ピリッと辛い秘伝のカレーをお試しあれ
カフェ・マハラニ Cafe Maharani

2014～2023年連続で「ハレアイナ賞」のベストインディアン賞を受賞。何世代にも伝わる家庭のレシピを、厳選したスパイスやハーブで仕上げる本場の味が大人気。

バターチキンや野菜マサラなど食欲をそそるメニューがズラリ。予算の目安はひとり\$30～

ホノルル 📍別冊P.16-A2
📞 808-951-7447　🏠 2509 S.King St.
🕐 17:00～21:00　🔒 おもな祝日
💳 MV　🚗 店の裏側にある無料駐車場を利用
🌐 cafemaharani.com

彩り豊かでヘルシーなミャンマー料理を味わおう

ダゴン
Dagon

インドや中国、タイなどに囲まれた多民族国家ミャンマーのエスニック料理が味わえるレストラン。野菜や豆類をたっぷり使用したヘルシーな料理が中心。

見た目にも美しい名物のティーリーフサラダ$15

ホノルル 📍別冊P.16-A2
📞 808-947-0088 　🏠 2671 S. King St.
🕐 17:00～22:00
🔒 日曜、感謝祭、12/25、1/1
💳 AJMV
🚗 店の裏側に無料駐車場あり

人気ミャンマー料理店「ダゴン」の姉妹店

ラングーン・バーミーズ・キッチン
Rangoon Burmese Kitchen

マルチな食文化の影響を受けているミャンマー料理が楽しめる。野菜を豊富に使用した見た目にも美しいヘルシーメニューが多い。

ヘルシーなガーリックヌードル$17～とダゴンの名物ティーリーフサラダも提供

ダウンタウン 📍別冊P.26-B2
📞 808-367-0645 　🏠 1131 Nuuanu Ave.
🕐 11:00～14:00、17:00～22:00 　🔒 日曜 　💳 JMV
🚗 付近のコインパーキングを利用

カイルアでエスニック料理を食べるなら

セーンズ・タイ・クィジーン
Saeng's Thai Cuisine

カイルアで35年以上営業している、落ち着いたインテリアの老舗タイレストラン。トムヤムクンやグリーンカレーなどどれも本格派。

ココナッツミルクのレッドカレー$17～（右）やチキン焼きそばパッタイ$17（左）

カイルア 📍P.150
📞 808-263-9727 　🏠 315 Hahani St., Kailua 　🕐 11:30～14:00
（ランチは月～金曜のみ）、17:00～21:00 　🔒 イースター、1/1
💳 AJMV 　🚗 店の前にある駐車場を利用
🌐 www.saengsthaicuisinekailua.com

シティ＆オーシャンビューが楽しめるレストラン

ワイオル・オーシャン・キュイジーヌ
Wai'olu Ocean Cuisine

トランプ・インターナショナル・ホテル・ワイキキのロビーフロアにあるレストラン。落ち着いた空間でゆったりとランチを楽しむもよし、サンセットを見ながらカクテルやププを楽しむもよし。

ワイキキ 📍別冊P.20-B2
📞 808-683-7456
🏠 トランプ・インターナショナル・ホテル・ワイキキ6F
🕐 16:00～21:00
🔒 月～水曜
💳 ADJMV
🚗 ホテルのバレットパーキングを利用。バリデーションあり
🌐 jp.trumphotels.com/waikiki

1 ハッピーアワーのメニュー一例。アヒポケナチョス$14など　2 人気のサンセットハッピーアワーは16:00～18:00　3 ワールドベストマイタイで賞を受賞した人気のイリケアズマイタイ$16

👑 フュージョンベトナム料理が味わえる

ザ・ピッグ＆ザ・レディ
The Pig & The Lady

フォーや生春巻きなど、日本人にもなじみやすいあっさり風味のベトナム料理。ベトナム生まれハワイ育ちのシェフが作る料理は、随所に工夫を加えた逸品ばかりだ。

写真は左からヴィーガンフォー$18、フォー・フレンチディップ・バインミー・サンドイッチ$18（どちらもランチのみ）

ダウンタウン 📍別冊P.26-B1
📞 808-585-8255 　🏠 83 N. King St. 　🕐 11:30～14:30、17:30～21:30
🔒 日・月曜、感謝祭、12/25、1/1、その他不定休 　💳 ADJMV
🚗 付近のコインパーキングを利用 　🌐 thepigandthelady.com

🔊 VOICE ミャンマー料理と聞いて、あまりピンときませんでしたが、ダゴンでティーリーフサラダを食べて感動しました！（愛知県 えびちゃん 2019年）[2023年]

253

せっかく外国に来たのに和食？と思うなかれ。ハワイの和食は、日本に負けない絶品揃い。また、和食を基本に地元の素材を盛り込んだ"ハワイ風日本料理"の新鮮な味に出合うことも多い。

♛ ワイキキで注目を集める和食店

地喰
ZIGU

「地を喰らう」の文字どおり、地産地消をテーマにハワイ産の食材にこだわった和食が楽しめる。素材のよさを存分に引き出したオリジナリティあふれる料理は、どれも絶品かつ見た目も華やか。

ワイキキ 📍別冊P.21-A3
📞 808-212-9252　🏠 413 Seaside Ave. 1F
🕐 16:00～24:00（フード23:00L.O.、ドリンク23:30L.O.）
🔘 無休　💳 ADJMV
🚗 ハイアット セントリック ワイキキ ビーチの有料駐車場を利用
🌐 www.zigu.us

1 ワイキキのど真ん中にあり訪れやすい　2 ワイマナロ ローカルエッグのだし巻き玉子$9.50　3 テラス席もあり広々とした店内

日本の本格的な讃岐うどんをハワイで

うどんやま
UDON YAMA

毎日お店で手打ちする、もっちりとした歯応えの麺が自慢。完成してから20分以内の麺のみを使用し、素材と鮮度にこだわったうどんが手頃な価格で楽しめる。サイドメニューのエビや野菜などの天ぷらも要チェック。

ワイキキ 📍別冊P.21-B3
📞 808-892-4441
🏠 スティックス・アジア内
🕐 11:00～22:00　🔘 無休　💳 ADJMV
🚗 ワイキキ・ショッピング・プラザの駐車場を利用

1 サイドの天ぷらは卵、ズッキーニ、エビが$2.50、チキンは$3.50　2 セルフ方式でカジュアルに利用できる　3 リーズナブルな冷うどんのレモン$7.95（右）とお肉たっぷりの肉たま$11.95

本格割烹の味を手軽に味わえる

凜花
Rinka

寿司カウンターやバー、個室を完備したモダンで上品な店内で本格的な和食が楽しめる。日本酒やワインのセレクションも充実。お手頃なランチも人気だ。

豆腐の四色田楽$13.75とハワイ産の焼酎「浪花」$14（グラス）

ワード 📍P.308
📞 808-773-8235
🏠 1001 Queen St.（アエオショップス内）
🕐 11:00～14:30、17:00～21:30　🔘 おもな祝日　💳 ADJMV
🚗 4～7Fの無料駐車場を利用
🌐 rinka-dining.com

麺とだしにこだわる手打ちうどん専門店

つるとんたん
Tsuru Ton Tan

日本産の昆布と鰹節で取るだしにこだわる、関西風うどんの専門店。海外では、NYに続く2号店で、170名収容できる広さを誇る店内もスタイリッシュ。ハワイ限定メニューもある。

ハワイ限定のアヒポケうどん$26

ワイキキ 📍P.298
📞 808-888-8559　🏠 ロイヤル・ハワイアン・センターB館3F
🕐 11:00～14:00、16:30～21:00　🔘 無休
💳 ADJMV　🚗 センターの有料駐車場を利用
🌐 www.tsurutontan.com

日本人ならほっとする老舗ラーメン・ショップ
エゾギク
Ezogiku Ramen

　1974年にオープンした老舗がワイキキ内で移転。東京の本店で作った味噌を使用した本格的な味噌ラーメンを始め、餃子や焼売も美味。ワイキキにありながら価格が手頃なのも◎。

1 ラーメンにミニ焼飯と餃子4個が付くコンボは＋$5
2 ワイキキの新しいフードコート（→P.265）にある
3 ホッとする味わいの醤油味シンプル・ラーメン$9.95

ワイキキ 📍別冊P.20-B2
📞 808-379-0490
🏠 2239 Waikolu Way.ロイヤル・ハワイアン・ダイニングプラザ
🕐 11:00～20:30 　🔓 無休　💳 AJMV
🚗 なし　🌐 www.ezogiku.com

ロコお墨付きの日本のお弁当屋さん
みやこんじょ
Miyakonjyo

　東京にある宮崎の郷土料理店のハワイ店。空港近くのカリヒエリアにあり、チキン南蛮プレートが評判。プレートメニューは日替わりメニューのほか、小さい弁当サイズもありとてもリーズナブル。

1 ボリューム満点のモチコチキン弁当は$6～とリーズナブル　2 カリヒの工場エリアにあるお弁当屋さん　3 チキン南蛮プレート$10～

カリヒ 📍別冊P.14-B1
📞 808-636-4340　🏠 1763 Hoe St.
🕐 9:00～13:00　🔓 土・日曜　💳 ADMV　🚗 無料駐車場あり
🌐 miyakonjo-bento-catering.square.site/

肉はジューシー、衣はサクサクのとんかつ
とんかつ銀座 梅林
Tonkatsu Ginza Bairin

　創業96年の老舗が、日本のとんかつを世界に広めるためにワイキキに進出。特製生パン粉、最高級の綿実油、秘伝のトンカツソースなどを日本から直輸入するなど、食材にもこだわる。

黒豚ロースとんかつ$41など、どれも絶品

ワイキキ 📍別冊P.20-B2
📞 808-926-8082　🏠 リージェンシー・オン・ビーチウォーク・ワイキキ by アウトリガー1F　🕐 11:00～21:15　🔓 無休
💳 AJMV　🚗 バンク・オブ・ハワイ・ワイキキ・センターの駐車場を利用。バリデーションあり
🌐 www.ginzabairinhawaii.com

グルメストリートの人気店
とんかつ玉藤
Tonkatsu Tamafuji

　注文を受けてからパン粉をつけて揚げるから、できあがりはサクサクなのがうれしい。北海道で数店舗を構える人気の店で、ローカルにも好評だ。予約制なので注意。

180gの熟成ロースカツ定食$25とエビヒレカツ定食$27。ご飯の種類、味噌汁のだしや具材が選べる。

カパフル 📍P.130-C
📞 808-922-1212　🏠 449 Kapahulu Ave. ヒー・ヒン・プラザ2F　🕐 16:00～21:30 L.O.（土・日曜11:00～14:00、17:00～）
🔓 火曜　💳 ADJMV　🚗 プラザ内の駐車場を利用

$VOICE 長期間滞在をしていると、胃がもたれやすくなるので和食を食べるようにしています。スティックス・アジアにオープンした「うどんやま」は本格讃岐うどんの店で比較的並ばずに入れました。（東京都　ささき 2023 年）

255

🍴 日本料理

天ぷらのトッピングがゴージャスな手打ちうどん店
丸亀うどん
Marugame Udon

打ちたて、ゆでたての讃岐うどんが味わえる人気チェーンの海外1号店。うどんのサイズとつゆの種類を選ぶセルフ方式で、副菜の天ぷらも種類豊富で揚げたて。

1 定番人気の温玉$6.50（R）　**2** 店内までずらりと行列。今やワイキキ名物だ　**3** うどんは職人が毎日手作り

ワイキキ ● 別冊P.21-A3
📞 808-931-6000　🏠 2310 Kuhio Ave. Suite124
🕐 10:00～22:00　📅 無休　💳 AMV
🚗 パブリックパーキングを利用
🌐 marugameudon.com

ワイキキから移転オープン
心玄
Shingen

北海道釧路市から直送しているそばの実を店頭で挽き、常に新鮮なそばを提供。そばのほかにもアヒポケ、職人技が光るサクサクの天ぷらなどの一品料理が豊富に揃う。

大海老天せいろ $29.80。ランチは周辺のオフィスで働く人たちでにぎわう

ワイキキ ● 別冊P.21-B3
📞 808-926-0255　🏠 スティックス・アジア内　🕐 11:00～22:00
📅 無休　💳 AJMV　🚗 ワイキキ・ショッピング・プラザの駐車場を利用　🌐 shingenhawaii.com

ハワイスタイルの大盛りラーメン専門店
ラッキー・ベリー
Lucky Belly

洗練されたインテリアのなか、真っ白な容器でいただくおしゃれなラーメン。ワカメやモヤシなど定番の具に加え、肉類がドーンとトッピングされた豪快なスタイルは圧巻。

店名を冠したベリーボウル $21はポークベリーに厚切りベーコンと黒豚ソーセージがたっぷり

ダウンタウン ● 別冊P.26-B2
📞 808-531-1888　🏠 50 North Hotel St.　🕐 17:00～22:00
（金・土曜は23:00）　📅 日曜、おもな祝日　💳 AJMV
🚗 付近の有料駐車場を利用　🌐 luckybelly.com

老若男女に愛されるおむすび
むすびカフェ いやすめ
Musubi Cafe Iyasume

手作りにこだわる定番むすびから、スパムむすびなどハワイらしい具材も楽しめる。オリジナルのたれやグッズも人気。2021年にワイキキ・ビーチ・ウォーク内に店舗が増え訪れやすくなった。

バリエーション豊富なスパムむすびは25種類以上ある

ワイキキ ● P.303
📞 808-383-3442　🏠 ワイキキ・ビーチ・ウォーク1F
🕐 7:00～21:00　📅 無休　💳 ADJMV　🚗 エンバシー・スイーツ有料駐車場を利用　🌐 iyasumehawaii.com

---

香ばしいお好み焼きが恋しくなったら
千房 Okonomiyaki Chibo Restaurant

ワイキキの便利な場所にあるお好み焼きと鉄板焼きの店。店内はシックで落ち着いた雰囲気。ボリューム満点のお好み焼き$28（ディナー）～をはじめ、アヒポケ$24などのおつまみメニューも豊富。

具だくさんの千房焼き $28。表面はサクッ、中はフワッとした食感

ワイキキ ● 別冊P.20-B2
📞 808-922-9722　🏠 280 Beach Walk　🕐 11:30～14:00（水・日曜のみ）、17:00～20:30　📅 水曜　💳 ADJMV　🚗 バンク・オブ・ハワイの駐車場を利用。バリデーションあり
🌐 www.chibohawaii.com

日本料理

ヘルシーでユニークな鍋料理専門店

一力 Ichiriki

ハワイでは珍しい鍋料理専門店。しゃぶしゃぶ、すき焼き、味噌ちゃんこ、醤油ちゃんこなど種類豊富。ほとんどの鍋料理が1人前からオーダーできるのもうれしい。

人気メニューの塩ちゃんこ鍋 $28.95～は栄養たっぷり。鍋料理に合う八海山純米吟醸は1杯 $12.95

アラモアナ 📍 別冊P.29-B3
📞 808-589-2299 🏠 510 Piikoi St. 🕐 11:00～21:30（金・土曜～22:30）🔒 おもな祝日 💳 ADJMV 🚗 ランチタイムは無料（ディナーは1時間$1）
🌐 ichirikinabe.com

料理とハワイをこよなく愛するシェフのくずし割烹

南山枝魯枝魯 Nanzan Girogiro

カジュアルに提供するくずし割烹の店。メニューは月替わりの6品おまかせコースのみで $88。伊藤南山氏による美しい器に盛りつけ、絶妙なタイミングで提供してくれる。

一つひとつの料理に、甘さや苦味など違う味わいと食感の組み合わせが工夫されている。じっくり味わって楽しみたい

アラモアナ 📍 別冊P.28-B2
📞 808-524-0141 🏠 560 Pensacola St. 🕐 17:30～21:30
🔒 火・水曜 💳 ADJMV 🚗 店の前にある駐車場を利用 🌐 www.nanzangirogiro.com

日本で大人気の焼肉チェーン店

牛角 Gyu-Kaku

上質の牛肉、牛タン、豚肉、鶏肉、シーフードなどがリーズナブルな価格で味わえる。ワイキキ店はTギャラリアのすぐそば、ランチメニューやお得なハッピーアワーも用意されている。

牛角の人気メニューのひとつ、ハラミ味噌は $14.45

ワイキキ 📍 別冊P.20-B2
📞 808-926-2989 🏠 307 Lewers St.
🕐 11:30～22:00 🔒 無休
💳 AJMV 🚗 近くの有料駐車場を利用
🌐 www.gyu-kaku.com

ワイキキのど真ん中で絶品和食を

レストラン・サントリー・ホノルル Restaurant Suntory Honolulu

1980年の創業以来、ワイキキで多くの人に愛されてきた本格和食レストラン。店内では鉄板焼き、和食テーブル、カウンター席の「鮨季和（ときわ）」といった異なるエリアで食事が楽しめる。

US プライム牛、宮崎和牛やシーフードを目の前で調理してくれる鉄板焼きセットランチ$30～

ワイキキ 📍 P.298
📞 808-922-5511 🏠 ロイヤル・ハワイアン・センターB館3F
🕐 11:30～13:30、17:30～21:30 🔒 無休（「鮨季和」は水曜と金曜ランチ休業）💳 AJMV 🚗 センターの駐車場を利用
🌐 jp.restaurantsuntory.com

居酒屋風日本料理が味わえる

楽 Sushi Izakaya Gaku

15歳のとき寿司職人の道に入ったマナブさんが、2007年に友人とオープン。店内のインテリアをほとんど手作りしたという自慢の店だ。おすすめは自家製おでんとさつま揚げ。日替わりメニューは旬の味が楽しめる。

ほっとする味わいの料理が揃う

1 テーブル席で居心地抜群の店内。ゆっくり食事を楽しめる 2 看板が目印。予約するほうがベター

ホノルル 📍 別冊P.25-A4
📞 808-589-1329 🏠 1329 S.King St.
🕐 17:00～21:30 🔒 日曜、第2月曜、イースター、感謝祭、12/25、1/1 💳 ADJMV
🚗 店の裏側に数台分の無料駐車場あり

ホテルのバーで海を眺めながらゆったりとグラスを傾けたり、クラフトビールで盛り上がったりと、1日中遊んだあともハワイのお楽しみはこれから。ただし、くれぐれも飲み過ぎには注意して。

👑 とっておきのワインとグルメなフードが味わえる

アイランド・ヴィンテージ・ワインバー
Island Vintage Wine Bar

世界中から選りすぐった100種類以上のボトルワインと40種類以上のグラスワインが味わえる、こだわりのワインバー。オーガニックワインのセレクションも豊富。

1 自然に朽ちたマンゴーの木を再利用したインテリアが揃う　2 白・赤40種のワインが揃うディスペンサーで量を選んで飲める　3 ハッピーアワー(15〜17時)がお得。チキンウィング$8やスモークアヒディップ$8など

ワイキキ ♥ P.299
📞 808-799-9463　🏠 ロイヤル・ハワイアン・センターC館2F
🕐 7:00〜22:00（L.O. 21:30）　🚫 無休　💳 ADJMV
🅿 センターの駐車場を利用　🌐 www.islandvintagewinebar.com

クラフトビールを自由に飲み比べ

オフ・ザ・ウォール・クラフトビール・アンド・ワイン
Off the Wall Craft Beer & Wine

入店時に作るカードで、壁に設置されたタップバーから好きなビールを注いで飲めるスタイルのバー。最後にレジで精算するので飲み過ぎには注意。

ビールは1オンス60¢〜

ワード ♥ P.308
📞 808-593-2337　🏠 サウスショア・マーケット内
🕐 11:00〜22:00（木曜〜23:00、金・土曜〜24:00、日曜10:00〜21:00）　🚫 感謝祭、12/25
💳 ADJMV　🅿 無料駐車場を利用　🌐 www.offthewallhawaii.com

プールサイドで本格ライブ！

カニ・カ・ピラ・グリル
Kani Ka Pila Grille

"音楽を奏でる"という意味の店名の通り、毎日18:00〜生演奏が行われる。カクテルにぴったりなププ(おつまみ)と一緒に音楽を堪能しよう。カクテルは$16〜。

心地よい歌声と演奏に耳を傾けながらのディナーは至福の時間だ

ワイキキ ♥ 別冊P.20-C2
📞 808-924-4990　🏠 アウトリガー・リーフ・ワイキキ・ビーチ・リゾート1F　🕐 6:30〜21:00（ライブ18:00〜21:00）
🚫 無休　💳 AMV　🅿 ホテルのパーキングを利用
🌐 jp.outrigger.com

天国気分に浸れるビーチサイド・バー

マイタイ バー　Mai Tai Bar

ロイヤルハワイアンのビーチサイド・バー。マイタイを一躍有名にしたオリジナルのカクテル、ロイヤル・マイタイが人気。潮風に吹かれながらとびきり美味なカクテルを味わいたい。

1 ここでは潮騒もすてきなBGMだ　2 ホテルカラーがキュートなピンクビール$11は爽やかで飲みやすい　3 左からロイヤルハワイアンマイタイ$20、ピンクパレス$18、ピナコラーダ$17

ワイキキ ♥ 別冊P.21-B3
📞 808-923-7311（ホテル代表）
🏠 ロイヤル ハワイアン ラグジュアリー コレクション リゾート 1F
🕐 11:00〜23:00　🚫 無休　💳 ADJMV
🅿 バレットパーキングあり
🌐 www.royal-hawaiian.jp/dining/maitai.htm

カクテルを片手にサンセットや夜景を堪能

スカイ・ワイキキ Sky Waikiki

　ワイキキ・ビジネス・プラザの19階から、ワイキキの絶景を眺めつつ、フレッシュなオイスターをはじめとしたシーフードメニューやオリジナルカクテルを楽しめる。ワイキキの夜景をひとり占めしよう。

1 ロブスター\$26、オイスター\$4などから選べるロウバー　2 ココナッツガール\$14など多彩なカクテルが揃う
3 人気店なので予約をした方が無難

ワイキキ ♥ 別冊P.21-B3
📞 808-979-7590　🏠 ワイキキ・ビジネス・プラザ19F
🕐 16:00〜22:00（金・土曜〜23:30）※変更あり　🚫 無休
💳 ADJMV　🚗 ビルの駐車場を利用
🌐 skywaikiki.com

👑 広々としたプールサイドのバーレストラン

クイーンズブレイク・レストラン＆バー
Queensbreak Restaurant & Bar

　ワイキキ・ビーチ・マリオット・リゾート・アンド・スパ内にあるレストラン。できる限り地元産の新鮮な食材を使用した料理と、毎晩夕方からエンターテイメントも楽しめる。

ププ（おつまみ）にぴったりなフレッシュアイランド・ポケ\$24

ワイキキ ♥ 別冊P.22-B1
📞 808-922-6611　🏠 ワイキキ・ビーチ・マリオット・リゾート＆スパ3F　🕐 11:00〜22:00　🚫 無休　💳 AJMV
🚗 ホテルの駐車場を利用　🌐 www.queensbreak.com

風を感じながら、ハワイの地ビールに舌鼓

ワイキキ・ブリューイング・カンパニー
Waikiki Brewing Co.

　店内には自社のビール醸造庫を持ち、常時9種類のビールと3〜4種類の季節限定ビールを提供。オープンエアな店内も心地いい。

色々試せるのがうれしいビールサンブラー各\$2.50〜

カカアコ ♥ 別冊P.27-B4
📞 808-591-0387　🏠 831 Queen St.　🕐 11:30〜22:00（金曜11:00〜23:00、土曜9:30〜23:00、日曜8:00〜22:00）　🚫 無休　💳 AJMV　🚗 付近のストリートパーキング
🌐 www.waikikibrewing.com

おしゃれホテルの穴場レストラン

ハイドアウト
Hideout at the Laylow

　クヒオ通りにオープンしたブティックホテルのメインダイニング。ロビー階にあり、朝はカフェ、夜はバーとしても利用できるおすすめスポットだ。

がっつりいきたいときにおすすめのカルビ・ビーフボウル\$30

ワイキキ ♥ 別冊P.21-A3
📞 808-628-3060　🏠 ザ・レイロウ・オートグラフコレクション2F　🕐 朝食6:00〜11:00、バー＆プールメニュー11:00〜15:30、ディナー17:00〜22:00（バー金・土曜〜24:00まで）
🚫 無休　💳 ADJMV　🚗 ホテルのバレットパーキングを利用
🌐 www.hideoutwaikiki.com

2次会やパーティにもおすすめ！

ジーニアス・ラウンジ
Genius Lounge

　おいしいお酒と居心地のよい空間が魅力的なバーレストラン。ハッピーアワーは18:00〜19:00の時間帯で生ビール\$4〜とワイキキでは破格の値段で楽しめる。

クラフトビールは\$7〜。カルアポークをディップするナチョスは\$16

ワイキキ ♥ 別冊P.20-A2
📞 808-626-5362　🏠 346 Lewers St. 3F　🕐 18:00〜24:00
（金・土曜〜翌2:00）　🚫 無休　💳 ADJMV　🚗 なし
🌐 geniusloungehawaii.com

ビンテージラムと小皿料理ですてきな宵を
ラムファイヤー
RumFire

ワイキキの潮風を感じながらおいしいお酒と食事を楽しみたいというときには絶好の一軒。101種類のラム酒が揃うほか、豊富なランチメニューも登場。

1 ダイヤモンドヘッドを一望できる絶好の立地　2 つまみにぴったりなハパポケナチョス$28、アイランドフィッシュタコス$27　3 左からサンド&シー$18、ミントレスモヒート$16

ワイキキ 📍別冊P.21-C3
📞808-922-4422　🏠シェラトン・ワイキキ1F
🕐11:30~22:45　🔒無休　💳ADJMV
🚗ホテルの駐車場を利用。バリデーションあり
🌐www.rumfirewaikiki.com

直営工場ならではのラムの香りを楽しんで
コハナ・ラム・テイスティングツアー
Kohana Rum Tasting Tour

ハワイメイドのラム酒、「コハナ・ラム」の製法の説明を工場で聞きながら、実際に試飲ができるツアー。そのほか、ダイキリやマイタイなどのカクテルも試飲できる。

1 種類の異なるラムをじっくりテイスティングできる　2 畑では約34種のサトウキビを栽培しているという　3 2種のホワイトラム、樽熟成のラム、カカオとハチミツで漬け込んだリキュールの4種

クニア 📍別冊P9-C3
📞808-649-0830　🏠92-1770 Kunia Rd. #227, Kunia
🕐日本語ツアー11:30~12:30、13:30~14:30（平日のみ）
💲$25、子供（13~20歳）$15、13歳以下無料（試飲時はジェラートを提供）　🔒おもな祝日　💳AJMV　🚗無料パーキングあり　🌐www.kohanarum.com/tours-tasting

ハワイの恵みたっぷりのウイスキー
コオラウ蒸留所ツアー
Ko'olau Distillery Whisky Tour

元軍人のオーナーが、コオラウ山脈から湧き出る水のおいしさに感動して造ったウイスキーの蒸留所見学ができる。ボトルやパッケージまですべて手作り。

シグネチャーのオールド・パリ・ロード$59.99~74.99

カネオヘ 📍別冊P.4-A2
📞808-261-0685　🏠905 Kapaa Quarry Pl Building 50 Kailua
🕐ツアー15:00~（土曜13:30~、15:30~）　💲$25（要予約）
🔒おもな祝日　💳AJMV
🚗店舗前の無料パーキングを利用
🌐www.koolaudistillery.com/

飲んで食べて大満足な地ビールの醸造場
ロカヒ・ブリューイング・カンパニー
Lokahi Brewing Company

ハワイ産のハチミツ、マカダミアナッツ、コーヒー、フルーツを加えた地ビールは常時8種類。ビールにぴったりなハンバーガーやフライドチキンなどププメニューも豊富。

少量をいくつか試せるサンプラーは1杯$3~

ホノルル 📍別冊P.28-A2
📞808-866-8323　🏠1160 S. King St.　🕐15:00~22:00（金曜~23:00、土曜12:00~23:00、日曜12:00~21:00）
🔒月曜　💳DJMV　🚗店の前にある無料パーキングを利用
🌐qrmenu.com/menus/lokahi-brewing-company/?table=

豪華ホテルの中庭で夕暮れのひとときを

ザ・ビーチ・バー
The Beach Bar

ワイキキの貴婦人と呼ばれる豪華ホテルの中庭にあるバー。さまざまな雰囲気が楽しめるロマンティックな空間で味わうカクテルは、また格別だ。

1 モアナ・サンセット・マイタイ$22、ラグーン#4$19　2 バニアンツリーに囲まれてトロピカルムードたっぷり　3 食事メニューはサーフライダー・チーズバーガー$30やポケ・ナチョス$34など

ワイキキ ♀ 別冊P.21-B4
📞 808-922-3111（ホテル代表）
🏠 モアナ サーフライダー ウェスティン リゾート＆スパ内
🕐 11:00～22:00　❻ 無休
💳 ADJMV　🅿 バレットパーキングあり
🌐 www.moanasurfrider.jp/beachbar.htm

ビーチ直結のレストラン＆バー

デュークス・ワイキキ Duke's Waikiki

ビーチを見晴らすオープンエアのレストラン。朝食ビュッフェ$25やディナーでも人気の店だが、このロケーションだからバーとしてもおおいに利用したい。

毎日夕方からは有名ミュージシャンによる生演奏もある

ワイキキ ♀ 別冊P.21-B3
📞 808-922-2268　🏠 アウトリガー・ワイキキ・ビーチ・リゾート1F　🕐 7:00～24:00※バーは11:00～　❻ 不定休
💳 ADJMV　🅿 オハナ・ワイキキ・イーストの駐車場はバリデーションあり（$6、4時間まで）　🌐 www.dukeswaikiki.com

---

料理とお酒が深夜まで味わえるレストラン

シェ・ケンゾー Chez Kenzo

バラエティに富んだ料理が味わえ、料理に合うお酒やワイン、カクテルも充実したバー＆グリル。各種ププや一品料理など、シェフが作り出す料理はどれも逸品ばかり。

和風の明太子マヨパスタ$20、奥はヒレステーキの刻みワザビ添え$23とカムエラトマトとモッツァレラのミルフィーユ$15

ホノルル ♀ 別冊P.25-A4
📞 808-941-2439　🏠 1451 S. King St.　🕐 19:00～翌1:00
❻ 感謝祭、12/25、1/1　💳 AJMV
🅿 店の前にある無料駐車場を利用
🌐 www.chezkenzo.net

世界中のクラフトビールが味わえる

ビレッジ・ボトルショップ＆テイスティング・ルーム
Village Bottle Shop & Tasting Room

常時400～500種類のクラフトビールを扱い、そのなかから、17種類のドラフトビールの試飲ができるユニークなショップ。ワインは8種類試飲できる。

日本では見かけないビールがたくさん！　手前はビールに合うチキンポットパイ$6.50

カカアコ ♀ 別冊P.27-C4
📞 808-369-0688　🏠 カカアコ・ソルト1F　🕐 11:00～20:30（木～土曜～22:30）　❻ おもな祝日、1月に1日だけ不定休あり
💳 ADJMV　🅿 施設の駐車場を利用
🌐 www.villagebeerhawaii.com

お酒も食事も絶品なスピークイージー

ブラインド・オックス
Blind OX

ホノルルのグルメストリート、カパフル通りに店を構えるスピークイージーバー（隠れ家バー）。高級ウイスキーやスピリッツをベースにした種類豊富なオリジナルカクテルが揃う。

店内はラグジュアリーな空間が広がっている

カパフル ♀ P.130-A
📞 808-254-6369　🏠 829 Kapahulu Ave.
🕐 17:00～22:00（金・土曜～24:00）
❻ 無休　💳 ADJMV
🅿 なし　🌐 www.blindox.com

CHECK コオラウ蒸留所ツアーはツアー前にID提示必要。またオールド・パリ・ロードウイスキー1本、Tシャツ、テイスティンググラスがついたプレミアムパッケージ$89.99もある。

👑 ワイキキの真ん中にあるオアシス
マウイ・ブリューイング・カンパニー・ワイキキ
Maui Brewing Company - Waikiki

マウイ島で大人気の地ビールがワイキキに登場。多種のビールを新鮮な状態で楽しめる。ワイキキの中心地というロケーションながら店内は広々としていて開放感もたっぷり。

左から、すっきりとしたビキニブロンド$8とコクのあるココナッツヒバ$9

ワイキキ 📍別冊P.21-B3
📞 808-843-2739 🏠 アウトリガー・ワイキキ・ビーチコマー・ホテル2F 🕐 11:30～22:00（金・土曜～23:00）
🚫 無休 💳 AJMV 🚗 ホテルのバレーパーキング
🌐 www.mbcrestaurants.com

👑 ライブも楽しめるワインバー
アミューズ・ワイン・バー
Amuse Wine Bar

カピオラニ通り沿いに立つ、スタイリッシュなレストラン、ステージの入口にあるワインバー。スタンドで専用カードを差し込み、自分でグラスにワインを注ぐシステム。

ワインの数に圧倒されるおしゃれなワインバー

ホノルル 📍別冊P.28-B2
📞 808-237-5429 🏠 1250 Kapiolani Blvd., 2F
🕐 17:00～22:00 🚫 日・月曜、12/24、12/31
💳 ADJMV 🚗 バリデーションあり
🌐 www.stagerestauranthawaii.com/amuse-wine-bar 🍷

👑 うまい地ビールとグルメフードで乾杯！
アロハ・ビール・カンパニー
Aloha Beer Company

ビール醸造所とレストランを併設。独自のレシピで作るビールは10種類以上。タップバーやカジュアルな屋外席などを備え、料理も自家製にこだわっている。

クラフトビールのビアフライト$11～。いろいろ試してみよう

カカアコ 📍別冊P.27-B4
📞 808-544-1605 🏠 700 Queen St. 🕐 10:00～22:00（金・土曜～23:00）
🚫 おもな祝日
💳 AJMV 🚗 2Fの駐車場を利用（バリデーションあり。$4）
🌐 www.alohabeer.com 🍴

夕暮れの高級ホテルで夢のようなひとときを
ハウス ウィズ アウト ア キー
House Without A Key

大人の雰囲気でフラとサンセットを楽しめるオープンエアのレストラン。樹齢100年以上のキアヴェツリーとともに、優雅なフラショーが開催される。

ハワイの伝統料理をサンドしたカルアポークサンドイッチ$23

ワイキキ 📍別冊P.20-C2
📞 808-923-2311（ホテル代表） 🏠 ハレクラニ1F
🕐 7:00～21:00（フラは18:00頃～20:00頃） 🚫 無休
💳 ADJMV 🚗 ホテルのバレットパーキングを利用
🌐 www.halekulani.jp 🍷🍴🍴

ホノルルで最も古い歴史あるバー
バー35
Bar 35

ハワイのおしゃれなセレブが集う上級者向けバー。世界のビール120種類以上が並ぶ。有名な極薄生地の手作りピザはフラットブレッド。

ドリンクのハッピーアワーは木・金曜16:00～20:00、土曜18:00～21:00

ダウンタウン 📍別冊P.26-B2
📞 808-537-3535 🏠 35 N. Hotel St. 🕐 16:00～翌2:00（土曜18:00～）
🚫 日～水曜、感謝祭、12/25、2/17 💳 ADJMV
🚗 付近のコインパーキングを利用
🌐 www.bar35hawaii.com 🍷

倉庫をリノベーションしたカジュアルなバー
ホノルル・ビア・ワークス
Honolulu Beerworks

開発が進むカカアコで人気のバー。広い倉庫をリノベーションして造られているカジュアル感がビールバーらしい。カカアコ散策の途中にふらりと立ち寄りたい。

サンブラーは1杯$2.75～。クラフトビールならではのコクと苦味が心地よい

カカアコ 📍別冊P.27-C4
📞 808-589-2337 🏠 328 Cooke St. 🕐 12:00～22:00（金・土曜～24:00） 🚫 月曜、おもな休日 💳 AJMV 🚗 付近のパブリックパーキングを利用 🌐 www.honolulubeerworks.com

🍴 フードコート

ショッピング中の食事や休憩だけでなく、ホテルへのテイクアウトなど、とても使い勝手がよく便利なフードコート。チップ不要でリーズナブルなうえ、世界各国の料理が1ヵ所にギュッと凝縮されているのが魅力だ。

ダイヤモンドヘッドウィングの新名所
ラナイ@アラモアナセンター
Lanai @Ala Moana Center

アラモアナセンターのふたつ目のフードコートとして、旧白木屋跡に誕生。450席あるモダンで広々とした空間に10店舗以上が並ぶ。

1 日本発のベーカリー「ブルグ・ベーカリー」 2 地元紙でベストポケのランキング入りした「アヒ＆ベジタブルズ」。朝一番に仕入れるアヒを使ったポケ・ボウル＄12.95 3 メイシーズ側のテラス席。お買い物のブレイクタイムにも◎ 4 エレガントなライティングを配し、シックなインテリアでまとめられている

アラモアナ 📍P.295
📞 808-955-9517 📍アラモアナセンター2F山側
🕐 10:00〜20:00（店舗により異なる）
💳 店舗によって異なる 🚗 センターの無料駐車場を利用
🌐 www.alamoanacenter.com

どんな料理でも揃うフードコート
マカイ・マーケット・フードコート
Makai Market Food Court

ハワイ最大のフードコート。数多く並べられたテーブルの広場を囲むように、タイ、韓国、ハワイ、日本……と世界の味が30軒弱並んでいる。どこの店も1品＄15〜ほどで、ボリュームたっぷり。

アラモアナ 📍P.292
📞 808-955-9517 📍アラモアナセンター1F海側
🕐 11:00〜19:00（金・土曜〜20:00、日曜12:00〜18:00）、店舗により多少異なる 🔒 感謝祭、12/25 💳 店舗により異なる
🚗 センターの無料駐車場を利用

1 広いアラモアナセンター巡りの起点にもなる 2 昼はビジネスマン、夜は家族連れなどそれぞれ食事を楽しんでいる 3 広い店内はまさに味の万国博覧会 4 メイン＋副菜に加えてライスというのがプレートの基本形。写真は「ステーキ＆フィッシュ・カンパニー」のプレート

🍴 フードコート

ワイキキのフードコートはこちらで決まり
パイナラナイ・フードコート
Paina Lanai Food Court

ロイヤル・ハワイアン・センター2階にあるフードコート。「チャンピオンズ・ステーキ＆シーフード」をはじめ、中国料理の「パンダ・エクスプレス」などが入る。

1 風が通る気持ちがいいレストラン。ランチやディナー時はかなり混み合う 2 優しい味わいのケーキが魅力のクルクル（→P.235） 3 マハロハ・バーガー（→P.225）はアルコールも楽しめる

ワイキキ 📍P.299
📞 808-922-2299（ゲストサービスデスク） 🏠 ロイヤル・ハワイアン・センターB館2F 🕐 10:00～21:00（店舗により多少異なる） 🚫 無休 💳 店舗により異なる 🚗 バリデーションあり

フォトジェニックな店内が魅力
ワイキキ・フード・ホール
Waikiki FOOD HALL Co.

ロイヤル・ハワイアン・センターC館3階に誕生。「ハワイの美味しいものを全部」をテーマに、クリス・カジオカが手がける和食の「アガル」をはじめ、ハワイで活躍する人気のグルメ8店舗が集結する。

1 毎週土曜日18:00～20:00にはライブ演奏が行われる 2 半オープンエアの心地いい空間で食事が楽しめる 3 サーフボードやネオンなどフォトジェニックなサインが点在する

ワイキキ 📍P.298
📞 808-376-0435 🏠 ロイヤル・ハワイアン・センターC館3階 🕐 11:00～21:00 🚫 無休 💳 店舗により異なる 🚗 バリデーションあり 🌐 waikikifoodhall.com

---

アジアの食文化が一堂に集結！
スティックス・アジア
STIX ASIA

ワイキキ・ショッピング・プラザの地下に広がるフードホール。本格和食やヌードルストリートはもちろん、台湾や香港の本格料理など、厳選された17の店舗が集まる。店舗ごとのテイクアウトメニューも充実。

1 ヌードルストリートには梅光軒やラーメン暁月といったお店が入る 2 本格的なうどんが食べられるうどんやま（→P.254） 3 カラカウア通り沿いのエントランス

ワイキキ 📍別冊P.21-B3
📞 808-744-2445 🏠 ワイキキ・ショッピング・プラザ地下1階 🕐 11:00～22:00 🚫 無休 💳 店舗により異なる 🚗 ワイキキ・ショッピング・プラザの駐車場を利用 🌐 www.stixasia.com

🍴 フードコート

お買い物の休憩スポットとしても便利

クヒオ・アベニュー・フードホール

Kuhio Ave. Food Hall

インターナショナル マーケットプレイスのクヒオ通り沿いにオープンしたフードコート。バーなどを併設する店内や、ワイキキの風を感じるテラス席などさまざまなシーンで利用できそう。

1 ジューシーなグルメバーガーが味わえる「バンザイ・バーガー」 2 テラス席での食事も可能 3 かつて「ザ ストリート フードホール バイ マイケルミーナ」だった場所にオープン

ワイキキ 📍 P.301
🏠 店舗による　🏢 インターナショナル マーケットプレイス1階
🕐 11:00〜21:00（店舗により異なる）　📅 無休　💰 店舗により異なる　🚗 センターの有料駐車場を利用
🌐 www.kuhioavenuefoodhall.com

毎日焼きたてのペストリーとおいしい朝食を

デュークス・レーン・マーケット＆イータリー

Dukes Lane Market & Eatery

毎朝7:00からの営業で、焼きたての自家製パンやワッフル、アサイボウルにスムージーなど、地産の食材を使った新鮮でおいしい朝食メニューが充実している。ホテルへの持ち帰りにも便利。

1 ワイキキの中心にあり、ショッピングやグルメなテイクアウトが楽しめる 2 ABCストアが手がけたマーケット＆ダイニング 3 マーケット奥にはレストランのバサルト（→P.251）がある

ワイキキ 📍 別冊P.21-A3
📞 808-923-5692　🏢 2255 Kuhio Ave.　🕐 7:00〜23:00　📅 無休
💳 ADJMV　🚗 ハイアット セントリック ワイキキ ビーチのセルフバーキングを利用。バリデーションあり　🌐 www.DukesLaneHawaii.com

---

多国籍グルメが集まる穴場フードコート

ロイヤル・ハワイアン・ダイニング・プラザ

Royal Hawaiian Dining Plaza

ワイキキ ショッピング・プラザの1ブロック奥の建物の一角にたたずむフードコート。人気ラーメン店「エゾギク（→P.255）」をはじめギリシア料理など多国籍な店舗がラインアップ。席数は多くないが、テイクアウトに便利で、さっと立ち寄れるのがうれしい。

1 ロコからの支持も厚い「エゾギク（→P.255）」のシンプル・ラーメン$9.95のほかギリシア料理の「レオズ・タベルナ」も人気 2 価格は比較的低くカジュアルに利用できる

ワイキキ 📍 別冊P.20-B2
🏠 店舗により異なる　🏢 2239 Waikolu Way
🕐 店舗により異なる　📅 無休
💳 店舗により異なる　🚗 なし

ABC STORES

The Store With Aloha

HAWAII · LAS VEGAS · GUAM · SAIPAN

プログラム実施中！

商品購入時にカードと以前購入した時の
購入済みレシートを提示すると、合計金額に
よってTシャツ、バッグ、ビーチタオルなど様々
なギフトを進呈いたします。

日本円、トラベラーズチェックも
ご利用いただけます。

Donut Love
#NectarBathTreats
Shopping

南国気分でお買い物

Shopping Orientation

》ショッピング オリエンテーション《

商品の返品は OK

　ハワイを含め、海外では商品の返品や交換は日常茶飯事。「サイズが合わなかった」「色が気に入らなかった」など理由は何でもOK。ただし返品の際は**レシートを提示**しなければならないので、買ったときのレシートはくれぐれも捨てないこと（返品期限など詳細は店により異なる）。

セールの狙い目は？

7〜8月中旬	夏物のバーゲンセールは独立記念日がある7月4日から8月中旬にかけて行われる。
11月第4週の木曜の翌日〜12月25日	感謝祭（11月第4週の木曜）の翌日はブラックフライデーと呼ばれ、1年を通して一番のセールが行われる。その後クリスマスにかけてもセールが続く。
12月25〜1月1日	クリスマス以降も正月にかけて大規模なセールが行われる。1月1日には福袋を販売するお店もある。

ローカルデザイナーのお店も人気

お店は年中無休？

　ワイキキ近辺のショップの場合、日本と同様に無休で営業していることが多い。ただし感謝祭（2023年は11月23日）やクリスマス（12/25）、元日の1/1、イースター（2024年は3月31日）など、一部祝日は休業となるお店が多数。店舗によって、どの祝日を休日とするかも異なっている。

値切りショッピングはバツ

最も評判が悪いのは、店員の話も聞かずにいきなり「ディスカウント、ディスカウント！」を連発する日本人だとか。特に小グループで来店するご婦人方にその傾向があるようだ。しかも一流ブランド店からABCストアにまで、その手のディスカウント・オバサンが出没するとか。くれぐれもご注意を。「たくさん買うから少しオマケしてね」というケースは別としても、ハワイで値切りショッピングができる場所はほとんどないと考えておこう。

現地でトートバッグをゲットするのも手

買い物袋は有料

ハワイではレジ袋の無料配布が禁止されている。ABCストアでは有料でもらえるが、できるだけエコバッグを持参したい。

ブランドショップへはそれなりの服装で

一流と呼ばれるブランドショップに短パン＆ビーチサンダル、おまけにアイスクリームをなめながら入るのは、どう考えても場違いというもの。店内で大騒ぎする、コーナーを占領するなどもバツ。それなりの服装と、落ち着きある態度でブランドハンティングに臨んでいただきたい。

大型デパートのメイシーズ（→ P.316）

◎勝手に商品に触らないこと

貴重なお小遣いだから、慎重に品定めするのは当たり前のこと。ウインドーショッピングは別に恥ではなく、商品を手に取って見たり試着したうえで、何も買わなくてもお店の人は何とも思わない。

ただ、商品を試してみるときは、必ず店の人に断ってから。これを怠ると、万引きと思われても仕方ないのでご注意を。

日米衣料品サイズ比較表

			S	M	L	LL						
婦人用	ブラウス	日	S	M	L	LL						
		米	34	36	38	40						
	洋服	日	7	9	11	13	15					
		米	3	5	8	10	12					
	靴下	日	20 1/2	21 1/2	22 3/4	24	25 1/4	26 1/2				
		米	8	8 1/2	9	9 1/2	10	10 1/2				
	靴	日	22	23	24	25	26					
		米	5	6	7	8	9					
	指輪	日	6	7	8	9	10	11	12	13	14
		米	3 1/2	4	4 1/2	5	5 1/2		6	6 1/2	7

			S	M	L	LL	LLL		
紳士用	スポーツシャツ	日	S	M	L	LL	LLL		
		米	XS	S	M	L	XL		
	ワイシャツ	日	36	37	38	39	40	41	42
		米	14	14 1/2	15	15 1/2	16	16 1/2	17
	靴下	日	23	24 1/2	25 1/2	27	28	29	
		米	9	9 1/2	10	10 1/2	11	11 1/2	
	靴	日	24	24 1/2	25	25 1/2	26	27	
		米	6	6 1/2	7	7 1/2	8	9	

※実際のサイズはメーカーやスタイルによって異なります。表は目安としてご利用ください

サイズ表記に注意

ハワイを含めアメリカでは、衣料品などのサイズ表記が日本と異なる場合が多い。同じ「Mサイズ」でも、大きくて着られないなんてこともありがち。できれば必ず試着をして、自分にピッタリの一着を見つけていただきたい。

シューズショップには足のサイズを測るスケールが用意されている

メイド・イン・ハワイの宝庫！

ファーマーズ・マーケット
に行ってみよう！

早起きして行こう！

生産農家が集まって、新鮮な野菜やフルーツを直売する朝市。
近年、ハワイの特産品や話題のB級グルメ、ハワイらしいギフトが
買えるとあって、ローカルや観光客であふれている。

オアフ島人気 No.1
KCC ファーマーズ・マーケット
KCC Farmer's Market

70以上ものベンダーが集結する、オアフ島最大規模
のマーケット。新鮮なフルーツや野菜など食べ物は
もちろん、コーヒーやハチミツ、ジャムなど、おみや
げにできる食品も多く販売されている。

ホノルル ♀ 別冊 P.15-B4
📞 808-260-4440 🏠 カピオラニ・
コミュニティ・カレッジの駐車場
🕐 土曜 7:30 ～ 11:00 🚌 店舗によ
り異なる 🅿 校内の無料駐車場を
利用 🌐 hfbf.org

おもな人気ベンダー一覧

・ココ・クレーター・コーヒー・ロースターズ（コーヒー）	・ホノルル・バーガー・カンパニー（ハンバーガー）
・オールハワイアンハニー（ハチミツ）	・アンティ・ナニズ・クッキー（クッキー）
・フア・モチ・アロハ（モチスイーツ）	・ヒバチホノルル（ポケ）

※出店するベンダーは週ごとに変わるので、最新情報は公式サイトをチェック。

**アイカネプランテーション
のジェリー $7**
しっかり苦いコーヒーゼ
リーとホイップの相性が
抜群！Ⓐ

ハワイの恵みが
たっぷり！

☑ ファーマーズ・マーケットに行ってみよう！

**ブレンディッド・ハワイのスムージーボウル
各 $10（スモール）**
ハワイ産食材がたっぷりのったマナボウル、
タロイモをベースにしたカロボウル、パイナ
ップルベースのサニー・ボイの3種が人気Ⓕ

スープがほっと落ち着く〜

**ザ・ビッグ＆ザ・レディ
のフォー・ガー $16**
シンプルな鶏肉のフォ
ー。だしの効いたスー
プがしみる！Ⓓ

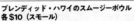

KCC ファーマーズ・マーケットで見つけた
おいしいものたち♡

並んでも食べたい！

**コナ・アバロニの
グリルアワビ
（プレーン）5個 $17**
フレッシュな焼き
たてアワビは常に
行列ができるほど
人気！Ⓒ

おみやげに人気です！

**ザ・ビッグ＆ザ・レディ
のバインミー**
ナマスにレバーパテ、
ハム、チーズと具材だ
くさんの絶品バインミ
ー。食べ歩きにⒹ

**アカカ・フォールズ・ファームの
フルーツバター、ジャム各種 $14 〜**
ハワイ島で作られるジャムやバターを販売。
パッションフルーツバターが人気Ⓑ

パイン×リリコイ！

**ハワイアン・クラウン・
パイナップルの
パイナップルリリコイ
$8.50**
パイナップルとリリコイ
が絶妙にマッチした
さわやかなドリンクⒺ

Ⓐアイカネプランテーション

Ⓓザ・ビッグ＆ザ・レディ

Ⓑアカカ・フォールズ・ファーム

Ⓔハワイアン・クラウン・パイナップル

Ⓒコナ・アバロニ

Ⓕブレンディッド・ハワイ

271

海側の会場にパーキングあり！

ラニズ・ゼネラル・ストアのパラカハット $39
コーディネートのワンポイントに◎な帽子。カリヒに工場を持つメイドインハワイブランド Ⓐ

メイドインハワイのモチ

イズズ・モチのモチデザート 各種 $3 ～
大福のようなモチデザートは全部で16種。フレーバーは日替わりで値段が異なる Ⓑ

ラニズ・ゼネラル・ストアのトートバッグ $32
プランテーション時代に愛されたパラカ生地のバッグ。小さいサイズもある Ⓐ

ヘルシースムージー！

ヴィーガン・チーズ・ショップのカシュー＆マカダミアナッツミックス $10 ～
パスタに混ぜるのがおすすめ。大容量サイズもある Ⓓ

オマオ・マンのグリーンスムージー $11
ケールやほうれん草に、マンゴー、バナナをプラスしているのでとても飲みやすい Ⓑ

ポケの名店の味が楽しめる！

ヴィーガン・チーズ・ショップのビーガンブリーチーズ $13
マカダミアナッツの香りがほんのりとする、乳製品不使用のヴィーガンブリー Ⓓ

オノ・シーフードのスパイシー＆醤油ポケ $15.50 ～
ライスが付くポケ丼のほか、ポケ単品もあるのでホテル飲み用にもおすすめ Ⓒ

見応えたっぷりの人気の朝市

カカアコ・ファーマーズ・マーケット　Kakaako Farmers Market

オーガニックやハワイ産にこだわった、毎週土曜に開催しているファーマーズ・マーケット。海側と山側の2ヵ所で開催される。プレートランチ目当てに食事に来るロコや、雑貨などのおみやげ探しに来る観光客でにぎわっている。

カカアコ ♥ 別冊 P.27-C4
☎ 808-388-9696　🏠 919&1011 Ala Moana Blvd.　⏰ 土曜 8:00 ～ 12:00　🚗 店舗により異なる
🅿 無料駐車場を利用　🌐 www.farmloversmarkets.com/kakaako

ベンチなど休憩できる
スポットは山側の会場

ファーマーズ・マーケットに行ってみよう！

Ⓐ ラニズ・ゼネラル・ストア

Ⓑ イズズ・モチ

Ⓑ オマオ・マン

Ⓒ オノ・シーフード

Ⓓ ヴィーガン・チーズ・ショップ

そのほかのオアフ島のファーマーズ・マーケット

	Time	Market	MAP
日曜	7:00 ～ 14:00	マノア・ファーマーズ・マーケット	別冊P.15-A3
	8:00 ～ 11:00	ミリラニ・ファーマーズ・マーケット	別冊P.9-C4
	8:00 ～ 12:00	カイルア・タウン・ファーマーズ・マーケット	別冊P.5-A3
	10:00 ～ 14:00	ウインドワード・モール・ファーマーズ・マーケット	別冊P.13-C4
月曜	16:00 ～ 20:00	ワイキキ・ファーマーズ・マーケット	別冊P.21-B4
	16:00 ～ 20:00	ワイキキ・ビーチウォーク・オープンマーケット	別冊P.20-B2
火曜	7:00 ～ 14:00	マノア・ファーマーズ・マーケット	別冊P.15-A3
水曜	10:00 ～ 11:00	ピープルズ・オープン・マーケット（カピオラニ公園）※	別冊P.23-B4
	16:00 ～ 19:00	ホノルル・ファーマーズ・マーケット	別冊P.28-A1
	16:00 ～ 20:00	ワイキキ・ファーマーズ・マーケット	別冊P.21-B4
	14:00 ～ 18:00	ウインドワード・モール・ファーマーズ・マーケット	別冊P.13-C4
木曜	7:00 ～ 14:00	マノア・ファーマーズ・マーケット	別冊P.15-A3
	14:00 ～ 18:00	ハレイワ・ファーマーズ・マーケット	別冊P.11-B3
	16:00 ～ 20:00	オノ・グラインズ＆マケケ・ファーマーズ・マーケット	別冊P.6-C2
土曜	7:30 ～ 11:00	KCCファーマーズ・マーケット	別冊P.15-B4
	8:00 ～ 12:00	カカアコ・ファーマーズ・マーケット	別冊P.27-C4
	8:00 ～ 12:00	パールリッジ・ファーマーズ・マーケット	別冊P.7-B4

※水曜以外にも毎日各地で開催。詳細は ⊕ www.honolulu.gov/parks/program/people-s-open-market-program.html をチェック。

「地球の歩き方 ハワイ」制作スタッフが本気買い!
これが私の "推しみやげ"

現地では撮影に追われバタバタの毎日……。
それでもハワイに来たら、どうにか時間を捻出してこれだけはチェック&爆買い!という、
推し続けているリピートアイテムを一挙ご紹介します!

1　各種 $35　D

2　濃厚で何にかけてもおいしいです!　編集・H　$12.95　E

3　$12.95　E

4　コンドミニアムステイなら即買い!もちろん自宅用にも買って帰ります。ライター・M　$11.98　F

5　$104.95　足のフィット感に魅せられて十数年…。最新デザインは常にチェック!カメラマン・Y　H

6　$88　G

7　$14.98　L

8　$29.99　K

推薦者
本誌編集・H
本誌ライター・M
本誌カメラマン・Y

1 高級ホテルのオーガニック紅茶。3種あるなかで特にリリコイカカオが絶品です!　2 とにかく濃厚で数滴垂らすだけでも大満足なハチミツ。同店のグラノーラとセットでいつも購入しています　3 数あるグラノーラを試しましたが、やはりここが一番!日本に持ち帰ってハワイ気分で食べています　4 スプレー式のバター。パンにシュッと吹きかけるだけでOK。タロイモブレッドと特に相性◎です　5 長年愛用していた歩き疲れないサンダルが壊れたので購入。日本でも違和感のないレザー感が気に入っています　6 ノアノアのハワイらしいデザインのショートパンツ。履き心地がよく涼しいのがうれしい!　7 オーバーサイズのスリーブガウン。お値段も手軽!　8 毎年ラインアップが変わるトートは毎回チェック。大容量で肩掛けしても痛くならない取手のものを選んでいます

これが私の "推しみやげ"

買ったのはここ！

9 各$8.95 Ⓘ

10 $12.55

これを垂らしてご飯を炊くと、お米が立って味が引き締まりますよ！ 編集・H Ⓕ

11 $3.99 Ⓙ

常に持ち歩いています。外食時などで特に大活躍！ カメラマン・Y

12 Clear eyes REDNESS RELIEF $6.99 Ⓙ

切らさないようにストックしています。どんなに疲れていても、点眼するとすぐに赤みを抑えてくれる優れもの！ ライター・M

13 $54.99 Ⓐ

14 $32.50 Ⓑ

15 $34.50 Ⓑ

16 各$42 Ⓒ

9 お家時間がハワイの香りで包まれるフレグランス。まとめ買いがお得なのでつい買い過ぎてしまいます……　10 ハワイ島の海洋深層水から抽出されたマグネシウムドロップ。疲労解消に効果あり！　11 ペン型のシミ取り。汚れたところにペンを押し当てるだけでキレイになりますよ！　12 目の充血を鎮めてくれる目薬。即効性が高くすっきりします　13 アロハシャツの原型ともいわれるパラカシャツ。ベイリーズではユーズドも販売しているのでお得に手に入ります！　14 アロハ生地で作られたトート。あえて裏生地を表面にするお店独自の裏生地仕様がおしゃれで即買い！　15 リゾート感たっぷりのバケットハット。ツバが広いのでしっかり日除けしてくれるのがうれしい　16 フランス発のアンダーウエアブランド。ハワイ限定の柄がキュートで訪れるたびに購入しています。セール品も多し！

🛒 スーパーマーケット

地元のスーパーマーケット巡りは、日本とは違った楽しみがある。メイド・イン・ハワイのおみやげや、ずらりと並んだ食品は眺めているだけでもワクワクする。ばらまき用にぴったりなコスパのよい商品も多い。

おしゃれな陳列がすてきなナチュラルマーケット

ホールフーズ・マーケット
Whole Foods Market

ワード ◎別冊P.28-C2、P.308

全米展開するナチュラル＆オーガニック専門の大型スーパー。ハワイ最大級のフロア面積を誇るクイーン店は1階が食品フロア、2階がイートインスペースとブランドリテールショップになっており、人気のハワイ限定品が揃う。(2階は2023年7月現在閉鎖中)

📞808-379-1800　🏠388 Kamakee St.
🕐7:00～22:00　🔒12/25
💳AMV

ココがスゴイ！①

2000坪以上を誇る とにかく広い店内！

ハワイ最大の広さだけあって、品揃えもピカイチ。あらかじめ気になるエリアにあたりをつけておくと時間短縮＆効率よく回れる。

1 レジの数も圧巻の多さ。迷子にならないように　2 ナパやソノマなどの米国産ワインなどすばらしいセレクション　3 ハワイらしい生花も豊富に揃っている。生のレイも購入できる

4 濃厚でヘルシーな味わ
いがクセになるワイマナ
ロブルー$7.20
5 店内には人気のスムー
ジーボウル、ジュースバ
ーのラニカイ・ジュース
が入る

4

5

ココがスゴイ！②

あったかデリ
が豊富！

テイクアウト用の総菜も充
実しているのがうれしい。ビ
ュッフェのメニューと合わせ
て、チョイスしてみよう。

beautiful!

7

6

6 グリルしたBBQ串やパンなどもある　7 ビュッフェでチョイスできるのはこんな
感じ。主菜に副菜、ライスなど

╲　**セルフデリに TRY！**　╱

**① 1階デリコーナーで
料理をチェック**

店内左奥にある。セクシ
ョンで料理が異なる

➡

**② まずはボックスを
選ぶ**

大小異なる紙のボックス
が用意されている

➡

**③ 必要な分だけ
盛り付けてレジへ**

サラダや温かいデリなど
種類豊富。1ポンド $13.99

➡

**④ ドレッシングも
忘れずに**

保冷容器に入ったドレッ
シングは全12種類

マストバイアイテムはコレ！

各$29.99/1bs

量り売りで購入できるオー
ガニックソープ

$4.99

さわやかなレモンヴァー
ベナの香りのソープ

$2.49

ヴィーガン対応でSPF15の
リップバーム

各$2.99

プライベートブランドの板
チョコ。味は数種類ある

※商品の値段は変更になる可能性あり

ハワイ発のモダンな大手スーパー

フードランド ファームズ アラモアナ
Foodland Farms Ala Moana

アラモアナ ♀P.292

ハワイ産の食材やおみやげに重点を置いた大型店。巨大なデリが人気で、なかでもポケのコーナーはハワイ随一と言われるほどのおいしさと好評。ほかにも雑貨やボディケア製品など、おみやげにぴったりなアイテムが揃う。

📞 808-949-5044
🏠 アラモアナセンター1F エヴァウィング
🕐 6:00〜21:00　🚫 12/25
💳 ADJMV
🌐 jp.foodland.com

$13.99〜　Fresh!

2種類のポケを選んでトッピングするポケ丼。ポケの種類によって値段が変わる

ココがスゴイ！①
レストランレベルのグルメがずらり！

ハワイでも屈指のおいしさと評判のポケバーをはじめ、レストラン並みのクオリティのデリやイートインコーナーも人気だ。

マグロのポケ以外にも豊富な品揃えで、20種類以上が並ぶ

ココがスゴイ！②
プライベートブランド「マイカイ」が優秀！

自社の厳しい一定の水準をクリアした商品のみが「マイカイ＝優れている」ブランドとして販売されている。

ココがスゴイ！③
カクテルラウンジ「イレブン」を併設

スーパー内とは思えない、モダンな店内でゆっくりオリジナルカクテルがいただける本格ラウンジ。ミクソロジストが提供するオリジナルカクテルやバーメニュー、デザートが楽しめる。

スタイリッシュな雰囲気でゆったりできる

マストバイアイテムはコレ！

$8.99
ほんのり効いた酸味が美味なリリコイシロップ

$11.99
プライベートブランド「マイカイ」のトレイルミックス

$2.79
ギルティフリーなココナッツチップス

$7.59
おみやげにぴったりなマカダミアナッツパンケーキミックス

グルメ食品満載のモダンなスーパー

カハラ・マーケット・バイ・フードランド

Kahala MKT.by Foodland

カハラ ♥ P.131

ハワイの大手スーパーの「フードランド」が手がける新しいスーパーマーケット。高品質な地元の食材にこだわった品揃えで、スーパーとは思えないほどのグルメなデリやワインコーナーが充実している。

☎ 808-732-2440
🏠 4210 Waialae Ave.
🕐 6:00〜21:00　🔒 無休　💳 ADJMV
🅿 クオノ・マーケットプレイスの駐車場を利用
🌐 www.kahalamkt.com

Yummy!

1 身がたっぷりのロブスターロール（時価）2 フライドチキンとワッフル$19

ココがスゴイ！ ①
多国籍料理が揃うエタァル

スーパー内に併設されるレストラン。ハワイ産の食材や世界各国から集めた素材を使って、これまでにない食体験を提供する。

開放的でお買い物の合間の休憩にぴったり

ココがスゴイ！ ②
オリジナルバッグがおしゃれ

エントランスすぐにずらりと並ぶトートバッグはユニセックスなデザインで、使い勝手も抜群。ひとつはゲットしておきたい。

ココがスゴイ！ ③
フードランドクオリティのデリ！

フードランドが手がけているとあってデリのおいしさは格別。ポケ2種盛りのポケ丼$13.99〜（種類によって異なる）

マストバイアイテムはコレ！

各$18.99

ハワイで手作りされている蜜蝋ラップ

各$11

ハワイ島発エコフレンドリーな「カパヌイ」のネイル

$14.49

「ポノ・ポーションズ」のオレナ・パイナップルシロップ

$9.49

PBブランド「マイカイ」のグアババター

地域に根ざした自然食品専門スーパー

ダウン・トゥ・アース
Down to Earth

カカアコ ♀ 別冊P.27-B3

ベジタリアンから絶大なる信頼を受けるナチュラル&オーガニック系スーパー。カカアコ店は州内6店舗のうち最大規模でデリが充実。グルテンフリーなどの特注も可能だ。イートインスペースも広い。

📞 808-465-2512　🏠 500 Keawe St.
🕐 7:00～22:00（デリ～21:00）
🔒 感謝祭、12/25、1/1　AJMV
🌐 www.downtoearth.org

Tasty!

$12.99

1 紫イモやケールなど、どれもやさしい味付けのデリ　2 野菜たっぷりのダウン・トゥ・アースバーガー

ローストベジや豆腐、コールスローなどとにかく豊富

ココがスゴイ！ ①

ビーガンフードが充実の品揃え

ホット&コールドのデリコーナーには、ビーガンやベジタリアン対応のメニューもあり安心してオーダーできる。

ココがスゴイ！ ②

オリジナルアイテムがかわいい！

デザインが秀逸なトートなどの雑貨類や、コスメやサプリまで豊富に取り揃える。おみやげにぴったり！

＼ セルフデリにTRY！ ／

①プレートを手に取りデリを選ぶ

種類豊富なデリをプレートにのせていこう

②「ビーガン」「ローカル」の表記もチェック！

ビーガンメニューも豊富。ハワイ産の食材も多い。$14.99/ポンド

③店内でイートイン！

広いイートインスペースでゆっくりいただこう

マストバイアイテムはコレ！

$27.59

パイナップル柄の人気トート

各$6.99

ハワイ産カカオとオーガニック素材で作ったチョコレート

$11.09

すぐに売り切れてしまうドライアップルバナナ

$8.49

おつまみにぴったりなビーガンジャーキー

カカアコのリトルコリア

Hマート
H mart

カカアコ ♀ 別冊P.27-C3

生鮮食品から電化製品まで、バラエティ豊かな品が揃う、米国本土の韓国スーパーのハワイ店。オリジナルブランドの品はクオリティが高くリーズナブルなので狙い目。2階にはフードコートがあるので買い物ついでにランチやディナー目的で訪れてもOK。

☎ 808- 219-0924
🏠 458 Keawe St.
🕐 8:00〜22:00 🔓 無休 💳 ADJMV
🅿 バリデーションあり

photo spot!

1 ノース・ショアの名店の味をホノルルで。ガーリックスキャンピ$16
2 写真映えするウォールアートも

ココが**スゴイ!** ①

有名店が入る
フードコート

2階のフロアは8店舗が集まるフードコートになっていて、韓国料理はもちろんノース・ショアの「ジョバンニズ」など人気グルメが楽しめる。

アルコール類などが楽しめるお店も

ココが**スゴイ!** ②

生けすにはフレッシュな
シーフード

スーパーでは珍しい新鮮なカニやロブスターが生けすにぎっしり。コンドミニアム滞在の人はぜひ購入してみては？

ココが**スゴイ!** ③

韓国食材は
圧巻の品揃え

ずらりと並ぶキムチなど韓国系食材はさすがの品揃え。日本の食材も取り扱っているのがうれしい。

/////// **マストバイアイテムはコレ!** ///////

各 $9.99

ピーチフレーバーのフルーツビネガー

$4.99

マートブランドのプルコギソースはリーズナブル

$9.99

お湯を注ぐだけでオレンジティーが作れる

$4.99

インスタントながら美味しいグリーンティー冷麺

ハワイのおいしいものがみつかるスーパー

ワイキキマーケット
Waikiki Market

ワイキキ ♀ 別冊P.21-A4

ワイキキ唯一のフルサービススーパーマーケット。店内にはマラサダやポケなど4つのデリステーションもあり、ハワイの多様な食文化に触れることができる。ハワイ産の商品を集めたコーナーもあり、すてきなおみやげがみつかるはず。

📞 808-923-2022
🏠 2380 Kuhio Ave.
🕐 6:00〜22:00　🚫 12/25　AJMV
🌐 waikikimarkethawaii.com

Sweet!　$1.89〜

揚げたて熱々がおいしいマラサダ

ココがスゴイ！①
本格的な4種類のデリが絶品

ポケ、スパムむすびなどのライス、ローカルプレート、ベイクショップといった4つのデリコーナーでできたてを味わえる。

ハワイ産のマグロを使ったフレッシュなポケがずらりと並ぶ

ココがスゴイ！②
ワイキキ屈指のコスパ◎コーヒー

2種のフレーバーのコーヒーがなんと$1.59！ワイキキで買えるコーヒーの中でも圧倒的に安い！

ココがスゴイ！③
モダンなレストランオリリ・ワイキキが入る

2023年6月にワイキキマーケット2階にオープン。「ミックスプレート」の味をモダンに昇華させたこれまでにない料理が楽しめる。(→P.211)
🕐 16:00〜22:00

美しい見た目のハワイアンレインボーケーキ

マストバイアイテムはコレ！

各$39.99

太陽や月、波をイメージしたオリジナルの水筒

$29.99

サランラップの代わりに容器にかぶせる布製エコカバー4枚セット

$31.99

ジャナ・ラムがデザインした竹繊維製のディナープレート2枚組

各$26

ハワイの代表的ジュースポグやレイの匂いがする手作りキャンドル

滞在中に便利でおみやげも揃う日本食スーパー

ニジヤ・マーケット
Nijiya Market

アラモアナ ♀ P.292

生鮮食品に加え日本から輸入した食品やお菓子が豊富だから、長期滞在時に便利。ダイニングエリアも用意されており、購入した弁当、寿司もその場でいただける。また、ハワイのコーヒーやハニーなどおみやげアイテムも揃う。

📞 808-589-1121 　🏠 アラモアナセンター 1Fエヴァウィング　🕐 10:00～21:00
🔒 感謝祭、12/25　💳 AJMV
Ⓟ センターのパーキングを利用
🌐 www.nijiya.com

Yummy!

1

1 マグロやサーモンなどがのった海鮮ちらし寿司$10.99　2 具材が豊富でうれしいデラックスサケ弁当$11.99

2

ココが**スゴイ！**①

本格和食弁当が ずらり！

日系スーパーならではの豊富なお弁当の品揃えが魅力。イートインもできるので和食が恋しくなったら駆け込もう。

バラエティ豊富なお弁当がずらりと揃う

ココが**スゴイ！**②

広々快適な イートインスペース

購入したものを店内で食べられるイートインスペースも完備。電子レンジや給湯器もある。

ココが**スゴイ！**③

日本ブランドの スナック類が充実

日本でなじみのあるお菓子の海外版など、小さな子連れにうれしいスナックが手に入る。

マストバイアイテムはコレ！

$16.99　$17.99

自炊に便利なオーガニック米（2.27kg）

$2.99～4.29

ニジヤブランドのオーガニックドライフルーツ

$6.49

ニジヤのこだわりが詰まったカレーフレーク140ｇ

$4.49

ニジヤ無添加和風だし。小分けになっていて便利

米国本土からやってきた、期待の大型スーパー
ターゲット
Target

現在はカポレイとソルトレイク、カイルア、アラモアナ等各地区に出店している。米国本土同様の品揃えに加え、ハワイオリジナル商品も豊富で、価格もお手頃なのがうれしい。

何でも揃って安いのが魅力

`アラモアナ` 📍P.295
📞 808-206-7162　🏠 アラモアナセンター2・3Fマウカウィング　🕐 8:00～22:00　施設に準ずる　💳 AMV
🌐 www.target.com

薬もあって、24時間営業がうれしい
ドン・キホーテ
Don Quijote

日本でもおなじみの大型店、ドン・キホーテのハワイ1号店。生鮮食料品の豊富な品揃えはもちろん、大充実している日本の食品やお菓子のラインアップは特筆もの。

おみやげや日用雑貨、カジュアルウエアもおまかせ！

`アラモアナ` 📍別冊P.29-A4
📞 808-973-4800　🏠 801 Kaheka St.
🕐 24時間（酒類の販売は6:00～24:00）
🚪 無休　💳 ADJMV　🌐 www.donki.com　🅱

スーパーマーケットの新しい形
セイフウェイ
Safeway

オアフ島には10店舗以上あり、特にカパフル通り店は、シックな雰囲気で高級感にあふれている。ワインセラーやベーカリーなど目移りする充実の品揃えだ。

デリコーナーを利用するなら、食事時は混雑するので時間をずらしたい

`カパフル` 📍P.130-A
📞 808-733-2600　🏠 888 Kapahulu Ave.　🕐 24時間
🚪 無休　💳 AJMV

大型スーパーでアメリカングッズを大人買い！
ウォルマート
Walmart

アメリカ最大のスーパーチェーン。アラモアナセンターから徒歩圏内のこちらは約1万4000㎡という広大な規模。膨大な商品量に圧倒されそうだ。バラまきみやげにも◎。

とにかく広いので、くれぐれも迷子にならないように

`アラモアナ` 📍別冊P.29-A3
📞 808-955-8441　🏠 700 Keeaumoku St.
🕐 6:00～23:00　🚪 感謝祭、12/25　💳 AMV
🌐 www.walmart.com

日系の大手スーパーは安心の品揃え
ミツワ・マーケットプレイス
Mitsuwa Market Place

大手日系スーパーのハワイ店。ワイキキの中心地にあるので、日本人ツーリストには大助かりだ。デリの充実ぶりはローカルにも評判。コスメや雑貨なども揃う。

バラエティ豊かな刺身盛り合わせをはじめ、おにぎりの販売も

`ワイキキ` 📍P.301
📞 808-489-9020　🏠 インターナショナル マーケットプレイス2F
🕐 11:00～21:00　🚪 無休　💳 AJMV　🚗 センターの有料駐車場（$10購入で一時間無料）を利用　🌐 www.mitsuwa.com

深夜まで営業の優秀ドラッグストア
ロングス・ドラッグス
Longs Drugs

全米で展開するドラッグストアチェーン。薬品、ビタミン類はもちろん、日用雑貨やチョコレート、コーヒーなどバラマキみやげにぴったりの商品が安い！

マスクや絆創膏なども充実しているので、不慮のアクシデントがあっても安心

`ワイキキ` 📍別冊P.20-B2
📞 808-922-8790　🏠 2155 Kalakaua Ave.
🕐 8:00～23:00　🚪 無休
💳 AJMV

🛒 **コンビニエンスストア**

圧巻の品揃えを誇るワイキキ最大級のコンビニ

ABCストア38号店
ABC Stores #38

ワイキキ ♀ 別冊P.20-B2

ワイキキに30店舗以上展開するなかでもフロア面積が最大級。滞在中に必要な食料品はもとより、ビーチ用品、医薬品、日用雑貨、化粧品など揃わないものはない。ナッツなどのおみやげは、まとめ買いでさらにお得に。

📞 808-926-1811
🏠 インペリアル・オブ・ワイキキ1F
🕐 6:30～23:00
🚫 無休　💳 AJMV　🅿 ホテルの駐車場を利用
🌐 www.abcstores.com

ココがスゴイ！①
デリコーナーが充実！

38号店はオーダーを受けてから作るサンドイッチや、フレッシュなポケなどが揃うデリコーナーがあり、食事には困らない。

オイシイよ！

1 店内で焼くピザも本格的！
2 レンジで温めて食べたいミートボールソースのペンネ

ホットドッグやピザなどもあり、種類豊富

ココがスゴイ！②
豊富な品揃えのアルコールエリア

高級ワインやシャンパンがずらりと揃う。滞在中の手みやげなどにもおすすめ。セットで購入するとお得になることも。

ココがスゴイ！③
コスメアイテムがかわいい！

ABC限定のアイテムはもちろん、バラマキみやげにぴったりなリップやグロスなどお手頃で秀逸な商品が多い。

マストバイアイテムはコレ！

$8.99
花が散りばめられたキューティクルオイル

各$2.99
バラマキにぴったりな「ラニハワイ」のフェイスマスク

2枚で$15
ハワイアンホーストの板チョコ。包装がかわいい

$10.99
マカダミアナッツを広めたハワイアンホースト

※「ラニハワイ」のフェイスマスクと「ハワイアンホースト」の板チョコは38号店では取り扱いなし

#3 Hawaiian Cookie

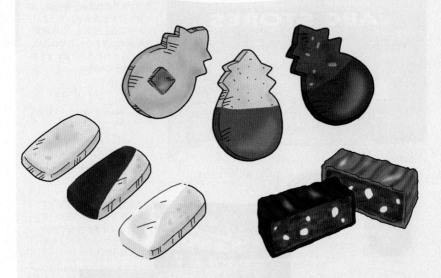

おいしさの秘密はたっぷりのバター

今やマカダミアナッツ・チョコレートと並ぶ人気となった、ハワイの定番みやげといえばショートブレッド・クッキーだ。小麦粉にたっぷりのバターを切り混ぜ、ポロポロにしてから砂糖を加えて焼いているので、サクサクした食べ応えとふわっと広がるバターの風味が楽しめる。そんなショートブレッドにハワイ産のマカダミアナッツを散りばめたり、グアバやリリコイなどのフルーツフレーバーを加えたり、チョコレートで半分コーティングしたりといったハワイらしいクッキーが大人気。パッケージもデザインが美しく、種類豊富なサイズが用意されている。さらにクッキーは1枚ずつ個別包装されているので、おみやげに最適だ。

個性豊かな人気ブランドが続々

ショートブレッド・クッキーの元祖は、1977年ハワイ島ヒロで創業されたビッグアイランド・キャンディーズ。最高品質を保つため、長年ハワイ島の工場に併設されているギフトショップとオンラインでのみ購入可能だったが、現在はオアフ島アラモアナセンターの直営店かワイキキのTギャラリアでも購入可能になった。

そしてローカルに絶大な人気を誇るのが、1981年創業のザ・クッキーコーナーだ。バター含有率20%のリッチな風味のクッキーや甘酸っぱいフルーツバーには、根強いファンが多い。赤に白いハイビスカスのパッケージに見覚えがある人も多いだろう。

けれどもハワイの代表的なおみやげとしてクッキーが選ばれるようになったきっかけは、2002年に直営店をオープンしたホノルル・クッキー・カンパニーだ。ハワイを象徴するパイナップル形のショートブレッドは爆発的な人気となった。ほかにも有名ホテルが製造する限定品や、ローカルの人気レストランやベーカリーのハンドメイド、スーパーで見つかるカウアイやマウイのクッキーなど、あらゆる種類のクッキーが出回っているので、好みの味を探してみよう。

| SHOP LIST |
- ・ホノルル・クッキー・カンパニー (P.341)
- ・ビッグアイランド・キャンディーズ (P.341)
- ・ザ・クッキーコーナー (P.341)

I Ka Pō
Me Ke Ao

from day to night

ハワイのショッピングモールは単に買い物をするだけの場所ではなく、ハワイ旅行の To Do List に必ず入るほどのエキサイティングな場所。ウインドーショッピングだけでも思わず楽しい気分になってくる。

何時間あっても足りない、まさにお買い物天国

アラモアナセンター
Ala Moana Center

アラモアナ 📍別冊 P.29-B4

あっという間に
時間がたってしまう楽しさ

　約50エーカー（約20万㎡）という広大な敷地に5軒のデパートをはじめ、ドラッグストア、ファッションブティック、ギフトショップ、レストランなど、あらゆるアメニティ＆アミューズメントを詰め込んだ一大コンプレックス。おみやげはもちろん、日用雑貨、食料品、メイド・イン・ハワイのグッズ、世界の一流ブランドなど、ここに来ればすべてが揃うとあって、いつも地元の人や観光客でにぎわっている。買い物が旅の主目的のひとつであれば、日程の1日は確保しておいて間違いない。

🕐 10:00 〜 20:00 ※店舗によって異なる
🔒 感謝祭、12/25 🚌 ワイキキから8・13・20・23・42番バスなど。ほかにワイキキトロリー（→ P.498）が停車する
🚗 ワイキキからはアラワイ通り、ニウ通り経由でアラモアナ通りへ 🅿 無料
🌐 www.alamoanacenter.jp

センターステージでは毎日イベントが開催される

 最新 News 続々と新しいショップがオープンするアラモアナセンター。公式サイトでも最新情報をチェックしよう。

2023年 NEW OPEN
・シュガーファクトリー（カフェレストラン）…2023年9月 OPEN
・マヒナ（レディスブティック）…2023年8月 OPEN

オープンエアのショッピングモールなので、歩いているだけで心地いい

☑ チェックポイント

Ala Moana Center

☑ Wi-Fi は無料で使用可能！
センター内のいくつかのショップ（アップルストア、メイシーズなど）では無料でアクセス可能。有効活用しよう。

☑ ショッピングのコツ
まず事前にセールやイベント情報をウェブサイトでチェックしよう。着いたらフロア MAP を手に入れて行きたいショップをフロア別に決めれば時間短縮になる。

☑ セール情報
基本的に独立記念日のある7月や感謝祭のある11月下旬、クリスマスや元日にセールを行う予定。最新情報は HP をチェックしよう。

☑ ファミリー向け情報
広大なモール内、子供連れでショッピングを楽しむためのサービスやスポットも多くある。上手に利用したい。

☑ ご飯に迷ったらフードコートへ
アラモアナセンターには、2つの巨大フードコートがあるのも特徴。バラエティ豊富なお店が入っているので、手軽に済ませたいときや休憩にも利用しやすい。フードコート自体、それぞれ特徴が異なるのでシーンに合わせてうまく使い分けたい。利用できるフードコートは以下のとおり。

日本語版のフロアマップやザ・バスの時刻表をもらえる

⊕ ベビーカー
1階の3ヵ所でレンタルできる（有料）

⊕ マカイ・マーケット・フードコート
1階海側にある、ハワイでも最大級のフードコート（→ P.263）

☑ 駐車場のコツ
⊕ パーキングは大きく分けて山側と海側にある
⊕ ブランド店は中央から2階のモールレベルに広がっているから山側でも海側でも OK。
⊕ マカイ・マーケット・フードコート、オールド・ネイビーへは1階海側がオススメ。
⊕ エヴァ・ウィング山側に9階建ての駐車場がある

⊕ ジャングル・ファン・アイランド
子供向け景品付きゲームが楽しめる。1階中央

フォトジェニックな見た目のスムージーボウルが人気の「サンライズ・シャック」もある

パーキングは広いので停めやすいが、迷わないようにしよう

⊕ ザ・レゴ・ストア
ピースからセットまで揃う人気のブロック玩具店

⊕ ラナイ@アラモアナセンター
センター内で最も新しい。450席あるモダンな店内が印象的（→ P.263）

アラモアナセンター **1 DAY** モデルプラン

… *for Ladies* 1DAYルート

たくさん買いたい！

まずは人気デパートで
最旬コスメをチェック

10:00

アメリカの大手デパート、「メイシーズ」は特にコスメが充実。セールになっていることも！

人気コスメを
ゲットしよう

1〜3F メイシーズ（→ P.316）

セレブ御用達
ハイグレード百貨店へ

12:00

ニーマン・マーカス限定アイテムが豊富。おみやげにも喜ばれそう！

2〜4F 中央海側 ニーマン・マーカス（→ P.316）
ここでしか手に入らないおみやげが多い

NY の高級
デパートを物色！

14:00

ブルーミーの愛称で知られるデパートには、スタイリッシュなアイテムがずらり。

1日中楽しめる

2〜4F ブルーミングデールズ（→ P.316）

セレブに人気の
ランジェリーもチェック！

16:00

全米でナンバーワンともいわれる人気のブランド。香水など小物も豊富。

ボディケア用品
も注目

2F 山側 ヴィクトリア・シークレット（→ P.337）

11:00

ハワイアンな香りの
ソープをゲット

シャワージェル、ハンドソープなど、豊富なバス用品が揃う。フレーバーも豊富でいい香り！

南国の香りの
ボディケア用品が人気

2F 山側 バス & ボディ・ワークス（→ P.333）

13:00

絶景ビューランチに
テンション UP！

ニーマン・マーカス内にある「マリポサ」はアラモアナ・ビーチパークを一望できる。

ハワイ産の料理に舌鼓を打とう

ニーマン・マーカス 3F マリポサ（→ P.220）

15:00

絶品台湾スイーツで
ほっとひと息

お買い物の合間に、ローカルに人気のマンゴースイーツで休憩。甘くて疲れが癒やされる！

ドリンクやフルーツボウルなどが人気

3F 海側 マンゴー・マンゴー・デザート

17:00

ハワイ発のスーパーで
おみやげ探し

ハワイ産のローカル野菜などが揃うスーパー。フードデリも充実している。

絶品ポケコーナーはマストでチェック！

1F フードランド ファームズ アラモアナ（→ P.278）

... *for Men* **半日ルート**

お得にゲット！

まずは人気の
クッキーを購入

10:00

ハワイの定番みやげ、クッキーの元祖。ハワイ島のヒロで手作りしている。

試食ができるものもある

1F 中央 ビッグアイランド・キャンディーズ （→ P.341）

11:00 ### 限定モデルに釘付け！
ファン垂涎のスニーカー

日本未入荷のシリーズが購入できるのは、旗艦店ならでは。つい目移りしそう。

圧巻の品揃えを誇る

3F 山側 フットロッカー （→ P.336）

サーフテイストの
カジュアルウエアもゲット

12:00

ハワイ発のサーフブランド。ビーチリゾートらしいアイテムを手に入れてすぐに着たい。

サーフアイテムのほか、Tシャツも人気

3F 海側 T&C サーフ・デザインズ （→ P.330）

13:00 ### おみやげ探し＆カフェで
休憩タイム

ハワイ産ハニーなどグルメみやげが手に入るのはもちろん、カフェとしても利用できる。アサイボウルは特に評判。

店内でイートイン可

2F 山側 ブルー・ハワイ・ライフスタイル （→ P.340）

... *for Family* **1DAY ルート**

キッズウエアがかわいくて
コスパ◎なショップへ

11:00

ローカルにも人気のアメカジブランド。お揃いコーデもできる商品も多い。

日本からは撤退。ぜひゲットしたい

1F 海側 オールド・ネイビー （→ P.328）

12:00 ### 広々フードコートで
お手軽ランチ！

食事は好きなものをいろいろ選べるフードコートがオススメ。席もたくさんある。

ハワイ最大の広さを誇る

1F 海側 マカイ・マーケット・フードコート （→ P.263）

ゲームセンターで遊んでみる

13:00

ジャングルに見立てた店内で、たくさんのゲームが楽しめる。景品がもらえることも。

大人が夢中になるかも !?

1F 中央 ジャングル・ファン・アイランド

14:00 ### ハワイらしい
日用雑貨をハンティング！

大型スーパー、ターゲットは何でも揃う観光客の味方。ちょっとした雑貨もかわいい。

日本でも使えるものがいっぱい

2・3F 山側 ターゲット （→ P.284）

キッズアイテムが豊富な
NY ブランド

15:00

キッズ、メンズ、レディスと幅広い品揃えが魅力。家族全員の服をまとめ買い！

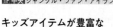

キッズはポップなデザインが多い

2F 山側 J. クルー （→ P.324）

16:00 ### おやつ兼おみやげの
クッキーをゲット！

クッキーは小腹のすいた子供のおやつにも最適。ついでにおみやげ分もゲット！

今やおみやげの定番

1F キオスク ホノルル・クッキー・カンパニー

アラモアナセンター 1F（ストリートレベル）

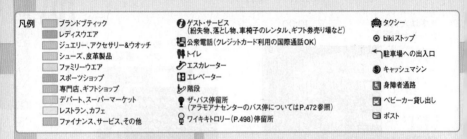

凡例

- ブランドブティック
- レディスウエア
- ジュエリー、アクセサリー&ウオッチ
- シューズ、皮革製品
- ファミリーウエア
- スポーツショップ
- 専門店、ギフトショップ
- デパート、スーパーマーケット
- レストラン、カフェ
- ファイナンス、サービス、その他

- ゲスト・サービス（紛失物、落とし物、車椅子のレンタル、ギフト券売り場など）
- 公衆電話（クレジットカード利用の国際通話OK）
- トイレ
- エスカレーター
- エレベーター
- 階段
- ザ・バス停留所（アラモアナセンターのバス停については P.472参照）
- ワイキキトロリー（P.498）停留所

- タクシー
- bikiストップ
- 駐車場への出入口
- キャッシュマシン
- 身障者通路
- ベビーカー貸し出し
- ポスト

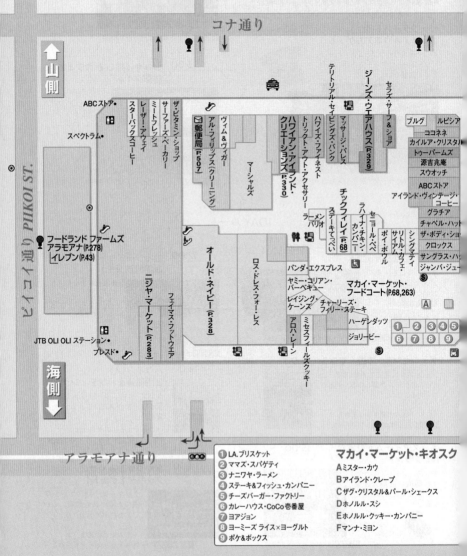

① LA.ブリスケット
② ママズ・スパゲティ
③ ナニワヤ・ラーメン
④ ステーキ&フィッシュ・カンパニー
⑤ チーズバーガー・ファクトリー
⑥ カレーハウス・CoCo壱番屋
⑦ ヨアジョン
⑧ ヨーミーズ ライス×ヨーグルト
⑨ ポケ&ボックス

マカイ・マーケット・キオスク

A ミスター・カウ
B アイランド・クレープ
C ザグ・クリスタル&パール・シェークス
D ホノルル・スシ
E ホノルル・クッキー・カンパニー
F マンナ・ミヨン

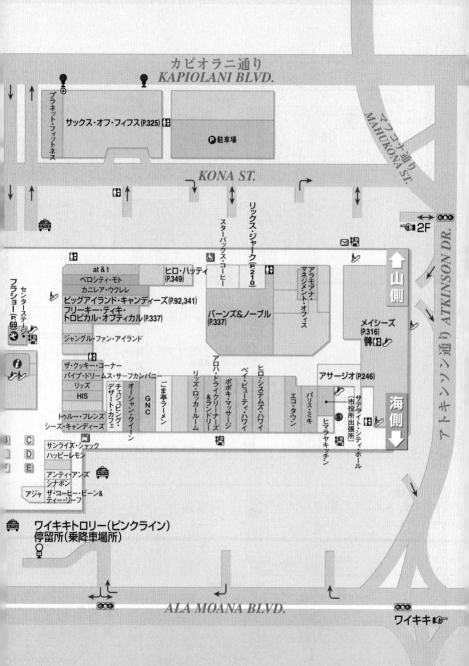

カピオラニ通り
KAPIOLANI BLVD.

プラネット・フィットネス

サックス・オフ・フィフス(P.325)

P 駐車場

KONA ST.

2F

マフコナ通り **MAHUKONA ST.**

アトキンソン通り **ATKINSON DR.**

山側

海側

スターバックス・コーヒー

リックス・ジャーク(P.210)

センターステージ・フラショー(P.69)

at & t
ベロシティ・モト
カニレア・ウクレレ
ビッグアイランド・キャンディーズ(P.92,341)
フリーキー・ティキ・トロピカル・オプティカル(P.337)
ジャングル・ファン・アイランド

ヒロ・ハッティ(P.349)

バーンズ&ノーブル(P.337)

アラモアナ・マネジメント・オフィス

メイシーズ(P.316)

ザ・クッキー・コーナー
パイプ・ドリームス・サーフカンパニー
リッズ
HIS
トゥルー・フレンズ
シーズ・キャンディーズ

チェジュピング・デザート・カフェ
オーシャン・クイーン
GNC
ごま亭ラーメン

リッズ・ロッカールーム
アロハ・ドライクリーナーズ&ランドリー

ポポキ・マッサージ

ベイ・ビューティ・ハワイ

ヒロ・システムズ・ハワイ

アサージオ(P.246)

エコ・タウン

パリス・ミキ

ヒマラヤキッチン

サテライト・シティ・ホール(市役所出張所)

C
D
E

サンライズ・ジャック
ハッピーレモン
アンティ・アンズ
シナボン
アジャ
ザ・コーヒー・ビーン&ティー・リーフ

ワイキキトロリー(ピンクライン)
停留所(乗降車場所)

ALA MOANA BLVD.

ワイキキ

アラモアナ・ビーチパーク

293

アラモアナセンター 2〜4F

3F(サード・レベル)

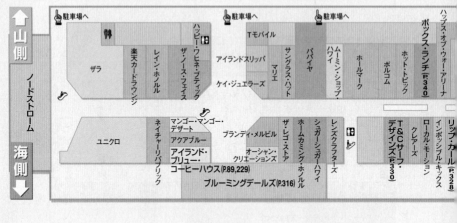

凡例
- ブランドブティック
- レディスウエア
- ジュエリー、アクセサリー＆ウオッチ
- シューズ、皮革製品
- ファミリーウエア
- スポーツショップ
- 専門店、ギフトショップ
- デパート、スーパーマーケット
- レストラン、カフェ
- ファイナンス、サービス、その他

- ① インフォメーション
- 📞 公衆電話(クレジットカード利用の国際通話OK)
- 🚻 トイレ
- ⬆ エスカレーター
- 🛗 エレベーター
- 🚶 階段
- ♿ 身障者通路
- 💲 キャッシュマシン
- ✉ ポスト

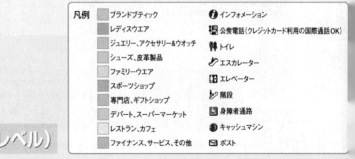

2F(モール・レベル)

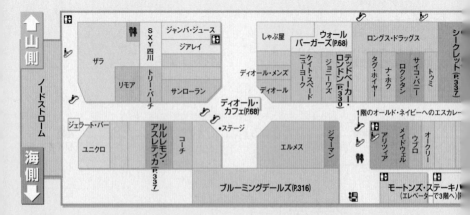

ターゲット(P.284)

バッファロー・ワイルド・ウイングス

キッズ・プレイエリア

ザ・エクスペリエンス

オレオ・カフェ

サワーパッチキッズ

スヌーピーを探して：ピーナッツ・アドベンチャー

サングラス・ハット

イッツシュガー(P.67)

駐車場へ

アンソロポロジー(P.324)

スイート・ハニー・ハワイ

ホノルル・コーヒー・カンパニー(P.232)

スケッチャーズ

フォッシル

ギャップ

アバクロンビー&フィッチ

アイ・ギャラリー

クレイジーシャツ

マヒナ

ルイ・ヴィトン

85℃ベーカリーカフェ

グランドステアーズ(大階段)

ラッキー・ストライク・ソーシャル

リリハベーカリー

ホリスター

バック・サン

ジャーニーズ

ドジャーズ・クラブハウス

バンズ

HICサーフ

シューパレス

メイシーズ(P.316)

ホノルル・コーヒー・カンパニー

ココリーニ

J.クルー(P.324)

ラコステ

スワロフスキー

ホアラ・サロン&スパ・アヴェダ

アメリカン・イーグル・アウトフィッターズ(P.329)

サンローレンツ・ビキニ

スミス

ウィンザー

ズミーズ

スクイッシャブル

カフラレア

ノエアウ・デザイナーズ

子供服

ドレスコレクション

レディス・ウエア

4Fマリポサ(P.220)

ランジェリー

ニーマン・マーカス(P.316)

マーメイド・バー　デザイナーウエア

ファイン・アパレル　カスタマーサービス

4Fアッパー・レベル（ホオキパ・テラス）

グランドステアーズ（大階段）

ロマノズ・マカロニ・グリル

ゲン・コリアン BBQハウス

ジェイド・ダイナスティ・シーフード・レストラン

シュガーファクトリー

ママ・フォー

田中オブ東京(P.238)

マイタイズ

カリフォルニア・ピザ・キッチン

オリーブガーデン

ターゲット(P.284)　サックス・オブ・フィフス

ヘルス・コリア

駐車場へ

パンドラ・ジュエリー

トミー・バハマ

KPOPフレンズ

ブルー・ハワイ・ライフスタイル(P.340)

MADSCIラボ

タイガーシュガー

ジャムズ・ワールド(P.348)

アラウンド・ザ・パール

ザ・フェイス・ショップ

レックスブリージー(P.67)

ピンクボックス

ザ・エスケープ・ゲーム

パティスリー・ラ・パルム・ドール(P.232)

六角浜かつ

元気寿司

ハリー・ウィンストン

ジョルジオ・アルマーニ

メゾン・マルジェラ

NIUヘルス

マニ・ペディ・スパ

プレミア・バー・バーショップ

ラナイ@アラモアナセンター(P.26)

シェアティー

セフォラ

ドルチェ&ガッバーナ

ティファニー

ボッテガ・ヴェネタ

サルヴァトーレ・フェラガモ

ペン・ブリッジ・ジュエリー

フェンディ

マイケル・コース

コール・ハーン

マーティン&マッカーサー(P.350)

ゴールデン・アイ・ジュエリー

エルベシャプリエ(P.67)

マウイ・ダイバーズ・ジュエリー

スターバックス・コーヒー

エービーエムモト

アレキサンダー・マックイーン

プラダ・メンズ

スターバックス・コーヒー

ルイ・ヴィトン

ロレックス

ツヴィリング JA.ヘンケルス

バス&ボディ・ワークス(P.363)

ミカ

カハラ

メイシーズ(P.316)

イリーカフェ

MAC

ヴァレンティノ

セリーヌ

バレンシアガ

プラダ・レディス

シャネル・シューズ・ブティック

グッチ(P.67)

シャネル

カルティエ

ロンギーズ

ヴァレクストラ

バーバリー

モンブラン

バリー

ロエベ

ブルガリ

オメガ

リーバイス

トリ・リチャード

トラヴィスマシュー

アップルストア

リフォーメーション

レスポートサック

レイン・スプーナー(P.345)

エスプレッソ・バー

CUSP

コスメ

婦人靴

ニーマン・マーカス(P.316)

ジュエリー

小物

ハンドバッグ

山側

海側

山側

海側

295

ワイキキショッピングの代名詞

ロイヤル・ハワイアン・センター
Royal Hawaiian Center

`ワイキキ` 📍別冊 P.21-B3

買い物も食事も
遊びもおまかせ！

　ワイキキのランドマークである
ロイヤル・ハワイアン・センター
は 2020 年で創業 40 周年を迎え
た。カラカウア通りの 3 ブロック
にわたって立つ、4 階建て総面積
約 2 万 8800㎡の開放的なショッ
ピングセンターだ。ここにはブラ
ンドの旗艦店や、気軽に楽しめる
フードコートをはじめとした魅力
的なダイニング、ハワイにしかな
いユニークなお店など約 90 店が
入る。そのほか、無料で楽しめる
ハワイのカルチャープログラムも
人気だ。シーズンごとに開催され
るさまざまなプログラムも必見。

さまざまな店が集まるワイキキ・フード・ホール（→ P.264）

 2023 年も続々とニューフェイスのお店が誕生。
足を運んでみよう

2023 年 NEW OPEN
・シグネチャー・バイ・ザ・カハラ・ホテル &
リゾート（ショップ）…2023 年 4 月 OPEN
・L&L ハワイアン・バーベキュー（プレートラン
チ）…2023 年 6 月 OPEN

🕐 11:00 ～ 20:00（テナントにより異なる）
🏠 ほとんどの店が無休
🅿 A 館に専用の有料駐車場あり。入口は
ロイヤル・ハワイアン通り沿い
🌐 www.royalhawaiiancenter.com

毎日多くの人が訪れる。心地よいテラス席が人気のレストランも

注目のショッピングモール

☑ チェックポイント

☑ 無料Wi-Fiあり！

センター内では、1日最大2時間まで無料のWi-Fiを利用することができる。ネットワーク「Royal HawaiianCenter」を選択して利用規約に同意するだけ。

看板も出ている

☑ わからないことがあればカスタマーサービスへ

B館1階にあるヘルモア・ハレ＆ゲストサービスでは、スタッフが常駐しショップ情報はもちろん、カルチャープログラムについても教えてくれる。日本人スタッフがいることも。

困ったら駆け込もう

☑ 歴史ある神聖な土地

センターのあるエリアは、ハワイ王朝時代に王族たちの邸宅や別荘が建てられていた「ヘルモア」という特別な場所。ハワイらしい熱帯植物が生い茂る中庭のロイヤルグローブはヘルモアを再現しているという。

ビショップ王女の銅像も（→ P.114）

☑ 無料カルチャープログラムが充実！

ハワイの文化に親しめるようになるカルチャープログラムに参加することができる。日替わりで行われるプログラムには、フラ、ケイキフラ、レイメイキング、ラウハラ編みなどがある。またロイヤル・グローブでは毎週火・水・金曜17:30 〜 18:30に、地元アーティストによるハワイアンミュージックライブとフラショー、木曜11:00 〜はケイキ・フラレッスン、土曜17:30 〜 18:30にはフラ・カヒコと呼ばれる古典フラをはじめとしたさまざまなパフォーマンスが開催されている。どのプログラムも無料で参加可能。

●フラレッスン
ロイヤル・グローブで開催される。手ぶらでOK

●フラ＆ミュージックショー
たくさんの人でにぎわい、盛り上がる本格ショー

●ウクレレ・レッスン
レベルに合わせて講師の人がていねいに教えてくれる

☑ 食事ならフードコートがおすすめ

B館2階にあるフードコート、「パイナラナイ・フードコート」（→ P.264）なら、ステーキやハンバーガー、エスニック料理、スイーツなどバラエティ豊富なお店が揃う。気軽に楽しめるので、カジュアルなランチやディナーにも人気。2020年に誕生したふたつ目のフードコート「ワイキキ・フード・ホール」（→ P.264）では「ホノルル・バーガー・カンパニー」などハワイの有名店の味が楽しめる。

●パイナラナイ・フードコート
中華やラーメン、ハンバーガーやスイーツなど何でも揃う

クルクル（→ P.235）
日本人パティシエが手がける優しい甘さのケーキが人気

●ワイキキ・フード・ホール（→ P.264）
ハワイの実力店が集結する。手軽に本格グルメを味わおう

ロイヤル・ハワイアン・センター

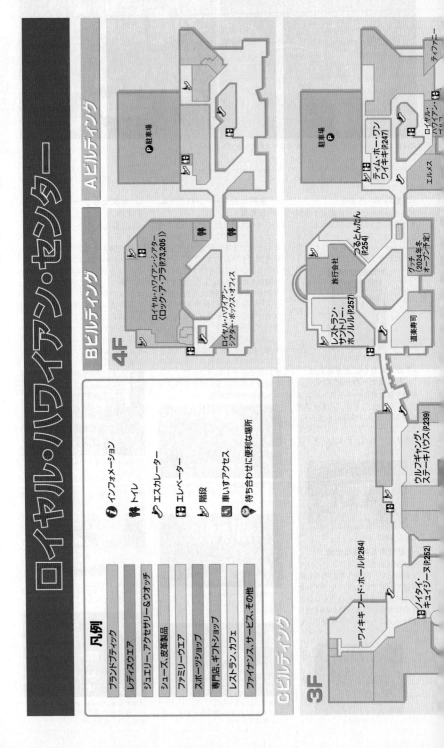

A ビルディング

B ビルディング

C ビルディング

凡例

- ブランドブティック
- レディスウエア
- ジュエリー、アクセサリー＆ウォッチ
- シューズ、皮革製品
- ファミリーウエア
- スポーツショップ
- 専門店、ギフトショップ
- レストラン、カフェ
- ファイナンス、サービス、その他

- ⓘ インフォメーション
- 🚻 トイレ
- 🛗 エスカレーター
- 🛗 エレベーター
- 🛗 階段
- ♿ 車いすアクセス
- 📍 待ち合わせに便利な場所

4F

- P 駐車場
- ロイヤル・ハワイアン・センター〈ロック・ア・フラ(P.73,205)〉
- ロイヤル・ハワイアン・シアター・ボックス・オフィス

3F

- 駐車場 P
- ティム・ホー・ワン ワイキキ(P.247)
- エルメス
- ロイヤル・ハワイアン・ベーカリー
- つるとんたん(P.254)
- 旅行会社
- グッチ（2024年冬 オープン予定）
- レストラン・サントリー・ホノルル(P.257)
- 謝楽寿司
- ウルフギャング・ステーキハウス(P.239)
- フードホール(P.264)
- ワイキキ フードホール
- ノイタイ・キュイジーヌ(P.252)
- ティファニー

298

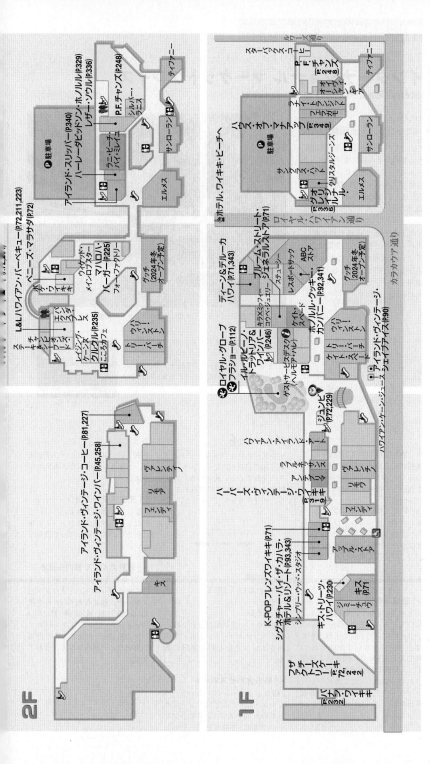

2F

アイランド・ヴィンテージ・コーヒー(P.81,227)

アイランド・ヴィンテージ・ワインバー(P.45,258)

天ぷら

アアレア・スパ

ナイスティ

L&Lハワイアン・バーベキュー(P.72,211,223)

ズニーズ・ラニカイ

ベニーズ・マラサダ(P.72)

テキサス・ロードハウス

ホノルル・キッチン

レイジング・クレイブ

ここスカフェ

グルメ(P.235)

ウルフギャング・ステーキハウス

マノア・バーガー(P.225)

メインロブスター

フードパントリー

ゲッチ 2024年冬オープン予定

シナボン・ベーカリー

エルメス

アイランド・スリッパー

ハレイワ・ビーチ・ハウス

ハーレータビッドソン・ホノルル(P.329)

レザー・ソウル(P.336)

P.F.チャンズ(P.248)

ラニ・ビーチ・バイ・ミレイユ

シルバー・シニア

サンローラン

P 駐車場

ティアラニー

1F

シグネチャー・バイ・ザ・カハラ

K-POPフレンズストアワイキキ(P.71)

ホテル&リゾート(P.93,343)

シェブリー・ヴァヴ・スタジオ

キス(P.71)

ジミー・チュウ

ヌハウ・ドリームズ・ハワイ(P.230)

フサ

チーズケーキ・ファクトリー(P.72,242)

バスタ・パスタ・ワイキキ(P.232)

ハーレーズ・ヴィンテージ

シネマ・カフェ

ラヴィンズ・カフェ

ハイアット・アイランド・デザート・ビーチ

ミツワ(P.72,229)

イルルピー トラットリア&ワインバー

ゲストサービス(ヘルモア)

ロイヤル・グローブ・プラショー(P.112)

ディーン&デルーカ ハワイ(P.71,343)

ブルーム・ストリート ジェネラルストア(P.71)

キラウェア コンベンション

ゲッチ 2024年冬オープン予定

ステーショナリー

ケイト・スペード

ホノルル・クッキー カンパニー(P.92,341)

スラッシュ・アサック

レスポートサック

ABC ストア

P. ピリ(P.71,343)

カラカウア通り

ハワイアンダンサーズジュエ―ズ

アイランド・ヴィンテージ シェイブアイス(P.90)

P 駐車場

スターバックス・コーヒー

ティアラニー

P.F.チャンズ

オカダ

ハウス・オブ・マナアップ(P.349)

サンローラン

サムソラン・ジーンズ

ルチア クリスタルジーンズ

エルメス

P. ピリ(P.71,343)

🛒 **注目のショッピングモール**

オープンエアで心地よい歴史あるショッピングモール

インターナショナル マーケットプレイス
International Market Place

`ワイキキ` 📍別冊 P.21-B3

シンボルの
バニヤンツリーが印象的

カラカウア通り沿いの一等地にたたずむワイキキのオアシス。モール内には、ショッピングの合間に休憩できるベンチがところどころにあり、またハワイの風が吹き抜けるオープンスタイルの造り。水のカーテンや小川、ハワイらしい雰囲気が感じられる庭もあり、モール全体が癒やしの空間になっている。施設の中心にある樹齢160年以上のバニヤンツリーは、建築デザインのなかに巧みに取り入れられている。

クイーンズコート（中庭）では週に3回フラショーが開催されている

🕚 11:00 ～ 21:00
🈶 無休
🅿 クヒオ通り沿いから入る専用駐車場あり
🌐 ja.shopinternationalmarketplace.com

最新 News 2023年4月からグランド・ラナイにあるリリハ・ベーカリー（→ P.228）をはじめ一部レストランで週末ブランチメニューの提供を開始。ここでしか食べられないメニューを堪能しよう。

🗹 **チェックポイント**

🗹 **Wi-Fi は無料で使用可能！**
施設内なら無料で使用できる。ネットワークから「.FREE_mallwifi」を選択して接続するだけ。

🗹 **ショッピングのコツ**
クヒオ通り側のエントランスから入って目の前に、コンシェルジュ・カスタマーサービスがある。フロアマップや落し物、日本語での対応もしてくれるので困ったことがあれば相談しよう。

🗹 **駐車場のコツ**
クヒオ通り沿いに立体駐車場の入り口がある。料金は30分$3。センター内の店で$10以上購入すればバリデーションが受けられ、1時間なら無料、2時間$2、3時間$2、4時間以降は通常料金が加算される。また、3階にあるバレットパーキングは2023年7月現在中止中。

🗹 **セール情報**
インターナショナル マーケットプレイスの公式HPからニュースレター登録すると、最新のセール情報やイベント情報が送られてくる。ぜひチェックしておこう。

こちらの画面から登録を

🗹 **トイレ**
1階のクヒオ通り側付近と2階のクイーンズ・コート。なお、家族用トイレは上記と同じ場所にある。

🗹 **待ち合わせスポット**
1階ならクイーンズ・コート、バニヤン・コートなどにベンチがあってわかりやすい。2階ならツリーハウス前、3階ならイーティン

International Market Place

グ・ハウス 1849 by ロイ・ヤマグチ前に広いスペースとベンチがある。2階のツリーハウスもわかりやすい。

🗹 **充電ステーション**
1階に5ヵ所、2階に6ヵ所、3階に4ヵ所ある。コンセントの数は少ないので、譲り合って使用したい。

🗹 **音声ガイドで館内を巡る**
2023年7月、ワイキキ初となるGPS機能付きオーディオツアーがスタート。館内の無料Wi-Fiを使用して、無料音声アプリ「TravelStorys」をインストールすればOK。館内の見どころや地域の歴史などの解説を聞くことができる。

300

インターナショナル マーケットプレイス

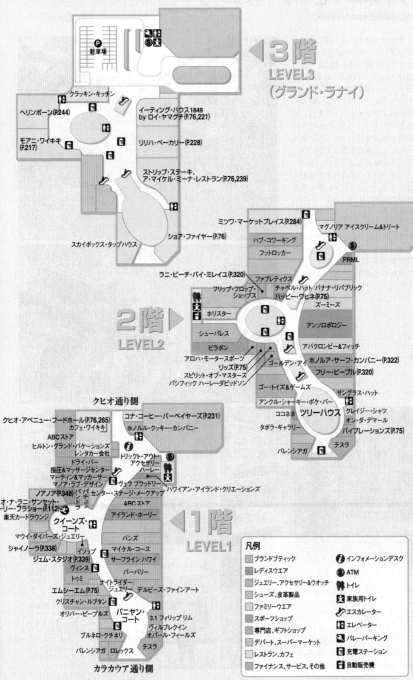

◀3階
LEVEL3
（グランド・ラナイ）

P 駐車場

クラッキン・キッチン

ヘリンボーン(P.244)

モアニ・ワイキキ
(P.217)

イーティング・ハウス1849
by ロイ・ヤマグチ(P.76,221)

リリハ・ベーカリー(P.228)

ストリップ・ステーキ、
ア・マイケル・ミーナ・レストラン(P.76,239)

スカイボックス・タップハウス

ショア・ファイヤー(P.76)

ミツワ・マーケットプレイス(P.284)

マグノリア アイスクリーム&トリート

ハブ・コワーキング

フットロッカー

PRML

ラニ・ビーチ・バイ・ミレイユ(P.320)

ファブレティクス

フリップ・フロップ・
ショップス

チャペル・ハット　バナナ・リパブリック

ハッピー・ワヒネ(P.75)

ズーミーズ

ホリスター

アンソロポロジー

2階▶
LEVEL2

シューパレス

ビラボン

アバクロンビー&フィッチ

アロハ・モータースポーツ

ゴールデン・アイ

ホノルア・サーフ・カンパニー(P.322)

リッズ(P.75)

フリー・ピープル(P.320)

スピリット・オブ・マスターズ

パシフィック ハーレーダビッドソン

ゴー・トイズ&ゲームズ

サングラス・ハット

アンクル・シャーキー・ポケ・バー

ココネネ　ツリーハウス

クレイジー・シャツ
オン・ダ・デマール

クヒオ通り側

コナ・コーヒー・パーベイヤーズ(P.231)

タボラ・ギャラリー

バイブレーションズ(P.75)

クヒオ・アベニュー・フードホール(P.76,265)

ホノルル・クッキー・カンパニー

テスラ

カフェ・ワイキキ

バレンシアガ

ABCストア

ヒルトン・グランド・バケーションズ
レンタカー会社

ドライ・バー

トリック・アウト・
アクセサリー

指圧&マッサージセンター

ハーレー

マーティン&マッカーサー

マノア・ラブ・デザイン

ヴェラ ブラッドリー

ノアノア(P.348)

センター・ステージ・メークアップ

ハワイアン・アイランド・クリエーションズ

オ・ナ・ラニ サンセット・
ヒーリー・フラショー(P.112)

ABCストア

楽天カードラウンジ

アイランド・ホーリー

クイーンズ・
コート

マウイ・ダイバーズ・ジュエリー

バンズ

シャイノーラ(P.338)

マイケル・コース

◀1階
LEVEL1

ジェム・スタジオ(P.339)

インソップ

サーフライン ハワイ

ヴィンス

バーバリー

エムシーエム(P.75)

ナイトライダー
ジュエリー

デルビーズ・ファインアート

クリスチャン・ルブタン

オリバー・ピープルズ

バニヤン・
コート

3.1 フィリップ リム

ヴィルブレクイン

ブルネロ・クチネリ

オパール・フィールズ

バレンシアガ　ロレックス

テスラ

カラカウア通り側

凡例

■ ブランドブティック	🔍 インフォメーションデスク
■ レディスウエア	$ ATM
■ ジュエリー、アクセサリー&ウオッチ	🚻 トイレ
■ シューズ、皮革製品	🚻 家族用トイレ
■ ファミリーウエア	🛗 エスカレーター
■ スポーツショップ	🛗 エレベーター
■ 専門店、ギフトショップ	🅿 バレーパーキング
■ デパート、スーパーマーケット	🔋 充電ステーション
■ レストラン、カフェ	🔲 自動販売機
■ ファイナンス、サービス、その他	

🛒 そのほかの ショッピングモール

ハワイのショッピングモールは、雰囲気もそれぞれ異なり、入っているお店はバラエティ豊富。特にホノルルなどはショッピングモールが点在しているので、お買い物ホッピングをして何軒かハシゴするのも楽しい。

センスのよいショップやレストランが並ぶ

ワイキキ・ビーチ・ウォーク
Waikiki Beach Walk

ワイキキ 📍別冊 P.20-B2

今やワイキキの中心部ともいえるのが、このショッピングエリア。カラカウア通りから海に向かって延びるルワーズ通り、およびビーチ・ウォーク周辺の約3万2000㎡という広大なエリアだ。4軒のホテルおよびタイムシェア施設、約10軒のレストラン＆バーや約40軒の小売店を含むショッピングモールなどで構成される魅惑のストリートを堪能しよう。ワイキキ・ビーチ・ウォークの大きな魅力のひとつが、バラエティに富んだ食事ができることだ。

休憩スポットとしても利用できるカフェはもちろん、しっかり食事ができるステーキハウスやイタリアンレストランなど、グルメなお店が集合する。また、ハワイアンなおみやげが手に入るショップも多い。

🏠 ワイキキの中心部、ルワーズ通り沿い
🕐 9:30 ～ 21:00（店舗によって異なる）
🔒 無休（店舗によって異なる）
🅿 エンバシー・スイーツ・バイ・ヒルトン・ワイキキ・ビーチ・ウォークの有料駐車場などを利用（たいていバリデーションあり）　🌐 jp.waikikibeachwalk.com

1 芝生にはステージがあり、毎火曜16:30 ～ 18:00にはフラのデモンストレーション「ク・ハアヘオ」が開催される。無料のハワイアンライブもある　2 朝から夜まで1日中楽しめる　3 芝生広場には近代スラック・キー・ギターの父、ギャビー・パヒヌイの銅像が立つ　4 洗練されたラグジュアリーホテル、トランプ・インターナショナル・ホテル・ワイキキからの景観　5 おみやげから雑貨、アパレルなど何でもおまかせのABCストア（→ P.285）　6 ハワイみやげの定番、ホノルル・クッキー・カンパニーも要チェック

＼ 注目Shop & Restaurant をチェック！ ／

ハワイ限定デザインをチェック

プルイン
Pull-In

肌にぴったりとフィットし、着心地抜群なアンダーウエア専門店。派手なデザインのアイテムや、ハワイをイメージしたボクサーショーツが人気。
DATA → P.331

セール品になっているアイテムが多い

日本でもおなじみの高級ステーキ店

ルースズ・クリス・ステーキハウス
Ruth's Chris Steak House

ニューオリンズ発祥の伝統あるステーキハウス。独自の製法で焼き上げた上質なステーキはジューシーで軟らかい。高級感たっぷりの店内は、14人まで40人まで収容のプライベートルームもある。特別な日のディナーにぜひ利用したいステーキハウスだ。
DATA → P.238

ワイキキ・ビーチ・ウォークの 2F にある

そのほかの注目店紹介

・ロイズ・ワイキキ（→ P.220）　・ヤード・ハウス（→ P.242）　・ブルー・ジンジャー（→ P.323）
・クレージー・シャツ（→ P.323）　・ナ・ホク（→ P.348）

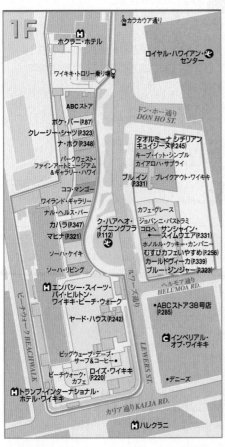

1F

ホクラニ・ホテル
ワイキキ・トロリー乗り場
ABCストア
ポケ・バー(P.87)
クレージー・シャツ(P.323)
ナ・ホク(P.348)
パークウェスト・ファインアートミュージアム＆ギャラリー・ハワイ
ココ・マンゴー
ワイランド・ギャラリー
ナル・ヘルス・バー
カハラ(P.347)
マヒナ(P.321)
ソーハ・ケイキ
ソーハ・リビング
エンバシー・スイーツ・バイ・ヒルトン・ワイキキ・ビーチ・ウォーク
ヤード・ハウス(P.242)
ビッグウェーブ・デープ・サーフ＆コーヒー
ビーチ・ウォーク・カフェ
ロイズ・ワイキキ(P.220)
トランプ・インターナショナル・ホテル・ワイキキ

カラカウア通り
ロイヤル・ハワイアン・センター
ドン・ホー通り DON HO ST.
タオルミーナ シチリアンキュイジーヌ(P.245)
キープ・イット・シンプル
カイアロハ・サプライ
プルイン(P.331)　ブレイクアウト・ワイキキ
カフェ・グレース
ク・ハアヘオ・イブニングフラ(P.112)　ジョバンニ・パストラミ
コロヘ　サンシャイン・スイムウエア(P.331)
ホノルル・クッキー・カンパニー
むすびカフェいやすめ(P.256)
カールドヴィーカ(P.339)
ブルー・ジンジャー(P.323)
ヘルモア通り HELUMOA RD.
•ABCストア38号店(P.285)
インペリアル・オブ・ワイキキ
•デニーズ

LEWERS ST.
ビーチウォーク BEACHWALK
カリア通り KALIA RD.
ハレクラニ

2F

凡例
■ レディスブティック
■ ジュエリー、アクセサリー＆ウオッチ
□ ファミリーウエア
■ 専門店、ギフトショップ
■ レストラン、カフェ
□ その他

ブルー・フィッシュ
ドン・ホー通り DON HO ST.
ロイヤル・ルーム/ハワイアン・ミュージック・ホール・オブ・フェイム
ザ・ウクレレ・ストア
トイレ
ウィンダム・バケーション・リゾーツ
ルースズ・クリス・ステーキハウス(P.238)
ヘルモア通り HELUMOA RD.
エンバシー・スイーツ・バイ・ヒルトン・ワイキキ・ビーチ・ウォーク
インペリアル・オブ・ワイキキ
トランプ・インターナショナル・ホテル・ワイキキ
カリア通り KALIA RD.
ハレクラニ

LEWERS ST.
ビーチウォーク BEACHWALK

🛒 **そのほかのショッピングモール**

おしゃれをして出かけてみたい

プアレイラニ アトリウム ショップス Pualeilani Atrium Shops

ハイアット リージェンシー ワイキキの3フロアを占めるおしゃれなショッピングセンター。

おもなテナントとしては、アーバン・アウトフィッターズ（→P.324）やアグ・オーストラリア（→P.336）、ストーク・ハウス、アボ・ハワイ、ボルコムなど、おしゃれなブティックが揃う。

また、中国料理の有名店、キリン・レストラン（→P.247）をはじめ飲食店も入っている。

ワイキキ 📍 別冊P.21-B4
🕐 店舗によって異なる　🔒 店舗によって異なる
🅿 ウルニウ通りを挟んだ向かいに、ハイアット専用駐車ビルあり（有料）
🌐 www.pualeilaniatriumshops.com

カラカウア通り沿いに店が並ぶ

吹き抜けの中央には滝が流れ、
コーヒーを飲めるスペースも

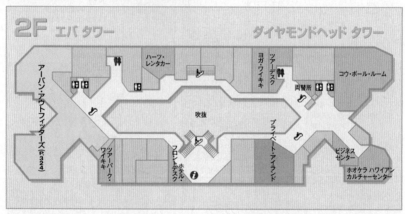

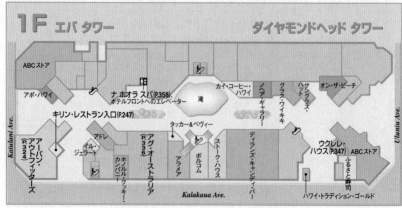

そのほかのショッピングモール

ワイキキの注目ショッピング・デスティネーション

コレクションズ・オブ・ワイキキ
Collections of Waikiki

　毎年のように、多くのプロジェクトが立ち上がり、大規模なリニューアルが行われているワイキキ。2010年夏に誕生したショッピング・デスティネーション「コレクションズ・オブ・ワイキキ」も、毎年のように新店舗がオープンし、ワイキキの活性化にひと役買っている。

　ワイキキのほぼ中央に位置する好ロケーションの4つのホテル「シェラトン・ワイキキ」「ロイヤル ハワイアン ラグジュアリー コレクション リゾート」「モアナ サーフライダー ウェスティン リゾート＆スパ」「シェラトン・プリンセス・カイウラニ」。これらのホテル内に展開する、有名ブランドのブティックをはじめ、ショップ、レストラン、スパなど60軒以上の店舗をひとつの「集合体」として捉え、これまで以上にホテルゲストや観光客に楽しんでもらおうというコンセプトとなっている。

　4つのホテルの総面積は約8000m²という広大なもの。いずれも名だたる伝統と格式のあるホテルが連携して繰り広げているだけに、「コレクションズ・オブ・ワイキキ」はただの買い物とはひと味違うワイキキの楽しみ方を提供してくれることだろう。

ワイキキ ♀別冊P.21-B3、C3
🕐 10:00～21:00※店舗によって異なる　🔓 無休
🌐 collectionsofwaikiki.com/ja/

1シェラトン・プリンセス・カイウラニ（→P.388）　2ロイヤルハワイアンラグジュアリーコレクションリゾート（→P.374）　3シェラトン・ワイキキ（→P.376）　4モアナサーフライダーウェスティンリゾート＆スパ（P.374）

巨大なフードコートがある

ワイキキ・ショッピング・プラザ
Waikiki Shopping Plaza

　ワイキキのほぼ中央に位置するショッピングモール。さほど大きくはないものの、ハイクオリティなコスメが揃い日本人に人気のベル・ヴィー（→P.333）、世界的に有名なランジェリーブランドやロイヤル・ロブスター（→P.226）、鉄板焼きの田中オブ東京（→P.238）など魅力的な店が入る。また地下フロアには2023年2月にアジア各国料理が楽しめるフードコート「スティックス・アジア（→P.264）」が誕生した。

`ワイキキ` 📍別冊P.21-B3
🕕6:00～22:00※店舗により異なる　🔒無休
📍建物の山側、ラウウラ通り沿いに有料駐車場の入口がある
🌐 waikikishoppingplaza.com

1旅行会社やクレジットカード会社のラウンジなども入っている　2滞在中に一度は立ち寄りたいショップが揃う　3絶品ロブスターを求め行列ができるロイヤル・ロブスター

新コンセプトのブティックモール

ラグジュアリー・ロウ
Luxury Row

　ワールドワイドなブランドショップが並ぶワイキキ、カラカウア通りの名所。溶岩などハワイ独自の建築資材を駆使した3層のタウンハウスで構成される各店舗は、それぞれデザインが異なる個性豊かな外観となっている。テナントとして入っているブティックは、グッチ、シャネル、ディオール、モンクレール、ボッテガ・ヴェネタ、ミュウミュウ、ゴールデングースと、いずれも世界的に名だたる一流ブランドばかり。

`ワイキキ` 📍別冊P.20-B1
🕕店舗により異なる　🔒店舗により異なる　📍キング カラカウアプラザの地階駐車場を利用（バリデーションあり）。また車寄せでバレットパーキングも可　🌐 www.luxuryrow.com

1各店舗はホノルル美術館やイオラニ・パレスといった文化財団と提携し、ハワイの伝統文化振興に貢献するという役割を担っている。そのコンセプトの象徴として設置されたブロンズ像は、物語や歌という形でハワイアンカルチャーを伝えてきた女性「ストーリーテラー」をモチーフにしている　2・3ファーストクラスのブランドイメージにふさわしく、夜は華やかなイルミネーションで彩られる。ほとんどのブティックで日本語が通じる

開発が進むショッピング＆グルメタウン

ワードビレッジ
Ward Village

ワード ♀ 別冊P.25-B3

　ケワロ湾の山側、アラモアナ通りとアウアヒ通りに並ぶ数ヵ所のモールの総称がワードビレッジ。点在するモールは大きく3つに分けられる。各モールにはおしゃれなお店や話題のレストランが入っていて、アラモアナセンターに匹敵する人気スポットとなっている。

　ここは、2012年頃から大規模な開発が続けられてきた注目のエリア。今後も約20年以上に渡り高級コンドミニアムや大型商業施設、オフィスといったさまざまな施設が開発されるといい、新時代の幕開けを感じさせる。これまでにも「ワイエア」「アナハ」「アエオ」「アアリイ」といった高級コンドミニアムが誕生している。

アラモアナセンターやアラモアナ・ビーチパークからすぐの場所にある

ワード・センター（全店舗見取り図→P.309）

　コロニアル調の2階建てのショッピングセンター。アウアヒ通りに面した角には、モダンフィリピン料理店など、実力派のレストランが並ぶ。目の前はワイキキトロリーの停留所なので、トロリーを待つ間、この辺で食事というのもアイデアだろう。エアコン完備の館内には、品のいいブティックやディープな専門店が並んでいる。

主な注目店紹介
- ペソ（フィリピン料理）
- マイリズ・タイビストロ（タイ料理）
- ギンザ・スシ（日本食）
- クレージー・シャツ・ファクトリー・アウトレット（カジュアルウエア）
- アリイ・コーヒー（カフェ）
- ファット・チークス（サンドイッチ）

1 ワードビレッジの「アナハ」。突き出たプールが印象的　2 映画館などエンタメ施設が充実している

🛒 そのほかのショッピングモール

イースト・ビレッジ・ショップス＋サウスショア・マーケット

　ワード・センターの山側にあり、手軽な値段でブランド物が手に入るノードストローム・ラックやT.J.マックスといったオフプライスショップが目玉。また、ハワイのローカルブランドやセレクトショップを中心としたショッピングスポット、サウスショア・マーケットも見逃せない。ハワイ在住アーティストによるジュエリーなど個性豊かな専門店や、実力派レストランも入っているので1日中楽しめる。

┌─ 主な注目店紹介 ─
　・T.J. マックス（→ P.325）
　・ノードストローム・ラック（→ P.325）
　・モリ・バイ・アート＆フリー（→ P.337）
　・ラ・ミューズ（→ P.320）
└─

何を食べても外れがないスクラッチ・キッチン・アンド・ミータリー（→P.82）

ワード・エンターテイメント・センター

┌─ 主な注目店紹介 ─
　・デイブ＆バスターズ（→ P.244）
　・ブカ・ディ・ベッポ（イタリア料理）
　・メンズ・ウエアハウス（大型紳士服）
　・L&L ドライブ・イン（プレートランチ）
└─

プレートランチの名店L&Lドライブ・イン

🕐 11:00〜18:00（金・土曜〜19:00）※テナントによって異なる。レストランの一部は深夜まで営業
🚫 感謝祭、12/25
🚌 ワイキキから20・42番バス。ほかにワイキキトロリー（→P.498）が停車する
🚗 ワイキキからアラモアナ通り経由
🅿 無料　🌐 wwww.wardvillag.org

サウスショア・マーケットはワードビレッジで最も注目のスポット

ワード・センター WARD CENTRE

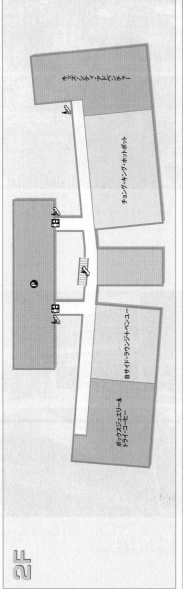

2F

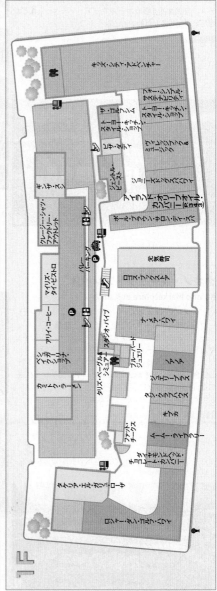

1F

凡例

- レディスウエア
- ジュエリー、アクセサリー＆ウォッチ
- シューズ、皮革製品
- ファミリーウエア
- スポーツショップ
- 専門店、ギフトショップ
- レストラン＆スナックショップ
- ファイナンス、サービス、その他

- 公衆電話
- トイレ
- エスカレーター
- エレベーター
- 階段
- バス停
- タクシー乗り場

高級感の漂うショッピングセンター

カハラモール
Kahala Mall

オアフ島でも屈指の高級住宅地カハラに位置する広々としたショッピングセンター。通路には絨毯が敷かれ、ファッショナブルな店が並ぶさまは、さすがにこのあたりのノーブルなムードを漂わせている。チープシックのファッションブティック、老舗デパートのメイシーズ、自然食品を扱うホールフーズ・マーケットなど、幅広いチョイスが可能。

カハラ ♥P.131 📞808-732-2440 🏠4211 Waialae Ave. 🕐💰店舗により異なる（感謝祭、12/25、イースターは定休日の店が多い） 🚌ワイキキから23番バス。ほかにワイキキトロリー（→P.498）が停車する 🚗ワイキキからダイヤモンドヘッド通り、キラウエア通り経由。もしくはカパフル通りからワイアラエ通り経由 🅿無料駐車場あり 🌐www.kahalamallcenter.com

1 ワイキキトロリーが停車するので、観光客でも訪れやすい　2 ワイキキのショッピングモールやアラモアナセンターとはひと味違った落ち着きがうれしい　3 ホールフーズ・マーケットはローカルの人が多く訪れる

カハラエリアに誕生した新ショッピングモール

クオノ・マーケットプレイス
Ku'ono Marketplace at Kahala

ワイアラエ通りを挟んで、カハラモールの向かいにオープン。目玉はローカルに愛されてきた老舗スーパー、フードランドの新コンセプトストアであるカハラ・マーケット・バイ・フードランド（→P.279）だ。併設レストラン、エタァルをはじめ、従来の食料品店とは異なる新しい食の体験ができるとあって、オープン当初から話題になっている。ほかにもラニカイ・ジュースやパーヴェ・ドーナツといったカフェを中心に飲食店が入る。

カハラ ♥P.131 🏠4210 Waialae Ave. 🕐11:00〜19:00（テナントによって異なる（感謝祭、12/25、イースターは定休日の店が多い） 🚌ワイキキから14・23番バス。ほかにワイキキトロリー（→P.498）でカハラモール下車、徒歩5分 🚗ワイキキからダイヤモンドヘッド通り、キラウエア通り経由。もしくはカパフル通りからワイアラエ通り経由 🅿無料駐車場あり 🌐www.kuonomarketplace.com

1 スーパー以上の食の体験ができるカハラ・マーケット・バイ・フードランド　2 開放的な空間で多国籍料理が楽しめるレストラン、エタァル　3 デリやアルコール類、ハワイならではの食材などが豊富に揃っている

ショッピングセンター西の横綱

パールリッジ・センター

Pearlridge Center

ハワイ最大のショッピングモール、**アラモアナセンター**（→P.288）と規模（12万m²）、店舗数（約170店）、駐車台数（6500台）などを比べても、決して引けを取らないのがパールリッジ・センター。

2つのモール、2つのストリップ・センター、3つのオフィスビルから構成され、パールリッジ・マウカとパール・リッジ・ワイ・マカイの2つのモールの間はなんとモノレール（片道＄1）で結ばれているというのだから、その規模の大きさがわかろうというもの。ハワイの主要デパートが勢揃いしているのをはじめ、スーパーマーケット、2ヵ所のメインフードコート、16スクリーンの映画館など、ここですべてが事足りるラインアップ。

テナントにはワイキキやアラモアナに支店をもつショップも多く、商品によってはこちらのほうが値段が安かったりする。掘り出し物を探してみよう。

ワイキキからはちょっと離れているが、観光客も少なく、のんびりとショッピングが楽しめる。全館冷房完備なので、じっくりと買い物する人は上着が必要かも。

パールリッジ・センターのエントランス

スカイキャブと呼ばれるモノレール

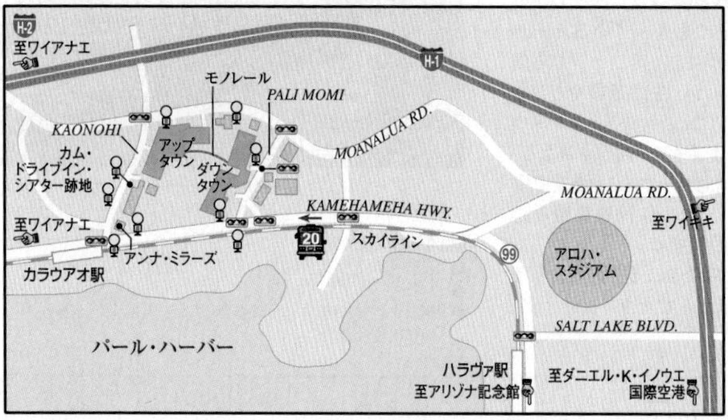

パール・ハーバー

📍 別冊P.7-B4
🕐 店舗によって異なる
🎌 感謝祭、12/25、イースター
🚌 ワイキキから20・42番バス、アラモアナから40番バスなど　🚗 ワイキキからH-1を経由して78号線モアナルア・フリーウエイへ。「Pearlridge」の案内標識に沿って中央車線寄りの出口を降りる。あとは「99 West/Kam Hwy.」の看板に従って走ると99号線カメハメハ・ハイウエイにつながる。センターにはパリ・モミ通りからもカオノヒ通りからも入ることができる　🅿 無料
🌐 www.pearlridgeonline.com

（地図内の表記）
至K2
至ワイアナエ
モノレール
PALI MOMI
KAONOHI
アップタウン
カム・ドライブ・イン・シアター跡地
ダウンタウン
MOANALUA RD.
至ワイアナエ
KAMEHAMEHA HWY.
MOANALUA RD.
至ワイキキ
H-1
99
アンナ・ミラーズ
スカイライン
アロハ・スタジアム
カラウアオ駅
SALT LAKE BLVD.
パール・ハーバー
ハラヴァ駅
至アリゾナ記念館
至ダニエル・K・イノウエ国際空港

～COLUMN～

ワイキキ近辺の／ **その他のショッピングモール**

マッカリー・ショッピングセンター
McCully Shopping Center（📍別冊P.16-B1）

その気になればワイキキから歩いていける距離にあり、おいしいレストランやB級グルメの名店が揃う。

おすすめレストランはベトナム料理の「フォー777」。ほかに中国料理の「フックユエン」、日本でもおなじみの「カレーハウスCoCo壱番屋」が入っている。

マノア・マーケットプレイス
Manoa Marketplace（📍別冊P.15-A3）

マノア渓谷の目にも鮮やかな緑を眺めながら、何だか気持ちがホッとするショッピングセンター。

「ロングス・ドラッグス」、「セーフウェイ」のほか、地元住人に人気のベーカリー、「ファンデュ・ブーランジェリー」などが入っている。2023年秋に大規模な改修工事が完了予定。

規模も安さも驚きの買い物天国
ワイケレ・プレミアム・アウトレット
Waikele Premium Outlet

高速道路H-1の7番出口近くにあるワイケレ・プレミアム・アウトレットは、右を見ても左を見てもメーカー直営のアウトレット店が集まるショッピングパラダイス。見取り図（次ページ）でおわかりのとおり、ワイキキやアラモアナでもよく見かける有名ブランドのアウトレット店がめじろ押し。特にレディス＆カジュアルウエアはよりどりみどり状態。市価の65〜25％オフは当たり前なので、いいものが見つかったら即ゲットがアウトレット・ショッピングの鉄則だ。

随時商品が入れ替わるので、頻繁に訪れたい

ワイケレ ●別冊P.7-B3
🕐 10:00〜19:00（金・土曜〜20:00、日曜11:00〜18:00）※店舗によって異なる 📅 12/25 🚌 ワイキキからカントリーエクスプレスE、もしくはアラモアナセンター山側カピオラニ通りからシティ・エクスプレスA。ワイパフ・トランジットセンターで433番バスに乗り換える（→P.482）🚗 ワイキキからH-1、出口7番を降りる 🅿 無料 🌐 www.premiumoutlets.com

車で乗りつけてドーンとショッピング
ワイケレ・センター
Waikele Center

ワイケレ・プレミアム・アウトレットの海側は、各店がそれぞれ体育館並みの規模を誇るワイケレ・センター。アラモアナセンターにも入っているオールド・ネイビー（→P.328）、世界中の美容ファンから愛されるコスメブランド、セフォラ、生活家電やリフォーム用品のロウズ・ホーム・インプルーブメント・ウエアハウス、オフィス用品のオフィス・マックスなど。日用雑貨や実用品は日本では考えられない値段で手に入るから、車のトランクいっぱいに荷物を積み込んでいるローカルの姿をよく目にする。

マクドナルドやKFCなどの食事どころもあり、ワイケレ・センターだけでも丸1日過ごせそう。

ワイケレ・プレミアム・アウトレットとワイケレ・センター間は専用の無料トロリーを利用するといい

ワイケレ ●別冊P.7-B3
🕐 10:00〜21:00（土・日曜〜19:00）※店舗によって異なる
📅 12/25
🚗 車やバスでの行き方は上記参照。

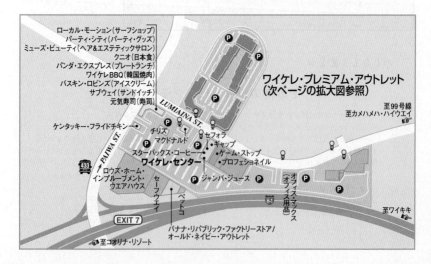

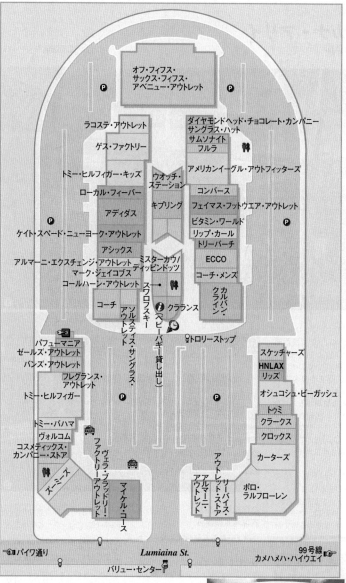

☑ そのほかのショッピングモール

ワイケレ・プレミアム・アウトレット拡大図

オフ・フィフス・サックス・フィフス・アベニュー・アウトレット

ラコステ・アウトレット

ゲス・ファクトリー

ダイヤモンドヘッド・チョコレート・カンパニー
サングラス・ハット

サムソナイト
フルラ

トミー・ヒルフィガー・キッズ

ウォッチ・ステーション

アメリカンイーグル・アウトフィッターズ

ローカル・フィーバー

キプリング

コンバース

アディダス

フェイマス・フットウエア・アウトレット

ビタミン・ワールド

ケイト・スペード・ニューヨーク・アウトレット

アシックス

リップ・カール

トリーバーチ

アルマーニ・エクスチェンジ・アウトレット
マーク・ジェイコブス

ミスターカウ/ディッピンドッツ

ECCO

コーチ・メンズ

コールハーン・アウトレット

コーチ

ソルスティス・サングラス・アウトレット

スワロフスキー

クラランス

ⓘ（ベビーバギー貸し出し）

カルバン・クライン

トロリーストップ

パフューマニア
ゼールズ・アウトレット

バンズ・アウトレット

スケッチャーズ

HNLAX

リッズ

フレグランス・アウトレット

トミー・ヒルフィガー

オシュコシュ・ビーガッシュ

トゥミ

クラークス

トミー・バハマ

ヴォルコム

クロックス

コスメティックス・カンパニー・ストア

ファクトリー・アウトレット

カーターズ

スニーカズ

ヴェラ・ブラッドリー・アウトレット

マイケル・コース

アウトレット・ストア

リーバイス・アウトレット・ストア

アルマーニ・アウトレット

ポロ・ラルフローレン

←⤵バイワ通り

Lumiaina St.

99号線⤵
カメハメハ・ハイウエイ

バリュー・センター⤵

凡例

- ▢ レディスウエア
- ▢ ジュエリー、アクセサリー＆ウオッチ
- ▢ シューズ、皮革製品
- ▢ ファミリーウエア
- ▢ スポーツショップ
- ▢ 専門店、ギフトショップ
- ▢ デパート＆スーパーマーケット
- ▢ レストラン＆スナックショップ
- ▢ ファイナンス、サービス、その他

- ⓘ インフォメーション
- 🚻 トイレ
- 🚏 バス停
- 🚕 タクシー
- 🔒 コインロッカー
- ⏱ 待ち合わせに便利な場所

待ち合わせなら案内所前がおすすめ

オアフ島西部のニューシンボル

カ・マカナ・アリイ
Ka Makana Alii

カポレイ 📍別冊 P.6-C2

　2016年10月にオープンしたカ・マカナ・アリイは、オアフ島西部の大型ショッピングセンター。ハワイで今急成長しているカポレイ地区の中心に位置する複合施設だ。ハイウエイからのアクセスもよく、無料の大型駐車場もありとても利用しやすい。多彩なショップやレストラン、アトラクションを集め、地元の人々だけでなく観光客も大いに楽しめるスポットとなっている。

　また、毎週水曜15:00～19:00と日曜11:00～15:00にはファーマーズ・マーケットが開催され、新鮮なフルーツや野菜、ローカルメイドのデリなどを求める客で毎回大にぎわいとなっている。

1 ハワイではここだけにしかない店舗も　2 広々とした憩いの場センターコート　3 センターの名前はハワイ語で「王の贈り物」を意味する

ハワイ第2の大型複合施設に

　アメリカの大手百貨店メイシーズをアンカーストアとして、125軒を超えるショップやレストラン、最先端の上映システムを完備した映画館が入居。そしてすでに営業を開始しているハワイ初のハンプトンイン＆スイーツ バイ ヒルトンに加えホテルはもう1軒登場予定。

　2018年に行われた第2段階の工事によって、本格的なローカルフードがワンストップで買えるスーパーマーケット、フードランド・ファームズが誕生。アラモ

アナセンターに次ぐ第2の巨大ショッピングセンターとなった。

ハワイではここだけにしかない店舗も

　テナントはメインランドの人気店や有名ブランドハワイ1号店、オンリーワンのショップが軒を連ねており、ファッショントレンドハンターの注目度は高い。ノエアウ・デザイナーズにはローカルアーティストがデザインしたジュエリーやグッズがところ狭しと並んでいて、メイド・イン・ハワイのおみやげ探しにぴったりだ。

4 日本未上陸のコスメ店、セフォラが入る　5 10店舗が並ぶフードコート　6 規模拡大してリニューアルしたキッキン・ケイジャン

大人も子供も一緒に楽しめる！

　最先端の設備を搭載した映画館は全席リクライニングの指定席でゆったりと映画が楽しめる。映画館の前には「ケイキ・ウオーター・プレイ」があり、子供たちが大はしゃぎ！ モール内を1周するミニ列車や親子で一緒に遊べるゲームセンターもある。

　センターコートで行われるコンサートやフラなどのハワイアンエンターテインメントは、買い物だけではない楽しみを提供してくれる。イベントスケジュールはFacebookやインスタグラムをチェックしよう。

注目レストランも続々登場

　買い物の合間に手軽に食事を楽しみたいなら10店舗が並ぶフードコートへ。おなじみのパンダ・エクスプレスやサブウェイをはじめ、冷凍肉を使用せず新鮮食材で作るハンバーガーが自慢のファイブ・ガイズ、本格的なシーフードが味わえるキッキン・ケイジャンなどが入る。レストランは世界で人気のイタリアン、オリーブ・ガーデンや、ボリューム満点のローカルフードが味わえるモアニ・アイランド・ビストロ、ワイキキで行列の絶えない有名店チーズケーキ・ファクトリー、胃に優しいお鍋が人気のアンティーズ・ホットポット・ハウスなどがあり、食事メインで訪れたくなるほど本格的な絶品グルメが堪能できる。

カ・マカナ・アリイ攻略のコツ

　センターコートから左右に分かれてショップが並んでおり、メイシーズ側か、もしくは映画館側の端からL字に歩いて行くと効率よくショッピングができる。

　平日の夜と週末は混雑して駐車スペースを探すのにひと苦労。訪れるなら平日の昼間を狙おう。

主な注目店紹介
・オリーブ・ガーデン
・ファイブ・ガイズ
・モアニ・アイランド・ビストロ&バー
・アンティーズ・ホットポット・ハウス

7 モール内を走るミニ列車には親子で乗車できる　8 映画館前にあるケイキ・ウオーター・プレイ

📞 808-628-4800　📍 91-5431 Kapolei Pkwy., Kapolei　🕐 10:00～21：00（日曜～18:00）　🅿 店舗により異なる　🚌 アラモアナセンターからカントリーエクスプレスC。カポレイ・トランジットセンターで416番バスに乗り換えるなど　🚗 ワイキキからH-1、出口3番を降り、クアラカイ・パークウエイを南下　🅿 無料　🌐 www.kamakanaalii.com

---

ウエストオアフの巨大ショッピングモール

カポレイ・コモンズ
Kapolei Commons 　カポレイ　📍別冊 R6 C1

　人気スーパーや大型専門店、ラグジュアリーな映画館を有する巨大施設。コオリナ・リゾートなどからもアクセスがよく、ウエストオアフに滞在するなら一度はお世話になる便利なショッピングモールだ。

大スクリーンで全自動リクライニングシートなども完備するハワイ屈指の映画館

ダウン・トゥ・アースやターゲットなど大型店もある

📞 808-203-2242　📍 4450 Kapolei Pkwy., Kapolei　🕐 店舗によって異なる　🅿 無休　🚌 アラモアナセンター山側停留所からカントリーエクスプレスC（モール内も車で移動するほど広いので、車で訪れるのをおすすめする）　🚗 ワイキキからH-1ウエストで約40分　🅿 無料　🌐 kapoleicommons.com/jpn

ハワイを代表するショッピングモール、アラモアナセンターには、全米屈指の有名デパートが数軒入っている。特に、これから紹介する3つのデパートは、ハイセンスで都会的、ブランドショッピングが楽しいセレブ御用達デパート。優雅な気分で訪れたい。

厳選された世界の一流ブランドが大集合！

ニーマン・マーカス
Neiman Marcus

アラモアナ ♀P.295

1907年に創業、全米各地に40店舗以上を展開する高級デパート。ファッションからコスメまで話題のブランドはもちろん、ハワイ初上陸の注目ブランドもいち早く入荷し、洗練を極めたスペシャリティ・ストアとして絶大な人気を誇る。

11階のバッグコーナー。ヴァレンティノ、クロエ、MCMなど人気ブランドがオープンフロアに集合 2 有名コスメブランドが集まる1階コスメエリア。フロア中央には最新コレクションをコーディネートしたマネキンが飾られている 3 2階にはレディースアパレル、デザイナー・スポーツウエア、ドレスコレクション、ランジェリーが揃う

☎ 808-951-8887 🏠 アラモアナセンター中央海側2～4F（ニーマン・マーカスのフロア表示は1～3F） ⏰ 11:00～18:00（金・土曜～19:00、日曜12:00～） 🅿 アラモアナセンターに準ずる
💳 AJMV 🌐 jp.neimanmarcushawaii.com

ニューヨーカー御用達の高級デパート

ブルーミングデールズ
Bloomingdale's

アラモアナ ♀P.294

ニューヨークに本店を構え、ブルーミーの愛称で親しまれる全米屈指の高級デパート。本店さながらのブラック＆ホワイトで統一された高級感あふれる店内には、レディス、メンズ、キッズ、ホームグッズが揃い、ワンランク上のショッピングが楽しめる。

1 バラエティ豊かなコスメブランドがずらりとひしめく 2 ハワイ最大の1階サングラス売場には2800点を超えるサングラスがディスプレイ 3 エヴァウィング海側の2階と3階にメインエントランスがある

☎ 808-664-7511 🏠 アラモアナセンター、エヴァウィング2～4F ⏰ 11:00～20:00（日曜～18:00） 🔒 感謝祭、12/25、イースター 💳 ADMV 🌐 www.bloomingdales.com

アメリカ最大級のデパートグループ

メイシーズ
Macy's

アラモアナ ♀P.293・295

オアフ島随一の商業施設である、アラモアナセンターの1～3階に入り、アパレルからコスメ、キッズウエアなどなんでも揃う。セールも頻繁に行われ、コスメなどは30～50%オフで購入できることも多い。

1 ビジネスで使える男性用のシューズ 2 子供が喜びそうなおもちゃなどが並ぶキッズコーナー 3 特にコスメコーナーは品揃えが豊富

☎ 808-941-2345 🏠 アラモアナセンターダイヤモンドヘッドウィング1～3F ⏰ 9:00～21:00（金曜～22:00、日曜～20:00） 🔒 アラモアナセンターに準ずる 💳 ADJMV 🌐 www.macys.com

#4 Hawaiian Dress

いわゆるワンピース風でカジュアルに着こなせるタイプ。レストランでドレスアップする際にもぴったり。上から何か羽織ってもOK。

ハワイでの結婚式などで、参列するのにもおすすめの袖があるタイプ。挙式などではあまり派手過ぎないナチュラルなデザインが好ましい。

ハワイの正装ドレス、ムームー

モダンフラの衣装としておなじみのムームー。その起源は定かではないが、一説によると1820年頃、アメリカからやってきたキリスト教宣教師の妻たちが、ハワイの暑い気候にマッチする体を締めつけないワンピースを考えたのが始まりだとか。正統派のムームーには、後ろの裾がトレーンのように長くなっているスタイルの"ホロク"と、裾を引かない"ホロムウ"というスタイルがある。

アロハシャツのようにビンテージが話題にならない代わりに、ムームーは古い柄や形にとらわれない。独自のスタイルを確立して話題になるデザイナーが多く、メーカーによってスタイルを持っているのが特徴だ。ハワイで結婚式を挙げる場合、ウエディングドレスは日本で着るようなドレスではなく、ムームーを着る人もいる。ハワイの祭典では凝ったデ

ザインのムームーで着飾る人が少なくなく、ムームーとは本来とてもドレッシーなウエアなのだ。

ムームーからリゾートドレスへ

以前はアロハと同じように、観光客でも滞在中にムームーを着ている女性が多かったが、最近はハワイアン柄であっても現代的ないわゆるドレスを着ることがほとんどで、ムームーを着る機会は少しずつ減っているようだ。せっかくのハワイ旅行、一度はムームーを着て正装してみるのはいかがだろう。

SHOP LIST
・トリ・リチャード（P.345）

317

🛒 セレクトショップ

オーナーのセンスが光るアイテムが揃うセレクトショップ。国内外から集められたものはどれも個性的かつおしゃれなものばかり。一点物や入荷に時間がかかる商品もあるので、気になったら迷わずゲットしておきたい。

シンプル&ナチュラルなファッションを展開

アット・ドーン・オアフ at Dawn. Oahu

世界中から集めた生活雑貨やファッションアイテムが抜群にオシャレ。オーナーデザイナーのエリコさんがクリエイトするオリジナルブランドもハワイ内外にファンが多い。

ガラス張りのモダンなコンドミニアムの1階にある

1 ベアトリス・ヴァレンズエラのクラシック・サンダリア$290　2 コンドミニアム「アナハ」内に入る

ワード 📍 P.308
📞 808-946-7837　🏠 1108 Auahi St.（アナハ内）
🕐 11:00～18:00（金・土曜～19:00、日曜～16:00）
🔒 月曜　💳 ADJMV
🌐 theatdawn.com

アートな雑貨や家具がずらり

フィッシュケーキ
Fishcake

個性的な家具や雑貨、アクセサリーを集めたショップ。店内奥には陶芸教室などのワークショップのスペースがあり、定期的に展示会も開催される。

ハワイのモダンアートの発信地だ

1 カカアコの人気ショップのひとつ 2 バラマキみやげにちょうどいいポストカード各$18

カカアコ 📍 別冊P.27-B4
📞 808-800-6151　🏠 307-C Kamani St.
🕐 10:00～17:00（日曜11:00～16:00）
🔒 月曜　💳 ADJMV　🌐 www.fishcake.us/

ファッショニスタ必見のセレクトショップ

ウィ・アー・アイコニック we are iconic

シンプルで遊び心ある上質なファッションを発信する。オーナーがNYやパリで買い付けるのはMM6メゾンマルジェラなど最旬ブランドばかり。季節によって商品は変わるので、気に入ったら即買いがマスト。

天井が高く、ロフトのように広々としている

1 ポップなデザインのアイテムも人気 2 ブラウスやショートパンツなどはカジュアルに着こなせる

ワード 📍 P.308
📞 808-462-4575　🏠 1108 Auahi St.（アナハ内）
🕐 11:00～19:00（日曜～17:00）
🔒 感謝祭、12/25、1/1　💳 ADJMV　🌐 shopweareiconic.com

🛒 セレクトショップ

日本で話題のLAブランドが豊富

ターコイズ
Turquoise

　LAに拠点をおく人気の
セレクトショップ。ハワイ
店では日本の四季に合わ
せ、トレンドを意識したニ
ットや長袖もある。充実の
小物類も要チェック。

1 ワイキキの中心
にあり立地は抜群
2 アイランド・ス
リッパーとコラボ
レーションしたサ
ンダルもかなりの
人気

日本人のスタッフもいるので、気軽に相談できる

ワイキキ ♥ 別冊P.21-B3
📞 808-922-5893　🏠 333 Seaside Ave. #110
🕐 10:00～18:30（変更の可能性あり）
🔓 無休　💳 ADJMV　🌐 www.turquoise-shop.com

シンプル＆ナチュラルな高感度ショップ

ヒア
Here.

　ナチュラル素材を使
ったミニマルなアイテム
が多く、オリジナルブラ
ンドもプロデュースする
セレクトショップ。バラ
エティ豊富なアイテム
に目移りしそう。

1 カカアコの商業
施設「ソルト」内
に入る
2 ディフューザー
をはじめとした香
りのある商品も揃
う

シティ使いできる大人なアパレルがラインアップする

カカアコ ♥ 別冊P.27-C4　📞 808-369-2991
🏠 ソルト1F　🕐 10:00～17:30（日曜～16:00）　🔓 おもな祝日
💳 ADJMV　🌐 www.here-shop-here.com

感度抜群なストリートウエアが自慢

ハーバーズ・ヴィンテージ・ワイキキ
Harbors Vintage Waikiki

　リステノブルを意識したビンテージ物やハワイ
アンブランドを取り扱うショップ。オリジナル以外
にも、洗練されたスト
リート系ファッション
を集めたセレクトアイ
テムも販売する。

ビンテージのスニーカーなども人気

1 ワイキキのどこからでも
アクセス便利　2 レアなシ
ューズやキャップが揃う

ワイキキ ♥ P.299
🏠 ロイヤル・ハワイアン・センターC館1F　🕐 10:00～21:00（金・土曜は
～22:00）　🔓 無休　💳 AJMV　🌐 harbors-vintage-waikiki.myshopify.com

カジュアルからエレガントまで揃う
フリー・ピープル
Free People

日本の女子にも人気の高いフリー・ピープルの直営店。エレガントなドレスやワンピース、ビーチやタウンでも活用できるトップスやボトムスが揃う。

1 高級感のあるエントランス　2 広々とした店内には大人かわいいアイテムが並ぶ

スポーツウエアなども多数取り揃える

ワイキキ ♀P.301　📞808-800-3610
🏠インターナショナル マーケットプレイス2F　🕙10:00～21:00（日曜11:00～）　🚫無休　💳ADJMV　🌐www.freepeople.com

---

ウエアからアクセサリーまで揃うワンストップショップ
ラニ・ビーチ・バイ・ミレイユ
Lani Beach by Mireille

ビーチスタイルのアイテムを集めたセレクトショップ。ショップオリジナルのマキシドレスやチュニックをはじめ、ローカルデザイナーによるアクセサリーや雑貨がずらりと並ぶ。

カラフルなリゾートウエアがずらり。キッズやメンズのウエアも扱っている

ワイキキ ♀P.301
📞808-664-0222　🏠インターナショナル マーケットプレイス2階　🕙11:00～21:00　🚫無休　💳AJMV

女の子のドリームクローゼットがコンセプト
イン・マイ・クローゼット
In My Closet

女の子が夢見るクローゼットをテーマにしたブティック。ハワイでは、ここでしか入手することができないという商品構成を目指していて、LAやNYから新商品を仕入れている。

お気に入りが見つからなくても、次回訪れるときには新商品が入荷しているはず

カハラ ♀P.131
📞808-734-5999　🏠カハラモール1F
🕙10:00～19:00（日曜～18:00）　🚫感謝祭、12/25
💳ADJMV　🌐www.inmyclosethawaii.com

かわいいモノ好きオーナーがえりすぐり
ラ・ミューズ
La Muse

かわいくて夢のある小物やウエアがあふれるユニークなブティック。ヨーロッパのぬくもりが漂う玩具やぬいぐるみなど、上質なギフトがいっぱい。

1 サウスショア・マーケット内に店を構える　2 子供におすすめの雑貨は要チェック

ヨーロッパの街角に迷い込んだかのようなインテリア

ワード ♀P.308　📞808-589-0818
🏠イースト・ヴィレッジ・ショップス＋サウスショア・マーケット内
🕙11:00～17:00　🚫11/24、12/25　💳AJMV
🌐citadinedesigns.com

ハレイワ発、おしゃれなロコガールのブティック

グアバ・ショップ
Guava Shop

オリジナルブランドをはじめ、ナチュラル志向の小物雑貨など、肩の力を抜いたビーチ・ライフスタイル・ファッションが手に入る。ディスプレイもかわいい。

1 ハワイらしいカラフルな雑貨類はマストで手に入れたい　2 店内のレイアウトや並んでいるアイテムを眺めているだけで心躍る

オレンジ色のキュートな外観が目印

ハレイワ　♀ P.175　☎ 808-637-9670
🏠 ハレイワ・ストア・ロット内　🕐 10:00~18:30（日曜~17:30）
🚫 感謝祭、12/25　💳 AMV　🌐 guavahawaii.com

ビーチ・ライフスタイルならおまかせ

ビキニバード　Bikinibird

ビキニやワンピースの水着に加え、Tシャツ、ショーツ、ビーチバッグやハットなど、ハワイらしいビーチ・ライフスタイルを提案するブティック。ニューヨークやLAのカジュアルブランドやアクセサリーも要チェック。

カイルアらしいナチュラルでキュートなインテリア

カイルア　♀ P.150
☎ 808-263-8389　🏠 131 Hekili St., Kailua
🕐 10:00~18:00（日曜~17:00）　🚫 無休　💳 ADJMV
🚗 付近のパーキングを利用　🌐 bikinibird.com

マウイ島パイア発のカジュアルなセレクトショップ

マヒナ
Mahina

着心地がよくスタイリッシュでキュートなドレス、バッグなどをリーズナブルな価格で提供しているセレクトショップ。LAなどから入荷する最新トレンドアイテムにも注目。

バッグなどの小物類も充実

ワイキキ　♀ P.303　☎ 808-924-5500
🏠 ワイキキ・ビーチ・ウォーク1F
🕐 10:00~20:00　🚫 無休　💳 AMV　🌐 shopmahina.com

人気のガーリーウエアをカイルアでゲット！

ミューズ・カイルア
MUSE Kailua

ワイキキで人気の「ミューズ・バイ・リモ」の姉妹店。ドリーミーな女の子の部屋のような店内に、ドレス、インテリア雑貨やガーリーなアイテムが並ぶ。

カイルアの日差しに映える店の外観に、期待感もアップする

カイルア　♀ P.150
☎ 808-261-0202　🏠 330 Uluniu St., Kailua
🕐 10:00~16:00（土曜~15:00）
🚫 感謝祭、12/25、1/1　💳 ADJMV
🚗 付近のコインパーキングを利用

ドレスアップもダウンも自由自在のブティック

オリーブ・ブティック
Olive Boutique

身に着けるアクセサリーやバッグ、シューズによって、ドレスアップもダウンもできるスタイルを提案。地元ブランドやLAブランドを中心に揃える。

アクセサリーやインテリア小物も、ほかでは見つからないようなおしゃれなセレクション

カイルア　♀ P.150
☎ 808-263-9919　🏠 43 Kihapai St., Kailua
🕐 10:00~17:00　🚫 感謝祭、12/25、1/1
💳 ADJMV　🚗 店の駐車場を利用（2台あり）
🌐 www.oliveandoliverhawaii.com

ハワイ出身のローカルデザイナーや、ハワイ発のブランドも要チェック。ハワイのカルチャーや風土からインスピレーションを受けたアイテムの数々は、思わず手にとってしまうほどかわいいものばかり。

カジュアルに着こなせるウエアが揃う

ホノルア・サーフ・カンパニー
Honolua Surf Co.

マウイ島発のブランド。メンズ＆レディスともにビーチタウンにぴったりなアイテムが並ぶ。現地使いはもちろん、帰国後に使用できるウエアも多いのがうれしい。

Tシャツなど気軽に購入できるアイテムが多い

1 お気に入りの1着を探そう 2 カジュアルに着こなせるサマードレスは$60〜

ワイキキ 📍P.301
📞 808-913-5863 🏠 インターナショナル マーケットプレイス2F 🕐 10:00〜21:00
🔒 無休 💳 ADJMV 🌐 www.honoluasurf.com

ハワイの自然をオリジナルプリントに

ジャナ・ラム・スタジオ・ストア
Jana Lam Studio Store

カラフルな店内には、ハワイらしいモチーフをカラフルな色で染めたバッグやポーチが充実。見ているだけで幸せな気分になる品ばかり。

オーナーの世界観が詰まった店内

1 笑顔が素敵なオーナー兼デザイナーのジャナさん 2 ミニサッチェルバッグ$148 3 豊富な柄のプチジッパークラッチ$4

ワード 📍P.308
📞 808-888-5044 🏠 イースト・ヴィレッジ・ショップス＋サウスショア・マーケット内 🕐 11:00〜18:00 🔒 無休
💳 ADJMV 🌐 janalam.com

ノース・ショアで1965年創業の老舗サーフショップ

サーフ・アンド・シー
Surf N Sea

ハレイワのシンボルともいえる「サーファークロッシング」のロゴで有名なショップ。各種サーフウエアに加え、サーフボードも種類が豊富。

レインボーブリッジのすぐそばにあり、ハレイワのシンボル的存在

1「サーファークロッシング」のこの看板が目印 2 ショップを象徴するデザインのロゴTシャツ$19.99

ハレイワ 📍P.175
📞 808-637-9887 🏠 62-595 Kamehameha Hwy., Haleiwa
🕐 9:00〜19:00 🔒 12/25 💳 AJMV
🚗 店の両脇に駐車スペースあり 🌐 www.surfnsea.com

涼しげなカラーのファミリーウエア
ブルー・ジンジャー
Blue Ginger

マウイ島生まれのブランド。ハワイの花や魚のモチーフが多く、その涼しげな色合いはハワイの休日にピッタリ。ワンピースがメインだが、同じパターンのアロハシャツや子供服もある。

ハワイらしいドレスなども充実の品揃え

ワイキキ ♥ P.303
📞 808-924-7900 🏠 ワイキキ・ビーチ・ウォーク1F
🕐 9:00~21:30 🔒 無休 💳 AMV 🌐 www.blueginger.com

ローカルデザイナーが手がけるオリジナルブランド
ロベルタ・オークス
Roberta Oaks

気さくでチャーミングなロベルタ氏が手がけるAラインドレスは、ハイウエストでスタイルがとてもよく見える。アクセサリーやバッグも個性的なものが多く揃う。

1960年代から強いインスピレーションを得ているロベルタ氏が手がけるウエアが並ぶ

ダウンタウン ♥ 別冊P.26-B2
📞 808-526-1111 🏠 1152 Nuuanu Ave. 🕐 11:00~18:00
🔒 日曜、感謝祭、12/25、1/1 💳 AMV
🌐 www.robertaoaks.com

天使が舞い降りてきそうなかわいいブティック
エンジェルズ・バイ・ザ・シー・ハワイ
Angels by the Sea Hawaii

オーナーのニーナ氏が作るのはビーチにぴったりのドレスやジュエリー、バッグなど。また、店内にはエンジェルウイングがあり、誰でも自由に記念撮影OK。

淡い色づかいがキュートなアイテムが多い

1 涼しげなシーグラスのピアスなど、アクセサリーも充実 2 フォトスポットのエンジェルウイング

ワイキキ ♥ 別冊P.21-B3 📞 808-921-2747
🏠 シェラトン・プリンセス・カイウラニ1F
🕐 9:00~21:00 🔒 無休 💳 AJMV 🌐 angelsbytheseahawaii.jp

復活したクリバンキャットが好評！
クレージー・シャツ
Crazy Shirts

最高級ピマコットンを使用する、ハワイ生まれのTシャツブランド。火山灰や紙幣、チョコレートなどで染めたユニークなTシャツが人気だ。

メンズ、レディス、キッズと豊富な品揃え

1 ハワイみやげとしてもおすすめだ 2 Tシャツのデザインは常に変わるので気に入ったら即買いがマスト

ワイキキ ♥ P.303 📞 808-971-6016
🏠 ワイキキ・ビーチ・ウォーク1F 🕐 9:00~22:00
🔒 無休 💳 ADJMV 🌐 www.crazyshirts.com

日本未上陸

せっかくハワイで買い物するなら、日本で手に入らないアイテムが揃うお店に行ってみるのはいかが？ 雑貨系やファッション系など、ジャンルもいろいろ。ワンランク上のおみやげにもおすすめだ。

ひと味違うおみやげ探しならここ！
アンソロポロジー
Anthropologie

日本で普段使いできるファッションアイテムはもちろん、しゃれた小物など雑貨がずらり。ロゴ入りマグが密かに人気なのだとか。

1 アラモアナセンターの3階に店を構える　2 ファッションセクションや家具など雑貨がセクションごとにわかりやすく陳列されている

広々とした店内は実際に雑貨などを自宅で使うイメージが湧きやすい

アラモアナ P.295
☎ 808-946-6302　🏠 アラモアナセンター3Fマウカウィング
🕐 10:00～20:00
🚪 施設に準ずる　💳 AMV　🌐 www.anthropologie.com

日本未上陸のライフスタイル・ショップ
アーバン・アウトフィッターズ
Urban Outfitters

洗練されたライフスタイルを提案する。1階はレディスウエア、水着や雑貨など、2階にはメンズ・レディスウエア、コスメなどが並ぶ。

1 カラカウア通り沿いに立つエントランス　2 階内は1～2階の構成で商品がずらりと並ぶ

コンクリートと木のコンビネーションが都会的な店内

ワイキキ P.304
☎ 808-922-7970　🏠 プアレイラニ アトリウム ショップス1・2F
🕐 10:00～20:00（金・土曜～21:00）　🚪 無休　💳 AJMV
🌐 www.urbanoutfitters.com

ディテールや素材を大切にするカジュアルブランド
J. クルー
J.Crew

カジュアルウエアながら良質な素材を使い、細かいディテールにこだわるデザインが人気。全体的にコスパも高い。

1 オバマ元大統領の夫人もお気に入りだというブランド。価格がリーズナブルなのがうれしい　2 メンズコーナーも充実

キッズコーナーのウエアは超キュート

アラモアナ P.295
☎ 808-949-5252　🏠 アラモアナセンター3F海側ニーマン・マーカス近く　🕐 10:00～20:00
🚪 感謝祭、12/25　💳 AJMV　🌐 www.jcrew.com

🛒 オフプライスショップ

ブランド物などの正規品を通常より低価格で購入することができる、買い物ラバーにはたまらないオフプライスショップ。サイズさえ合えば、超お得な掘り出し物が見つかるかも。

デザイナーズブランドが驚愕の品揃え

ノードストローム・ラック
Nordstrom Rack

全米5大デパートのひとつであるノードストロームのオフプライスストア。なかでも、ブランドシューズの品揃えは全米随一。

有名ブランドのお値打ち品がいっぱい

1 膨大な数のシューズフロア。最大70%オフのものも 2 1階はメンズ。アロハシャツなども多い

ワード ♥ P.308
📞 808-589-2060　🏠 イースト・ビレッジ・ショップス＋サウス・ショア・マーケット　🕐 10:00～21:00（日曜～19:00）
🔒 感謝祭、12/25、イースター　💳 ADMV
🌐 www.nordstromrack.com

最大70%オフの大型ディスカウント・デパート

サックス・オフ・フィフス Saks Off 5th

アパレルが中心だが、バッグ、サングラス、シューズなども豊富な品揃え。一流ブランドが大幅ディスカウント価格で手に入る。

トラベルバッグなども最大70%のディスカウント

1 ハンドバッグも充実の品揃え 2 ブラジルのサンダルブランドハワイアナスも

アラモアナ ♥ P.293
📞 808-450-3785　🏠 アラモアナセンター1F
🕐 10:00～20:00（日曜～19:00）
🔒 感謝祭、12/25
💳 AJMV　🌐 www.saksoff5th.com

ホームグッズやデザイナー物が充実！

T.J.マックス T.J.Maxx

ハイエンドのデザイナーウエアやバッグ、インテリア用品など、厳選されたおしゃれなアイテムがデパート価格の最大60%オフで手に入る。ワンフロアなので移動しやすく、商品も探しやすい。

売り場は3階にある

1 ケトルや大きめのプレートなど、普段使いできるアイテムが人気 2 幅広いデザインのワンピースも人気

ワード ♥ P.308
📞 808-593-1820　🏠 イースト・ビレッジ・ショップス＋サウス・ショア・マーケット
🕐 9:30～21:30（日曜10:00～20:00）
🔒 感謝祭、12/25、イースター　💳 ADJMV　🌐 www.tjx.com

🔊 VOICE　人気ブランドの商品が低価格で手に入るオフプライスショップ巡りは、ハワイ旅行で必ずしたいことリストに入れています！（埼玉県 和栗 2019 年）［2022］

325

🛒 カジュアルウエア

蒸して猛暑の、あるいは静電気に脅える極寒の日本を脱出して楽園ハワイに来たのなら、快適な気候にピッタリのファッションに着替えたい。日本からの荷物は軽くして、普段着なら現地調達が正解。

スヌーピー好きならここ。日焼けスヌーピーグッズの店
モニ・ホノルル Moni Honolulu

シェラトン・ワイキキの1階にあり、店内にはこんがりと日焼けをしたスヌーピーのグッズが並ぶ。Tシャツは大人用だけでなく、子供用も揃う。またマグカップ、トートバッグなども人気。

日焼けスヌーピーが目印。Tシャツ、マグカップと種類もいろいろ

1 おみやげに絶大なる人気を誇るのはTシャツやトートバッグ 2 ホテルの1階にあるのでわかりやすい

ワイキキ 📍 別冊P.21-C3
📞 808-926-2525 🏠 シェラトン・ワイキキ1F
🕐 10:00～21:00 無休 ADJMV

ハワイ限定デザインが大人気！
スヌーピーズ・サーフショップ
Snoopy's Surf Shop

ピーナッツのオフィシャルストア。サーフボードを持ちJoe SurferのTシャツを着たスヌーピーがモチーフになったTシャツやバッグ、小物などがメンズからキッズまで種類豊富に揃う。

ピーナッツの世界観が広がる店内

2

© 2023 Peanuts Worldwide LLC

1 カパフル通りに面した丸くカーブした外観が目印 2 店限定デザインのTシャツユニセックス $35、レディス $33

カパフル 📍 P.130-B
📞 808-734-3011 🏠 3302 Campbell Ave.
🕐 10:00～16:00
感謝祭、12/25 ADJMV 🌐 snoopysurf.com

オリジナルTシャツが大人気
エイティエイティーズ
88tees

オリジナルキャラクターのヤヤちゃんで一躍有名になったTシャツショップ。ほぼ全商品がオリジナルデザインだが、コラボ商品も見つかる。

2

3

ところ狭しとTシャツが山積みになった店内にワクワクする

1 ヤヤちゃんの看板が目印 2 フォルクスワーゲンと商標提携して誕生したTシャツ $29.99 3 タオル地のオリジナルポーチ $16 はおみやげに最適

ワイキキ 📍 別冊P.20-B2
📞 808-922-8832 🏠 2168 Kalakaua Ave., 2F
🕐 12:00～18:00 無休 ADMV

🛒 カジュアルウエア

サーフショップのシェイブアイスは元大統領の御用達

アイランド・スノー Island Snow

オリジナルデザインのTシャツなどが人気のサーフショップ。また、休暇中のオバマ元大統領がシェイブアイスを求めて立ち寄る店として有名。"Snobama" $5.25〜という裏メニューの大統領スペシャルにトライして！

シェイブアイスメーカーは全部で4台

1 まさかシェイブアイスを売っているとは思えない外観 2 シロップの材料はすべてハワイ産

カイルア 📍 P.150
📞 808-263-6339　🏠 130 Kailua Rd., Kailua
🕐 10:00〜18:00（夏季およびホリデーシーズンは〜19:00）
🚫 無休　💳 ADJMV
🚗 店の前にある駐車場を利用　🌐 www.islandsnow.com

有名シェイバーのお宝ボードがずらり

インター・アイランド・サーフ

Inter Island Surf

ロコサーファー御用達のお店。ショートとロング、サーフボードの両方のタイプをバランスよく展開、気軽に楽しめるボディボードがずらり。レディスウエアも揃っている。

海辺のコテージのようなおしゃれな店内

1 カパフル通り沿いにあるポップなお店 2 サーフテイストながら、シティ使いもできるアイテムが人気

カパフル 📍 P.130-C
📞 808-732-8882　🏠 451 Kapahulu Ave.
🕐 11:00〜17:00（変動あり）　🚫 月・火曜、12/25、1/1　💳 AMV
🌐 www.inter-island.com

サーフィン好きのロコでにぎわう専門店

ノース・ショア・サーフ・ショップ

North Shore Surf Shop

サーフウエア、サーフボード、キャップやフィンなど、サーフィンに関するアイテムなら何でも揃う店。サーフレッスンやボードレンタルもできる。

オリジナルメンズTシャツは$28、ボードショーツは$55〜

1 レトロなハレイワの町によく映えるお店 2 南国感あふれるビーチテイストの店内

ハレイワ 📍 P.175
📞 808-637-5002　🏠 66-150 Kamehameha Hwy., Haleiwa
🕐 8:30〜19:00　🚫 無休　💳 AJMV
🌐 northshoresurfshop.com

ギャップの激安シスターブランド

オールド・ネイビー
Old Navy

人気のカジュアルブランド、ギャップの姉妹店。体育館のように広い店内にメンズ、レディス、キッズウエアが格安価格で並ぶ。しかも常にセールを行っているのもうれしい。

1 アラモアナセンターの海側駐車場に面した1階に位置する巨大な店舗
2 キッズコーナーの洋服はかなりの品揃え

コスパが高く、まとめ買いにも最適だ

アラモアナ ♀ P.292
📞 808-951-9938　🏠 アラモアナセンター1F海側
🕐 10:00～21:00（日曜～20:00）　🔒 感謝祭、12/25
💳 ADJMV　🌐 www.oldnavy.com

ハワイ限定アイテムは必ずチェック！

パタゴニア
Patagonia

日本でも人気のアウトドアウエア専門店で、ハワイ店限定のブランドアイテム「パタロハ」が人気。上質な素材を使用し、着心地もいい。ハレイワにも店舗がある。

2

1 移転し体育館並みの大きさになった
2 ランチバッグとしても使えるミニサイズのトート $22

広い店内は、メンズ、レディス、キッズと分かれていて買い物しやすい

ワード ♀ 別冊P.28-B1
📞 808-593-7502　🏠 535 Ward Ave.
🕐 10:00～19:00（日曜～18:00）
🔒 感謝祭、12/25、1/1　💳 ADJMV
🌐 www.patagonia.com

ダウンアンダー発サーフブランド

リップ・カール
Rip Curl

オーストラリア（ダウンアンダー）発、1969年創業の有名ブランド。店内には海への行き帰りにぴったりなTシャツやワンピース、ビキニなどが勢揃い。

1 独自の新素材を使った軽量速乾の水着にも注目
2 セールが行われることも多いのでぜひチェックを

さらりと着こなせるカジュアルなウエアが人気

アラモアナ ♀ P.294
📞 808-943-2490　🏠 アラモアナセンター3F海側
🕐 10:00～20:00
🔒 感謝祭、12/25
💳 ADJMV　🌐 www.ripcurl.com

🔊 VOICE　パタゴニアで買い物しました。思わず読書ができてしまうほどお店が広かったことに驚きました。アウトドア好きな人へのおみやげにぴったりな商品ばかりでした。（東京都　hamigaki_dokusyo 2022 年）［2023］

🛒 カジュアルウエア

ハワイの現地服はおまかせ！

アメリカン・イーグル・アウトフィッターズ
American Eagle Outfitters

日本でも人気のアメカジファッションのブティック。"クオリティのよいものを手頃な価格で"がコンセプトだけあって、Tシャツ$19.95〜とコスパが高い。

1 若者に人気が高いカジュアルウエアが揃っている 2 着まわしやすい手軽なアパレルはロコにもファンが多い

ティーンから30代向けのメンズ&レディスウエアがところ狭しと並ぶ

アラモアナ 📍P.295
📞 808-947-2008 🏠 アラモアナセンター3F海側
🕐 10:00〜20:00
🔒 感謝祭、12/25 💳 AJMV 🌐 www.ae.com

ハッピーな気分になれるキュートなショップ

ハッピー・ハレイワ
Happy Haleiwa

「ハッピーちゃん」というロコガールのキャラがロゴになっているショップ。かわいいロゴ入りのTシャツを中心に、サンダル、バッグ、雑貨などが揃う。

ロゴ・アイテムを含め、ここでしか買えないアイテムがたくさん

ハレイワ 📍P.175
📞 808-637-9713 🏠 ハレイワ・タウン・センター内
🕐 11:00〜17:00 🔒 感謝祭、12/25 💳 AJMV
🌐 www.happyhaleiwa.net

ロコティーン御用達のファストブランド

ジーンズ・ウエアハウス
Jeans Warehouse

10〜20代を対象にしたトレンドアイテムが安価に揃っていて、$10以下のセール商品も多い。週5日新作が入荷する回転の早さも人気の秘密だ。

トレンドの先端をいくアイテムが壁一面に。店内奥にはセールコーナーもある

アラモアナ 📍P.292
📞 808-550-9628 🏠 アラモアナセンター1F山側
🕐 10:00〜21:00（日曜〜20:00） 🔒 感謝祭、12/25
💳 ADJMV（身分証明が必要）
🌐 www.jeanswarehousehawaii.com

根強いファンが多いハーレーショップ

ハーレーダビッドソン・ホノルル
Harley-Davidson Honolulu

アメリカを代表するバイク、ハーレーダビッドソンを愛する人たちが集う店。レザージャケット、Tシャツ、キャップなど、ハーレーグッズが勢揃いしている。

ロゴTシャツ$42〜46、レディスTシャツ$36〜、ベルト$45〜57

ワイキキ 📍P.299
📞 808-744-0413 🏠 ロイヤル・ハワイアン・センターA館2F
🕐 10:00〜21:00 🔒 無休 💳 ADJMV
🌐 pacificharleydavidson.com

デザイナー夫妻のセンスが光るブティック

ナンバー808
Number 808

オリジナルブランドであるナンバー808などをはじめ、夫妻がえりすぐった世界中のアイテムが並ぶ。センスのよいアクセサリーや小物、雑貨類もお見逃しなく。

ハレイワに行ったらぜひとも立ち寄りたいブティック

ハレイワ 📍P.175
📞 808-312-1579 🏠 ハレイワ・タウン・センター内
🕐 11:00〜17:00 🔒 おもな祝日
💳 AJMV 🌐 number808.com

🔍CHECK — アメリカン・イーグル・アウトフィッターズは、2019年に日本から全店舗撤退しているのでハワイでチェックしてみて。

ロコに愛され続けるサーフ・ブランド

T&C サーフ・デザインズ

T&C Surf Designs

ハワイを代表するサーフ・ブランドのひとつ。オリジナルのボードやウエアはもちろん、人気のサーフ・ブランドも広く扱っている。水着に困ったら駆け込もう。

1 キャップをはじめ雑貨類も要チェックだ 2 デザイン性はもちろん、専門店らしい上質な素材で長持ちするのがうれしい

ブランド名の「T（タウン）」は南海岸を、「C（カントリー）」はノース・ショアを表している

アラモアナ 📍P.294
📞 808-973-5199　🏠 アラモアナセンター3F海側
🕐 10:00〜20:00　🚪 施設に準ずる
💳 AMV　🌐 www.tcsurf.com

ハワイ生まれのTシャツ&雑貨に注目

ウィミニ・ハワイ

Wimini Hawaii

ハワイでハンドプリントしたバラエティ豊かなTシャツやトートバッグ、雑貨が揃う。ほのぼのとした雰囲気のイラストがキュート。

2

1 トートバッグ各種$26〜。大きめサイズで使いやすい 2 オーガニックコットンを使用したオリジナルTシャツ$44

オリジナルキャラクターのMr.メローが描かれた店内

ホノルル 別冊 P.16-A1
📞 808-260-1213　🏠 2015 S.King St.
🕐 11:00〜18:00　🚪 日曜
💳 ADJMV
🌐 wiminihawaii.com/

ハワイ生まれの人気サーフショップ

ハワイアン・アイランド・クリエーションズ

Hawaiian Island Creations

サーフボードはもちろん、マリン・アパレル、アクセサリーなどがオールマイティに揃う便利さで、1971年の創業以来ロコに愛されている。

サーフボードが天井にずらりと並ぶ店内。かなり広々としている

アラモアナ 📍P.292
📞 808-973-6780　🏠 アラモアナセンター1F山側
🕐 10:00〜20:00
🚪 感謝祭、12/25　💳 AMV　🌐 www.hicsurf.com　🈂

シャツメーカーからスタートした人気ブランド

テッドベーカー・ロンドン

Ted Baker London

イギリスのロンドンでシャツ専門店をオープンして以来、デザインはもちろん、しっかりとした縫製で世界中にファンをもつブランド。

遊び心のあるトラッドファッションが楽しめる

アラモアナ 📍P.294
📞 808-951-8535　🏠 アラモアナセンター2F山側
🕐 10:00〜20:00
🚪 感謝祭、12/25
💳 ADJMV　🌐 www.tedbaker.com

🛒 スイムウエア

白砂のビーチで映えるのは、やっぱり色とりどりのスイムウエア。もちろん、ハワイでは1年を通して旬の水着がインストアしているので先端のデザイン探しは、専門店へGO！　ビーチの主役になれるスイムウエアやサンダルはこちら！

女性がより美しく見えるスイムウエア

プアラニ
Pualani Hawaii Beachwear

海を愛するアクティブ女子のためのスイムウエアで、四方向に伸びる生地と肌触りのよいライニングを使用し、体にぴったりフィット。アクセサリーや各種ビーチ小物も販売する。

2

こだわりの商品セレクションが魅力

❶

1 モンサラット通りに面したブルーの建物が目印　2 モンステラ・デザインが人気のビキニ。トップ$94、ボトム$86

`モンサラット` 📍別冊P.23-A4
📞 808-200-5282　🏠 3118 Monsarrat Ave.
🕐 9:00～16:00（土・日曜～15:00）　🔒 月曜、12/25、1/1
💳 ADJMV　🌐 pualanibeachwear.com

ビーチに出る前に訪れたい水着専門店

サンシャイン・スイムウエア
Sunshine Swimwear

ちびっ子用の水着はもちろん、ビキニやオムツ付き、紫外線遮断水着など、デザイン性だけでなく実用性に優れたアイテムが多数揃う。

水着、サンダル、帽子などがところ狭しと並ぶ店

`ワイキキ` 📍P.303
📞 808-924-3888　🏠 ワイキキ・ビーチ・ウォーク1F
🕐 9:00～22:00　🔒 無休　💳 ADJMV
🌐 www.sunshineswimwears.com

豊富なセレクションから選べる水着ショップ

ワイキキ ビーチボーイ ザ コレクション
Waikiki Beach boy : The Collection at The Royal Hawaiian

ハワイの日差しから肌を守ってくれるビーチウエアが揃う。紫外線カットUPF +50のラッシュガードをはじめ、帽子 やTシャツ、アクセサリーも人気。

現地調達したくなるビーチまわりのアイテムがいっぱい。人気ブランドのビキニはトップ＆ボトムで$130くらいから

`ワイキキ` 📍別冊P.21-B3
📞 808-953-9436
🏠 ロイヤル ハワイアン ラグジュアリー コレクション リゾート 1F
🕐 10:00～21:00　🔒 無休　💳 AMV

日本未上陸の仏製アンダーウエア

プルイン
Pull-In

フランス生まれのアンダーウエア＆スイムウエア。斬新で派手なグラフィックデザインのボクサーショーツが人気。ハワイ限定品もある。

斬新なデザインのボクサーショーツ$40～がずらり。レディスもある

`ワイキキ` 📍P.303
📞 808-462-7201　🏠 ワイキキ・ビーチ・ウォーク1F
🕐 9:00～21:00　🔒 無休
💳 ADJMV　🌐 www.pull-in.com

ホテルにチェックインしたら、のぞきたいお店

サン・ロレンツォ・ビキニス
San Lorenzo Bikinis

シックで体のラインをきれいに見せると好評のブラジリアンビキニがずらり。リゾートタイプのドレスやマキシ、パレオにサンダルまで、センスのよいアイテムが揃う。

最新水着のほかリゾートドレスやジュエリーも充実

`ワイキキ` 📍別冊P.21-B3
📞 808-237-2591　🏠 モアナ サーフライダー ウェスティン リゾート＆スパ 1F　🕐 9:00～22:00　🔒 無休　💳 AMV
🌐 www.sanlorenzobikinis.com

🔍CHECK　水着は仕入れるタイミングや年で異なるデザインのものや、流行りの形がある。同じものは次の機会には出合えないかもしれないので、気に入ったら即買いがおすすめ。

ハワイの海で思いきり遊ぶのもいいけれど、強烈な南国の日差しと海水でダメージを受けたボディやヘアのケアもお忘れなく。コスメ & サプリショップの最先端商品やドクターズコスメできれいを手に入れよう。

フォトジェニック&オーガニックソープのパイオニア
バブル・シャック・ハレイワ
Bubble Shack Haleiwa

カラフルで心が躍るソープはメイド・イン・ハワイで100%オーガニック。自然由来のナチュラルな素材で作っているため、環境に優しいのが特徴だ。ハレイワみやげにおすすめ。

カラフルなソープや商品が並ぶかわいい店内

1 カラフルなブロックソープ人気に火をつけたのはこの店。ヴィーガンソープ$6〜
2 一番人気のヘチマをベースにしたソープ各種$6

ハレイワ ♥ 別冊P.10-C2
📞 808-829-3186 🏠 66-526 Kamehameha Hwy., Haleiwa
🕐 11:30〜17:00(日・月曜〜16:30、土曜〜11:00)
🚫 水曜 💳 AMV 🌐 bubbleshackhawaii.com 🇯🇵

カウアイ島生まれのオーガニック・スキンケア
マリエ・オーガニクス Malie Organics

プルメリアやピカケなどの香りがハワイらしい、スキンケアブランド。店舗があるロイヤルハワイアンでは、客室のアメニティにこのブランドを使用。上品な香りが好評で、ルーム・フレグランスもおすすめだ。

ハワイらしい香りの商品がたくさん揃う店

ワイキキ ♥ 別冊P.21-B3
📞 808-922-2216 🏠 ロイヤル ハワイアン ラグジュアリー コレクション リゾート内 🕐 10:00〜21:00 🚫 無休 💳 AJMV
🌐 www.malie.com 🇯🇵

ハワイの自然素材を使ったナチュラル・ボディケア
ラニカイ・バス&ボディ
Lanikai Bath & Body

ラニカイで生まれたボディケア・ブランド。ローション、バスジェル、ハンドサニタイザー、アロマテラピーなど、ボディケアに必要なアイテムが何でも揃う。

ハンドメイドのソープは全20種類前後で各$6.50　ルーファソープ各$7.50

カイルア ♥ P.150
📞 808-262-3260 🏠 カイルア・ショッピングセンター内
🕐 10:00〜17:00(日曜〜16:00) 🚫 12/25、1/1
💳 AJMV 🚗 センターの無料駐車場を利用
🌐 www.lanikaibathandbody.com

サトウキビ工場跡の手作りソープ屋さん
ノース・ショア・ソープ・ファクトリー
North Shore Soap Factory

ノース・ショアで手作りされるソープのファクトリー&ショップ。クイオイル、ローション、アロマテラピーなどスキンケア・アイテムも充実している。

1 石鹸以外にもおみやげにぴったりな雑貨類などが豊富　2 豊富な種類のソープは各$6.50

シュガーミル跡地に立つレトロな建物

ハレイワ ♥ 別冊P.10-C2
📞 808-637-8400 🏠 67-106 Kealohanui St., Waialua
🕐 10:00〜16:00(土曜8:30〜16:00、日曜11:00〜16:00)
🚫 おもな祝日 💳 AJMV
🚗 店の前にある駐車場を利用 🌐 northshoresoapfactory.com

コスメ＆サプリ

アイスクリームやケーキそっくりのバス用品

ネクター・バストリーツ
Nectar Bath Treats

カラフルでおいしそうなスイーツそっくりのソープやバスボムなど、夢のようにかわいいバス・グッズがずらり。100%ビーガン素材で、自然の色素を使用しているから安心。

アヒルのおもちゃが付いたハワイ限定ソープ各$9

1 デザートショップと間違うほどカラフルなディスプレイの数々
2 ハワイ限定のハイビスカスのバスボム$10

ワイキキ 📍 別冊 P.21-C3
📞 808-772-4081　🏠 シェラトン・ワイキキ内　🕐 10:00～22:00
無休　AJMV　🌐 nectarusa.com

手頃なボディケアシリーズが大人気

バス＆ボディ・ワークス
Bath & Body Works

世界に1600店舗以上を展開するバス＆ボディ用品のアメリカンブランド。シャワージェル、ボディローション、フレグランスミストが人気。おみやげにぴったり。

人気のフレグランスのボディケア $13.50～19.95やハンドフォーム $7.50～7.95

1 たくさんの商品が並ぶ店内。まとめて購入するとお得なハンドサニタイザーも人気　2 店の前からはふわりといい香りが

アラモアナ 📍 P.295
📞 808-946-8020　🏠 アラモアナセンター2F山側
🕐 10:00～20:00
❶ 感謝祭、12/25　AJMV　🌐 www.bathandbodyworks.com

ハワイの植物エキスを使った自然派スキンケア

ベル・ヴィー
Belle Vie

日本未発売のセレブ愛用スキンケアやコスメのセレクトショップ。特に古代から薬草として使われてきたハワイの植物エキスを主原料にしたオリジナルラインに注目。

日本未発売の最新スキンケアやコスメばかり

1 ワイキキ・ショッピング・プラザの1階に店を構える
2 人気のハンドクリーム$6

ワイキキ 📍 別冊P.21-B3
📞 808-971-2100　🏠 ワイキキ・ショッピング・プラザ1F
🕐 10:00～22:30　❶ 無休　AJMV
🌐 www.belle-vie.com

🔍CHECK　ロングス・ドラッグス（→P.284）はマスクの種類も豊富。消毒液など感染対策になる商品も多いのでぜひチェックしてみて。

こだわりの一品やちょっと変わったユニークなアイテムを探すなら雑貨店や専門店ものぞいてみよう。生活雑貨、文具はとにかく種類が豊富で、アメリカらしいカラフルなデザインの商品がキュート。

常に入れ替わる新商品をチェック！
ザ・レイロウ・ギフトショップ
The Laylow Gift Shop

ミッドセンチュリーのモダンなスタイルとコンテンポラリーなハワイの魅力を融合したホテルのオリジナルショップ。人気アイテムは即買いがマスト！

ホテルの2階、プールの脇にある

1 モンステラ柄など、人気アイテムはすぐに売り切れてしまう。ハワイに訪れるたびに足を運びたい 2 モンステラ柄のビーチサンダル$18は人気商品

ワイキキ ♥ 別冊 P.21-A3
☎ 808-922-6600 🏠 ザ・レイロウ・オートグラフコレクション2F
🕐 8:00〜16:00 🗓 無休 💳 ADJMV 🌐 laylowwaikiki.com

サステナブルな暮らしをサポート
キープ・イット・シンプル Keep It Simple

ナチュラル＆プラントベースのハンドソープやボディソープなどは量り売り。マイボトルを持参するか店内で購入したガラス瓶で持ち帰るエコな販売方法が特徴。

ナチュラルなテイストの店内でお気に入りアイテムを見つけよう

1 海の生き物がワンポイントのストロー$18 2 個人経営のショップや感度の高いショップが集うカイムキにある

カイムキ ♥ P.131
☎ 808-744-3115 🏠 3571 Waialae Ave.
🕐 11:00〜18:00
🗓 無休 💳 ADJMV 🌐 www.keepitsimplezerowaste.com

ハレイワにたたずむリサイクルショップ
コクア・ジェネラル・ストア
Kokua General Store

プラスチックを使用しないライフスタイルを実現してくれる日用品、バッグ、リサイクルアイテムを多く揃える。エコでかわいいアイテムはおみやげにもおすすめ。

ソープや洗剤の量り売りも行っている

1 シンガーのジャック・ジョンソンが所属する団体が運営する 2 ローカルアーティストのイラストが描かれたタンブラー$30なども人気

ハレイワ ♥ P.175
☎ 808-744-5222 🏠 66-249 Kamehameha Hwy.
🕐 11:00〜17:00(金・土曜10:00〜15:00) 🗓 日曜〜火曜、感謝祭、12/24、12/25、1/1 💳 AMV 🌐 www.kokuahawaiifoundation.org

モダンなシーサイドファッション
バンクス・ジャーナル・アット・ザ・サーフジャック・ホテル
Banks Journal at The Surfjack Hotel

海辺の生活スタイルとデザインへの愛をかけあわせて立ち上げたサーフスタイルのアパレル。サーフジャック・ホテルのオリジナルグッズもぜひチェックしたい。

基本オンライン販売のみで、唯一の実店舗

1 店前にはコーヒーが飲めるテラス席もある　2 店頭にはコーヒースタンドあり。手前から抹茶ラテ$4.5とカフェラテ$4

ワイキキ 📍別冊 P.20-A2
📞 808-921-223　🏠 星野リゾート　サーフジャック ハワイ内
🕐 7:00～18:00（コーヒースタンド7:00～17:00）　🔒 無休
💳 ADJMV　🌐 banksjournal.com/

地元アーティスト作品を集めたショップ
ホノルル・ミュージアム・オブ・アート・ショップ
Honolulu Museum of Art Shop

アートやクラフト、アートブックなどを販売する、ホノルル美術館のギフトショップ。多くのローカル・アーティストの作品がずらりと並ぶ。

入館料を支払わずに利用できるので、気軽に訪れたい場所だ

1 ホノルル美術館の1階にあり、他では見かけないようなユニークな商品が揃う　2 ホノルル美術館のオリジナルトートバッグ$15

ホノルル 📍別冊 P.27-A4
📞 808-532-8701　🏠 ホノルル美術館内　🕐 10:00～18:00（金・土曜～21:00）　🔒 月・火曜、7/4、感謝祭、12/25、1/1　💳 AJMV
🚗 美術館の専用パーキングを利用　🌐 honolulumuseum.org

メイド・イン・ハワイのアパレルブランド
オールウェイズ・エー・ライン
always a. line

サウスショア・マーケット内に入るレディスウエアの専門店。カカアコに縫製工場とリテールショップを構える。特別な生地を使用した製品は着心地抜群。

ビーチや自然に映える落ち着いた色合いの商品が多い

1 ビーチリゾート＆シティ使いができるアイテムが並ぶ　2 モダンハワイアンデザインがプリントされたワンピース$118

ワード 📍P.308
📞 808-744-1212　🏠 イースト・ヴィレッジ・ショップス＋サウスショア・マーケット内　🕐 11:00～18:00（金・土曜～19:00）
🔒 無休　💳 ADJMV　🌐 www.alwaysaline.com

※バンクス・ジャーナル・アット・ザ・サーフジャック・ホテルは2023年10月にクローズ。一部商品はオンラインショップでも購入可能
🌐 banksjournal.com

コレクターアイテムが最強の品揃え
オリジナル・グレイル
Original Grail

ナイキ、アディダス、ジョーダン、シュプリームなどのリミテッド・エディションやコレクタブルなスニーカーを膨大にストック。レアなパーカやアクセサリーも揃う。

数量限定の高価なコレクターズアイテムのスニーカーが整然と並ぶ

ワイキキ 📍P.299
📞 808-200-2064　🏠 ロイヤル・ハワイアン・センターA館1F
🕐 10:00～21:00　🔒 無休　💳 ADJMV
🌐 www.originalgrail.com

一度履いたら手放せなくなる人気シープスキンブーツ
アグ・オーストラリア
UGG Australia

シープスキンのブーツで有名なシューズブランドはハワイでも人気。レディスをメインに、メンズ、キッズ、ベビー用まで取り扱いがあり、ハワイ最大の品揃えを誇っている。

ベイリー・ボタン $180、クラシック・ショート $172～180などが人気

ワイキキ 📍P.304
📞 808-926-7573　🏠 プアレイラニ アトリウム ショップス1F
🕐 9:00～22:00　🔒 無休　💳 ADJMV　🌐 www.ugg.com

シューズから小物まで揃う老舗専門店
ランニングルーム
Running Room

1976年創業のランニング関連の老舗専門店。店内には多くのシューズが揃っているだけでなく、シューズの紐など雑貨も豊富。

40年以上、カパフル通りに立つランニング用品専門店

カパフル 📍P.130-A
📞 808-737-2422　🏠 819 Kapahulu Ave.
🕐 10:00～18:00（土・日曜～17:00）　🔒 月曜、感謝祭、12/25、1/1　💳 ADMV

人気シェイパーのサーフボードの宝庫
サーフ・ガレージ
Surf Garage

ハワイ大学に近いモイリイリ地区にある日本人経営のサーフショップ。サーファー憧れのボードが揃うほか、フィンやケアグッズなどの小物類も充実。

サーファー垂涎のハイエンドなボードが並ぶ

モイリイリ 別冊P.16-A2
📞 808-951-1173　🏠 2716 S. King St.
🕐 10:00～17:00
🔒 日曜、イースター、感謝祭、12/25、1/1　💳 ADJMV
🌐 www.surfgarage.squarespace.com

履き心地バツグンの高級紳士靴
レザー・ソウル
Leather Soul

オールデンやジョン・ロブなど、職人の技が光る高級紳士靴の専門店。エクスクルーシブなオールデンのコレクションを定期的に入荷している。

高級感漂う落ち着いた店内でじっくり吟味できる

ワイキキ 📍P.298
📞 808-922-0777　🏠 ロイヤル・ハワイアン・センターA館2F
🕐 11:00～20:00　🔒 無休　💳 AJMV
🌐 www.leathersoul.com

限定モデルを要チェック
フットロッカー
Foot Locker

体育館並みの広い店内にはメンズ、レディス、キッズのシューズがズラリ。旗艦店として、ナイキのニューモデルを世界に先駆けて入荷するので、要チェック。

サイズも種類も豊富に揃っている。ソックスのまとめ買いもおすすめ

アラモアナ 📍P.294
📞 808-944-8390　🏠 アラモアナセンター3F山側
🕐 10:00～20:00
🔒 施設に準ずる　💳 ADJMV　🌐 www.footlocker.com

専門店・雑貨

機能的でおしゃれなエクササイズウエアはここで
ルルレモン・アスレティカ
Lululemon Athletica

バンクーバー発のアスレチック・ブランド。ヨガをメインにランニング、ダンス用のウエアをレディスとメンズでラインアップ。ヨガマットなど雑貨も揃う。

スタイリッシュなデザインでしかも機能的なウエアがヨギーに人気

アラモアナ ♥ P.294
📞 808-818-8817　🏠 アラモアナセンター2F 海側
🕐 10:00〜20:00（日曜〜19:00）
🎁 感謝祭、12/25　💳 ADJMV　🌐 www.lululemon.com

人気のランジェリーブランドが初上陸！
ヴィクトリア・シークレット
Victoria's Secret

全米で人気ナンバーワンといわれるランジェリーブランドのハワイ1号店。セレブ愛用のランジェリーはもちろん、スイムウエアや香水、ボディケア用品が人気。

ブリトニー・スピアーズやビクトリア・ベッカムといったセレブも愛用

アラモアナ ♥ P.294
📞 808-951-8901　🏠 アラモアナセンター2F 山側
🕐 10:00〜20:00　🎁 感謝祭、12/25
💳 ADJMV　🌐 www.victoriassecret.com

店内カフェもある大型ブックストア
バーンズ＆ノーブル
Barnes & Noble Booksellers

世界中で600店舗を超えるブックストアの有名チェーン。アラモアナセンターにある店内にはカフェもあり、書籍を持ち込んでのコーヒータイムもOK。

迷子になりそうなほど広い店内

アラモアナ ♥ P.293
📞 808-949-7307　🏠 アラモアナセンター1F山側
🕐 10:00〜21:00（日曜〜20:00）　🎁 感謝祭、12/25
💳 ADJMV　🌐 www.barnesandnoble.com

ハイキング好きが集まるアウトドア用品専門店
ユーロハ
Uloha

ハイキングとキャンピング用品の専門店。オリジナルブランドや、オスプレーのバックパック、ソロモンのシューズなど、機能性に優れた一流ブランド品を揃えている。

生涯保証付きのオスプレーのバックパック＄80〜など

カカアコ ♥ 別冊P.28-B1
📞 909-475-7450　🏠 515 Ward Ave.
🕐 11:00〜18:00（日曜〜16:00）
🎁 12/25、1/1　💳 AJMV　🌐 uloha.com

ローカルアーティストの作品が大集合
モリ・バイ・アート＆フリー
MORI by Art + Flea

ハワイのローカルアーティストが集結するイベント「アート＆フリー」がショップに。ハワイの最新トレンドを取り入れたアイテムやウエアはギフトに最適。

ワードビレッジの新スポット、サウスショア・マーケットにある、アーティスティックなショップ

ワード ♥ P.308
📞 808-593-8958　🏠 イースト・ヴィレッジ・ショップス＋サウスショア・マーケット内　🕐 11:00〜18:00（金・土曜〜19:00）
🎁 感謝祭、12/25　💳 AMV　🌐 morihawaii.com

あらゆるタイプのサングラスが圧巻の品揃え
フリーキー・ティキ・トロピカル・オプティカル
Freaky Tiki Tropical Optical

トレンドを押さえた品揃え豊富なサングラス専門店。購入後1年以内の破損に対するリプレイスメント・ディスカウント※などアフターケアも万全だ。

オークリー＄150〜、スパイ＄130〜など

アラモアナ ♥ P.293
📞 808-947-4050　🏠 アラモアナセンター1F中央
🕐 9:30〜20:30（日曜〜20:00）　🎁 感謝祭、12/25
💳 ADJMV　🌐 freakytikihawaii.com

✅CHECK ※フリーキー・ティキのリプレースメント・ディスカウント：購入日から1年以内なら、使用中のサングラスが壊れた場合、定価の50%オフで新品と交換できる（レシートと壊れたサングラスを見せる）。

1日中にぎわっている風水専門店
風水アート＆ギフト
Feng Shui Arts & Gifts

ダウンタウンで最も有名な風水の店。パワーストーン、八角鏡（バグアミラー）など、運気を高めてくれる風水グッズが店内にぎっしり。生年月日で占ってもらうことも可能。

愛を引き寄せるローズクオーツや、幸運の花ロータスのキーチェーン $12など

ダウンタウン 📍別冊P.26-B1
📞 808-533-7092 🏠 1023 Maunakea St. 🕐 9:30～17:00（土・日曜～16:30）💰 無休 💳 MV（$10以上）

王室御用達の一生もののフェドラハット
ニュート・アット・ザ・ロイヤル
Newt at the Royal

エクアドルの帽子職人が何ヵ月もかけて編み上げたフェドラハット（パナマ帽）は、気品漂う芸術品のよう。世界中のセレブが愛用した逸品と同じものが手に入る。

ウッディであたたかみがある店内

ワイキキ 📍別冊P.21-B3
📞 808-922-0062 🏠 ロイヤル ハワイアン ラグジュアリー コレクション リゾート1F 🕐 10:00～21:00 💰 無休 💳 AJMV
🌐 world-station.com/newt/

ハワイでの挙式衣装をまとめて引き受ける
ムームーレインボー
Muumuu Rainbow

ハワイ挙式や披露宴用のハワイアンドレス・アロハシャツのレンタルショップ。高品質でハワイらしいアイテムが赤ちゃんから大人サイズまで豊富に揃う。

男性はパンツや靴、女性は靴やバッグ、アクセサリーまで全身レンタルが可能

ワイキキ 📍別冊P.21-B3
📞 808-921-8118
🏠 2270 Kalakaua Ave.（ワイキキ・ビジネス・プラザ11F）
🕐 11:00～18:00 💰 不定休 💳 ADJMV
🌐 muumuurainbow.com

お気に入りの一品が見つかるジュエリー店
ナンバー8 ジュエリー
No. 8 Jewelry

ネイティブ・アメリカン・ジュエリーとハワイアンジュエリー、フィッシュ・フック・ネックレスの専門店。高品質なアイテムにこだわる。リピート客が多い。

お守りの意味があるフィッシュ・フックのネックレス。左からアバロニ$428～、純銀$368～、パールシェル $398～

ワイキキ 📍別冊P.21-C3
📞 808-921-2010 🏠 シェラトン・ワイキキ1F
🕐 10:00～21:00 💰 無休
💳 ADJMV 🌐 www.no8jewelry.com

男性用ギフトのすてきな一品が見つかる
シャイノーラ
Shinola

男性用時計、ノート、バッグなどが揃う。時計は文字盤とバンドを別々に選べ、またバッグやノートに無料でイニシャルや名前を刻印でき、贈答品としてもいい。

革ベルトも種類が豊富。メンズウオッチは $595～、ウィメンズウオッチは $525～

ワイキキ 📍P.301
📞 808-206-9840 🏠 インターナショナル マーケットプレイス1F 🕐 11:00～20:00 💰 無休 💳 ADJMV 🌐 www.shinola.com

---

地元のゴルフ好きがすすめる穴場ショップ
ルーツ＆レリックス
Roots & Relics

新品と中古のゴルフ用品を販売するユニークなショップで、地元のゴルフ好きに定評がある。テイラーメイドやキャラウェイといった人気ブランドがズラリと並ぶ。

棚にはぎっしりとゴルフクラブが並ぶ

ダウンタウン 📍別冊P.26-B2
📞 808-538-3311 🏠 249 Merchant St.
🕐 10:30～17:00（土曜～16:00）💰 日曜 💳 AMV
🌐 www.rootsandrelics.com/

🛒 **専門店・雑貨**

お話ししながらカスタムブレスレットを
ホヌレア
Honulea

オーナーのミアさんがカウンセリングをしながら自分に合ったパワーストーンを選んでくれる。カスタムブレスレットはカウンセリング付きで $195〜。

カスタムブレスレット（左）とブルーのラリマのパワーストーン。完全予約制

ホノルル 📍別冊P.16-A1
📞 808-352-4491　🏠 1950 Young St. #340
🕐 10:00〜18:00
🔒 無休　💳 ADJMV
🌐 www.honuleahawaii.com

世界的に有名なパナマハットの専門店
カールドヴィーカ
Carludovica

豊富なサイズやデザインのパナマハットを常時80種類以上取り扱っている。頭の大きさや顔の形に合わせて、スタッフがぴったりのハットをアドバイスをしてくれる。

デザインが豊富で選ぶのが楽しいパナマハット $175〜

ワイキキ 📍P.303
📞 808-921-8040　🏠 ワイキキ・ビーチ・ウォーク1F
🕐 10:00〜22:00　🔒 無休　💳 ADJMV

世界中のおしゃれで珍しい小物が満載
レッド・パイナップル
Red Pineapple

ハワイをはじめ、世界中から集めたキュートな小物や生活雑貨、グルメ食品などが、小さなお店にぎっしり並ぶ。メイド・イン・ハワイのアイテムも多く取り揃えている。

おみやげにぴったりなハワイらしいアイテムが並ぶ

カイムキ 📍P.131
📞 808-593-2733　🏠 1151 12th Ave.
🕐 10:00〜17:00
🔒 感謝祭、12/25　💳 ADJMV　🌐 www.redpineapple.net

自分好みのキュートなハンドメイドジュエリー
ジェム・スタジオ
gem studio

リングやブレスレット、ネックレスなどのジュエリーをハンドメイドできるワークショップ。ストーンや素材などを自分で選んで自分だけのジュエリーを作ってみて。

アクセサリーのカスタムは公式サイトから事前予約が必要

ワイキキ 📍P.301
🏠 インターナショナル マーケットプレイス1F
🕐 11:00〜20:00　🔒 無休　💳 AJMV
🌐 www.thegemstudio.com/

手作りジュエリーとビンテージアイテムの店
レイナイア
Leinai'a

オーナーのマキさんが作るハワイらしいオリジナルジュエリーが中心の店。ハワイやニューヨーク、LAなどで探してきたビンテージジュエリーも揃う。かわいらしい店内も魅力。

店内にはジュエリーがぎっしり。オリジナルのカスタムメイドもOK

1 センスのいいジュエリーはリゾート感たっぷり 2 カイルアに立ち寄った際はぜひ訪れたい

カイルア 📍P.150
📞 808-312-3585　🏠 35 Kainehe St., Kailua　🕐 10:00〜17:00（日曜〜15:00）　🔒 月曜、おもな祝祭日　💳 ADJMV　🚗 隣接の駐車場（1台）もしくは付近のコインパーキングを利用　🌐 www.leinaia.com

✅ **CHECK** レイナイアにはジュエリー以外にも、ムームーやオリジナルTシャツなどもあり、セレクトショップとしても楽しい品揃え。

ハワイのビンテージ・アイテムを探すならここ

ティン・カン・メールマン
Tin Can Mailman

ハワイのビンテージアイテムを集めた店。特に1959年以前のアートやアクセサリー、食器、本などのコレクションが豊富。絵はがき＄5〜と手頃な小物も多い。

細長い店内には1万点以上の商品が雑然と並んでいる

ダウンタウン ♥別冊P.26-B2
📞 808-524-3009　🏠 1026 Nuuanu Ave.
🕐 11:00〜16:30（土曜12:00〜16:00）　日・月曜、おもな祝日
💳 ADJMV　🌐 www.tincanmailman.net

アニメグッズが大集合！　大人のためのホビーショップ

ボックス・ランチ
BoxLunch

全米展開するホビーショップ。アニメキャラクターをデザインした雑貨やウエアは、大人が好むテイストが多い。ポップカルチャー好きなら要チェック！

お弁当のようにあらゆるグッズが詰まった店内はまさに店名どおり

アラモアナ ♥P.294
📞 808-955-2244　🏠 アラモアナセンター3F山側
🕐 10:00〜20:00
🔒 感謝祭、12/25　💳 AJMV　🅿 無料駐車場あり

ハワイの高品質なオーガニック製品を厳選

ブルー・ハワイ・ライフスタイル
Blue Hawaii LifeStyle

ハニーガールをはじめとするハワイ発のナチュラルなスキンケア商品やグルメなカフェメニューが人気。特に種類豊富なアサイボウルを目当てに立ち寄る人が多い。

2

1 コムハニー（巣蜜）がのったアサイボウル＄14.50（左）、アサイに生のライムジュースを加えたレミフレッシュ＄14.25〜（右）2 カカオニブ入りのマノア・ハニー＄10.99

隠れ家ショップに広がる雑貨ワールド

シュガーケーン
Sugarcane

カイムキの雑貨ショップ。アンティークのカップからローカルメイドの小物まで、オーナーの審美眼にかなったかわいいアイテムが揃う。店内のディスプレイもおしゃれ。

フレンチカントリー風でシャビーシックな店内。女子にファンが多いのも納得のかわいさだ

カイムキ ♥P.131
📞 808-739-2263　🏠 1137 11th Ave.　🕐 10:00〜16:00
🔒 おもな休日　💳 ADJMV

歩いても疲れない足に優しいサンダル

アイランド・スリッパー
The Island Slipper

1946年創業の老舗サンダルブランド。定番人気のレザーサンダルをはじめ、デザイン性の高さはもちろん足にフィットする履き心地にもこだわっている。

品揃え豊富なので、お気に入りの1足が見つかるはず

ワイキキ ♥P.299
📞 808-923-2222　🏠 ロイヤル・ハワイアン・センターA館2F
🕐 10:00〜21:00　🔒 無休　💳 ADJMV
🌐 shop.islandslipper.com

奥のカウンターでフード類をオーダーできる

アラモアナ ♥P.295
📞 808-942-0303　🏠 アラモアナセンター2Fマウカウィング
🕐 10:00〜18:00（日曜10:30〜）
🔒 感謝祭、12/25　💳 ADJMV　🌐 www.bluehawaiilifestyle.com

🛒 グルメみやげ

たくさんの人に配れておすすめなのは、やはりクッキーやチョコレートなど、フード系のおみやげ。最近はハワイ産の素材で作ったこだわりの商品が多いので必見だ。

ハワイのシンボル的クッキー店
ホノルル・クッキー・カンパニー
Honolulu Cookie Company

ハワイらしいパイナップルの形がトレードマークのプレミアム・ショートブレッド・クッキー。毎日ホノルルの工場で焼き上げ、一つひとつハンドディップしている。

`ワイキキ` 📍P.299
📞 808-931-3330 🏠 ロイヤル・ハワイアン・センターB館1F
🕐 10:00〜21:00 🏠 無休 💳 AJMV
🌐 www.honolulucookie.com

パッケージやサイズが豊富なので、おみやげに重宝する

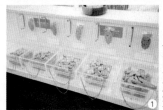

1 試食もできるので味を確かめてから購入できる　2 チョコレート・チップ・マカダミア・ミニ・バイツ・スナック・パック7oz$7.95　3 人気のアロハ・スーツケース・ギフト缶$22.95

ハワイ島ヒロ発祥の大人気クッキー
ビッグアイランド・キャンディーズ
Big Island Candies

ハワイ島ヒロに本店と工場をもち、高品質の素材を使いひとつずつ手作りされるショートブレッドクッキーはハワイを代表する人気スイーツ。

`アラモアナ` 📍P.293
📞 808-946-9213 🏠 アラモアナセンター1F中央
🕐 10:00〜20:00
🏠 アラモアナセンターに準ずる 💳 ADJMV
🌐 www.bigislandcandies.com 🈁

定番ボックスに加え、季節の限定ボックスもある

1 アラモアナセンター店は本店以外で唯一の直営店　2 新商品のトゥー・イン・ワン・ショートブレッド$19.50　3 ハルミズハワイアンソルトクッキー$24.50

上質素材を使ったローカルに大人気のクッキー
ザ・クッキーコーナー
The Cookie Corner

1981年創業の人気ブランド。上質なバターや卵を使ったショートブレッドクッキーは、数々の受賞歴をもち多くの人々から愛されている。

`ワイキキ` 📍別冊P.21-C3　📞 808-926-8100
🏠 シェラトン・ワイキキ内コレクションズ・オブ・ワイキキ1F 🕐 10:00〜21:00 🏠 無休 💳 ADJMV 🌐 www.cookiecorner.com

フルーツバーミニギフトバッグセット$6.75なども人気

フレーバーコーヒーを有名にした老舗ブランド

ライオン・コーヒー
Lion Coffee

ハワイのコーヒーといえば真っ先に名前の挙がる店。カリヒにある本社工場では、無料のファクトリーツアー（2023年7月現在休止中）を行うほか、カフェも併設している。

倉庫のような建物の中にコーヒー豆がずらりと並ぶ

1 ていねいにひとつずつ手作業で袋詰めする
2 併設されたカフェではドリンクメニューなどを提供

カリヒ 📍別冊P14-B1
📞 808-843-4294 🏠 1555 Kalani St.
🕐 6:30～15:00 🔒 土・日曜、おもな祝日
AJMV 🌐 www.lioncoffee.com

ワイアルア・コーヒーとシェイプアイスの穴場

アイランド・エックス・ハワイ
Island X Hawaii

ワイアルア・コーヒーやチョコレートなど、ノース・ショアの名産品を中心に揃えたノスタルジックな店。また、濃厚なシロップたっぷりのシェイプアイスも絶品だ。

倉庫のようなお店はレトロで写真映えも

1 個性豊かなギフトショップもある
2 ワイアルアコーヒーの試飲もできる

ハレイワ 📍別冊P10-C2
📞 808-637-2624 🏠 67-106 Kealohanui St., Waialua
🕐 9:00～17:00（土曜8:30～） 🔒 おもな祝日
AMV 🚗 店の前にある無料駐車場を利用
🌐 www.islandxhawaii.com

ハワイを代表するメイド・イン・ハワイのチョコレート

マノア・チョコレート
Manoa Chocolate

自社ファームを持ち、チョコレート工場のツアー（要予約・有料）や、併設ショップでのチョコレート・テイスティング（無料）も実施。チョコの味見をしてから好みのフレーバーを購入できる。

カイルア・スクエアの1階にあるアートがかわいいブルーの建物

1 カカオの違いがよくわかるテイスティングはぜひ試してみて
2 パッションフルーツやマンゴーなどのフレーバーチョコレートも
3 チョコレートバーは各種$10～12

カイルア P150
📞 808-263-6292 🏠 333 Uluniu St. Kailua
🕐 10:00～17:00（日曜～14:00） 🔒 おもな祝日
AJMV 🌐 manoachocolate.com

ラグジュアリーチョコレートブティック
コホ
KOHO

マカダミアナッツチョコレートで有名な「ハワイアンホースト」が手がける高級ライン。宝石のような輝きのボンボンショコラはハワイの島々からインスパイアされたフレーバーが揃う。

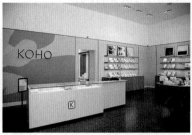

ブティックのような店内はハワイの島々の自然をイメージ

1 自分へのご褒美にぜひ立ち寄りたい　2 12ピースは$34。コナ・コーヒー・キャラメルなどハワイらしいフレーバーが揃う

ワイキキ 📍 別冊P.21-B3
📞 808-966-8119　🏠 アウトリガー・ワイキキ・ビーチ・リゾート1F　🕐 10:00〜21:00　🔒 12/25、1/1
💳 ADJMV 🌐 kohochocolates.com

グルメなオリーブオイルとビネガー専門店
アイランド・オリーブオイル・カンパニー
Island Olive Company

約24種類のオリーブオイルと20種類以上のバルサミコビネガーを揃えた専門店。ハワイらしいフレーバーや珍しいチョコレート風味のビネガーもある。

好みのオイルやビネガーが選べる小瓶4本入り＄31.95など、ギフトに喜ばれるセットがいろいろ

ワード 📍 P.309
📞 808-388-8912　🏠 ワード・センター1F
🕐 11:00〜18:00
🔒 感謝祭、12/25 💳 AJMV
🌐 www.islandoliveoil.com

ホテルオリジナルグッズがずらり
シグネチャー・バイ・ザ・カハラ・ホテル＆リゾート
Signature by The Kahala Hotel & Resort

ザ・カハラ・ホテル＆リゾートの大人気オリジナルマカダミアナッツが購入できるショップがワイキキに誕生。ここでしか買えない限定フレーバーは要チェック！

限定フレーバーは8種で各種1/2lb $38

ワイキキ 📍 P.299
🏠 ロイヤル・ハワイアン・センターC館1F
🕐 10:00〜21:00
🔒 無休 💳 ADJMV
🌐 jp.kahalaresort.com　📅

ワンランク上のメイド・イン・ハワイが揃う店
ディーン＆デルーカ ハワイ
DEAN & DELUCA HAWAII

世界中のおいしいものを集めた食のセレクトショップ。おみやげにぴったりなアイテムから、オリジナルブレンドのコーヒー、ハワイ産食材で作るグラブ＆ゴーも人気だ。

キャラメルなどをはじめグルメなアイテムが揃う

ワイキキ 📍 P.299
📞 808-492-1015　🏠 ロイヤル・ハワイアン・センターB館1F
🕐 7:00〜19:00 🔒 無休 💳 ADJMV
🌐 www.deandeluca-hawaii.com

緑のマノアにあるおしゃれなショコラティエ
チョコ・レア
Choco le'a

併設の工房で手作りするトリュフは常時18種ほどと豊富。そのほかマカダミアナッツクラスターやドライフルーツのチョコがけなども人気だ。

公式サイトから予約もできる

マノア 📍 別冊P.15-A3
📞 808-371-2234　🏠 2909 Lowrey Ave.
🕐 10:00〜17:00（水・金曜は予約ピックアップのみ営業）
🔒 日・月・水・金曜、おもな祝日 💳 AJMV
🌐 www.chocolea.com

🔍 **CHECK** チョコレートショップ、コホは2024年1月に移転の計画あり。最新情報はHPをチェック。

ハワイアンスタイルの逸品たち

#5 Coffee

コーヒーのハワイ上陸

ハワイに初めて、コーヒーの木が植えられたのは1825年のこと。オアフ島の統治者ボギがブラジル・コーヒーをホノルルに持ち帰ったのが、ハワイのコーヒーの始まりだといわれている。その後1828年、あるキリスト教宣教師がオアフ島の農園からハワイ島のコナにコーヒーの木を観賞用に持ち帰ったところ、その木は瞬く間に生長し、数年後にはコナ一帯はコーヒーの木だらけになったという。

豊かな自然が良質のコーヒーを育む

コナ・コーヒーはハワイ島の西海岸、カイルア・コナに迫るフアララ山麓一帯で作られている。現在ではハワイ各島で作られているコーヒーだが、100年以上もの間、商業ベースでコーヒーを生産し続けている、アメリカ唯一のエリアだ。

コナでコーヒー産業が発展した理由は、その自然環境によるところが大きい。まずコナの弱酸性火山土壌、次に、昼は海から暖かい風が、夜間は山から冷たい風が吹くことによって生じる温度差、そして決して多過ぎない午後の雨。これらすべてが、おいしいコーヒーを生産するのに最適の環境といわれている。

おいしいコーヒーには理由がある

コーヒーの木は1〜5月に白い花をつけ、8〜2月の7ヵ月間が収穫期となる。

一つひとつ、手でつまれた赤いコーヒー・チェリー(果実)は果肉と種の部分に分けられ、豆となる種の乾燥工程に入る。日光で乾燥させるのがひと苦労で、農家では広く並べた豆を特製の木の熊手でかき混ぜながら乾かす。その作業は、初日にはなんと16分ごと、それ以降は1〜2時間おきに行わなければならないという、何とも気が遠くなるような仕事である。

5〜7日間乾燥させ、グリーン・コーヒーと呼ばれる緑色の状態になってようやく、焙煎機にかけられる。こうしたたいへんな手間をかけて、あの香り高いコーヒーができあがるのだ。

ちなみに、ハワイ州で規定されているコナ・コーヒーのカテゴリーは、豆の大きさによってエクストラ・ファンシー、ファンシー、ナンバーワン、プライムの順にランク分けされる。また、ピーベリーは突然変異でできる豆なのでカテゴリーには入らず、希少なため高額となる。

┌─┤ SHOP LIST ├─────────────
・アイランド・ヴィンテージ・コーヒー (P.227)
・コナ・コーヒー・パーベイヤーズ (P.231)
・ホノルル・コーヒー・カンパニー (P.232)
・ライオン・コーヒー (P.342)
└──────────────────────────

🛒 メイド・イン・ハワイ

ワンランク上のおみやげ選びならぜひハワイメイドのアイテムを扱うショップへ。もらった人が目を輝かせて喜ぶおみやげや、ハワイならではとっておきの品が見つかるはずだ。

最高の1着にこだわる専門店
コナ・ベイ・ハワイ
Kona Bay Hawaii

オリジナルの生地を日本で染め、ハワイで縫製というアロハシャツ黄金期の製法を守り続ける。品質にこだわるアロハは、常に入れ替わるので気に入ったら即買いがマスト。女性用やキッズもある。

2

ところ狭しとアロハシャツが並ぶ店内

1 2022年に再オープン。セレクトに迷ったらスタッフに相談を　2 種類豊富なアロハシャツは税込$125〜

ワイキキ 📍別冊P.19-B3
📞 808-223-3390　🏠 444 Ena Rd.
🕐 10:00〜18:00
🚫 無休　💳 AJMV
🌐 www.konabayhawaii.com

ハワイを代表するエレガントなリゾートウエア
トリ・リチャード
Tori Richard

上質素材を使った着心地よいリゾートウエアで人気のブランド。創業50年以上の歴史があり毎シーズン新デザインを発表、近年は明るく華やかなイメージに。

2

女性用のドレスやスカーフも充実している

1 キャップやソックスなど、小物もキュート　2 和柄がおしゃれなアロハも多数揃っているのでチェックを

ワイキキ 📍別冊P.21-C3
📞 808-921-2702
🏠 ロイヤル ハワイアン ラグジュアリー コレクション リゾート内
🕐 9:00〜21：00　🚫 無休　💳 ADJMV
🌐 toririchard.com

オリジナリティあふれる老舗ブランド
レイン・スプーナー
Reyn Spooner

1956年創業の老舗ブランド。リバースプリントやプルオーバーなど独自のスタイルはアロハシャツの世界にセンセーションを巻き起こした。近年は細身のサイズが増え、日本人の体型にも合う。

2

毎年販売する限定アロハシャツにも注目したい

1 正装にぴったりなフォーマルアロハシャツとしても利用できる　2 ハワイ大学とコラボした肌触りのいい生地のシャツ$90

アラモアナ 📍P.295
📞 808-949-5929　🏠 アラモアナセンター2F海側
🕐 10:00〜20:00（日曜〜19:00）　🚫 無休　💳 AJMV
🌐 www.reynspooner.com

ハワイアンスタイルの逸品たち

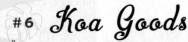

#6 Koa Goods

幸運を釣り上げるという意味もあるフィッシュフックなどにも、コアの木が使われることが多い。専門店などで購入できる。

幸運の象徴とされるホヌ（ウミガメ）をはじめ、ハワイにゆかりのあるデザインで作られるアイテムが多い。

現在では時計やスマートフォンケースなど、身近なアイテムにコアを使用した商品を販売するお店も。

絶滅の危機に瀕している貴重種

ハワイ固有の木・コア。ハワイ語で「強い」という意味があり、その名のとおり頑丈な木としての用途しかなく、古代ハワイにおいてはもっぱらカヌーやパドルといった実用品に用いられていた。古代ハワイの王族たちはコアの木を使い、職人にさまざまな家具や宝石箱などを作らせたという。そうして神聖なる木として扱われるようになったコアの木は、王族たちしか持つことを許されない特別な樹木でもあった。それが、高級木材として注目されるようになったのは1800年代のこと。ハワイ王朝の家具に使用されたことがきっかけだった。

だが、直径1mほどの大木になるまで80年を要するコアは、その後の過剰な伐採で絶滅の危機に瀕し、コア樹林は保護地区に指定されるようになる。近年ではハワイ島などでコアの木の植樹などが行われるなど、保護活動が一般的になっている。

一生モノの美しい木目

こうして、かつては生活に密着していたコアの木が、現在では手に入れることが難しい高級木材になってしまった。

今日、ボウルやジュエリーボックス、額縁、ペンといったコア・グッズは、ハワイの代表的な手工芸品のひとつに数えられている。コアのボウルを家宝として、代々受け継ぐ習慣を残しているハワイアンの家庭もあるとか。

木彫りなどを得意とするアーティストでも、その硬さのために細工には時間がかかるので、高価であることは否めないが、一点ずつ形も表情も違う一生モノのアイテムとなるはずだ。

-- I SHOP LIST I --
・マーティン＆マッカーサー（P.350）

🛒 メイド・イン・ハワイ

ビギナーから上級者まで頼れるウクレレ専門店

ウクレレぷあぷあ Ukulele Puapua

カマカ、コアロハ、カニレアなどの人気ブランドを中心に、初心者用から高級品まで常時200本以上が揃う。毎日無料レッスンを開催（16:00〜要予約）。

無料レッスンは5名限定の事前予約制

`ワイキキ` 📍別冊P.21-C3
📞 808-923-9977
🏠 シェラトン・ワイキキ1F
🕐 10:00〜21:00 🈚 無休
💳 ADJMV
🌐 ukulelepuapua.com

1 ワイキキの中心にあり、日本語を話せるスタッフもいるので安心
2 ウクレレ、収納ケース、日本語教本、チューナーのセットなども販売する

幅広いニーズに応える品揃えが自慢

ウクレレ・ハウス
Ukulele House

店内の壁には約100本のウクレレが並び、手頃なものから高級品までさまざま。オリジナルアイテムやローカルアーティストの作品も。

色、形、デザインなどが異なるウクレレが種類豊富に揃う

`ワイキキ` 📍P.304
📞 808-922-2889
🏠 プアレイラニ アトリウム ショップス1F
🕐 9:30〜17:30（土・日曜12:00〜17:00）
🈚 土・日曜不定休 💳 ADJMV
🌐 www.ukulelehousehawaii.com

最高品質へのこだわりを継承するウクレレの王様

カマカ・ウクレレ
Kamaka Ukulele

1916年の創業以来、その品質へのこだわりを親子代々受け継ぎ、現在3代目の孫たちが経営しているトップブランド。一流プレイヤーも愛用している。

スタンダードサイズのコア製ウクレレはケース付き $1495

`カカアコ` 📍別冊P.27-B3
📞 808-531-3165
🏠 550 South St. 🕐 8:00〜16:00
🈚 土・日曜、おもな祝日
💳 ADJMV
🌐 www.kamakahawaii.com

伝説のサーファー、デューク・カハナモクも愛したアロハシャツ

カハラ Kahala

1936年にハワイで誕生したアロハシャツブランド。ハワイに住む人々が愛する自然や文化を象徴するものやライフスタイルがデザインされている。

個性豊かなアロハシャツがずらりと揃う

`ワイキキ` 📍P.303
📞 808-922-0066
🏠 ワイキキ・ビーチ・ウォーク1F
🕐 9:00〜22:00
🈚 無休 💳 AJMV
🌐 www.kahala.com

1 ワイキキ・ビーチ・ウォーク1階にある
2 親子でお揃いのコーデを試してみよう

347

キュートで手頃なカスタム・メイド・ジュエリーはここで

ラウレア
Laulea

自社工場を持ち、カスタムメイドの高品質なハワイアンジュエリーが特別価格で手に入る。ハワイアンキルトなど、ハワイらしいギフトも販売。

ピンクゴールドとグリーンゴールドは重さや数によって値段は異なる

ワイキキ 📍別冊P.20-B2
📞 808-922-0001　🏠 2142 Kalakaua Ave.
🕐 9:00～21:00
🔒 無休　💳 ADJMV
🌐 www.tonyhawaii.com 🅱

ハワイらしいオリジナルデザイン

ナ・ホク
Na Hoku

ハワイの自然をテーマにしたオリジナルデザインが人気。高品質なジュエリーを1924年の創業以来作り続けるハワイの老舗だ。

元祖スリッパ形ペンダントやコアウッドをあしらったものも

ワイキキ 📍P.303
📞 808-926-7700
🏠 ワイキキ・ビーチ・ウォーク1F
🕐 10:00～21:00　🔒 無休
💳 ADJMV
🌐 www.nahoku.com

ビビッドな色彩で魅了するハワイアンウェア

ジャムズ・ワールド Jams World

1960年代にオープンしたサーフショップで、ハワイアンプリントのサーフパンツが大ヒット。カラフルで大胆なデザインのアロハシャツやドレスが人気。

カラフルなジャムズの世界観が広がる店内

1 アラモアナセンター2階モールレベルにありアクセス便利
2 創業当時から変わらぬデザインのアロハ$124　3 サーフコンテストをグラフィカルに表現したアロハ$124

アラモアナ 📍P.295
📞 808-593-2655
🏠 アラモアナセンター2Fマウカウィング
🕐 11:00～18:00　🔒 感謝祭、12/25
💳 AJMV
🌐 ja.jamsworld.com

南太平洋の香りがするリゾートウエア

ノアノア Noa Noa

バリ伝統のバティック（ろうけつ染め）で、染め上げる。素材はコットンやリネン、シルク、レーヨンなど肌触りのよいものを使用している。

バッグなどの雑貨類も品揃え豊富なので注目だ

1 落ち着いた雰囲気でじっくり買い物に集中できる
2 ハワイらしい伝統柄がデザインされたウエアがずらり

ワイキキ 📍P.301
📞 808-913-1757
🏠 インターナショナル マーケットプレイス1F
🕐 11:00～21:00　🔒 無休
💳 AJMV
🌐 www.noanoahawaii.com

レプリカ・アロハの大御所

アヴァンティ
Avanti

ビンテージ・アロハの復刻版で知られるブランド。1991年の創業以来、映画の衣装として数多く利用され、ハリウッドスターにも愛用者が多い。

店内の壁には、店を訪れたセレブたちの写真がたくさん飾られている

ワイキキ 📍別冊P.20-B2
📞 808-926-2323　🏠 2164 Kalakaua Ave.
🕐 11:00～18:00
🚪 無休　💳 ADJMV
🌐 www.avantishirts.com

ハワイアンなアイテムを探すなら

ヒロ・ハッティ
Hilo Hattie

ハワイ全島にチェーン展開しているハワイアンウエアとギフトの専門店。自社工場で縫製しているアロハシャツは $43.99～55とリーズナブル。

ハワイみやげなら何でもおまかせ

アラモアナ 📍P.293
📞 808-973-3266　🏠 アラモアナセンター1F山側
🕐 10:00～20:00
🚪 感謝祭、12/25　💳 AJMV
🌐 www.hilohattie.com

世界最大のアロハシャツのコレクション！

ベイリーズ・アンティークス＆アロハシャツ
Bailey's Antiques & Aloha Shirts

1万5000枚以上、400ブランドものアロハシャツの在庫を持ち、ユーズドからビンテージにいたるまで、コレクションは世界最大級。掘り出しものを探してみて。

1930～70年代に作られたビンテージ・アロハが1000枚以上揃うのはここだけ。選ぶのに困ったら、スタッフに相談してみよう

カパフル 📍P.130-C
📞 808-734-7628　🏠 517 Kapahulu Ave.
🕐 11:00～17:00　🚪 無休　💳 AJMV
🌐 alohashirts.com

シグ・ゼーン氏が、ついにホノルルに店舗をオープン

シグ・オン・スミス
Sig on Smith

アロハシャツのデザイナーとして、ハワイでは知らない人はいないほど有名なデザイナー、シグ・ゼーン氏のお店。2023年7月現在、営業は金曜のみ。

ホノルル店では、メンズアイテムとアクセサリーを販売する

ダウンタウン 📍別冊P.26-B1
📞 808-524-0071　🏠 1020 Smith St.
🕐 10:00～18:00　🚪 土～木曜　💳 AMV
🌐 sigzanedesigns.com

地元ビジネスをサポートするショップ

ハウス・オブ・マナアップ House of Mana Up

メイド・イン・ハワイの商品をえりすぐり販売するショップ。特に、ハワイのローカル・ブランドやアーティストで、自分のショップをもたないブランドを精力的にサポートしている。

商品のレイアウトがおしゃれで買い物がはかどりそう

① 150以上のハワイ・ブランドがぎっしり並ぶ
② 赤ちゃんにも安全なリトル・ハンズ・ハワイ日焼け止め $8～

ワイキキ 📍P.299　📞 808-425-4028
🏠 ロイヤル・ハワイアン・センターA館1階
🕐 10:00～21:00　🚪 無休
💳 AJMV　🌐 houseofmanaup.com

ミス・アロハ・フラにささげるハワイアンジュエリー

ロイヤル・ハワイアン・ヘリテージ・ジュエリー
Royal Hawaiian Heritage Jewelry

1972年創業のハワイアンジュエリー店。フラの祭典、メリー・モナークの優勝者「ミス・アロハ・フラ」にささげるブレスレットを作っていることでも有名。

ミス・アロハ・フラ・バングル $4162〜。15mmの14Kイエローゴールドを使用

ダウンタウン ♀別冊P.26-B2
📞 808-524-4321 🏠 1130 Bishop St.
🕐 10:00〜16:30
🔒 土・日曜、11/24、12/25、1/1
🚃 AJMV 🌐 www.rhhj.com

ユニークで機能性の高いデザインが豊富

モアナ・キルト
Moana Quilts

多色使いやパステルカラーなど珍しいキルトが多数。クッションカバーや壁掛け、バッグやポーチ、オリジナルのエプロンなど実用的なキルトにも注目！

さわやかな色合いのポーチやクッション。色やデザインが豊富だからお気に入りが見つけやすい

ワイキキ ♀別冊P.21-C3
📞 808-931-8920
🏠 シェラトン・ワイキキ1F
🕐 8:00〜20:00 🔒 無休
🚃 ADJMV 🌐 moanaquilts.com 🔘

ハンドメイドの美しい伝統的ハワイアンキルト

ハワイアン・キルト・コレクション
Hawaiian Quilt Collection

オーナーがデザインするキルトは、すべて専属のキルト職人がハンドメイドするコットン100%の上質なもの。小物から高価なベッドカバーまで何でも揃う。

バッグ $35.95〜をはじめ、手頃な小物が人気

1 ロイヤルハワイアンホテルの1階に店を構える 2 自宅がハワイに様変わりするような商品がずらり

ワイキキ ♀別冊P.21-B3 📞 808-922-2462
🏠 ロイヤル ハワイアン ラグジュアリー コレクション リゾート1F
🕐 10:00〜21:00 🔒 無休 🚃 ADJMV 🌐 hawaiian-quilts.com

自社工房で製造するコアグッズの有名店

マーティン&マッカーサー Martin & MacArthur

高品質と評価されているコアウッド製品は、一点物の家具から小物まで多種多様。iPhoneケースなど、時代に合わせたカジュアルな新作も揃っている。

イオラニ・パレスの家具の製作を手がけることも

1 コアウッド製品を販売する草分け的存在だ 2 時計やキャップなど小物が人気

アラモアナ ♀P.295
📞 808-941-0074
🏠 アラモアナ・センター2F山側
🕐 10:00〜20:00 🔒 無休
🚃 AJMV
🌐 martinandmacarthur.com

ハワイアンスタイルの逸品たち

#7 Hawaiian Jewelry

ネックレスやリングはもちろんだが、ローカルが身につけることが多いのがバングル。お店によっては、文字を入れるなどアレンジも可能。

ハワイアンジュエリーをこよなく愛したリリウオカラニ女王

結婚指輪としても人気のリングは、色やデザインもさまざまで、その美しい彫刻に惚れぼれする。

愛しい人への思いを刻んで

ハワイアンキルトやコアと同様、ハワイ王朝から生まれた逸品がハワイアンジュエリーである。

1862年、英国のビクトリア女王は、夫のアルバート王子が亡くなった後、金に黒のデザインを施したジュエリーのみを身に着けるようになった。それを聞いたリリウオカラニ女王（→ P.125）は、彼女の愛する人を思う気持ちに心を打たれ、自らも「ホオマナオ・マウ（永遠の思い出）」と彫ったブレスレットを作り、生涯身に着けたといわれる。

愛情いっぱいのジュエリー

ハワイ語を刻んだビクトリア調のハワイアンジュエリーはこうして誕生した。名曲『アロハ・オエ』の作者としても知られるリリウオカラニは、親交の厚かった教師ゾエ・アトキンソン女史に「アロハ・オエ」と刻んだバングルを贈ったという。このことが女史の生徒の間で広まり、ハワイの人々の間で、親から娘へ、さらに恋人同士でハワイアンジュエリーを贈り物にするようになったのだ。

今では、ハワイの女性なら必ず身に着けているほど、ハワイアンジュエリーはハワイの人々にとって身近な存在になっている。

ジュエリーのモチーフには意味がある

ジュエリーのモチーフによく見られるデザインといえば、プルメリア、ホヌ、スクロール（波）、マイレなど。例えばプルメリアには、「大切な人の幸せを願う」という意味があり、ウエディングリングなどに多い。ホヌは幸運を呼び寄せる効果があると言われる。スクロールは「永遠の愛」の象徴。ウエディングリングに使われることが多いマイレは、ハワイの結婚式などに必ず登場する葉のことで「永遠の強い絆」を意味する。

----| SHOP LIST |----------------------
- ・ラウレア（P.348）
- ・ナ・ホク（P.348）
- ・ロイヤル・ハワイアン・ヘリテージ・ジュエリー（P.350）

Beauty

✦ ビューティ

日頃の疲れを解消して、ハワイでキレイになろう

Beauty Orientation

》ビューティオリエンテーション《

スパ利用の流れ

よりスムーズにスパを利用するためには、大まかなシステムや流れを頭に入れておくことが大事。また、専門用語も理解しておけばメニュー選びもスムーズだ。

予約 ほとんどのスパは完全予約制。出発前に日本から電話、ウェブサイト、eメールなどで予約しておくと確実。

チェックイン 着替えもあるので、予約時間の15分前までにはスパに行きたい。遅れるとトリートメント時間が短縮されることも。

ウエイティングルーム ロッカールームでバスローブに着替えたら、ウエイティングルームへ。ここでは飲み物を飲みながらくつろご

う。携帯電話の電源はOFFに。そのあとは各自個室へと案内される。

チップについて トリートメントが終わったら、リラクセーションルームなどでのんびりしてから帰れる。また、忘れがちなのがチップ。コース金額の約15%を直接担当セラピストに渡すか、会計のとき一緒にチャージしてもらおう。

キャンセルについて 予約時間はできるだけ守りたい。どうしても変更したいときは必ず事前に連絡を。連絡をしないと全額負担の場合も。

ビーチフロントという絶好のロケーションのスパも（→ P.356）

覚えておきたい用語
マッサージ編

ロミロミ・マッサージ ハワイに古くから伝わるマッサージ。体の弱っている部位に自然界のマナ（エネルギー）を送り込むというスタイル。ひじを使った軽快なストロークで血行をよくする。

ストーン・マッサージ 温度の異なる玄武岩や溶岩をツボに当て、温めたり冷やしたりしてマッサージをする。石の重みが不思議と落ち着く。玄武岩には体内エネルギーを整える作用があるそうだ。

スウェーデン式マッサージ リズムをつけたストロークともみに加え、円を描くような動きのマッサージ。

指圧 指先と手のひらを使い、ツボを押して体を正常な状態に整える。ハワイでもポピュラーなマッサージ。

リンパ・マッサージ リンパと血液の流れに沿ってマッサージし、血液を一度心臓に戻してから血行を高め、新陳代謝を促す。

リフレクソロジー 足を中心としたマッサージ。台湾式の足裏のツボを刺激するスタイルと英国式のアロマオイルを利用するタイプがある。

覚えておきたい用語
トリートメント編

ボディスクラブ 薬草やココナッツ、天然塩などで肌の古い角質を取り除き、なめらかにする。

ボディラップ 古くから祈禱に使われる葉、あるいは海藻配合の溶液を浸した布を体全体に巻きつけ、代謝を促しながらトリートメントする。

ピーリング 老化した皮膚の角質をこすり取る施術法。クリスタルや化学物質を使うものも。

マイクロ・ダーマ・ピーリング クリスタルを吹きつけ、毛穴の汚れやうぶ毛を取り除き、皮膚を活性化して肌のくすみやシミ、シワを抑える。

Abhasa Spa

アバサ スパ

ワイキキの名門ホテルにあるガーデンスパ。ヤシの木やトロピカルフラワーに囲まれた中庭のカバナで受けるトリートメントは、このスパならではのゴージャス感に満ちている。2012 年よりハワイアンオーガニック・トリートメントを開始。ポリネシアの美の秘訣を凝縮した贅沢なボディトリートメントで、ミニフェイシャルから始まり、全身をオーガニックココナッツオイルでていねいにお手入れ。頭皮マッサージや足のスクラブ付きで満足度抜群。ハワイアンオーガニックに加えロミロミが各 50 分ずつ受けられるスパ・パッケージ「ハイビスカス」も人気が高い。

🏠ロイヤルハワイアンラグジュアリー コレクションリゾート内 📞808-922-8200 ⏰10:00～18:00 🈳無休 💲ハイビスカスパッケージ 1 時間 40 分 $461.43（料金はいずれも税・サービス料込み）📧日本語での問い合わせ ✉reservations@abhasa.com 🌐www.abhasa.com

ビューティオリエンテーション／ホテルスパ

> ハワイ屈指のガーデンスパなので、ぜひ体験したい

ハワイアン・オーガニック・トリートメント
1 時間 20 分 $318.02ほか

1 ラグジュアリーなエントランスにテンションも UP 2 オリジナルのコスメやアロマなどを販売している 3 緑豊かな空間でマイナスイオンがたっぷり

355

Moana Lani Spa, A Heavenly Spa by Westin

★ モアナ ラニ スパ〜ヘブンリー スパ バイ ウェスティン〜

ワイキキ唯一のビーチフロントという最高のロケーションにあるスパ。ワイキキ・ビーチの打ち寄せる波の音を聞きながら、体に本来備わる力を回復し五感を高めるためのスペースとなっている。1580m² という広々としたスパには、大小 16 室のスパルーム、ネイルサロン、そしてウェスティン ワークアウト ジムが備わり、トリートメントを受けるとサウナ、スチームやジャクージなど諸施設が無料で使用できる。ワイキキにいるとは思えないほど最高に贅沢な癒やし空間を、心ゆくまで味わおう。

🏠 モアナ サーフライダー ウェスティン リゾート & スパ 2F　📞 808-237-2535
🕘 9:00 ～ 18:00　🈚 無休
💆 各種マッサージ 50 分 $190 ～、ポハク・オラ 50 分 $205 ～ など
🌐 www.moanalanispa.com

> 潮騒を BGM に
> 心ほぐれる極上体験

Spa Menu
ヘブンリー・スパ・
シグニチャー・マッサージ
50分　$196〜

1 窓の外からはこんな夢のような光景が広がる　2 スパアイテムなどは購入可能　3 ワイキキ・ビーチの波の音を聞きながらのんびりできるラウンジ

The Spa at Trump

ザ・スパ・アット・トランプ

　トランプ・インターナショナル・ホテル・ワイキキ内の、静かな落ち着いた空間のなかで、ゆったりとフェイシャルやボディ・マッサージが受けられる。フェイシャルに使用しているのは、バルセロナで誕生したラグジュアリーなスキンケアブランドナチュラ・ビセの商品。こちらを使用しているのはハワイでもここだけ。熟練のセラピストによるハワイアンロミロミマッサージも人気。

🏠トランプ・インターナショナル・ホテル・ワイキキ6F　📞808-683-7466
🕐10:00〜18:00
🚫月・火曜　💳ADJMV　♨ハワイアンロミロミマッサージ60分 $175など
🌐www.trumphotels.com/waikiki/spa/honolulu-spa-services

カップルやハネムーナー
におすすめ！

ラグジュアリー カップル リトリート（ロミロミマッサージ60分＋プライベートジャグジー30分）
$440（2名分）

1 シミや過剰な色素を減少させ、肌の潤いと明るさが取り戻せるというホワイトニング＆ブライトニング フェイシャル　2 カップルで同部屋での施術も可能。心身ともにリラックスして施術を受けられる

357

Nā Ho'ola Spa
⭐ ナ ホオラ スパ

`ホテルスパ` `ワイキキ` 📍別冊P.21-B4

ワイキキ最大規模を誇るスパ。2フロア吹き抜けの広々としたラウンジと、そこから見える海の景色がすばらしい。1日中ここで過ごしたくなるほど、リゾート気分を満喫できる。セラピストの手を通してアロハスピリッツとハワイアンヒーリングのパワーを伝えることを基本に、オリジナルのメニューを展開する。式直前に最適なウエディングエステは、日本語を話せるスタッフがいるので気軽に相談できる。

Spa Menu
ナネア・ホットストーン
マッサージ
50分　$195〜

上吹き抜けの開放感たっぷりのラウンジ　下ポハク（ホットストーン）マッサージ。ククイナッツオイルと石の温かさが筋肉の深みにまで届く

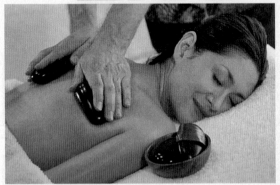

🏠ハイアット リージェンシー ワイキキ ビーチ リゾート アンド スパ5・6F
📞808-237-6330
🕐9:00〜17:00（変更あり）
🔓無休　💆ハワイアンロミロミマッサージ50分$185〜など
🌐na.spatime.com/
hrw96815/32232382/home

Spa Halekulani
⭐ スパ ハレクラニ

`ホテルスパ` `ワイキキ` 📍別冊P.20-C2

ハレクラニの前に広がるビーチは、古代から「カウェヘウェヘ（癒やしの水）」と呼ばれていたヒーリング・エリア。その癒やしの空間にあるのがスパハレクラニだ。ハワイに伝わる神秘的なヒーリング文化に、現代の最新技術と洗練さを加え、顧客一人ひとりに至福の時を約束してくれる。ワイキキにいながら、オアシスに身を置くようなスピリチュアルなひとときを体験できる。

ロミロミ
50分　$185ほか

上スパハレクラニのオリジナル、マイレ・シリーズ。右から、バスソルト$27、ローション$30、ミスト$33　下リラックスできるトリートメントルーム。スパ・トリートメント以外にも、ヘアやネイルのトリートメントも受けられる

🏠ハレクラニ1F
📞808-931-5322　🕐8:30〜20:00
🔓無休
💆ハレクラニ スプリーム1時間40分$315など
🌐www.halekulani.jp/spa

Naio Bliss
★ ナイオ ブリス

`ホテルスパ`　`ワイキキ` 📍別冊P.18-B2

別冊P.18-B2

Spa Menu
ザ ジャーニー
80分　$260（1名）

ワイキキのアラワイ・ヨットハーバーを一望できるプリンス・ワイキキで、心身のバランス調和を促す伝統的なトリートメントを受けられる。トリートメントルームまたはプールサイドのカバナといったリゾート感あふれるシチュエーションで受けるマッサージやフェイシャル、スキンケアは心までほぐされる。ホットストーンを使ったロミロミとリラックス効果のあるココナッツクリームを使って行うザ ジャーニーなどが人気。

右 事前予約がおすすめ。施術後は体が生まれ変わる
左 プールサイドにあるカバナ。アラワイ・ヨットハーバーが見渡せる極上の癒やし空間だ

🏠 プリンス ワイキキ内
📞 808-343-1997
🕙 10:00～18:00　🈳無休
💳 AJMV
💆 ロミロミ $160/50分、$225/80分、$295/110分ほか
🌐 jp.princewaikiki.com/service/naio-bliss

Mandara Spa
★ マンダラ・スパ

`ホテルスパ`　`ワイキキ` 📍別冊P.19-B4

別冊P.19-B4

Spa Menu
ハワイアン・ロミロミ・マッサージ
60分　$266～

バリ島発の高級スパ。23室のトリートメントルーム、サウナ、美容サロン、フィットネスセンターなどを備え、アロマテラピーやハワイアンロミロミなど各種マッサージ、ボディケアを享受できる総合スパ。女性だけでなく男性も利用できるこのスパには、2名1室で施術を受けられるトリートメントルームもある。屋外プールも完備しているためゆったり過ごすことができる。贅沢なひとときを思う存分堪能しよう。

右 ハワイ王族に親しまれていたハワイの伝統的なロミロミマッサージ。ゆったりとしたストロークで深いやすらぎを　**上** アジアンテイストのトリートメントルーム

🏠 ヒルトン・ハワイアン・ビレッジ内カリア・タワー4F
📞 808-945-7721　📠 FREE 0120-588-655　🕙 10:00～18:00
🈳無休　💆バリニーズ・マッサージ60分 $266～など
🌐 hawaiimandaraspa.com

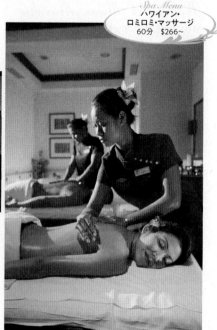

Ilikai Massage Spa Hawaii
★ イリカイ・マッサージ・スパ・ハワイ

`ホテルスパ`　　　`ワイキキ` ♀別冊P.19-C3

　イリカイ・ホテル＆ラグジュアリー・スイーツの1
階にある、痩身メニューで有名なスパ。ロミロミや
アロママッサージ、リンパマッサージなど、豊富な
リラクセーションメニューは自身でカスタマイズする
こともできる。おすすめメニューは痩身マッサージ
やスリミングマシーン、デトックスラップを組み合わ
せたデラックススリ
ミングパッケージ。

Spa Menu
ロミロミマッサージ
60分　$135〜ほか

ブライダルエステも人気

🏠イリカイ・ホテル＆ラグジュアリー・スイーツ 1F イリカイ・ショッ
プ内　📞808-944-8882（日本語OK、当日の予約も）　🕙10:00
〜21:00　🚫無休　🛏リラクセーションメニュー（ロミロミやストー
ンマッサージ）60分 $125〜など　🌐www.ilikaimassagespa.com

Royal Kaila Salon
★ ロイヤルカイラサロン

`ホテルスパ`　　　`ワイキキ` ♀別冊P.22-B1

　ピュアな花と植物エッセンスをベースに美しくな
る「アヴェダ」の基本概念を受け継ぐスパ。トリー
トメントやマッサージを通じて、より美しく健康に
なれるサービスを提供する。アロマオイルの香りに
包まれながら心ほぐれる特別な体験を堪能しよう。

Spa Menu
**ロイヤルカイラ
オリジナルストーンマッサージ**
80分　$220ほか

それぞれのコンディションに合わせて最適なマッサージを提供

🏠ワイキキ・ビーチ・マリオット・リゾート＆スパ内
📞808-369-8088　🕘9:00〜18:00（変更の可能性あり）　🚫無
休　🛏マッサージ50分 $130〜など　🌐www.spa-royalkaila.com

Kahuna & Mana Massage
★ カフナ＆マナ マッサージ

`ロミロミ`　　　`ワイキキ` ♀別冊P.22-B1

　ロミロミや指圧、ホットストーンを使ったマッサ
ージなどをリーズナブルな料金で受けられると人気。
時間設定は60分、90分、120分と3つから選ぶこと
ができ、追加$13〜でヘッドマッサージやハンドマ
ッサージを追加することもできる。

Spa Menu
**コンビネーション
（ロミロミ＋指圧）**
60分　$78〜

リーズナブルでリピーターも続出なのだとか

🏠140 Liliuokalani Ave. #102　📞808-351-5038　🕘9:00〜21:00
（出張は要確認）　🚫無休　🛏ロミロミ、指圧/あんま60分
各$60〜など

Lomino Hawaii
★ ロミノハワイ

`出張マッサージ`

　出張ロミロミが受けられる。ハワイで唯一、州公
認の学校を運営しているだけあり技術も一級品な
ので安心。施術を受けて、そのままホテルのベッド
で寝てしまうという最高の贅沢を体験してみよう。
日本からの予約も可能（📞050-5539-2400）。

Spa Menu
デトックスロミロミ
90分　$150〜 など

心身ともにリラックスしてハワイ旅行をもっと楽しく

📞808-741-3534　🕘9:00〜21:00（電話予約時間）　🚫感謝祭、12/25、
1/1　🛏ロミロミマッサージ60分 $85〜など　🌐lominohawaii.com

Naillabo
★ ネイルラボ

ネイル　　ワイキキ ● 別冊P.21-C3

ハワイアンネイルの定番となっているハイビスカス・アートの元祖がこちら。ワイキキで初めてのネイルサロンとして、1995年にオープン以来、その技術とデザインには定評がある。スタッフは全員日本人。ワイキキのホテル内にあり夜遅くまで営業しているので便利で安心。指先からハワイを満喫する贅沢な時間を楽しんでみよう。

Spa Menu
ハンド・ペイント・アート
1本$10〜など

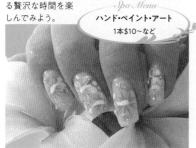

ハワイらしいデザインに気分が上がる

⌂ シェラトン・ワイキキ1F、プール近く ☏ 808-926-6363
● 9:00〜16:00（火曜11:00〜19:00、水・木曜〜18:00） ⊘ 土・日曜
♣ ナチュラルネイル・レギュラーコース$30など ⊕ naillabo.net

Luana Waikiki Hawaiian Massage
★ ルアナワイキキハワイアンマッサージ

ロミロミ　　ワイキキ ● 別冊P.20-B2

約20年近くワイキキの中心でロミロミマッサージを行う老舗サロン。きめ細かな日本式のサービスと技術で日本人はもちろんアメリカ本土からのお客にも評判だという。リンパマッサージやヘッドマッサージ、カップルズマッサージなど、多様なメニューを用意。

Spa Menu
ロミロミ
60分　$95〜

日本人セラピストたちのていねいな接客が魅力

⌂ 2222 Kalakaua Ave. ワイキキギャラリアタワー7階 ☏ 808-926-7773 ● 9:00〜18:00（予約制。最終予約は〜17:00） ⊘ 無休 ♣ ロミロミ60分$95〜、ロミ＆リンパ（＆フットマッサージ）60分$105〜ほか ⊕ luana-waikiki.com

Nail Salon ai
★ ネイルサロンアイ

ネイル　　ワイキキ ● 別冊P.20-B2

ライセンスを持ったトップネイリストによる施術が受けられるサロン。500種類以上の豊富なネイルはもちろん、まつげエクステンションやマッサージまでカバー。カウンセリングで相談しながら好みのデザインを決めよう。

Spa Menu
ジェルネイル
$75〜など

利用者に合わせたベースジェルとデザインを提案

⌂ 307 Lewers St. #301,#302 ☏ 808-921-2900 ● 9:00〜19:00 ⊘ 無休 ♣ マニキュア$40、ペディキュア$70など ⊕ www.nailsalonai.com

Aqua Nails
★ アクア・ネイルズ

ネイル　　ワイキキ ● 別冊P.21-B3

ワイキキ中心部のビルの3階にあるアクセス抜群のサロン。ジェルネイル（ハンド）$45〜や日常的に楽しめるシンプルネイル、ハワイアンなネイルなど、デザインが豊富に揃う。また、足裏の角質ケアを重視したメニューは、女性だけでなく男性にも支持されている。予約なしでもOK。
LINE ID:aquanailsから問い合わせ可。

男性用ネイルアートもあり、カップルにおすすめ

Spa Menu
ハンドジェル・クリア
40分$49〜など

⌂ 334 Seaside St., #304（水色のビル3F） ☏ 808-923-9595 ● 10:00〜17:00 ⊘ 日曜、おもな祝日 ♣ ブライダル・マニキュア約1時間$65、親子ネイルアート20分+20分$49（2人分の料金）など ⊕ www.aqua-nails.com

Made in Hawaii

ハワイアンスタイルの逸品たち

#8 Surfing

生活の一部だったサーフィン

　古代ハワイの代表的な娯楽だったサーフィン。いい波が入った日は、村中総出でサーフィンに出かけてしまい、その日は畑仕事やもろもろの作業も終了ということが日常茶飯事。もちろん庶民だけでなく、王族たちも波乗りに興じていた。特にカメハメハ3世はサーフィンの名手として知られている。王族はコアやウィリウィリの木でボードを作らせ、庶民はバナナなどの身近な木を使った。ボードを長持ちさせるために、表面にはナッツを焦がして作った黒い液を塗ったという。

サーフィンの衰退と復活

　19世紀初頭に移住してきた宣教師たちにとって、サーフィンはまさに悪魔のスポーツだった。ハワイの固有文化の否定に躍起だった宣教師たちは、仕事もせずに裸同然で波と戯れるサーファーを迫害し、1900年前後までにサーファーはほとんど姿を消してしまう。

　しかし20世紀に入り、サーフィンは新しい方向へと発展し始める。白人観光客がハワイを訪れるようになり、マーク・トウェイン、ジャック・ロンドンといった人気作家がサーフィンを世界に紹介した。また"近代サーフィンの父"といわれる、デューク・カハナモク（→ P.111）の登場も追い風となった。デュークはハワイの親善大使として世界中を回り、各地でサーフィンを披露。徐々にだが、サーフィンは世界中に知れ渡っていくことになる。

時代とともに進化するボード

　人気に本格的に火がついたのは、1950年代のこと。木製ボードに代わって合成素材のボードが登場し、その使い勝手のよさや廉価なことなどから、多くの若者がサーフィンを気軽に楽しむようになった。その後も技術の進歩とともに、ボードの素材もポリウレタン、エポキシ樹脂などに進化し、スケッグの数やノーズとテイルの形も変わってきた。現在は、ロングとショートの中間に当たるミニタンクや

ハワイでは"クアナル（崩れる直前の波）"、"クアパ（崩れる最中の波）"、"ララハラハ（高まる波）"など、波を表す言葉がいくつもある。このことからもハワイの人々にとってサーフィンが特別の存在であったことがわかる

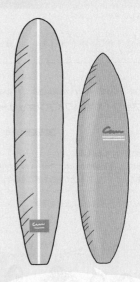

サーフィンで派手なトリックを決めるショートボードや、初心者でも安心なロングボードなど、種類もさまざま。

ファンボードが人気だという。

┌─ **I SHOP LIST** I ─────────
│ ・インター・アイランド・サーフ（P.327）
└──────────────────────────

Stay

🏨 ステイ

ハワイのホテル事情をチェック

Stay Orientation

》ステイ オリエンテーション《

アコモデーション（宿泊施設）の種類

ハワイの宿泊施設は、その規模や形態、宿泊料金などによって、大きく次の4種類に分けられる。

❶ シティホテル

いわゆる**洋室タイプ**の一般的なホテル。ワイキキのホテルはほとんどがこのタイプ。高層ビルの大型ホテル、こぢんまりとした格安ホテルなど、宿泊料金の幅も広い。また、キッチン付きの部屋や豪華なスイートルーム、ビジネスホテルのようなコンパクトな部屋など、客室タイプもさまざま。

❷ リゾートホテル

リゾート一体型の高級ホテル。ホテルの敷地内、もしくはごく近い所にゴルフ場を中心としたアクティビティ施設を併せもつ。すばらしいビーチはもちろん、ショッピング施設、レストランなどもあり、広大な敷地内から一歩も外に出なくてもすべて事足りるようになっている。リピーターやゴルファー、ハネムー

ナー、年配の旅行者にもおすすめ。

❸ コンドミニアム

日本式にいえば、**家具付きマンション**のこと。それぞれのユニットにオーナーがいて、そのオーナーが使わないとき、マネジメント会社が委託を受けて旅行者に貸し出すというシステム。部屋はシティホテルより広く、キッチン、家具調度品などを完備しているので、家族連れや小グループに最適。

ベッドメイクやフロント業務など、ホテル同様のサービスも兼ね備えている"コンドミニアム・ホテル"も多い。

❹ その他のアコモデーション

ホテルともコンドミニアムとも違う宿泊施設。YMCA、ユースホステル、B&B（ベッド&ブレックファスト）など。**料金は安く、地元の人や他国の旅行者と友達になれる**チャンスがあり、ひとり旅やバジェット・トラベラー向き。

リゾート・フィー

ここ数年でワイキキでは宿泊料金に加えて「リゾート・フィー」を取るホテルがほとんどだ。

このリゾート・フィーとは、駐車場、客室内Wi-Fi、ハウスキーピング、毎日のコーヒー、市内通話、エクササイズルームなど、ホテルの施設や設備の利用にかかる料金と

いえばよいだろうか。ホテルによってその内容も料金もさまざまで、たいてい1日$30くらいから$65くらいまで。

事前にリゾート・フィーの内容をチェックしておくのもホテル選びの大事なポイントといえるだろう。

数字で見るハワイの宿泊施設

ハワイ州のアコモデーション（宿泊施設）は1423軒（オアフ島は279軒）。客室数は8万555室（同じく3万8758室）。オアフ島のアコモデーションのうち約78.2%の3万321室（軒数は164）がワイキキ／ホノルル地区に集中している。

またハワイのホテル1室当たりの平均宿泊料金は約$225.31（ワイキキ地区は$212.51）。

※いずれも2021年度のデータ　出典：Hawaii Data Book2021

オンシーズンとオフシーズン

STAY

ハワイを訪れる観光客数は、1年を通じて一定ではなく、月によってバラつきがあるので、**客の多い時期（オンシーズン）、少ない時期（オフシーズン、またはローシーズン）**という「季節」が、ハワイにも生じることになる。

ハワイにおけるオンシーズンはクリスマス時期から3月上旬にかけてで、この時期、年間平均8割強というワイキキ内ホテルの稼働率は9割を超え、満室となるホテルも珍しくない。

需要と供給の関係で、当然この時期、宿泊料金は軒並みアップする。値上げ率はだいたい10〜30%程度。ツアー料金にも影響し、パッケージツアーも割高になる。

というわけで、特に年末から年始にかけては、遅くとも3ヵ月前、人気のあるホテルだと1年前から予約をしないと部屋が確保できないことがあるほど。また、日本人が集中するゴールデンウイーク、夏休み、さらにビッグイベントがあるときなども予約なしでは難しい。

個人旅行の予約法

日本に支社や予約窓口のあるホテル、コンドミニアムなら、直接申し込むか、各旅行会社に頼めばよい。そうでない場合は、当然自分で予約しなければならない。

最近ではウェブサイトを開設しているホテルがほとんど（→P.373〜ホテル記事）。インターネットで予約すると割引料金が適用されるケースが多く、また期間限定のキャンペーン企画があったりと、少しでも旅費を節約したい人には見逃せない。もしくはホテル予約サイトならば、価格も比較しながら一番よいホテルを申し込むことができる。

部屋の写真や間取り、料金表が掲載されているサイトもあり、とても参考になる。指示に従ってクリックすれば予約も簡単。また時差を気にせず申し込める点も便利だ。

デポジットとは？

予約が取れたらデポジット（Deposit）という保証金が必要になる（ホテルによって1泊分〜）ことも。クレジットカードを持っていれば、カードの番号と有効期限を知らせるだけでOK。

その際、間違いを避けるために、ホテルから予約OKの返事がきてから、カード番号などの情報を通知するほうがいい。

ホテル予約サイトを使う

インターネットでの予約は、海外ホテル予約サイトが主流になっている。安全性や料金を納得したうえで賢く利用したい。
- ●エクスペディア Expedia
- ⊕ www.expedia.co.jp
- ● Hotels.com
- ⊕ jp.hotels.com

ホテル予約サイトを賢く利用して、快適なハワイステイを

困ったことがあったらいつでもフロントに相談を

ステイオリエンテーション

— Stay Orientation —

ホテル予約のヒント

■ホテルの立地条件で選ぶ

ホテル選びの決め手となるのは、まずホテルの立地条件や規模による選択。

ハワイのホテルは、大雑把にいうとビーチに近いほどグレードも人気も高くなる。ツアーのパンフレットで「エコノミー」「スタンダード」「デラックス」などとホテルのランクが表示されるが、デラックスクラスはビーチや海に面したホテルを意味し、ビーチから離れるほどツアー料金も安くなる（もちろん例外はあるが）。またデラックスホテルは、レストランなどの諸施設が充実しており、日本語の通用度も高い。

そうした利便性や、客室からビーチへ0分という魅力的なロケーションを基準にホテルを選ぶのも間違いではない。が、それ以上に大切なのはホテルそのもののランクよりも、客室のグレードやカテゴリーなのだ。

■客室のグレードとカテゴリー

客室のグレードは、「スタンダード」「スーペリア」「デラックス」というように分けられており、さらに「スイート」タイプの部屋なら、間取りも広くインテリアも豪華なのは言うまでもない。

カテゴリーとは、部屋からの眺めによって決められており、一般的に同じホテルで、同じタイプの部屋でも、下の階より上の階のほうが宿泊料金は高くなる。その部屋からの眺めは、たいてい次のようにカテゴリー分けされている。

●オーシャンフロント（Oceanfront）

文字どおり目の前が海、障害物なしで大海原が見渡せる。このカテゴリーの部屋はオン・ザ・ビーチに立つホテルに限られる。

まさに障害物なしの海の眺め

●オーシャンビュー（Oceanview）

通りやビルを隔てていても、海の眺めが確保されている部屋。内陸部のホテルではいちばんいい部屋とされる。

ダイヤモンドヘッドビューの部屋

●パーシャル・オーシャンビュー（Partial Oceanview）

チラッとでも海が見えるとこういう呼び方をする。海の眺めそのものはあまり期待できない。

●マウンテンビュー（Mountainview）

ホテルの山側に位置する部屋。海が見えないといって失望する必要はない。ワイキキなら、フロアによってはマノア渓谷の美しい夜景が眺められ、オーシャンビューよりもマウンテンビューを望むファンも多い。

マウンテンビューならこんなロマンティックな光景が楽しめる

※ホテルやコンドミニアムの「部屋のタイプ」は P.372 を参照。

■旅のスタイルに合わせて部屋を選ぶ

ほかにも、ワイキキの東側にはダイヤモンドヘッドビュー（Diamond Head View）、西側にはシティビュー（City View）というタイプの部屋があるホテルがある。もちろん海も夜景も眺められる部屋というのがベストなのだが、なかなかそうはいかないもの。1日中海を眺めながらラナイでボーッとしていたいなら、オーシャンフロントの部屋が最高だろうし、日中は外で活動しているので、ホテルに帰るのは日が落ちてから、という人はマウンテンビューで十分。要は、自分の休日のスタイルに合った部屋を選ぶことが肝心。

オン・ザ・ビーチのホテルが取れなかったからといって悲観することはない。ワイキキはたかだか東西 3km、南北 1km にも満たない町。内陸部のホテルといっても、ビーチまでは楽勝で歩ける範囲。予算や旅の目的によっては、「デラックス」ホテルの「スタンダード」ルームよりも、「スタンダード」ホテルの「デラックス」ルームのほうが、充実した旅行になるケースは少なくない。

ホテルを上手に使いこなそう

海外旅行初体験というのなら、日本とは勝手の違うハワイのホテルにとまどうこともあるだろう。そこで、ここではホテルの諸施設やサービスの上手な利用法を紹介しよう。

ロビーで

タクシーにせよ、レンタカーにせよ、車がホテルのロビーや玄関に横付けされると、まず迎えてくれるのがベルデスクのスタッフ、ベルマン。彼らの仕事は、ゲストの荷物管理。チェックインのときは玄関から客室へ、チェックアウトのときはその逆に荷物を運んでくれる。こちらの名前を告げ、荷物はベルマンにまかせておけばいい。

ベルマンの出迎えがないホテルもあるが、フロントに申し出ればベルマンを派遣してくれる。つまりベルマンがサッと飛んでくるのは中級以上のホテルと考えていい。

また、コンドミニアムにはベルマンがいることはまれ。専用のカートを使って自分の荷物を運べばいい。

フロントで

チェックインの時間はたいてい15:00から。予約してあるときは、部屋の準備ができていれば15:00前でも入室できる。もし、チェックインが大幅に遅れそうなとき（18:00以降）は、その旨ホテルに連絡を入れること。さもないと予約を取り消されることがある。

フロントでは、まず名前と予約のあることを告げ、ホテルバウチャー、予約確認書などがあれば提示する。またレジストレーションカード（宿帳）への記入が必要なことも。住所、名前などはもちろん英語（ローマ字）でなければならないが、サインは日本語でもいい。

同時にパスポートと国際クレジットカードを提示する。仮に日本でホテルバウチャーを購入していたり、全額前払いしていたとしても、必ずクレジットカードを出さなければならない。

これは室内冷蔵庫のドリンク代、ホテル内レストランでの食事代といった追加料金の支払いに対する保証金ではなく、あくまでもゲストのクレジット（Credit＝社会的信用）を求められていると考えてほしい。だからクレジットカードは今や海外旅行の必需品ともいえる。もちろん出発時には、カードでなく現金で精算してもいい。その場合は、カード記録は破棄される。

部屋のタイプと宿泊料金

宿泊料金はホテルもコンドミニアムも、ひとりいくらではなく部屋単位（1室1泊）が基本。ホテルの客室はシングル（ベッドが1台）、ツイン（ベッドが2台）、ダブル（ダブルベッドが1台）、スイート（ベッドルームとリビングルームがある）などに分かれる。一方コンドミニアムは、ステューディオ（ワンルーム）、1ベッドルーム、2ベッドルームといったタイプに分かれている。

バレット（バレー）パーキング

レンタカーの場合は、ドアマンの指示によって係員が車を駐車場に運んでくれる。もちろん自分で駐車してもかまわないが、チェックインのときはバレットを利用したほうがスマート。

※バレットパーキングやホテルの駐車場について（→P.209）

バレットでのチップは、通常、車を預けるときではなく、持ってきてもらったときに支払う

各種デスク

フロント近くにはツアー、レストランなどのパンフレットを並べたトラベルデスクや滞在中に手助けをしてくれるコンシェルジュデスクがある。おすすめのツアーやレストランを気軽に尋ねてみるといい。

ベルマンやバレットの係員へのチップを忘れずに

ルームキー

ハワイでは、ほとんどのホテルがカード式のルームキーとなっている。部屋のドアノブの横にある専用の差し込み口に、上から下へカードを滑らすか、一度差し込んで抜くと、ランプが緑に変わって施錠が解除される（カードをかざすタイプもある）。持ち運びは便利だが、紛失しないように注意しよう。またカードにはルームナンバーは記載されていないので、部屋の番号を忘れてウロウロするなんてことがないように。

フロントから部屋へ

荷物はベルマンが運んでくるのは前述したとおり。小さなホテルだと、チェックインのときに待機していてくれて、荷物とともに部屋まで案内してくれる。規模の大きいホテルでは、部屋で待っていると、荷物を持って登場する。その際、荷物1個につき最低$1～2程度のチップを。やたらと重たいトランクの場合は少し多めに。ベルマンへのチップはチェックアウト時に荷物を運んでもらうときも同様。

なお、ベルデスクでは無料で荷物を預かってくれる。通常は荷物のタグに日時と名前を記入し、その半券を受け取る。必ず約束の時間までに荷物を受け取り、$1以上のチップを手渡す（ベルマンのいないホテルもある）。

施錠の確認を

日本人がホテルでトラブルを起こす原因の多くは、施錠をしておかなかったというもの。室内にいるときは内鍵とチェーンを必ずかけておく。

誰かがノックしたら、まずのぞき穴で確かめ、チェーンを外さずに半開きにし、相手を確認してから開けるようにしよう。外出時にも、うっかり半ドアなんてこともあるので注意。

いずれにしても、ドアの向こうは別世界。ホテルの廊下は公道と同じものだと考えよう。ドアの閉め忘れで盗難に遭っても、ホテルでは何ら責任は取ってくれないので、個人個人で注意すべし。

安全管理

外に出ている間、さまざまな手口で部屋に侵入され貴重品をごっそりやられた、なんてケースもなきにしもあらず。パスポートや現金、航空券などは自分でちゃんと管理しよう。

ワイキキの主要ホテルにはたいてい室内金庫が用意されている。鍵式のもの、カード式のものもあるが、代表的な金庫は暗証番号方式のもの。使い方は簡単。まず金庫の扉を開け、貴重品を中に入れて扉を閉め、好きな数字を4～6ケタで入力する。出すときは同じ数字を入力するだけのこと。鍵を持ち歩く必要がなく、万一のときの補償もあるので、おおいに利用したい設備。

室内金庫がないホテルではフロントにセーフティボックスがある。所定の用紙に部屋番号とサインを記入し、細長い箱に貴重品を入れればいい。申込書と同じサインをすれば何度でも出し入れできる。こちらは無料のところが多い。

エアコン

ワイキキのホテルに関していえば、ほぼ99%の割合でエアコンが完備している。そのほとんどが、室内で温度調節できるシステム。風の強さ（High＝強、Medium＝中、Low＝弱）、温度（ただし華氏表示）で好みのコンディションを設定すればいい。日本の摂氏（℃）0 ℃は、華氏（℉）32℉に当たる。ハワイでも朝晩冷え込むことがあるので、就寝時にはオフにしておこう。

冷蔵庫

室内に小型冷蔵庫を備え付けたホテルも多い。何も入っていない場合と、ジュース、ビールなどのドリンク、お菓子などが入っている場合がある。

後者はミニバーと呼ばれ、当然ながら有料。ビール1缶$3.50など割高だが、疲れて外に買いに出るのが面倒なんてときに便利。利用した場合は所定の用紙に飲んだ本数を記入し（毎日）、チェックアウトのときに精算する。

バスルーム

バスルームには必ずバスタオルや石鹸が備えられているはず。なければフロントかハウス

キーパーに尋ねてみること。また中級以上のホテルになると、シャンプー、コンディショナーなどのアメニティが備えつけられている。これらはスターターキットと呼ばれ、ふたりならせいぜい1～2回しか使えない量だが、なくなれば補充してくれるはずだ。

なお、日本の旅館と違い、歯ブラシや歯磨きペーストを置いているホテルは少ない。

洋式バスにもだいぶ慣れてきた日本人だが、いまだに床を水浸しにしてしまう人もいるようだ。シャワーと浴槽が一緒になっているタイプのバスルームには、必ず仕切りのカーテンがある。シャワーを浴びる際には、カーテンの裾をバスタブの内側に入れて使用すること。

🔑 テレビ

ワイキキでは、テレビのないホテルルームというのはまずない。テレビに関しては、特に使い方がわからないという人はいないだろう。ただ、日本の旅館と同じく有料の放送（Pay TV）もあるので、めちゃくちゃに操作して、あとから料金を取られなんてことのないように。この有料放送、日本ではまだロードショーをやっていない最新映画を流していることがあるので、映画ファンには楽しみ（当然ながら字幕はなし）。ホテルによっては地元の日本語放送も楽しめる。

🔑 室内電話について

室内電話は、「0」がホテルの交換手やフロント、外線は「9」発信が多い。市内（島内）、市外（ネイバーアイランド）、国際電話などのかけ方はP.507を参照のこと。ホテル内施設への問い合わせなどはホテルによって違い、ダイヤル部分などに書いてある。

🔑 ラナイ

ハワイのホテルの特徴は、シティホテルでも、ほとんどの部屋にラナイ（ベランダ）が付いていること。心地よい潮風に吹かれたり、夜景を眺めながらお酒を飲んだり、ラナイでのお楽しみはたくさん。

ラナイから吹き込んでくる風は、ハワイならではの心地よさだが、外出時や就寝時にガラス窓を開けっ放しにしておくのは安全面からいっても感心しない。また、幼児のラナイからの転落事故は珍しくないので、子供連れは要注意のこと。

🔑 チェックアウト

チェックアウト時間はたいてい12:00。12:00までに支払いを済ませてルームキーを返さないと超過料金を取られる。一般に18:00までは1泊分の半額程度。ホテルによってはチェックアウトが10:00とか11:00というところもあるので、チェックインのときに確認しておこう。

チェックアウト時はかなり混雑することがあるし、飛行機の出発時刻も気になるだろうから、余裕をもって早め早めに行動を起こしたい。

🔑 ホテルでのマナーと注意事項

①ホテルは自分の部屋以外は公共の場所。たとえ隣の部屋へ行くだけでもパジャマや下着姿では出ないこと。

②ロビーを水着のままうろつかない。必ず上着をはおり、サンダルを履く。裸足は感心しない。

③エレベーターの乗り降りはレディファースト。乗ったら出口を向いて立つ。目が合ったら"ハーイ"くらいのあいさつはしたい。

④洗濯物、水着、タオルなどは窓やラナイ（ベランダ）に干さないこと。これ、日本人がいちばんやってしまうマナー違反。

⑤ホテルでは毎日ルームキーパーがベッドメイクとタオルなどの備品を補充してくれる。朝ホテルを出るときには枕のところに$1程度のチップを置く（1台のベッドにつき）。タオルを余分に欲しいとか、グラスが足りないときはルームキーパーに頼む。$1～2程度のチップを添えて、メモを残しておくといい。

CHECK カードキーを部屋に置いたまま外出してしまったら、まずはフロントへ。「I locked myself out.」と言えば、名前と部屋番号を確認後、カードキーを再発行してくれる。

レストラン

ホテルのダイニングルームでは服装に注意したい。せっかくのごちそうもTシャツにサンダルでは台無しだ。男性は袖と襟の付いたシャツ、長ズボンに靴、女性はワンピースなどを。あまり難しく考えずにアロハシャツやムームーなどでOK（服装について→P.208）。

ワイキキのホテルにあるレストランやカフェには、日本語が話せるスタッフも多い

ホテルのレストランでの支払い

ホテルゲストなら支払いはサインでOK。伝票にルームナンバーと名前（ローマ字で）、サインを書き込む。また、チップも所定の欄（Gratuity、もしくはGratitudeと書かれている）に15％とか、$5とか記入すれば、チェックアウトのときに精算してくれる。ホテルの宿泊者だけでなく、外から食事しにくる人も多いので、ディナーの際は予約しておいたほうがいいだろう。

暗証番号は忘れずに

暗証番号式室内金庫の優れている点は、間違った暗証番号を何度も入力すると、最低でも30分間は作動しなくなること。さらに同じことを何度も繰り返すとセキュリティに通報がいく。これなら泥棒もお手上げだ。くれぐれも暗証番号を忘れないように。

暗証番号を控えるときは、ベッドサイドや引き出しの中にあるメモ帳とペンを使うと便利

まずは冷蔵庫チェック

まれなケースだが、飲んだ覚えのないドリンク代を請求されることがある。これはあなたの前にその部屋に泊まった客がドリンクを飲んだのに、ハウスキーパーが補充しなかったため、そのぶん最初から冷蔵庫内の飲み物が足りなかったから。あまり神経質になる必要はないが、とりあえず冷蔵庫を開けて確かめてみてもいい。飲み物はキッチリと並べられているから、万一足りないときはひとめでわかるはず。

ハレクラニ（→ P.373）のおしゃれなミニバータワー

スターターキットのヒント

スターターキットには、ホテルのオリジナルのものもあり、シャンプー、石鹸などは持ち帰ってもかまわないので、ちょっと変わったおみやげになる。ただしタオル、バスローブ、ヘアドライヤーなどホテルの備品を持ち出すと窃盗になるので要注意。

ホテルによっては、有名ブランドのアメニティを使用している

インターネット

大手ホテルなどでは、室内で高速インターネットを楽しめるデータポートを備えている。また、ロビーなど公共エリアでもワイヤレスでネット接続できるホテルも多い。

近年では客室でもWi-Fi接続できるようになってきた。いずれもたいてい有料で、24時間$12〜15ほどだったり、リゾート・フィーに含まれていることもある。

モーニングコール

モーニングコールはオペレーターにルームナンバー、名前、起床時刻を言えばいいだけのこと。会話例："Please wake me up at 7 o'clock tomorrow morning. This is Mr.Tanaka, room ten-fourteen(1014号室)"。ただし最近では、ボイスメッセージによるモーニングコールが主流で、指定の時刻もダイヤル入力で済ませるタイプが多い。

ラナイ利用の注意

ラナイで食事をしていると、ハトや小鳥たちが寄ってくるが、彼らには餌をあげないようにしたい。ハワイの生態系を守るためにもご協力を（→P.113）。特にハトは部屋の中に入ってくるほどずうずうしいので、衛生的にもラナイを開けっ放しにしないほうがいいだろう。また、ラナイは禁煙なので注意したい。

コインランドリー

ハワイのホテルやコンドミニアムには日本でもおなじみの自動洗濯機や乾燥機が備え付けられていることが多く、長期滞在者には重宝する。使い方は簡単。
洗濯機の場合は
①まず水温（Hot＝お湯、Warm＝ぬるま湯、Cold＝水）、洗濯物の生地の種類（Normal＝普通、Perm Press＝ジーンズなど厚い生地、Delicate＝下着などデリケートな生地）を選択する。
②次に25¢硬貨4枚（もしくは5枚）を所定の位置に置き、レバーを押し込み、ガチャンと音がしたら引き戻せばスタートする。乾燥機も同様で（たいてい25¢×4〜6枚）、こちらも生地のチョイスがある。

チップの置き方

ルームキーパーによると、果たしてチップなのか、ただ置き忘れたのかわからない場合があって困るとのこと。わかりやすいのは、ベッドのサイドテーブルの上に。その際に"Dear Room Keeper"という具合に簡単にメモがあると、「掃除のしがいもありますよ」とのこと。

ホテル紹介記事について

次ページから紹介するオアフ島のホテルについて、以下5つのカテゴリーに分けて紹介しています。なお、各ホテルの宿泊料金（ひと部屋あたりの料金）は、特に注意書きがないかぎり2023年度のオフシーズン（4～12月のクリスマス前）料金です。料金には州税（約4.712%）とハワイ州ホテル税（10.25%）と各市郡のホテル税（3%）が加算されます。また他にリゾートフィーが加算される場合もあるのでご注意ください。

※掲載している「日本での問い合わせ先」は、掲載会社以外にも複数存在することがあります。また、「なし」となっていても、ウェブサイトや旅行会社で予約できる物件もあります

ラグジュアリー	コンドミニアム	ブティック	カジュアル	コスパよし
P.373 ～	P.380 ～	P.384 ～	P.388 ～	P.392 ～
ワイキキのオン・ザ・ビーチやカラカウア通り沿いの一等地などに立つホテル。いわゆる高級ホテルで、これらのホテルを利用したパッケージツアーは高額商品となる。	キッチンや家具を完備しており、長期滞在や家族旅行におすすめ。運営会社が所有していてホテルのように貸し出すタイプや、部屋をオーナーが所有していて使用しない時に貸し出す場合もある。	施設ごとに一貫したコンセプトを持ち、デザイン性も豊かなホテル。近年はリノベーションなどでこのタイプのホテルが増えていて、若者にも人気。小～中規模が多い。	パッケージツアーなどでよく利用されるミドルクラスのホテル。客室数の多い大規模タイプが多く、その分諸設備は十分に整っている。ロケーションはさまざま。	いわば穴場的存在の小規模ホテル。何と言っても宿泊料金が安いのが魅力。客室数も少ないので、ホテルのスタッフと顔見知りになれるといった親しみやすさやローカル感が魅力。

記事内のマーク凡例

室内の施設

- 🍽 ラナイ ※1
- 📺 テレビ
- ⏰ 目覚まし時計付きラジオ
- 🧊 冷蔵庫 ※2
- ☕ コーヒーメーカー
- 🔒 室内金庫
- 🛁 バスタブ
- 💨 ヘアドライヤー
- 🧴 シャンプー・コンディショナー・石鹸
- 💻 Wi-Fi

ホテルの施設

- 🅿 駐車場
- 🍴 レストラン
- 🍶 バー
- 🛎 ルームサービス
- 🏊 プール
- 💦 ジャクージ
- 🏋 フィットネスルーム
- ⛳ ゴルフコース割引
- 💆 スパ
- 🎾 テニスコート

- 🍖 バーベキュー施設
- 🧺 コインランドリー
- 🧳 トラベルデスク
- 🈁 日本語スタッフ
- 🍳 キッチン付きルーム ※3
- ♿ ハンディキャップルーム

🍽 マークの設備があることを意味
🍽 マークの設備がないことを意味
🍽 一部の部屋に設備があることを意味

※1 ベランダのこと（→ P.369）
※2 ミニバー（→ P.370）を含む
※3 キチネットを含む

ラグジュアリー

`ラグジュアリー` エレガンスに磨きをかけリニューアル

ハレクラニ
Halekulani

伝統を誇る名門ホテルの客室は、七彩の白「セブン シェイド オブ ホワイト」が彩る安らかな空間。ほとんどの客室から海が眺められ、バスルームは洗面台が大理石製。到着時にはチョコレートとフルーツが、また毎日就寝前にはベッドの上に小さなギフトが置かれるという心遣いに感激！

1 ダイヤモンドヘッド オーシャンフロント 2 まさに天国の館といえる景色が広がる 3 スイートの客室内にはサトウ・タダシ氏のアートも

`ワイキキ` ♀別冊 P.20-C2
🏠 2199 Kalia Rd. ☎ 808-923-2311 📠 808-926-8004 🌐 www.halekulani.jp
🛏 スタンダードルーム $620 ～、スイートルーム $895 ～ 🛏 全 453 室 💳 ADJMV ⊕帝国ホテル ハレクラニリゾーツ予約センター（ハワイ専用）FREE 0120-489-823

`ラグジュアリー` 伝説を受け継ぐ最上級リゾート

ザ・カハラ・ホテル&リゾート
The Kahala Hotel & Resort

高級住宅地カハラの純白ビーチにたたずむ老舗ホテル。世界中の王族や各界著名人をもてなしてきた熟練のスタッフ。シャンデリアの輝くロビー、イルカの泳ぐラグーン、大海原を見渡せるエレガントなダイニング、美しい白砂ビーチなどハード、ソフトともすべてが最上級だ。

`カハラ` ♀別冊 P.15-A4
🏠 5000 Kahala Ave.
📞 808-739-8888 📠 808-739-8800
🌐 jp.kahalaresort.com
🛏 シーニックビュー $450 ～、オーシャンビュー $625 ～、スイート $1575 ～
🛏 全 338 室 💳 ADJMV
⊕オークラホテルズ&リゾーツ
FREE 0120-528-013

客室はカハラ・シックと呼ばれる豪華なインテリア

`ラグジュアリー` 話題のコオリナ地区にある至極のリラックス空間

フォーシーズンズ・リゾート・オアフ・アット・コオリナ
Four Seasons Resort Oahu at Ko Olina

眼下に純白の砂浜が美しいラグーンを望む、ラグジュアリーホテル。自然光がたっぷり入る客室は平均 59㎡ と広めで、明るく開放感のある空間。5 つのレストラン・バーでは、地元産シーフードやイタリアン、アイランドクィジーンなどバラエティ豊かな料理が味わえる。スパメニューも充実。

`コオリナ` ♀P.168
🏠 92-1001 Olani St., Kapolei
📞 808-679-0079
🌐 www.fourseasons.com/jp/oahu
🛏 オーシャンフロントキングルーム $1295 ～
🛏 全 370 室
💳 ADJMV

海側の客室からは美しいラグーンが見渡せる

※1

※1 サウナもあり

本物のリッチ＆セレブリティでにぎわったピンク・パレス

ロイヤル ハワイアン ラグジュアリー コレクション リゾート
The Royal Hawaiian, a Luxury Collection Resort

1927 年に建てられた通称 "ピンク・パレス"。そのエレガントな外観は、まさにワイキキのランドマークといっていい。セレブの社交場として、世界の有名人や王族たちに支持されてきた。スパニッシュ風ムーア様式の建物は優雅でワイキキでも別格の存在だ。

1 歴史や風格が詰まったホテルはおもてなしも一流　2 世界の王族やセレブたちが集まる旧宴会場だったロビー　3 マイラニ・タワー・プレミア・オーシャン

ワイキキ ♥ 別冊 P.21-B3
★　🏠 2259 Kalakaua Ave.
📞 808-923-7311　📠 808-931-7098
🌐 royal-hawaiian.jp
🛏 ツイン $460 〜、ジュニアスイート $955 〜
🛏 全 529 室　ADJMV
☎ 予約センター　FREE 0120-142-890

ワイキキの清楚なファーストレディ

モアナ サーフライダー ウェスティン リゾート＆スパ
Moana Surfrider, A Westin Resort & Spa

1901 年開業、ハワイで最も長い歴史をもつ伝統あるホテル。その歴史と洗練された造りから "ワイキキのファーストレディ" と呼ばれている。"ウェルビーイング" をテーマにオーシャンフロントのレストラン、海の絶景が広がるスパなど、心身ともに穏やかに滞在できる。

1 最大 4 名まで宿泊可能タワー・プレミア・オーシャン・ダブル　2 ワイキキのランドマーク的存在　3 ワイキキの絶景を堪能しよう

ワイキキ ♥ 別冊 P.21-B3
★　🏠 2365 Kalakaua Ave.
📞 808-922-3111　📠 808-924-4799
🌐 moanasurfrider.jp
🛏 ツイン $388 〜、スイート $1490 〜
🛏 全 791 室　ADJMV
☎ 予約センター　FREE 0120-142-890

ラグジュアリー　ワイキキに立つ究極のラグジュアリーホテル

トランプ・インターナショナル・ホテル・ワイキキ
Trump International Hotel Waikiki

オアフ島初の高級5つ星ホテル。38階建てのタワーに462ユニットのスイートとゲストルームを備える。部屋には高級家電や食器などが付いたキチネットまたはフルキッチンを完備。暮らす感覚で快適な滞在を満喫できる。ゲストの希望に沿ったパーソナルサービスも魅力。

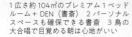

1 広さ約104㎡のプレミアム1ベッドルーム＋DEN（書斎）　2 パーソナルスペースも確保できる書斎　3 鳥の大合唱で目覚める朝は心地がいい

ワイキキ ♀ 別冊 P.20-B2
🏠 223 Saratoga Rd.
📞 808-683-7777　📠 808-683-7788
🌐 jp.trumphotels.com/waikikii　💰 STU $519〜、1BR $919〜　2BR $1699〜　🛏 全 462 室
💳 ADJMV
⊕ ジェイバ　📞 (03) 5695-1770

ラグジュアリー　ディズニー・マジックとハワイ文化が結びついた大型リゾート

アウラニ・ディズニー・リゾート＆スパ コオリナ・ハワイ
Aulani, A Disney Resort & Spa, Ko Olina, Hawai'i

オアフ島の西部、コオリナの美しいビーチに隣接するディズニーリゾート。ギフトショップやロビー、各所に配されたハワイのアートや工芸品などいたるところにハワイの歴史や文化が生かされているのはもちろん、ディズニーらしいエンターテインメント性も施されている。

コオリナ ♀ P.168
🏠 92-1185 Ali'inui Dr.,Kapolei
📞 808-674-6200　📠 808-674-6210
🌐 www.aulani.jp
💰 変動制のため要問い合わせ
🛏 ホテルルーム 351 室、ヴィラ 481 室
💳 ADJMV

ロビーはカヌーハウスをイメージ。フロントデスクやコンシェルジュなどがあり、プールが見渡せる。壁画にはハワイの人々の生活が描かれている

©Disney

ラグジュアリー　手厚いサポートとプライベート感が魅力

ハレプナ ワイキキ バイ ハレクラニ
Halepuna Waikiki by Halekulani

ハレは「館」、プナは「泉」を意味し、ハワイ滞在で、このホテルが泉のあふれるごとく喜びや魅力が尽きない心潤う場所であってほしいという思いが込められている。落ち着いたデザインのゲストルームと、ハレクラニの一流のおもてなしはさすが。ホテル直営のベーカリー（→ P.235）も魅力。

ワイキキ ♀ 別冊 P.20-B2
🏠 2233 Helumoa Rd.
📞 808-921-7272　📠 808-931-6640
🌐 www.halepuna.jp
💰 スタンダードワイキキビュー $430〜
🛏 全 288 室　💳 ADJMV
⊕ 帝国ホテル ハレクラニ リゾーツ予約センター　（ハワイ専用）　FREE 0120-489-823

スイートルーム以外の部屋でも46㎡という、ゆとりある空間を確保

※1 プールサイドにある（8:00 〜 18:00）　　　　　※1

すべてが揃う巨大リゾートビレッジ

ヒルトン・ハワイアン・ビレッジ・ワイキキ・ビーチ・リゾート

Hilton Hawaiian Village Waikiki Beach Resort

最上級アメニティが揃うザ・アリイの客室

アメリカでも有数の大規模リゾートホテル。広い敷地内にはホテルタワーが5棟も並び、ルイ・ヴィトンなど80店ものショッピングエリア、プールやラグーン、マンダラ・スパ、18軒のレストラン＆バーなど、"ビレッジ"の名前のとおり、ひとつのリゾート村を形成している。

ワイキキ ♥ 別冊 P.19-C4
★ ♠ 2005 Kalia Rd.
☎ 808-949-4321　📠 808-951-5458
🌐 www.hiltonhawaiianvillage.jp
🛏 ツイン $260 〜
🛏 全 2860 室　💳 ADJMV
🔔 ヒルトンリザベーションズ＆カスタマーケア
☎ (03) 6864-1633、東京 23 区外
FREE 0120-489-852

ワイキキを代表する大規模ホテル

シェラトン・ワイキキ

Sheraton Waikiki

ワイキキ・ビーチにそびえる 31 階建て、1600 室を超える部屋数を誇る大型リゾートホテル。2 ヵ所のプール、豊富なレストランやショップ、ハワイ文化プログラムなど、ホテルに求められるあらゆる施設を完備。家族連れやカップル、ハネムーナーなど、どんな旅行者でも楽しめる。

1 これぞハワイと言える絵葉書のようなラナイからの光景は感涙もの　2 約 81㎡のマリア オーシャンスイートは家族連れに人気　3 大人専用のインフィニティ・エッジプール

ワイキキ
★ ♥ 別冊 P.21-C3
♠ 2255 Kalakaua Ave.
☎ 808-922-4422　📠 808-931-8883
🌐 sheratonwaikiki.jp
🛏 ツイン $490 〜、スイート $1070 〜
🛏 全 1636 室　💳 ADJMV
🔔 予約センター　FREE 0120-142-890

隠れ家ホテルがおしゃれにリニューアル

カイマナ・ビーチ・ホテル

Kaimana Beach Hotel

エントランスのアートに思わず気分が上がる

ワイキキの東側に位置する老舗ホテルが、新ブランドとして 2020 年にリニューアル。老舗ならではの古き良き歴史ある場所はそのままに、モダンでおしゃれなインテリアを始め、明るくポップに生まれ変わった。朝食で人気のハウ・ツリー（→ P.236）も必訪だ。

ワイキキ
★ ♥ 別冊 P.17-C4
♠ 2863 Kalakaua Ave.
☎ 808-923-1555
🌐 www.kaimana.com
🛏 オーシャンビュー $207 〜
🛏 全 122 室　💳 ADJMV
FREE 808-923-1555

※1 コンシェルジュはいる　　　　　　　　　　　　　　　　　　　　※1

ラグジュアリー

ラグジュアリー ワイキキでいちばん目立ツツインタワー
ハイアット リージェンシー ワイキキ ビーチ リゾート アンド スパ
Hyatt Regency Waikiki Beach Resort and Spa

ワイキキ・ビーチ交番の向かいにそびえる40階建てツインタワーのホテル。レンタカーデスクや一流ブランドが入った「プアレイラニ アトリウム ショップス」(→ P.304)、ハワイの新鮮な味が楽しめるレストランや「ナホオラ スパ」(→ P.358)など、万全の諸施設は大型ホテルならでは。

ワイキキ
♠ ♥ 別冊 P.21-B4
♠ 2424 Kalakaua Ave.
📞 808-923-1234 📠 808-926-3415
🌐 www.hyattwaikiki.jp
💲 $345〜
🛏 全 1230 室 💳 ADJMV
📞 ハイアットグローバルコンタクトセンター
ー FREE 0800-222-0608

2015年に全面改装され、ハワイらしいモダンなインテリアに。全客室に TOTO ウォシュレットが設置された

※全客室ワイヤレス接続

ラグジュアリー 生まれ変わった、日本人に人気のホテル
アロヒラニ リゾート ワイキキ ビーチ
A'lohilani Resort Waikiki Beach

ワイキキ・ビーチの目の前にたたずむ洗練されたリゾート。ワイキキでも1、2を争うモダンラグジュアリーなホテルだ。海側の建物の全客室には、温水洗浄便座のトイレを完備。また、ラグジュアリーなクラブラウンジも新設した。鉄人シェフのレストラン2軒にも注目したい。

ワイキキ	♥ 別冊 P.22-B1
♠ 2490 Kalakaua Ave.	
📞 808-922-1233 📠 808-922-0129	
🌐 jp.alohilaniresort.com	
💲 パーシャルオーシャンビュー $313	
🛏 全 839 室	
💳 ADJMV 📠 なし	

温塩水のインフィニティプールと子供専用プールを完備し、ラグジュアリーなカバナも。またスパ施設もオープンした

ラグジュアリー 全室スイートのデラックスホテル
エンバシー・スイーツ・バイ・ヒルトン・ワイキキ・ビーチ・ウォーク
Embassy Suites by Hilton Waikiki Beach Walk

「フラ・タワー」と「アロハ・タワー」の2棟で構成され、全室スイートタイプというのが特徴。客室は、1ベッドルームと2ベッドルームがあり、各室ともベッドルームとリビングルームが別室という広々とした間取りで優雅に過ごすことができる。

ワイキキ
♥ 別冊 P.20-B2
♠ 201 Beachwalk St.
📞 808-921-2345 📠 808-921-2343
🌐 jp.embassysuiteswaikiki.com
💲 1BR$349〜、2BR$719〜
🛏 全 369 室 💳 ADJMV
📞 エンバシー・スイーツ・リザベーションズ・ワールドワイド
FREE 0120-084-452

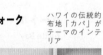

ハワイの伝統的布地「カパ」がテーマのインテリア

ラグジュアリー 新感覚のアーティスティック・ホテル
コートヤード・バイ・マリオット・ワイキキ・ビーチ
Courtyard by Marriott Waikiki Beach

ワイキキの中央部に建つ好ロケーションのホテル。魅力的な客室の約4分の1がスイートで、洗練されたインテリアが配置される。諸施設にはハワイアンレストラン「カロ・ハワイアンフード・バイ・チャイズ」や「スパ・ピュア」といったスパなどが入る。

ワイキキ
♥ 別冊 P.20-A2
♠ 400 Royal Hawaiian Ave.
📞 808-954-4000 📠 808-954-4047
🌐 www.marriott.co.jp/hotels/travel/
hnlow-courtyard-waikiki-beach
💲 スタンダード $163〜、デラックス $179〜
🛏 全 404 室 💳 ADJMV

全客室、無料で高速インターネットアクセスが可能

ラグジュアリー 施設充実のマンモスホテル

ワイキキ・ビーチ・マリオット・リゾート＆スパ
Waikiki Beach Marriott Resort & Spa

ワイキキ・ビーチの向かいという立地の大型ホテルが2021年にリニューアル完了。Avedaの商品を取り扱うスパ、「ロイヤルカイラ」、地元でも人気の「アランチーノ・ディ・マーレ」や「サンセイ・シーフード＆寿司バー」、プールサイドの「クイーンズブレイク（→ P.259）」といった諸施設も充実。

1 ワイキキ屈指のロケーション。トロピカルなインテリアがおしゃれ
2 ワイキキ・ビーチへは徒歩すぐ
3 のびのび過ごせる開放的なプールデッキ

🗺 ワイキキ ♀別冊 P.22-B1
🏠 2552 Kalakaua Ave.
📞 808-922-6611　📠 808-921-5255
🌐 www.marriottwaikiki.co.jp/hnmlc
🛏 客室 $415 ～ 600、スイート $700 ～ 5000
🛏 全 1310 室　💳 ADJMV
📞 マリオット・インターナショナル東京予約センター
📞 0120-142-536

※1 プールサイドにある（8:00 ～ 18:00）　※1

ラグジュアリー いつもと違ったオアフ島の魅力を満喫

タートル・ベイ
Turtle Bay

合計 36 ホールのゴルフコースやテニスコート、約 20km に及ぶハイキングトレイル、乗馬施設（→ P.193）など、アクティブな楽しみがいっぱいのリゾートホテル。熱帯の野鳥や植物が数多く生息する自然環境に包まれた客室で、のんびりと波の音を聴きながら過ごす休日は最高だ。

バンガローの内装はより洗練されたモダンなインテリアに一新

🗺 ノース・ショア ♀別冊 P.11-A4
🏠 57-091 Kamehameha Hwy.
📞 808-293-6000　📠 808-293-9147
🌐 www.turtlebayresort.com
🛏 ダブル／ツイン $779 ～、バンガロー $1699 ～　🛏 全 443 室　💳 ADJMV
📞 ジェイバ　📞 (03) 5652-4555

ラグジュアリー ワイキキ最強のロケーション

アウトリガー・ワイキキ・ビーチ・リゾート
Outrigger Waikiki Beach Resort

「ロイヤル・ハワイアン・センター」隣という好立地を誇る、ビーチフロントのホテル。客室は古きよきハワイのイメージを随所に表現。ゲストが無料で参加できるアクティビティも豊富だ。また、ナイトライフを彩る「ブルーノート・ハワイ」やワイキキビーチが望めるレストランも好評。

ハワイアンテイストあふれる清潔で落ち着いたインテリア

🗺 ワイキキ ♀別冊 P.21-B3
🏠 2335 Kalakaua Ave.
📞 808-923-0711　📠 808-921-9749
🌐 jp.outriggerwaikiki.com
🛏 シティビュー $755 ～、オーシャンフロント $985 ～
🛏 全 524 室　💳 ADJMV

ラグジュアリー ハワイの伝統が感じられるビーチ・フロント・リゾート

アウトリガー・リーフ・ワイキキ・ビーチ・リゾート
Outrigger Reef Waikiki Beach Resort

2022年、全館の改装が完了。ハワイアンモダンテイストの客室は、ハワイを題材とする作品が飾られ、ハワイの文化が感じられる。ゲストが無料で参加できるハワイアン・カルチャー・アクティビティも充実。毎晩ハワイアンミュージックが楽しめるレストランも人気。

1 究極のハワイアンモダンを追求した新しい部屋 2 ホクレアなどについて学べるアオ・カルチャー・センター 3 2023年にはモンキーポッド・キッチンがオープン

ワイキキ ♀別冊 P.20-C2
🏠 2169 Kalia Rd. 📞 808-923-3111 📠 808-924-4957 🌐 jp.outrigger.com
リゾートビュー $261〜、クラブ・オーシャン・フロント $721〜
🛏 全658室 ADJMV ◎ アウトリガー・リゾーツ東京予約センター 📞 (03) 4588-6441

ラグジュアリー ワイキキを代表する日系ホテル

プリンス ワイキキ
Prince Waikiki

全室オーシャンフロントで直営ゴルフ場（27ホール / 車で40分）を持つ。アラモアナセンターまで徒歩約5分の好立地なロケーション。リゾート感たっぷりのインフィニティプールは最高の贅沢だ。日本語OKのスタッフが多く在籍し、日系ホテルならではの安心感がある。

ワイキキ ♀別冊 P.18-B2
🏠 100 Holomoana St.
📞 808-956-1111 📠 808-946-0811
🌐 jp.princewaikiki.com
ツイン $520〜850、スイート $1200〜3000
🛏 全563室 ADJMV
◎ 上記ウェブサイトで問い合わせ

プールサイドでプライベートな空間を楽しめるカバナもある

※1 ハワイ プリンス ゴルフ クラブ（♀ P.196内）を割引料金で利用できる　※2 テニスコートはゴルフクラブにある　※1　※2

ラグジュアリー ワイキキの海岸線とカピオラニ公園を望む

パーク・ショア・ワイキキ
Park Shore Waikiki

緑豊かなカピオラニ公園に隣接し、ワイキキにいながらハワイの美しい自然を間近に感じられる。ワイキキ・ビーチから1ブロック、プールからはダイヤモンドヘッドの眺望も楽しめる。ホテル内のダイニングも豊富で理想的なハワイ滞在を約束してくれる。

ワイキキ ♀別冊 P.22-B2
🏠 2586 Kalakaua Ave.
📞 808-923-0411 📠 808-923-0311
🌐 jp.parkshorewaikiki.com
スタンダード $179〜
🛏 全221室 AJMV

ダイヤモンドヘッドが一望できる部屋も

オアフ島に初上陸したリッツ・カールトンの大規模レジデンス

ザ・リッツ・カールトン・レジデンス ワイキキビーチ
The Ritz-Carlton Residences, Waikiki Beach

「ラグジュアリー・ロウ」（→ P.306）に隣接する 38 階建て、全室オーシャンビューのハイクラスなレジデンス。デラックスオーシャンビュールームからプレミア・オーシャンビュー・3 ベッドルームスイートまで選べる。滞在中には、フィットネスや、インフィニティプールでリラックスしたい。

1 デラックス・オーシャンビュー・2 ダブルベッドスイート　2 落ち着いたプールも人気　3 都会の喧騒を忘れさせてくれる

ワイキキ　📍別冊 P.20-A2
🏠 383 Kalaimoku St.
📞 808-922-8111　🌐 www.ritzcarlton.com/jp/waikiki
🛏 デラックス・オーシャンビュー・2 ダブルベッドスイート$936 ～ 1986　🏨 全 552 室　💳 ADJMV
🏢 マリオット ジャパン リザベーション センター
📠 0120-142-890

※全室に洗濯機と乾燥機あり

ワイキキのビーチフロントに立つ唯一のコンドミニアム

ワイキキ・ショア by アウトリガー
Waikiki Shore by Outrigger

ワイキキで唯一、オーシャンフロントに建つコンドミニアム。ほとんどがオーシャンビューで、青い海とフォート・デルッシ公園の眺めが気持ちいい。リビングスペースとベッドルームがあり、ゆったりとくつろげる 1 ベッドルームがおすすめ。客室内にある洗濯機&乾燥機も便利な設備。

海が見えるゲストルーム

ワイキキ
📍別冊 P.20-C2
🏠 2161 Kalia Rd.
📞 808-922-3871　📠 808-922-3887
🌐 jp.outrigger.com
🛏 STU $248 ～、　1BR$282 ～、2BR$513 ～
🏨 全 168 室　💳 ADJMV
🏢 アウトリガー・リゾーツ東京予約センター　📞 (03) 4588-6441

※アウトリガー・リーフ・ワイキキ・ビーチ・リゾート（→ P.379）の施設を利用可能　★全室に洗濯機と乾燥機あり

モダンデザインのラグジュアリー・コンド

リージェンシー・オン・ビーチウォーク・ワイキキ by アウトリガー
Regency on Beachwalk Waikiki by Outrigger

トロピカルテイストのインテリアやフローリングの部屋などスタイリッシュなコンドミニアム。全室にフルキッチンと液晶テレビを完備。大理石を使用したバスルームも快適だ。「とんかつ銀座 梅林」（→ P.255）など、日本人には嬉しい和食レストランも。

スタイリッシュな部屋は広々としていて快適

ワイキキ
📍別冊 P.20-B2
🏠 255 Beachwalk
📞 808-922-3871　📠 808-922-3887
🌐 jp.outrigger.com
🛏 1BR$224 ～、　2BR$310 ～
🏨 全 48 室　💳 ADJMV
🏢 アウトリガー・リゾーツ東京予約センター　📞 (03) 4588-6441

※アウトリガー・リーフ・ワイキキ・ビーチ・リゾート（→ P.379）の施設を利用可能

✅ コンドミニアム

`コンドミニアム` 公園の景色に癒やされる大人のキッチン付きホテル

ルアナ・ワイキキ・ホテル＆スイーツ
Luana Waikiki Hotel & Suites

フォート・デルッシ公園の風景にホッとひと息つけるホテル。ロビーや客室には、ハワイらしさを感じる家具や調度品を導入。いずれも上品で、大人のための休日を楽しめそう。全客室の約半分には最新のキチネットまたはフルキッチンを装備。

`ワイキキ` 📍別冊 P.20-B1
🏠 2045 Kalakaua Ave.
📞 808-955-6000　📠 808-943-8555
🌐 aquaaston.jp
🛏 ホテルルーム $179 ～、キチネット付き $209 ～、1BR $309 ～
🛏 全 223 室　AJMV　⊖ アクア - アストン・ホスピタリティー日本セールスオフィス　📞FREE 0120-080-102

素足で過ごしたくなるオーシャンビューのゲストルーム

`コンドミニアム` 近代的な大型コンドミニアム

アストン・ワイキキ・サンセット
Aston Waikiki Sunset

38 階建ての高層コンドミニアム。室内はシックな色使いの落ち着いたインテリアで、キッチンには大型冷蔵庫、コーヒーメーカー、トースター、炊飯器などを完備。6 人まで宿泊OK の 2 ベッドルームは、部屋数が少ないので、早めの予約を。1 ベッドルームの山側の部屋は夜景が見事。

`ワイキキ` 📍別冊 P.22-A2
🏠 229 Paoakalani Ave.
📞 808-922-0511　📠 808-923-8580
🌐 aquaaston.jp
🛏 1BR$160 ～、2BR$399 ～
🛏 全 435 室　AJMV
⊖ アクア - アストン・ホスピタリティー日本セールスオフィス　📞FREE 0120-080-102

高層階の山側なら、すばらしい夜景を満喫できる

※要問い合わせ

`コンドミニアム` ファミリーにおすすめのコンドミニアム

アストン・アット・ザ・ワイキキ・バニアン
Aston at the Waikiki Banyan

ツインタワーの大型コンドミニアム。部屋はすべて 1 ベッドルーム。もちろんフルキッチン装備で、炊飯器なども備えている。中央ビルの 6 階にはプール、サウナ、ジェットバス、バーベキューグリル、テニスコート、スナックバー、子供用プレイグラウンドなど、諸施設を完備。

`ワイキキ` 📍別冊 P.22-A1
🏠 201 Ohua Ave.
📞 808-922-0555　📠 808-922-0906
🌐 aquaaston.jp
🛏 1BR$147 ～
🛏 全 876 室　AJMV
⊖ アクア - アストン・ホスピタリティー日本セールスオフィス　📞FREE 0120-080-102

デラックス・オーシャン・ビューのユニット

※要問い合わせ

`コンドミニアム` ワイキキを代表するコンドミニアム

ロイヤル・クヒオ
Royal Kuhio

ネーミングのとおり、クヒオ通りのど真ん中に立つ。防犯システムがしっかりしていて、居住者かそのゲストしかエレベーターホールに入れないようになっている。部屋のタイプは、広めのパーシャル・オーシャン・ビュー・ラージ・ステューディオでフルキッチンを装備している。

`ワイキキ`
📍別冊 P.21-A3
🏠 2240 Kuhio Ave.
🌐 www.royal-kuhio.com
🛏 ラージ・ステューディオ 1 週間 $895 ～、1 ヵ月$2300 ～
🛏 レンタル用 60 室　不可

全室に Wi-Fi（無料）が設置されている

コンドミニアム　デラックス・コンドで優雅な休日を

アストン・ワイキキ・ビーチ・タワー
Aston Waikiki Beach Tower

ワイキキでナンバーワンのデラックスコンドミニアム。39階建ての各フロアにあるほとんどのユニットが2バス2ベッドルームで、ラナイからは眼下に美しい海が広がる。広いリビングは居住性抜群で、炊飯器まで装備されたキッチンも使いやすく、室内設備は完璧。

1 優雅な休日を過ごせるリビングルーム
2 落ち着きのあるメインルーム　3 リゾートらしい美しいバスルーム

ワイキキ ♥ 別冊 P.22-B1
🏠 2470 Kalakaua Ave.
📞 808-926-6400　📠 808-926-7380
🌐 aquaaston.jp　🛏 1BR$538 〜、2BR$591 〜
🛏 全 140 室　💳 AJMV
🏢 アクア・アストン・ホスピタリティー日本セールスオフィス　FREE 0120-080-102

※全室に洗濯機と乾燥機あり

コンドミニアム　アラモアナ至近の、高層タワー

マリーナ・タワー・ワイキキ
Marina Tower Waikiki

最低泊数は 2 泊以上、ハウスキーピングは 1 週間に 1 回

ワイキキの西端にある 40 階建ての高層コンドミニアム。客室はコンパクトながら、全室にキチネットを装備。ウエットバーに電子レンジ、コンロ、冷蔵庫、コーヒーメーカーなどが備えられているので、簡単な調理なら問題なし。敷地内にはテニスコートやバーベキュー設備もある。

ワイキキ ♥ 別冊 P.18-B2
🏠 1700 Ala Moana Blvd.
🛏 STU$240 〜
🛏 全 130 室
💳 ADJMV

コンドミニアム　パーシャルオーシャンビューがおすすめ

パシフィック・モナーク
Pacific Monarch

ファミリーにも過ごしやすい 1 ベッドルーム

34 階建ての高層コンドミニアム。ステューディオもあるが、おすすめは 1 ベッドルーム。フルキッチン装備で、リビングのスペースも十分あり、ソファベッドを利用すれば 4 人までステイできる。エレベーターホールへは宿泊客しか入れないようになっていて、防犯対策もバッチリ。

ワイキキ ♥ 別冊 P.21-B4
🏠 2427 Kuhio Ave.
📞 808-923-9805　📠 808-924-3220
🌐 pacificmonarch.com
🛏 STU$116 〜、1BR$136 〜
🛏 全 135 室　💳 ADJMV

※要問い合わせ

コンドミニアム 人気のタイムシェア・リゾート

グランドワイキキアン・ヒルトングランドバケーションズクラブ
Grand Waikikian, a Hilton Grand Vacations Club

39 階建てのバケーション・オーナーシップタワー。室内はリビングやキッチンを備える。1LDK から 3LDK まで選べる客室はシックで重厚感にあふれる造り。ヒルトン・ハワイアン・ビレッジの一画にあり、プールやレストランなどの諸施設がホテル客同様に利用できるのも便利。

モダンな客室。各室内の洗濯機＆乾燥機もありがたい

ワイキキ　別冊 P.19-B3
🏠 1811 Ala Moana Blvd.
📞 808-953-2700　📠 808-953-2710
🌐 www.hgvc.co.jp
💰 1BR$457 〜
🛏 全 331 室　📇 ADJMV

コンドミニアム 近代的設備を誇るコンドミニアム

アクア・スカイライン・アット・アイランド・コロニー
Aqua Skyline at Island Colony

44 階の高層コンドミニアム。高層階からはワイキキの町やダイヤモンドヘッドを一望でき、マノア渓谷の夜景などは、ため息が漏れるほどロマンティックだ。客室は 2 タイプ。特に 1 フロアに 4 室のみのコーナー 1 ベッドルームは、キッチン完備ということもあって人気が高い。

モダンなインテリアのシティビューのゲストルーム

ワイキキ
📍 別冊 P.21-A3
🏠 445 Seaside Ave.
📞 808-923-2345　📠 808-921-7105
🌐 aquaaston.jp
💰 STU$169 〜、　1BR$369 〜
🛏 全 740 室　📇 AJMV
🏢 アクア - アストン・ホスピタリティー日本セールスオフィス
📠 0120-080-102

コンドミニアム 好立地のリーズナブル・コンド

インペリアル・オブ・ワイキキ
The Imperial of Waikiki

「ワイキキ・ビーチ・ウォーク」に位置する人気コンドミニアム。収納ベッドあるいはソファベッドで広々と使える 1 ベッドルームは、家族や友達数人で泊まるには最適。スイートルームは 5 種類ある。また、タイムシェアの販売もしており、購入すると 26 階の会員限定ラウンジなども利用可能に。

ソファベッドのあるコアスイート（1BR）のリビングルーム

ワイキキ
📍 別冊 P.20-B2
🏠 205 Lewers St.
📞 808-923-1827　📠 808-923-7848
🌐 www.imperialofwaikiki.com
💰 $165 〜
🛏 全 250 室　📇 ADJMV
🚭 なし

コンドミニアム 暮らすようにワイキキ滞在を楽しめる

ローマー・ワイキキ・アット・ジ・アンバサダー
Romer Waikiki at the Ambassador

ワイキキの入口にあり、ビーチ、観光、ショッピングに便利なホテル。リゾート滞在・ビジネス滞在どちらにも最適。ワイキキのホテルのなかでも広めの部屋にはキッチン付きもあり好評だ。ローカル気分でワイキキでの滞在を満喫できる。

客室は 2023 年 10 月にリニューアルされた

ワイキキ　📍 別冊 P.20-A1
🏠 2040 Kuhio Ave.
📞 808-941-7777　📠 808-951-3656
🌐 www.romerhotels.com/hotels/waikiki-ambassador/
💰 シティビュー $208 〜
🛏 全 311 室
📇 AJMV

洗練された都会のリゾート滞在が楽しめる大人のホテル

ヒルトン バケーション クラブ ザ モダン ホノルル
Hilton Vacation Club The Modern Honolulu

ニューヨークのデザイナーが手がけた新コンセプトのホテル。一歩中に入ると、モダンでスタイリッシュ、そして遊び心が随所にちりばめられた世界が広がる。どの場所にいても映画の一場面のような、洗練された空間だ。オフホワイトでまとめられたラグジュアリーな客室は、上品で使い勝手がよく、吟味された家具や調度品に心が和む。

ホテルの中心は、ふたつのフロアに分かれたサンライズ・プールとサンセット・プール。サンライズ・プールの周りはウッドデッキに木陰が心地よいコージーな空間。サンセット・プールは、プライベート・アイランドのようなロマンティックな隠れ家的スペースだ。また、ホテル内のレストランやバーではオリジナルカクテルや地産地消にこだわった料理が楽しめる。

1 サンライズ・プールには、プールバー（11:00〜22:00）もあり、1日中にぎわっている　2 スイートルームの窓からはアラワイ・ヨットハーバーが一望できる

ワイキキ ♥別冊 P.19-C3
⌂ 1775 Ala Moana Blvd.
☎ 808-943-5800　📠 808-943-5820
🌐 www.hilton.com/hvcthemodernhonolulu
♦ キングまたはダブル $260〜、スイート $620〜
🛏 全 350 室　💳 AJMV

※ドライクリーニングサービスはあり（有料）

とにかくオシャレなアーバンリゾートホテル

ザ・レイロウ・オートグラフコレクション
The Laylow, Autograph Collection

「インターナショナル マーケットプレイス」の隣に 2017 年にオープンした、スタイリッシュなデザインホテル。全室キングサイズベッドとラナイ付き。併設されたレストランではパシフィックリム料理が楽しめる。ヨガレッスンやレイ・メイキングといったゲストアクティビティも人気。

1 モンステラの葉の壁紙のデザインがキュートな客室 2 レストラン、ハイドアウト（→ P.259）は夕方から賑わう 3 落ち着いた雰囲気のプール

ワイキキ
♥別冊 P.21-A3
⌂ 2299 Kuhio Ave.
☎ 808-922-6600　📠 808-443-0652
🌐 www.laylowwaikiki.com
♦ スタンダード $367〜　🛏 全 251 室
💳 AJMV　FREE 0120-142890

ブティック ミッドセンチュリーハワイを感じるブティックホテル

星野リゾート　サーフジャック ハワイ
The Surfjack Hotel & Swim Club

ワイキキの中心地に建つ、1960年代のミッドセンチュリーハワイを感じるレトロな雰囲気のブティックホテル。ロコや宿泊客が自然と集まる空間で、ライブミュージックやダンスパーティ、ナイトマーケットなどユニークな体験が楽しめる。

スタイリッシュなプールも魅力

ワイキキ 📍別冊 P.20-A2
🏠 412 Lewers St.
🌐 surfjack.jp
🛏 1 ルーム・バンガロー $245〜（税込）
🛏 全 112 室　💳 ADJMV
☎ 星野リゾート予約センター
📠 050-3134-8094

※1 セルフパーキング（館外）　※2 常駐ではない　　　　　　※1　　　　　　※2

ブティック カラカウア通りの中心に立つホテル

アウトリガー・ワイキキ・ビーチコマー・ホテル
Outrigger Waikiki Beachcomber Hotel

「ロイヤル・ハワイアン・センター」や「インターナショナル マーケットプレイス」に隣接し、ワイキキ・ビーチへ1ブロックの近さという好ロケーション。オアフ島初上陸のレストラン「マウイ・ブリューイング・カンパニー・ワイキキ」では、地ビールやボリューム満点の食事が楽しめる。

海のブルーを基調としたさわやかな雰囲気の客室

ワイキキ
📍別冊 P.21-B3
🏠 2300 Kalakaua Ave.
📞 808-922-4646　📠 808-923-4889
🌐 jp.outrigger.com
🛏 ツイン $210〜　🛏 全 496 室
💳 ADJMV　☎ アウトリガー・リゾーツ東京予約センター　📞 (03) 4588-6441

ブティック ダイヤモンドヘッドビューをひとり占めできる

クイーン カピオラニ ホテル
Queen Kapiʻolani Hotel

ワイキキの東部、かつてハワイの王族が所有していたという土地にそびえるレトロシックなホテル。ダイヤモンドヘッドとビーチを一望できるロケーションと、リノベーションでミッドセンチュリーモダンをテーマに配されたビンテージ家具など、おしゃれなインテリアも魅力。

1 プールからもこの絶景　2 ビーチとダイヤモンドヘッド両方が一望できるプレミアオーシャンビュー $399〜　3 アートなロビーがキュート

ワイキキ 📍別冊 P.22-B2
🏠 150 Kapahulu Ave.
📞 808-922-1941　🌐 www.queenkapiolani.com
🛏 ステューディオ $199〜、プレミアオーシャンビュー $399〜
🛏 全 315 室　💳 ADJMV

ブティック 1970年代をテーマにしたノスタルジックなホテル

ホワイトサンズホテル
White Sands Hotel

ワイキキの中心地にありながら、どこかゆったりとした時間が流れるスローな雰囲気が魅力。こぢんまりとした小規模ホテルならではのアットホーム感は、リピーターに人気だという。古きよきハワイの雰囲気を堪能したい人におすすめだ。ホテル中央のプール併設レストランも人気。

1 プライベート感があり別荘のような雰囲気 2 バケーションでもビジネスでも利用しやすい客室 3 ブランコの座席がキュートなバーレストラン、ヘイデイは常ににぎわう

ワイキキ ♥ 別冊 P.21-A3
🏠 431 Nohonani St. 📞 808-924-7263
🌐 whitesandshotel.com
💰 スタンダード $186 ～
🛏 全94室 💳 AJMV
☎ 03-6912-7399 (平日 10:00 ～ 17:00)

ブティック 旅慣れた人たちが自分らしく滞在できる個性的なホテル

ホテル・リニュー
Hotel Renew

スタイリッシュな客室が、アジアンテイストのシックなインテリアでシンプルにまとめられた、デザイナーズ・ブティックホテル。ビーチセットのレンタルや Wi-Fi といったサービスは、アメニティフィー（別料金）で利用可能。ハワイ上級者におすすめのホテルだ。

オーシャンビューの客室。ロビーでは朝食のサービスがある

ワイキキ ♥ 別冊 P.22-B2
🏠 129 Paoakalani Ave.
📞 808-687-7700
🌐 www.hotelrenew.com
💰 $199 ～
🛏 全72室 💳 AJMV

ブティック アールデコ調にデザインされた人気のブティックホテル

ココナッツ・ワイキキ・ホテル
Coconut Waikiki Hotel

細かいところまでトータルデザインにこだわったブティックホテル。ロビーではコーヒーや紅茶の無料サービスがあったり、客室からの市内電話が無料など、コストパフォーマンスがいい。外庭には BBQ 施設とダイニングエリアが設置されている。

淡いパステルカラーがホテルの個性を主張

ワイキキ ♥ 別冊 P.20-A2
🏠 450 Lewers St.
📞 808-923-8828 📠 808-923-3473
🌐 coconutwaikikihotel.com
💰 シティビュー $190 ～
🛏 全81室 💳 ADJMV
☎ アームインターナショナル
📞 (03) 3563-6771

ブティック　ハワイで最初のハイアットのカジュアルホテル

ハイアット セントリック ワイキキ ビーチ
Hyatt Centric Waikiki Beach

ハワイ初のハイアットセントリックブランドのホテル。"街の中心""情報の中心"の意味を込めたブランド名のとおり、ワイキキの中心部に建ち、ラグジュアリー感あふれる造りは、観光、ビジネスどちらで利用しても刺激的な体験ができる。ハイアットならではの上質なサービスもうれしい。

ワイキキ
★ 別冊 P.21-A3
🏠 2255 Kuhio Ave.
📞 808-237-1234　📠 808-237-7800
🌐 waikikibeach.centric.hyatt.com
🛏 $289〜
🛏 全 230 室　💳 ADJMV
☎ ハイアットグローバルコンタクトセンタ
FREE 0800-222-0608

天井までの大きな窓が印象的なゲストルーム

ブティック　ワイキキから少し離れた隠れ家的ホテル

ロータス・ホノルル・アット・ダイヤモンドヘッド
Lotus Honolulu at Diamond Head

カピオラニ公園の東側、ダイヤモンドヘッドと海の眺望が美しい。ワイキキの至近でありながら静かな環境で、ゆっくり過ごせる隠れ家的ホテル。洗練されたモダンなインテリアの客室は 35㎡ 以上と広々。最大 3 名（ペントハウスは 6 名）まで宿泊できる。

ワイキキ
★ 📍別冊 P.17-C4
🏠 2885 Kalakaua Ave.
📞 808-922-1700
🌐 www.lotushonoluluhotel.com
🛏 $237〜
🛏 全 51 室
💳 AJMV

見晴らしのいいオーシャンビューのゲストルーム

ブティック　1950 年代をイメージしたレトロホテル

ウェイファインダー ワイキキ
Wayfinder Waikiki

旧ワイキキ・サンドビラ・ホテルの跡地に 2023 年にオープンしたレトロブティックホテル。ハワイのカルチャーにさまざまな国のカルチャーをミックスさせたデザインの客室が特徴的。1 階には人気のポケ店、レッドフィッシュ・ポケバー by フードランドや B サイドコーヒーバーなどが入る。

ワイキキ
★ 📍別冊 P.21-A4
🏠 2375 Ala Wai Blvd.
📞 808-922-4744
🌐 www.wayfinderhotels.com
🛏 2 ダブルベッドラナイ付き $280〜
🛏 全 228 室　💳 ADJMV

ドッグフレンドリーなホテルとしても知られる

ブティック　好ロケーションのホテル

ア・ジョイ・ホテル
Aqua Oasis A Joy Hotel

エレガントな印象のブティックホテル。ワイキキ中心にある好立地ながら、落ち着いた雰囲気で滞在できるのが魅力。スイートタイプのゲストルームには温水洗浄便座付きのバスルームも完備。客室はホテルルーム、キチネット装備のジュニアスイートなど 4 タイプがある。

ワイキキ
★ 📍別冊 P.20-B2
🏠 320 Lewers St.　📞 808-923-2300
📠 808-924-4010　📧 aquaaston.jp
🛏 ホテルルーム $235〜、スイート $275〜、1BR$330〜
🛏 全 96 室　💳 AJMV
☎ アクア - アストン・ホスピタリティー日本セールスオフィス
FREE 0120-080-102

明るい雰囲気のロビー

※要問い合わせ

カジュアル ビジネスから家族旅行まで対応する快適ステイ！

ハイアット プレイス ワイキキ ビーチ
Hyatt Place Waikiki Beach

ハイアットブランドのカジュアルホテル。モダンでスタイリッシュなインテリアと、ビジネスから家族旅行までさまざまなニーズに対応するマルチステイを実現。プールサイドのテラスでの朝食ビュッフェや全館 Wi-Fi 接続が無料といったサービスもうれしい。22 時間営業のカフェもある。

ワイキキ ♥ 別冊 P.22-B2
🏠 175 Paoakalani Ave.
📞 808-922-3861　📠 808-923-5326
🌐 www.hyattplacewaikikibeach.com
💰 $268 ～
🛏 全 426 室　💳 ADJMV
🏢 ハイアットグローバルコンタクトセンタ
ー　FREE 0800-222-0608

各部屋に完備の大きめのソファはベッドにもなり、グループでの旅行にも最適

カジュアル カラカウア通りに面したプチホテル

アストン・ワイキキ・サークル・ホテル
Aston Waikiki Circle Hotel

円筒形のフォルムが個性的でワイキキ・ビーチでも目を引く。オーシャンフロントの部屋ならワイキキ全体の波がチェックできる。ロングボードが置ける鍵付きラックもあるので、宿泊客にはサーファーが多い。全室ホテルルームで、シティビューからオーシャンフロントまで多様。

※要問い合わせ

ワイキキ ♥ 別冊 P.22-B1
🏠 2464 Kalakaua Ave.
📞 808-923-1571　📠 808-926-8024
🌐 aquaaston.jp
💰 ホテルルーム $245 ～
🛏 全 104 室　💳 AJMV
🏢 アクア - アストン・ホスピタリティー日本セールスオフィス　FREE 0120-080-102

アクアリウムのような楽しいロビー。人気レストランも開店

カジュアル ハワイをこよなく愛したカイウラニ王女をしのんで

シェラトン・プリンセス・カイウラニ
Sheraton Princess Kaiulani

ホテル名は、カイウラニ王女が幼少の頃過ごしたという地に建つことに由来している。ワイキキ・ビーチや動物園、水族館へのアクセスも良好。プールサイドバーの「スプラッシュ・バー」は毎日 15:00 ～ 17:00 にハッピーアワーがあり、フードメニューも楽しめる。

1 ワイキキの街が一望できる絶好のロケーション 2 プールサイドにあるバー、スプラッシュ・バーも人気 3 アイナハウタワー 20 ～ 26 階の客室

ワイキキ ♥ 別冊 P.21-B3
🏠 120 Kaiulani Ave.
📞 808-922-5811　📠 808-931-4577
🌐 princesskaiulani.jp
💰 ツイン $295 ～　🛏 全 1152 室
💳 ADJMV　🏢 予約センター　FREE 0120-142-890

カジュアル 快適滞在にこだわるコンテンポラリーホテル

ヒルトン・ワイキキ・ビーチ
Hilton Waikiki Beach

人間工学に基づくオリジナルのセレニティベッドを使用するなど、快適な滞在のための配慮が感じられるホテル。レストラン、ルームサービスなど24時間利用できるサービスも多数。人気のダイナー「マック24/7」もあるので食事にも困らない。

ワイキキ ♥ 別冊 P.22-A1
★ 2500 Kuhio Ave.
📞 808-922-0811
🌐 www.hiltonwaikikibeach.com
💲 スタンダード $254 〜
🛏 全 601 室　ADJMV

快適な眠りを約束してくれるセレニティベッド

カジュアル 緑豊かなホテル

バンブー・ワイキキ・ホテル
Bamboo Waikiki Hotel

クヒオ通りにある小ぢんまりとしたホテル。上品なイメージの客室はキチネット付きステューディオタイプが中心で、数は少ないがフルキッチンの1ベッドルームも。ヤシの木々に囲まれ、カバナやサウナが設置されたプールは、ワイキキの中心であることを忘れてしまう快適スペースだ。

ワイキキ ♥ 別冊 P.21-B4
★ 2425 Kuhio Ave.
📞 808-922-7777　📠 808-922-9473
🌐 www.castleresorts.com
💲 STU$129 〜　1BR$199 〜
🛏 全 96 室　AJMV

のんびりできるプールも人気

カジュアル 海遊び好きなら必見のホテル

ツインフィンワイキキ
Twin Fin Waikiki

カラカウア通り沿い、クヒオ・ビーチの目の前に誕生したホテル。サーフィンをテーマにしており、客室のほとんどから海を眺めることができる。ホテルではプラスチックを使用しないなど、ハワイの美しい海に配慮した取り組みも行う。朝食プランのゲストが利用できるココナッツ クラブも人気。

1 オーシャンビュールームはキングベッドかダブルベッド2台から選べる　2 1日$55で大人2名子供2名まで朝食と絶景が楽しめるココナッツ クラブ　3 エレベーターはルームキーで動くのでセキュリティも安心

ワイキキ ♥ 別冊 P.22-B2
★ 2570 Kalakaua Ave.
📞 808-922-2511　📠 808-923-3656
🌐 jp.twinfinwaikiki.com
💲 オーシャンビュー $299 〜　🛏 全 645 室
ADJMV

389

リラックス・バケーションを楽しむ

ダブルツリー・バイ・ヒルトン・アラナ・ワイキキ・ビーチ
DoubleTree by Hilton Alana Waikiki Beach

吹き抜けのロビーは、ハワイのモダンアートが飾られた開放的な雰囲気で、心地よいバケーションを予感させる。近年、客室の改装も終えており、ハワイらしいモダンな居心地のよいスペースとなっている。また野外のプールやフィットネスマシンなども完備している。

1 心地よい眠りを約束してくれるスイート・ドリーム・ベッド 2 プールサイドでのんびりするのもいい 3 ホテル特製のオリジナルクッキーも絶品

ワイキキ ● 別冊 P.19-A4
↑ 1956 Ala Moana Blvd.
☎ 808-941-7275 📠 808-949-0996
● www.doubletreealana.com
🛏 ツイン $187 〜、ワイキキ・スイート $277 〜
🛏 全 317 室 ● ADJMV ● ヒルトン・リザベーションズ&カスタマーケアー ☎ (03) 6864-1633、東京 23 区外 FREE 0120-489-852

港の景色が気持ちいいホテル

イリカイ・ホテル&ラグジュアリー・スイーツ
Ilikai Hotel & Luxury Suites

キッチン付きの客室で、充実したリゾートライフが過ごせる

アラワイ・ヨットハーバーに位置し、アラモアナセンターへも徒歩 5 分という立地が魅力。高層階からは港と海の風情ある風景が一望でき、気持ちがいい。客室は 46 〜 115㎡とワイキキのホテルとしてはかなり広めで、ホテルでは珍しいフルキッチンを装備している。

ワイキキ ● 別冊 P.19-C3
↑ 1777 Ala Moana Blvd.
☎ 808-949-3811 📠 808-947-0892
● aquaaston.jp
🛏 ラグジュアリージュニアスイート $269 〜、ラグジュアリー 2BR $639 〜 🛏 1045 室
● AJMV ● アクア - アストン・ホスピタリティー日本セールスオフィス
FREE 0120-080-102

広い 1 〜 3 ベッドルームはフルキッチン付き

パール・ホテル・ワイキキ
Pearl Hotel Waikiki

2 ベッドルームユニットの広いリビング。フルキッチン付き

クヒオ通りからアラワイ運河へ向かう静かな環境に位置するホテル。ルームカテゴリーは、スタンダードルームとプレミアムルーム。客室には冷蔵庫と電子レンジを備えている。またフルキッチン付きの 1 〜 3 ベッドルームはファミリー旅行に最適。ロビーではコーヒーの無料サービスあり。

ワイキキ
● 別冊 P.21-A3
↑ 415 Nahua St.
☎ 808-922-1616 📠 808-922-6223
● www.pearlhotelwaikiki.com
🛏 スタンダード $157 〜、プレミアム $182
〜、1BR $255 〜、2BR $295 〜
🛏 全 131 室 ● AJMV

`カジュアル` 行動派に支持されるロケーション

オハナ・ワイキキ・イースト by アウトリガー
Ohana Waikiki East by Outrigger

クキオ通りとカイウラニ通りの角に立つ人気ホテル。バス停がすぐ近くにあり、周辺にはショップやレストランが多い。またビーチにも徒歩5分で行けるから、観光客にとっては好立地で使いやすい。客室はホテルルームのほか、キチネット付きや1ベッドルームがある。

ワイキキ
📍別冊 P.21-B4
🏠 150 Kaiulani Ave.
📞 808-922-5353　📠 808-954-8800
🌐 jp.ohanaeast.com
🛏 ツイン $146～、キチネット付き $193～、1BR（キチネット付き）$227～
🛏 全 441 室　💳 ADJMV
🌐 アウトリガー・リゾーツ東京予約センター　📞 (03) 4588-6441

十分な広さがあり、明るく清潔感のある部屋

`カジュアル` ショッピング派にも最適のホテル

ワイキキ・マリア by アウトリガー
Waikiki Malia by Outrigger

ビーチへは歩いてすぐ、バスの停留所も目の前という利便性の高いワイキキの中心にありロケーションが人気。ショッピング派はもちろん、アクティブ派も大満足。客室にはコネクティングルームやキチネットルームがあり、ファミリー旅行やグループ旅行にも最適。

ワイキキ
📍別冊 P.20-A2
🏠 2211 Kuhio Ave.
📞 808-923-7621　📠 808-921-4804
🌐 jp.outrigger.com
🛏 ツイン $315～、1BR（キチネット付き）$409～　🛏 全 327 室　💳 ADJMV

キチネット付きの1ベッドルームスタジオはゆったり過ごせる広い間取り

`カジュアル` 高層階ならではのワイキキの眺望を楽しむ

ホリデイ・イン・エクスプレス・ワイキキ
Holiday Inn Express Waikiki

ワイキキ・ビーチまで3ブロック、便利な立地の44階建て高層ホテルからは太平洋と山脈のパノラマを独占できる。朝食ビュッフェ、Wi-Fiアクセス、冷蔵庫、電子レンジ、コーヒーメーカーを無料で用意し、館内にはフィットネスセンター、ビジネスセンター、プールなど、諸施設も充実している。

ワイキキ 📍別冊 P.20-A1
🏠 2058 Kuhio Ave.
📞 808-947-2828　📠 808-943-0504
🛏 ホテルルーム $220～
🛏 全 596 室　💳 AJMV
🌐 アームインターナショナル
📞 (03) 3563-6771

やや手狭だが、高いフロアからの見晴らしは最高

`カジュアル` 好立地でカジュアルなホテル

オヒア・ワイキキ
Ohia Waikiki

クキオ通り沿い、「インターナショナル マーケットプレイス」へは信号を渡ればすぐというロケーション。ラナイは高層階のみだが、一部客室にコンロとシンク、小型冷蔵庫を備えたキッチンが便利。ロビー奥のプールはサンデッキがあり、くつろぎのスペースになっている。

ワイキキ
📍別冊 P.21-A3
🏠 2280 Kuhio Ave.　📞 808-926-6442
📠 808-921-9152
🌐 www.ohiawaikiki.com
🛏 ホテルルーム $104～、ジュニアスイート $176～
🛏 全 176 室　💳 ADJMV

キッチン付きシティビュースイート。ロビーのほか客室でもWi-Fi接続が可能

コストパフォーマンスの高いホテル

アクア・アロハ・サーフ・ワイキキ
Aqua Aloha Surf Waikiki

アラワイ運河近くに立つ16階建てのホテル。客室はモデレートやラナイ付きなど3種類があり、いずれもナチュラルテイストが心地よいインテリアが魅力だ。ワイキキエリアの中でも屈指のコストパフォーマンスの高さを誇るホテルといえるだろう。

ワイキキ ♀別冊 P.21-A4
🏠 444 Kanekapolei St.
📞 808-923-0222　📠 808-924-7160
🌐 aquaaston.jp　🛏 ホテルルーム $109～
🛏 全 204 室　💳 AJMV
🅿 アクア・アストン・ホスピタリティー日本セールスオフィス
☎ 0120-080-102

アクアブルーが鮮やかなロビーエリア

家族旅行や長期滞在にもぴったり！

アラモアナ・ホテル・バイ・マントラ
Ala Moana Hotel by Mantra

アラモアナセンター直結で進化を続けるホテル。最上階のホノルルを一望できるステーキハウスはローカルに絶大な人気を誇る。そのほかカフェ410、パイント＆ジガーなど新店も続々オープンした。アラモアナエリアで行動するなら押さえておきたいホテルだ。

アラモアナ ♀別冊 P.29-A4
🏠 410 Atkinson Dr.
📞 808-955-4811　📠 808-944-2974
🌐 jp.alamoanahotel.com
🛏 コナラ $179～、
ワイキキタワー $199
🛏 全 1099 室　💳 AJMV

2021年に生まれ変わった美しいプールデッキ

ダウンタウンにあるビジネスユースのホテル

アストン・アット・ザ・エグゼクティブ・センター・ホテル
Aston at the Executive Centre Hotel

ダウンタウンのビジネス街の中心に立つホテル。もともとはコンドミニアムとして売り出されただけに1ベッドルームタイプがあり、商用でハワイを訪れる人々だけでなく、ワイキキの雰囲気を避けたいフリークにも好評だ。セキュリティが24時間体制なので安心して滞在できる。

ダウンタウン ♀別冊 P.26-B2
🏠 1088 Bishop St.
📞 808-539-3000　📠 808-523-1088
🌐 aquaaston.jp
🛏 ビジネススイート $199～、1BR $216
～　🛏 全 512 室　💳 AJMV
🅿 アクア - アストン・ホスピタリティー日本セールスオフィス
☎ 0120-080-102

床から天井近くまでのピクチャーウインドーで見晴らしは最高

※要問い合わせ

細やかなサービスがうれしいホテル

アクア・パームズ・ワイキキ
Aqua Palms Waikiki

明るいトロピカルカラーを使った、12階建てのホテル。「アラモアナセンター」へ数分の便利な立地。客室には冷蔵庫、電子レンジ、コーヒーメーカーが備えられ、フルキッチン付きの客室もある。屋上にはプールを完備し、1階にはアイ・ホップ・レストランが入っている。

ワイキキ ♀別冊 P19-B3
🏠 1850 Ala Moana Blvd.
📞 808-947-7256　📠 808-947-7002
🌐 aquaaston.jp
🛏 シティビュー $159～
🛏 全 262 室　💳 AJMV
🅿 アクア - アストン・ホスピタリティー日本セールスオフィス
☎ 0120-080-102

アクアブルーとパームツリーがモチーフのゲストルーム

コスパよし ビーチからも近くアットホームな雰囲気

ブレーカーズ
The Breakers

ワイキキ・ビーチから徒歩5分の便利な場所にありながら、とても静かでレトロな2階建てホテル。ゲストの7割はアメリカ本土やカナダからのリピーター客。全ユニットに小ぶりのキッチンがあることから、ちょっとしたアパート暮らしの気分に浸れる。毎年1〜3月はほぼ満室とか。

ワイキキ ♀別冊 P.20-B2
★ ♠ 250 Beachwalk
☎ 808-923-3181　📠 808-923-7174
🌐 www.breakers-hawaii.com
💰 シングル $150〜、ダブル $160〜、
ガーデンスイート $205〜
🛏 全64室　💳 ADJMV

プールに面した1階のガーデンスイートは15室あり、各5名まで宿泊できる

※プールとロビーのみ

コスパよし 立地もコスパもお得！

ホテル・ラ・クロワ
Hotel La Croix

ワイキキ・ゲートウエイ・ホテルが新しく生まれ変わった。ワイキキの西部、ワイキキ・ゲートウエイ公園とキング・カラカウア・プラザの間というロケーションで、ABCストアやプール、コインランドリーが完備。宿泊料金のわりには何かとお得感の高いホテルだ。

ワイキキ ♀別冊 P.20-A1
★ ♠ 2070 Kalakaua Ave.
☎ 808-955-3741　📠 808-204-9977
🌐 www.lacroixhotels.com
💰 $144〜
🛏 全191室　💳 ADJMV

さわやかな印象で居心地がいいゲストルーム

コスパよし リピーターに愛されるプチホテル

エバ・ホテル・ワイキキ
Ewa Hotel Waikiki

ワイキキ・ビーチへもカピオラニ公園へも歩いて数分の好立地なホテル。客室はモデレート以外、キチネット付き。1ベッドルームなら大人3人、2ベッドルームなら大人4人が宿泊可能なほか、最大3ベッドルームまで利用できるので、グループ客に最適といえる。

ワイキキ ♀別冊 P.22-B2
★ ♠ 2555 Cartwright Rd.
☎ 808-922-1677　📠 808-923-8538
🌐 aquaaston.jp
💰 モデレート $139〜、STU $149〜、
1BR $214〜、2BR $339〜
🛏 全92室　💳 AJMV
🏢 アクア - アストン・ホスピタリティー日本セールスオフィス
📞 0120-080-102

スtューディオのゲストルーム。お得なウィークリー料金もある

コスパよし リピーター御用達の穴場ホテル

イリマ・ホテル
Ilima Hotel

アラワイ運河近くにあるコンドミニアム・ホテル。キッチンやランドリールームといったコンド形式の設備をもち、ルームキーパーなどのホテルと同じサービスが受けられる。客室も広くてゆったり、全客室にWi-Fi、コーヒーメーカーなどを完備。長期滞在にもおすすめだ。

ワイキキ ♀別冊 P.21-A3
★ ♠ 445 Nohonani St.
☎ 808-923-1877
📠 808-924-2617
🌐 www.ilima.com
💰 STU $145〜、1BR $180〜、2BR $350〜
🛏 全98室　💳 ADJMV
🏢 なし

改装され美しくなった客室

※要問い合わせ　　　　　※

COLUMN

＼手配旅行なら要チェック／

ホテルチェーンの㊙企画を利用

自分でホテルを予約する個人旅行なら、各ホテルが独自に企画しているお得なプランを利用するのが賢い。宿泊費が安くなるだけでなく、さまざまな特典が受けられて、VIP気分に浸れるはずだ。

ここではハワイを代表するコンドミニアム＆ホテルチェーン、アクア・アストン・ホスピタリティーの2023年度プランを紹介しよう。いずれも2024年3月31日まで有効。ただし適用外の施設や期間、条件があるので、詳細は日本オフィスで確認を。

①ベスト・デイリー・レート

年齢や宿泊数などの条件のない、宿泊だけでは最も安くなる料金。空室状況などにより変動する。

②ウイークリー・レート

同一の部屋に7連泊以上の場合、通常宿泊料金が最大で10％オフとなる。空室状況などにより変動する。

③ハワイ5-0（シニアレート）

宿泊代表者が50歳以上なら宿泊料金が割引となり、1泊から対象になる。空室状況などにより変動する。

日本での問い合わせは、アクア-アストン・ホスピタリティー日本セールスオフィスまで。

㊐📞 0120-080-102 🌐 aquaaston.jp

COLUMN

＼トラブルもすぐに解決！／

シェラトン・ワイキキのLINE日本語サービスが便利！

チェックアウトの時間を忘れてしまった、タクシーを呼んでほしい……など、ホテルに滞在しているとロビーにいるホテルスタッフに相談にしに行くこともしばしばあるだろう。そんな手間を省いてくれて、なおかつ日本語で安心して相談できるサービスが、シェラトン・ワイキキでスタートした。

日本人の宿泊ゲストが無料で利用できるサービスで、スマートフォンでQRコードを読み込み、部屋番号を入力すればOK。サービス利用時間（9:00～17:00）内であれば、いつでもLINEのチャットで気軽に相談できるので、わざわざ1階のロビーに降りていったり、戸惑いながら英語でフロントデスクに電話する必要もないというわけ。シェラトン・ワイキキに宿泊の際はぜひ利用してみて。

ハネムーナーや家族連れに大人気のホテル

館内のあちこちに案内があるので気軽に利用できる

ホテル内はレストランやショップなど施設が充実

CHECK オアフ島では非認可のバケーションレンタルを取り締まる民泊制限が強化されており、リゾートゾーン（ワイキキ・コオリナ・タートルベイ）以外のエリアでは最低賃貸期間が90日以上となっているので注意が必要。

Hawaiian Islands

🌺 ハワイ諸島概略

地理・地勢
Physical Features

気の遠くなるような年月をかけて浸食されたカウアイ島の山腹。神々の彫刻といっていい荘厳さだ

ハワイと日本は地続きになる!?

　といっても、それは気が遠くなるほど先の話。これは「プレートテクトニクス」という理論によって説明される。

　地球の表面を覆う厚さ100kmといわれる**プレート**（学術用語でリソスフィア Lithosphereという）が、その下部の**アセノスフィア Asthenosphere**を流れるマントルの力によって、少しずつ移動しているというものだ（イラスト参照）。

　例えばハワイ諸島が載る太平洋プレートの大部分は、太平洋を北西に向かって移動し、日本海溝などから地球の内部へと潜り込んでいく。極めて正確な電波望遠鏡による測定によれば、プレートの移動速度は1年に約6cmだという。つまり1億年もたてば、茨城の沖合にカウアイ島が現れる計算になる。

神々の時代に……

　ハワイの火山活動と島々の成り立ちもまた、このプレートテクトニクスによって説明できる。地球内部から湧き出るマグマは、プレートの最下部に集まり（これをホットスポットという）、この**"マグマだまり"**からプレートを突き破って噴火を起こす。海底噴火による隆起、そして噴き出したマグマが冷え、固まり、島が誕生する。

　だが、プレートは少しずつ北西に移動しているため、マグマの供給が止まり、火山は活動を停止する。そして再びパワーを蓄えたホットスポットは、またもやマグマを地上に送り出し、次々と島を造り出していくのだ。

　定説では約2500万年前（地質学でいう第三紀の中頃）、ミッドウェイ諸島が海底噴火で隆起。その後、プレートの動きと反対

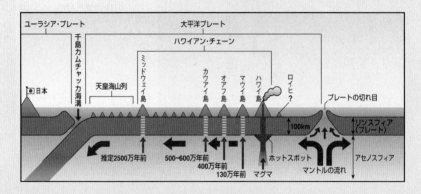

ユーラシア・プレート　　　　　　大平洋プレート

千島カムチャッカ海溝

ハワイアン・チェーン

日本　　天皇海山列　　ミッドウェイ島　カウアイ島　オアフ島　マウイ島　ハワイ島　ロイヒ？　　プレートの切れ目

100km

リソスフィア（プレート）

推定2500万年前　　500～600万年前　400万年前　130万年前　　ホットスポット　マントルの流れ　　アセノスフィア

マグマ

方向の南東へ、順次島々が連なって形成されたのが、現在のハワイ諸島の姿である。この火山脈は「ハワイアン・チェーン」と呼ばれている。

ハワイが火山列島だというと、日本人としては地震が気になるが、有感地震は年平均2回程度である。

最近では2019年にハワイ島で噴火による地震が発生している。

火山島の過去・現在・未来

永年の浸食によるカウアイ島の険しい山系・渓谷・峰々、そして現在でもなお「地球の熱い血液」を噴出し続けるハワイ島の活火山。人間に例えれば老齢期と幼年期ほどの違いである。ハワイでは火山島の一生を垣間見ることができるのだ。

さて、ならばハワイ島の南東に新しい島が出現する可能性はないのだろうか。

1982年にハワイ島沖で水中カメラを海底に下ろして行われた調査によると、海底火山の噴火が認められ、その噴出した溶岩の

火山の溶岩台地にも生息するオヒア・レフア。ハワイ島の島花であり、固有種として知られる

累積がわずかではあるが、年々高まりつつあるという（ロイヒと名づけられている）。1998年には日本の深海探査艇「しんかい」が調査を行っている。

遠い将来、この隆起が海面上に姿を現し、新島が出現することになるのだろう。

上 溶岩には「アア」と「パホイホイ」の2種類がある。アアは800℃以下の低温のもとで合成される玄武岩質で、鉱滓が粗くガスを大量に含むため、冷えると軽石状になる。パホイホイは850℃以上の高温状の溶岩で、ガスの量は少なく、冷えると水飴が固まったようになる。「アア」「パホイホイ」とも、学術用語となっている数少ないハワイ語である。写真は縄をよったようなシワが特徴のパホイホイ　下 現在、人々がハワイ諸島といっているのは、ハワイアン・チェーンの最南東端の8つの島々。この北西に連なるのがハワイ北西諸島。島の沈下、海面の上昇・下降により、珊瑚礁に覆われた部分だけが海面に現れた島々である。現在は「ハワイ国立野生保護区」となっている。ハワイ北西諸島の北端は、北緯約28度で、日本の薩南諸島とほぼ同じ緯度。カウアイ島が北緯22度、オアフ島北緯21度、ハワイ島北緯20度と、それぞれ北回帰線より南になる。つまり真夏の正午には太陽が北から差すわけだ

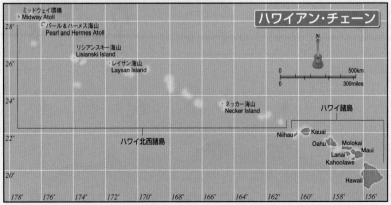

ハワイアン・チェーン

ミッドウェイ環礁
Midway Atoll

28°
パール＆ハーメス海山
Pearl and Hermes Atoll

リシアンスキー海山
Lisianski Island

26°
レイサン海山
Laysan Island

N

0　　　　500km
0　　　300miles

24°
ネッカー海山
Necker Island

ハワイ諸島

Niihau　Kauai

22°
ハワイ北西諸島

Oahu　Molokai
Lanai　Maui
Kahoolawe

20°
Hawaii

178°　176°　174°　172°　170°　168°　166°　164°　162°　160°　158°　156°

地理・地勢
Physical Features

オアフ島
→P.98

「The Gathering Place」と呼ばれるように、州の人口の約7割が集まる島。州政府など政府機関や大手企業のメインオフィスがあり、政治・経済・観光の中心となっている。

カウアイ島
→P.434

「The Garden Island」の愛称で親しまれる、緑と花に覆われた美しい島。カメハメハ大王はカウアイ島を攻めなかったため、「征服されざる島」とも呼ばれる。

山々の違いを見比べるのもハワイ観光の楽しみ。人間の生涯に例えれば老齢期のカウアイ島・ワイメア渓谷

標高

島	山名	高さ(m)	日本の火山との比較
カウアイ島	カワイキニ	1598	箱根山（1438m）
	ワイアレアレ	1569	
オアフ島	カアラ	1220	桜島（北岳1117m）
	コナフアヌイ	960	開聞岳（＝薩摩富士922m）
	タンタラス	614	八丈島（三原山701m）
	ダイヤモンドヘッド	232	隠岐島後（155m）
	パンチボウル	152	
	ココ・ヘッド	196	硫黄島（摺鉢161m）
モロカイ島	カマコウ	1512	箱根山（1438m）
ラナイ島	ラナイハレ	1026	手稲山（石狩1024m）
マウイ島	ハレアカラ	3055	御嶽山（飛騨3063m）
	イアオ・ニードル	686	八丈島（三原山701m）
カホオラウェ島	プウ・モアウラヌイ	452	青ケ島（423m）
ハワイ島	マウナ・ケア	4207	富士山（3776m）
	マウナ・ロア	4169	
	キラウエア	1247	桜島（北岳1117m）
	ハレマウマウ	1116	

オアフ島は中年期。有名なダイヤモンドヘッドも火山噴火の跡

ハワイの島を巡るのもいいね！

主要山の標高比較

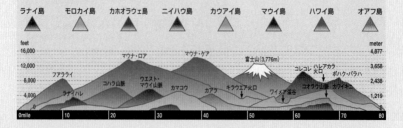

ラナイ島　モロカイ島　カホオラウェ島　ニイハウ島　カウアイ島　マウイ島　ハワイ島　オアフ島

黄色のハイビスカスを
見つけたら写真を撮ろう！

モロカイ島
→ P.436

「The Friendly Island」
と呼ばれ、ハワイ諸島
で最もハワイ系住民が
多く、アロハスピリッツ
を感じさせる島。カラウ
パパ半島にはハンセン
病患者隔離の悲劇の歴
史がある。

Profile
ハワイ諸島プロフィール

ハワイ州の州花は黄色のハイビスカス（pua aloalo プア・ア
ロアロ）、州鳥はハワイガン（nene ネネ）、州木はククイ
(kukui)、州魚は珍しい名前の魚、フムフム・ヌクヌク・ア・
プアア(humuhumu-nukunuku-a-pua'a)で、「豚のように
とがった口をもつフムフム」の意である。

州花
プア・アロアロ

州鳥ネネ

マウイ島
→ P.432

ハワイ諸島中、2番目に大きい島。もともと
はふたつの火山島だったが、流れ出た溶岩
でひとつになった。「The Valley Island」と
呼ばれ、美しい渓谷がある。

ラナイ島
→ P.437

かつては、ドール社が「世界最大のパイ
ナップル農場」として島を開発し、「The
Pineapple Island」と呼ばれた。その後、
2度の買収により大規模なリゾート開発が
進められ、観光の島となった。

成年期に当たるマウイ島の
ハレアカラ山の火口

ハワイ島の西側は少年期、東側はまだキラウエアが噴火を続け、幼年期に当たる

ハワイ島
→ P.430

「The Big Island」の愛称のとおり、
ハワイ諸島でいちばん広い面積で、
いちばん高い山のある島。またカメ
ハメハ大王が生まれた島でもある。

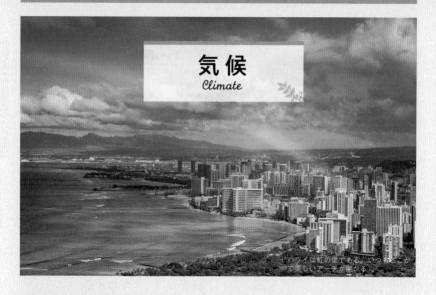

ハワイは虹の里である。いつもどこか
で美しいアーチが架かる

恵まれた天候の
「レインボー・ステイツ」

南国のパラダイス、常夏の島ハワイと
人々は言う。事実ハワイは生活しやすい気
候だ。北回帰線近くの洋上の島々だから、
ほぼ年中北東からトレードウインド（貿易風）
が吹く。どの島にも中央に高い山があるの
で、貿易風は山々にぶつかり、上昇気流
となって雨雲を形成し、島の北東部に雨を
多く降らせる。

山を越えた乾いた風は島の南西部を吹き
抜けていくため、どの島も南部や西部は比
較的雨が少ない。リゾート地がこの方位に
集まっているのは、こうした安定した天候
によるところが大きい。

貿易風のもたらす恵みの雨は、毎日どこ
かに虹を生む。それゆえハワイ州は「レイ
ンボー・ステイツ（虹の州）」と呼ばれる。
自動車のナンバープレートにも虹の模様が

あるほどだ。またこの貿易風のおかげで、
ハワイではエアコンのない、あるいはあっ
てもエアコンを止めている住宅が多い。

ハワイでスキーができる?

島の北側か南側か、平地か山かで、ハ
ワイの天候はそれぞれに異なる。

平地では常夏の国だが、富士山より高
いハワイ島のマウナ・ケア、マウナ・ロア
両山頂は、冬季には雪で覆われることがあ
る。同じ日にスキーをし、海で泳げるわけ
だ。

雨量は、例えばハワイ島東側のヒロの年
間平均雨量は3500mmを超すが、西側の
サウス・コハラ・コーストでは約200mmと
13分の1ほどにすぎない。

また、ハワイで最多降水地帯といわれる
カウアイ島ワイアレアレ山頂付近では、年
間降雨量が1万6000mmを超えたことも
という。

山頂に雪を頂く
マウナ・ケア山

400

カウアイ島ワイアレアレは世界的な多雨地帯として知られる

主要空港における天候 （Hawaii Data Book 2021）

		ヒロ	カフルイ	ホノルル	リフエ
気温（℃）	平均最高気温	27.2	29.1	29.1	27.3
	平均最低気温	19.3	19.7	21.6	21.3
	過去の最高気温	34.4	36.1	35.0	32.8
	過去の最低気温	5.6	-5.6	11.7	10.0
午前8時の平均湿度（%）		80	74	72	77
午後2時の平均湿度（%）		68	58	56	66
年間平均降雨量（mm）		3219	453	434	941
日差しの期待度（%）		41	——	71	59

できれば遭遇したくない津波と台風

しかし、年中温和な天候というわけではない。ハワイ諸島に火山噴火や地震より大きな被害をもたらすのは、津波と台風だ。過去の波高10m以上の津波としては、

1946年4月1日 波高17.0m 死者159人
1957年3月9日 波高16.0m 死者——
1960年5月22日 波高10.5m 死者61人
1975年11月29日 波高14.6m 死者2人

の記録がある。毎月1日（1日が休日の場合は2日）正午に、ハワイ全島で津波警報のテストが行われる。突然、あちらこちらの

サイレンが鳴り響くので、初めての来島者は驚くかもしれない。

また、統計によるとエルニーニョの発生した年は、ハワイでは降雨量が少なく、台風が多いという。

台風（ハリケーン）による災害も見落とせない。1992年9月11日、カウアイ島を直撃した台風「イニキ」は瞬間最大風速64mの記録を残している。その被害は甚大で、表面的な回復は着々と進められているが、まだ多くの問題が残されており、8年後の2000年になって再開を放棄したホテルなどもある。

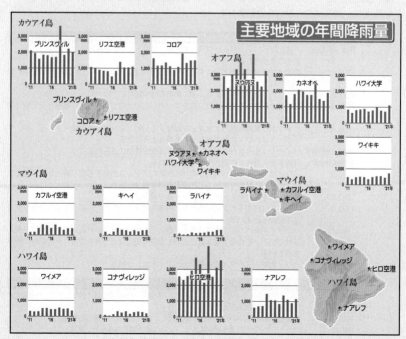

主要地域の年間降雨量

参考文献：Hawaii Data Book 2021

ウミガメがやってくるオアフ島北部の
ラニアケア・ビーチ。最低3mの距離
を取り見学しよう

ハワイの動植物は外来種が主役

　ハワイの景色に彩りを添える動植物た
ち。例えばプルメリアやハイビスカスなどの
美しい南国の花々、涼しげな木陰をつくる
枝ぶりのいいモンキーポッド、あるいは白
い鳩や頭の赤いカーディナルといった愛らし
い小鳥たち。彼らはわれわれの目を楽しま
せてくれ、ハワイの魅力の一端を担ってい
る存在といっていいだろう。

　だが、これらすべては最初からハワイに
いたわけではなく、外部から持ち込まれた
生物である。生物学者の調査によると、す
でに標高約1200m以下の環境ではハワイ固
有の動植物はほとんど見られないという。

表1　ハワイに持ち込まれた動植物と自然環境の変化	
西暦500年頃	入植したポリネシア人がブタ、ネズミ、ニワトリなどを持ち込む
1791年	最初の羊が持ち込まれる
1793年	最初の牛が持ち込まれる。牛を繁殖させるため、カメハメハ大王は牛の捕獲を10年間禁じた
1825年	グアバの一種が持ち込まれ、後に熱帯雨林を蝕むことに
1832年	商業的な砂糖生産が始まり、数万エーカーもの土地がサトウキビ農場として切り開かれる
1883年	サトウキビ農場を荒らすネズミを駆除する目的でマングースが輸入される。が、マングースはハワイ原産の鳥たちをも襲うようになる
1890年代後半	パイナップル産業が興り、パイナップル畑が各地に造られる
20世紀初頭	製糖業用に数多くの灌漑用水路が造られる
1920年	ハワイサトウキビ栽培協会が造林のためにアゾレス諸島から取り寄せた木の種をまいたが、その猛烈な繁殖力で在来の森林を侵食し始める
1921年	バナナに有害な野生の蔓草がハワイ島で発見される
1932年	サトウキビに害を与えるムカデなどの虫を駆除するため、プエルトリコからウシガエルが持ち込まれる
1934年	ハワイで初めてヘビが発見される。輸入した木材などに紛れ込んでいたものと考えられている。その後も毎年数匹のヘビが空港周辺などで発見され、そのたびに駆除されている
1982年	ハワイ固有のミツスイの一種「カウアイオオ」が絶滅

表2　おもな保護活動	
1949年	ハワイ固有のハワイガン「ネネ」（ハワイの州鳥）が絶滅の危機に瀕したため、州政府による飼育・繁殖の試みが始まる
1985年	米国自然保護協会がハワイオフィスを開設、ハワイ原産種の保護活動を開始
1987年	マッカーサー財団の基金提供により、ハワイ自然保護団体事務所が開設。またペレグリン基金により、ハワイ固有のカラス「アララ」の繁殖計画が始まる
2001年	ハワイ北諸島が野生動植物保護区に指定され、一般の立ち入りが禁止される

ミツスイたちの楽園だったハワイ

　今から数百万年から100万年前にかけて、太平洋の真ん中に火山活動で次々と生まれたハワイ諸島。いちばん近い大陸からでも4000km以上の距離であり、まさに孤島だった。ほかの大陸から陸棲生物が海を越えてたどり着けるはずもなく、わずかな確率で風に助けられて飛来した鳥や、海流に乗って流れ着いた植物の種が生き延びて、ハワイ固有の先住者となった。

　ハワイに最初にすんだのは、植物の実や花の蜜を餌とする小型の鳥・ミツスイの仲間だったと思われる。その頃のハワイには陸にすむ哺乳動物も、爬虫類も、病原菌を媒介する蚊さえ存在しなかった。つまり外敵が極端に少ない孤立した世界で、ミツスイたちや植物はハワイの自然環境に適した形で進化していったのだ。

人類の入植とともに起こった生態系の変化

　しかし約1500年前、ポリネシア人が長い航海の果てにハワイへたどり着いたとき、ハワイ先住者たちの楽園は大きく変わり始めた。それまで島に存在しなかったブタ、ネズミ、ニワトリや20〜30種類の植物が持ち込まれ、人間は農地を造るため土地を野焼きして切り開いた。そのときから、鳥たちが生息する森林に生態系の変化が生じたのである。

　そしてキャプテン・クックが1778年に渡来し、続いて世界中にハワイが知られるようになって、彼らの受難は加速することになる。18世紀末には最初の羊や牛が持ち込まれ、家畜の放牧が始まった。やがて野生化した家畜たちは草や木の芽を食べ、ハワイ固有の森林を破壊する一因となった。

　ちなみに、その家畜の収拾に当たったのがパーカー・ランチの始祖・ジョン・パーカーである。

上 ハワイの州鳥ネネ
下 ワイキキなどでよく見かける、赤い頭が特徴の鳥はカーディナル

マラマの心で自然とのかかわり方を見つめ直そう

　こうした環境の変化に抵抗する力をもたなかったハワイ固有のミツスイたちは、世界中から持ち込まれた多くの動植物が土着していくなか（→前ページ表1）、安住の森林を次々と失っていった。独自の進化を遂げ、50以上の種に枝分かれしたハワイ固有のミツスイだが、最初にポリネシア人がやってきた西暦500年頃から、西欧人がハワイに初めて到着した後の西暦1800年頃までの間に、その半分の種が滅んでしまったといわれている。

　もちろん、ハワイの人々も手をこまねいているわけではない。近年では山や海、ハワイで暮らす動物たちに「マラマ（思いやりの心）」を持って接するなど、自然資源の保全への意識が高まっている。ハナウマ湾やダイヤモンドヘッドには事前予約制が導入され、サンゴに優しいリーフセーフな日焼け止めの推奨といったさまざまな取り組みが行われているようだ。

左 冬場にハワイを訪れるザトウクジラ。ボートは100ヤード（約90m）以内に近づいてはいけないなど、厳格な規制がある
右 固有のアザラシ、ハワイアン・モンクシール。一部では個体数が増えつつあるという報告もある

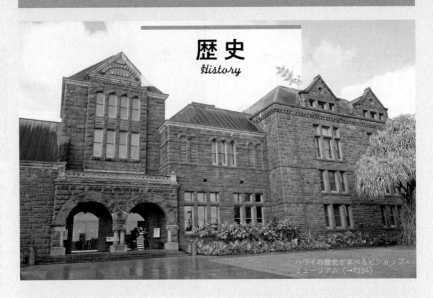

歴史
History

ハワイの歴史が学べるビショップ・ミュージアム (→P.134)

海の旅人の安住地・ハワイ

　ハワイには、ほかのポリネシアの島々と同じように、西欧人の渡来まで文字がなかった。したがって、記述された古代ハワイ史は存在しない。われわれは考古学的手法によるか、民話や伝説から類推するほかないのだ。

　今日の定説では、東南アジアからの民族が東へ移動し、6世紀頃マルケサス諸島あたりから北上したのが現在のハワイ住民の始まりで、その後10〜12世紀頃、タヒチから多くの人が移住してハワイ人の社会制度ができ、今日のハワイ人へとつながったといわれる。タヒチからの人々は、高度な航海術をもち、ハワイとタヒチの間を往来したらしい。ちょうどバイキングが北欧から北大西洋を航海したのと同じ頃である。

　その後、ハワイと外界との交流は、ジェームス・クックが来航するまで途絶え、太平洋の孤島となった。

たったの200年で原始から近代へ

　ハワイに古代社会制度ができるとともに、部族間の抗争も起こり、血で血を洗うような争いがたびたび起こったようだ。その頃の武器や道具類は、木と石を用いた原始的なものであった。

　そして、カメハメハ大王のハワイ統一で、各地で起こっていた部族間抗争に一応の終止符が打たれたわけだが、カメハメハによる統一には、クック渡来以降にもたらされた大砲などの火器の存在が無視できない。ちょうど、わが国における戦国時代の終焉と、鉄砲伝来の関係が見落とせないのと同じだろう。

　ジェームス・クックの渡来以降、ハワイは太平洋における捕鯨船の基地として栄え、多くの船が寄港する。当時の捕鯨は、クジラの脂から紡績機械の油や上質の灯油を採ることがおもな目的だった。

　18世紀後半から、ハワイはわずか100年で原始社会から産業革命後の社会へと急激に変革したわけだ。

　続く100年では、欧米列強の植民地拡張と覇権主義の波にもまれ、ついには王朝は転覆してハワイ王国という民族国家は消滅し、共和国→アメリカ領→アメリカ第50番目の州と変遷し今日にいたる。

　ハワイの歴史を概括すると、わずか200年に西欧史の2000年が圧縮されており、非常に興味深い。

左 クックがもたらした近代火器を用いてハワイ統一を果たしたカメハメハ大王　右 カラカウア王の姪に当たるカイウラニ王女。1893年、叔母のリリウオカラニ女王が退位させられると、アメリカに渡りクリーブランド大統領に会い、白人たちのクーデターの非を訴えた。が、彼女の努力もむなしくハワイはアメリカの準州にされてしまう

ハワイ歴史年表

年	ハワイのできごと
6世紀頃	ポリネシア人が入植？
1753	カメハメハ大王、ハワイ島に生まれる
1778	ジェームス・クック、ハワイに来る サンドイッチ諸島と名づける
1795	カメハメハ大王がハワイ統一を果たし、ハワイ王国を建国
1819	カメハメハ大王没
1820	ボストンから最初の宣教師が渡来
1840	ハワイはキリスト教国と認められる
同年	ハワイ憲法発布、立憲君主国となる（カメハメハ3世）
1843	イギリス海軍ジョージ・ポーレット卿が勝手にイギリス領を宣言し君臨した（2〜7月） しかし、イギリス政府は調査のうえ、カメハメハ3世に返還した
1845	首都をラハイナ（マウイ島）からホノルルへ移す
1848	王国の土地改革（グレート・マヘレ）→しかしハワイ人は次々と土地を失う
1852	中国から移民来たる
1861-65	アメリカ南北戦争（南部の砂糖が北部へ来なくなり、ハワイの砂糖買いつけが必要となる）
1868	日本から初めての移民（元年者）
1872	カメハメハの血統が途絶え、選挙でウィリアム・ルナリロ王子即位
1873	カラカウア王即位 その後、カラカウア王の治世に、白人勢力が台頭し、王はただの象徴となる。この頃閣僚のほとんどが白人になっていた
1875	アメリカ・ハワイ互恵条約締結
1881	カラカウア王日本訪問。明治政府最初の国賓であった（移民の要請／カイウラニ王女と東伏見宮の婚姻を要請／ハワイ・日本間の海底電線敷設の要請があったが、移民以外は実現しなかった）
1885	第1回官約移民（明治18年）
1887	新憲法（王は銃剣で脅されてやむなく署名。俗にいう「銃剣憲法」）制定
1889	反乱が起こったが白人勢力により鎮圧される アメリカ政府はハワイを事実上保護国化する条約を提案しハワイ人の怒りを招く
1891	カラカウア王はサンフランシスコで客死し、リリウオカラニ女王治世
1893	女王は王権を大幅に回復する新憲法布告の準備を進めるが、 1月、有力白人一派に計画が漏洩し、クーデターでリリウオカラニ女王が幽閉される アメリカ海兵隊160人が上陸し、示威活動をする 日本も軍艦を派遣 白人一派は「臨時政府」を設立し、女王に降伏を迫る 女王は「臨時政府」にではなく、米国政府に 時的に降伏した
1894	ハワイ共和国設立、ドールが大統領となる リリウオカラニ女王は一市民となる
1898	アメリカ・スペイン戦争 フィリピンでの戦線のためハワイはアメリカの前線基地として着目される
同年	8月12日 アメリカ合衆国の領土（準州）となる
1941	12月7日 旧日本軍ハワイ奇襲攻撃 日系社会リーダー約800人、米国本土の収容所へ連行される 日系2世部隊（第100大隊・第442部隊）の活躍 日系2世部隊の忠誠心と活躍は、戦後の人種差別撤廃の大きな原動力となった
1959	アメリカ合衆国50番目の州となり、今日にいたる

日本のできごと

年	日本のできごと
1758	幕府、尊皇論者竹内式部と公家17人処刑
1771	「解体新書」刊行される
1778	ロシア船、松前藩に通商を求める
1792	幕府、林子平「海国兵談」を絶版に
1798	本居宣長「古事記伝」完成
1825	幕府、異国船打ち払いを指令
1841	天保の改革
1853	ペリー浦賀に来航
1868	明治維新
1894-95	日清戦争
1904-05	日露戦争
1931	満州事変勃発
1941	太平洋戦争開戦
1945	太平洋戦争終戦

Waikiki Historic Trail
ワイキキ史跡巡り

華やかなブランドやしゃれたレストランが建ち並ぶワイキキだが、この町には歴史のロマンあふれるエピソードがたくさん点在している。そんなヒストリックポイントを歩いて回れるのが、ワイキキのあちらこちらで見かけるサーフボード形の記念碑だ。ボードには昔の写真とともに、その場所の歴史的背景が説明してあり、とても興味深い。

❶ デューク・カハナモク像

ワイキキのカラカウア通り沿いに立つデューク・カハナモクは、まさにハワイの生んだ英雄。3回のオリンピックで活躍し、俳優として映画にも出演。晩年はホノルルでシェリフを務めた(→ P.111)。

いつもレイが掛けられるデューク像。今も人々から尊敬されていることがうかがえる

❷ カメハメハ大王の邸宅跡

カメハメハ大王がオアフ島を征服したとき、ここに前線基地を造ったと言われている神聖な場所。また大王の孫・カメハメハ5世などの邸宅があった場所としても知られる。

現在は歴史あるホテル、ロイヤル ハワイアン ラグジュアリー コレクション リゾート（→ P.374）が立つ場所

❸ ワイキキ・ビーチ

かつてコオラウ山脈からの小川が流れ込み、清冽な水が湧き出る自然豊かな湿地帯だという。過ごしやすい気候と、夏にはいい波が立つため王族たちはワイキキに住居を構え、サーフィンなど波乗りを楽しんでいた。

すぐ脇にアザラシと波に乗る少年の像（→ P.114）がある

霊験あらたかな魔法の石

❹ カパエマフの魔法石

通称"ワイキキの魔法石"。16世紀にタヒチから来た4人の神官がその霊力を注ぎ込んだという言い伝えがあり、パワースポットとしても知られている（→ P.111）。

❺ モアナ・ホテル

ワイキキで最初にできた本格ホテル（→ P.115）。その優雅なたたずまいは今なお旅行客を魅了し、ワイキキを見守り続けている。

一度は宿泊してみたい憧れのホテル

※便宜上各ヒストリックポイントに数字を付けてありますが、実際の記念碑には数字は付いていません。

6 カラカウア王銅像

カラカウア通りの由来となった国王。日本ヘプランテーション（農場）労働者として移民を送るよう働きかけるなど、日本との縁も深かったカラカウア王は、「ハワイ日本人移民の父」とも呼ばれた（→ P.115）。

「メリー・モナーク（陽気な君主）」と呼ばれ、大衆から親しまれたカラカウア王

7 デューク・カハナモク・ビーチ

「サーフィンの神様」としてたたえられるデューク・カハナモク（→ P.111）は、現在ヒルトン・ハワイアン・ビレッジが立つ場所に生まれ育った。その名誉をたたえ、この海岸は彼の名前が冠されている。家族連れが多く、穏やかなビーチとして人気。

ヒルトン・ハワイアン・ビレッジの東側、パオア通りの突き当たりにある

8 アプアケハウ川とビーチボーイズ

かつてアプアケハウ川があった場所。昔のハワイの人びとは、海で泳いだりサーフィンをしたりして遊んだあとは川で体の塩水を流したという。また多くのビーチボーイたちが集う場所としてにぎわっていた。

アウトリガー・ワイキキ・ビーチ・リゾート（→ P.378）のビーチサイドに立地

9 ザ・ビーチズ・オブ・ワイキキ

ワイキキの東側に広がるカピオラニ公園（→ P.113）に位置する。ここで行われるアクティビティなどの集合場所にも使われるサーファー・オン・ザ・ウエイブ像（→ P.114）の海側にある記念碑には、ワイキキを代表するビーチの歴史が解説されている。

カピオラニ公園入口の海側に位置する

10 アフォンの邸宅跡

中国人の富豪チュン・アフォンの邸宅跡地である緑豊かな場所に立っている。彼は1849年にハワイを訪れ、不動産、砂糖、米で巨万の富を築いたという。

アメリカ陸軍博物館（→ P.117）の海側に位置する

11 カヴェヘヴェへの療養水

ハレクラニ（→ P.373）前の海は"カヴェヘヴェへ"と呼ばれる真水が湧き出るスポットがあり、人々はこの海につかって病気や傷を癒やしたとされる。

ハレクラニの前のビーチのすぐそばに立っている

12 レインボー・タワー＆ヒルトン・ラグーン

1968年開業のヒルトン・ハワイアン・ビレッジ・ワイキキ・ビーチ・リゾート（→ P.376）のレインボータワーは、世界最大のモザイク壁画が施され、当時のワイキキの新しいシンボルとなりおおいに盛り上がったという。

ヒルトンのラグーンがある小道にあるので見つけてみて

⓭ カリア湾

アラワイヨットハーバーが眼前に広がるイリカイ・ホテル＆ラグジュアリー・スイーツ（→ P.390）がある場所は、その昔ピイナイオ川の河口があり、ワイキキでも魚介類が豊富に取れる場所としてたくさんの人びとが集まる場所だったという。

ホテルが立地するアラワイヨットハーバーがある遊歩道沿いに立つ

⓮ ヘルモア（王家のヤシ林）

ワイキキにはかつてロイヤル・ハワイアン・ホテル周辺に「ヘルモア」と呼ばれる王家所有のヤシ林が茂っていたという。その数は1万本ともいわれ、カメハメハ大王をはじめ多くの王族が避暑地として親しんだという。現在ではロイヤル・ハワイアン・センター（→ P.298）に「ロイヤル・グローブ」として再現され、涼しげな木陰をつくり出している。

カラカウア通りとビーチウォークの交差点に立つ記念碑

⓯ リリウオカラニ女王の邸宅跡

ハワイ王国最後の女王であるリリウオカラニ（→ P.125）の邸宅があった場所。今では優雅な時間が流れるアラワイ運河のあるこの場所で、有名曲『アロハ・オエ』を作曲したとされる。

アラワイ運河の東端に立地。朝の散歩がてら見学したい

⓰ クヒオ・ビーチ

美しく整備されたクヒオ・ビーチパークに立つ。クヒオ王子は政治家としてアメリカ議会に出席した最初の人。「庶民の王子」と呼ばれ、人々に親しまれた。彼の誕生日プリンス・クヒオ・デイ（3月26日）はハワイの祝日となっている。

にぎやかなカラカウア通り沿いにある

その他の史跡一覧

⓱ カイウラニ王女の邸宅跡

カイウラニ王女像が立つ三角公園にある。アメリカ人の小説家ロバート・ルイス・スティーブンソンは頻繁にこの地を訪れ、ハウの木の下でカイウラニ王女に詩を詠んで聞かせたという。

⓲ エマ女王の邸宅跡

インターナショナル マーケット プレイス（→ P.300）のカラカウア通り沿いの入口にある。カメハメハ4世の妃、エマ女王の邸宅があった場所。女王は完璧なイギリス英語を話し、乗馬技術に優れ、すばらしい歌声の持ち主で、ピアニストやダンサーとしても一目おかれた才女だったそうだ。（→ P.132）

⓳ カリア・フィッシュポンド

湿地帯だったワイキキにはたくさんの養魚池があり、なかでも最大級の池が、カリア通り沿いに立つこの記念碑のあるフォート・デルッジ近辺の山側にあった。

⓴ アラワイ運河

20世紀初頭、ワイキキに住宅が増えるにつれ、アヒル池の臭い、蚊、淀んだ水などが問題となり、政府はその解決策としてアラワイ運河を建設した。記念碑はハワイ・コンベンション・センターの脇、運河沿いにある。

㉑ ザ・ストーリー・オブ・カリア

かつて王族の邸宅が点在していた場所。ロイヤル・ハワイアン・ホテル（→ P.116）の開業以降、次々に観光客用の大型ホテルが建設された。記念碑はヒルトン・ハワイアン・ビレッジのカリア・タワーをバックに立っている。

㉒ フォート・デルッジ

20世紀初頭に要塞が築かれた。現在では、第2次世界大戦の戦死者を慰霊する場所として一般に公開されている。一角にはアメリカ陸軍博物館（→ P.117）がある。

㉓ 水田とアヒル池の跡

19世紀後半、ワイキキのタロイモ畑や養魚池は、中国人たちによりアヒルの池に転用され、この記念碑が立つアラモアナ・ビーチパーク東側の入口は一面のアヒル池だった。

ハワイはアロハスピリッツをもとに多くの民族で構成されている

ピープル
People

民族のジグソーパズル

　ジェームス・クックが初めてハワイを訪れた頃、ハワイの人口は30万人あるいはそれ以上だったといわれる。しかし、西欧文明とともに新しい伝染病も渡来し、生活様式の変化と相まって、抵抗力のなかったハワイ人は次々と倒れ、100年ほどのうちに7万人以下まで減少した。その結果労働力が不足し、移民労働者を受け入れることになった。そして今日の、多民族多文化混合社会ハワイが出現したわけだ。

　世界にはほかにも、多民族が混合している社会はあるが、ハワイの場合、いわゆる多数派がないのが特徴といえる。別表は2020年に行われた国勢調査の「民族統計」だが、2民族以上の混合が25%を超えている。つまり、ハワイに居住している人の4人にひとりは民族が混合している。まさに民族のジグソーパズルといっていいお国柄だ。

共通の心「アロハスピリッツ」

　ハワイの日系1世・2世たちは、貧しくとも子供の教育を熱心に行った。この教育投資と、第2次世界大戦中の日系人部隊の活躍により、戦後、ハワイ社会では法曹界・政界・教育界などで目覚ましく日系人が進出してきた。ただし、今や日系人も4世・5世の時代になり、日系がハワイ系と結婚するなど、今日では「日系人」と特

定して捉える考え方は、すでに意味をなさなくなっている。

　多数派がない今日のハワイは、世界で人種間の摩擦の最も少ないところといえよう。また、その根底に、ハワイ古来のアロハ・スピリッツ（他人を思いやる心）があることも見逃せない。世界の楽園といわれる最大の理由はここにあるのかもしれない。

　ちなみにハワイ州の人口の7割以上がオアフ島に集中している。

民族統計 (2020年) ／ 総人口145万5271人

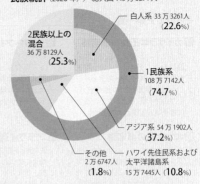

白人系 33万3261人 (**22.6**%)

2民族以上の混合 36万8129人 (**25.3**%)

1民族系 108万7142人 (**74.7**%)

アジア系 54万1902人 (**37.2**%)

その他 2万6747人 (**1.8**%)

ハワイ先住民系および太平洋諸島系 15万7445人 (**10.8**%)

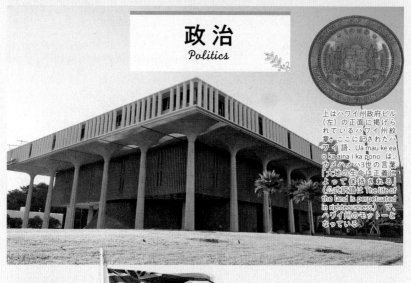

政治
Politics

上はハワイ州政府ビル（左）の正面に掲げられているハワイ州紋章。ここに記されたハワイ語、Ua mau ke ea o ka aina i ka pono は、カメハメハ3世の言葉「大地の生命は正義によって保持される」（公式訳語は The life of the land is perpetuated in righteousness）で、ハワイ州のモットーとなっている

ハワイ州旗は左上にユニオンジャック、赤青白の横縞というデザイン。かつてはハワイ王国の国旗であった。また、カラカウア王の作詞によるハワイ王国国歌は、現在ハワイ州歌として歌われている

3層の政治機構

　ハワイ州民は、ほかのアメリカ国民と同じように2種類の所得税を納めている。一方は連邦政府への、他方は州政府へのものである。日本の国税と地方税のようなものだ。つまり、ハワイ州もほかのアメリカ各州と同じように、3層の政治機構のもとにある。

　第1はアメリカ連邦政府、第2は州政府、そして第3は市・郡レベルの行政機構だ。形としては日本の国−都道府県−市町村と同様だが、アメリカの場合、各州はそれぞれの憲法を有する自治体である点が異なる。

連邦政府と州政府

　連邦政府のもと、ハワイ州民は大統領・副大統領選挙に参加するほか、連邦議会の上院2人・下院2人の議員を選出する。また、連邦政府機関の支部や出張所のほか、連邦地方裁判所もハワイに設置されている。ハワイ大学構内にある East-West Center（東西センター）はアメリカとアジア・太平洋地域の相互理解推進のため、アメリカ議会により設立・運営されている機関だ。

　第2の州政府レベルでは、ハワイ州憲法のもとで行政・司法・立法の三権は分立し、立法府として上院25人・下院51人の州議会をもち、州知事・副知事、上下院議員は、選挙で選ばれる。

　1962年以降、民主党の州知事が続いたが、2002年の選挙で40年ぶりに共和党の女性知事が誕生した。8年の任期満了後、2010年以降は再び民主党の男性知事となっている。

市・郡政府

　第3の市・郡レベルでは、ハワイ全州はホノルル市・郡政府（オアフ島）、ハワイ郡政府（ハワイ島）、マウイ郡政府（マウイ、モロカイ、ラナイ、カホオラウェの4島）、カウアイ郡政府（カウアイ島、ニイハウ島）の4つに分かれている。

　この市・郡レベルでは、それぞれに状況が異なる。古くは王政時代、おもな島々には知事が置かれていたが、それは上意下達のための支配体系の一部だった。自治体として郡憲章が制定されたのは、ホノルル市・郡が1959年、ハワイの州昇格の年だが、残る3郡はそれから約10年後のこと。ホノルル市・郡に比べ、他郡の自治権はかなり遅れているのが実情だ。

　一方、ホノルル市・郡では憲章制定以来、何度も修正が重ねられ、強力な自治権が確立されるようになった。例えば、市長（公選による）は市政府の局・部長を任命するが、法務局長については市議会の承認が必要だ。

　また、小さな政治体が政党間の争いの渦に巻き込まれるのを避けるため、1994年から市長・市議会議員選挙は政党と無関係になっている。

ハワイ州全体のコーヒー農園の6割弱を占めるカウアイ・コーヒーの大農場

経済
Economy

ほんのわずかにすぎない農業収入

　明治以降、多くの日本人移民がサトウキビ農場で働いたので、ハワイの主要産業はサトウキビと思っている日本人も少なくないようだが、ハワイの農業収入は、ほんのわずかな金額にすぎない。

　およそ200年前、19世紀に入り、欧米人勢力による土地の運用や経済活動で、ハワイは急速に近代化の道を進んだ。

　捕鯨基地として一時栄えたハワイは、捕鯨業の衰退とともに捕鯨基地も衰えるが、南北戦争で南部からの砂糖の移動が難しくなったアメリカが、砂糖をハワイに求めたのがきっかけとなって、ハワイの製糖産業が大きく伸長することになった。

　一方、労働人口の不足していたハワイは、多くの外国人労働移民をサトウキビ農場に受け入れた。また、パイナップル産業

軍艦が停泊するパール・ハーバー。ハワイはアメリカ軍事戦略上、重要なポジションを占めている

も興り、1930年代には世界のパイナップル缶詰の85%を生産するようになった。しかし、ハワイ社会の近代化が進むとともに、人件費が上昇する一方、特に戦後の世界的な砂糖の供給過剰から、ハワイの製糖産業やパイナップル産業は経営困難となり、今ではフィリピンなど国外への移転が進んでいる。

　ハワイの農産物売上高は次ページ図1のとおりで、サトウキビ、パイナップルは衰退し、その他の農作物（コーヒー、ナッツ類、切り花など）の売り上げが伸長、サトウキビの売り上げを大きく超えてはいるものの、農業収入は全体の収入に比べるとわずかなものだ。

上がり続ける物価高。鍵は日本人？

　過去の統計では、図2のようにハワイ州の収入第1位は観光収入、第2位は軍事基地収入で、パイナップルやサトウキビの売り上げは微々たるものだ。より付加価値の高い、より収益の高い製造業の振興や誘致に州政府も力を注いでいるが、いまだ大きな成果は得ていない。

　ハワイ経済が大きく依存している観光収入に関連し、日米観光客の1日の出費がどれくらいかを比較したのが図3。日本人に比べてアメリカ人の財布の口は締まり気味。「交通費」が日本人を上回っているのは、レンタカー利用の差異と思われる。また、日本人の「買い物」への出費が突出しているのが特徴的。ちなみに日本人の買い物の内訳は、皮革製品に約$13、

長年の砂糖価格の低迷で、次々とシュガーミル（製糖工場）が閉鎖され、マウイ島ラハイナのランドマークだったパイオニア・ミルも1999年のサトウキビ収穫を最後に閉鎖された。写真は現在ノース・ショア・ソープ・ファクトリーがあるオアフ島ワイアルアシュガーミルの跡地

ファッションに約\$24、ジュエリーや時計に約\$5を費やしているとのこと（ひとり1日当たり）。ひと頃よりも減ってはいるが、ワイキキやアラモアナの盛況ぶりは統計上からも明らかである。

海外からハワイの投資に関しては、かつて日本がバブル景気を謳歌していたころ、ハワイにも多額の投資が行われ、州政府関係の雇用者数が激増。バブル崩壊後も、外国からの投資のうち日本からの投資が全体の8割を占めていたほどだ。しかしここ数年、特に新型コロナウイルスによる世界的パンデミックの影響も相まって多くの日本系企業がハワイからの撤退を余儀なくされた。観光業はというと、コロナ禍においてもアメリカ本土の国内旅行者や韓国・中国系からの需要が高まったこともあり、今や日本人観光客のみに限るようなマーケットは減りつつある。

コロナ後のインフレや観光地以外での民泊禁止などにより、ホテルの宿泊料金や食品、ガソリン代を含む生活に必要なほとんどの費用は年々上昇傾向にある。この状況を打破するには、日本人観光客、ひいては日本経済の活性化が鍵であることは言うまでもないだろう。

コナ・コーヒーはコーヒー通の絶大な支持を得ている。今ではカウアイ、モロカイなど各島産のコーヒーも市場に出回り、好評を博しており、2003年7月にはコナ・コーヒーがホワイトハウスのメニューにも採用された

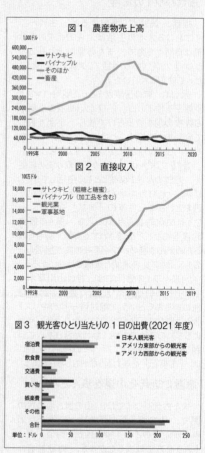

図1　農産物売上高
1,000ドル
サトウキビ／パイナップル／そのほか／畜産

図2　直接収入
100万ドル
サトウキビ（粗糖と糖蜜）／パイナップル（加工品を含む）／観光業／軍事基地

図3　観光客ひとり当たりの1日の出費（2021年度）
日本人観光客／アメリカ東部からの観光客／アメリカ西部からの観光客
宿泊費／飲食費／交通費／買い物／娯楽費／その他／合計
単位：ドル

ハワイ王朝をはじめ、昔のポリネシアの島々をしのぶアトラクションは観光客に人気がある

古代ハワイの信仰

　神話、民話から類推すると、古代ハワイにおける人々の生活は、その日その日の糧は自然から得て、また必要以上に採ることとは「カプ（ハワイ語で"タブー"の意）」として禁じられていた。

　例えば、昔の王族がまとった羽毛のマントや帽子を作るのに、ハワイ人は1羽の小鳥から数枚の羽を取るだけで放し、小鳥を殺して全部の羽を取ることはしなかった。これなどは、生活の知恵ともいうべきカプだった。

　昔のハワイ人は、このカプの取り決めに従い、自然のなかで自然とともに生活してきた。だが、ハワイがキリスト教国になり近代化が進むとともに、古来の「カプ」も薄れ、ハワイは文化的な混乱期に入り、多くの歴史的建造物などが破壊されてしまう。羽毛を取るためにある種のハワイ固有の鳥が絶滅したのも、「カプ」の消滅と無縁ではないだろう。

　元来ハワイの信仰では、神は山川草木やそれぞれの動物に宿り、また農耕の神、狩猟の神もあるという。絶対唯一神のキリスト教とは異なり、日本と同じような八百万（やおよろず）の神々であり、われわれ日本人には親しみやすい信仰だ。ハワイの神話・伝説には、『古事記』を読むようなおもしろさがある。

急激に近代化の道を歩んだハワイ

　また古代ハワイでは、山の民と海の民の間で、山の幸・海の幸の物々交換が行われたが、そのとき「魚何匹と芋何個」というような方法は取らなかった。西欧社会から貨幣経済が持ち込まれるまで、ハワイ人社会では等価交換の考えが存在しなかったということは、その後のハワイ社会の推移を理解するうえで重要である。

　1848年、"グレート・マヘレ"と呼ばれる土地改革が行われ、すべてのハワイ人が土地をもつことになった。

　しかし、父祖の代から、土地は水や空気と同じように、もともとそこにあるみんなのものと考え、また貨幣経済に未熟で、不動産の私有など想像外のシステムだったハワイ人が次々と土地を手放し、白人の所有に帰するまでに長い時間はかからなかった。

　欧米人勢力による土地の運用や経済活動で、ハワイは急速に近代化の道を進む。ハワイの製糖産業が大きく伸長するとともに、労働人口の不足していたハワイは、多くの外国人労働移民をサトウキビ農場に受け入れ、ハワイ独特の多民族多文化混合社会が生まれることとなった。

つくられた楽園のイメージ

　観光地、リゾート地としてのハワイは20世紀初頭に始まった。ワイキキにホテルが林立するのは、20世紀後半のことである。

　最初にワイキキに開業したホテルは1901年のモアナ・ホテルで、ここから海浜リゾートの時代が始まる。1920年代には、米国本土とハワイ間を結ぶ大型定期客船が就航し、1936年にはカリフォルニア〜ハワイ

われわれがイメージするハワイそのものの光景だが……

左／カラカウア王（1836～1891年）は選挙で選ばれた王様。彼が王位についていた時代は、すでにハワイ王国は末期を迎えていたが、宣教師たちの圧力で禁止されていたフラを復活させたり、カメハメハ大王の銅像をたてるなど、民族の誇りを取り戻すよう努力した。いわば第1次ハワイアン・ルネッサンスを起こした人物（Photo:Bishop Museum）
右／カアフマヌ王妃（1768～1832年）。16歳でカメハメハ大王の愛妻となり、カメハメハ2世・3世の治世に摂政として権勢を振るった。カプの廃止、ヘイアウの破壊、キリスト教の容認など、ハワイ文化に及ぼした彼女の影響は計り知れない（Photo:Bishop Museum）

ハワイでは万（よろず）のものにマナ（霊魂）が宿るとされた。もちろん石もその対象であり、石で造ったヘイアウ（祭壇）には祈りや生贄がささげられた。現在でも信心深い人々が供物をささげている（オアフ島ワイアナエのクイリオロア・ヘイアウ）

間に週1便の定期旅客航空便が始まった。

ハワイ州政府も積極的に観光開発を進め、米国本土向けの「南海の楽園・ハワイ」のイメージが形づくられた。

今日、ハワイアンミュージックといわれるスチールギターによるハワイ音楽も、楽園のイメージ演出とレコード産業用に、米国本土の白人によって作られたもので、"ハパ・ハオレ・ミュージック"といわれる。ハパは英語のハーフが訛った語、ハオレは白人のことで、直訳すれば半白人音楽ということだ。

また、ハリウッド娯楽映画に半裸のフラガールが踊るハワイ物が登場するなど、「太平洋の楽園」のイメージは、大部分がアメリカ本土で築かれたものだった。とはいっても、観光立州のハワイは、この「つくられた楽園」のイメージを歓迎せざるをえなかったし、あるいは、進んで迎合した。

例えば、今もディナーショーなどで踊られる激しく腰を振る歓迎用の踊りは、タヒチアンダンスでハワイの踊りではない。また、ウクレレは19世紀末のポルトガル移民が持ち込んだ小型ギター（ブラギーニャ）が原型であり、アロハシャツは1930年代に中国系移民により作られたという説が有力である。

こうして「観光立州ハワイ」の裏面で、ハワイ先住民文化は観光用の余興に変形されていった。

悩み迷う楽園!?

しかし1970年代半ば頃から、ハワイでは自分たちの伝統文化を再認識しようと、"ハワイアン・ルネッサンス運動"が起こっている。

また19世紀末、列強の覇権競争の波にも

まれ、ついには王国転覆という結果となったが（→P.404）、その裏に当時のアメリカ人の策謀が存在したのは事実である。1993年11月23日、クリントン大統領は130-150法案（通称、謝罪法案）に署名し、策謀の存在が公式に認められた。

しかし、「ハワイをハワイ人に返せばよい」というような単純な問題ではない。歴史の針は逆には回らない。ハワイには今、ハワイ人の主権回復に関して先鋭的なものから穏健派まで、非常に多くの運動グループがある。この主権回復運動もハワイアン・ルネッサンス運動の一翼といえよう。

「常夏の楽園・ハワイ」も、一歩踏み込めば「悩み迷う楽園・ハワイ」なのだ。

恵まれた気候、整備された施設、人々のアロハスピリッツと、確かにハワイは世界有数のリゾートだ。カメハメハ大王像やイオラニ・パレスは、毎日多くの観光客の記念撮影でにぎわっている。しかしイオラニ・パレス（→P.124）に一歩足を踏み入れると、案内人の説明に王朝の最後をしのび、涙するハワイ人の姿も珍しくない。

私たちにとっては、リゾート地ハワイを満喫するのが目的ではある。が、ひとつの民族国家が消滅していったという世界の歴史の流れを、日本を離れてハワイで考えてみるのも、激動の現代を生きる者の旅のひとときに必要なことかもしれない。

ハワイの伝統
芸能・フラ
Hula

火・木・土曜の夕方、クヒオ・ビーチパークで開催されているサンセットフラ「クヒオ・ビーチ・フラショー」（→P.112）は無料。見逃せないイベントだ

ハワイの人々に密着した舞踏

古代ハワイでは、伝説や史実、あるいはアリイ（王族）を称え、その偉業を伝えるためにフラは踊られていたという。もともと文字をもたなかったハワイでは、フラの踊り手とチャント（詠唱）を唱える者は、歴史の語り部でもあったのだ。

現代においては1970年代に起こった"ハワイアン・ルネッサンス"という文化復興運動（→P.415）の影響もあり、多くの小学校で子供たちはフラを学び、フラ人口もハラウ（フラの教室）も劇的に増え、競技会も盛んに行われるようになった。

また、観光業界でも「本物のフラ」を観てもらおうという動きが広まり、ワイキキのフラステージなどで見応えのある舞台を気軽に楽しめるようになっている（→P.112）。

フラの動きに託されたもの

フラを観賞する際に注目したいのがその動作。足の動きには何十ものステップの組み合わせがあり、上半身の動きは語りたい史実や自然現象を表している。

例えば、両手を上げて見上げれば位の高い高貴な人や神々を表したり、片手を目の横に添えてもう片方の手を前方へ伸ばせば「見る」という動作、あるいは頭上で水平に円を描くように手を回すと風……。ただし表現の方法はさまざまで、クム・フラ（フラの師匠）によっても変わってくる。モロカイ島の古いフラを伝承するクム・フラ、ジョン・カイミカウア氏によると、古代モロカイ島に伝わる踊りのなかには、風だけで100以上の表現があるそうだ。島の各地に吹く風にそれぞれ名前があり、その風を表す踊りもそれぞれに違うという。

古代ハワイ人が自然現象をどれだけ繊細な目で見ていたか、そしてフラの踊りには深い意味が託されていることに気づかされるエピソードである。

フラで使われる道具

イプ
踊りながらダンサーが手でたたいて音を出す打楽器

プー
儀式の始まりを告げるときはホラ貝が吹かれる

ウリウリ
ひょうたんに似たラアメアと羽で作られた打楽器。中にアリイポエという木の実が入っていて、マラカスに似た音が出る

プイリ
竹に切り込みを入れた打楽器。カヒコでは1本を使い、アウアナでは2本を打ち合わせたり、肩をたたいて音を出す

アラモアナセンターで開催されているフラショー。ショッピングの合間に無料で楽しむことができる。左は優雅なアウアナのフラで、右は荘厳で力強いカヒコのフラ

フラのイメージを覆すカヒコ

　ハワイのフラは2種類ある。

　ひとつはカヒコと呼ばれる古典フラで、古代からハワイ王国時代までの舞踏形式を基本にしたもの。ウクレレや歌は使わず、イプヘケと呼ばれるひょうたんの打楽器とお経のようなチャント（詠唱）に合わせて踊る。神や王族へささげるために踊られたカヒコは、力強く、厳粛な雰囲気が漂い、初めてカヒコを観た人は、それまでのフラのイメージをまったく新たにすることになるはずだ。

　特に男性のカヒコは、古代戦士たちの格闘技「ルア」を取り入れた踊りや、カラアウと呼ばれる棒をたたき合わせながらのフラなど、鳥肌が立つほど精悍で勇ましい。カヒコの衣装は男性はマロというフンドシ姿。日本のフンドシと同じでシンプルに前に布を垂らす場合と、腰のあたりで膨らませて着付けることもある。

　女性は、ブラウスとパジャマのパンツのようなズボンをはき、その上にティーリーフのスカートを着ける場合が多い。

左 優雅なアウアナの代表格といっていいカノエ・ミラーさんのステージはハレクラニで観賞できる
右 ワイキキ・ビーチ・ウォークでも無料のフラショーを開催している

優雅で楽しいアウアナ

　一方、フラといえばムームー姿の女性が優美に舞う踊りを連想しがちだが、それはアウアナと呼ばれるモダン・フラのこと。ただし、1920年前後に始まった豪華客船時代に一世を風靡した、セロハン製のスカートに金髪の美女が腰をセクシーに揺らすフラは「ハリウッド・フラ」であり、ハワイ人が継承してきた踊りではない。現在のハワイでは観光客向けのショーの一部で踊られることはあるが、ハワイの人はそれを自分たちのフラと思っていない。

　アウアナは、宣教師によって禁止されていたフラをカラカウア王が復活させてから生まれた。ウクレレやギター、歌に合わせて踊るようになり、歌の内容は恋人同士の愛を歌うなどロマンティックな内容のものが多い。

　ちなみに、『ブルー・ハワイ』や『ハナレイ・ムーン』など、英語の歌詞の歌はハパ・ハオレ・ミュージック（→P.415）と呼ばれる。ハワイで好まれて踊るのは、こういう英語の歌よりも『プア・リリレフア』『ヒイラヴェ』などハワイ語の歌が圧倒的に多い。

　女性のアウアナは優雅で美しい身のこなしが見どころだが、男性のアウアナの多くは軽快な歌とメロディのものが多く、サフィンの動きを取り入れた楽しい踊りなどが特徴的である。

愛の贈り物・レイ
Lei

「ハワイの心」を表現するレイ

いい香りのする花々をつなげた花飾りを首に掛けてくれ、そしてほおに軽くキス。ハワイで行なわれるさまざまなイベントで見かけるワンシーンだが、この花飾りは「レイLei」と呼ばれていて、レイ＆キスはハワイならではのウエルカムの表現である。

ハワイの人々は子供の頃からレイの作り方を学び、洋服を着るようにごく自然にレイを身に着ける。誕生日や卒業式、結婚式といったアニバーサリーのお祝い、そして亡くなった人への弔いなど、さまざまな場面にレイを贈り、そして贈られる。まさにハワイの人々の生活に密着した存在なのだ。

意外と知らないレイのマナー

そんなレイだが、作法については意外と知られていないことが多い。まず、レイを渡されたら心よく受け取ろう。レイを拒否したり、すぐに外したりしないのが正しいエチケットだ。また、レイを受け取った後、ホテル内に置きっぱなしにしたり、ゴミ箱に捨てることもNGとされている。レイは渡した人の愛の象徴。なるべく自然に還すのが理想的だ。その場合は、レイをつないでいる紐を取ってから。レイによっては紐ごと自然に還すことができる素材のものもある。

またレイを妊婦に渡すときは、輪になっているレイ（クローズ・レイ）ではなく、マイレなどのオープンレイを渡す習慣があるので注意が必要。もし妊娠が分からずに渡された場合は首にかけずに、手で受け取れ

ばOK。レイはハワイのスーパーなどで購入することができる。

レイとフラのかかわり

伝統芸能・フラ（→P.416）においても、レイは切っても切れないかかわりをもつ。

フラにおいては、曲によって用意されるレイが異なる。なぜなら、フラの踊りにはさまざまな物語が展開し、その題材をレイに例えるからだ。

例えばマイレの葉には神が宿るとされるので、神をたたえるフラには欠かせない素材。また身に着ける花を恋人に例えて、彼（彼女）への思いをレイに託して踊ることにより、曲のもつ本来の意味を観る者に深く訴えることができるといった具合である。

また古典フラにおいてはおもにグリーンレイを身に着けるが、その葉を採集するためには、たいへんな労力が必要となる。ダンサーはまず、山々にあいさつをし、葉を採ることの許しを神に祈り、それから山へ入る。もし天候が変わり、雨が降り風が吹き始めたとしたら、それは神が葉を採ることを許可していないのだと考える。

つまり彼らにとって、レイは神そのものであり、崇拝の対象なのだ。

甘い香りがハワイらしいプルメリアのレイ。ただし長持ちはしない

毎年5月1日にはレイ
デイと言われるレイ
の祭典がある。フラ
とハワイアンの音楽
のショーなども催さ
れる

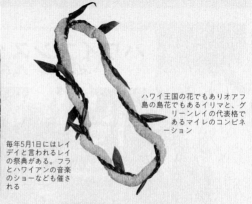

ハワイ王国の花でもありオアフ
島の島花でもあるイリマと、グ
リーンレイの代表格である
マイレのコンビネー
ション

さまざまなレイ

レイの代表格といえば、美しい花々を使ったフレッシュレイだろうが、それ以外にもさまざまな素材を使ったレイがある。

グリーンレイ

樹木の葉や草を使うレイは、古来、ハワイの神聖な踊りや詠唱のなかで、神々への奉納物として使われてきた。つまりグリーンレイこそ、本来のレイの姿だといってもいい。代表的なグリーンレイとしては、マイレ=Maile、リコ=Liko、パラパライ=Palapalaiなど。

なかには山中に分け入らないと採集できないものもあるが、ラワエ（またはラウアエ=Lauae）というシダの一種は、ショッピングモールの植え込みなどでもよく目にすることができる。

木の実のレイ

木の実もレイの素材としてポピュラーだ。ホテルの男性スタッフらが身に着けていることが多い。代表的な木の実はククイという木になるククイナッツ。ククイの実は桃の種によく似ており、その殻の中にあるナッツを加工したものだ。

小豆より若干大きめのウィリウィリも一般的。アラモアナ公園などにもよく落ちていて、実の色は小豆色、朱色、そして大豆と同じ色の3種類がある。

貝殻のレイ

ハワイ全島ではさまざまな貝が採れ、その殻を使って美しいシェルレイが作られる。

特に貴重とされているのがニイハウ島産のシェルレイ。これは2～3mmという極小の貝殻を何千、何万と採集し、同じ大きさの粒を揃え、約120～130cmの長さに細工をしながらつなげていくという、気が遠くなるような作業の末に完成する。

貝殻の採集だけで1年以上、完成には数年もかかるので、価格も数千ドルの値札が付けられることがまれではない。

羽毛（フェザー）のレイ

ビショップ・ミュージアムへ行くと、ハワイ固有の鳥の羽を利用して作られたケープやレイなどが展示されている。これらの羽毛の装飾品は、王族たちだけが身にまとうのを許された神聖なもの。一般人にはタブーとされた。

何千、何万という羽毛を使うため、現在では職人の数もごくわずか。作るのに大変な労力を要するフェザーレイが高価なのは言うまでもない。

リボンのレイ

近年、人気が上昇しているのが、色とりどりのリボンを使用したレイ。素材となるリボンは色や形の選択余地が広いので、バリエーション豊富なレイができるのが魅力だ。

ドレスアップにもなる木の
実のレイ

芸術作品といってもいい貝殻のレイ

フェザーレイは一生モノ
になる

ハワイアンスタイル
Hawaiian Style

ハワイアンミュージックの象徴ともいえるウクレレだが、オリジナルはポルトガルの楽器だ

ハワイ独特のローカル文化

　古来、ハワイに伝わるフラ（→P.416）やレイ（→P.418）のような伝統文化とは別に、激動の歴史（→P.404）や社会の急変（→P.414）が育んできたサブカルチャー、あるいはハワイ独特のスタイルというものがある。それはひと言でいえば「多民族多文化混合カルチャー」。19世紀初頭から流入した外国人労働移民は、ハワイに根付きながらも、祖国から持参したライフスタイルの種子を土地に蒔き、あるいは他文化と異種交配しながらも、「ハワイアンスタイル」というべき新種の大輪を咲かせたのだ。

　例えばアロハシャツを着て、ウクレレを奏でるローカルボーイ。あるいはムームー姿にハワイアンジュエリーをきらめかせながら、ハワイアンキルトを縫う地元の女の子。まさにハワイを象徴するようなワンシーンだが、彼らが身に着けているものは、いずれも200年前のハワイには存在しなかったのである。

■サーフィン→P.362
■ウクレレ→P.78
■ハワイアン・クッキー→P.286
■ハワイアンドレス→P.317
■アロハシャツ→P.56
■コーヒー→P.344
■コア・グッズ→P.346
■ハワイアンジュエリー→P.351
■ハワイアンキルト→P.516

洗練されたデザインで人気のトリ・リチャード（→P.345）

気が遠くなるような手間暇をかけて縫い上げるハワイアンキルト

楽しいローカルフード

食べ物もまた然りである。ハワイは太平洋の真ん中に浮かぶ小さな島国ながら、食事のバリエーションは驚くほど豊かだ。もちろんオーセンティックなハワイアンフード（→P.215）もあるし、観光地なので各国料理レストランも百花繚乱。

しかしながら「サイミン」「ロコモコ」「スパムむすび」「シェイブアイス」「モチ・アイスクリーム」など、ほかの国では見たことも聞いたこともない料理がメニューを彩っている。なんと天下のマクドナルドにもサイミンなる麺類があるほど。これらローカルフードにしても、やはり多文化が融合して生まれた味なのだ。もちろん日本人移民も大勢入植した土地だけに（→P.422）、「スシ、サシミ、テンプラ」は言うに及ばず、「ベントー」「フリカケ」「タコ」「オカズ」「テリヤキ」「チキンカツ」「ショーユ」なども立派な"ハワイ語"として通用する。たった2世紀の間に、ハワイの食文化はほかに類を見ないほど変貌を遂げたといっていいだろう。

■ハワイアンフード→P.218

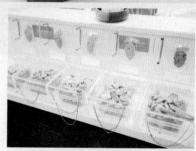

メイド・イン・ハワイの定番ギフトとして重宝されるコーヒーやクッキー、チョコレート。種類が豊富で選ぶのが楽しい

ハワイアンフードのB級グルメとして人気のサイミン

リゾートのお酒といえばトロピカルドリンク。ハワイ生まれといわれるレシピも多い

日本人とハワイ
Relations with Japan

ハワイの各島にはあらゆる宗派の仏教寺院が点在している（写真はオアフ島の平等院）

ハワイが漂着先、入植先だった時代

13世紀頃、日本人漁師がハワイに漂着した、あるいは日本刀を持って漂着した、という話があるが史実ではない。これらは伝説である。

日本は1639年に鎖国するが、その後も何人かの日本人漁師が漂流して助けられ、ハワイに立ち寄った記録がある。なかでも有名なのはジョン万次郎であろう。

彼は帰国後、勝海舟ら咸臨丸一行の通訳として、1860（万延元）年に再びハワイを訪れている。同じ年、日米修交通商条約締結のため、アメリカ軍艦でサンフランシスコに向かった新見正興ら一行も、暴風のためハワイに寄港している。この時代は「漂着先としてのハワイ」であった。

1868（明治元）年、農場労働者として日本人の移住が始まった。詳しくは次ページを参照いただきたいが、この時代は「入植先としてのハワイ」である。

身近になったハワイだが……

日本人移民禁止時代から第2次世界大戦を経て、戦後の日本の復興とともに、ハワイは「近い外国」「観光地」として脚光を浴びる。『憧れのハワイ航路』という歌謡曲が歌われ"○○○を飲んでハワイへ行こう"というCMが流れたりした。いわば「観光地としてのハワイ」が一般に認知された時代だ。

その後、ハワイは日本のバブル経済の大

日系移民の生活ぶりをしのぶ展示物は、オアフ島のハワイ・プランテーション・ビレッジ（→P.162）やビショップ・ミュージアム（→P.134）、ハワイ日本文化センター（→P.138）、カウアイ博物館などで見学できる（写真はマウイ島のアレキサンダー＆ボールドウィン・シュガー・ミュージアム）

波を受け、一時はワイキキのホテルの90％以上、民営ゴルフ場の100％が日本資本という異常な状況が生まれた。「バブル投資先としてのハワイ」時代といえよう。

バブル経済の崩壊で狂乱的投資の時代は終わったが、札束を振り回した日本人に対するイメージは、まだまだハワイで尾を引いている。小金を持ってハワイに遊びにくる日本人観光客は、犯罪者にとって格好のカモであるといってもいい。われわれ日本人旅行者の節度ある行動が肝要だ。今後は「名誉挽回するハワイ」と考えてはいかがだろうか。

マウイ島ラハイナ浄土寺には仏像がある

ハワイにおける日系人の歴史

元年者時代 1868年(明治元年)〜 1884年(明治17年)	1868(明治元)年、149人の日本人が移民として渡航。翌年、そのうち約50人がハワイに残る。この人たちは「元年者」と呼ばれ、ハワイ日系人社会の基礎を拓いた。日本人の給料は月＄4。
官約移民時代 1885年(明治18年)〜 1894年(明治27年)	日本・ハワイ間で批准された「日布渡航条件」に則って、ハワイに渡航した人たちを「官約移民」と呼んだ。この期間に約18万人の日本人が渡来し、そのうち約11万人がハワイに定着した。 この時代、過酷な労働条件に対する労使間の紛争が絶えず、また飲酒、賭博、売春の3悪がはびこった。日本人の給料は、男性月＄15、女性月＄10(食費込み)。
私約移民時代 1894年(明治27年)〜 1899年(明治32年)	1894年の移民保護法により、移民会社の契約に基づく渡航が始まった。この期間に約4万人の日本人が渡航した。またこの時代、日本人政治運動家や学生崩れが日本やサンフランシスコから渡来し、日本人の側に立った政治運動や、日本語新聞発行などを始めた。また日清戦争の勝利で日系人の社会での地位が中国人と入れ替わった。他方、移民法の網の目をくぐって職業的な博徒や売春婦が移民を装って渡来し、ホノルルに日本人ヤクザによる「暗黒時代」が現出した。日本人の給料は月＄1増加した。
自由移民時代 1900年(明治33年)〜 1907年(明治40年)	ハワイがアメリカ合衆国に併合され、従来の契約労働移民はアメリカの国法違反となり、労働契約に束縛されることなく自由に「時」と「仕事」が選択できる移民が始まった。この期間に約6万2000人の日本人がハワイに渡った。これにともない、アメリカ本土への移住者が続出した。また、ホノルルの大火(1900年)により日系ヤクザ社会が終焉し、各種日系人団体が結成され、日本人学校も増加した。日本人の給料は1906年には月＄18になった。
呼び寄せ移民時代 1908年(明治41年)〜 1924年(大正13年)	新しい移民の渡航が禁止され、すでに移住していた人々の呼び寄せによって、この時代約6万2000人の日本人がハワイに渡った。この時代のおもなできごとは、 　①写真花嫁の渡来による日本人女性の急増 　②砂糖耕地の日系人ストライキ 　③外国語取締法の違憲訴訟 　④日系人の生活改善運動 　⑤旧日本海軍練習艦隊のしばしばの寄港 などが挙げられる。日本人の給料はストライキの結果、月＄22＋ボーナス＋住居の改善を得た。
日本人移民禁止時代 1925年(大正14年)〜 1941年(昭和16年)	1925年「排日移民法」が実施された。
第2次世界大戦の時代 1941年(昭和16年)〜 1945年(昭和20年)	日系2世部隊の合衆国への忠誠心と活躍は、戦後、日系のみならずアジア系アメリカ人の社会的地位向上に大きく貢献した。また、アメリカ社会に残存していた、人種差別に関連する法律の撤廃にも大きく作用した。特に、ハワイ出身の日系2世部隊、第100大隊・第442部隊の活躍は、米国軍史上でも特筆に値するものであった。一方、その払った犠牲も大きく、ハワイ出身将兵の戦死者806人のうち、日系戦死者は506人と全体の63%近くにのぼる。
戦後から今日まで／ 日系2世・3世台頭／ そして4世・5世の時代	戦時中、日系2世部隊の示した忠誠心で、日系人の社会的地位が上がる。また、1世が行った子供への教育投資の結果が、日系1世の第一線からの引退とともに花開き、日本人の社会的地位を確固たるものにした。しかし、さらに時代は進み、同一系人以外との婚姻も多くなり、4世・5世の世代では「日系人」という区分が難しい時代となっている。

言葉
Language

MAHALO
thanks, gratitude

カラカウア通りの地面には、写真のようにハワイ語と英語が書かれたタイルがある。ぜひ探してみて

最も広い面積を覆う言語

西欧人が到来する以前は、当然のことだがハワイ人はハワイ語を使っていた。ただし、文字がなかったので、すべて話し言葉であった。

ハワイ語は、インドネシア語、マレー語と同一語族であるから、この語族は地球上で最も広い面積を覆う言語といえる。ただし、その地域の大部分が海洋で人間は住んでいない。このことから太古の昔、人々が洋上を移動して太平洋の島々に定着していったことがうかがえる。

日本人には発音しやすい言語

19世紀前半、ハワイに宣教師が文字を伝え、ハワイ語のローマ字表記が始まり、ハワイ語が文章化されるようになる。

ハワイ語は、5つの母音 [a, e, i, o, u] と、7つの子音 [h, k, l, m, n, p, w] と、声門閉鎖音 (glottal stop) ['] で表記されている。日本語と同じように [l, r] の区別がない。子音がわずか7つなので、日本人にとってはハワイ語のカナ表記は容易だ。

7つの子音で外来語をハワイに受け入れたから、「メリー・クリスマス (Merry Christmas)」が「メレ・カリキマカ (Mele Kalikimaka)」になり、「ダイヤモンド (Diamond)」が「カイマナ (Kaimana)」となる。有名なハワイアンの曲『カイマナヒラ』はダイヤモンドヘッドのことで、ヒラ (hila) は英語の hill (丘) がハワイ語に訛ったものだ。

ハワイ語ルネッサンス

文字を持ち込んだ宣教師たちが、まず手がけたのは聖書のハワイ語訳だった。

ハワイ語のローマ字表記とともに、ハワイ語の印刷が可能となり、1825年にハワイ語の詩編が、1832年にハワイ語新約聖書が印刷された。

しかし1840年、ハワイが正式にキリスト教国となり、また立憲君主国になって、英語による学校教育が主流となる。こうして急速に西欧化が進むとともに、ハワイ語は影が薄くなり、1893年ハワイ王朝転覆、翌年ハワイ共和国設立とともにハワイの公用語は実質的に英語となった。今、ハワイ語で日常生活している人々は、ニイハウ島に少数残っているだけである。

しかし、古来の自分たちの言語を後世に残そうという運動もあり、ハワイ語で初等教育をする学校も14校開設された。1999年には、1300人余りの子供たちが12年の学業をハワイ語で終え、初めて卒業したという。今日でも古典フラ (フラ・カヒコ) は、ハワイ語の詠唱 (チャント) に合わせて踊られる (→P.417)。

ハワイ語を覚えよう

ハワイで使われる英語は当然アメリカ英語であるが、ハワイ語の単語がハワイ訛り英語 (ピジン英語) のなかでしばしば混用される。よく使われるハワイ語単語は、例えば、

Mālama (マラマ) ＝思いやり
pono (ポノ) ＝調和のとれた状態
mauka (マウカ) ＝内陸側
makai (マカイ) ＝海側
kane (カネ) ＝男性・夫
wahine (ワヒネ) ＝女性・妻
keiki (ケイキ) ＝子供
hana (ハナ) ＝仕事
ohana (オハナ) ＝家族・仲間
holoholo (ホロホロ) ＝ぶらぶら・散歩
aloha (アロハ) ＝愛・あいさつの言葉などさまざまな意味がある
mahalo (マハロ) ＝ありがとう
pau (パウ) ＝終わり

などが日常よく耳にする言葉だ。

なお、日本の旅行者のなかには「ハワイでは日本語が通じる」と誤解している人もいるが、ワイキキなど限られた場所だけのことである。

Neighbor Islands

🍍 ネイバーアイランド

諸島間交通情報
Inter-island Flights

パスポートを忘れずに
※諸島間航空機を利用する場合もパスポートは忘れずに。チェックインの際、カウンターで提示を求められる。
　また手荷物検査場より先への液体類（→ P.454）、リチウム電池（→ P.455）の持ち込みは制限されている。

ハワイ島の詳しい情報は『地球の歩き方ハワイ島』（定価2200円）を参照

そのほかのネイバーアイランドのマウイ島、カウアイ島を島ごとにより詳しく紹介しているのが『地球の歩き方 Resort Style』。お気に入りの島を見つけてみては。マウイ島（定価1650円）、カウアイ島（定価1870円）

　日本からの直行便が乗り入れているのは、ハワイでは（ハワイアン航空と日本航空のコナ直行便を除く）ダニエル・K・イノウエ国際空港のみ（日本の発着都市と航空会社について→P.453）。ネイバーアイランドへ行くには、ホノルルで乗り換えることが多くなる（乗り換えのノウハウについて→P.428～）。まずはハワイの国内線であるインターアイランド（諸島間）航空会社について紹介しておこう。

　各島にはジェット機の発着できるメインの空港とセスナ機など小型機のみが発着できるローカル空港があり、それぞれ定期便が就航している。

ハワイアン航空 Hawaiian Airlines

　1929年設立のハワイを拠点とする航空会社。ハワイ諸島間では、ホノルルからはマウイ島カフルイ、ハワイ島コナとヒロ、カウアイ島リフエの各空港への直行便がある。ほかにカフルイからコナ、ヒロ、リフエへ、コナからリフエへの路線もある。使用機材はボーイング717-200ジェット。

　モロカイ、ラナイへはモクレレ航空が運航している。🌐 mokuleleairlines.com

　国際線は1984年に就航を開始。現在、北米ではサンフランシスコ、ロサンゼルス、ラスベガス、サクラメント、サンディエゴ、フェニックス、シアトル、ポートランド、ニューヨーク、ボストンなど。また南太平洋のタヒチやアメリカ・サモア、さらにオーストラリア、中国、韓国、日本間でも直行便を運航している。使用機材はエアバスA330-200、エアバスA321neo。

　日本への就航は2010年。2023年7月には、成田、羽田、関西、福岡の各空港からホノルルへ直行便がある。

　ホノルルでのチェックインカウンターは、国際線が発着するターミナル2の西側に隣接するターミナル1内（◉ P.428）。

ハワイアン航空
Hawaiian Airlines
予約・問い合わせ先
☎ 1-800-367-5320
🏢 日本予約センター
☎ 0570-018-011
🌐 www.hawaiianairlines.co.jp

快適な空の旅が楽しめる

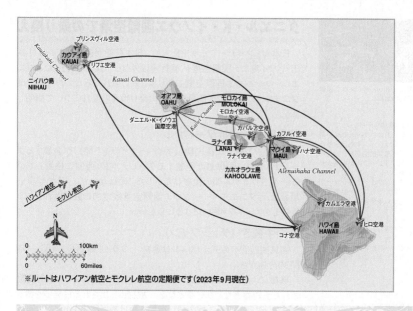

プリンスヴィル空港
カウアイ島
KAUAI
Kauakahi Channel
リフエ空港
ニイハウ島
NIIHAU

Kauai Channel

オアフ島
OAHU
ダニエル・K・イノウエ
国際空港

モロカイ島
MOLOKAI
モロカイ空港

カパルア空港

ラナイ島
LANAI
ラナイ空港

カフルイ空港

マウイ島
MAUI
ハナ空港

カホオラウェ島
KAHOOLAWE

Alenuihaha Channel

Kalui Channel

カムエラ空港

ハワイ島
HAWAII
ヒロ空港

コナ空港

ハワイアン航空
モクレレ航空

N

0   100km
0   60miles

※ルートはハワイアン航空とモクレレ航空の定期便です（2023年9月現在）

COLUMN

\ 知っておくと便利 /

諸島間航空の基礎知識

航空運賃 航空運賃は航空会社によって料金設定が少しずつ異なっており、また頻繁に料金が改定されるので、一概にいくらとはいえないが、2023年7月現在のハワイアン航空のエコノミー運賃を紹介すると、ダニエル・K・イノウエ国際空港（ホノルル）発、ハワイ島コナの最安値は1万750円（往復）となっている（大人・子供とも均一運賃）。燃油サーチャージなどが別途必要となる。

予約 ネイバーアイランドへのフライトは、シーズンによってはすぐ満席になってしまうことが多い。個人旅行で行く場合は、事前にフライトを決め、帰りの便も含め、できれば日本で予約していきたい。

手荷物について ハワイアン航空の場合、機内には機内持ち込み手荷物ひとつと身の回り品1個を持ち込むことができる。国際線同様、座席の下か頭上のコンパートメントに収まるものとし、機内持ち込み手荷物のサイズと重量は、約55.9cm×約35.6cm×約22.9cm、または3辺の合計が約114.3cm以内、約11.5kg以内で1個まで無料となっている。またブギーボード、アイスボックスなどは機内に持ち込めない。な

お、子供と一緒の場合、チャイルドシート、ベビーシート、ベビーカーは機内に持ち込めるし、機内預け荷物として無料で預けることもできる。機内預け荷物（チェックインの際に預ける荷物）は1個目から有料となる。エコノミークラスの場合、縦、横、高さの合計が157cm以内、重量23kg以内なら1個目$25、2個目$35、3個目以降は1個$50。ハワイアンマイルズ会員の場合は、割引料金が適用される。サイズ超過は3辺の合計が157cm以上、203cm以下の範囲で$35。3辺の合計が203cmを超える荷物は預けられない。重量超過は23kg以上、32kg以下の範囲で$35、32kg以上、45kg以下の範囲で$70の超過料金がかかる。なお、45kgを超える荷物は預けられない。

ただし、日本から乗り継ぎの場合、手荷物を預ける際に、日本発の航空券（eチケット控え）を提示すれば、機内預け荷物は1個157cm・23kg以内のものが2個までは無料となる。なお、ハワイアン航空以外の国際線を利用し、国際線から国内線、国内線から国際線の乗り継ぎが4時間以上空いてしまう場合は、1個目から有料となるので注意したい。

ダニエル・K・イノウエ国際空港での乗り換え

ダニエル・K・イノウエ国際空港の出口

日本からネイバーアイランドへは、日本航空が運航している「成田-ハワイ島コナ国際空港」直行便以外は、どの島へ行くにもダニエル・K・イノウエ国際空港で乗り換えなければならない。ここではダニエル・K・イノウエ国際空港での乗り換えの流れについて説明しよう。

搭乗手続きは余裕をもって

数年前はフライトの30分前にチェックインすれば余裕だった諸島間航空だが、ネイバーアイランドの人気の高まりもあって、シーズンによってはチェックインカウンターが大混雑。さらにアメリカ同時多発テロ事件以降、セキュリティチェックに時間がかかることもあり、たとえ予約があっても乗り遅れてしまうというケースも多いようだ。なるべく早く搭乗手続きを済ませ、搭乗ゲートへ向かうようにしよう。

諸島間航空会社ターミナル

ハワイアン航空の国内線（ネイバーアイランド間）が発着するターミナル1は、国際線が発着するターミナル2の西側に位置している。両ターミナル間の距離はたいしたことはないが、荷物が多い場合は、ダニエル・K・イノウエ国際空港敷地内に設置されている手押しのカートを利用するようにしたい。

搭乗手続き（チェックイン）

諸島間航空へのチェックインは通常、フライト時刻の2時間～1時間30分前から。

機械によるセルフチェックインで、パスポートやeチケットに記載された予約番号などが必要となる。機械から出される搭乗券を持ってカウンターへ行き、機内預け荷物を預ける（荷物のサイズ・個数については前ページ参照）。以後、他島へ到着するまで機内預け荷物を開けることはできないので、貴重品やカメラなどの壊れ物は手荷物にしておくこと。搭乗券には搭乗時刻と搭乗ゲートが記入されている。

諸島間航空のチェックインカウンター

手続きが終わると機内預け荷物引換証（Claim Tag）を渡してくれる。

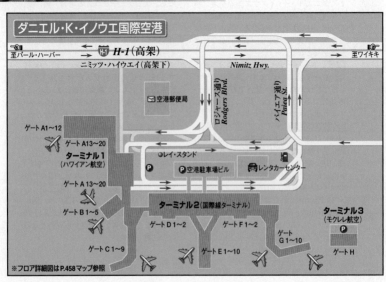

※フロア詳細図はP.458マップ参照

到着地（ネイバーアイランド）のターミナルで荷物を引き取る際、空港係員がこの引換証をチェックするので、くれぐれもなくさないようにしよう。

セキュリティチェック

　チェックインが終わったら手荷物検査とボディチェックを受ける。アメリカ同時多発テロ事件以降、機内に持ち込む手荷物の検査が厳しくなっている。靴を脱いだり、ベルトを外すようリクエストされることもある。また、全身スキャンも実施されている。ラップトップパソコンを持っている場合は、手荷物から出して別にチェックを受けること。手荷物検査場より先に液体類を持ち込むことはできない。ターミナル内にはスナックショップやバーがあるので、時間があれば利用するといい。

搭　乗

　ハワイアン航空（→P.426）の場合は国際線と同様に、すべての座席が指定席となっている。チェックインの際に渡される搭乗券に座席番号が記入されている。ゲート前のシートなどで待ち、アナウンスに従って搭乗する。

　ちなみにホノルルからマウイ島、ハワイ島方面への便の場合、景色がいいのは操縦席に向かって左側の席。ワイキキやダイヤモンドヘッドを眺められる。窓際の席に座りたければ、チケット予約、もしくはチェックインの際に相談してみよう。

利用制限のある座席
　機内の非常口付近の席は、万一の緊急脱出などフライトアテンダントの指示に従う必要があるので、英語が流暢に話せること、年齢制限などの条件にそぐわなければこれらの席に座ることは拒否される。

搭乗ゲート前のエリア。空港では時間に余裕をもって行動したい

ダニエル・K・イノウエ国際空港のターミナル内にはファストフード店やレストラン、バーがある

～ COLUMN ～

\覚えておこう!/
空港でのレンタカーの借り方

　ホノルルに比べて公共の交通機関が少ないネイバーアイランドでは、レンタカーの利用価値が高い。特に個人旅行の場合、空港でレンタカーを借りることも多いだろう。そこで、各島の空港に共通するレンタカーの借り方について触れておこう。

　各島の主要空港の場合、レンタカー営業所および駐車場はターミナルから少し離れた所にあり、ここで諸手続および車の受け渡しを行うことになっている。この営業所とターミナル間の移動は、各レンタカー会社が運行している無料送迎バスを利用すればいい。

　"Rent A Car Pick Up"などと記された場所で待っていると各社のシャトルバスが来るので、手を挙げて合図すればよい。もしドライバーが荷物の積み降ろしを手伝ってくれたら、少額のチップを渡すと喜ばれるだろう。

　荷物の移動が面倒くさければ、同行者に荷物を見ていてもらい、運転者だけが営業所での手続きに向かい、車を受け取ってから同行者と荷物のピックアップに戻るというのが賢いやり方だ。

ドライバーによっては荷物の積み降ろしを手伝ってくれる

どの会社もこのようなスタイルのシャトルバスを運行している

何もかもビッグなスケール

ハワイ島
The Big Island

上ハワイ火山国立公園　下ワイコロアのデラックスリゾート

Information

愛 称		ビッグ・アイランド The Big Island
人 口		20万2906人※
面 積		1万432.5km²
海岸線		428km
島の最高峰		マウナ・ケア 4207m
島 花		レフア

※ The State of Hawaii DATA BOOK 2020（2021年7月1日時点）

オリエンテーション
Orientation

ハワイ8島のうちで最も大きな島であることから、**"ビッグ・アイランド"**と呼ばれている。その面積は、ほかの7島の面積の合計よりもまだ広く、標高4169mの**マウナ・ロア山**、標高4207mの**マウナ・ケア山**はいずれも、ほかの島のどの山よりも高い。この島はその名にふさわしく、すべてにおいてスケールが大きいのだ。

ハワイ諸島のいちばん南に位置するこの島は、地質学的に最も若く、今でも火山活動が続いている。また、中央のふたつの山を境に、東と西ではまったく気候条件が異なる。東のヒロ側は、適度の雨量と日照で熱帯植物の繁茂が著しく、トロピカルフラワーなどの栽培が盛んなところ。一方、西側は乾いた空気と強い日差しの草原、溶岩流跡の砂漠が海まで続いている。海は静かで、海岸地帯には美しいゴルフコースを中心とする高級リゾートが点在している。

地勢と気候

北緯18度54分から20度16分、西経154度48分から156度04分に位置するハワイ島は、ハワイ諸島最大の島。面積は1万432.5km²で、四国の約半分の大きさ。

ハワイ島の気候は、基本的には1年を通して北東から吹くトレードウインド（貿易風）の影響が大きいが、場所や標高によってさまざまな顔を見せる。

太平洋上から運ばれてくる暖かい湿気を帯びた貿易風は、高山によって遮られるため、東海岸一帯に厚い雲をつくり、雨を降らせる。ヒロ市の平均降雨量は年間3000mm以上、ヒロ空港の晴天率は40％程度で、ハワイのなかでは最も低い。

対照的に、西海岸一帯は晴天率は高い。例えばサウス・コハラの年間雨量はわずか200mmにすぎない。

またコナ・コーストなどの海岸地方は亜熱帯的な気候だが、高地では霜が降り、マウナ・ケア、マウナ・ロア山頂では冬季（10～3月）は雪に覆われることがある。

空港案内

ハワイの主要航空会社が乗り入れているのは、島の東海岸にあるヒロ空港と、西海岸カイルア・コナの北にあるエリソン・オニヅカ・コナ国際空港の2ヵ所。

●エリソン・オニヅカ・コナ国際空港

カイルア・コナの北、約7マイル（約11km）に位置する。ジェット機ならホノルルから約40分のフライト。ヒロ空港と同じく観光案内所があり、各種ツアーやホテル情報を入手できる。

エリソン・オニヅカ・コナ国際空港から各地へのアクセス：空港からの公共のシャトルバスはないが、ホテルによっては無料（一

カイルア・コナ

部有料）で送迎サービスを行っているところ
もある。それ以外の場合は、レンタカーや
タクシーを利用することになる。レンタカー
なら、ターミナルを出て右前方の各会社の
ブースへ行き、送迎バスで営業所へ。タク
シーなら、ターミナル前の道を渡った中央路
側分離帯に乗り場がある。

●ヒロ空港

ホノルルからヒロ空港へは、ジェット機で
約50分（直行便の場合）。空港内には観
光案内所があり、各種ツアーやホテル情報
などが揃う。

残念ながら、空港内から市内への公共交
通機関はない。一部のホテルは空港からの
送迎サービスを行っている。タクシー利用の
場合、バニヤン・ドライブ沿いのホテルまで
の乗車料金は約$15～18。

島内交通

ハワイ島には公共の交通機関がないに等
しい。しかも広大な島なので、**レンタカー**
を利用して自由に走り回ることこそ、この島
での醍醐味のひとつといっていい。ヒロ空
港、エリソン・オニヅカ・コナ国際空港とも
ターミナルにレンタカー会社のブースがある
ので、到着後すぐに車を借りてしまうのが
便利。レンタカーを使わず島内観光するな

ら、**ポリネシアン・アドベンチャー・ツアー
ズ**（Polynesian Adventure Tours FREE 1-877-
930-1740）、**ロバーツ・ハワイ**（Roberts
Hawaii ☎ 808-954-8637）などのツアー会
社を利用するといい。

アコモデーション（宿泊施設）

最もバラエティに富んでいるのはカイルア・
コナ。一流ホテルから格安のコンドミニアム
まで、さまざまなタイプを選ぶことができる。
カイルア・コナからアリイ・ドライブを南下し
たケアウホウ・エリアには、コンドミニアムや
リゾートホテルが多い。エリソン・オニヅカ・
コナ国際空港の北部に続くサウス・コハラ・
コーストには、ハワイ諸島のなかでもトップラ
ンクの高級リゾートホテルが点在する。この
エリアに安ホテルはないと思っていい。

ホリデイプラン

とにかく広い島なので、旅の目的を絞り
込んだプランニングを。おもな見どころとし
ては、**カイルア・コナ**や**ヒロ**のタウン散策、
ハワイ火山国立公園。また、町と町の間隔
が離れているので、旅の目的や行きたい場
所で宿を選ぶと効率がいい。例えば、火
山見物ならケアウホウかヒロ。何もせずに
のんびりしたいならサウス・コハラ・コースト
が最高だ。

マウイは最高 マウイ・ノカ・オイ

マウイ島
The Valley Island

Information

愛　　称	渓谷の島 The Valley Island
人　　口	16 万 4303 人 （モロカイ島とラナイ島を含む）※
面　　積	1883.5㎢
海 岸 線	193km
島の最高峰	ハレアカラ（レッド・ヒル） 3055m
島　　花	ロケラニ

※ The State of Hawaii DATA BOOK 2020（2021 年 7 月 1 日時点）

上イアオ渓谷　下モロキ二島

オリエンテーション
Orientation

オアフ島から南東へ118km。 ハワイ諸島では**2番目の大きさ**で、 人口は約16万人。 島はひょうたん形をしているが、 もともとマウイ島はふたつの島であった。 火山活動の結果、 流れ出した溶岩が2島を結びつけて今日のマウイ島になった。

ハワイ語で**"マウイ・ノカ・オイ"**という言葉があり「マウイは最高」 という意味だそうだ。 この島のニックネームは**"The Valley Island"**、 つまり海と山が同時に楽しめる変化に富んだ自然が自慢ということ。 かつてハワイの首都だったラハイナは歴史的建造物が建ち並ぶ人気の観光地だったが、 2023年8月に発生した山火事によって焼失。 2023年9月時点では復興のめどはたっておらず、 観光客の受け入れも制限している。

地勢と気候

北緯20度35分から21度02分、 西経155度59分から156度42分に位置するマウイ島の面積は1883.5㎢で、 大阪府とほぼ同じ大きさだ。 ほかの島々と同じように火山活動によって生まれた。 リゾートが点在する西マウイやキヘイからワイレアにかけては夏でも涼しい風が吹き、 過ごしやすく晴天率も高い。 ただ標高3000m以上のハレアカラ山頂では、 冬季、 気温が氷点下になり、 ときには雪に覆われることもある。

空港案内

ハワイの主要航空会社が乗り入れているのは、 島の北海岸にあるカフルイ空港、 西海岸にあるカパルア空港の2ヵ所。

●カフルイ空港

マウイ島のメインターミナル。 米国本土からの直行便が飛んでくる近代的なエアポートだ。 ホノルルーカフルイ間はジェット機で約35分。 空港内には売店、 レストラン、 ニューススタンドがあり、 またインフォメーションブースでは各種ツアーやホテル情報などを入手することができる。

カフルイ空港から各地へのアクセス：運転免許証がない、 タクシーでは高過ぎるという人はシャトルバスを利用するといい。

●カパルア空港

滑走路が1本しかない小さな空港で、 モクレレ航空などが乗り入れている。 建物内にはスナックショップやみやげ物店が入っている。 海に向かって右側には専用電話があり、 レンタカーを借りる人はここから連絡を入れ、 レンタカー会社の送迎バスで営業所へ向かう。 カパルア～カアナパリ・エリアにある一部の主要ホテルでは、 宿泊客のためのシャトルバスを運行している（無料と有料のケースがある）。 送迎のないホテルではタ

圧巻のスケールを誇るハレアカラ山

クシー利用となる。

島内交通

マウイではシャトルバス網が充実してきているが、島内を自由に動き回るにはレンタカーの利用価値が高い。カフルイ空港のターミナルにはレンタカー会社のブースがあるので、到着後すぐに車を借りてしまうのが至便。ただ、ハイシーズンには午前中で車がソールドアウトということも多いので、日本やホノルルであらかじめ予約をするといい（→P.486）。

カフルイ空港からは各リゾートへのシャトルバスが運行されている。

レンタカーを使わずに島内観光をするには、リムジン会社、ツアー会社を利用するしか方法がない。代表的な会社は**ポリネシアン・アドベンチャー・ツアーズ**（Polynesian Adventure Tours ＦＲＥＥ1-877-930-1740）、**ロバーツ・ハワイ**（Roberts Hawaii ☎808-954-8637）、**アキナ・ツアーズ＆トランスポーテーション**（Akina Tours & Transportation ☎808-879-2828）など。

アコモデーション（宿泊施設）

マウイ島でいちばん大きな町は、北海岸の**カフルイ**だが、大規模なホテルはなく、観光客のほとんどは西海岸のカアナパリとその北のホノコワイ～カパルア・エリア、また南のキヘイ～ワイレア・エリアに宿を取ることになる。この地域にはゴージャスなリゾートホテルや、一級のゴルフコース、さまざまなタイプのコンドミニアムが数多く点在している。雨の少ない気候、白砂のビーチにも恵まれているから、これらの地域をベースに観光プランを練るといい。

ホリデイプラン

観光プランとしては、**ハレアカラ、イアオ渓谷**は外せない。初めの2ヵ所はマウイの豊かな自然美を、ラハイナはノスタルジックでレトロなオールドハワイの雰囲気を満喫できる。

シーズンが限られるが、12～4月の間に滞在するのなら、**ホエール（ザトウクジラ）ウオッチング**も忘れられない思い出になるはず。また、時間に余裕があれば**ハナ**へのロング・ドライブにもぜひ挑戦してほしい。

世界的にも評価が高い**ゴルフコース**、美しい**モロキニ島でのスノーケリング**、世界大会が開かれる**ホオキパでのウインドサーフィン見物**など、マウイでのアクティビティはいくら時間があっても足りないほど。

箱庭のように美しい伝説の島

カウアイ島
The Garden Island

Information

愛　　　称	庭園の島
	The Garden Island
人　　　口	7 万 3454 人 ※
面　　　積	1430.4km²
海　岸　線	145km
島の最高峰	カワイキニ 1598m
島　　　花	モキハナ

※ The State of Hawaii DATA BOOK 2020 (2021 年 7 月 1 日時点)

上空からのワイルア滝の眺望　下美しいハナレイ・ベイ

オリエンテーション
Orientation

　別名を"ガーデン・アイランド"と呼ばれるように、島全体が箱庭的な美しさを見せるカウアイ島。リトル・グランド・キャニオンといわれるワイメア渓谷、ココナッツ林、シダの洞窟、ハナレイ湾、ルマハイ・ビーチと、長い年月と独特の気候によって培われた熱帯雨林や渓谷美が最大の魅力で、ハリウッド映画の舞台に使われたところも少なくない。またハワイ8島のうち最初の火山活動でできた島だけに、数多くの伝説が残されており、興味深い。

　美しい自然を取り入れたリゾート開発も進められ、島の北部には45ホールのゴルフコースを中心にコンドミニアム群を配したプリンスヴィル、また南のポイプの海岸沿いにもリゾートホテル&コンドミニアムなどが点在している。

地勢と気候

　カウアイ島はハワイ諸島の北端、北緯21度52分から22度14分、西経159度17分から159度48分に位置している。総面積は1430.4km²、東京都の区部と市部の合計とほぼ同じ。ハワイ諸島で最も古い島であり、ほかの島々と同じく火山活動によって生まれた。

　島の北部と南部、山林地帯と海岸線によって気象状況は極端に異なる。基本的には1年を通して吹くトレードウインド（貿易風）

の影響が大きい。島の中央にそびえる山々にぶつかった湿気を帯びた風が厚い雲をつくり、山頂付近では、年間1万2000mmもの降雨量を記録する。そして、風が島の西側に運ばれる頃には乾燥した空気となり、例えばウエスト・コーストのケカハでは年間降雨量は500mmほど。

　こうした理由から、一般に北海岸から東にかけては曇りがちで、逆に南海岸から西にかけては晴れる日が多い。ただし、冬場のストームやコナ・ウインドという南西からの風が吹くときは、せっかくの休日が台無しになるほどの悪天候になってしまうこともある。

空港案内

　ハワイの主要航空会社が乗り入れているのは島の南東にあるリフエ空港。北海岸に、滑走路が1本だけのプリンスヴィル空港があり、プリンスヴィルで休日を過ごす人には便利なのだが、現在定期便は就航していない。

●リフエ空港

　カウアイ島の表玄関。ハワイアン航空が乗り入れている。ホノルル - リフエ間はジェット機で約35分のフライト。

　ターミナルビルはポリネシア風の素朴な外観だが、内部はエアコン完備で快適。レス

ハナレイのタロイモ畑

トランやバー、インフォメーションブース、ギフトショップも入っている。

　カウアイ島では公共の交通機関には、ザ・カウアイ・バス（🌐 www.kauai.gov/Transportation）があるが、旅行者が使用するにはあまり適していないかもしれない。ツアーではなく個人旅行なら、各ホテルへはタクシーかレンタカーで。ただしマリオット・カウアイ・ビーチ・リゾートなど一部のホテルでは空港からの送迎サービスを行っている。

島内交通

　ほかのネイバーアイランドと同じく、カウアイ島でもレンタカーがないと厳しい。道路は単純だから、左ハンドルが初めての人でも安心して運転できるだろう。リフエ空港にはレンタカー会社のブースがあるので。日本、もしくはホノルルであらかじめ予約をしていくといい（→P.486）。

　レンタカーを使わずに島内観光をするには、**ポリネシアン・アドベンチャー・ツアーズ**（Polynesian Adventure Tours　📞1-877-930-1740）、**ロバーツ・ハワイ**（Roberts Hawaii📞808-954-8637）などのツアー会社を利用するといい。リフエ空港からタクシーだと次の通り。ポイプ約25分、ココナッツ・マーケット・プレイス約10分、プリンスヴィル約50分。

アコモデーション（宿泊施設）

　カウアイ島でアコモデーションが集まっているのは南のポイプ・エリア、リフエ周辺、東海岸のワイルアやワイポウリ〜カパア、そして北海岸のプリンスヴィル。特徴としてはどの地区にも高級ホテルからエコノミーホテル、コンドミニアムがまんべんなく揃っていること。日光浴を楽しみたいのなら天候の安定した南海岸、ゴルフ三昧というのならプリンスヴィル、ショッピングも旅の大きな目的なら東海岸というように、旅行スタイルに合わせてエリアをチョイスするといい。

ホリデイプラン

　島を周回する道路がないので、
①**東海岸からノース・ショア**
②**南海岸からワイメア・キャニオン**
という2コースに分けて、それぞれに1日ずつを充てたい。

　おもな見どころとしては、東海岸なら**シダの洞窟**をはじめ、史跡が点在する**ワイルア川**周辺、**カウアイ博物館**、リフエの**ククイ・グロウブ・センター**など。南海岸から西方面なら**ポイプ・エリア**。ワイメア・タウン、**ワイメア渓谷州立公園**。ノース・ショアでは、**プリンスヴィル**のリゾートエリアや**ハナレイ**、ノース・ショアの最終地点である、**ケエ・ビーチ**などがある。

ハワイの達人におすすめしたい

モロカイ島
The Friendly Island

Information

愛　　　称	友情の島 The Friendly Island
人　　　口	7369人（2020年国勢調査）
面　　　積	673.4km²
海　岸　線	142km
島の最高峰	カマコウ 1512m
島　　　花	ククイ

カプアイワのヤシ林

オリエンテーション
Orientation

　ほかの島と比較すると、モロカイ島には観光的な設備が少ない。未開発で眠っているような島・モロカイ。しかし、何もないからこそ、本当の休日を過ごせる島なのだ、とモロカイ支持者は力説する。その言葉は間違っていない。キャッチフレーズの"フレンドリー・アイランド"のとおり、実に居心地がよい島なのである。

地勢と気候

　マウイ島の北東、北緯21度03分から13分、西経156度42分から157度02分に位置する東西に細長い島。面積は673.4km²で、大阪府の3分の1ほどの広さだ。
　島の南海岸は天候にも恵まれ、白砂のビーチが点在。島唯一といっていい町や観光客向けのホテルはこのエリアに集まっている。一方、北海岸は切り立った崖が続く険しい海岸線となっている。

カラウパパ展望台からの眺望

空港案内

　モロカイ空港は、滑走路が1本だけの小さなエアポートで、モクレレ航空などが乗り入れている。ホノルルからの所要時間は約36分。ターミナルは木造のひなびた造りでギフトショップが入っているが、飛行機の発着時間以外は閑散としている。残念ながら市バスなどの公共交通機関やシャトルサービスなどはないので、個人旅行の場合、各ホテルへはタクシーかレンタカーで。

島内交通

　レンタカーは必需品だ。モロカイ島の道はシンプルで迷うことはほとんどない。空港にはアラモレンタカーがある。小さい島だけにホノルルか日本で予約を入れていったほうが無難。また、スピード違反はけっこう厳しく取り締まっているので、制限速度には注意したい。
　タクシーはあるが、台数に限りがあるので、レンタカーを使わないで観光する人は、**モロカイ・アウトドア**（Molokai Outdoors ☎808-633-8700）などのツアー会社を利用するといい。

アコモデーション（宿泊施設）

　モロカイ島のアコモデーションはカウナカカイ・エリアのホテルが中心。カルアコイは居住者が少なく閑散としている。

ホリデイプラン

　カルアコイのある西モロカイ、カウナカカイからハラワ・バレーに続くサウス・ショアと東南部、北側のカラウパパと、ほぼ1～2日間でおもな観光ポイントを回ることができる。それとも雑踏から離れた島にやってきたのだから、何もしないで静けさを堪能するのもいいかもしれない。いずれにせよモロカイ島は、ハワイ上級者のための島といっていいだろう。

穏やかなフロポエ・ビーチ

モロカイ島／ラナイ島

ハワイ最後のパラダイス

ラナイ島
The Pineapple Island

Information

愛　　　称	パイナップルの島 The Pineapple Island	
人　　　口	3367人（2020年国勢調査）	
面　　　積	364.0km²	
海　岸　線	76km	
島の最高峰	ラナイハレ 1026m	
島　　　花	カウナオア	

オリエンテーション
Orientation

　マウイ島の西約15kmに位置するラナイ島は、別名"パイナップル・アイランド"と呼ばれているように、広大なパイナップル畑が広がる素朴な島だった。だが、近年になって大規模なリゾートホテルとゴルフコースが造られ、一大リゾートアイランドとして生まれ変わった。ただし島はまだ未開発の原野がほとんど。野生の七面鳥やシカ、豚が生息し、美しいが荒々しい自然の息吹が伝わってくる。ラナイ島はまさにハワイ最後のパラダイスと称賛するに値するアイランドなのだ。

地勢と気候

　マウイ島の西、北緯20度44分から56分、西経156度48分から157度04分に位置する。面積は364.0km²で、かつては土地の6分の1がパイナップル畑であったことから島のニックネームがつけられた。現在でも舗装道路は合計40kmほどにすぎず、未開発の原野がほとんど。

空港案内

　ホノルルからの所要時間は約45分。残念ながら市バスなどの公共交通機関はなく、タクシーやレンタカー、シャトルサービスを利用してホテルへ。

島内交通

　移動には、ホテル間を結ぶ**ラバカズ・シャトル**（☎808-559-0230）や**ラナイ・タクシー・サービス**（☎808-649-0808）を利用するか、レンタカーを借りることになる。ラナイ・カー・レンタル（☎808-565-3100）や、営業所はなく、宿泊先まで車を届けてもらう、もしくはラバカズ・シャトルに乗って町なかで待ち合わせをする**ラナイ・チープ・ジープ**（☎808-489-2296）がある。

　運転に自信がないなら、ツアーに参加したほうがいいだろう。観光ツアーはセンセイ ラナイ ア フォーシーズンズ リゾート、フォーシーズンズ リゾート ラナイのツアーデスクで受け付けてくれる。

アコモデーション（宿泊施設）

　ラナイ島のホテルは全部で3軒。ホテル・ラナイは$400前後。センセイ ラナイ ア フォーシーズンズ リゾート、フォーシーズンズ リゾート ラナイは$1000を超える高級リゾート。

ホリデイプラン

　島の見どころは1日あればすべて回れるが、できれば2～3泊して、ゆったりとした休日を楽しんでほしい。確かに2軒のリゾートホテルは安いとはいえないが、それだけのお金を払う価値のある施設、サービスを兼ね備えている。

ケアヒアカウェロ（神々の庭園）

あなたの**旅の体験談**をお送りください

「地球の歩き方」は、たくさんの旅行者からご協力をいただいて、
改訂版や新刊を制作しています。
あなたの旅の体験や貴重な情報を、これから旅に出る人たちへ分けてあげてください。
なお、お送りいただいたご投稿がガイドブックに掲載された場合は、
初回掲載本を1冊プレゼントします！

ご投稿はインターネットから！

URL www.arukikata.co.jp/guidebook/toukou.html
画像も送れるカンタン「投稿フォーム」
※左記のQRコードをスマートフォンなどで読み取ってアクセス！

または「地球の歩き方　投稿」で検索してもすぐに見つかります

地球の歩き方　投稿　　　　🔍　　 検索

▶**投稿にあたってのお願い**

★ご投稿は、次のような《テーマ》に分けてお書きください。

《新発見》────ガイドブック未掲載のレストラン、ホテル、ショップなどの情報
《旅の提案》───未掲載の町や見どころ、新しいルートや楽しみ方などの情報
《アドバイス》──旅先で工夫したこと、注意したこと、トラブル体験など
《訂正・反論》──掲載されている記事・データの追加修正や更新、異論、反論など

> ※記入例「○○編20XX年度版△△ページ掲載の□□ホテルが移転していました……」

★**データはできるだけ正確に。**
　ホテルやレストランなどの情報は、名称、住所、電話番号、アクセスなどを正確にお書きください。
　ウェブサイトのURLや地図などは画像でご投稿いただくのもおすすめです。

★**ご自身の体験をお寄せください。**
　雑誌やインターネット上の情報などの丸写しはせず、実際の体験に基づいた具体的な情報をお
　待ちしています。

▶**ご確認ください**

※採用されたご投稿は、必ずしも該当タイトルに掲載されるわけではありません。関連他タイトルへの掲載もありえます。
※例えば「新しい市内交通バスが発売されている」など、すでに編集部で取材・調査を終えているものと同内容のご投稿をい
　ただいた場合は、ご投稿を採用したとはみなされず掲載本をプレゼントできないケースがあります。
※当社は個人情報を第三者へ提供いたしません。また、ご記入いただきましたご自身の情報については、ご投稿内容の確認
　や掲載本の送付などの用途以外には使用いたしません。
※ご投稿の採用の可否についてのお問い合わせはご遠慮ください。
※原稿は原文を尊重しますが、スペースなどの関係で編集部でリライトする場合があります。

Travel Tips

★旅の準備と技術

✈ 旅の情報収集

　ここでは旅の準備や現地で役立つ情報収集の方法をご紹介しよう。せっかくのハワイ旅行を120%楽しむためにも、しっかり予習をしておきたい。

出発前の情報収集

　もし、ハワイに初めて訪れるのならまずチェックしておきたいのが、ハワイ州観光局総合ポータルサイト allhawaii（⊕ www.allhawaii.jp）。ハワイの基本情報や文化、現地の動画や最新情報といったハワイのありとあらゆるインフォメーションを網羅している。

ハワイ州観光局
⊕ www.allhawaii.jp
⊕ www.gohawaii.jp
🏠東京都千代田区一番町 29-2
一番町進興ビル 1 階
✉ aloha@htjapan.jp

チェックしたいウェブサイト
●ハワイ州観光局
⊕ www.gohawaii.jp
●ハワイ州観光局総合ポータ
ルサイト allhawaii
⊕ www.allhawaii.jp

●「地球の歩き方」ウェブサイト
⊕ www.arukikata.co.jp
　ガイドブックの更新情報や、海外在住特派員の現地最新ネタ、ホテル予約など旅の準備に役立つコンテンツ満載。

手前ミソながら、「地球の歩き方」ウェブサイトでも最新のハワイニュースやトピックスを扱う記事をリリースしている。レストランやショップのニューオープン情報もめじろ押しなので、ぜひチェックしていただきたい

allhawaii のトップページ

インターネット・SNS

　具体的なレストランやショップ、話題の店のニューオープンといった現地の最新情報なら、ウェブサイトをチェックするといい。例えば、ハワイで使えるお得なクーポンなどが掲載されている『アロハストリート』や『KAUKAUハワイ』、現地の雰囲気がよくわかる動画もアップされている『LeaLea』、またお気に入りのインフルエンサーのアカウントや、現地の映像をライブ配信しているYouTubeアカウントといったSNSを駆使するのもひとつの手だ。

●アロハストリート
⊕ www.aloha-street.com
● KAUKAU ハワイ
⊕ www.kaukauhawaii.com
● LeaLea
⊕ www.lealeaweb.com

現地での情報収集

　ワイキキを歩いていると、専用ボックスに入った**無料の情報誌やクーポン**をよく見かける。ホテルのロビーやフロントにも置いてあるこれらのフリーペーパーは、ハワイの最新情報を知るうえでとても便利だ。おもにワイキキ周辺のレストランで利用できるクーポンもぜひチェックしたい。

ワイキキの町なかにある
無料情報誌の専用ボックス

新聞

ホノルルの日刊紙は『**ホノルル・スター・アドバタイザー**』（Honolulu Star Advertiser）。 ハワイ、 アメリカ本土、 世界のニュース、 スポーツ、 映画案内からアパートの広告欄まで情報が満載。 日曜版ともなると20セクション、 総計300ページ弱と雑誌並み。 それにショッピングセンターやマーケットのチラシ広告が挟まっている。 値段は$3（平日版は$1.50。 土曜版はデジタルで契約者のみ）。

タウン誌と同じく街頭の専用ボックスやホテルのフロントなどで売っている。 ボックスには小銭を入れて1部を取り出すこと。

ホノルル・スター・アドバタイザー

テレビ

日本と同様、 ネットワーク局とケーブル局があり、 たくさんの番組が放送されている。 そのなかには日本語放送もあり、 ほとんどのホテルでは無料で観ることができる。

ラジオ

ハワイのラジオ局はFMだけでも20局以上ある。 ラジオ局はおもにジャンル別で専用チャンネルになっている。 基本英語だが、 フリーウエイの交通状況やワイキキの天気情報など、 リアルタイムでハワイの最新情報が手に入るので、 レンタカーなどを借りるのであればぜひチェックしておきたい。

● KZOO ハワイ
🌐 kzoohawaii.com
ハワイ州公認の日本語ラジオ局（下記コラム参照）の公式サイトでは、現地の最新ニュースを紹介

∽ COLUMN ∽

\ check ! / **おもなテレビ局とラジオ局**

テレビ局

KHNL
ハワイ・ニュース・ナウの天気コーナーが人気。

KITV
ニュースに天気予報のコーナーがあり、サーフリポートはサーファーには欠かせない。

KHON
映画と米国本土で人気のバラエティ番組が主流。

MTV
ミュージックビデオ専門局。

ESPN
スポーツ番組専門局。

HBO
映画、ドラマの専門局。

NGN
日本語放送局。芸能ニュースもある。

ラジオ局

KQMQ（FM93.1） HI93 としてハワイアンレゲエやレゲエがかかるステーション。 ノースへのドライブやビーチでの BGM に最適。

KUMU（FM94.7） リズミックなアダルト・コンテンポラリーな音楽がかかるステーション。 ハワイズ・フィール・グッド・ステーションというキャッチフレーズでディスコティック。

KCCN（FM100.3） ハワイアン&レゲエ中心のヤングローカル志向。 ハワイの音楽シーンで活躍しているアーティストの曲が次々に流れるので、この局で聴いた曲の CD をおみやげにするのもアイデア。

KPOI（FM105.9） 105.9 THE WAVE としてハワイのオルタナティブ・ロック中心のステーション。

KZOO（AM1210） 日本語局。 日本のニュース、天気予報、アメリカのニュース、歌番組、人生相談の番組などが楽しめる。

ピークシーズンにハワイに行くなら
　年末年始、夏休みに確実に予約を取るなら、ペックス運賃（PEX）を検討してみよう。P453にあるように、半年前から予約が可能。しかも座席が指定できるので、好みの席をおさえられる。もし予約していた日に行けなくなっても、日程の変更が可能だ。また、この時期はパッケージツアーの予約が困難で、格安航空券も割高になる。ペックス料金とホテル代で個人旅行のほうが安上がりになることもある。

どこの旅行会社が安い？
　一概にどことはいえないのが現状。なかにはキャンペーン中で通常よりかなり安かったということもある。2～3の会社の金額を確認してから検討してみよう。手配旅行なら格安航空券とペックス運賃を比較しよう。

半日観光はキャンセルできる？
　リピーターならパッケージツアーに付いている半日観光を拒否してもいいだろう。ただし必ずツアー申込時に申し出ること。現地でいきなりキャンセルすると現場のスタッフに迷惑をかけることになる。また、観光に参加しないとお金がかかることもあるので事前に確認を。

ホテルの料金
　同じホテルでもオーシャンビュー、マウンテンビューなど、部屋からの景色に応じて料金が違う（→P.366）。

旅のプランによって宿泊施設が決まってくる

旅行シーズンの設定

　ハワイは観光が第一産業であるだけに、人が集まる時期は何事も高くつくという、需給バランスがある。

　ハワイにおけるピークシーズン（最も混み合う時期）は、12月（特にクリスマス前）から3月まで。この時期は、アメリカ本土やカナダからの避寒客、農閑期のため農家からの旅行者がハワイに押し寄せる。それも比較的長期の滞在なので、ホテルやコンドミニアム料金は1～2割ほど高くなる。

　また7～8月は、日本から夏休みを利用して訪れる旅行者が増えるため、ホテルによってはピーク（ハイ）シーズン同様の料金を設定している場合がある。

　このような時期に旅行を予定しているなら、出発日を1～2週間調整してみよう。ツアー料金、航空運賃ともに何万円も変わってくるケースがある。上手にスケジュールをやりくりして出発日を設定すれば、旅費もかなり節約できるだろう。

旅行プランを立てる前に

　以下のことは最低決めておきたい。

１ 全体の日数は何日か
　現地でのスタートと日本への帰国日を決めておく。
２ 誰と行くのか
３ どこに行きたいのか
　それにより旅テーマやスタイルが変わる。

パッケージ旅行か個人旅行かを決める

　プランを立てたら次に決めたいのが、パッケージツアーで行くか、あるいは個人手配旅行（自分で航空券などを予約・購入する）で行くのか。それぞれに特徴があるので、次ページの表やコラムを参考に自分のスタイルに合ったものを選ぼう。

パッケージツアーの選び方

　特に希望の航空会社がないなら、料金、ホテルによって判断するといい。ホテルの質によって旅の印象は大きく違ってくるから、宿泊施設選びは慎重に。

　利用するホテルがいつも決まっている人や、「あのホテルのあの

時差表　例えば、▨の部分が日曜日だとすると、▨の部分は翌日月曜日に当たる。

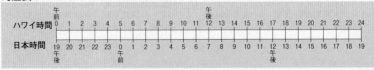

	午前												午後												
ハワイ時間	0	1	2	3	4	5	6	7	8	9	10	11	12	13	14	15	16	17	18	19	20	21	22	23	24
日本時間	19	20	21	22	23	0	1	2	3	4	5	6	7	8	9	10	11	12	13	14	15	16	17	18	19

午後　　　　　　　午前　　　　　　　　　　午後

タイプの部屋がいい」と希望がある人はいいが、そうでない場合は、ホテルの立地、部屋のタイプ、グレード、キッチンの有無などを、親切に教えてくれる旅行会社を選びたい。また、ハワイ旅行者の経験談を聞くのも効果的。夜は静かかどうか、セキュリティは万全か、近くにはどんな店があるかといった情報は、実際に泊まったことのある人でないとわからないことが多い。

自分に合う旅行スタイルとは

	パッケージツアー	フリータイムが多いパッケージツアー	個人手配旅行
時間に縛られたくない	×	△	○
自分の好みを優先したい	×	○	○
ハワイで何をするか目的がはっきりしている	×	△	○
日程に余裕がない	○	○	×
団体行動はしたくない	×	△	○
自由時間が欲しい	×	△	○
子供連れである	×	△	○
のんびりしたい	×	△	○
リピーターである	×	△	○
料金を安くしたい	△	△	△
航空会社を指定したい	△	△	○
ホテルを指定したい	△	△	○
ホテルまでの送迎が心配	○	○	×

○ぴったり　△まあまあ　×向かない

個人手配旅行

個人旅行の場合は自由度が高い反面、自らの責任において旅を進めなくてはいけない。しかし、以下のステップで手配すれば意外に簡単なのでぜひチャレンジしてみてほしい。

1 航空券を手に入れる（→P.453）

2 宿泊先を決める

旅行会社でも予約できるし、日本に予約窓口があるホテルが多い。ワイキキの一流ホテルなら、そのほとんどは日本での予約が可能で、コンドミニアムも日本に代理店のあるところが多い。また、公式サイトやホテル予約サイトなどインターネットを使っての予約もOK。

ホテルによっては連泊するとディスカウントがあったり、レンタカーが付いてきたりといったスペシャルパッケージを行っているケースも多々ある。オフシーズンのスペシャルキャンペーン、スイートルーム使用のリッチなハネムーンパッケージなど、趣向を凝らした企画を行っているので、問い合わせてみよう。

3 空港からの交通手段を決める

空港に着いてもお迎えはない。タクシー、バス、レンタカー、配車アプリなどでホテルへ向かおう。レンタカーなら、日本であらかじめ予約をしておくと、割引があることも。

ダニエル・K・イノウエ国際空港からは、エアポート・シャトルでワイキキまで行く方法もある

パッケージツアーと個人手配旅行の長所＆短所

パッケージツアーの長所
- 短期間の滞在でホテルのグレードにこだわらないなら、パッケージツアーのほうが安いことが多い。
- 最近のパッケージツアーは、往復航空券とホテルがセットされただけのものが主流で自由行動できる時間も多い。
- 専用のトロリーバスでワイキキ郊外に出かけられるもの、人気の高いホテルの利用階や客室を選べるもの、子供半額などはパッケージツアーならでは。

パッケージツアーの短所
- ツアー初日に市内観光が付くことも。リピーターにとっては苦痛そのもの。時差ボケで疲れているのにあちこち連れ回される。
- 市内観光とセットになっているウエルカムランチは、はっきりいっておいしくないことが多い。
- オプショナルツアーを積極的に売り込まれ、申し込んだら実は割高だったということも。

個人手配旅行の長所
- 自分で航空チケットを購入し、ホテルを予約する手配旅行のほうが、希望を満たしやすく、より満足度の高い旅となる。
- 特定の希望がある場合、10日間以上の中長期滞在ではパッケージツアーより割安になることもある。
- 希望する部分を思いどおりにアップグレードしたり、費用を節約することができる。

個人手配旅行の短所
- すべての費用を合計すると意外に金額がかさんでいたりする（特に短期間旅行や子供が一緒の場合）。
- 英語が話せないと困ることも。

トラベルカレンダー Travel Calendar

ツアー料金が安いのはいつ？ ハワイのお天気が良好なのはどの季節？ 旅行時期を決める際の参考に以下のトラベルカレンダーを活用していただきたい。

ツアー価格の目安

	1月	2月	3月	4月	5月	6月
	上旬 中旬 下旬	上旬 中旬 下旬	上旬 中旬 下旬	上旬 中旬 下旬	上旬 中旬 下旬	上旬 中旬 下旬

（価格）高 中 低

1月第2週以降から下旬までの出発は旅行代金が安定する

代金に大きな変動がない時期。狙うなら平日出発を

春休みが始まる中旬から代金が上昇

春休みが終わって、ゴールデンウイークが始まる1週間前くらいまでの間は比較的穴場のシーズン

ゴールデンウイーク後、第3週の出発から代金がダウン

代金に大きな変動がない時期。平日・休日問わず安値安定

気候

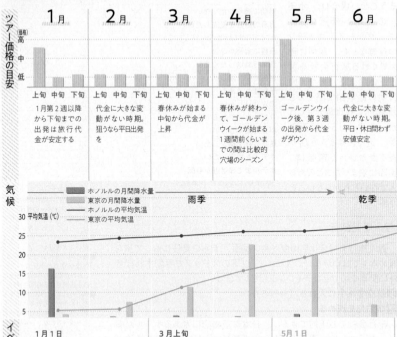

■ ホノルルの月間降水量
□ 東京の月間降水量
── ホノルルの平均気温
── 東京の平均気温

雨季 ＞ 乾季

30 平均気温 (℃)
25
20
15
10
5

イベント・祝日

1月1日
元日

1月第3月曜
キング牧師の生誕記念日

2月第3月曜
大統領の日

2月第3月曜
グレート・アロハ・ラン
市民の間で人気のマラソンレース。アロハ・タワーからアロハ・スタジアムまで、約13kmのコースで、例年2万人近いランナーが参加する。

3月上旬
ホノルル・フェスティバル
日本とハワイの文化交流を目的としたイベント。パフォーマンスやクラフトフェア、縁日などが行われる。コンベンションセンター、アラモアナセンターやワイキキ・ビーチなどで開催。

3月26日
プリンス・クヒオ・デイ

3月下旬の土曜
ラバー・ダッキー・レース
おもちゃのアヒルによる賞金付きのレース。イベントの収益はアメリカ脳性まひ協会に寄付される。マッカリー・ショッピングセンターでエンターテインメントやアヒル券の販売が行われる。

イースター前の金曜
グッド・フライデイ

3月21日以降最初の満月の次の日曜
イースター（復活祭）

5月1日
レイ・デイ
アロハ・スピリッツの象徴ともいえるレイをたたえ、ハワイ各地でさまざまなイベントが開催される。

5月最終月曜
戦没者慰霊の日

6月11日
キング・カメハメハ・デイ
ハワイの英雄、カメハメハ1世の生誕を祝い、ダウンタウンの大王像に長さ5m以上のレイを何十本も掛けてゆく。11日の週の土曜にはフローラルパレードが行われる。

6月上旬の週末
まつりインハワイ～パン・パシフィック・フェスティバル
日本とハワイの文化交流フェスティバル。両国の伝統芸能がワイキキの各所で披露される。

☑ トラベルカレンダー

※価格の棒グラフはあくまでも一般的な目安です。利用航空会社によっても料金は異なるため目安としてご覧ください。
※ 2023 年 7 月現在の情報です。イベントの時期や規模は変更になる可能性があります。

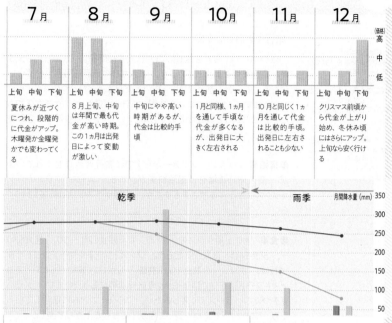

7月	8月	9月	10月	11月	12月	(価格)高 中 低
上旬 中旬 下旬	上旬 中旬 下旬	上旬 中旬 下旬	上旬 中旬 下旬	上旬 中旬 下旬	上旬 中旬 下旬	
夏休みが近づくにつれ、段階的に代金がアップ。木曜発か金曜発かでも変わってくる	8月上旬、中旬は年間で最も代金が高い時期。この1ヵ月は出発日によって変動が激しい	中旬にやや高い時期があるが、代金は比較的手頃	1月と同様、1ヵ月を通して手頃な代金が多くなるが、出発日に大きく左右される	10月と同じ1ヵ月を通して代金は比較的手頃。出発日に左右されることも少ない	クリスマス前頃から代金が上がり始め、冬休み頃にはさらにアップ。上旬なら安く行ける	

乾季　　　　　　　　　　　　　　　　　　　　　　雨季　　　月間降水量 (mm) 350
300
250
200
150
100
50

7 月 4 日
アメリカ独立記念日

7 月中旬
プリンス・ロト・フラ・フェスティバル
プリンス・ロトの名を冠したフラ大会。ハワイの王国時代から聖なる場所とされてきた木の下の特設ステージで、のんびり楽しむ和やかなイベントだ。

7 月下旬
クイーン・リリウオカラニ・ケイキ・フラ・コンペティション
ハワイ王国最後の王座についたリリウオカラー女王の名を冠したフラ大会。参加は 6 ～ 12 歳の子供たちだけ。踊りっぷりは大人に負けない!

8 月第 3 金曜
州立記念日

9 月第 1 月曜
労働祭

9 月中旬から約 1 ヵ月
アロハ・フェスティバル
古代ハワイの収穫祭にちなんだお祭り。各島で日程をずらしながら約 1 ヵ月にわたって行われる。オアフ島のメインは 9 月第 3 土曜のフローラルパレード。花々で飾られた山車や楽隊がワイキキの町を練り歩く。

10 月第 2 月曜
コロンブス・デイ

10 月 31 日
ハロウィーン
キリスト教万聖祭の前夜祭だが、今や大人も子供も仮装を楽しむお祭り。当日は仮装した人たちが道を行き交い、レストラン・ロウやアロハ・タワー・マーケットプレイスでは仮装コンテストが開かれる。

11 月 11 日
復員軍人の日

11 月第 4 木曜
感謝祭

12 月第 1 土曜～正月
ホノルル・シティ・ライツ
ホノルル・ハレ (市庁舎) 前にあるクリスマス・ツリーの点灯式を皮切りに、その周辺をイルミネーションとクリスマスデコレーションで飾り付ける。点灯式は例年 18:30 ～。

12 月中旬～ 1 月中旬
トリプルクラウン・サーフィン
ハワイアン・プロ、リップ・カール・カップ、パイプライン・マスターズというサーフィンの 3 大トーナメントがノース・ショアで開催される。

12 月第 2 月曜
ホノルル・マラソン
日本でもおなじみのマラソンレース。早朝 5:00 にアラモアナ公園をスタート、ゴールのカピオラニ公園までの 42.195km を約 3 万人の参加者が競う。

12 月 25 日　クリスマス

旅行中のおもな支出

　旅行中にいくらお金を使うのかは大きな問題。ここでは、大まかな旅行費用を算出してみよう。どれだけの予算を用意すればいいかも見えてくる。旅行では、買い物だけなどとひとつのスタイルにとらわれず、いろんなことを体験するほうが楽しい。ケチケチでもなく、かといって浪費するのでもなく、バランスの取れたお金の使い方を心がけたいもの。

●宿泊費　パッケージツアーならすでに旅行代金に含まれているが、個人旅行の場合は宿泊料金がかかる。ユースホステルからデラックスなホテルまでさまざまだが、中級クラスで1泊1部屋$300くらい。

●食事　中・上級クラスのレストランなら朝食$20 ～ 30、昼食$30～、夕食$40 ～はかかるだろう。ファストフードやフードコートで食べれば、ボリューム満点で$15前後。しかし、安いからといってファストフードばかりではせっかくの旅行なのにもったいない。メリハリをつけてバランスよく楽しみたい。コンドミニアムに宿泊しているなら、スーパーで食材を買って自炊するのも安上がりで楽しい。

●観光　現地でツアーに参加したり、観光名所の入場料を支払うためのお金。また、エステ、ゴルフなどを考えている人もいるだろう。人によってかなり異なるところ。

COLUMN

check! **貴重品はどうやって持ち運んだらよいのか**

　いちばん安全なのは「持たない」こと。南の島ではどうしても薄着にならざるをえない。また、リゾートでは身も心も軽く、めいっぱいリラックスしたいもの。命の次に大切といっても、いつどこに行くのにも後生大事に持ち歩いていたら、気になってバケーションどころではない。

　ホテルにチェックインしたら、とりあえずパスポート、現金のほとんど、帰りの航空券、他島への航空券やホテル、レンタカーのバウチャーなどを室内の金庫にしまっておく。

　携帯するのは、多少のお金とクレジットカード、そして身分証明のためにパスポートのコピーを財布に入れておこう。これならかさばらず、本人の年齢証明にもなる（お酒を買うとき、クラブに入場するときなどに使えることがある）。また、レンタカーを借りている人は日本の運転免許証（あれば国際運転免許証）を携帯する。これくらいなら全部財布に入れてもたいした厚みにはならないはず。女性なら日焼け止めや化粧道具もあるだろうから、小さなバッグが適当かもしれない。

　また、ウエストバッグは、確かに両手が使えて便利。ただ、この中にお金が入っています、と宣伝しているようなものだし、ウエストバッグ専門のスリが登場したという話もあるから、十分気をつけていただきたい。

●**交通費** レンタカー、バス、飛行機などのお金。

●**その他** おみやげ、雑誌、お菓子など。

通貨の種類

アメリカの通貨の基本単位はドル（US $）とセント（¢）。$1＝100¢。硬貨の金種は、1¢（ペニー）、5¢（ニッケル）、10¢（ダイム）、25¢（クオーター）が一般に流通しており、50¢（ハーフダラー）、$1（シルバーダラー）もあるが、めったに目にしない。紙幣は$1、$5、$10、$20、$50、$100が一般に使用されているが、小さな店などでは$100紙幣の扱いを拒否されることもある。

現金

ハワイでは、空港の両替所、ホテルのフロント、銀行、「Exchange」と書いてある両替所で日本円をドルに替えることができる。ただし、一般的に日本で両替する場合よりレートが悪い場合が多い。といっても、安全性や利便性を考えて手持ちの現金は最低限にしたい。

日本では、外国為替公認銀行や郵便局で手に入れることができる。出発までにできなかった場合は、日本国内の空港内や到着後ダニエル・K・イノウエ国際空港内の銀行で両替するといい。

クレジットカード

ハワイでは、ほとんどの場所でクレジットカードが利用できる。普段あまり使用しないという人でも、何かと便利なのでぜひ活用したい。まず、多額の現金を持ち歩かなくてもいいという安全性があり、盗難に遭っても、すぐにカード発行金融機関に届け出れば損害を被ることはない。現地通貨への両替が不要で、使ったお金は後日、日本円で直接精算される。両替手数料を二重払いしたり、両替し過ぎてしまうという無駄がなく、キャッシングを使ってATMでドルを引き出すことができる。キャッシングの可否や利用限度額については、事前にカード発行金融機関に問い合わせておきたい。

●身分証明証にもなるクレジットカード

カード社会であるアメリカでは、日本以上にクレジットカードの必要性が高い。カードを持っていることが社会的な信用を表しており、そのためID（身分証明）として利用できる。レンタカーを借りるとき、支払いは現金でもカードの提示を要求され、ないと高額のデポジット（保証金）を要求されるし、車種によっては25歳未満は借りられない場合もある。ホテルでも、日本からホテル代を全額払っていても、チェックインの際提示を要求されることもある。また、カードがあればホテルの予約の手続きが簡単にできる。必ず1枚は持っておきたい。

ワイキキでキャッシング
各銀行でできる。ATMを利用するなら各銀行、アラモアナセンター、ロイヤル・ハワイアン・センターなど。

便利な25セント（クオーター）
バス、自動販売機、コインロッカー、ランドリーなどでは、25¢硬貨しか使用できないことが多い。いつも財布にクオーターを入れておこう。

成田国際空港で両替
成田国際空港の第1・2・3ターミナルそれぞれに銀行の両替所がある（日曜も営業）。時間がない人はここで現金の両替をしよう。ただし時間帯によってはかなり混み合う。そんなときは「到着ロビー」の銀行へ。出発ロビーと比べると比較的すいている。

IDの提示とPIN（暗証番号）
クレジットカードの使用時、パスポートなどのID（身分証明書）の提示を求められることがあるので注意。また、ICチップの入ったICカードの場合、サインではなくPIN（暗証番号）の入力を求められるので、不明な場合は、カード発行金融機関に確認を。確認に2週間ほどかかるので注意。

ハワイ旅行にはJCBカードを持っていこう
JCBカードがあれば、快適にハワイ旅行を楽しめる。現地のJCBプラザ ラウンジ・ホノルルでは、レストランやツアーの予約はもちろん、カードの紛失・盗難時のサポート体制も整っている。さらにフリードリンクやマッサージ機を使えるうれしいサービスも。詳細は「ハワイは、おまかせ。」で検索。

JCBカードを提示すれば、ワイキキトロリー ピンクラインが無料で乗り放題

デビットカード発行金融機関
　JCB、VISAなどの国際ブランドで、複数の金融機関がカードを発行している。
🌐 www.jcb.co.jp/products/jcbdebit
🌐 www.visa.co.jp/pay-with-visa/find-a-card/debit-cards.html

海外専用プリペイドカード発行金融機関
・アプラス発行
「MoneyT Global マネーティーグローバル」
🌐 www.aplus.co.jp/prepaidcard/moneytg
・トラベレックスジャパン発行
「Travelex Money Card　トラベレックスマネーカード」
🌐 www.travelex.co.jp/travel-money-card

デビットカード

　使用方法は、クレジットカードと同じだが、支払いは後払いではなく発行銀行の預金口座から原則即時引き落としとなる。口座の残高以上は使えないので、予算管理にも便利。ATMで現地通貨も引き出し可能だ。現在は、JCBとVISA、マスターカードブランドなどのデビットカードが発行されている。

海外専用プリペイドカード

　カード作成時に審査がなく、外貨両替の手間や不安を解消してくれる便利なカードのひとつ。出発前にコンビニATMなどで円をチャージ（入金）し、その範囲内で渡航先のATMで現地通貨の引き出しができる。各種手数料が別途かかるが、使い過ぎや多額の現金を持ち歩く不安もない。おもに欄外のようなカードが発行されている。

電子マネー

　ハワイでは、一部の店で「Apple Pay」が利用可能。今後は徐々にそのほかの電子マネーが利用できる場所も増えてくるかもしれない。

～COLUMN～

check! **現金、カードなどの組み合わせについて**

　出発前になると気になるのが「お金の準備」。以下のポイントを参考に用意してみよう。

①日本からは最低限の現金（ドル）を持参する
　安全性や利便性を考えると、多額の現金を持ち歩くのは避けたほうがいい。少額から使えるクレジットカードの使用をメインにし、日本からは、到着してすぐ必要な分と予備を用意しておけばよいだろう。空港でのカート代、公衆電話に使う小銭、ホテルまでの交通費、ホテルに着いてチェックインしたあとにポーターに荷物を運んでもらったときのチップなど。当日分は＄30〜50あれば十分といえるだろう。

②クレジットカードを中心に
　ハワイでは、ほとんどのホテル、ショップ、レストランなどで利用することができる。本文にもあるように、身分証明になるだけでなく、クレジットカードによっては特定のレストランやお店での割引が受けられる、海外旅行傷害保険の付帯、緊急時の日本語救援サービスなど、付加価値も充実しているものもある。

　また、控えが手元に残るので支出額のチェックがしやすいのもうれしい。レストランで支払いの際、伝票にチップも書き込めば、小銭の用意をしなくてすむなど、便利なことが多い。

③現地で使用する現金
　たとえクレジットカードの使用をメインにしたとしても、バスに乗ったり、カードが利用できない小さい店での買い物などにはやはり現金が必要となる。また、自分が参加したいツアー料金の支払いにカードが使用できないこともある（これは事前に確認をしておきたい）。できれば、現地で使用する分を前もって考慮しておき、日本から使い残さない分の現金（ドル）を持っていくようにしたい。足りなければ、手持ちの日本円を使用する分だけ両替するか、クレジットカードのキャッシングを利用することになる。その場合、レートや金利をよく考えて利用しよう。

　またデビットカードなどは、必要な金額だけ引き出すことができる。多額の現金を持ち歩く必要がなく、使い残しがなくなるのが便利だ。ただし手数料がかかるので注意したい。

出発までの手続き
旅の準備

旅券（パスポート）を取得する

　日本政府が発行する国籍と身分の証明書。日本国民は、これを持たないで海外旅行をすることはできない。旅行者の国籍、身分などを公に証明し、同時に旅行者が安全に旅行でき、必要があれば保護してもらうために、外国の官憲に要請する公文書でもある。外国にいる間は常にパスポートを携行し、要請があれば提示しなければならない。

　パスポートには発行日から「5年間有効」と「10年間有効」の2種類があり、いずれかを選ぶことができる。ただし、18歳未満は容姿の変化が激しいため、取得できるのは5年旅券のみ。

パスポートの申請

　申請手続きは、住民登録をしている都道府県のパスポート申請窓口で行う。申請から取得までは約8～10日かかるので、渡航直前ではなく余裕をもって手続きをするようにしたい。

●未成年者（18歳未満の未婚者）の申請

　年齢に関係なく、ひとり1冊パスポートが必要。申請書の「法定代理人署名欄」には父母、または後見人が署名をする。

●代理人申請

　旅券申請は本人以外の代理人でも手続きすることができる（紛失や盗難、刑罰関係に該当する場合は本人のみ）。旅券申請の代理を認められるのは配偶者、2親等の親族、旅行業者のほか、申請者が指定した人でもよい。

　また、代理人が申請する場合でも、申請書にある「所持人自署欄」と「申請書類等提出委任申請書」には本人の署名が必要。代理人の運転免許証、健康保険証などの本人確認書類1通が必要になるので忘れずに持参を。

アメリカ入国の条件
　ハワイ（アメリカ合衆国）の入国に関しては、パスポートの残存有効期間が帰国日までであるものに限られる（入国時に残存有効期間90日以上が望ましい）。滞在中に期限切れになってしまわぬよう早めに書き換えておこう。

外務省渡航関連情報（パスポート）
⊕ www.mofa.go.jp/mofaj/toko/passport/index.html
　申請時に必要な各都道府県の担当窓口の一覧もある。

パスポート切替の電子申請が可能に
　2023年3月27日より、パスポートの発給申請手続きが一部オンライン化された。残存有効期間が1年未満のパスポートを切り替える場合や、査証欄の余白が見開き3ページ以下になった場合、マイナポータルを通じて電子申請が可能（旅券の記載事項に変更がある場合を除く）。その場合、申請時に旅券事務所へ行く必要がなくなる。

パスポートはコピーしておく
　万一パスポートを紛失したとき、パスポートナンバーと発行年月日を申告しなければならない。手元にコピーがあれば手続きもスムーズにいく。

COLUMN

\ check! /

スマートに出入国審査を

　日本の主要な空港では、従来の有人カウンターでの審査から、「顔認証ゲート」を利用しての審査に移行している。これは、専用端末にICパスポート内の画像を読み込ませ、実際に撮影した顔の画像と照合させるだけで出入国ができるシステムのこと。ディスプレイの表示に従って、簡単な操作をするだけなので、ストレスのないスムーズな出入国が可能になった。ICパスポートを所持していて、身長135cm以上、ひとりで機械操作を行えれば誰でも利用できる。従来のようにスタンプは押されないが、希望した場合はもらうことも可能。「顔認証ゲート」は2023年9月現在、成田国際空港、羽田空港、中部空港、関西空港、福岡空港、新千歳空港、那覇空港などに設置されていて、事前登録は不要。

✈ TRAVEL TIPS

☑ 旅の予算とお金／出発までの手続き

有効期間内の切り替え

①パスポートの残存有効期間が1年未満、②記載事項の変更、③査証欄の余白が少なくなった場合は、有効期間内であっても所持しているパスポートを返納して、新規に発給申請できる。この場合、氏名、本籍などに変更がなければ戸籍謄本の提出は必要ない。

パスポートの受領

申請時に渡された引換書に記載された引取り日から6ヵ月以内に、必ず本人が旅券課に出向く。申請から受領までの期間は、休日・祝日を除いて8～10日間。

引換書に発行手数料としての収入印紙を貼り窓口に提出する。

査証（ビザ）について

90日以内の観光・業務の目的で、往復航空券を持参していれば、アメリカ入国に査証（ビザ）は必要ない。ただし、電子渡航認証システムESTA（→P.451）により渡航認証の申請、取得が義務づけられている（遅くとも出発の72時間前までの取得が推奨されている）。普通の旅行者はこれで入国するのが一般的だ。

なお、2023年7月現在、渡航申請をした場合、従来からの機内で記入していた、ビザ免除のための質問書I-94Wは記入・提出の必要がなくなっている。

～ COLUMN ～

\ check！/ パスポート申請に必要な書類

①一般旅券発給申請書（1通）
各都道府県のパスポート申請窓口にあり、写真を貼って提出する。5年用と10年用では用紙が違うので注意。未成年は5年間パスポートのみ申請可。申請書は外務省のサイトからダウンロードすることもできる。

②戸籍謄本（1通）
6ヵ月以内に発行されたもの。本籍地の市区町村の役所で発行してくれる。

③住民票の写し（1通）
6ヵ月以内に発行されたもので、本籍が記載されているもの。住民登録をしてある市区町村の役所で発行してくれる。住民基本台帳ネットワークシステムを利用しない場合や住民登録をしていない都道府県で申請する場合に必要となる（都道府県により対応が異なる）。

④写真（1枚）
6ヵ月以内に撮影したもの。縦45mm×横35mm（上記イラスト参照）。背景無地、無帽正面向き、上半身。白黒でもカラーでもよい。

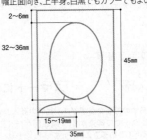

⑤身元確認の書類
1点でよい書類はマイナンバーカード、運転免許証など。2点必要な書類は健康保険証、国民年金手帳、写真付きの学生証など。

⑥前回取得したパスポート

ESTAの取得

2009年1月12日から、米国へ渡航する場合、ビザ免除プログラム（90日以内の観光または商用ならビザを取得しなくても渡航できる制度）を利用するすべての渡航者は、事前に「電子渡航認証システム／ESTA（Electronic System for Travel Authorization）」により、渡航認証の取得が義務化された。これにより、I-94W（査証免除）カードの提出は廃止（米国本土での陸路入国を除く）。

この申請はオンラインで行われ、日本語でも利用できる。遅くとも出発の72時間前までには申請を完了させ渡航認証の許可を受けることが推奨されている。インターネット環境がない場合は、旅行会社などが行っている代理申請サービス（有料）を利用するといい。

申請内容は氏名、生年月日、性別、国籍、住居国、旅券番号、航空機便名、搭乗地、米国滞在中の住所などで一度登録し認証されると2年間有効。有効期限内であれば複数回の入国も可能だ。ただし、パスポートを更新した場合は再登録が必要となる。また、事前認証されても、米国への入国を保証するものではないので注意が必要。

申請には$21の登録料などがかかり、クレジットカードでの支払いとなる。

なお「地球の歩き方」ウェブサイトでは実際のESTA申請画面をもとに認証完了までのプロセスをわかりやすく解説しているので、ぜひ活用してほしい。

ESTA関連のウェブサイト
●ESTAトップページ
🌐 https://esta.cbp.dhs.gov
●「地球の歩き方」編集室 ESTA（日本語版）記入の手引き
🌐 www.arukikata.co.jp/esta
●米国大使館ESTA申請公式ウェブサイト
🌐 https://jp.usembassy.gov/ja/visas-ja/esta-information-ja

偽ESTAに注意

サイト検索などを通じ、間違って偽ESTAサイトより登録をしてしまう事例が報告されている。後日、数千円の手数料が請求されるようだ。くれぐれも正しいURL（**esta.cbp.dhs.gov**）から、オンライン申請しよう。ネット検索でまず「ESTA」と入力すると出てくるのが「**ESTA online center**」（**esta-center.com**）という代行サイト。一見本物に見えてしまうので注意を。

ESTAのトップページ。この画面から申請を始める

申請する人のパスポート情報を入力する

個人情報では住所や電話番号、両親の名前や勤務先の住所を入力

渡航先や滞在先の住所、適格性に関する質問に答えて、支払い入力へ

✈ TRAVEL TIPS

☑ 出発までの手続き

CHECK 「地球の歩き方」公式LINEスタンプが登場！旅先で出合うあれこれがスタンプに。旅好き同士のコミュニケーションにおすすめ。LINE STOREで「地球の歩き方」と検索！

451

疾病保険に適用されないケース
　けんか、妊娠・出産・流産、歯科疾病などの原因により生じた病気、および慢性疾患。

海外旅行傷害保険とは

　海外旅行中に起きたけがや病気の医療費、盗難に遭ったときの補償、自分のミスで他人のものを破損したときの補償、その他旅行中に発生するアクシデントなどを補償する保険。旅行中は何があるかわからないものだから、ぜひ加入しておきたい。保険金額・限度額は掛け金に応じて変わってくる。

保険の種類

「基本契約」と「特約」に大別される。基本契約には、「傷害死亡・後遺障害保険」と「傷害治療費保険」があり、旅行中の傷害による死亡や治療費に対して保険金を支払うもの。特約は以下のとおり。①疾病治療費保険②疾病死亡保険③賠償責任保険④携行品保険⑤救護者費用保険⑥旅行変更費用保険⑦寄託手荷物保険

加入タイプ

「セット型」と「オーダーメイド型」に大別される。

●セット型

「基本契約」と「特約」がセットになっている。保険料の掛け金は高めながら、細かい選択をすることもなく簡単に加入ができ、補償も完璧。

　ただ、小グループでの旅行で、参加者全員分の掛け金を計算した場合、高額出費となってしまう。

●オーダーメイド型

　任意プラン保険ともいう。旅行者のニーズに合わせ、各種保険のなかから補償内容を選択できる。ただし、①傷害死亡・後遺障害には必ず加入しなければならない　②最低保険料は1契約1000円以上などの条件（保険会社により異なる）をクリアすること。個人のライフスタイルや補償額の希望に合わせ個々の任意保険を上乗せできるので、不要な出費や過剰補償をセーブできる。

　ただセーブし過ぎて、特約を付けなかったばかりに「保険が利かなかった」と後悔する例も少なくない。

クレジットカード付帯の傷害保険

　クレジットカードには、自動的に海外旅行保険が付帯していることがある。補償内容はカード会社や会員の種類（ゴールドカードなど）によって異なる。このクレジットカード付帯の保険では、「疾病死亡補償がなかった」「補償金額が不足していて多額の負担金がかかった」などということもある。まずは自分のカードの補償内容と連絡先を確かめて、必要ならばオーダーメイドをプラスするとよいだろう。

携行品保険に適用されないケース
　現金、小切手、クレジットカード、航空券、パスポート、コンタクトレンズなど。また、携行品の置き忘れ、紛失の場合にも保険金は支払われない。

保険にいつ加入すべきか
　日本で自宅を一歩出たときから帰宅するまでが対象となるため、保険加入は遅くとも1週間前には済ませておきたい。

医療費の目安
　例えば虫垂炎で入院した場合。手術代だけで約$1000以上、入院費用は病院にもよるが部屋代と食事代で$200〜500、X線、検査費、手術雑費、備品使用料、投薬など、トータルで100万円以上は覚悟したい。ちなみに救急車も有料だ。

「地球の歩き方」ホームページで海外旅行保険について知ろう
　「地球の歩き方」ホームページでは海外旅行保険情報を紹介している。保険のタイプや加入方法の参考に。
⊕ https://www.arukikata.co.jp/web/article/item/3000681/

家族旅行なら
　セット型海外旅行保険に家族全員がまとまって加入できるファミリープラン型保険がおすすめ。保険料はトータルで5〜10％程度割り引かれる。子供には不要と思われる「賠償責任保険・携行品保険」も、家族で加入すれば割安だ。
　また、乳幼児には「オーダーメイド型」がおすすめ。賠償責任保険、携行品保険、救護者費用保険などの特約は、現実的には意味がないからだ。

旅の準備 航空券の手配

就航航空会社

2023年9月現在、 日本からホノルルへは日本航空 JL （成田・羽田・中部・関西発）、 全日空 NH （成田・羽田発）、 ハワイアン航空 HA （成田・羽田・関西・福岡発）、 ZIPAIR ZG （成田発） の4社と、 2023年10月よりデルタ航空 DL （羽田発） が運航再開予定。

航空券を手に入れる

国際線の旅客運賃は、 航空会社の正規の普通運賃、 正規の割引であるペックス運賃 （PEX）、 格安航空券などに分けられる。 自分の旅のスタイルと予算、 時期に合わせて都合のよい航空券を選ぼう。 以下、 よく使うペックス運賃 （PEX） と格安航空券について説明しよう。

●ペックス運賃 （PEX）

各航空会社が設定している正規割引運賃のこと。 航空会社 （または旅行会社） から直接購入することができる。 半年前から購入できる、 子供割引が設定されている、 出発日によっては格安航空券よりも安くなる場合がある、 予約時に航空便名指定、 座席の選択、 キッズミールなどのリクエストができるなどのメリットがある。 発券期限や取り消し条件などは航空会社によって異なるので、 予約時に確認のこと。

●格安航空券

各旅行会社が航空会社から購入した航空券をバラ売りしたものが格安航空券。 シーズンによってはかなり安く出回っているので、 予算を抑えたい場合にはぜひ利用したい。 ただし、 航空会社の変更ができない、 一度購入したら払い戻しができないなどデメリットもある。 また、 子供料金はなく、 シーズンによってはペックス運賃との格差が小さい時期があるので、 特に家族旅行の場合は家族全員の総予算でチケットを選択するといい。

航空会社の連絡先
- ●日本航空／📞0570-025-031
- ●全日空／📞0570-029-333
- ●デルタ航空／📞0570-07-7733
- ●ハワイアン航空／📞 (03) 6435-1179
- ●ZIPAIR／✉contact.jp@zipair.net

安く航空券を購入するために
もし航空会社はどこでもよく、 安い運賃でハワイへ行きたいのなら、 「トラベルコ」 や 「スカイスキャナー」 といった航空券比較サイトもおすすめ。 出発地、 到着地、 日程などを入力すれば、 各航空会社の運賃がずらりと表示されるので、 そのなかから条件に合ったものを選ぼう。

燃油サーチャージについて
運賃とは別建てで徴収される料金。 航路や時期、 航空会社によって変動するが、 日本発着の場合、 ハワイは片道1万8400円 （2023年8月1日 〜9月30日発券の場合）。

国際観光旅客税
日本からの出国には、 1回につき1000円の国際観光旅客税がかかる。 原則として支払いは航空券代に上乗せされる。

～ COLUMN ～

\ check ! / **フリークエント・フライヤーズ・プログラム （FFP）**

各航空会社では、 搭乗距離に応じて利用者に航空券や旅行券を無料提供するフリークエント・フライヤーズ・プログラム （FFP） ＝マイレージサービスを行っている。 入会するのに特に資格はいらない。 何マイル飛べば無料券がもらえるか、 といった規定や諸サービスについては、 各航空会社によって内容が異なるが、 何度も海外旅行へ行く人にとってはメリットのあるシステムといえる。 また大手クレジットカード会社と提携して、 カードを利用すると自動的にマイル数が加算されるサービスも登場している。 詳細については各航空会社まで。

機内に預ける荷物のサイズ規定

縦、横、高さの合計が203cm以内、重量は23kg以内。旅客ひとりにつき2個まで無料。サイズ超過と個数超過（1個当たり）はそれぞれ2万円（$200）、重量超過は32kg以下1万円（$100）、45kg以下の場合6万円（$600）。なお、45kgを超える荷物は預けられない。いずれの料金も消費税込み。
※上記は日本航空エコノミークラスのもの。航空会社によって規定は異なるので、各社のホームページにて確認のこと

機内持ち込み手荷物

航空会社により若干異なるが、基本的には縦、横、高さの合計が115cm、10kg以内のもの1個まで。そのほか、コート、傘、ステッキ、小型カメラ、書籍数冊、折りたたみ車椅子など。

アメリカへ持ち込み禁止のもの

植物（根の付いた野菜も含む）、果物、肉類などの生鮮食品。よく耳にする体験談としては、機内で食べようとして持参したミカンを没収されたという話。またBSE事件、鳥インフルエンザ発生以来、肉製品に対する取り締まりも厳しくなっている。加工肉はもちろん、肉エキスが入っている粉末スープ（インスタントラーメンなど）、スナック菓子なども没収の対象になることがある。もし何らかの食品を持参している場合は、税関にて申告すること。持ち込み禁止の食品が見つかると罰金の対象となる。

服装についてのアドバイス

日本での夏のスタイルが基本。Tシャツ、ショートパンツ、サンダル、スニーカーなどリラックスできるスタイルでよい。しかし、冷房の効き過ぎる

日中はリラックススタイルで

場所も多く、ハワイといえども冬は朝晩は涼しいので、長袖の上着が欲しい。サマージャケット、トレーナー、女性なら薄手のカーディガンが1枚あると便利だ。

ドレスコード（服装制限）がある高級レストランへ行くなら、多少気を使いたい。男性は襟・袖付きのシャツやジャケットを（現地でアロハシャツを手に入れてもいい）、女性はワンピースなどを持っていこう。昼間ビーチを歩くスタイルでは行かないこと。特にサンダルは厳禁。

また避けたいのが、革のブーツ。ハワイはビーチリゾートの町。日本の町歩きと同じに捉えてはいけない。

バッグについてのアドバイス

ショルダーバッグひとつになってしまう人はともかく、大きめのバッグ、スーツケース、キャリーケースなど機内に預けるものと、機内持ち込み手荷物のふたつに分けるとよいだろう。機内持ち込み

✎ COLUMN ✎

check！ 液体類の機内持ち込み制限について

機内に持ち込む手荷物にナイフやはさみなどの刃物を入れられないのはご存じのとおりだが、セキュリティ対策強化の一環として、日本の国際空港を出発する国際線全便において、機内への液体類の持ち込みが厳密に制限されているので注意したい（2023年9月現在）。

(1) 100mℓを超える飲料水、シャンプー、日焼け止め、化粧品など液体および歯磨きペーストなどのジェル類、エアゾール類などは機内に持ち込めない。(2) ただし100mℓ以下の旅行用サイズの液体およびジェル類、エアゾール類は、容量1ℓ以下の透明なジッパー付きビニール袋（縦横各20cm程度）に入れたうえ、機内持ち込み手荷物とは別に検査を受ければ、ひとり1袋だけ機内に持ち込める。(3) 出国手続き後、免税店で購入したウイスキーや香水などの液体類は、上記の制限にかかわらず持ち込み可能。ただしダニエル・K・イノウエ国際空港で乗り換えて他島へ行く場合、ハワイ島間航空の機内には持ち込めない。
※乳幼児用ミルク、航空券に記載された搭乗者名が明記された医薬品、インシュリンなど処方された医薬品の持ち込みは、機内で必要となる量に限り可能。

用は、現地で持ち歩くためのバッグにしておくと便利。リュック、ショルダーバッグなどが使いやすいだろう。ウエストバッグは、両手が使えて重宝しそうだが、スリに狙われやすいと不評だ。

持ち物についてのアドバイス

「荷物は少なめに」が基本。スーツケースの半分は空けておきたいもの。足りないものは現地調達すればおみやげにもなる（ゴザやビーチサンダルはABCストアなどで買えば安い）。

充電式の電気カミソリ、ドライヤーなど日本の電化製品は、短時間の使用なら問題ない。ただし長時間の使用やアイロンなど高熱をともなう電気製品は、破損の恐れがあるので注意しよう。ハワイではドライヤーが完備されたホテルが多く、なくても頼めば借りられるので持参しなくても困らないだろう。

∽COLUMN∽

\ check ! /

帰国時の パッキングのヒント

■デジタルカメラやPCなど、精密機械はなるべく機内持ち込み荷物に。機内預け荷物に入れてしまうと、衝撃などで壊れてしまうこともあるので注意。
■機内預け荷物には鍵をかけない（→P.458・517）。
■荷物を詰め過ぎない。
■本や書類などはあまり積み重ねず、バラして入れる。

電子機器類の使用について

JALグループでは、2014年9月1日から航空法改正にともない、飛行機のドアが閉まり客室乗務員からの案内後から着陸後の滑走終了時まで、作動時に電波を発する機器（携帯電話、パソコン、携帯情報端末、電子ゲーム機、携帯型データ通信端末、無線式イヤホンなど）の電源を切る、もしくは機内モードなど電波を発しない状態にすることとした。違反した場合は、50万円以下の罰金が科せられるので要注意。なお、飛行中は機内Wi-Fiサービスのみ利用できるので設定の切り替えを。

リチウム電池の持ち込み注意

リチウム電池類を内蔵した電子機器は、リチウム電池の場合リチウム含有量が2g以下、リチウムイオン電池の場合ワット時定格量が160Whものに限り、機内持ち込みも託送荷物として預け可能。予備のリチウム電池類は上記容量の範囲内なら機内持ち込みのみ可能となる（リチウムイオン電池については、100Wh以上の場合2個まで）。ただし、購入時のパッケージのままで、端子部分をテープなどで絶縁状態にすること。

携帯品チェックリスト

		チェック欄			チェック欄
貴重品	パスポート		衣類	ビーチタオル	
	パスポートのコピー			スニーカー	
	航空券（eチケット控え）			サンダル	
	現金（外貨）			帽子	
	現金（日本円）		薬品	常備薬	
	クレジットカード			生理用品	
	海外旅行傷害保険証			日焼け止め	
	運転免許証＋国際運転免許証		雑貨	ボールペン	
	スマートフォン			ビニール袋（小分け用）	
洗面用品	タオル			サングラス	
	歯ブラシ			カメラ	
	歯磨き粉			マスク	
	ひげそり			ハンドサニタイザー（携帯ジェル）	
	化粧品			雨具	
	ヘアドライヤー		書類	顔写真2枚（45×35㎜）	
衣類	下着			宿泊施設の予約確認書	
	靴下			レンタカーの予約確認書	
	パジャマ			ガイドブック類	
	Tシャツ			メモ帳	
	ズボン				
	ジャケット、上着				
	水着				

※持っていくと便利なものとして、機内持ち込み用では、黒のボールペン、化粧品や常備薬・目薬、歯ブラシ・歯磨き粉（持ち込み制限に注意→P.454）、上着（機内は冷房がきつい）など。機内預け用にジッパー付きビニール袋、パジャマ（またはそれに代わるもの）、サンダル（部屋履きとしても使用）、アカすりタオル（ホテルにはない）、携帯灰皿（喫煙者）。念のため「ESTAの控え」も持参するといい。

旅の技術 出入国の手続き

日本を出国する

1 空港へ集合

個人で航空券（eチケット）を持っている場合はすぐチェックインできる。空港で航空券の受け渡しがあるときやツアーの場合は、指定された場所へ時間どおり（遅くともフライトの2時間前）に行こう。

2 搭乗手続き（チェックイン）

①**利用航空会社のカウンターで、航空券（eチケット）とパスポート、場合によっては航空券引換証を提示する**

eチケットの場合は、セルフチェックインが主流となっているが、ツアーの場合、旅行会社の人が済ませてくれることもある。

②**荷物を預ける**

パスポートやお金などの貴重品のほか、外国製品や貴金属は税関申告するため、預ける荷物から除いておくこと。カメラやPCなどの壊れ物は必ず手荷物にする。鍵のかかるバッグは施錠せず※1、リュックは途中でひもが緩まないように厳重に縛っておく。

③**荷物引換証（クレームタグ）を必ず受け取る**

万一荷物が目的の空港へ届かなかった場合は、このタグが有効。乗り換えがあっても荷物は最終目的地まで運んでくれる。

④**同時に搭乗券（ボーディングパス）を受け取る**

搭乗時間と座席の案内を受け、手続き終了。

3 セキュリティ検査

機内持ち込み手荷物のチェックを受ける。荷物はX線検査、人間は金属探知機のゲートをくぐる。ナイフ、はさみは認められないので機内預けにしておくこと。液体類（→P.454）やライターの持ち込み制限もある。この手前で見送りの人とはお別れ。

4 税関申告

高価な貴金属や、外国製の時計などを持って出る場合は、「外国製品の持ち出し届」に記入し申告しておかなければならない。これを怠ると、帰国時の税関検査の際、外国での購入品として課税されることがある（→P.461）。

5 出国審査

「顔認証ゲート」（→P.449）を利用して手続きする。ICパスポートを機械でスキャンし、カメラで撮影した顔の画像と照合。問題なければそのままゲートを通過できる。

●**ゲートラウンジ（出発待合室）へ**

出国手続きを終えたら、サテライトのラウンジに向かう。

6 搭乗

出発時間の30分くらい前になると、搭乗開始のアナウンスが流れる。ゲートで搭乗券を渡して機内へ。

※1本来は施錠すべきだが、米国入国者へは無作為の荷物検査があるため（→P.517）、施錠したバッグは錠を壊してよいことになっている。入出国時にはスーツケースに鍵をかけないほうがいい。スーツケースベルトなどで対策を。なお、TSAロックのかばんは施錠してもいいことになっているが、破壊されたという報告もある。（2023年7月現在）

セルフチェックイン

航空会社のチェックインカウンター付近に設置された機械で、旅行者が各自でチェックインできるサービス。

必要なものは、パスポートとチケット予約番号（eチケット）。操作方法は簡単。パスポートを機械に通して、あとはタッチスクリーンに表示される指示に従えばいい。手荷物の扱い、予約記録の確認、マイレージの登録、パスポート情報の確認、預け入れ荷

物の個数の登録などの入力が終了すると、搭乗券が発行される。また、一部の航空会社では空港での搭乗手続きが不要になるWeb（オンライン）チェックインが利用可能。手続きが完了すると、モバイル搭乗券が発行される。空港ではそのまま搭乗ゲートへ向かえばOK。利用方法や条件は航空会社によって異なるので、各社公式サイトを確認すること。

機内での過ごし方

座席に着いたら、手荷物は前の座席の下か頭上の棚へ入れる。シートベルトの着用を忘れずに。離陸したら、飲み物のサービス、食事（夕食）、免税品の販売、食事（朝食）と続く。時差や到着後のことを考えてできるだけゆっくり休むことを心がけよう。

機内でのマナー

●**会話は常識の範囲内で** 狭い機内で大声で騒ぐのはNG。特にグループ旅行ではつい周囲を忘れがちなので注意しよう。

●**禁煙** 全面的に禁煙。我慢できずにトイレに隠れて吸うのは国際航空法上、重大な違法行為。高額の罰金を科せられることがあるので絶対にしないように。

●**お酒は飲み過ぎない** 機内では、ソフトドリンクのほかビール、ワインなどがサービスされる。アルコール類も無料の航空会社が多いが、飲み過ぎたりしないように。気圧の関係で、地上よりもお酒に酔いやすくなっている。

●**客室乗務員への接し方** のどが渇いた、寒いなどは遠慮せずお願いしよう。ただし、あまりにも傍若無人に振る舞うのは当然NG。

●**クラスの意味を理解して** 各クラスは、はっきりと分かれた空間になっている。エコノミーのトイレが使用中だからといって、カーテンを開けてビジネスクラスに入っていくのはルール違反だ。

機内に持ち込みたいもの

●**耳せん**
個人差はあるが、気圧差で耳が痛くなる人が多い。ひどい人はその後痛みが取れなくなってしまったりするので、用心するなら耳せんを用意して。

●**スリッパ**
足がむくむので、革靴やスニーカーがつらくなる。折りたたみの旅行用スリッパを持参すると機内で楽になる。

●**化粧水**
機内は非常に乾燥する。化粧水やクリーム、シートマスクがおすすめ。（持ち込み制限→P454に注意）

機内誌、機内販売も見逃せない
機内誌は各国の最新情報が載っているので、要チェック。また、機内販売でオリジナルグッズやおみやげが買える。商品は宅配便で送ってもらえるものもあり機内で購入というのもよい。

トイレの扉の表示に注意
VACANT＝空いている。使用可
●OCCUPIED＝使用中

電子機器の使用について
携帯ゲーム機器、特に無線LAN機能付きゲームを持参する場合、機内では規制があることに注意。スマートフォンは機内モード、もしくは電源オフにしておこう。

機内での電子機器の使用には注意したい

\ check！/ 　　　**時差ボケ対策**

ハワイと日本の時差は19時間。ほとんどのフライトが日本を夕方から夜にかけて出発し、早朝もしくは午前中ハワイに到着する。ハワイ到着は日本時間では深夜。そのため昼頃になると確実に睡魔に襲われる。

しかし、ここで寝てしまうとその後しばらくは時差ボケに悩まされてしまうだろう。人により対処法は異なるかもしれないが、以下の解消法を紹介するので、ぜひ試してみよう。

① 飛行機の中でしっかりと眠る
静かに体を休ませるだけでもよい。日本時間を忘れ、朝だから起きる、という体をつくる。

② ハワイ到着後、無理しない程度に動く
初日はつらいが、昼は遊ぶ、夜は早めに寝る、という現地の生活時間を守れば、次の日から楽になる。

③ 日光を浴びる
日光を浴びるのは時差ボケ対策によいという説もある。ハワイに到着したらすぐ暖かい太陽を浴びよう。

④ 仮眠を取る
ハワイ到着後、一度すぐ寝てしまう。そして、どんなにつらくても夕方一度起き、夕食を取る。食後は早々とベッドに入り長めの睡眠を確保する。

重要なのは、一度必ず起きること。これをしないと夜中の変な時間に目覚めてしまい、旅行中時差ボケが解消しなくなる。

ハワイに入国する

1 ダニエル・K・イノウエ国際空港に到着

飛行機を降りたら、空港職員の誘導に従い、コンコース3階の動く歩道付き連絡通路、もしくはシャトルバスを利用してメインターミナルの3階へ行く。

2 入国審査（Immigration）

2023年9月現在、すべての海外旅行者は検査官と対面で入国審査を行う。いきなりの対面で緊張してしまうが、検査官は英語が話せない観光客に慣れているので落ち着いてまずは「Hi！（ハーイ）」と挨拶をしてパスポートを渡す。検査官との質疑応答は、ランダムだがたいてい次の通り。滞在日数、観光の目的、宿泊先のホテル名、所有している現金の額、職業など。質問に答えながら、パスポートの読み取り、指紋認証、顔写真の撮影などを行い、問題なければ通過できる。※2023年9月現在、以前まで導入されていた自動入国審査端末「APCキオスク」は廃止中。

3 荷物受け取り（Baggage Claim）

日本で預けた荷物をピックアップする。
「Baggage Claim」の表示に向かい、自分のフライトナンバーが出ているターンテーブルのところで待つ。

荷物が見つかったら税関へ向かう。
※万一、荷物が見つからなかったら、航空会社のスタッフにクレームタグを見せて荷物のないことを知らせる。

4 税関申告（Customs Declaration）

1階の荷物受け取りと同じフロアに、税関がある。申告するものがある場合や、係員に検査を指示された場合はここで手続きを。特になければそのまま出口へ。

5 出口

以前は出口は個人旅行客と団体（ツアー旅行）旅行客とで分かれていたが、基本すべての旅行者は税関を出て左の出口を利用する。※2023年9月現在

スムーズな入国審査通過のコツ

観光目的でハワイに訪れるのであれば、検査官からの質問には落ち着いて堂々と答えよう。ここ数年、不正なビジネス目的で渡航する外国人が増えたため、特に女性のひとり旅の場合は時間をかけて質問されることが多くなっている。当たり前のことだが、ESTAで事前に申請した内容と異なる申告をしたり、検査官の簡単な質問（滞在先のホテル名など）に答えられないと、仕事や売春目的を疑われ、強制帰国となる可能性も。日本へ帰国する意思が伝わるよう、帰りの航空券、宿泊先のホテルの予約表は出力しておき、すぐに提示できるようにしておくと安心だ。

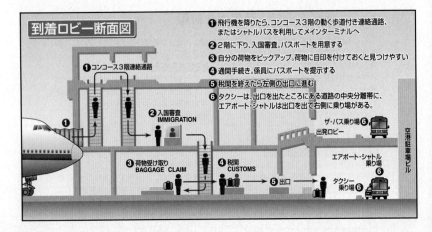

到着ロビー断面図

1 コンコース3階連絡通路
2 入国審査 IMMIGRATION
3 荷物受け取り BAGGAGE CLAIM
4 税関 CUSTOMS
5 出口
6 ザ・バス乗り場
出発ロビー
空港駐車場ビル
エアポート・シャトル乗り場
タクシー乗り場

1 飛行機を降りたら、コンコース3階の動く歩道付き連絡通路、またはシャトルバスを利用してメインターミナルへ
2 2階に下り、入国審査。パスポートを用意する
3 自分の荷物をピックアップ。荷物に目印を付けておくと見つけやすい
4 通関手続き。係員にパスポートを提示する
5 税関を終えたら左側の出口に進む
6 タクシーは、出口を出たところにある道路の中央分離帯に、エアポート・シャトルは出口を出て右側に乗り場がある。

空港から市内へ

　パッケージツアーの場合は別だが、個人旅行の場合は空港からホテルまでの足の心配をしなくてはならない。空港からワイキキまでは約15km。歩くには距離があり過ぎる。方法としてはザ・バス、エアポート・シャトル、タクシー、レンタカー、配車アプリなどを利用する。スーツケースなどの大きな荷物を持ち、レンタカーを利用しない場合は、大型バンのエアポート・シャトルかタクシーを利用することになる。

空港のバス停。荷物が少なければ$3でワイキキへ

	乗り場	料　金	運行間隔	所要時間	備　考
ザ・バス TheBus	到着ターミナルの2階。日本語の「ワイキキ行きバス乗り場」という看板がある	$3	20～40分	60分	市バスに大きな荷物を持ち込むことはできない。せいぜいひざの上にのせる程度。身軽な旅行者なら、たった$3でワイキキへ行ける（乗り方の注意→ P.467）。20番で
エアポート・シャトル（ロバーツ・ハワイ・エクスプレス・シャトル）	数ヵ所あるが、スタッフがいてわかりやすいのは到着ターミナルの一般出口を出て、右側へ進んだ所。バンが停車している。	片道$25、往復$48。荷物1個につき$1のチップを支払いたい	随時	40～60分	荷物が多いときはおすすめ。ワイキキのおもなホテルを回って降ろしてくれる。ドライバーが出発前に乗客の希望ホテルを尋ね、順々に各ホテルを回って降ろしていく
タクシー	到着ターミナルの1階。黄色いシャツを着た案内係がいる	ワイキキまでは$50ほど。ドライバーに料金の15～20%のチップが必要	随時	20～30分	荷物の個数やタクシー会社によって異なる。チャーリーズ・タクシーのように、空港からワイキキまで割安な定額料金$33（チップ・税別）を採用している会社もある（→ P.500）。
レンタカー	1階の出口を出て、右に約15分歩いて横断歩道を渡った所に、レンタカーセンターがある	レンタカー会社や借りる日数により異なる	随時	20～30分	移動の自由度は高いが、運転はリピーター向け（詳しくはレンタカーの項→ P.486）。日本で予約していくのがおすすめ。

🔍CHECK　上記の交通手段のほかに、Uberをはじめとした配車アプリで移動するという人も多いようだ。金額はだいたい$20～。所要時間はワイキキまで20分ほどで到着する。日本からのフライトであれば乗り場は2階の出発ロビー2、ロビー5が近い。

459

ハワイを出国・日本に帰国する

1 ダニエル・K・イノウエ国際空港へ到着

出発2時間前までに空港ターミナル2階、チェックインカウンターへ。

2 搭乗手続き（Check in）

手続きはいたって簡単。利用航空会社のカウンターへ行って、パスポートと航空券（またはeチケット控え）を提示すればよい。託送荷物の施錠に注意（→P.517）。セルフチェックインの場合は、機械に必要な情報を入力し、発券された搭乗券を持ってカウンターへ行き、託送荷物を預ける。

3 セキュリティ検査

ゲート入口で手荷物をX線検査に、人間は金属探知機のゲートをくぐる。ナイフ、はさみ、カッターなどは認められない。また、日本の空港同様に液体類の持ち込み（→P.454）、ライターの持ち込みも制限されているので要注意のこと。

4 搭乗まで

ゲートラウンジには免税店や売店、ショップ、カフェなどがあるので、買い忘れたおみやげがあれば、ここで手に入れよう。

5 搭乗　6 日本に着陸

搭乗前、無作為にボディチェックが行われることがある。帰国（入国）する人へは、機内で「携帯品・別送品申告書」（→P.462）が配布されるので、検査を受ける1家族ごとに代表者が1枚の申告書を記入すること。

7 検疫所

入国審査の前に検疫ブースがある。これは予防接種が必要な国に行った場合、予防接種証明書を提出するところ。ハワイ帰りの旅客には関係ないので、素通りする。

8 入国審査

ICパスポートを所持していて、身長135cm以上、ひとりで機械操作を行える場合、「顔認証ゲート」（→P.449）を利用して手続きをする。

9 荷物の受け取り

1階に下り、自分の搭乗した便名の表示のあるターンテーブルで預けた荷物を受け取る。階段脇にある無料のカートが便利。

10 動物・植物検疫

パイナップルなどのフルーツや野菜、蘭

COLUMN

check! 日本帰国時の注意とアドバイス

■バッグには目印を

ターンテーブルを眺めていると、日本人がいかに同じような買い物をしているかがよくわかる。すぐ識別できるよう、機内預け荷物には何か目印を付けておくといい。

■肉類の持ち込みは不可

肉加工製品（ビーフジャーキー、ソーセージなど）は、ハワイ（アメリカ）から日本へは輸入することはできない。たとえ個人消費用の少量のものであっても、一切持ち込

みはできない。

免税店などで販売されている、検査証明書が添付されているものでも同様なので注意しよう。

■別送品申告をする

宅配サービスなどで別送品がある場合はその旨を申告する。その場合、税関申告書は2通必要。1通は税関に提出、1通は税関でスタンプを押してもらい、別送品を引き取るまで保管しておく。

やアンセリウムなどの切り花は、検疫カウンターで検査を受けなければならない。なお、アメリカからは一切、肉加工製品は持ち込めない。

パイナップルは検疫を通れば日本へ持ち込むことができる

11 税関

帰国（入国）するすべての人が機内で配布される「携帯品・別送品申告書」か電子申告の「Visit Japan Web」のQRコードを提出する。A面の質問事項に答え、免税範囲（→下コラム）を超える場合はB面にその内容を記入。また別送品（宅配便や郵便で自分あてに送付したもの）があるときは、同じ申告書を2部提出する。「携帯品・別送品申告書」の書き方は次ページを参照。

「Visit Japan Web」はオンラインで税関申告登録を行えるサービス。スマートフォンかPCから登録することができ、ウェブで必要な情報を登録後、日本の空港の税関検査所でQRコードを表示しゲートを通過すればOKだ。

12 出口

COLUMN

\ check ! /

関税と免税について

ハワイで購入した品物を日本に持ち込む際、関税（輸入税）がかかるケースがあるのを覚えておきたい。ただし、1品（あるいは1組）1万円以下の物品はこの20万円の免税枠に加算しなくても OK。さらにハワイ現地調達で旅行中に着用していた衣類や化粧品といった身の回りの物品も、原則として免税扱いとなる。

日本入国時の免税限度

酒、たばこ、香水は免税数量が決められている。下記の数字は成人ひとり当たりのもので、ふたりで行くのなら、倍の数まで免税となる。ただし未成年者の場合、酒とたばこは免税にならないので、子供の枠を使って購入しても課税対象となる。
●**酒 類** 3本（1本760mℓ程度のもの）
●**たばこ** 紙巻たばこのみ200本、加熱式たばこ個装のみ10個、葉巻たばこのみ50本、その他のたばこ250g
●**香水** 2オンス（1オンスは約28mℓ）
●**その他** 20万円（単価1万円を超える購入品の合計額）

免税範囲を超えると

もちろん税金を支払うことになる。関税がかかるものと、消費税のみかかるものがある。

酒類とたばこには規定の税率がかかり、そのほかの品物には価格の15%が課税される。対象となる価格は、購入価格（海外市価）の6割程度の額が算出される。

ただし、この課税価格が1個（1組）10万円を超えた場合は、使われている材質などによって関税価格は変わってくる。また、ゴルフクラブや腕時計といった関税がかからない品物には、課税価格（海外市価の約6割）に対し消費税10%（うち2.2%分は地方消費税）のみが課税される。

日本からの持ち出し品にも注意

申告なしに日本から持ち出した外国製品にも課税されることがある。高価な貴金属製品や外国製の時計、カメラ、ブランド物のバッグなどを日本から持参してハワイに行くときは、日本出国時に携帯品出国証明申請書（外国製品の持出し届）を記入し、申告することを忘れずに。

日本への持ち込み禁止の物品
■麻薬、覚醒剤、向精神薬など
■拳銃などの銃砲や部品
■通貨や証券の偽造品、変造品など

日本への持ち込み規制がある物品
■ワシントン条約に基づく動植物や物品
■生果物などの製品（前頁参照）
■猟銃、空気銃、刀剣など
■一部の医薬品や化粧品

※手続きや規制品目については問い合わせを。
税関 www.customs.go.jp

CHECK 旅行先では、有名ブランドのロゴやデザイン、キャラクターなどを模倣した偽ブランド品や、ゲーム、音楽ソフトを違法に複製した「コピー商品」を、絶対に購入しないように。空港の税関で没収されるだけでなく、場合によっては損害賠償請求を受けることもある。

461

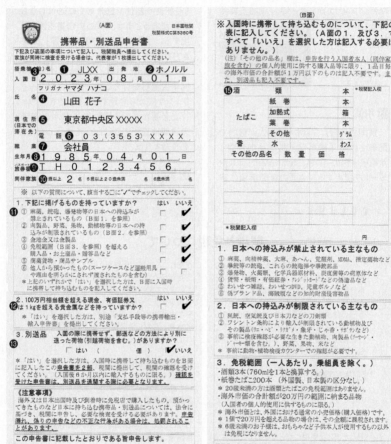

❶搭乗機（船舶）名／便名は航空会社の２レターで（→ P.453）
❷出発地／ホノルル
❸入国日／到着した日付を記入
❹氏名（フリガナ）／漢字とカタカナで記入
❺現住所（日本での滞在先）／都道府県名から記入
❻電話／電話番号を記入
❼職業／会社員、自営業など
❽生年月日／西暦で生年月日を記入
❾旅券番号／パスポート番号
❿同伴家族／分けられた年齢ごとに人数を記入
⓫該当する項目をチェックする。該当する物品がある場合は裏面⓯にも記入する
⓬該当する項目をチェックする。
⓭該当する項目をチェックする。「はい」の場合は入国時の携帯品目を裏面⓯に記入し、この申告書を２部、税関に提出する
⓮署名
⓯該当する項目に数字、品名などを記入する

空港へのアクセス

おもに電車、 リムジンバス、 自動車などで向かうことができる。 出発時刻の2時間前までに空港に到着しておきたい。

●成田国際空港 （NRT）
■電車
・JR成田エクスプレス、 JR快速 　⊕ www.jreast.co.jp
📞 （050） 2016-1600 （お問い合わせセンター）
・京成電鉄スカイライナー、 アクセス特急 （成田スカイアクセス線経由）、 快速特急・特急 　⊕ www.keisei.co.jp 　📞 （0570）081-160
■バス
・リムジンバス 　⊕ www.limousinebus.co.jp
📞 （03） 3665-7220
・AIRPORT BUS 「TYO-NRT」 　⊕ tyo-nrt.com
📞 （0570） 048905

●羽田空港 （HND）
■電車
・京浜急行電鉄 　⊕ www.keikyu.co.jp 　📞 （03） 5789-8686
・東京モノレール 　⊕ www.tokyo-monorail.co.jp
📞 （050） 2016-1640
■バス
・リムジンバス 　⊕ www.limousinebus.co.jp
📞 （03） 3665-7220

●関西国際空港 （KIX）
■電車
・JR特急はるか、 関空快速 　⊕ www.westjr.co.jp
📞0570-00-2486
・南海電鉄ラピート、 空港急行 　⊕ www.nankai.co.jp
📞 （06） 6643-1005 （南海テレホンセンター）
■バス
・リムジンバス 　⊕ www.okkbus.co.jp 　📞 （06） 6844-1124
・関西空港交通 　⊕ www.kate.co.jp 　📞 （072） 461-1374
■高速船
・ベイ・シャトル 　⊕ www.kobe-access.jp 　📞 （078） 304-0033

●中部国際空港 （NGO）
■電車
・名鉄空港特急ミュースカイ 　⊕ www.meitetsu.co.jp 　📞 （052） 582-5151
■バス
・名鉄バス 　⊕ www.meitetsu-bus.co.jp 　📞 （052） 582-5151
・知多乗合バス 　⊕ www.chitabus.co.jp 　📞 （0569） 21-5234

定額タクシー
●成田国際空港タクシー運営委員会
📞 （0476） 34-8755 （月～金曜9:00～17:00）
📞 （0476） 32-9516 （月～金曜17:00～22:00、土・日曜、祝日6:00～22:00）
料金例：
江戸川区・葛飾区から1万9500円～、江東区・港区台場から2万3500円～、中央区・千代田区から2万4500円～、新宿区・豊島区から2万6500円～、北区・板橋区から2万8500円～、武蔵野市・三鷹市から3万円～など。
●東京エムケイ交通
📞 （03） 5547-5551 （成田空港行タクシー定額運賃）
料金例：
江戸川区・台場地区から1万9300円、中央区・千代田区から2万3300円、新宿区・豊島区から2万5700円、武蔵野市・三鷹市から2万7400円など。

便利な宅配サービス

スーツケースがなければ、空港への道もラクになる。そこで、荷物の宅配サービスを利用しよう。出発日の前日（地域による）に自宅まで取りにきてくれ、受け取りは出発ロビーにあるカウンター。料金は首都圏から成田の場合、25kgまで1個2640円～と手頃。地方からの発送ももちろん可能だ（料金は確認を）。もちろん、重くなった帰国後の荷物も自宅に届けてくれる（時間によっては翌日着）。到着ロビーにカウンターがある。また、寒い時季にハワイへ行くとき、厚手のコートを持っていくのはじゃま。こんなときも空港の手荷物預かり所で預かってくれる。上手に使って快適な旅を！
■JALエービーシー
⊕ www.jalabc.com

空港のホームページ
●成田国際空港
　ⓌＵＲＬwww.narita-airport.jp/jp
●羽田空港国際線
　ⓌＵＲＬtokyo-haneda.com
●関西国際空港
　ⓌＵＲＬwww.kansai-airport.or.jp
●中部国際空港セントレア
　ⓌＵＲＬwww.centrair.jp
●福岡空港
　ⓌＵＲＬwww.fukuoka-airport.jp

空港使用料
　上記空港では航空券を買う
際に運賃と一緒に払う方法の
ため空港では払う必要はない。

空港内での食事
　空港内のレストランは意外
に高いので、おにぎりやサン
ドイッチを持参すると節約で
きる。

成田国際空港の発着ターミナル
（ホノルルへ運航している、もし
くは運行予定の航空会社のみ）
●第1ターミナル
全日本空輸 NH
ZIPAIR ZG
●第2ターミナル
日本航空 JL
ハワイアン航空HA

持ち物をなくしたら
●成田空港ⓉＥＬ(0476) 34-8000
●羽田空港ⓉＥＬ(03) 5757-8111
●関西国際空港ⓉＥＬ(072) 455-2500

空港の施設を使いこなそう

　空港にはさまざまな施設があり、早く着いても退屈することはな
い。ただ気をつけたいのは、出国手続きをしたあとの「制限エリ
ア」（出発のときは出国審査場から先、帰国のときは税関検査場
まで）。ここにいると利用できない施設もある。うまく時間の配分
をして過ごそう。

※以下は成田国際空港の例

●食事　軽食程度なら制限エリアにもあるが、レストラン、カフェ
など選択の幅が広いのは、一般エリア。

●買い物　制限エリアでは免税ショッピング（Duty Free）ができる。
化粧品、香水、たばこ、酒などの買い物をゆっくり楽しみたいな
ら、早めに出国手続きを済ませよう。為替レートによっては、海
外の免税店より安く、成田国際空港限定発売のコスメが見つかる
こともある。コンビニエンスストアは一般エリアにある。

●飛行機を眺める　デッキに出て飛行機を眺めたいという人は、
展望デッキ、ターミナル見学デッキなどで。こちらも一般エリア。

●郵便　制限エリア内でもはがきが出せる。

●情報収集する　出発ロビーにあるタッチビジョンでは、旅先の治
安、衛生状態など世界120ヵ国の情報を検索、プリントアウトで
きる。また、インターネットが利用できる施設もある。

●その他　美容院、診療所、旅行傷害保険カウンター、銀行、
両替所、マッサージチェアもある。スーツケースの鍵を修理してく
れる「リペアショップ」やトイレ内にある個室の「着替え室」はい
ざというときに便利な施設だ。

～COLUMN～

\check!/ **成田国際空港の諸施設とサービス**

■**リフレッシュルーム**　制限エリアに仮
眠室とシャワールームがある。仕事から
そのまま空港に駆けつけたとき、疲れを
取って出発できるのがうれしい。ハンディ
キャップルーム（第1）もある。🚿シャ
ワールーム30分1050円～、仮眠室シン
グル1時間1560円～ 🕐7:00～21:00
（第1）、7:00～21:30（第2）

■**ネイルアート**　きれいな爪にすれば旅
行気分も盛り上がるというもの。第1ター
ミナル4階にネイルクイックがある。🚿ネ
イルアート1本110円～など 🕐9:00～
20:00

■**キッズパーク**　ジャングルジムや滑り
台、ぬいぐるみなどの遊具のほか、ビデオ
上映、TVゲームもある。授乳コーナー、
オムツ交換用の台などを併設しているキッ
ズパークもあるので、赤ちゃん連れも助か
るスペース。🚿無料（要保護者同伴）

■**リフレクソロジー・ボディケア**　リフ
レクソロジーとボディケア（全身もみほぐ
し）のラフィネがある。短時間でリフレッ
シュしよう。※第1・2ともに2023年9月
現在休業中

■**レンタルサービス**　携帯電話、Wi-Fi
ルーター、SIMカード、車椅子・ベビーカー
（無料。出国審査前まで）のレンタルサー
ビスがある。

成田国際空港利用ガイド

総合案内 ☎ (0476) 34-8000　🌐 www.narita-airport.jp/jp

第3ターミナル

第3ターミナル
4階 本館ーサテライト連絡ブリッジ
3階 国際線出発ゲートエリア
免税・ショッピングエリア
第2、第3ターミナル間はアクセス通路を経由して徒歩での移動も可能
2階 国際線・国内線出発ロビー
チェックインカウンター
フードコート
国際線・国内線到着ロビー
※サテライトに国内線出発ゲートエリアがある

第2、第3ターミナル間はアクセス通路を経由して徒歩での移動も可能

第2ターミナル

第2ターミナル
4階 レストラン・ショップ・見学デッキ
3階 国際線出発ロビー
チェックインカウンター
免税・ショッピングエリア
2階 P-2・P-3駐車場連絡通路／国内線エリア
1階 国際線到着ロビー／国内線チェックイン
B1階 鉄道空港第2ビル駅

| 2 乗降場番号 | ← 6分 → | 1 乗降場番号 |
| 3 乗降場番号 | 3分 | 8 乗降場番号 | 18 乗降場番号 → 10分 |

3分
14分
10分　10分

■1乗降場番号
始発5:00～最終23:06、5:00～23:06 5分間隔
■2乗降場番号
始発5:08～最終23:14、5:08～23:14 5分間隔
■3乗降場番号
始発5:24～最終22:40、5:24～9:00 6分間隔、9:00～18:00 5分間隔、18:00～22:40 6分間隔
■8乗降場番号
始発5:00～最終22:44 5～7分間隔
■18乗降場番号
始発5:02～最終22:46 5～7分間隔
5:00～9:00 6分間隔、9:00～18:00 5分間隔、18:00～22:45 6分間隔
■6乗降場番号
始発5:10～最終22:53、5:10～9:00 6分間隔、9:00～18:00 5分間隔、18:00～22:53 6分間隔

第1ターミナル

第1ターミナル
5階レストラン・ショップ・展望デッキ
4階 国際線出発ロビー（チェックインカウンター）
レストラン・ショップ
3階 国際線出発ゲートエリア／国内線出発エリア
免税・ショッピングエリア
2階 P-1・P-5駐車場連絡通路
1階国際線到着ロビー／国内線チェックイン
B1階 鉄道成田空港駅／P-1・P-5駐車場連絡通路

| 6 乗降場番号 |

空港で利用可能なサービス

●手荷物の受け取り・発送

自宅から空港に送ったスーツケースなどを受け取る宅配便会社のカウンターは第1ターミナルと第2ターミナルの出発階の端に並んでいる。また、出発時にコートなどの上着を預かるサービスも行っている。帰宅時に荷物を発送できる宅配便会社のカウンターは第1～3各ターミナルの国際線到着フロアに並んでいる。

●海外旅行保険

海外旅行保険の契約申し込みができるカウンターは第1ターミナル、第2ターミナル、第3ターミナルともに中央寄りに各社あり。出国審査後のエリアにも自動契約機がある。

旅行用品の買い忘れに便利なショップ
（営業時間はおおむね7:00～20:00）

薬・旅行用品・コンビニ	
Fa-So-La DRUGSTORE	第1-B1階、第3-2階
DRUG BOX	第1-南4階、第2-2・3・4階
ASD空港専門大店	第1-北4階
セブンイレブン	第1-中央3階、第2-地下1階、4階
ローソン	第1-中央5階・地下1階、第3-2階
マツモトキヨシ	第1-中央3階、第2-地下1階・3階

家電製品	
Fa-So-La TAX FREE AKIHABARA	第1-南3階、第2-3階
カメラのキタムラ	第2-4階

服飾・雑貨	
ユニクロ	第1-中央4階、第2-3階
MUJI to GO	第1-中央4階、第2-4階
ABC-MART	第1-中央4階、第2-4階

書籍	
改造社書店	第1-3階、第2-3・4階
Fa-So-La BOOKS	第3-2階

※2023年9月現在

羽田空港利用ガイド

総合案内 ☎ (03) 5757-8111 🌐 tokyo-haneda.com

国際線⇄国内線、国際線⇄国際線乗り継ぎの場合のみターミナル間の鉄道とモノレールの無料乗車券を配布
（航空券、パスポートの提示が必要）

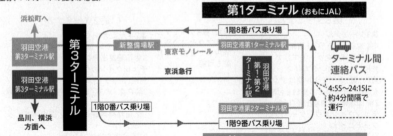

空港で利用可能なサービス（第3ターミナル）

●**手荷物の受け取り・発送**：自宅から空港に送ったスーツケースなどを受け取る宅配便会社のカウンターは3階に並んでいる。また、出発時にコートなどの上着を預かるサービスも行っている。帰宅時に荷物を発送できるカウンターは2階の到着フロアにある。2階の手荷物預かり所ではクリーニングも頼める。

●**海外旅行保険**：海外旅行保険の契約申し込みができるカウンターは3階の出発フロア中央にある。出国審査後のエリアにも自動契約機がある。

旅行用品の買い忘れに便利なショップ（第3ターミナル）
（営業時間はおおむね9:00～20:00）

薬・旅行用品・コンビニ	
Air LAWSON	1階エントランスプラザ
エアポートドラッグ	3階出発ロビー
TRAVEL CONVENIENCE	1階出国後エリア
セブンイレブン	3階出国後エリア
Travel Pro-Shop トコー	4階江戸小路
家電製品	
Air BicCamera	2階到着ロビー、4階江戸小路
TOKYO SOUVENIR SHOP	3階出国後エリア
服飾・雑貨	
トコープラス SKY MARKET　SKY MARKET	2階到着ロビー
ANA FESTA	3階出発ロビー
書籍	
BOOKS & DRUGS	3階出国後エリア
改造社書店	4階江戸小路

関西国際空港利用ガイド

総合案内 ☎ (072) 455-2500 🌐 www.kansai-airport.or.jp

ターミナル間の移動

　第1ターミナルと第2ターミナルがあるが、第2ターミナルを使用している航空会社はPeachと春秋航空、チェジュ航空のみ。両ターミナル間の移動は、第1ターミナルに隣接したエアロプラザ1階と第2ターミナルを結ぶ連絡バスが随時運行しており、所要約7～9分。5:20から23:40までは2～8分間隔。24:00以降は1時間ごとに数本出発している。2017年1月28日より、リムジンバスの全路線において第2ターミナルまでの運行が開始された。

空港で利用可能なサービス

●**手荷物の受け取り・発送**：自宅から空港に送ったスーツケースなどを受け取る宅配便会社のカウンターは第1ターミナル出発階の両端に並ぶ。帰宅時に荷物を発送できる宅配便会社のカウン

ターは国際線到着フロアの両端に並ぶ。第2ターミナルはアプローズで宅配便（クロネコヤマト）の発送のみ受け付けている。

●**海外旅行保険**：海外旅行保険の契約申し込みができるカウンターは4階にある。営業時間はフライト状況により変更となる場合があるが7:00～22:40まで開いている。第2ターミナルにも自動契約機がある。

旅行用品の買い忘れに便利なショップ
（営業時間はおおむね7:00～21:30）

薬・旅行用品・コンビニ	
ココカラファイン	第1-2・3階（出国審査後）
ファミリーマート	第1-2階、2階（出国審査後）
ローソン	エアロプラザ2階、第1-1・2階、2階（出国審査後）
服飾・雑貨	
ユニクロ	第1-3・4階（出国審査後）

現地での国内移動

旅の技術

ザ・バス

ザ・バスで行くオアフ島小旅行

オアフ全島を網羅する市バス"TheBus"は、ハワイの人々の暮らしに密着した交通機関だ。合理的に路線化されたオアフ島のバスルートは、以下の9種類に大別される。

▶**1番～69番**：ホノルルを中心に、ほぼ島全域を網羅する主要37ルート。一部を除き毎日運行、本数も多い。

▶**80番～102番、PH1番～7番、W1番～3番**：ローカルの通勤・通学用の急行バス（全36ルート）。一部を除き平日の朝夕のみ運行。午前と午後では往路と復路が逆になるルートもあるので、観光客には少々使いづらい

▶**121番～123番**：アラパイ・トランジットセンター発着の路線（全3ルート）

▶**234番**：カハラモール（→P.310）とワイアラエ・ヌイを結ぶ路線（全1ルート）

▶**301番～306番**：カリヒ・トランジットセンター発着の路線（全4ルート）

▶**401番～461番**：オアフ島西部にある3ヵ所のトランジットセンター発着の循環バス（全12ルート）

▶**501番～552番**：オアフ島内陸部から北部、パールシティ、ミリラニ、ワヒアワ、ハレイワを走る支線バス（全15ルート）

▶**651番～674番**：オアフ島東部にあるカイルア周辺を巡回する路線（全5ルート）

▶**A、C、Eルート**：ホノルルとオアフ島西部を結ぶ特急バス。ハワイ大学～パールリッジ間のエクスプレスA、アラモアナ～マカハ間のエクスプレスC、ワイキキ～エヴァ・ビーチ間のエクスプレスEの3ルートがある

停留所とバスの乗り降り

①停留所

ワイキキのバス通りには、ほぼ1～2ブロックごとに鮮やかな黄色で"TheBus"と書かれたザ・バスの停留所が設置されている。ただ日本のバス停と違い、「○○前」などといった停留所名は表記されていない。泊まっているホテルからどのバス停がいちばん近いか、あらかじめ地図やアプリで確認しておくといいだろう。

ホノルル市内の主要停留所には、石でできたベンチや簡単な屋根が設置されていてわかりやすいが、繁華街を離れて郊外に出ると、道端の樹木、電柱などに"TheBus"の表示が打ちつけられている停留所があったりして、初めてだと面食らうかもしれない。

ハワイもアメリカの一州。車両は右側通行だから、当然停留所も日本とは逆で、道路の進行方向右側から乗ることになる。日本と同じ感覚で道路の左側で待つなんてこともあるので、念のため。

2020年に導入されたエレクトリック・バス（電気自動車）

インフォメーション
ザ・バスを運営するホノルル・パブリック・トランジット・オーソリティ（Honolulu Public Transit Authority）の連絡先は以下のとおり。
※バスのスケジュール
📞 808-848-5555のあとに2を押す（毎日5:30～22:00に対応）
※バス内での落とし物
📞 808-848-5555のあとに5を押す（月～金曜7:30～16:00に対応）
🌐 www.thebus.org

トランジットセンター（TC）
オアフ島西部の急速な宅地開発による人口増に対応し、ワイパフ、カポレイ、ワイアナエの3ヵ所、内陸部のミリラニ、ワヒアワ、およびダウンタウンのアラパイ、カリヒ（ミドル通り沿い）TCが主要乗り換え地となっている。A、C、EのエクスプレスルートなどでTCまで行き、400番台、500番台などの循環バスに乗り換えることにより、目的地までより短時間で到達できるというシステムだ。ほかに南東部のハワイ・カイやカイルアにもトランジットセンターがある。

カパフル通りにある停留所（上）とハレイワにある停留所のサイン（左）

ルート表示

乗車前に、まずはバスの行き先表示を確認しよう。バスの番号と行き先は、車両の正面上部と乗車口に向かって左上の2ヵ所に表示されている。ただし、同じバス番号でも通過ルートや目的地が異なる場合があるので要注意だ。P.474からの各ルート紹介を参考にしてほしい。

バスのサインを確認しよう

車椅子でも楽々バスの旅

写真下のマークの付いた車両には専用のリフトが装備されていて、車椅子でも不自由なく乗り降りすることができる。乗車後は、ドライバーが車椅子専用のスペースを設置してくれるので、一般の乗客は場所を譲ること。主要路線ではほぼすべての車両が車椅子対応のシステムとなっている。

車椅子でもOKのバスにはこのサインが。皆さんもご協力を

電光掲示板付き車両

停留所名が表示される電光掲示板を備えたバスが多い。アナウンスもあり、ホテル名や通り名で停留所を知らせてくれる。8番バスなど観光客の利用度の高い路線では、ほとんどがこのタイプのバスとなっている。

走行中は現在の時刻や、次に停車するバス停名が表示される

②バスの旅の出発地点

ハワイを訪れる人々のほとんどは、ワイキキのホテルに泊まることになる。別冊マップP.18～23を参照していただけばおわかりのように、ワイキキの中央部から東側にかけては、クヒオ通りがバスの旅の出発点になる（カントリーエクスプレスEのみカラカウア通りからも乗れる）。ワイキキの西側（ヒルトンやイリカイ、プリンスワイキキなど）およびサラトガ通り近辺のホテルに泊まっているのなら、カリア通りやアラモアナ通りからの乗車となる。

③バスの乗り方と運賃

バスは車両前方の扉から乗車する。レディファースト、年配者優先を心がけたい。

運賃は1回の乗車につき$3均一。運転席脇にある料金箱に投入する。コインだけの場合はちゃんと$3あることをドライバーに提示して投入すること。子供（6～17歳）料金は$1.50。6歳未満の幼児は、大人同伴なら無料。ただしふたり目の幼児から子供料金がかかる。なお、ドライバーはおつりの準備をしていないので、乗車前に小銭を用意しておこう。

④バスの降り方

バスを降りるときは、窓のところにある金ひもを引っ張ると運転席に連動しているチャイムが鳴って、ドライバーに知らせるようになっている。また車種によっては、窓枠に付いている黄色のテープを押して合図するタイプもある。

降車は、前の扉からでも降りられるが、一般には車両中央の扉から。扉の上のグリーンのランプが点灯したあと、扉のバーを軽く押すと自動的に開くようになっている。降りたあと、手を離すと勢いよく閉まってしまうので、次に降りる人のために扉を押さえておくのがマナーだ。

⑤降車のタイミング

バスの利用でいちばんの不安は、正しい場所で降りられるかどうかだろう。

幸い、ホノルル近辺を走る主要ルートの場合、次の停留所名（通り名、ビル名、観光名所など）をドライバーがアナウンス（あるいは録音テープで案内）してくれるので安心。ただ、当然ながら英語での放送なので、聞き取れるかどうかが心配だし、アナウンスのないルートもある。

そこで確実に目的のバス停で降りたい、という場合には、自分の降りたい場所で停まってもらうよう、あらかじめドライバーに頼んでおくといい。バスのドライバーは観光客慣れしているから、気軽に引き受けてくれるはず。乗車時に"Please tell me when the
プリーズ テル ミー ホエン ザ
bus stops at ○○.（目的地名）"とひと言。
バス ストップ アット

乗り換えのノウハウ

①バスの旅の必需品

　賢くバスを利用するなら、「HOLO Card」（ホロカード）を購入しよう。日本のSuicaのような交通系ICカードで、乗車時にバス内に設置されたカードリーダーにかざすだけでOK。このカードで乗車すれば、2時間半以内の乗り換えは無料。1日の一定金額$7.50（乗車2回分の運賃）を超えると自動的に1日パス扱いとなり、1日乗り放題となる。

　カードの発行料は$2で、購入時に$3以上のチャージが必要。購入、チャージの支払いは一部ABCストアなど現金のみの場所があるので注意を。購入はカリヒのトランジット・バス・オフィス（811 Middle St.）、アラモアナセンターを除くすべてのサテライトシティホール、フードランド、タイムズ・スーパーマーケット、ワイキキなら一部のABCストア（1日パス$7.50の購入のみ）などで。また、ホロカードのホームページでアカウントを作れば、サイト内でチャージや残高確認ができる。

②どこから乗ってどこで乗り換えるか

　実際にわれわれ観光客が乗り換えるケースは、大きく分けて次の3つだろう。
❶ワイキキからアラモアナ経由で郊外へ出るとき
❷ワイキキからダウンタウン経由で郊外へ出るとき
❸郊外から"HONOLULU/Ala Moana Center"という行き先表示のバスに乗って戻ってくるとき。このバスはアラモアナセンターが終点なので、センターで"WAIKIKI/Beach&Hotels"などの表示のバスに乗り換えなければならない。

③ホノルル最大のターミナル、アラモアナセンター

　ホノルルには数ヵ所の主要乗り換え停留所があるが、なかでも最大のターミナル機能をもっているのがアラモアナセンターだ。
　アラモアナセンターは、買い物好きでなくともハワイ旅行では避けては通れない必見スポット。そして、もしバスの旅を計画しているのなら、いや応なしにここで乗り換えることになる。逆にいえば、アラモアナでスムーズに乗り換えられるようになれば、バスの旅をマスターしたも同然なのだ。

アラモアナセンター海側の停留所

降りるときは頭上のランプが点灯したらバーを軽く押す

ユースとシニア向けホロカード
　ユース（6〜17歳）、シニア（65歳以上）のホロカードはカリヒ・トランジット・センターのザ・バス・バス・オフィスかアラモアナセンターを除くすべてのサテライトシティホールでのみ購入可能。ユースは1日＄3.75、シニアは同じく＄3で乗り放題となる。

ホロカードのウェブサイト
⊕https://www.holocard.net/ja/

乗車時にカードリーダーにかざすだけ。1日＄7.50以上は引かれない設定

運行スケジュール
　タイムテーブル（時刻表）は、アラモアナセンターのカスタマー・サービスセンターで入手可能。またホノルル図書館などにも置かれている。

バスの時刻表

バス＋自転車の旅
　多くの路線には、フロントにごついキャリアを装備した車両が走っている。これは何に使うのかと思いきや、なんと自転車を載せるのだ。大きな荷物は持ち込めないのに、自転車はOKというのはなんだか納得がいかないが、いかにもアメリカのバスならではのシステムといえるかもしれない。

自転車＋バスで通勤・通学する人も多いようだ

マンスリーパス

ハワイに長期滞在する人や、バスのヘビーユーザーなら、1ヵ月間乗り放題のマンスリーパスがお得。ただし日本のバスの定期と違い、有効期間が各月の1日から月末までなので注意が必要。料金は＄80、6～17歳 ＄40、65歳以上 ＄20。ホロカードのホームページか、カードを販売している店舗で購入することができる。

バスの旅をもっと快適に！
■TheBusHEA

ザ・バスがグーグルマップと提携しているシステム。パソコンでグーグルマップを開き、目的のバス停をクリックすると、そのバス停に停車する予定のバスがリストアップされる。旅程を作るのに便利。またスマホで⊕hea.thebus.orgにアクセスすると、写真（左下）のような画面が出る。空欄にバス停の番号を入れると、そのバス停に停車するバスの状況をリアルタイムで表示してくれる。

■スマホのアプリ DaBus 2

こちらはザ・バスの無料アプリ。GPSで現在地を割り出し、先に紹介したHEA同様、最寄りのバス停や、そのバス停に来るバスの状況を表示してくれる。

TheBusHEA（左）とDaBus 2のトップページ

④アラモアナセンターのバス停

　アラモアナセンターへはワイキキからは8・13・20・23・42番・カントリーエクスプレスEで向かうことになるが、8・13番はカピオラニ通り、20・42番・カントリーエクスプレスEはアラモアナ通り、23番はアラモアナ通りとコナ通りといったように、降りるバス停が異なるので注意が必要。

　ノースショアやカイルアなど、後述する郊外へ向かうバスの停留所はコナ通りにあるので、23番で向かうのが理想的だが、およそ1時間に1本しか走っていない23番をワイキキで待つよりは、上記の番号のバスに乗ってアラモアナまで行き、歩いてコナ通りのバス停へ向かったほうが時間のロスは少ない。

⑤郊外へ出かける

　ホノルル郊外へのバスの旅の出発点となるのが、マップ中①②の停留所。

　①停留所からはパール・ハーバー方面への53番、オアフ島西部への40番およびカントリーエクスプレスC、島中央部を通ってノースへ向かう52番などが発着している。

　また②停留所から発着しているのは、パリ・ハイウエイ経由でカイルアやカネオへ向かう65・67番、さらに北部へ向かう60番など。

　さて、郊外からワイキキへ戻るときは、各路線の"HONOLULU/Ala Moana Center"という表示のバスに乗ってきて、この①②の停留所で降り、さらに8・13番はカピオラニ通りの手前側、20・42番・カントリーエクスプレスEはアラモアナ通りの向かい、23番はコナ通りのバス停で乗り換えることになる。もし余裕が出てきたら、乗り換えの間にすぐ目の前の大ショッピングセンターで買い物するもよし、食事するもよし、上手に時間を活用してほしい。

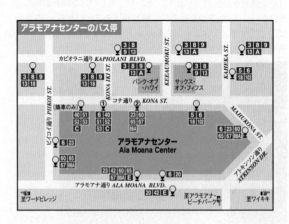

アラモアナセンターのバス停

バス内で気をつけたいこと

①注意事項

❶飲酒・喫煙はもちろん、飲食も禁止されている

❷大きな荷物は持ち込めない。ひざの上に乗る大きさが限度だ。サーフボードやゴルフクラブなどはもちろん不可。ただし、バスによっては自転車キャリアを装備した車両がある。またベビーカーは折りたためるタイプであれば問題ない

❸音楽や動画を楽しむ場合は、ヘッドホンやイヤホンを使い、音もれに注意すること。

❹"Priority Seats"（優先席）には注意したい

❺走行中は席を移動せず、常に何かにつかまっていること

❻走行中はドライバーに話しかけないこと

②マナー

❶乗降の際には、レディファースト、高齢者優先を

❷前方のドアや運転席に近い座席は、日本のシルバーシートにあたる"Priority Seats"（優先席）。表示が英文のうえ、小さなステッカーのためか気付かずに座っている日本人観光客の姿もときどき目にする。ご注意を。なお一般用の座席でも身体障害者、高齢者、妊婦に席を譲るのは一般常識

❸海水パンツなど、ぬれた衣類を身に着けての乗車は拒否されることがある。乗る前によく乾かしておこう。水着姿での乗車もエチケット違反

❹小さな子供連れの場合は、バスに乗る前に子供のトイレを済ませておきたい。またベビーカーはたたんで持ち込む。何よりもバス内で子供が騒いだりしないよう、十分な配慮を

③トラブル対策

貴重品はいつでも身に着けておくこと。バス内でのスリの被害も報告されている。特にアラモアナセンターからワイキキへのバス。買い物袋を抱え、両手がふさがっている女性のハンドバッグが狙われやすいそうだ。

④時間に余裕をもって行動する

バスで郊外に出かけるとき、最も気にしてほしいのは時間に余裕をもってスケジュールを組むこと。バスの運行スケジュールが必ずしも正確でない、ということもあるが、いちばんの理由は日が落ちるとバス停といえどもかなり危険なポイントとなるからだ。特に人通りの絶える夜のダウンタウン（また昼間でも日曜、祝日など）でバスを待つのは、無謀というもの。さらに繁華街に近いアラモアナ公園やカピオラニ公園といえど、夜間は要注意だ。またノース・ショアなどへ遠出するときは、明るいうちにワイキキに戻ってこられるような計画を。

ホノルル警察によると、貴重品（カメラ、宝石など）を身に着けたひとり旅や女性だけの集団は狙われやすいということだ。

バス内には、上の写真のように、高齢者、身障者優先席のサイン　バス内での禁止事項が表示されている

郊外へ出かけるときは、1本早めのバスに乗るくらいのスケジュールを

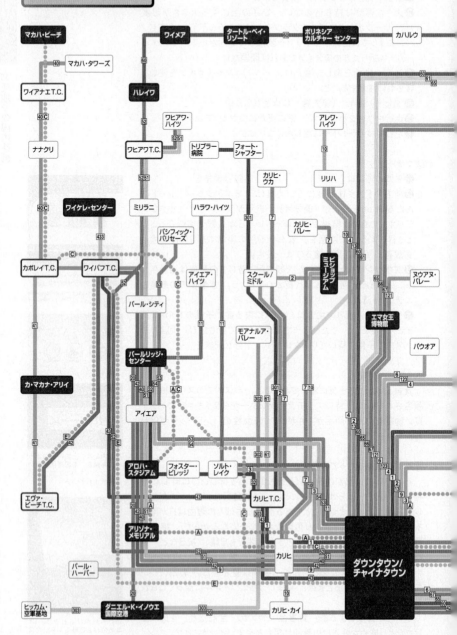

TheBus
主要バス路線図

マカハ・ビーチ

マカハ・タワーズ 40

ワイアナエ T.C.

40C

ナナクリ

40C

ワイケレ・センター

433

カポレイ T.C.

ワイパフ T.C. 52

カ・マカナ・アリイ

41

エヴァ・ビーチ T.C.

41

ワイメア 60 タートル・ベイ・リゾート 50 ポリネシア カルチャー センター カハルウ

ハレイワ 52

ワヒアワ・ハイツ 52 51

ワヒアワ T.C. 52 51

トリプラー病院 フォート・シャフター

ミリラニ

パシフィック・パリセーズ 53 C

ハラワ・ハイツ

アイエア・ハイツ

パール・シティ 11 11

パールリッジ・センター

20 42 40 51 53 32 52

A C

アイエア

43 52 E

53 54

アロハ・スタジアム フォスター・ビレッジ ソルト・レイク 3

32

20 42 49 A

アリゾナ・メモリアル A

パール・ハーバー 52 40 9

E

ヒッカム・空軍基地 303 ダニエル・K・イノウエ 国際空港 303 20

カリヒ・カイ 10

アレワ・ハイツ 10

リリハ

カリヒ・ウカ 301 7

カリヒ・バレー 7

7 10 13 60 61

スクール/ミリ 2

モアナルア・バレー

302 61 7

301 2 7

7 10

43

302 61

32

43 カリヒ T.C.

303 C

I

A C

カリヒ 40 51 42 9 43

ビショップミュージアム

65 66 67 121

ヌウアヌ・バレー

エマ女王博物館

パウオア

6 123 4

4 2 13 60 66 67 121 6 123 4

4 2 13

3 A

1

ダウンタウン/チャイナタウン

6 67 65 60 42

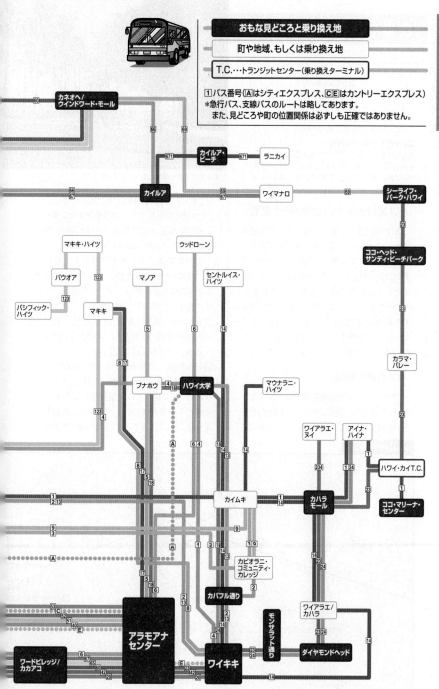

現地での国内移動

おもな見どころと乗り換え地

町や地域、もしくは乗り換え地

T.C.…トランジットセンター（乗り換えターミナル）

1 バス番号（A はシティエクスプレス、C E はカントリーエクスプレス）
*急行バス、支線バスのルートは略してあります。
　また、見どころや町の位置関係は必ずしも正確ではありません。

カネオヘ/ウインドワード・モール

カイルア・ビーチ

ラニカイ

カイルア

ワイマナロ

シーライフ・パーク・ハワイ

ココ・ヘッド・サンディ・ビーチパーク

マキキ・ハイツ

ウッドローン

パウオア

マノア

セントルイス・ハイツ

パシフィック・ハイツ

マキキ

カラマ・バレー

ブナホウ

ハワイ大学

マウナラニ・ハイツ

ワイアラエ・ヌイ

アイナ・ハイナ

ハワイ・カイ T.C.

カイムキ

カハラモール

ココ・マリーナ・センター

カピオラニ・コミュニティ・カレッジ

カパフル通り

ワイアラエ/カハラ

アラモアナセンター

モンサラット通り

ダイヤモンドヘッド

ワードビレッジ/カカアコ

ワイキキ

8番バス　Route 8

ワイキキでは最も頻繁に走っている8番バス

スケジュール

🚌 **西行き（アラモアナ方面）**
平日モンサラット通り6:52始発、最終22:10／土曜7:13始発、最終22:10／日曜7:15始発、最終22:05／祝日6:52始発、最終22:10

🚌 **東行き（ワイキキ方面）**
平日カピオラニ通り／ケエアウモク通り5:58始発、最終22:28／土曜7:48始発、最終22:28／日曜7:48始発、最終22:28／祝日5:58始発、最終22:28

バス旅行のベーシックがルート変更

　2021年12月、8番バスのルートが変更された。これまで、ワイキキ東のカピオラニ公園内にあるモンサラット通りからアラモアナセンターを結ぶ、バスの旅の基本中の基本といえる路線であったが、ワイキキからアラモアナセンターの山側を通ってマキキまでを結ぶ路線となった。また平日のスケジュールも約70便から約50便へと減り、20番バス（→P.478）とほぼ同数となっている。

バスの運行順路

　では、ルートの詳細を見てみよう。モンサラット通りのバス停（ターミナル機能がある）始発のバスは、パキ通り～カパフル通

りとホノルル動物園を反時計回りに1周し、クヒオ通りに右折する。**アラモアナセンター**（→P.120,288）へ行くには、クヒオ通りにある最寄りのバス停（山側）で待てばいい。

　これまでは、クヒオ通りの西まで進むと、オロハナ通りを左折、カラカウア通りをほんの少し東へ戻り、サラトガ通り、カリア通り、アラモアナ通りを走り、アラモアナセンター海側へ到着していたが、新ルートはクヒオ通りを直進し、カラカウア通りへ合流、アラワイ運河を越えてカピオラニ通りへ左折、アラモアナセンター山側へと進む。アラモアナセンターが目的地なら、ケエアウモク通りとの交差点手前にあるバス停で下車すればいい。ワイキキの西部を走らなくなったことで、以前より早くアラモ

ルート図

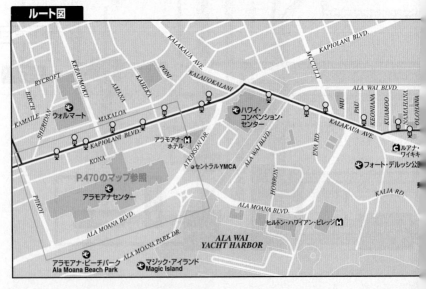

行く場合や、郊外へのバスルートの始発停留所（→P.470）へ向かうなら8番や13番バス、**アラモアナ・ビーチ・パーク**（→P.95,120）やセンター内海側のショップがお目当てなら20番（→P.478）や23番（→P.480）、42番、エクスプレスE（→P.482）を利用したい。

また、トランプ、ヒルトンなどのホテルに宿泊しているなら、8番バスの停留所へ向かうより、20番をはじめとするアラモアナセンター海側へ向かう停留所から乗車して、アラモアナ海側で下車、歩いて山側へ行くほうが時間の節約になる。

帰りはカピオラニ通りの停留所から

8番バスでアラモアナからワイキキへ帰るときは、ケエアウモク通りを北上しカピオラニ通りを左に曲がったところにあるバス停から。行き先表示は【8 WAIKIKI BEACH AND HOTELS】。

バスの中ではマスク着用を心がけよう

アナセンターへ行くことができるようになった。なお、クヒオ通りからアラモアナセンターまでは13番バス（→P.476）と同じルートなので、どちらを利用してもいいだろう。

バスはアラモアナセンターを越えるとピイコイ通りを右折して北上、H1フリーウェイを越え、ワイルダー通りへ左折しマキキへ到着する。その後はペンサコラ通りを左折、カピオラニ通りへ左折し、同じルートを通ってワイキキへと戻る。

目的に応じてバス停を選ぶ

アラモアナセンターは巨大な施設だから海側と山側への移動にも時間がかかる。**ドン・キホーテ**（→P.284）や**ウォルマート**（→P.284）、**ターゲット**（→P.284）などへ

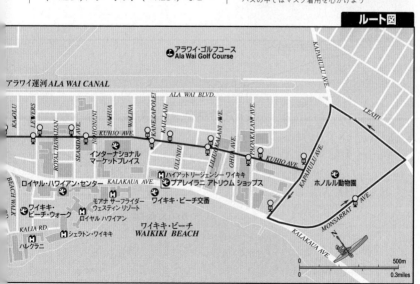

ルート図

2番&13番バス Route 2 & 13

ダウンタウンへ行くなら2番バス

スケジュール（2番バス）

🚌**西行き（ダウンタウン方面）**
平日カパブル/クヒオ通り3:56始発、最終翌3:12／土曜同じく4:03始発、最終翌3:20／日曜同じく3:54始発、最終翌2:45／祝日3:56始発、最終翌3:12

🚌**東行き（ワイキキ方面）**
平日カリヒ・トランジットセンター 3:30始発、最終翌2:25／土曜・祝日同じく3:30始発、最終翌2:05／日曜同じく4:00始発、最終2:55

ホノルル横断40分の旅

2番バスと13番バスは、ワイキキの東にあるカパブル通りからダウンタウンを結ぶ路線。ワイキキを抜けるとそれぞれ異なるルートを進むが、ダウンタウンが目的地という人はどちらのバスに乗ってもかまわない。

ただダウンタウンを越えると、2番はミドル通りのバスターミナルへ、また13番は高台の住宅地リリハへとルートが分かれる。2番ならビショップ・ミュージアム（→P.134）の近くを通るので、13番は見送ろう。行き先表示は2番が【2 School St./Kalihi Transit Ctr.】、13番が【13 Liliha/Puunui Ave.】。

また、東方面の終着点は、2番は**KCCファーマーズ・マーケット**（→P.270）の開催場所であるカピオラニ・コミュニティ・カレッジ。13番は**ハワイ大学**（→P.133）。どちらもワイキキから乗り換えなしで行くことができる。行き先表示は2番が【2 Waikiki/Diamond Head/KCC】、13番が【13 Waikiki/UH Manoa】。

ダウンタウンの旧跡を訪ねる

ホノルルの中心を横断する路線だから、クヒオ通りでも8番バスに次いで頻繁に見かけるだろう。またこのルート上には、美術館や史跡などの名所がたくさんあるので、目的地をしっかり決め、上手に計画を立ててほしい。

なお2番、13番ともアラモアナセンターへは寄らないので注意。

ルート図

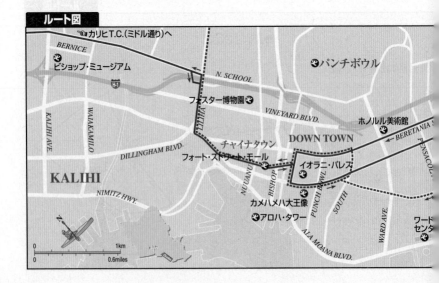

ベレタニア通り沿いの見どころ

ワイキキを出発した西行きバスは、カラカウア通りを直進。アラワイ運河を渡り、左側にハワイ・コンベンション・センターやスーパーの**ドン・キホーテ**（→P.284）を見ながら北上。やがてベレタニア通りにぶつかって左折する。

ワイキキから約20分、ベレタニア通りに入って5ブロック目のワード通りとの交差点右側に、**ホノルル美術館**（→P.136）が見えてくる。

なお、13番はハワイ・コンベンション・センターのある交差点を左折しカピオラニ通りを走り、ダウンタウンを目指すルートを取る。

名所旧跡とダウンタウン

さらに2番バスは、ベレタニア通りを西へ2分ほど走り、パンチボウル通りを越えた右側には、**ワシントン・プレイス**（→P.125）、左側に**州政府ビル**（→P.125）

チャイナタウンのホテル通りはバス専用道路

がそびえる。その奥の**イオラニ・パレス**（→P.124）とともに、ハワイの歴史的名所が集中する場所だ。

続いて2番、13番バスはリチャード通りを左折、**ハワイ州立美術館**（→P.128）を右側に見ながらホテル通りへと入っていく。その先は**チャイナタウン**。モダンなオフィス街から一転して、木造やれんが造りの古びた建物が並ぶ雑然とした雰囲気。

チャイナタウンからビショップ・ミュージアムへ

チャイナタウンを含めたダウンタウンは、町全体が巨大なバスターミナルとしての機能を備えている（📍P.123）ので、乗り換えでおおいに利用したい。ただ、平日の昼間はまず大丈夫だが、遅い午後から夕方、また祝日の日中などは人通りも絶えてしまうので注意したい。

バスはダウンタウンをあとに、キング通りからリリハ通りを北へ、閑静な住宅地へと上がっていく。やがて2番はスクール通りへ左折、ここからは信号の数を数えるといい。左折後、5つ目の信号を過ぎた停留所で降りれば、ビショップ・ミュージアムはすぐそこだ。帰りは、【2 WAIKIKI/Diamond Head/KCC】の表示で戻ってこられるが、ダウンタウン通過後は、サウス・キング通りで東へ向かうので、行きとは別のホノルルの素顔が味わえる。

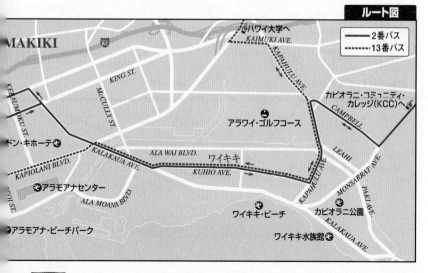

ルート図

20番バス　Route 20

スケジュール

🚌 **西行き（アロハ・スタジアム方面）**
平日モンサラット通り5:26始発、最終24:02／土曜5:30発、最終23:59／日曜5:30発、最終23:59／祝日5:05始発、最終23:59

🚌 **東行き（ワイキキ方面）**
平日ハラワ・アロハ・スタジアム・レイル・ステーション5:00始発、最終翌1:09／土曜5:30発、最終翌1:10／日曜5:40発、最終翌1:10／祝日5:00始発、最終翌1:10

ダニエル・K・イノウエ国際空港のバス停

ワイキキからアロハ・スタジアムへ

20番（行き先表示【20 Airport/Halawa Aloha Studium Station（Arizona Memorial）】）はワイキキからホノルル中心部のほぼ海沿いを走行し、ダニエル・K・イノウエ国際空港を経由し、パールリッジ・センター（→P.311）を結ぶ路線。アラモアナへは8番バスと、ダウンタウンへは2番バスと併用できる便利なバスだ。

これまでパールリッジ・センターまでを結ぶ路線であったが、2023年7月、かねてより建設が進められていた鉄道「スカイライン」の一部の路線、カポレイからアロハ・スタジアムまでが開通し、ルートが短くなった。

始発はパキ通りの停留所から。カピオラニ公園西側のモンサラット通りを北上し、最初の交差点（パキ通り）を左折して100mほど歩いた右側にある。ここからクヒオ通りを経由してアラモアナセンター（→P.120, 288）海側へは23番、42番バスとまったく同じルートをたどる。いずれも、センター山側停留所は経由せず、アラモアナ通りを直進して、ワードビレッジ（→P.121,307）に停車する。8番バスのルート変更（→P.474）にともない、ワイキキの西部に宿泊している旅行者がアラモアナセンターへ向かう際には、利用頻度が高くなりそうだ。

ルート図

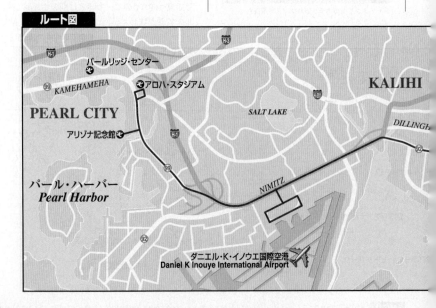

478

ウォーターフロント沿いの見どころ

アラモアナ、ワード・エリアを通過したバスは、アラモアナ通りをダウンタウンのウオーターフロントへと向かう。注目の施設やショップ、レストランが点在する人気タウンのカカアコ（→P.119）、ホノルル港のランドマーク、歴史を感じさせるアロハ・タワー（→P.127）はこの路線第一のハイライトだ。さらにダウンタウンを通過したバスは、ニミッツ・ハイウエイからイヴィレイ通りへ入る。この近辺にはリリハ・ベーカリーがあり、甘い物好きには見逃せない。

真珠湾からアロハ・スタジアムへ

その後、バスはニミッツ・ハイウエイを快調に西へ。H-1フリーウェイの高架道下に入ると、間もなくダニエル・K・イノウエ国際空港。空港では出発ターミナルのある2階のフロアに到着する。

空港を過ぎてしばらく走り、左側の"Halawa Gate"の表示を通り越し、小さな橋を渡ったところで下車すると、真珠湾の入口。アリゾナ記念館（→P.161）はアメリカ本土からの観光客が最も多く立ち寄る観光地なので、バスは施設の中に入って停車してくれる。どこで降りればいいかすぐ

わかるので心配はいらない。さらに2分ほどで右側に建て替え工事中のアロハ・スタジアムが見えてくる。ここで行われるスワップ・ミート（→P.163）の人気も根強い。掘り出し物を見つけるなら、早起きして出かけるのがおすすめだ。

バスはスカイラインの駅「ハラヴァ」（アロハ・スタジアム）にできたトランジットセンターの停留所が終点となる。帰路もこのトランジットセンターから、ほぼ同じルートを通ってワイキキへ戻る。行き先表示は【20 Waikiki Beach & Hotels】。【20 Alapai Transit Center】はダウンタウンにある。

スカイラインのハラヴァ駅（アロハ・スタジアム）のバス停

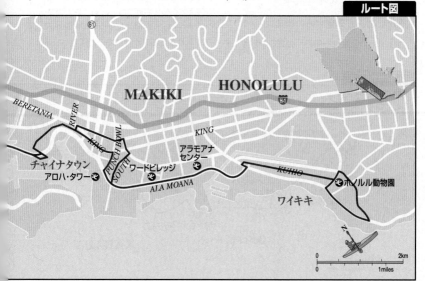

ルート図

23番バス　Route 23

スケジュール

🚌**東行き（シーライフ・パーク・ハワイ方面）**
平日アラモアナセンター 6:45始発、最終19:17／土曜7:05始発、最終19:17／日曜7:45始発、最終19:30／祝日6:49始発、最終19:17

🚌**西行き（ワイキキ方面）**
平日シーライフ・パーク・ハワイ5:45始発、最終19:34／土曜5:50始発、最終19:27／日曜6:28始発、最終19:27／祝日5:45始発、最終19:34

ハワイ・カイ・ショッピングセンターにはカフェなどがあり、休憩にぴったり

見どころが詰まったルート

23番バスはアラモアナセンターから東回りでシーライフ・パーク・ハワイへいたる路線。車窓からの眺めもよく、またルート沿いには観光に最適なポイントが集まっている。おまけにワイキキから乗車できるので、時間の限られた旅行者にもぜひおすすめしたい。

アラモアナセンター（→P.120,288）を出発したバスは、アラモアナ通りに出てクヒオ通りへ入り、東へ向かう。カパフル通りを右折、さらにカラカウア通りを左折してモンサラット通りに入る。ホノルル動物園（→P.117）はすぐそこだ。シーズンによっては、このあたりで車内は満席となり、この路線の人気のほどがうかがえる。

変化に富んだ車窓からの眺め

カピオラニ公園（→P.113）の真ん中を縦断するモンサラット通りは、やがてダイヤモンドヘッド通りと名前を変える。ネーミングのとおり、右側はダイヤモンドヘッドのなだらかな稜線だ。マカプウ通りを越えたあたりがクレーターへの入口で、ダイヤモンドヘッド（→P.32,129）の登山道に通じている。

バスは18番通りに左折し、キラウエア通りへと進路を取る。周囲はハワイ屈指の高級住宅地として知られるカハラ・エリア。白い外壁に鮮やかな芝生の庭という邸宅が並び、日本とは異なるハワイの生活風景が窓を流れていく。こんな景色もバスの旅ならではだ。H-1フリーウエイの高架道の手前、左側にハイソなショッピングセンター、カハラモール（→P.310）がある。H-1は72号線カラニアナオレ・ハイウエイと名前を変え、島の東へと延びている。10分ほど走ると、前方に小高いふたつの丘が見えてくる。右がココ・ヘッド、左がココ・クレーターだ。右側にはマウナルア湾が広がり、かなたにジェットスキーが疾走しているのが見えるだろう。

ルート図

ブルー・ハワイを実感する

ハワイ・カイ・ショッピングセンターのあるケアホレ通りで左折すると、バスはハワイ・カイの住宅地に入っていく。ハナウマ湾へ行くには、このあたりがいちばん近いのだが、1.6マイル（約2.6km）と少々距離があるので、23番バスを利用するのはさけたほうがよさそうだ。

住宅地の風景に少々退屈しかけた頃、正面に大海原が飛び込んでくる。再び海沿いに出たら、終点のシーライフ・パーク・ハワイは間もなく。シーライフ・パーク・ハワイの手前右側に見えるのは、ボディボードで有名なマカプウ・ビーチパーク（→P.146）、その沖に浮かんでいるのはマナナ島（別名ラビット・アイランド）で、この光景も写真に残しておきたくなる美しさだ。

ハナウマ湾へ行くには

ハナウマ湾へは、THE BEACH BUSの愛称で親しまれてきた22番バスで行くことができた。23番より長い時間海岸線の風景が楽しめる路線だったが、新型コロナウィルス感染症の影響で運休、2023年7月現在も再開の見込みは立っていないようだ。

現状、ハナウマ湾へ行くには、ワイキキから2番バスでキング通り、13番でワイアラエ通り、23番でカラニアナオレ・ハイウエイまで出て、1番もしくは1Lに乗り換え、ココ・マリーナ・ショッピングセンター（ルナリロ・ホーム通り/カラニアナオレ・ハイウエイ）の停留所で下車。そこから1マイル（約1.6km）の坂道を歩いて行くことになる。

シーライフ・パーク・ハワイで停車するバス

ルート図

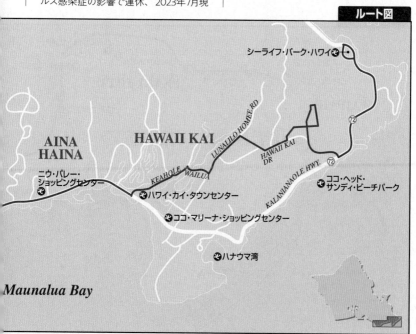

AINA HAINA

HAWAII KAI

LUNALILO HOME RD

HAWAII KAI DR

KEAHOLE　WAILUA

KALANIANAOLE HWY.

72

72

シーライフ・パーク・ハワイ

ニウ・バレー・ショッピングセンター

ハワイ・カイ・タウンセンター

ココ・マリーナ・ショッピングセンター

ハナウマ湾

ココ・ヘッド・サンディ・ビーチパーク

Maunalua Bay

カントリーエクスプレスE & 433番バス
Country Express E & 433

スケジュール（カントリーエクスプレスE）

🚌 **西行き（ワイパフ方面）**
平日カパフル／カートライト通り4:26始発、最終21:55／土曜4:12始発、最終21:05／日曜5:06始発、最終21:07／祝日4:26始発、最終21:52

🚌 **東行き（ワイキキ方面）**
平日ワイパフTC4:02始発、最終21:31／土曜4:33始発、最終21:53／日曜4:33始発、最終22:27／祝日4:16始発、最終21:31

カラカウア通りを走るカントリーエクスプレスE

エクスプレスバスを使おう!

"Express!"と名づけられた特急バスはA、C、Eの3種類。シティエクスプレスAはハワイ大学からダウンタウンを経由してワイパフを結ぶ。カントリーエクスプレスCはアラモアナセンター山側停留所からダウンタウンを経由、H-1フリーウエイを通って、マカハ・ビーチパークを目指す。カントリーエクスプレスEはワイキキからダウンタウン、H-1、ワイパフ・トランジットセンター（以下、TC）を経由して、エバ・ビーチへ向かう。

ワイケレへの特急バス

観光客にとっての使い勝手は、それぞれに長短があるが、人気のアウトレットモール、**ワイケレ・センター&プレミアム・アウトレット**（→P.312）へ向かうための乗り換え地点、ワイパフTCまで、ワイキキから短時間で行けるのがカントリーエクスプレスEだ。

ダウンタウンをあとにすると、バスはH-1フリーウエイに乗りノンストップでワイパフを目指す。ワイキキからワイパフTCまでの所要時間は約1時間。

ルート図

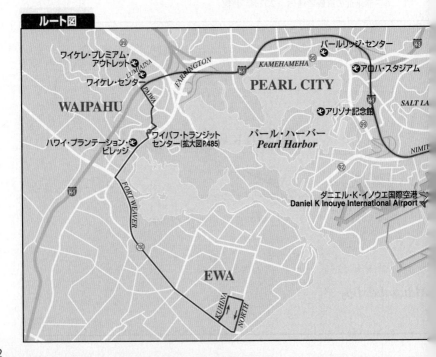

ワイケレへの乗り換え地、ワイパフ・トランジットセンター

ワイパフ・トランジットセンター

HIKIMOE ST.
図書館
至ワイケレ
トイレ
MOKUOLA ST.
PAIWA ST.
至エヴァ
90 FARRINGTON HWY.
至ホノルル

乗り換えポイント

　ワイパフTCからは周辺への支線バスが発着しており、ワイケレ・センターやワイケレ・プレミアム・アウトレットへは433号線を利用する。433号線は30分に1本が運行されているのでのんびり待つことにしよう。ワイパフTCにはトイレもある。

　ワイキキからカントリーエクスプレスEに乗ってくると、図の②で下車することになる。道を渡った③のバス停で433番バスに乗り換えれば10分ほどでワイケレに到着する。

　帰りはワイケレから巡回する433番に乗り、③のバス停で下車、⑤から帰路につく。

　ちなみに**ハワイ・プランテーション・ビレッジ**（→P.162）へは①のバス停から43番バスに乗車するといい。

ワイパフTCへは42番バスでも行ける

　ワイキキから乗り換えなしでワイパフTCへ行くには42番バスもあるが、約1時間45分かかるのが難点。ただし42番バスはアロハ・スタジアム、アリゾナ記念館、パールリッジ・センターなどに寄るので、これらが目的地の人は42番の利用もアイデアだ。

ルート図

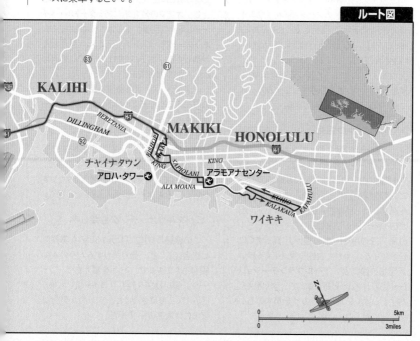

KALIHI
BERETANIA
DILLINGHAM
MAKIKI
HONOLULU
チャイナタウン
アロハ・タワー
KING
KAPIOLANI
KINO
アラモアナセンター
ALA MOANA
KUHIO
KALAKAUA
KAPAHULU
ワイキキ

0　　5km
0　3miles

52番&60番バス　Route 52 & 60

ハレイワの町を走る60番バス

スケジュール

52番バス（ワヒアワ／ハレイワ）
平日アラモアナセンター 6:20始発、最終19:30／
土曜6:38始発、最終20:22／日曜6:38始発、最
終20:30／祝日6:35始発、最終20:20

60番バス（ハレイワ）
平日アラモアナセンター 5:40始発、最終23:51／
土曜4:55始発、最終23:51／日曜4:55始発、最
終23:56／祝日5:42始発、最終23:53

オアフ島一周のバス旅行

オアフ島を一周できるのが52番バスと60番バス。ホロカードを利用すれば旅費は$7.50。まずは次ページの地図で行程をたどろう。52番はアラモアナセンターとハレイワ・ビーチパークを結ぶ路線。ダウンタウン、ミリラニ、ワヒアワを経由する。行き先表示は、西行き【52 WAHIAWA/HALEIWA】。東行き【52 HONOLULU/ Ala Moana Ctr.】。60番はアラモアナセンターとハレイワのウィード・サークルを結ぶ。ダウンタウン、リケリケ・ハイウエイ、カメハメハ・ハイウエイ経由。行き先表示は、西行き【60 KANEOHE/HALEIWA】。東行き【60 HONOLULU/ALA MOANA CTR.】。

つまり、アラモアナから52番か60番に乗車して、ハレイワの町でもう一方のバスに乗り換えれば島を周遊できる。

パイナップルの海を行く

では西行き52番に乗ってみよう。アラモアナセンターを出発したバスは、ダウンタウンを経てフリーウェイH-1からH-2へ。ミリラニの町を経由して北上する。ワヒアワの町を過ぎると、目の前一面にパイナップル畑が広がる。その広さはまさにパイナップルの海。その中を一本の道が、真っすぐに延びている。やがて右側に見えてくる赤い瓦屋根の建物が、**ドールプランテーション**（→P.157）。ちょっと寄り道して、よく冷えたパイナップルジュースでのどを潤すのもいい。

ハレイワの町でひと休み

ドールプランテーションをあとにすると、バスは上り坂に差しかかる。その坂の頂上に着くと、バスのフロントガラスにぼんやりと海が見え始める。道は下り坂になり、正面の海が徐々に大きく、はっきりと見えてくる。坂を下りると、バスはウィード・サークルを通って、南側から、**ハレイワ**（→P.174）の町に到着する。ハレイワの町には、しゃれたブティックやレストランが点在。長旅の休憩スポットとしては最適な場所だ。

ノースの大波を見物する

東行き60番バスに乗り換えて北上しよう。ハレイワからワイメアを経て、サンセット・ビーチまでは、大小の砂浜がバスの左側に見える。冬場ならその波のスケールの大きさは日本の海とは比べものにならない。さらに北上し、オアフの最北端にある**タートル・ベイ**（→P.378）に到着。ここはホテルを中心としたリゾートで、ゴルフ、テニス、乗馬などが楽しめる。ホテルのロビーでひと息入れたり、トイレなど済ませておくといい。

その後、バスは東海岸を南下、ライエの町に入ると右側に**ポリネシア・カルチャー・センター**（→P.178）が見えてくる。カネオヘを過ぎて正面に山が見え始めると、バスはパリ・ハイウエイに入る。道の両側の崖が、覆いかぶさるように迫っている山道だ。ハイウエイを下りきり、再びダウンタウンを抜け、アラモアナセンターへとたどり着く。

ピープルウオッチングも楽しみ

この路線の魅力は島のいろいろな雰囲気に出合えること。乗り降りする人々の人間模様もさまざまで、ヒゲを蓄えたサーファーや、買い物袋を持ち「ヨイショ!」と乗り込んでくるおばさんなど、ローカル気分に浸るには最高の小旅行だ。

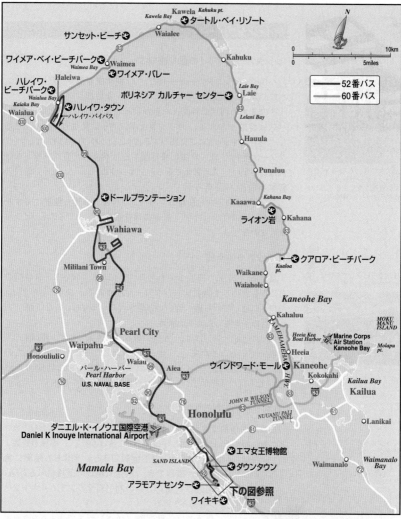

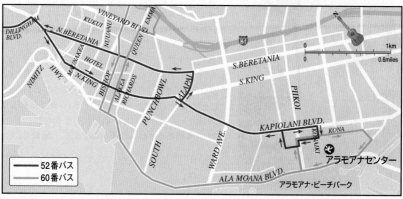

◎CHECK ※52番バスでアラモアナ方面へ帰る場合、往路で下車した方向の停留所から「WAHIAWA/HALEIWA」表示のバスに乗る。バスはハレイワ・ビーチパークで行き先表示を「HONOLULU/Ala Moana Ctr.」に変更し、ハレイワ・バイパス経由で戻っていく。

2021年12月に新設された巨大レンタカーセンター。ハワイの自然を感じさせるおしゃれなデザインが特徴的

⭐ レンタカー

レンタカーでハワイの風を感じる

ハワイではレンタカーが便利だ。行動半径が広がるだけでなく、ハワイ滞在の重要なアイテムがレンタカーなのだ。

その最大の利点は時間とお金が節約できること。$3とはいえザ・バスは時間がかかる。オプショナルツアーは費用もかさみがちだし、途中でちょっとここに寄ってみようというわけにはいかない。タクシーは便利だが、自由に乗り回すと、相当の出費を覚悟しなければならない。こう考えてみると、レンタカーは、ハワイで最良の移動手段といえるだろう。

コンパクトカーから豪華コンバーチブルまで車種も豊富。さすが自動車王国のアメリカだ。好みの車を借りて、ハワイのドライブを楽しんでほしい。

レンタカーの予約

日本で予約をしておけば、現地での手続きが楽

観光地であり、車社会でもあるハワイには、現在リース専門のところも含めて十数社のレンタカー会社がある。よりどりみどり、ハワイに着いてから選べばいいと思う人がいるかもしれないが、あらかじめ予約をしたほうが無難だ。

特にハイシーズンには、人気のある車や運転しやすい車はすべて出払っていることが多い。せっかくレンタカー会社に出向いたのに、希望の車種がなくて借りられない、というのは時間の無駄だ。ならばいっそのこと、日本で予約していけばいい。

日本で予約したほうがラク

レンタカーならハワイの楽しみがグッと広がる

日本でも予約できるレンタカー会社はP.490〜491のとおりだが、どこもいわゆる「大手」と呼ばれるところばかりで、車種も豊富、車のメンテナンスも信頼できる。何よりも確実に希望の車が確保でき、料金も現地で直接借りるより、外国人旅行者のための割引料金システムやキャンペーンがあって得だ。

最近では任意保険（後述）料まで含まれたクーポン券を、あらかじめ日本で購入するシステムが流行しており、これなら現地での煩雑な手続きからも解放されるというもの。

旅程が未定で、突然車を借りたくなったらどうするか。この場合もやはり大手のレンタカー会社のほうがいろいろな面で安心できる。ワイキキにはいたるところに大手レンタカー会社のブース、支店があり、日本語サービスを行っている会社もあるので、まず電話で車があるかどうか確かめてから、出向くといい。

レンタカーの契約

　日本でクーポン券を購入していたり、予約確認書を持っているのなら、契約は実に簡単。窓口にそれらの書類を提示すれば、係員が契約書を作成してくれる。記入上必要な項目を口頭で確認されることがあるが、質問はいたって簡単。

❶利用日数　❷どこへ車を返すか　❸宿泊先ホテル名
❹日本の住所と電話番号　❺保険に入るかどうか
など。

　早口や訛りのある英語などわかりにくい場合もあるので、言葉に自信のない人は以上をメモしていって渡せばいいだろう。また、契約者以外に運転する人がいたら、その旨を告げること。

　契約の際、係員に提示するものは、**日本の運転免許証、国際運転免許証**（後述）、**国際クレジットカード**。カードがないと1日につき$50以上の前払い金（デポジット）を払わねばならない。また、会社によっては25歳未満は追加料金（1日$15～25くらい）を払わないと車を借りられないことがある（普通は21歳以上が運転資格がある）。

　最後に契約書にフルネームのサイン、保険に入るなら保険申し込み欄にイニシャル（山田太郎ならT.Y.）を署名して契約完了。車のキーを受け取る。

運転免許証について

　海外の場合、レンタカー会社の現地スタッフ、また事故時に対応してくれる警察官が日本語がわかる人ばかりとは考えにくい。そこで、手続きがスムーズにいくように各国語で書かれたものが**国際運転免許証**だ。いわば日本の各都道府県公安委員会が正式に発行した翻訳書といってもいい。だから、海外での運転には国際運転免許証とともに、本来の公用文書である日本の運転免許証も携帯しなければならない。

　ところが最近のハワイではちょっと事情が変わってきて、大手レンタカー会社の場合、日本の運転免許証だけでOKというところが主流になっている。

万一に備えて国際運転免許証を

　日本人観光客に対応して、レンタカー会社のカウンターには日本の運転免許証用のマニュアルも登場。たとえ免許証の期限が「令和〇年」となっていても、現地スタッフは読み取ることができる。たださすがに住所は読めないので、ローマ字で住所の記入を求められることが多い。

　問題は、万一のトラブル時。レンタカー会社のスタッフは日本の運転免許証に対応できるが、駐車違反や事故時に対応する警察官は、当事者が英語が流暢に話せないとわかると、国際運転免許証の提示を求めるケースがほとんど。だから、英会話に自信のないドライバーは、必ず国際運転免許証を取得し持参すべきだろう（取得方法は欄外参照）。

ダニエル・K・イノウエ国際空港での借り方

　空港で車を借りる場合は、ワイキキとはちょっと事情が違うので、簡単に説明しておこう。まず空港到着出口を出たら右へ進み、レンタカーセンター（CONRAC）へ向かう。「Rental Car Center」の標識をたどり、徒歩で10分ほど歩いたら59番の表示がある柱の横断歩道を渡る。大荷物の場合はシャトルバスも運行しているので利用するといい。レンタカーセンターに到着したら、各会社のカウンターでチェックイン。施設内にある各会社の駐車場へ行き指定された車両を見つけて出発。受付は2階がハーツ、ダラー、バジェット、エイビス、3階がアラモ、日本レンタカー（ナショナル・カー・レンタル内）となる。

新設され美しくなったレンタカーセンター

ワイキキの無料送迎

　大手の場合、宿泊先ホテルから営業所への無料送迎を行っているところがほとんど。こうしたサービスはおおいに利用するといい。

国際運転免許証取得方法

　国際運転免許証を取得するのは簡単。各都道府県の運転免許センター（東京なら府中、鮫洲、江東の各試験場などでも可）に行き、パスポート、顔写真枚（縦4.5cm×横3.5cm）、日本の運転免許証を提出すれば、その場で発行してくれる。手数料は2350円で1年間有効。なお日本国内では国際運転免許証での運転はできない。詳しくは最寄りの警察署まで。

ぜひ取得しておきたい国際運転免許証

❶

ハーツレンタカー Hertz Rent A Car

1918年にアメリカで創業した、老舗の海外レンタカーブランド。24時間いつでも公式ホームページから申し込めるお得な「パッケージプラン」がおすすめ。車両損害補償（LDW）、追加自動車損害賠償保険（LIS）、搭乗者傷害保険・携行品保険（PA・IPEC）返却時の給油不要（FPO）、追加運転手、税金諸費用込み。（なお、料金については変動制のためシーズンにより異なる）また、入会金、年会費無料で入会できるお得な「ハーツGoldプラスリワーズ」（次ページ参照）の会員であれば、4日間以上（または5日間以上）の利用で、1日分無料などの期間限定キャンペーンもある。車両を予約したあとでも変更、キャンセルに伴う手数料が無料なのがうれしい。

❷

1 ダニエル・K・イノウエ国際空港のレンタカーセンター2階にあるレンタルカウンター　2 清潔感があり広々としたカウンター内

■日本での予約先はハーツレンタカー
ハーツレンタカー予約センター
📞0800-999-1406（通話料無料）🕐9:00 ～ 18:00（土・日曜、祝日、年末年始を除く）🌐 www.hertz-japan.com

出発前に
チェック！

無料の「ハーツGoldプラス・リワーズ」に加入を

誰でも入会金、年会費無料で加入できる**「ハーツGoldプラス・リワーズ」**の会員なら、車両のアップグレードや特典と引き換えられるポイントがもらえるだけでなく、営業所での手続きが不要に。3階にある「ハーツGoldプラス・リワーズ」専用のカウンター横にある、電光掲示板を確認。電光掲示板の名前に間違いがなければ記載されている番号の車両をピックアップしに向かえばOK。鍵は車内に設置されている。

上 こちらが「ハーツGoldプラス・リワーズ」加入者用のカウンター **下** こちらの電光掲示板をチェックしよう。困ったことがあればカウンターのスタッフに相談を

空港でハーツレンタカーを借りてみよう

❶ シャトルバスで　レンタカーセンターへ

空港に到着したら出口を出て右手に進み「Rental Car Shuttle」の表示のある無料シャトルバス乗車場へ。徒歩でも行けるが約15分かかる。

❷ ハーツレンタカーの　カウンターへ

レンタカーセンターに着いたら、エレベーターで2階のハーツレンタカーのあるカウンターへ。黄色いエントランスが目印。

❸ 必要書類を提示

予約確認書、日本の運転免許証、運転者名義のクレジットカード、パスポートを提示。追加の保険などもここで加入できる。契約書を受け取ったら3階のパーキングへ。

❹ ハーツレンタカーの　駐車場へ

契約書に記載されている番号と同じパーキング番号の車両を探そう。ドアは施錠されておらず、鍵は車内に設置されている。

いざ
出発！

❺ 車体のチェックをして　出口のゲートへ。

車体に初めからついている傷のチェックや、タイヤの空気圧を確認し、問題がなければ出発できる。センター内の出口で契約書と免許証を提示する必要がある。

＼ 返却の流れ ／

「Rent a Car Return」の標識に従ってレンタカーセンターの営業所へ。ハーツレンタカーの案内表示がある場所に停め、鍵は車内に置き、契約書をスタッフに渡して問題がなければ返却完了だ。

アラモレンタカー　Alamo Rent A Car

- 3種類の料金プランがあるので、旅のスタイルに応じて選ぶことができる。最も手軽なのは自車両損害補償制度のみを含むシンプルな「スタンダードプラン」。ほかに保険や税金が含まれた安心の「ボーナスプラン」、さらに保険や税金、ガソリン代まで含まれたらくらく便利な「ゴールドプラン」が用意されている。もちろんエコノミーカーをはじめ、バラエティに富んだ車種が豊富に揃っている。
- ハワイの主要空港の営業所で日本語カーナビをレンタルできる。

■日本での予約先は ℡ 0120-088-980、ダニエル・K・イノウエ国際空港営業所 ℡ 844-913-0736（5:00 ～ 23:00）／⊕ www.alamo.jp

エイビス・レンタカー　Avis Rent A Car

- コンパクトカー、コンバーチブル、ミニバンなどハワイドライブのニーズに合わせた車両を用意。日本からの事前予約をすれば、現地での手続きがスムーズ。ダニエル・K・イノウエ国際

空港以外にもシェラトン・ワイキキやインターナショナル マーケットプレイスといったワイキキからのアクセスも至便な営業所もある。

空港内にあるレンタカーセンターの営業所

■日本での予約先はエイビスレンタカー日本総代理店 株式会社ジェイバ ✉ avis-car@jeiba.co.jp ℡ 0120-31-1911（11:00 ～ 15:00）❶土・日曜、祝日、年末年始／⊕ www.avis-japan.com

バジェットレンタカー　Budget Rent A Car

- 出発前に日本で予約をしていくと、ハワイでの手続きが簡単なうえ、料金もお得だ。バジェットレンタカーではおすすめの車両保険（LDW）、対人・対物、各種税金、ガソリン代（1タンク分）などが含まれたフルカバーのプランと、基本料金とL.D.Wだけが含まれ、任意保険に関しては現地で希望するものだけを購入を希望の方におすすめのプランと2種類のプランを用意。乗り捨ても一部地域では無料となっている。料金、車種クラスなどの詳細は右の問い合わせ先まで。

■日本での予約先はバジェットレンタカー日本総代理店株式会社ジェイバ ℡ 0120-113-810（11:30 ～ 15:00）❶土・日曜・祝日・年末年始／⊕ www.budgetjapan.jp

ダラー・レンタカー　Dollar Rent A Car

- 料金日本払いの「パッケージプラン」が便利。車両損害補償（LDW）、追加自動車損害賠償保険（LIS）、返却時の給油不要（FPO）追加運転手、税金諸費用込み。現地払いの「プレミアムプラン」だとさらに保険も充実。
- 全車種に日本語カーナビ（別料金）搭載可。なお、料金については変動制のためシーズンにより異なる。最新情報を公式HPから確認すること。

■日本での予約先は
ダラー・レンタカー予約センター
📞 0800-999-2008（通話料無料）
🕘 9:00 ～ 18:00（土日祝、年末年始を除く）
🌐 www.dollar.co.jp

ワンズレンタカー ハワイ　Ones Rent A Car Hawaii

- 日本国内でも広く展開するレンタカー会社。ワイキキ・シーサイド・アベニュー店、ホノルル空港店、アラモアナホテル店それぞれ日本語スタッフが常駐しているのがうれしい。車両損害保険（LDW）、追加自動車損害賠償保険（SLI）、搭乗者傷害保険および携行品保険（PAI/PEC）、ガソリン満タン返し不要がすべてセットになった「ワンズハワイスペシャルプラン」がおすすめ。オフシーズンは、ウェブ予約なら$10安く予約可能。またチャイルドシートは2台まで無料、ウェブ予約なら無料で日本語カーナビレンタル可能、追加運転手1名無料とさまざまな特典がある。

■日本での予約先はワンズレンタカー　📞 047-496-3225
🕘 9:00 ～ 17:00　✉ ones.hawaii@onesrentacar.com 現地連絡先
📞 808-745-3670（ワイキキ・シーサイド・アベニュー店）

ニッポンレンタカー／ナショナルカーレンタル　Nippon Rent A Car / National Car Rental

- 日本人スタッフが対応、保険料込みの値段、チャイルドシートは3台、追加ドライバーは3名まで無料。空港からのレンタルなら、返却時のガソリン満タン返しが不要なのもうれしい。公式サイトかアプリから入会費・年会費無料で登録できる、ニッポンレンタカーメンバーズクラブはぜひ入会しておこう。レンタカー基本料金がいつでも最大10％オフ、ANAのマイル・dポイント・楽天ポイント・Tポイントのマイル／ポイント、さらにニッポンレンタカーで使用できるレンタカーポイントも貯められるなどお得なサービスが盛りだくさん。メンバー限定のお得な料金プラン

も設定されているので、日本で事前に公式サイトから予約しておくといいだろう。
レンタルの窓口は、レンタカーセンター内ナショナルカーレンタルにあるので注意。

■日本での予約先はニッポンレンタカー海外予約センター
info@nipponrentacar-hawaii.com ／ハワイでの予約先 📞 808-922-0882（日本語）、ヒルトンハワイアンビレッジ内日本語カウンター（8:00 ～ 12:00）　🌐 www.nipponrentacar.co.jp/hawaii

エキストラチャージ

例えば車のレンタル料が1日$30だとする。だから3日間借りたとしたら$90、とは簡単に計算できないことを覚えておいてほしい。例えば次のような追加料金が加算される。

●任意保険（本文参照）

●追加ドライバー料金

契約者以外に運転する同行者がいる場合は必ず。これを怠ると万一のとき保険が利かない。料金はひとりにつき1日$13。

●オーバータイム料金

1日の契約とは24時間のこと。返車時刻を過ぎてしまうとオーバータイムチャージがかかる。1時間につき1日料金の3分の1程度。

●チャイルドシート料

ハワイ州法により4歳未満の子供の乗車には、専用のチャイルドシートが必要。1日$14。

●乗り捨て料金

車を借りたところと返す場所が異なる場合は、別途乗り捨て料金が加算される。ワンウエイレンタルとかドロップオフといわれ、ワイキキで借りてホノルル空港で返すとか、ハワイ島のヒロで借りてコナで返す、といったケース。最大$150。

●税金

①州税／車のレンタル料＋上記追加条件合計金額の4.166％（オアフ島は4.712％）。

②車両登録税／車種によって1日当たり35¢～。

③空港税／各空港営業所から借り出す場合、車のレンタル料×州税の合計額に対し、ダニエル・K・イノウエ国際空港をはじめ、ほかの空港の場合も約11.11％の空港税が加算される。

④施設使用料／$4.50／日

⑤高速使用料／$5.50／日

※上記の料金はいずれもバジェットレンタカーのもの。

子供は後部座席が定位置

幼児はチャイルドシートに座らせる、というのは日本でも義務として定着してきたが、ハワイでは「4歳未満の子供は専用チャイルドシートの着用が義務づけられている」「4歳以上～8歳未満（身長145cm以下、体重18kg以下）の子供は専用ブースターシートの着用が義務づけられている」「8～15歳の子供は後部座席でもシートベルトを着用する」という法律もあるので、レンタカー利用者は要注意のこと。なお、5分以上9歳以下の子供のみを車に置き去りにすると違法となるので注意しよう。

保険について

万一のときに備えて、補償制度のことも考えておこう。

①任意保険

レンタカーを契約するときに必ず聞かれるのが"インシュランス（Insurance）に加入するか？"という質問。ここでいうインシュランス＝保険とは、C.D.W.（Collision Damage Waiver、L.D.W.＝Loss Damage Waiverと呼ぶ会社もある）やP.A.E.／P.A.I.（Personal Accident and Effect／Personal Accident Insurance）などのこと。

C.D.W.（またはL.D.W.）は、自車両（レンタカー）が事故で破損したときの修理費の支払いを免除してくれる制度。正確には保険ではないが、車を当て逃げされたとか、バンパーをこすってしまったとか、よくあるアクシデントのときに効力を発揮する（サイドミラーの破損、パンク、ホイールキャップの欠損などは適用外）。加入料は1日約$29.99～。

P.A.E.／P.A.I.は、契約者（ドライバー）および同乗者がけがをしたときの治療費などを負担してくれる傷害保険と、レンタカー乗車中の荷物の盗難（ただし現金や有価証券を除く）などに支払われる保険。死亡保険金は運転者が$17万5000まで、同乗者$2万5000、治療費は$1万、救急車費用同じく最大$500。また盗難品の補償限度額は1品につき$1000、1事故の補償限度額は$3000まで。控除額設定あり。対象外物品項目あり。保険料は車種により約$9.95～。

以上の数字（欄外も含む）はバジェットレンタカーのもの。レンタカー会社によっては料金やシステムが多少違うのでよく確認すること。

②対人・対物事故の場合

自分たちだけがけがをしたくらいならまだいいが、ほかの車にぶつけたり、他人を傷つけてしまったときは困りもの。

大手のレンタカー会社の場合、レンタカー料金に自動車損害賠償保険がすでに含まれている。例えば某社の場合、対人ひとりにつき$2万、対人1事故最高$4万まで、対物1事故につき$1万の限度額で補償される。

だが、これで安心してはいけない。対物はともかく、誰かをひいてしまってけがをさせたり、最悪の場合のことを考えたら、この限度額では心もとない。

ハワイは日本と比べると驚くほど医療費が高いところ。例えば入院費用が部屋代と食事代だけで1日平均$200。X線、検査費、手術雑費、備品使用料代、投薬などに$300、1日入院しただけで少なくとも$500が確実にかかる。おまけに救急車も有料だ。さらに後遺症などのことも考えたら、掛け捨てでも保険に加入しておくべきだろう。

大手レンタカー会社なら、チャイルドシートの取り付け方など、わからないことも親切に教えてくれる

492

そんなニーズにぴったりなのが追加自動車損害賠償保険。**L.I.S.**と呼ばれるもので（会社によってはS.L.I.、またはA.L.I.ともいう※）、対人・対物に損害を与えた場合、最大で$100万～200万を限度として補償される保険。加入料は1日につき$13前後。大手レンタカー会社（→P.488～491）では、各社ともこの追加保険が含まれた包括型クーポンを販売しているので、ぜひ利用するといい。

いざ発進! だがちょっと待って

せっかく車を借りたのに、走りだしたとたんトラブルで立ち往生では困りもの。こんな苦労をする前に、車のチェックをしておきたい。ハワイを含め、外国の車は日本のように車検制度が厳しくないので、たとえ大手のレンタカー会社の推薦車両といえども油断してはならない。

まったくのメカオンチでも、タイヤがパンクしてないか、スペアタイヤは付いているか、また車の下をのぞいて水や油が漏れた跡がないか程度は、チェックできるだろう。

それさえも面倒だという人は、とにかくシートに座ってみよう。左ハンドルというだけでも違和感があるが、それにも増して各スイッチやレバーが日本の位置とは異なることに気づくだろう。足元をまさぐらないと見つからないヘッドライトのスイッチ。フロントパネルに表示されるギアポジション。足で踏みつけるサイドギア。スコールの多いハワイではワイパーのスイッチも確認。とにかく**出発前にすべてのスイッチを一度操作**しておこう。

使い方がわからなかったら係員に聞けば、親切に教えてくれる。それでは、いざ、セーフティドライブを!

走行中のマナーと注意

❶言うまでもなく**右側通行**。日本人が少なからず左車線に入ってしまうのが、発進時と左折時。そんなバカな、と思うが、郊外など車の少ないところほど間違えやすい。常に自分の左側にセンターラインがくるように心がけよう。

❷**スクールバス**が前方に停止したら、必ずその後方に停止し、スクールバスが発進するのを待つ。決して追い越してはならない。また、対向車線にスクールバスが停まっている場合も停止して待つこと（これはよくミスするので注意）。

❸ハワイを含め、アメリカでは信号が赤でも右折できる。ただし一時停止、歩行者優先を忘れずに。一部"No Turn on Red"の標識のある交差点では信号が青のときしか右折できない。

❹ハワイのドライバーは、方向指示を出さずにいきなり車線に割り込んでくることがある。**車間距離は十分**に取ろう。

❺車種によってはサイドミラーが左側だけしか付いていない車もある。ハワイでは同方向に走っている車同士が接触した場合、進行方向に向かって右側を走っていた車に責任があるとみなされる。つまり**左側からの車に気をつけなさい**、ということだ。

❻ヒッチハイカーは絶対乗せないこと。人のよさそうな顔をして物

横断歩道は要注意!
2005年9月にクロスウオーク（横断歩道）法が施行された。歩行者の死亡事故防止のための州法で、「運転者は、歩道内の歩行者が自分の運転する側の車線を横断している間は、完全停止しなければならない」というもの。

車線数が多い道路や一方通行の道路、交差点で右左折するような場合にはくれぐれも注意。違反した場合、罰金は$150～。

さらにこの州法では、横断歩道でない場所を渡る歩行者、いわゆる「ジェイウオーカー」も罰則対象となるので要注意。ワイキキのカラカウア通りなどで、途中から横断歩道に入ったり、横断歩道の途中から車道へ出てしまうのもNG。こちらの罰金は$130。

また、2017年には歩行者が道路横断中にスマートフォンをはじめとした電子機器類の画面を見る行為も禁止されたので注意が必要。罰金は$15～。

もし事故を起こしてしまったら
①まず停車し、けが人が出たら助ける。
②警告用具を使って、ほかの車に事故の発生したことを知らせる。
③ハイウエイパトロールか警察に事故発生を知らせる。
④レンタカー会社に事故報告をする。
⑤レンタカー会社の指示に従い、所定の事故報告書（Accident Information）を記入し、24時間以内に提出する。

また海外旅行傷害保険に入っているときは、各保険会社にも連絡する。

語学に自信のある人でも示談交渉は避けたほうがよい。うっかりしたことを言ったために、責任をすべて負わされることになりかねない。特に"I'm sorry."などと言いやすく口にしないこと。事故者同士、名前、住所、免許番号、車のナンバーを交換し、すぐレンタカー会社の指示を仰ごう。

おもな標識

停止　進入禁止　優先道路あり

前方対面通行　左折または直進のみ

一方通行　駐車禁止

右折のみ可　Uターン禁止　左折禁止

病院　最高速度50マイル　行き止まり

運転中の携帯電話使用禁止

日本同様、ハワイでも2009年7月1日から、運転中の携帯電話の使用が禁止されている。赤信号での停車中に携帯電話に触れることも禁止。ただし、イヤフォンなどを利用したハンズフリー通話は許可されている。違反した場合、1度目は罰金$67、3回違反すると最高$500の罰金が科せられる。

もし駐車違反を起こしてしまったら

駐車違反の取り締まりの厳しさは日本以上。ほんの少しの時間でも駐車禁止場所に車を停めると、1～2分でパトロールがやってきて、有無をいわさず反則切符をワイパーなどに挟んでいく。違反金の支払いは1週間以内。この期間内に支払わないと、割り増し金が加算されるので注意。違反金の支払い方法は2とおり。ホノルルならダウンタウンのアラケア通りにある裁判所内のTraffic Violation Bureau（☎538-5500）に直接出頭するか、郵送のどちらか。郵送の場合は添付の封筒にマネーオーダー（郵便為替）を入れて投函する。クレジット支払いなどは受け付けないので注意を。

日本同様、違法駐車はレッカー移動される

レッカーで移動されてしまったら

駐車違反で車がTow-A-Way（レッカー移動）されてしまったら、落ち着いて近くの公衆電話から☎911に電話を。駐車位置、車のナンバーを言えば、Tow-A-Way会社を教えてくれるので、そこへ出向いて費用（撤去料と保管料）を払い、車を引き取る。反則切符は日本語のみ。もし英語が苦手でも、☎911には日本語を話せる人がいるので安心だ。

パーキングメーター。現金はおつりが出ないので注意

を盗む人間も少なくない。ヒッチハイクをすると、ドライバーもハイカーも罰金を取られる。

❼ゴミ、吸いガラの投げ捨ては厳禁。この罰則も厳しい。

❽車内に貴重品を置いて車を離れないこと。最近ではワイキキのショッピングセンターやホテルの駐車場で、貴重品を盗まれるというトラブルが頻発している。たとえ鍵をかけておいても簡単にこじ開けられてしまうのだ。

❾日本人にいちばん多い交通違反が、**スピードの出し過ぎと駐車違反**。道が広く、渋滞も少ないので、ついつい気持ちよくスピードを出してしまう。おまけに時速表示がマイルなので、スピードメーターを見ても、さしてスピードが出ているように感じられないのだ。市内で時速25マイル（時速約40km）、フリーウエイでは時速55マイル（時速約88km、一部区間60マイル）が制限速度。こまめにスピードメーターをのぞいて、飛ばし過ぎのチェックをしよう。

ワイキキ周辺の駐車場情報

車を運転するとなると、最初に心配になるのは駐車場のことだろう。まず覚えておいてほしいのは、ワイキキでは無料で停められるパーキングは皆無といっていいということ。必ずホテルやショッピングセンターの有料駐車場や、路上のパーキングメーターを利用するようにしよう。

ワイキキでの違法駐車の取り締まりの厳しさは日本の比ではなく、ほんの1分だけと思って停めていると、すぐにパトカーが飛んできて注意をされる。車に戻ってみると駐車違反のチケットが貼られていた、なんてことはワイキキでは日常茶飯事だ。くれぐれもお気をつけあれ。

ワイキキの有料駐車場の料金は、例えばロイヤル・ハワイアン・センターの場合、1時間$6。平均ではだいたい1時間$4～6とみておけばいい。

また、覚えておくといいのが**バリデイテッドパーキング**（Validated Parking）のシステム。これは、ホテルやショッピングセンター内のテナントを利用すると、駐車料金が無料（もしくは割引）になるというもの。駐車チケットを必ず持参し、お店のレジで提示すればスタンプを押してくれるか、シールを貼ってくれる。これで確かにテナントを利用しましたよ、という証明になるわけだ。ロイヤル・ハワイアン・センターの場合、ショップやレストランで$10以上利用すれば1時間まで無料。3時間まで$2。4時間以降は1時間ごと$6の通常料金。

路上パーキングメーターは、買い物とかちょっと車を離れるときに便利な存在。使い方は簡単。一般的なものなら、クレジットカードを差し込み口に挿入し希望の時間を入力するだけ。コインを投入口に入れてダイヤルをひねるものや、事前に精算機で支払いを済ませてからレシートをダッシュボードの上に置いておくものもある。利用可能時間や料金はそばにある標識を確認すること。

最後に宿泊先ホテルの駐車場について。 ゲストだからタダだろうと思うのは甘い。 土地が限られたワイキキのホテルでは99%駐車料金がかかる。 ホテルのロケーションによっても違うが、 だいたい1泊につき$30〜80と幅がある。

注意点としては、 到着時にホテルのフロントで車があることを、 もしくは駐車場の係員にホテルゲストであることを告げるのを忘れずに。 ホテルによってフロント、 または駐車場出入り口でチェックアウトする日が明記された駐車券を購入することができる。 これをフロントガラスの内側に貼っておけばいい。 これで1日に何度車を出し入れしても、 追加料金はかからない。

給油とガソリンの値段

ガソリンの値段はスタンドによって違う。 看板に大きく数字が書いてあるから、 安いところで給油することを心がけるといい。 表示の数字は1ガロン（約3.8ℓ）、 もしくは1ℓ当たりの値段だ（2023年7月現在、 ワイキキ周辺のガソリン価格は1ガロン税込み約$4.54）。

ガソリンは、 ほとんどのスタンドで無鉛ガソリン（Unleaded）がクオリティによって3種類用意されている。 レギュラー（Regular）、 プラス（Plus）、 スーパー（Super）と分かれているが、 レンタカーの場合はレギュラーで問題ない。

サービスの方法は3種類。 店の人がガソリンを注いでくれる方式は**ミニサービス**。 「満タンにしてください」は"Fill it up, please."でOK。 窓を拭いてくれたり、 バッテリーやオイルチェックまでしてくれる**フルサービス**もある。

いちばんポピュラーなのが**セルフサービス**のスタンド。 セルフでのガソリンの入れ方は以下のとおり。

❶まず、 キャッシャーへ行き、 利用するポンプの番号を告げ、 デポジット（前金）を払う。 満タンにしたいときは、 車種やガソリンの残量によるが、 $30〜40程度で十分。

❷ノズルを外し、 スタンドのレバーをOffからOnにする（レバーを上げ下げするタイプ、 スライドさせるタイプ、 ボタン式などさまざま）。 表示の数字（料金とリットル）がゼロに戻ったら、 ノズルを車のタンクの注入口に差し込む。

❸グリップを強く握るとガソリンが注ぎ込まれる。 横目でスタンドの表示数字を見ながら、 ガソリンを入れる。 $5分だけ入れようとか、 20ℓ入れようという場合は、 その数字が表示されたときにグリップの力を抜けばStopする。 満タンにしたい場合は、 ガソリンを注ぎ続け、 Fullになると自動的にストップする。

❹注ぎ終わったらノズルを元に戻し、 レバーをOffにして、 オフィスで料金を精算する。 スタンドに表示された数字はオフィスのレジと連動している。

ワイキキ近辺のガソリンスタンドは、 ワイキキの西、 カラカウア通りとクヒオ通りの合流点付近。 または東のカパフル通り沿いが近い。

パーキングメーターの場所
ワイキキ内のパーキングメーターはカラカウア通りやクヒオ通りに交差する道路上にある。 ただし便利な場所にはたいてい先客がいて、 スペースを見つけるのはなかなか難しいかも。

駐車場は不足気味
レンタカー派の急増で、 ホテルの駐車スペース不足が深刻な問題となっている。 ピークシーズンや大きな会議のあるときは、 たとえゲストであっても、 遅い時間になるとホテルに車が停められないということも。 こんな場合は近くの駐車場を紹介してくれるが、 これでは車の利便性が薄れてしまう。 運が悪かったと諦めるしかないが、 そんなときはベルマンにバレットパーキングを頼もう。 チップはかかるものの、 わざわざほかの駐車場からホテルまで歩くことを考えたら、 バレットのほうが便利だ。

無鉛ガソリンならいちばん安いレギュラーでOK

表示の数字がゼロになったのを確認してから注入する

クレジットカードで精算できるガソリンスタンドも多い。 差し込み口にカードを挿入し、 ディスプレイの指示に従えばいいだけ。 デポジットも必要ない

CHECK　ホノルル市は、今後チャイナタウンからワイキキにかけてのエリアを中心に、路上駐車場の支払い方法を、カード払いから専用アプリ「Park Smarter」経由にすると発表した。現金での利用は引き続き可能。メーターに貼られたQRコードをアプリで読み込むことで、残り時間を確認できるようになるという。

安全運転のポイント
レンタカーは、確かにハワイの最良の移動手段。ぜひ車で自由にハワイを楽しもうと考えている読者も多いことだろうが、このところ日本人旅行者による交通事故が急増しているようだ。別に日本人の運転技術が劣っているというのではない。
「スピードの出し過ぎ、というのもありますが、何といっても道を間違えて、慌ててしまうということが多いのです。それで気が焦っているものだから、左車線に入ってしまい対向車にぶつかる。さらに急ブレーキ、無理なUターン、一方通行の逆進などといった、落ち着いていれば絶対行わないような行動に出てしまうんでしょうね」(ホノルル日本国総領事館)というのが原因らしい。

フリーウエイ

フリーウエイを乗りこなす

フリーウエイ(高速道路)への入り方や出方は日本のそれと同じく十分な安全確認が必要。Uターン、停車、無理な車線変更、後進、物の投げ捨てなどの禁止事項は日本と同じだ。最高制限速度とともに最低制限速度がある。

特筆すべきは、高速道路といえども無料であること。入口で料金所を探してウロウロなんてことのないように。

オアフ島のフリーウエイは**H-1**と**H-2**、**H-3**などがあり、H-1はワイキキの北から西のマカキロ市まで。H-2はパール・シティでH-1から分離しワヒアワまで続いている。H-3はカネオヘ米国軍基地とパールリッジを結ぶ路線。

フリーウエイの入り方、出方

フリーウエイの出入りでまず覚えておきたいのは、西からカラカウア通り、マッカリー通り、カパフル通りの各幹線道路。いずれもワイキキにつながっているので、道に迷っても最終的にこの3本の通りに出るようにするといい。

❶西方面のH-1に入る

ワイキキからはアラワイ通りに出て、マッカリー通りに右折、北上する。H-1高架を越えたらドール通りに左折、さらにアレキサンダー通りに左折して入るのが最も一般的な方法(**下図❶→**)。

ワイキキの東側からなら、カラカウア通りもしくはクヒオ通りから

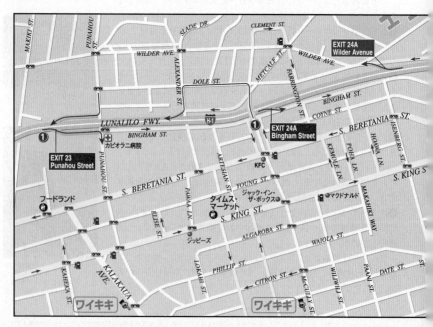

カパフル通りへ左折、 北上する方法がある。 中央車線を走り、
H-1高架をくぐると道なりに左折することになる。 すぐに右車線に
入って右へ右へと走れば自然にフリーウエイに入れる（**下図❷→**）。

❷東方面のH-1に入る

わかりやすいのは**下図の❸→**。 ワイキキからはアラワイ通りから
マッカリー通りに右折、 最初の信号を右折すればカピオラニ通りに
出られる。

もしここで入ることができなくても慌てないこと。 カピオラニ通り
を直進すると、 ワイアラエ通りにつながっており、 そのまま走って
いるとH-1に入れるようになっている（📍別冊P.15-B4）。

❸H-1を出る

フリーウエイを出るときは、 標識が目安になる。

ワイキキへ戻る場合、 西方面からだったら**23 Punahou St.**が一
番近い（**❶→**）。 出損ねたら24A Bingham St.か24B University
Ave.で出る。 ワイキキ東側へ向かうなら**25A King St.**（**❷→**）で出
て、 カパフル通り経由という方法もある。

東からだったら**25B Kapiolani Blvd.**（**❸→**）、 または**25A King
St.**（**❹→**）などで出るといい。

H-1フリーウエイ。標識に注意しながら、走行しよう

ナビゲーターの役割が大切

　人間というのは慌てるとろ
くなことをしないもの。まず
最低でも交通ルールを理解し、
優しい気持ちでのんびりと安
全運転を心がけていただきた
い。

　そして、もうひとつ大切な
のはハワイの道路状況がどう
なっているかを把握すること。
ハワイの地図をよく見て、自
分がだいたいどのあたりを走
るのかあらかじめ知っておく
とともに、走行中は助手席に
座った人が地図を見ながら、
的確な指示を出すこと。

　もっと言えば、運転者のド
ライビングテクニックよりも、
ナビゲーターの地図を把握す
る能力が安全運転の決め手と
なるのだ。たとえ道を間違え
ても、ナビがしっかりと地図
を追っていれば、慌てること
はない。

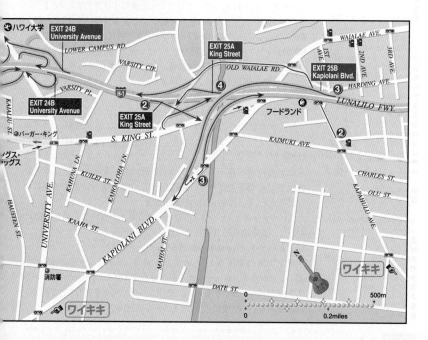

料金
本文中のレギュラー4ルート乗り放題チケットが1日券$55（3〜11歳$20）、同じく4日間乗り放題パスが$65（同$40）。ピンクラインは1日乗り放題チケット$5。2歳以下の子供はいずれも無料（保護者のひざの上に乗せる）。
チケットはオンライン予約、またはワイキキ・ショッピング・プラザにあるチケット販売所にて購入可能。
ツアーの予約・問い合わせは☎808-551-3595または808-465-5543（現地時間8:00〜21:00、日曜〜20:00の着付）、日本での予約・パス購入（割引価格で購入できる）・問い合わせはパシフィック・リゾート☎(06) 6809-1471。
⊕ https://jp.waikikitrolley.com

レッドライン（ハワイの英雄と伝説）の停車地
- イリカイホテル
- トランプタワー
- ワイキキ・ショッピング・プラザ
- デューク・カハナモク像
- ザ・ツイン・フィン・ホテル
- ホノルル美術館
- ハワイ州政府庁前（イオラニ宮殿）
- パンチボウル（車窓）
- フォスター植物園
- 出雲大社
- チャイナタウン
- カメハメハ大王像
- アロハタワー
- ソルト・アット・アワ・カカアコ
- ワードセンター
- アラモアナビーチパーク
- ワイキキ・ショッピング・プラザ

ピンクライン（アラモアナ・ショッピング）の停車地
- ワイキキ・ショッピング・プラザ
- デューク・カハナモク像
- ザ・ツイン・フィン・ホテル
- ヒルトン・ワイキキ・ビーチ・ホテル
- 丸亀うどん
- コートヤード・バイ・マリオット
- ホテル・ラ・クロワ
- ホクラニホテル
- アクア・パームズ・ワイキ（アイホップ）
- アラモアナセンター（海側到着）
- アラモアナセンター（海側出発）
- イリカイ・ホテル
- ハレコアホテルのバス停（ヒルトン・ハワイアン・ビレッジ）
- トランプタワー
- ワイキキ・ショッピング・プラザ

ブルーライン（海岸線／ダイヤモンドヘッド）の停車地
- イリカイホテル
- トランプタワー
- ワイキキ・ショッピング・プラザ
- デューク・カハナモク像
- ホノルル動物園
- ワイキキ水族館
- カハラ・モール
- ハロナ潮吹き穴（5分間停車）
- シーライフ・パーク

ワイキトロリー

オープンエアが気持ちいいトロリー

ワイキキの名物と言えるのがワイキキトロリー。19世紀にカリフォルニアで使われたストリートカー（路面電車）のレプリカだ。ハワイらしいカラフルなオレンジ色のボディ、オーク材を使ったインテリア、室内の装飾もすべてクラシック調。窓ガラスがないので、気持ちよい風を感じながらホノルルの町なかを見物することができる。主要路線は以下の4ライン。コースによって車体に付けられた旗、もしくは行き先が電光掲示板で表示されているのでわかりやすい。

気軽にハワイの歴史に触れられる

レギュラールート（→別冊P.30）

▶レッドライン（ハワイの英雄と伝説）
ワイキキ・ショッピング・プラザから出発しイリカイホテルとトランプタワー始発（イリカイホテル9:50、トランプタワー 9:55それぞれ乗車のみ）、ワイキキ・ショッピング・プラザ発10:00 〜 15:00の間、1時間おき）、イオラニ宮殿やカメハメハ大王像などダウンタウン、パンチボウルやフォスター植物園、アラモアナビーチパークなど、ホノルルの主要観光ポイントに停まる。

▶ピンクライン（アラモアナショッピング）
ワイキキとアラモアナセンターをダイレクトに結ぶ路線。ワイキキ・ショッピング・プラザ始発で、10:00 〜 19:15（毎朝1便のみ、ワイキキ・ショッピング・プラザからアクア・パームズワイキキとアラモアナ直行便が運行）の間、約30分おきの運行。ただし最も交通状況に影響を受けやすい路線だけに、特に朝夕は必ず時間どおりにやってくるとは限らないので注意を。
ワイキキ・ショッピング・プラザ〜アラモアナセンター間を往路約43分、復路約17分で結んでいる。

▶ブルーライン（東海岸／ローカルグルメ）
オアフ島の東海岸と、地元で人気のレストランを巡るコース。美しいオーシャンビューを楽しみながらダイヤモンドヘッド、シーライフ・パーク、カハラモール、カパフル通りなどを約110分で回る。1日9便あり、第1便はイリカイ・ホテル8:20発。

CHECK グリーンライン（ダイヤモンドヘッドシャトル）の停車地はワイキキ・ショッピング・プラザ、デューク・カハナモク像、ホノルル動物園／ワイキキビーチ、ダイヤモンドヘッド、KCCファーマーズ・マーケット、ハレコアホテルのバス停（ヒルトンハワイアン・ビレッジ）、トランプタワー。

▶グリーンライン（ダイヤモンドヘッドシャトル）

ワイキキ周辺の便利な停留所からダイヤモンドヘッドやKCCファーマーズ・マーケット（土曜日のみ）を結ぶ路線。 第1便はワイキキ・ショッピング・プラザ発7:30。 ダイヤモンドヘッドは事前予約が必要なので注意。

- ●ココ・マリーナ・センター
- ●カハラモール（メイシーズ前）
- ●ダイヤモンドヘッド・マーケット＆グリル
- ●レインボー・ドライブイン
- ●ワイキキ・ショッピング・プラザ

🚲 biki（ビキ）

ホノルル観光に便利でエコなシェアサイクル

2017年から導入されすっかり定着したシェアサイクルサービス。 ホノルルエリアに約1300台もの専用自転車が配置され、 クレジットカードさえあれば誰でも自由に利用できる。 30分間の利用なら、 どこまで行っても$4.50（詳しい料金は欄外参照）。 ホノルルに設置された約130ヵ所のbikiストップ（専用駐輪所）であれば、 どこに返却してもOKなので、 気軽に利用できるのがうれしい。 何より、 ハワイの風を感じながらの走行は想像しているより心地がいい。 サービスの利用方法は画面の指示に従えば簡単に手続きできるが、 ここでは簡単に流れをご紹介しよう。

▶1 bikiストップを探す

ワイキキだけでもざっと30ヵ所近くのbikiストップがある。 事前に自分が滞在している場所から近いbikiストップはどこなのか、 アプリでチェックしておくといい。

▶2 自転車をチェック

タッチパネルで操作をする前に、 bikiストップにある自転車が破損していないか、 タイヤにしっかりと空気が入っているか確認しよう。 事前にどの自転車を借りるか決めておくと迷わないですむ。

▶3 タッチパネルでレンタルの手続きをする

まずタッチパネルに軽く触れて画面を起動。 左上の国旗マークをタッチすると日本語に言語を変えられる。 「利用許可証の購入」 をタッチし、 台数の選択、 料金プランの選択をしたら、 クレジットカードを挿入し素早く引き抜く。 その後、 電話番号や住所の入力を終え、 最終確認の画面で問題がなければ 「確定」 をタッチ。

▶4 乗車コードを自転車に入力

購入完了すると、 5桁の数字で乗車コードが発行されるので、 必ずメモもしくはプリントアウトを。 このコードを自転車のドックに打ち込んで自転車を取り外そう。 ドックに打ち込む際はしっかりとボタンを押すこと。 認証されるとランプが黄色から緑に変わる。 緑になったのを確認して引き抜こう。

返却方法

返却方法はいたってシンプル。 最寄りのbikiストップを探して、 ドックに自転車を頭から押し入れる。 ランプが緑に変わり、 ロックがかかったのを確認して、 返却完了となる。 もし緑になっていない場合は何度も必ず操作を。 正式に返却されていなくて、 延長料金がずっと加算されていた、 というトラブルもあるようだ。

biki
ビキ
📞 808-340-2454 ▲ワンウェイ最大30分$4.50（30分以上利用で$5の延長料金、その後30分ごとに$5）、ジャンパー$12（1回の利用が30分以内であれば何回でも利用可能。購入から24時間有効）エクスプローラー$30（300分まで何回でも返却したり乗車したりできる）利用は18歳以上で、支払いはクレジットカードのみ 💳AJMV 🌐 gobiki.org

乗車コード
注意点として、乗車コードは発行されてから5分以上経過すると期限切れとなり、ドックに番号を打ち込むと赤のランプが点灯してしまう。その場合は再度タッチパネルではじめの画面にて「利用許可証を持っている」のボタンを押して再発行するといい。

走行時のマナーと注意点
交通ルールは自動車と同じ。一方通行の場所や通路の逆走はNG。またワイキキとダウンタウンでは歩道の走行が禁止。必ず車道の右側にあるバイクレーンを走行すること。やむなく歩道を通る場合は自転車から降りて歩こう。それ以外のエリアでも基本的にバイクレーンのある車道を走行しなくてはならないが、ワイキキなどは特に車の交通量が多いため十分に気をつけたい。bikiには荷物を置けるカゴもあるが、ヒモで押さえつけるタイプのものなので、ひったくりの心配がある。できればバックパックなどを身に着け動きやすい格好で。

bikiアプリ
bikiストップの位置と、空き状況がひと目でわかる便利なアプリ。日本で事前にインストールしておこう。

料金メーターがちゃんと作動していることを確認しよう

おもなタクシー会社
▶ザ・キャブ ☎808-422-2222
▶チャーリーズ・タクシー
　☎1-844-531-1331（日本語ライン）

定額料金サービス
　チャーリーズ・タクシーでは、定額料金サービスを導入している。空港送迎だけでなく、ワイキキから人気スポットや各ゴルフコースまで、通常料金よりも割引価格で利用できる。例えば空港からワイキキまでは通常＄45〜55ほどかかるが、こちらのサービスを利用すれば＄33（チップ・税別）。1台につき定員4名、荷物はひとりにつきスーツケース1個、機内持ち込み荷物1個までなどの条件はあるが、魅力的なサービスといえるだろう。⏐charleystaxi.com/jp/waikiki-flat-rates/

おもな配車アプリ

●Uber
⏐www.uber.com/jp/ja/

●Lyft
⏐www.lyft.com

タクシー

やっぱり便利なタクシー

　タクシーもまたハワイでの重要な交通機関だ。あまり安くはないが、料金システムもしっかりしているし、短距離の移動にはいちばん安心な乗り物。

　日本と大きく異なるのは、流しのタクシーがほとんどないこと。カラカウア通りだったらひろえないこともないが、おもなホテルのフロントで頼むかショッピングセンターのタクシー乗り場で待つほうが早いだろう。

　料金は初乗り運賃（8分の1マイル≒200mまで）が$3.10、以後8分の1マイルごとに45¢ずつ加算される。タクシーを待たせておくときは45秒間で45¢ほどが目安（いずれの料金も、ザ・キャブのもの。タクシー会社によって異なる）。またドライバーには必ずチップを。だいたい料金の15%だ。

　またレストランならキャッシャー、ホテルならフロントかベルマンに頼めば呼んでくれるが、いずれもチップが必要。$2が常識。

配車サービス

スマートフォンがあれば呼び出せる

　近年ハワイでの移動手段として急激に需要が高まっているのが、アプリなどで行う配車サービス。これは、スマートフォンの位置情報を使って、目的地の情報と乗車希望場所を入力すると、付近のドライバーが迎えに来てくれるというサービスだ。

　金額は状況によって多少変動はするが、事前にアプリ上で確認することができるので安心。また事前に登録したクレジットカードから引き落とされるので、会計でもたつくこともないし、目的地を英語で伝える心配もない。チップの案内についても降車後にスマートフォン上で操作するので細かい現金を用意する必要がないのもうれしいポイントだ。

　ハワイではドライバーや利用者が多いため、人気のエリアであれば、たいてい数分で迎えに来てくれるのも便利。

　ダニエル・K・イノウエ国際空港にも専用の乗り場（RIDE SHAREと書かれた看板が目印）があり、道が空いていればワイキキまで約20分、料金は$20前後なので、複数人で乗ればかなりお得だし、ひとり旅にも欠かせないサービスだ。おもな配車サービスアプリは欄外を参照。事前にアプリをダウンロードしておきたい。

ダニエル・K・イノウエ国際空港には3ヵ所乗り場がある

スカイライン

ハワイ初の本格高架鉄道システムがついに運行開始

　かねてより建設が続いていた高架鉄道、スカイラインが2023年6月30日に満を持して運行をスタートした。静かで揺れの少ない車内から眺めるダイヤモンドヘッドやパール・ハーバーといった雄大なハワイの景色は、眺めているだけでも気分が上がる。

　現在運行している区間は、イースト・カポレイとアロハスタジアムを結ぶ9駅。車両と鉄道システムの設計・製造を手がけたのは日立製作所で、米国内では初となる完全自動運転で注目を集めている。今後は2031年にダウンタウンエリアまでの開通を目指しており、最終的にはアラモアナエリアまで延びる計画だという。慢性的な交通渋滞の解消と観光客の利便性向上が期待されている。

乗車方法

　乗車にはザ・バスで導入されている交通系ICカード「HOLO Card」（ホロカード）が必要。「HOLO Card」はABCストアやフードランドといったスーパーなどで購入できるが、スカイラインの各駅でも新規の購入、チャージが可能（現金購入の場合はおつりが出ないので注意）。

　入金が完了したら、改札に「HOLO Card」をタップして入場。改札を抜け、カポレイからアロハスタジアム方面へ進む東行き（East Bound）とアロハスタジアムからカポレイ方面へ向かう西行き（West Bound）どちらかのプラットホームで電車を待つだけ。日本で電車に乗り慣れている人ならスムーズに利用できるはずだ。

マナーと注意点

　スカイラインを利用するにはレンタカーもしくはザ・バスを使って最寄りの駅まで行くしかない。レンタカーで駅まで行く場合は、駐車場がある駅とない駅があるので注意が必要（右記欄外参照）だ。

　また現在開通しているスカイラインの駅には、ザ・バスが停車する駅もある（右記欄外参照）。スカイラインからザ・バスへ、ザ・バスからスカイラインへとスムーズに乗り換えができる。車内では、喫煙、飲食などは禁止。そのほか大声で騒いだりしないこと。また、走行中の座席の移動などは危険。またスカイラインの各駅には日本とは異なり、トイレがないので気をつけよう。

ハワイらしいレインボーが描かれた車体

電車がすれ違う瞬間は迫力満点！

駅には到着予定がわかる時刻表があるので安心

Skyline
スカイライン
📞808-848-5555　🚶片道：大人$3、子供（6〜17歳）$1.50、幼児ひとりまで無料（幼児2名は子どもひとり分）、シニア（65歳以上）$1.25※2.5時間以内であればザ・バスへの乗り換え無料。1日パス：大人$7.50、子供（6〜17歳）$3.75、幼児ひとりまで無料（幼児2名は子どもひとり分）、シニア（65歳以上）$3※HOLO Card自体の料金は$2。上記のほか1週間パス$30、1ヵ月パス$80などもあり（それぞれ大人料金）
🕐5:00〜19:00（土〜日曜、祝日8:00〜19:00）。クアラカイ駅始発：5:00（土・日曜、祝日8:00、最終電車18:30）。ハラヴァ駅始発：5:05（土・日曜、祝日8:05、最終電車18:35）。10分間隔で運行。

■2023年8月現在の路線
●Kualaka'I　クアラカイ駅（イースト・カポレイ）
●Keone'ae　ケオネアエ駅（ハワイ大学ウエスト）
●Honouliuli　ホノウリウリ駅（ホオピリ）
●Hō'ae'ae　ホーアエアエ駅（ウェスト・ロック）
●Pouhala　ポウハラ駅（ワイパフ・トランジットセンター）
●Hālaulani　ハーラウラニ駅（リーワード・コミュニティ・カレッジ）
●Waiawa　ワイアヴァ駅（パールハイランズ）
●Kalauao　カラウアオ駅（パールリッジ）
●Hālawa　ハラヴァ駅（アロハスタジアム）

■駐車場がある駅
・ハラヴァ駅、ホノウリウリ駅、ケオネアエ駅

■ザ・バスへ乗り換えが可能な駅
・ケオネアエ駅、ホアエアエ駅、ハラヴァ駅

ひどいサービスを受けたら

アメリカ人はチップの金額を少なくするという方法で意思表示する。本当にひどいサービスを受けた場合は抗議の意味で1¢コインをテーブルの上に置いていくそうだ。

ミールクーポンで食事したとき

たいていチップ代も含まれている場合が多い。チケットに明記されているか、事前に旅行会社から説明があるはず。ただし、ミールクーポンには飲み物代は含まれていないので、何か飲んだ場合はチップを置くべき。

🍷 チップとは

チップを払う習慣は日本にないので、何か損する気がして、と思う人もいるかもしれない。だが、日本でもレストランやホテルで含まれるサービス料と同じ考えだ。ルームキーパーやポーターのようなサービス業の人々にとって、チップは当然かつ正当な収入になる。

🪙 小銭で渡さないこと

チップで硬貨は使わず、お札だけにするほうがスマート。計算したらチップの額が\$4.20とか\$5.80になる場合、それぞれ\$4、\$6とドル札をチップにする。位を切り上げるか、切り捨てるかはその店のサービスの満足度で決めればいい。

🍷 チップの金額について

■ポーター、ルームキーパー

荷物1個につき\$1～2が相場（1回の運搬で最低でも\$1）。大きさ、重さにより多少変わる。

■ベルマン

ホテル、レストランなどにごく普通に出入りする場合は必要なし。タクシーを呼んでもらったときは\$1程度、駐車場から車を運んでもらった場合も\$1程度。

■ルームキーパー

ベッド1台につき最低\$1。ホテルの格によって\$2～3。毎朝、もしくは、チェックアウトする朝に滞在日数分をまとめて、客室を出るとき、枕の上などわかりやすい場所に置く（ピローチップという）。部屋が散らかっているときは少し多めに。

■タクシー

メーターの18%前後。少額のときも、最低\$1を。

ピローチップをお忘れなく

レストランでクレジットカードを使う場合

チップはクレジットカードでも支払える。伝票の合計金額（TOTAL）とその上の欄がブランクになっているので上の欄にチップ代を書き込み、料理の金額の合計の数字をTOTAL欄に記入する。客用控えのコピーにも書き込み持ち帰ればその場に伝票を置いて店を出てOK。

ホテル内レストランでの支払い

伝票に❶チップの金額、❷合計金額、❸部屋番号、❹サインを記入すればチェックアウトの際、精算される

■レストラン

勘定書の約18～20%。すでにサービス料が加算してあれば、チップを払う必要なし。小銭がないときは、支払いを済ませてからチップを払ってもよい。ホテルのレストランなら勘定書に金額を書いてサインすれば、チェックアウト時に精算できる。

■バー

キャッシュ・オン・デリバリー（飲み物が運ばれるたびに支払う方式）でカウンターに座って飲むなら、基本的にチップは不要。テーブルに座ったときは、スタッフにそのつど渡す。ビールやウイスキー、カクテル類はいずれも\$1ぐらい。最後にまとめて払う場合は、合計金額の18%程度を。

チップの目安と州税早見表（単位 \$）

金額	州税 (4.712%)	チップ (20%)	金額	州税 (4.712%)	チップ (20%)
1	0.04712	0.2	15	0.7068	3
1.5	0.07068	0.3	20	0.9424	4
2	0.09424	0.4	25	1.178	5
2.5	0.1178	0.5	30	1.4136	6
3	0.14136	0.6	35	1.6492	7
3.5	0.16492	0.7	40	1.8848	8
4	0.18848	0.8	45	2.1204	9
4.5	0.21204	0.9	50	2.356	10
5	0.2356	1	55	2.5916	11
5.5	0.25916	1.1	60	2.8272	12
6	0.28272	1.2	65	3.0628	13
6.5	0.30628	1.3	70	3.2984	14
7	0.32984	1.4	75	3.534	15
7.5	0.3534	1.5	80	3.7696	16
8	0.37696	1.6	85	4.0052	17
8.5	0.40052	1.7	90	4.2408	18
9	0.42408	1.8	95	4.4764	19
10	0.4712	2	100	4.712	20

インターネット

旅の技術

普段からこまめにeメールをチェックしている人や、 ソーシャル・ネットワーキング・サービスを利用している人は、 海外旅行先でのインターネット環境が気になることだろう。

特にWi-Fiの環境がよければ、 旅のスタイルもグッと変わってくる。 例えば、 スマートフォンの地図アプリを使って目的地を検索したり、 カーナビゲーション代わりに使えたりする。 また、 スマートフォンで写真を撮って、 その場で旅の記録を友だちに送って共有することだってできてしまう。

ハワイのインターネット状況を知っていれば、 旅のプランも立てやすくなるだろう。

しかしながら、 ハワイでインターネットを使用するための方法は、 それぞれの旅のスタイルで大きく変わってくる。 ここではハワイでインターネットを接続するための一般的な方法を紹介する。 どの方法も旅行者の旅のスタイルによってメリットとデメリットがあるため、 自分の旅のプランに最適な方法を見つけてほしい。

フリーWi-Fiを活用する

その名の通り、 無料で利用できるWi-Fiに接続するという方法。 ハワイでは大型ショッピングモールやホテルのロビーで利用できることが多い。 ハワイのホテルでのインターネット状況は快適。 ほとんどのホテルでは、 客室でもWi-Fi接続ができ、 パスワードがかかっているためホテルゲストしか利用できないようになっている。

ワイキキの町なかではさまざまな場所に無料Wi-Fiスポットがあるので有効的に活用したい。（欄外参照） もちろん、 その場所を離れてしまうと使用できなくなるので、 現地であまりインターネットを使用しないという人におすすめ。

海外用モバイルWi-Fiルーターをレンタルする

現地でもしっかりインターネットの情報やSNSなどを活用したいという人であれば、 最もポピュラーなのがこちら。 渡航先で使える小型のモバイル用Wi-Fi機器を使えば、 1日中どこにいてもインターネットが使用できる。 機器にもよるが、 ルーター1台で複数名が接続可能なため、 グループ旅行であれば安くすむのが利点。 利用方法も簡単で、 現地に到着したらルーターの電源をオンにして、 スマートフォンでパスワードなどを打ち込めば完了。 予約方法は各社のHPから事前予約し、 空港でレンタルし、 返却という流れになることが多い。

ワイキキ周辺で

ホテル以外の場所でインターネットに接続しようと思った場合、 ワイキキ周辺では、 ワイヤレス接続が可能なカフェに入るのが確実。 たとえば、 スターバックスやマクドナルドなら、 ドリンクやフードを買えば、 パスワードやアクセスコードを教えてもらえるので、 それを入力し、 あとはのんびりeメールチェックやネットサーフィンを楽しむことができる。

また、 目的地へ行くために、 スマートフォンなどで地図を呼び出して利用したいということであれば、 モバイルWi-Fiルーターが活躍する。 海外用Wi-Fiルーターは各社レンタルサービスを行っているので、 比較検討してみるといいだろう。

使用頻度が少なければ、 ホテルのビジネスセンターのパソコンも利用価値は大きい

ワイキキのおもな無料Wi-Fiスポット
▶ロイヤルハワイアンセンター
▶インターナショナル マーケットプレイス
▶アップルストア
▶カラカウア通り＆クヒオ通り（ハワイ州観光局 goHawaii Free WiFi)
▶スターバックスコーヒー
▶マクドナルド

フリーWi-Fiはセキュリティ面や通信速度が不安。 なるべく大型ショッピングセンターなどの比較的安全なWi-Fiに接続するようにしたい。

グローバルWiFi
🌐https://townwifi.com/

イモトのWiFi
🌐www.imotonowifi.jp

WiFiBOX
🌐wifibox.telecomsquare.co.jp
▲支払いはクレジットカード
のみ。■AJMV

料金についてはレンタル日数のほかに、通信容量によって異なる。簡単なネットの検索などでしか使用しないなら1日600MB程度でも問題ないが、現地でストリーミングなどにより長時間の動画をよく見るといった場合には無制限プランなどを選ぶといい。

常に荷物のほかに携帯していなくてはいけないため紛失のリスクがあること、グループで別行動してしまうと連絡が取れなくなってしまうこと、ルーターのバッテリーを毎日充電する必要があるということがデメリットとして挙げられるだろう。グループで複数台レンタルするか、常に必要最低限のものしか携帯しないなどといった対策が必要。

また、今密かに注目を集めているのが、人と接触せずにWi-Fiルーターをレンタルできるサービス。2023年9月現在、成田空港、羽田空港、関西国際空港など、全国主要空港で利用できる。サービスを提供しているのは、グローバルWiFiやWiFiBOXだ。Webサイトで予約の申し込みをして、予約完了メールに記載されたQRコードを各空港に設置された貸出機にかざし、ロッカーやスロットからルーターを引き抜くだけ。帰国時は返却ボックスや貸出機に返却すればOK。完全非接触のため、店舗スタッフとのやりとりもなく、スムーズに利用できるのがうれしい。空きがあれば当日の予約も可能だ。

各携帯電話会社の海外パケット定額を使用する際の注意点としては、非提携の現地キャリアとつながってしまう場合。従量制となり数十万円の高額請求になることも。またハワイではほとんどないが、地域によっては海外パケット定額の適用外のエリアがあるので移動する際は注意が必要。

各携帯電話会社の海外パケット定額を利用

普段と異なる設定や手続きをせず、自分の日々使用しているスマートフォンをそのまま海外でも使用したい、という場合には各携帯電話会社が提供するパケット定額サービスがおすすめだ。

これは海外で日本の携帯電話を使用した際、現地のキャリアと通信が行われることで、現地の通信設備を通して日本のキャリアのサービスが受けられるというもの。

携帯電話回線をそのまま使用するので、SMS（ショートメッセージ）なども利用できる。月々の使用料にオプションとして契約している場合（いつ海外に渡航しても使用可能）や、1単位の定額制として、使用した分だけ請求が来るパターンなど、各社によってプランが豊富に揃っている。

自分の使用している携帯会社のプランを確認しておきたい。

SIMカード

とにかく安く、長期期間滞在するという人におすすめなのが現地キャリアに対応したSIMカード。SIMフリーのスマートフォンに差し替えて利用する物理SIMと、カードをスマートフォンに差し込むのではなく、インターネット経由で契約情報を直接書き込むことで使用できるようになるeSIMとがある。

SIMカードのほとんどはプリペイド式で、3日間、5日間、10日間といった具合に使える日数が決まっている。そのため、短い日数であれば1000円台で使えるものもあるなど、とにかくコストパフォーマンスが高いのがウリ。ただし、SIMカードを使用するためにはいくつかの事前操作と準備が必要。

まず、SIMフリーのスマートフォンでないとSIMカードは使用できない。SIMフリーにするためには、SIMロックの解除をすでに契約しているキャリアに申請するか、SIMフリーのスマートフォン（もしくはタブレット）を新たに用意する必要がある。また現地で使用する前に事前に接続先の設定（APN設定）などが必要なため、慣れていないと少々苦戦するかもしれない。ただし、日本で購入できるほとんどのSIMカードはサポートも充実しているので、手順どおりに作業できれば、さほど難しいことはない。

もうひとつの注意点としては、SIMカードを差し替えることで電話番号が変わること。滞在中日本からの電話がかかることがなければ問題はないが、新しい番号を知らせるなどの対応が必要だ。

SIMカードには一般的に「標準」「micro」「nano」の3サイズがある。使用する端末によって対応サイズが異なるので、購入の際はよくチェックしておこう。写真は全サイズ対応のSIMカード

SIMカードは日本の家電量販店やアマゾンといったネットで購入できる。ハワイでも販売されているが、使用している端末に対応しているかなど細かいチェックが必要。

ハワイでのおもな通信キャリアはT-mobileかAT&T。ハワイで使用できるSIMカードはどちらのキャリアも販売しているが、簡単に説明すると通信エリアと対応バンドの違い。AT&TのほうがT-mobileと比べて対応エリアが広く、通信速度も速い印象。ただし、T-mobileより割高となる（だいたい+1000〜2000円）。どちらのキャリアも、ノース・ショアの奥地や西のワイアナエエリアは通信速度が下がりがちなので、ワイキキなどの市街がメインなら割安のT-mobileが無難だろう。

INFORMATION

ハワイでスマホ、ネットを使うには

スマホ利用やインターネットアクセスをするための方法はいろいろあるが、一番手軽なのはホテルなどのネットサービス（有料または無料）、Wi-Fiスポット（インターネットアクセスポイント。無料）を活用することだろう。主要ホテルや町なかにWi-Fiスポットがあるので、宿泊ホテルでの利用可否やどこにWi-Fiスポットがあるかなどの情報を事前にネットなどで調べておくとよい。ただしWi-Fiスポットでは、通信速度が不安定だったり、繋がらない場合があったり、利用できる場所が限定されたりするというデメリットもある。そのほか契約している携帯電話会社の「パケット定額」を利用したり、現地キャリアに対応したSIMカードを使用したりと選択肢は豊富だが、ストレスなく安心してスマホやネットを使うなら、以下の方法も検討したい。

☆ 海外用モバイルWi-Fiルーターをレンタル

ハワイで利用できる「Wi-Fiルーター」をレンタルする方法がある。定額料金で利用できるもので、「グローバルWiFi（【URL】https://townwifi.com/）」など各社が提供している。Wi-Fiルーターとは、現地でもスマホやタブレット、PCなどネットを利用するための機器のことをいい、事前に予約しておいて、空港などで受け取る。利用料金が安く、ルーター1台で複数の機器と接続できる（同行者とシェアできる）ほか、いつでもどこでも、移動しながらでも快適にネットを利用できるとして、利用者が増えている。

海外旅行先のスマホ接続、ネット利用の詳しい情報は「地球の歩き方」ホームページで確認してほしい。
【URL】http://www.arukikata.co.jp/net/

▼グローバルWiFi

旅の技術 電話と郵便

料金について
ホテルからのダイヤル直通国際通話は便利だが、手数料がかかり、割高になることもある。ホテルをチェックアウトするときは、必ず明細書をもらって電話料金の確認を。実際にはかけていない電話料金が加算されていた、というケースもある。

日本の国際電話会社のサービス（日本語）

日本語オペレーターのコレクトコール

■KDDI ジャパンダイレクト
　📞1-800-543-0051

日本での国際電話の問い合わせ先

■NTTコミュニケーションズ
　FREE 0120-003300
■ソフトバンク
　FREE 0088-24-0018
■au携帯
　📞0057
　FREE 157（auの携帯から無料）
■NTTドコモ携帯
　FREE 151（NTTドコモの携帯から無料）
　0120-800-000
■ソフトバンク携帯
　📞0800-24-0018
　FREE 157（ソフトバンクの携帯から無料）

どこからかけるか

公衆電話から

　市内通話は1回50¢。　市外通話は場所により異なるがやや高い。空港やホテルではクレジットカード式の公衆電話もあるが、コイン（5¢、10¢、25¢）でかけるのが一般的。

クレジットカード式公衆電話から

　クレジットカード（ビザ、マスター、アメックスなど）を直接機械に通して読み取らせ、料金をカードから引き落とすタイプのもの。国際電話をかけるのに便利。

ホテルの部屋から

　料金はホテルによって異なるが1通話75¢〜$1.50と、公衆電話よりも割高となる。また相手が出なくても、数回呼び出し音を鳴らすだけで手数料がかかることがあるので注意しよう。国際電話の手数料も取られる。市内通話は無料というホテル、コンドミニアムもある。

どのようにかけるか

　コインやクレジットカードを使用するほかにも以下の方法がある。

コーリングカードを使って

　日本のテレホンカードのように電話機に挿入するのではなく、カードに記された専用番号にアクセスし、ガイダンスに従って相手の番号をプッシュ。現地のドラッグストアなどで売られている。公衆電話、ホテルで使用できる。

コレクトコールで

　料金受取人払いの通話。交換手を呼び出し、自分の名前を告げ、"Collect call, please."と言えばよい。公衆電話でコレクトした場合、最初に入れた50¢は戻ってくる。節約旅行者にとってはありがたい制度だが、通常の通話よりも割高になる。

アラモアナセンターにある公衆電話

電話のかけ方

かける前に

公衆電話：受話器を持ち上げ「ブー」と音を確認したあとにお金を入れる。

ホ テ ル：ホテルにより異なるが（外線番号の）「9」発信して外線につなぐ。または「0」で交換手を呼び出し、かけたい番号を告げる。

市内電話 Local Call

* オアフ島内の 808-123-4567 にかけるとき

808	＋	123	＋	4567

市外電話 Long Distance Call

* （808）123-4567（ほかの島）にかけるとき

公衆電話から

1	＋	808	＋	123	＋	4567

オペレーターの声で「Please deposit 80 cents.」などと料金を告げられるのでそれに従いコインを入れると回線がつながる。

ホテルから

外線番号	＋	1	＋	808	＋	123	＋	4567

日本へ国際電話をかける International Call

ダイヤル直通

*（03）1234-5678 にかけるとき

011 国際電話識別番号	＋	**81** 日本の国番号	＋	**3** 市外局番と携帯電話の最初の[0]は取る	＋	**1234-5678**

コイン式でお金を入れ続けて話すのは困難。クレジットカード式公衆電話やホテルからが便利。または前述のコーリングカードを使う方法もある。

日本からハワイにかける

事業者識別番号 **0033**（NTTコミュニケーションズ） **0061**（ソフトバンク） 携帯電話の場合は不要	＋	**010** ※ 国際電話識別番号	＋	**1** 国番号	＋	**808** ハワイ州番号	＋	相手の電話番号

※携帯電話の場合は 010 のかわりに「0」を長押しして「＋」を表示させると、国番号からかけられる
※NTT ドコモ（携帯電話）は事前に WORLD CALL の登録が必要

✎ 手紙、はがきを出す

日本へは、 はがきも封書（28gまで）も $1.30、所要日数はエアメールで7〜14日くらい。 切手は、郵便局の窓口かホテルのフロントで手に入る。 ギフトショップなどに置かれている小さな販売機は割高なので注意。

宛先は日本語で書いてもよい。 ただし、 必ず「JAPAN」「Air Mail」と赤字の英語で書き添えること。

投函は、 そのままホテルのフロントに頼むか、 郵便局か、 町なかにあるポストに入れよう。 ポストの色は青でフタが付いている。

Air Mail

〒104-0032
東京都中央区八丁堀2-9-1

地球　歩　様

JAPAN

アラモアナセンターにある郵便ポスト

ワイキキ近辺の郵便局

■ワイキキ郵便局
（♀ 別冊P.20-B1）
🕘9:00〜16:30（ 土 曜9:00〜13:00）
🔒日曜

■アラモアナセンター、1F山側
（♀ P.292）
🕘9:00〜17:00（土曜〜16:30）
🔒日曜

アラモアナセンターにある郵便局

✎ 小包を出す

買い過ぎてしまったおみやげやたまったパンフレットなどは送ってしまおう。 郵便局から船便で送ると割安だが、 梱包や出しにいくのが面倒くさいという人は、「宅配サービス」を利用するのもいい。ピックアップに来てくれて、梱包もしてくれる。別送品（Unaccompanied Baggage）の申告を忘れずに（→P.462）。

宅配サービス

■ヤマト運輸 📞808-422-6000
別送品25kgまでは $155〜、別送品でなければ $60。 いずれも燃油料、箱代は含まない（2023年7月のレート）。ただし関税などがかかってくる。

■日本通運 📞808-833-0202
5kg$80〜、10kg$110〜（燃料調整費別）

旅のトラブル対策

ビーチでの盗難

最も多いのはビーチでの置き引き。ビーチへは貴重品は持っていかないこと。また泳ぐときは必ずひとりは残って荷物番を。顔をタオルで隠して日光浴する人も多いが、これも盗難に遭う危険がある。荷物にひもを付けるなどの対策を。

ビーチでの荷物の管理はしっかりと

スリ、ひったくりにご注意

スリは、特にワイキキ〜アラモアナ間のバスの中で多発している。混雑の中でスラれたり、バッグを鋭利なナイフで切られ、財布だけ抜き取られることもある。ショルダーバッグはひったくられないよう、たすき掛けに。ウエストポーチは開け口を常に体の前にし、注意を払おう。

ほかに歩行中、後ろから車などでひったくられる被害も多い。なるべく車道側を歩かない、夜間は人の少ない場所を避けるようにする。ひったくりはふたり以上の集団で行う手口が多い。ひとりが話しかけるなどして注意を引いているうちに、ほかの仲間がスリ取るという古典的な方法だ。

レンタカーにまつわる被害

「車から離れたすきに物を盗まれた」という被害が最多。少しの間でも車内に貴重品を置いておくべきではない。たとえ座席の下やトランクに隠そうが、狙われらそれまで。特にショッピングセンターやビーチ、ホテルや公園の駐車場での被害が多発している。

ホテルで被害者、加害者にならない

ホテルでは見知らぬ人は部屋に入れない、というのが鉄則。ノックされたら、必ずのぞき窓から見て、知らない人ならドアチェーンをしたまま開けるようにすること。

また子供だけをホテルに残して出かけないこと。アメリカでは"保護責任者遺棄罪"という犯罪になる。

夫婦喧嘩も場所によっては犯罪

公道やホテルなどで、「ついカッとして」手を上げた「だけのつもり」でも、アメリカではすぐ通報されることも覚えておきたい。たとえ身内といえども、暴力行為は（被害者が告訴しなくても）ハワイの法律では虐待罪となるのだ。

万一のときは
緊急電話番号案内
救急車 Ambulance
警察 Police
消防署 Fire Station
911

ワイキキ・ビーチ交番
Honolulu Police／Waikiki Branch
（♀ 別冊P.21-B4）
　クヒオ・ビーチパークにあるホノルル警察のワイキキ・ビーチ分署。警察官が24時間常に駐在しているので、盗難、その他の問題が生じた場合はすぐに連絡を。常駐ではないが、日本語を話せる署員もいる。
⊕ www.honolulupd.org

かつて警察官としても活躍したデューク・カハナモク（→P109）にちなんで、建物の正式名称は"Duke Paoa Kahanamoku Building"と呼ばれている

日本国総領事館
Consulate General of Japan
（♀ 別冊P.24-A1）
☎ 808-543-3111（時間外はアナウンスのあと"1"を押す）
● 8:00〜12:00、13:00〜16:00。パスポートや証明書の申請の場合は8:00〜11:30、13:00〜15:30（午前・午後とも窓口が閉まる30分前までに来館）
☺ 土・日曜、おもな祝日
⊕ www.honolulu.us.emb-japan.go.jp

総領事館は閑静な住宅地に立っている

ビジター・アロハ・ソサエティー・オブ・ハワイ（VASH）
Visitor Aloha Society of Hawaii
（♀ 別冊P.21-B3）
　ハワイ旅行者で事故や犯罪などに遭った人々をケアすることを目的とした非営利団体。ホノルル・ロータリークラブによって1997年に設立された。
♠ ワイキキ・ショッピング・プラザ4F
☎ 808-926-8274
● 9:00〜17:00 ☺ 土・日曜、おもな祝日
⊕ visitoralohasocietyofhawaii.org

売(買)春がご法度はいずこも同じ

日本人が逮捕されるケースとして"買"春がある。もちろん売春行為は違法だが、ハワイでは買うほうも責任があるとして逮捕される。

また売春婦に現金や貴重品を盗まれるケースも数多く報告されている。先に客がシャワーを浴びている間に金品を奪って逃げる。ドリンクに眠り薬を混ぜ、眠らせて物を盗むなど。殺人事件になったこともあるそうだ。

トラブルに巻き込まれたら

日本人観光客の場合、犯罪やトラブルに巻き込まれても、滞在日数に制限があったり、言葉や手続きの面倒を嫌って、必要がない限り届け出ない人も多いようだ。だがそれでは犯罪者に「日本人なら大丈夫」という気にさせてしまい、日本人目当ての犯罪を助長することにつながる。どんな小さなことでも、必ず被害届を出すようにしたい。

その後の手続きでも

1. 大きな事件の証人になった場合は、日本に帰国してからも召喚されるが、その場合の経費はハワイ側がすべて負担してくれる
2. 滞在中に犯人が逮捕され、どうしても滞在期間を延長する必要があるときは、ホテルや航空会社も滞在延長に協力してくれる
3. 英語がわからないという人のために、ビジネスグループなどが援助してくれる

など、サポート体制は整っている。

アロハ・アンバサダー
Aloha Ambassadors
ワイキキをパトロールしながら、道案内はもちろん、ビーチでの安全にも目を光らせ、トラブルから人々を守ってくれるスタッフ。鮮やかなグリーンのポロシャツが目印
🏠 ワイキキ・ビーチ・ウォーク(→P.302)1階の芝生エリアにブース(8:00～20:00)がある
📞 808-216-5947 🈔 無休
🌐 www.waikikibid.org

ハワイ州消費者保護事務所
State of Hawaii, Office of Consumer Protection
ハワイ州商務・消費者省事務局の一部門。不正表示や誇大広告、押し売りなどの被害に遭ったときなど、あらゆるサービス業に対する苦情を受け付けている。英語が話せない場合は日本語文書による苦情の提出でもOK。書類は直接事務所に出向いてもいいし、ホームページからアップできる。
📞 808-586-2630(代表)／ 📞 808-587-4272(適切な部署を紹介してくれる)
🏠 235 S.Beretania St.,#801
🕐 7:45～16:30
🈔 土・日曜、おもな祝日
🌐 cca.hawaii.gov

COLUMN

貴重品を紛失したら

check!

▶**パスポート(旅券)を紛失したら**
日本国総領事館にて新規発給申請を行う。
▼旅券の紛失届出および新規発給に必要な書類
1. 旅券紛失証明書類(現地警察署で発行してもらう)
2. 顔写真2枚(縦45mmX横35mm)
3. 紛失一般旅券等届出書★1通
4. 一般旅券発給申請書★1通
5. 戸籍謄本1通
手数料※1は＄117(10年用)・＄80(5年用、12歳未満＄44)。5 がない場合は「帰国のための渡航書」の申請を(手数料＄18)。万一に備え、旅券の写真のページをコピーし、旅券とは別に携帯しよう。詳しくは外務省ホームページ※2で。

▶**クレジットカード**
至急、クレジットカードの発行金融機関に連絡を入れ、失効処分にしてもらう(発行金融機関名、緊急連絡先は事前に控えておく)。また、現地警察へのレポートも忘れずに。カード会社の連絡先(→P.519)

▶**航空券**
紛失したら、速やかに航空会社に連絡を(各航空会社連絡先→P.519)。eチケットの場合は「紛失」はない。「控え」は空港のカウンターなどでも再プリントできる。
▼必要書類
1. 現地警察が発行した紛失または盗難証明書
2. 航空券の番号、発行日など

★は日本国総領事館で入手できる書類
※1＝手数料は米ドル現金のみ受付(金額は2023年7月現在)
※2＝🌐 www.mofa.go.jp/mofaj/toko/passport/pass_5.html

CHECK 外務省の提供する「たびレジ」に登録すれば、渡航先の安全情報メールや緊急連絡を無料で受け取ることができる。出発前にぜひ登録しよう。🌐www.ezairyu.mofa.go.jp/index.html

509

マナー

アメリカ（ハワイ）で必要なマナーとは「他人との接し方」だ。アメリカ社会では他人に対するマナーがことのほか重要視される。このあたりの誤解・不理解がもとで、知らぬ間に現地の人からイヤがられる人は多い。年間百数十万人もの日本人が訪れるハワイ。「日本人はマナーがなってない」と言われないため、楽しい旅にするためにも守りたいマナーの例を紹介する。

① 列は1列に並ぶ

トイレ、キャッシャーなどは一列に並び、空いたところから順番に使用するのが基本。それぞれのドアや窓口に並ぶようなことはしない。列がはっきりしていなかったら「Are you on the line？（列に並んでいるのですか）」と聞いてみよう。

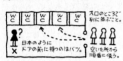

② 喫煙には厳しい

たばこを取り巻く環境は日本より厳しく、飛行機内、ホテルのロビー、ビーチなど公共の場所やレストランは全面禁煙となっている（→P.517）。場所をわきまえずに吸ったり、歩きながら吸ったり、ポイ捨てすることは慎もう。

③ あいさつは忘れずに

道を歩いて人に触れたら「Excuse me.」、ひどくぶつかったら「I'm sorry.」。このふたつは最低限忘れずに。また、お店に入ったら店員に「Hi.」、エレベーターで人と乗り合わせても「Hi.」とひと言。人と顔を合わせたときはできるだけあいさつしよう。

④ 公共の場では禁酒

パブリックビーチなど、公共の場でアルコールを飲むことは法律で禁止されている。歩きながらはもちろん、ビーチで缶ビールを……も違法になるので注意を。

⑤ その場に合った服装を

高級レストランへ行くのに、ショートパンツにサンダルでは恥をかくだけ。また、ブランドショップにビーチサンダルで出かけ、騒ぐ子供を放って買い物などはもってのほか。ホテルのロビーを水着姿で歩くのもマナー違反だ。

⑥ 「優先座席」を守ろう

市バス「TheBus」の前方は日本でいう優先座席になっている。日本でもお年寄り、妊婦の人に席を譲るのは当たり前。ブランドの紙バッグを持って、この席を占領するなどは避けるよう注意したい。

⑦ ビュッフェで持ち帰らない

ビュッフェでの食べ残しは、その人の品位を疑われる。料理を何度も取りにいくのはよいが、自分が食べられる量だけにして、てんこ盛りはやめよう。また、残った料理を持ち帰るのは禁止。ナプキンにくるんで……というのは控えたい。

⑧ サウナは水着着用で

日本のサウナ感覚で裸で利用する人がいるらしいが、ハワイではサウナ、ジャクージ、プールなどでは必ず水着を着用するもの。持参するのを忘れずに。

⑨ ゴルフ場での注意

たばこの投げ捨て、ヒールの高い靴でグリーンを歩く、カートで道路を外れるなどはもってのほか。また、プレイのディレイ（遅延）にも気をつけたい。

⑩ 女性は肌の露出を控えめに

夜のバーやディスコなどで肌を露出し過ぎる服装は、売春婦かと思われかねない。実際に日本人がレイプなどの性犯罪に遭っているので注意したい。

⑪ 子供と一緒に行動を

アメリカでは、12歳以下の子供をひとりにしてはいけないという法律がある。子供を部屋に残して出かけないこと。たとえ昼寝中でも、外出中に目を覚ましてラナイ（ベランダ）から転落という事故もある。いつも子供と一緒に行動しよう。

✿ 健康情報

ハワイの気候

年間の平均気温は約25℃で、 晴天率は70％（ホノルル）。 1年を通じて温暖な海面温度と貿易風（偏西風）の影響で気候は安定している。 5 ～ 10月頃の夏季（乾季）は最高気温約29 ～ 31℃、最低気温約21 ～ 23℃。 11 ～ 4月頃の冬季（雨季）は最高気温約21 ～ 23℃、 最低気温約18 ～ 21℃。 日本のようにはっきりとした四季はなく、 実質ふたつの季節しかない。 冬季は短いスコールをともなうが、 朝夕程度で1日中雨ということはない。 心配なら折りたたみ傘を持参しよう。

日中の日差しの強さはかなりのもので、 照り返しの強いビーチでは気温は上がり、 風のある日の体感温度はかなり低くなる。

飲料水について

ハワイの水は水質がよく、 水道水でも問題なく飲むことができる。 もちろんハワイ産のミネラルウオーターも種類豊富。 スーパーなどで買うこともできる。

ワイキキで使用している水の大半はパール・ハーバー以西の地下水。 しかし、 西側（リゾート地）は雨が少ないため東に比べて水不足気味。 ハワイでは水は貴重資源だ。 そのためレストランでは、 客に頼まれないかぎり水を出さないようになっている（罰金が科せられる）。

各シーンでの注意

①ビーチで

ワイキキやアラモアナ・ビーチは冬でも泳げる。 しかし、 曇ったり風が強かったりすると体感温度はかなり低くなる。 冬場はビーチで日光浴だけにするか、 ホテルのプールで泳ごう。 また、 特に冬場は潮の流れが速くなるため、 海に入るときはライフガードの指示に従うこと。

年間を通して日差しは強い。 リーフセーフの日焼け止めを塗るなど、 紫外線対策をお忘れなく。

②山で

山の頂上は、 ハワイといえども急激に気温が下がる。 防寒の用意が必要。 ハイキングコースでも足首までのパンツと長袖が基本スタイルだ。 虫よけスプレーなどでの虫さされ予防もしたい。

③町歩きで

レストラン、 ショップ、 スーパー、 バスなどでは冷房が非常に効いている。 また、 朝晩は寒く、 サンセットクルーズで海上の風に当たると体が冷える。 薄手のカーディガンやトレーナーなど、 はおるものを1枚持って歩こう。 また、 ここでも紫外線対策としてサングラス、 帽子、 日焼け止めを忘れずに。

クアキニ・メディカル・センターのおもな日本人
（もしくは日本語が話せる）
医師リスト（必ず予約を）

Kobayashi Keiichi
（総合内科）
📞 808-945-3719
🕐 午前：月・水・土、午前・午後：火曜※時間は要問合せ

Miki Nobuyuki
（内科）
📞 808-521-5220
🕐 9:00～17:00（土曜8:00～11:30）

Ogawa Shozo※
（内科）
📞 808-941-3766
🕐 月～金8:30～16:00、水曜8:30～12:00

Saegusa Jiro
（小児科）
📞 808-946-0990
🕐 月～土8:30～12:00、13:30～16:00

Takeda Yuko
（眼科）
📞 808-946-1664
🕐 月～水・金10:00～17:00、土10:00～12:00

Yazawa Akiko
（産婦人科）
📞 808-955-6324
🕐 月8:30～15:00、 火13:00～15:30、水8:30～15:30、 木8:30～11:30

※火・木曜の午後はセントルークスアラモアナにて13:00～16:00

日本の薬はどこにある？

医者にかかるほどではないけれど、 ちょっと不調で薬が欲しいというときなどは、 やっぱり飲み慣れた日本の薬が安心できるもの。 ワイキキ近辺でおなじみの薬が入手できるのは……

■**ミツワ・マーケットプレイス**（P.284）／インターナショナル マーケットプレイスのクヒオ通り側2階にある日系スーパー。 エントランスの左側に小スペースながら、 胃腸薬や下痢止め、 湿布薬、 風邪薬などが置かれている。
■**ABCストア**（→P.285）／もともと薬局としてスタートしただけに、 筋肉痛をやわらげる貼り薬や風邪薬、 胃腸薬など日本製の薬を多数扱っている。

ABCストアのドラッグコーナー

MĀLAMA ▶ P.510で紹介しているマナー以外にも、 旅行者も現地の人々も気持ちよく過ごせるよう、 マラマ（思いやりの心）をもって旅することが大事。

健康に関する英語
■腹痛
スタマックエイク
Stomachache
■頭痛
ヘッデイク
Headache
■歯痛
トゥースエイク
Toothache
■気分が悪い
アイ・フィール・スィック
I feel sick.
■熱がある
アイ・ハブ・ア・フィーバー
I have a fever.
■めまいがする
アイ・フィール・ディズィ
I feel dizzy.
■寒気がする
アイ・フィール・チリィ
I feel chilly.
■下痢をしています
アイ・ハブ・ア・ダイアリア
I have a diarrhea.
■風邪をひきました
アイ・ハブ・ア・コールド
I have a cold.
■医者を呼んでください
コール・ア・ドクター・プリーズ
Call a doctor, please.
■陰性証明書
ネガティブ・サーティフィケイト
Negative Certificate
■ワクチン摂種証明書
バクシネーションサーティフィケイト
Vaccination Certificate

病気やけがをしたとき

　せっかくのハワイの旅も、病気やけがをしてしまっては楽しさも半減してしまう。素早く、適切な処理が必要。

　パッケージツアーで来ている人なら、まず添乗員か、旅行会社のトラベルデスクに相談してみる。

　個人旅行の場合は、ホテルのフロントに相談するか、加入している傷害保険会社に電話しよう。保険会社のほとんどがトールフリー（無料電話）の番号になっている（→P.519）。日本語の話せる医師やキャッシュレス治療（以下）で治療の受けられる病院を紹介してくれる。

　ハワイ（アメリカ）は日本に比べ医療費が非常に高い。救急車を呼ぶにも$100以上かかってしまうため、やはり海外旅行傷害保険には加入しておくべきだろう（→P.452）。

キャッシュレス治療

　病院によっては、保険が使用できても現金またはカードで治療費の支払いを立て替えなければいけないケースがある。しかし、これが高額だったり、カードの限度額を超えるほどの大金であれば当然支払えない。そのためその場では受診料を支払わなくてよい「キャッシュレス治療」対応病院のほうが便利。こちらも保険会社で教えてくれる。

～COLUMN～

\ check! / **頼りになる医療サービス**

24時間体制の「ドクターズ・オン・コール」
　体の不調や予期せぬけがというのは、夜中や早朝など時を選ばずに起きてしまうもの。そんなとき、24時間体制で診療してくれる医療サービスが「ドクターズ・オン・コール」。ワイキキに2ヵ所の診療所があり、メインブランチとなるシェラトン・ワイキキのマノアウィング地下1階のクリニックは5つの診察室、処置室、X線室、検査室、薬局、ナースステーション、広い待合室で構成されている。ストラウブ病院付属のクリニックなので、いざとなったらそちらへ入院できる。各種旅行保険適用。受付電話番号 📞808-923-9966（日本語OK）。ヒルトン・ハワイアン・ビレッジは看護師のみ。
■Doctors On Call
シェラトン・ワイキキのマノアウィングB1F
（ 📍別冊P.21-C3）

📞808-971-6000（毎日10:00～20:00、日本語OK）
ヒルトン・ハワイアン・ビレッジ内
（ 📍別冊P.19-C4）
📞808-973-5250（月～金曜8:00～16:30）
※最終受け付けは終了15分前まで

ドクターズ・オン・コールはハワイ旅行の強い味方

アメリカは人種のるつぼ、英語が母国語でない人も多いから、ブロークンイングリッシュは珍しくない。「失敗しないようにうまくしゃべろう」よりも「少々間違っても、最終的に意思が伝わればいい」と思うべき。また、同じ言葉でも大きな声で言うと通じることもある。「日本人だから、英語が下手でも当然」くらいに構えて、元気に話そう。「Please」をつけるだけで、相手に対する印象はずいぶん異なる。これに「Thank you」をうまく使えば大丈夫。

ここでは、英語が苦手な人でもハワイ旅行を乗りきれる基本のフレーズを紹介しよう。

Google翻訳アプリ
入力した言語を108の言語で翻訳してくれるアプリ。特に便利なのはカメラを向けるだけでリアルタイムで画像内のテキストを翻訳してくれるカメラ翻訳。食料品の成分表や商品の説明書きを知りたいときなどに便利。

この3フレーズで旅行は乗りきれる！

何か欲しいときは【please】

One hamburger, please.　ハンバーガーをひとつください。

の中は以下の単語にも置き換えられます

A cup of coffee　　　　　　　　　　　　　　（コーヒーを1杯）
One french fries　　　　　　　　　　（フライドポテトをひとつ）
This one　　　　　（何かわからないとき、単語が出てこないとき）

何かしてほしいときも【please】

Go to ×× Hotel, please.　××ホテルへ行ってください。

の中は以下の単語にも置き換えられます

Tell me　　　　　　　　　　　　　　　　　（教えてください）
Take our pictures　　　　　　（私たちの写真を撮ってください）
Go ahead　　　　　　　　　　　　　　（どうぞ、お先に）

許可を求めたいときは【Can I】

Can I smoke ?　　　　　　　　たばこを吸っていいですか？

の中は以下の単語にも置き換えられます

make a reservation tonight　　（今夜予約を取れますか？）
have this　　　　　　　　　　　　（これをもらえますか？）
get on the bus　　　　　　　　（バスに乗っていいですか？）

各シーンでのお決まりフレーズ

入国審査で

A How long do you stay in U.S.A.?
何日滞在しますか？

B 10 days.
10日間です

A What is the purpose?
入国の目的は？

B Sightseeing.
観光です

レストランで

Can I make a reservation for 4 at 8 o'clock tonight?
My name is Yamamoto.
今夜8:00に4人分予約をしたいのですが。私は山本といいます

Check, please.
お勘定をお願いします

Does the bill include the service charge?
サービス料は含まれていますか？

レストランの Happy Hour（アルコール類が安くなる時間帯）や、Early Bird Special（早めの食事のため、値段が安くなる）なども覚えておくと得できそう。

ショッピングで

I'm just looking.
ちょっと見ているだけです

Is this on sale?
これはセール品ですか？

Can I try this on?
試着してみていいですか？

I'll take this.
これをください

Do you have any other colors?
ほかの色はありますか？

Do you accept credit cards?
クレジットカードで払えますか？

How much is this?
いくらですか？

COLUMN

check! / ハワイ語を覚えよう！

ハワイにいてよく耳にしたり、目にしたりする言葉。とまどわないように、覚えておくと何かと便利だ。
- Mālama（take care）……… 思いやり
- Pau（finish）……………… おしまい
- Kaukau（eat）……………… 食べる
- Like Like（hurry up）…急ぐ（リキリキと発音）

ほかにトイレの表示やメニューでよく見るものとして、
- Wahine（Woman）…………… 女性
- Kane（Man）………………… 男性
- Keiki（Child）………………… 子供
などがある。

514

車椅子でも楽々バケーション ハワイバリアフリー情報

バリアフリーの先進国・アメリカの一州であるだけに、ハワイもあらゆるバリア（障壁）のない社会づくりに取り組んでいる。高齢者や車椅子利用者にとって、町も人も優しい環境にあるといっていいだろう。ここでは、おもに車椅子利用者が十二分にハワイ旅行を楽しむための諸サービスとヒントを紹介しよう。ハンディキャッパーが快適に過ごせるようさまざまな工夫がされている。

便利なビーチ用車椅子

町なか事情

●段差、スロープ

ハワイでは公共の施設や公園など、段差や階段のすぐそばにスロープが造られ、車椅子やベビーバギーが動きやすいように設計されている。

アラモアナセンター内に設置されたスロープ

●レストラン

どのお店も入口に段差がなく、店内もテーブル間に余裕があるので、車椅子でも問題ない。また、車椅子のまま入れる広いトイレを設置している店も多い。

車椅子でも楽に入れるトイレ。手すりも付いている

●ショッピングモール

こちらもアクセスしやすくなっている。スロープはもちろんのこと、エレベーターのボタンも低い位置に付いている。車椅子のまま入れる広いトイレがたいてい設置されている。

アラモアナセンターのエレベーター

移動手段

●ザ・バス（→ P.467）

車椅子でも乗り降りできるリフトを装備した車両が多い（主要路線ではほぼ100％）。乗車後はドライバーが車椅子専用のスペースを設置してくれる。

●レンタカー（→ P.488）

主要レンタカー会社ではハンドコントロール（手動式装置）車両を借りることができる。ただし、事前予約が必要。また車椅子のまま乗ることができるバンのレンタルもある。

●ワイキキトロリー（→ P.498）

こちらも車椅子用のリフトを装備した車両がある。ピンクライン4台、レッドライン2台、ブルーライン3台、グリーンライン1台装備。

駐車場について

ハワイの駐車場には必ず障害者専用スペースが用意されている。このスペースを利用するには「障害者用許可証」が必要。許可証は日本のものでも有効だが、日本語だと現地の人が読めないことがあるので、英語に訳した書類とともに「車椅子マーク」のステッカーを用意して、許可証と一緒に車のダッシュボードに見えるようにして置いておくといい。

ビーチ用車椅子の貸し出し場所

ホノルル市では、ビーチや砂浜でも楽々移動できるビーチ用車椅子を無料で貸し出している。手続きは簡単な免責書類にサインするだけ（クアロア・ビーチパーク以外は予約不要）。ただしハナウマ湾以外は1台しか用意されていない。

◆**アラモアナ・ビーチパーク**：公園内に2ヵ所あるスナックスタンド
◆**ハナウマ湾**：ビーチのインフォメーションキオスク
◆**クアロア・ビーチパーク**：キャンプサイトA（事前予約が必要 ☎808-237-8525）
◆**カイルア・ビーチパーク**：公園内スナックスタンド

※取材協力：Minoru Kimoto、Atsuko Kumagai（Aloha de Barrier Free）※敬称略

TRAVEL TIPS

☑ 旅の会話／ハワイバリアフリー情報

ハワイアンスタイルの逸品たち

#9 *Hawaiian Quilt*

ハワイアンキルトのハイビスカスやプルメリア、イリマなどお花のモチーフにもそれぞれ意味が込められているという。

ティッシュケースやクッションなど、ひとつ家にあるだけで一気に華やぐアイテムばかりだ。

ハワイの模様に託された思い

ハワイアンウエアやウクレレより先立つこと約100年。ハワイに独特の手工芸が生まれている。

1820年代、キリスト教宣教師の妻たちがハワイの王族の女性にニューイングランド様式のパッチワークやアップリケ方式のキルトを紹介した。これをきっかけに、布にモチーフを縫いつけ、そのモチーフの輪郭に沿って幾重にもステッチを入れていくというスタイルのキルトができあがり、ハワイの女性の間に広まっていった。

キルトのユニークな特徴

その特徴のひとつは独特のデザインにある。ひとつのモチーフを上下左右対称に写し、中心から放射状に広がるスタイルで、古代に布代わりに使われていたタパの幾何学模様に影響されたともいわれる。

もうひとつの特徴は、モチーフにハワイの植物が使われている点だ。古来、ハワイアンは花や木に精霊が宿っていると考えていた。

つまり、それぞれの花や木を縫い上げることで、キルトに聖なる力、思いを込めるというわけだ。プルメリアやレフアといった花、ブレッドフルーツやククイなどの木の葉や実をどのように図案化するかは、デザイナーの腕の見せどころだ。

現代のハワイでは、母が嫁ぐ娘へ、あるいは祖母が孫の誕生を祝ってハワイアンキルトを贈るのが習慣になっている。

| SHOP LIST |
・ハワイアン・キルト・コレクション（P.350）
・モアナ・キルト（P.350）

出国手続きはお早めに

2001年のアメリカ同時多発テロ事件以来、空港でのセキュリティチェックが厳しくなっている。平時よりも搭乗までに時間がかかるので、早めに空港へ向かい、余裕をもって諸手続きを行いたい。
（編集部注：以下は2023年9月現在のもの。テロ対策のため、セキュリティチェックは今後さらに厳しくなると予想される）

日本出国時
(1) 搭乗手続き時：機内に預ける荷物のスクリーニング（映像）検査。この際、スーツケースなど機内預け荷物と持ち込み手荷物を開けて検査を受けることがある。
(2) セキュリティ検査：出国手続きの前に手荷物のスクリーニング検査と金属探知機のゲートをくぐる（→P.456）。
(3) 搭乗直前：飛行機に搭乗する直前に、手荷物検査とボディチェックが行われる。これは搭乗者全員ではなく無作為検査なので、係員に呼び止められたら協力を。

アメリカ出国時
(1) 搭乗手続き時：連邦運輸保安局職員によって、機内に預ける荷物の検査が行われる。X線やCTスキャンなどスクリーニング検査の場合と、特殊な装置を使った爆発物探知機を使用する場合がある。いずれにせよ、職員の指示に従うこと。
(2) 搭乗手続き後：乗客が立ち会えない場所で無作為に荷物検査が行われることがあるので、機内に預ける荷物に施錠をしないこと。鍵がかかっていると、場合によっては鍵を壊して中身の検査をすることがある。スーツケース修理の補償はなく、すべて旅行者本人の負担となるので、TSAロック付きやスーツケースベルトを利用するなど対策を。
(3) ボディチェック：搭乗手続きのあとに手荷物のスクリーニング検査とボディチェックを受ける。ノートパソコン、携帯電話などは荷物から取り出して別検査が。全身スキャンを全員を対象に行われている。
(4) 搭乗直前：搭乗前に、手荷物検査とボディチェックが行われる。これは搭乗者全員ではなく無作為検査なので、係員に呼び止められたら協力を。

ハワイの新禁煙法

2006年にハワイ州で施行された新禁煙法によって、公共の場所ではたばこは吸えないので注意。

おもな禁煙場所
(1) 州や郡が所有する建物
(2) レストラン、バー、ナイトクラブ
(3) ショッピングモール
(4) 空港内、公共の交通機関（バス、タクシーなど）
(5) ホテルのロビーや通路
(6) 公共のビーチやビーチパーク、公園（オアフ島とハワイ島）
※欄外のCHECKも参照

喫煙場所はどこにある？
喫煙が可能なのはおもに以下の場所。
(1) ダニエル・K・イノウエ国際空港の屋外エリアの一部
(2) ホテルなど宿泊施設の喫煙ルーム（客室数全体の20%までを喫煙ルームとすることが可能）、喫煙スペース
(3) 個人の住宅など

ダニエル・K・イノウエ国際空港では
ダニエル・K・イノウエ国際空港の具体的な喫煙場所は以下のとおり（一部抜粋）。
(1) インターアイランド・ターミナルと国際線到着ビルの間、1階中央部分
(2) 1階ダイヤモンドヘッド側ツアーグループ・エリア（屋根のない部分）ほか

全面禁煙のホテルがほとんど
前述のとおり、ホテルは全体の20%までなら喫煙ルームにできるが、新法の施行を機に全面禁煙となったホテルがほとんど。喫煙ルームに滞在希望の場合は、旅行会社やホテルに依頼しないと、楽しいはずのハワイ旅行がつらい滞在になってしまうかもしれない。なお、ホテルの禁煙ルームはラナイ（ベランダ）での一服もご法度。
「ラナイなら大丈夫だろうとたばこを吸ったら、誰かが通報したらしく、フロントから注意の電話があった」という体験談も寄せられている。
またホテルによっては禁煙室で喫煙すると、クリーニング代などが請求されることもあるそうだ。

CHECK ※上記に加え、ハワイ島では2008年4月より、政府管轄の公共の場では屋外であっても禁煙。禁煙対象となる場所は、ビーチパーク、公園、公営ゴルフコース、公共レクリエーション施設ほか。また、オアフ島では2014年1月より禁煙対象が拡大。新たに公共の、ビーチ、公園、テニスコート、ソフトボール用のスタジアム、プールなどが加わった。

517

DEAN & DELUCA

HAWAII

ROYAL HAWAIIAN CENTER
808 492 1015
DEANDELUCA-HAWAII.COM

オアフ島

見どころ、オプショナルツアー＆アクティビティ INDEX

重要電話番号

※は米国内無料通話

緊急電話（警察、救急車、消防署）**911**

ホノルル警察　　　　　　　　　808-529-3111
交通違反チケット　　　　　　　808-538-5500

日本国総領事館　　　　　　　　543-3111
　（時間外緊急電話は上記の番号にかけ "1" を押す）

保険会社（日本語で24時間受付）
　東京海上日動　　　　　　　※ 1-800-446-5571
　損保ジャパン　　　　　　　※ 1-033-950-0000
　AIG　　　　　　　　　　　※ 1-800-8740-119

医療施設（日本語でOK）
　ドクターズ・オン・コール（24時間受付）808-923-9966

カード会社デスク
　アメリカン・エキスプレス　※ 1-800-866-8630
　JCBカード　　　　　　　　※ 1-800-606-8871
　マスターカード　　　　　　※ 1-800-307-7309
　VISAカード　　　　　　　 ※ 1-866-635-0108

航空会社
　日本航空　　　　　　※ 1-800-525-3663（日本語）
　全日空　　　　　　　※ 1-800-235-9262（日本語）
　デルタ航空　　　　　※ 1-800-327-2850（日本語）
　ハワイアン航空　　　　　　※ 1-800-367-5320
　大韓航空　　　　　　　　　※ 1-800-438-5000
　ZIPAIR　81-3-6631-1223（子連れや手伝いが必要な場合のみ）

ザ・バス
　インフォメーション　808-848-5555（"2" を押す）
　ザ・バス内での忘れ物　808-848-5555（"4" を押す）

タクシー会社
　ザ・キャブ　　　　　　　　　　808-422-2222
　チャーリーズ・タクシー　1-844-531-1331（日本語）

国際通話
［ダイヤル直通］
　011-81- 日本の市外局番（0は取る）- 相手の電話番号
［日本人オペレーター通話］
　（クレジットカード払い、もしくはコレクトコール）
　KDDI ジャパンダイレクト　※ 1-800-543-0051

レストラン＆バーINDEX

ショッピングINDEX

地球の歩き方 旅の図鑑シリーズ

見て読んで海外のことを学ぶことができ、旅気分を楽しめる新シリーズ。
1979年の創刊以来、長年蓄積してきた世界各国の情報と取材経験を生かし、
従来の「地球の歩き方」には載せきれなかった、
旅にぐっと深みが増すような雑学や豆知識が盛り込まれています。

W01
世界244の国と地域
¥1760

W07
世界のグルメ図鑑
¥1760

W02
世界の指導者図鑑
¥1650

W03
世界の魅力的な奇岩と巨石139選
¥1760

W04
世界246の首都と主要都市
¥1760

W05
世界のすごい島300
¥1760

W06
世界なんでもランキング
¥1760

W08
世界のすごい巨像
¥1760

W09
世界のすごい城と宮殿333
¥1760

W11
世界の祝祭
¥1760

W10 世界197ヵ国のふしぎな聖地&パワースポット ¥1870	**W12** 世界のカレー図鑑 ¥1980	
W13 世界遺産 絶景でめぐる自然遺産 完全版 ¥1980	**W15** 地球の果ての歩き方 ¥1980	
W16 世界の中華料理図鑑 ¥1980	**W17** 世界の地元メシ図鑑 ¥1980	
W18 世界遺産の歩き方 ¥1980	**W19** 世界の魅力的なビーチと湖 ¥1980	
W20 世界のすごい駅 ¥1980	**W21** 世界のおみやげ図鑑 ¥1980	
W22 いつか旅してみたい世界の美しい古都 ¥1980	**W23** 世界のすごいホテル ¥1980	
W24 日本の凄い神木 ¥2200	**W25** 世界のお菓子図鑑 ¥1980	
W26 世界の麺図鑑 ¥1980	**W27** 世界のお酒図鑑 ¥1980	
W28 世界の魅力的な道 178 選 ¥1980	**W29** 世界の映画の舞台&ロケ地 ¥2090	
W30 すごい地球！ ¥2200	**W31** 世界のすごい墓 ¥1980	

※表示価格は定価（税込）です。改訂時に価格が変更になる場合があります。

地球の歩き方 関連書籍のご案内

あなたのハワイ旅のワガママをかなえるなら、やっぱり「地球の歩き方」

地球の歩き方 ガイドブックシリーズ

C01 地球の歩き方 ハワイ オアフ島&ホノルル ¥2200
C02 地球の歩き方 ハワイ島 ¥2200

地球の歩き方 aruco シリーズ

11 aruco ホノルル ¥1650

地球の歩き方 aruco 国内シリーズ

東京で楽しむハワイ ¥1480

地球の歩き方 リゾートスタイル

R03 リゾートスタイル マウイ島 ¥1650
R04 リゾートスタイル カウアイ島 ¥1870
R05 リゾートスタイル こどもと行くハワイ ¥1540
R06 リゾートスタイル ハワイドライブ・マップ ¥1980

地球の歩き方 BOOKS

BRAND NEW HAWAII　とびきりリアルな最新ハワイガイド ¥1650
HAWAII RISA'S FAVORITES　大人女子はハワイで美味しく美しく ¥1650
MAKI'S DEAREST HAWAII ¥1540
MY TRAVEL, MY LIFE　Maki's Family Travel Book ¥1760
最高のハワイの過ごし方 ¥1540

地球の歩き方 マル得 BOOKS

ハワイ ランキング&マル得テクニック! ¥990

地球の歩き方 旅の名言&絶景

ALOHA を感じるハワイのことばと絶景 100 ¥1650

※表示価格は定価（税込）です。改訂時に価格が変更になる場合があります。

地球の歩き方 シリーズ一覧

2023年11月現在

*地球の歩き方ガイドブックは、改訂時に価格が変わることがあります。 *表示価格は定価（税込）です。 *最新情報は、ホームページをご覧ください。www.arukikata.co.jp/guidebook/

地球の歩き方 ガイドブック

A ヨーロッパ

A01	ヨーロッパ	¥1870
A02	イギリス	¥2530
A03	ロンドン	¥1980
A04	湖水地方＆スコットランド	¥1870
A05	アイルランド	¥1980
A06	フランス	¥2420
A07	パリ＆近郊の町	¥1980
A08	南仏プロヴァンス コート・ダジュール＆モナコ	¥1760
A09	イタリア	¥1870
A10	ローマ	¥1760
A11	ミラノ ヴェネツィアと湖水地方	¥1870
A12	フィレンツェとトスカーナ	¥1870
A13	南イタリアとシチリア	¥1870
A14	ドイツ	¥1980
A15	南ドイツ フランクフルト ミュンヘン ロマンチック街道 古城街道	¥2090
A16	ベルリンと北ドイツ ハンブルク ドレスデン ライプツィヒ	¥1870
A17	ウィーンとオーストリア	¥2090
A18	スイス	¥2200
A19	オランダ ベルギー ルクセンブルク	¥1870
A20	スペイン	¥2420
A21	マドリードとアンダルシア	¥1760
A22	バルセロナ＆近郊の町 イビサ島／マヨルカ島	¥1760
A23	ポルトガル	¥1815
A24	ギリシアとエーゲ海の島々＆キプロス	¥1870
A25	中欧	¥1980
A26	チェコ ポーランド スロヴァキア	¥1870
A27	ハンガリー	¥1870
A28	ブルガリア ルーマニア	¥1980
A29	北欧 デンマーク ノルウェー スウェーデン フィンランド	¥1870
A30	バルトの国々 エストニア ラトヴィア リトアニア	¥1870
A31	ロシア ベラルーシ ウクライナ モルドヴァ コーカサスの国々	¥2090
A32	極東ロシア シベリア サハリン	¥1980
A34	クロアチア スロヴェニア	¥2200

B 南北アメリカ

B01	アメリカ	¥2090
B02	アメリカ西海岸	¥1870
B03	ロスアンゼルス	¥2090
B04	サンフランシスコとシリコンバレー	¥1870
B05	シアトル ポートランド	¥2420
B06	ニューヨーク マンハッタン＆ブルックリン	¥1980
B07	ボストン	¥1980
B08	ワシントンDC	¥2420

B09	ラスベガス セドナ＆グランドキャニオンと大西部	¥2090
B10	フロリダ	¥2310
B11	シカゴ	¥1870
B12	アメリカ南部	¥1980
B13	アメリカの国立公園	¥2090
B14	ダラス ヒューストン デンバー グランドサークル フェニックス サンタフェ	¥1980
B15	アラスカ	¥1980
B16	カナダ	¥2420
B17	カナダ西部 カナディアン・ロッキーとバンクーバー	¥2090
B18	カナダ東部 ナイアガラ・フォールズ メープル街道 プリンス・エドワード島 トロント オタワ モントリオール ケベック・シティ	¥2090
B19	メキシコ	¥1980
B20	中米	¥2090
B21	ブラジル ベネズエラ	¥2200
B22	アルゼンチン チリ パラグアイ ウルグアイ	¥2200
B23	ペルー ボリビア エクアドル コロンビア	¥2200
B24	キューバ バハマ ジャマイカ カリブの島々	¥2035
B25	アメリカ・ドライブ	¥1980

C 太平洋 / インド洋島々

C01	ハワイ オアフ島＆ホノルル	¥2200
C02	ハワイ島	¥2200
C03	サイパン ロタ＆テニアン	¥1540
C04	グアム	¥1980
C05	タヒチ イースター島	¥1870
C06	フィジー	¥1650
C07	ニューカレドニア	¥1650
C08	モルディブ	¥1870
C10	ニュージーランド	¥2200
C11	オーストラリア	¥2200
C12	ゴールドコースト＆ケアンズ	¥2420
C13	シドニー＆メルボルン	¥1760

D アジア

D01	中国	¥2090
D02	上海 杭州 蘇州	¥1870
D03	北京	¥1760
D04	大連 瀋陽 ハルビン 中国東北部の自然と文化	¥1980
D05	広州 アモイ 桂林 珠江デルタと華南地方	¥1980
D06	成都 重慶 九寨溝 麗江 四川 雲南	¥1980
D07	西安 敦煌 ウルムチ シルクロードと中国北西部	¥1980
D08	チベット	¥2090
D09	香港 マカオ 深圳	¥2420
D10	台湾	¥2090
D11	台北	¥1980
D13	台南 高雄 屏東＆南台湾の町	¥1650

D14	モンゴル	¥20
D15	中央アジア サマルカンドとシルクロードの国々	¥20
D16	東南アジア	¥18
D17	タイ	¥22
D18	バンコク	¥18
D19	マレーシア ブルネイ	¥20
D20	シンガポール	¥19
D21	ベトナム	¥22
D22	アンコール・ワットとカンボジア	¥22
D23	ラオス	¥24
D24	ミャンマー（ビルマ）	¥20
D25	インドネシア	¥18
D26	バリ島	¥22
D27	フィリピン マニラ セブ ボラカイ ボホール エルニド	¥22
D28	インド	¥26
D29	ネパールとヒマラヤトレッキング	¥22
D30	スリランカ	¥18
D31	ブータン	¥19
D33	マカオ	¥17
D34	釜山 慶州	¥15
D35	バングラデシュ	¥20
D37	韓国	¥20
D38	ソウル	¥18

E 中東 アフリカ

E01	ドバイとアラビア半島の国々	¥20
E02	エジプト	¥19
E03	イスタンブールとトルコの大地	¥20
E04	ペトラ遺跡とヨルダン レバノン	¥20
E05	イスラエル	¥20
E06	イラン ペルシアの旅	¥22
E07	モロッコ	¥19
E08	チュニジア	¥20
E09	東アフリカ ウガンダ エチオピア ケニア タンザニア ルワンダ	¥20
E10	南アフリカ	¥22
E11	リビア	¥22
E12	マダガスカル	¥19

J 国内版

J00	日本	¥33
J01	東京 23区	¥20
J02	東京 多摩地域	¥20
J03	京都	¥22
J04	沖縄	¥22
J05	北海道	¥22
J07	埼玉	¥22
J08	千葉	¥22
J09	札幌・小樽	¥22
J10	愛知	¥22
J12	四国	¥24

地球の歩き方 aruco

●海外

1	パリ	¥1320
2	ソウル	¥1650
3	台北	¥1650
4	トルコ	¥1430
5	インド	¥1540
6	ロンドン	¥1650
7	香港	¥1320
9	ニューヨーク	¥1320
10	ホーチミン ダナン ホイアン	¥1430
11	ホノルル	¥1650
12	バリ島	¥1320
13	上海	¥1320
14	モロッコ	¥1540
15	チェコ	¥1320
16	ベルギー	¥1430
17	ウィーン ブダペスト	¥1320
18	イタリア	¥1760
19	スリランカ	¥1540
20	クロアチア スロヴェニア	¥1430
21	スペイン	¥1320
22	シンガポール	¥1650
23	バンコク	¥1650
24	グアム	¥1320

25	オーストラリア	¥1430
26	フィンランド エストニア	¥1430
27	アンコール・ワット	¥1430
28	ドイツ	¥1430
29	ハノイ	¥1430
30	台湾	¥1320
31	カナダ	¥1320
33	サイパン テニアン ロタ	¥1320
34	セブ ボホール エルニド	¥1320
35	ロスアンゼルス	¥1320
36	フランス	¥1430
37	ポルトガル	¥1650
38	ダナン ホイアン フエ	¥1430

●国内

東京	¥1540
東京で楽しむフランス	¥1430
東京で楽しむ韓国	¥1430
東京で楽しむ台湾	¥1430
東京の手みやげ	¥1430
東京おやつさんぽ	¥1430
東京のパン屋さん	¥1430
東京で楽しむ北欧	¥1430
東京のカフェめぐり	¥1480
東京で楽しむハワイ	¥1480
nyaruco 東京ねこさんぽ	¥1480

東京で楽しむイタリア＆スペイン	¥1480
東京で楽しむアジアの国々	¥1480
東京ひとりさんぽ	¥1480
東京パワースポットさんぽ	¥1599
東京で楽しむ英国	¥1599

地球の歩き方 Plat

1	パリ	¥1320
2	ニューヨーク	¥1320
3	台北	¥1100
4	ロンドン	¥1320
6	ドイツ	¥1320
7	ホーチミン／ハノイ／ダナン／ホイアン	¥1320
8	スペイン	¥1320
10	シンガポール	¥1100
11	アイスランド	¥1540
14	マルタ	¥1540
15	フィンランド	¥1320
16	クアラルンプール／マラッカ	¥1100
17	ウラジオストク／ハバロフスク	¥1430
18	サンクトペテルブルク／モスクワ	¥1540
19	エジプト	¥1320
20	香港	¥1100
22	ブルネイ	¥1430

23	ウズベキスタン サマルカンド ブハラ ヒヴァ タシケント	¥16
24	ドバイ	¥13
25	サンフランシスコ	¥13
26	パース／西オーストラリア	¥13
27	ジョージア	¥15
28	台南	¥13

地球の歩き方 リゾートスタイル

R02	ハワイ島	¥16
R03	マウイ島	¥16
R04	カウアイ島	¥18
R05	こどもと行くハワイ	¥15
R06	ハワイ ドライブ・マップ	¥19
R07	ハワイ バスの旅	¥13
R08	グアム	¥14
R09	こどもと行くグアム	¥16
R10	パラオ	¥16
R12	プーケット サムイ島 ピピ島	¥16
R13	ペナン ランカウイ クアラルンプール	¥16
R14	バリ島	¥14
R15	セブ＆ボラカイ ボホール シキホール	¥16
R16	テーマパーク in オーランド	¥18
R17	カンクン コスメル イスラ・ムヘーレス	¥16
R20	ダナン ホイアン ホーチミン ハノイ	¥16